U0146783

普及军事知识 提高军事素养

一本书概览古今中外军事大观

军事知识和常识

百科全书

王阳 赵智 编著

北京联合出版公司
Beijing United Publishing Co., Ltd.

图书在版编目（CIP）数据

军事知识和常识百科全书 / 王阳，赵智编著 . -- 北京：北京联合出版公司，2016.6（2020.10 重印）

ISBN 978-7-5502-7601-7

Ⅰ . ①军… Ⅱ . ①王… ②赵… Ⅲ . ①军事 – 通俗读物 Ⅳ . ① E-49

中国版本图书馆 CIP 数据核字 (2016) 第 083080 号

军事知识和常识百科全书

编　著：王　阳　赵　智
责任编辑：肖　桓
封面设计：彼　岸
责任校对：赵宏波
部分图片来自：www.quanjing.com&www.Icpress.cn

北京联合出版公司出版

（北京市西城区德外大街83号楼9层　100088）

三河市兴博印务有限公司印刷　新华书店经销

字数760千字　720mm×1020mm　1/16　27.5印张

2016年6月第1版　2020年10月第5次印刷

ISBN 978-7-5502-7601-7

定价：75.00元

前言

军事是战争及一切有关武装力量建设事项的总称。军事科学主要探索如何创建、组织、管理一支新型军队；如何使武器装备的研制、生产和使用能够与时俱进；如何将战略、战术与武装力量、武器装备更好地融合；如何让军事理论更加完善，从而更好地指挥实践……直到今天，这种探索从未停止。

《孙子兵法》中有这样一段话："兵者，国之大事，死生之地，存亡之道，不可不察。"也就是说，军事是关系到国家民族生死存亡的大事，不可不谨慎对待。

当人类文明遭遇邪恶的利刃与枪炮，绿色的橄榄枝瞬间枯萎。在战争的纠葛和搏杀中，世界历史进程由此改变。而从冷兵器时代的金戈铁马，到高科技时代的信息战争，武器的每一次改进都是人类智慧和科技成果的结晶。可以说，几千年的人类文明史同时也是一部武器发展史和战争史，任何一个朝代或者一个国家的开始与终结，都伴随着军事战争的开始或终结。

谈军事必定离不开战争中的人，特别是那些杰出的军事家们。从失败却赢得世人尊敬的汉尼拔到"军事艺术巨匠"拿破仑，再到全世界公认的军事理论权威克劳塞维茨，从驰骋于欧亚大陆的成吉思汗，到我们耳熟能详的孙膑、岳飞、戚继光等，他们非凡的军事素养和指挥才能，过人的勇气和胆略，都为世人所敬仰崇拜。希望读者能从他们的故事中，受到一些启发，在面对挑战时能勇往直前。

军事知识不仅展示了它的科技之美、力量之美、韬略之美，并有励志人生的作用。生活中有很多军事爱好者，他们喜欢研究军事知识和常识，探讨历史上经典的战争，对古今中外的著名将领更是熟悉备至；他们迷恋各式各样的武器装备，对现代武器的发展动态格外关注；他们钻研军事理论，并从中分析出一套属于自己的军事哲学。

为便于普通读者及军事爱好者在有限的时间内快速掌握足够的军事知识和常识，我们编写了这本《军事知识和常识百科全书》。

本书选取普通读者及军事爱好者非常感兴趣又极具代表性的1500则军事知识和常识，系统、全面地介绍了军事制度、军队体制、军队建制、军人衔级、军人军职、军队奖惩制度与勋章、军队标志与服饰、军队礼仪、军事演习、武器装备、军事战争、军事人物、军事机构、军事之最等方面的内容，包罗万象，精彩纷呈。全书力求以科学严谨的语言介绍军事理论科学和军事技术科学各个方面的知识，方便读者快速走入军事世界，并兼具知识性、趣味性和科学性。

本书在体例编排上注重内容的内在联系和逻辑顺序，让读者可以轻松阅读、便捷查阅，有助于读者开阔视野，丰富知识结构，提高素养。编者精心挑选的近400幅珍贵插图，包括肖像特写、多种军事武器照片、军事史上的精彩瞬间等，与文字相辅相成，图文互注的编排形式，新颖独特的版式设计，将阅读变成一种赏心悦目的享受，让读者充分体验阅读的乐趣。

目录

第一章　军事制度

第二章　军队体制

第三章　军队建制

第四章　军人衔级

第五章　军人军职

第六章　军队奖惩制度与勋章

第七章　军队标志与服饰

第八章　军队礼仪

第九章　军事演习

第十章　武器装备

第十一章　军事战争

第十二章　军事人物

第十三章　军事机构

第十四章 军事之最

第一章
军事制度

军事制度的概念

军事制度简称军制，主要包括国家的军事领导体制、武装力量体制、军队的组织体制与编制、国防经济管理体制、武器装备管理体制、军队的教育训练与行政管理等各项制度、兵役制度、民防制度、国防教育制度、动员制度和军事法制等。

军制是国家或政治集团组织、管理、储备和发展军事力量的制度。一般由国家或政治集团及其军队制定，以法律、法令、条令、条例、章程等规范性文件予以规定和颁行。

军制是国家或政治集团的一项基本制度，属于上层建筑，反映一定阶级的意志，为一定阶级利益服务。国家的政治制度、经济条件、军事理论、军事战略、武器装备、科技水平以及地理环境、历史传统等，都是影响和制约军制制定与发展的重要因素。军制的主要功能是从组织制度、运作制度和法制上保障国家或政治集团发展军事实力与潜力，以便应对战争需要。

军事制度的起源和沿革

在中国，"军制"一词最早见于战国时期；南宋时期"兵制"一词开始盛行。"军制"与"兵制"两词含义大致相同，在文献当中大多并用。直到清末以后，"军制"一词才被广泛使用。"军制"随着国家、阶级和军队的出现而出现，随之发展而发展。迄今为止，它已有五六千年的历史。

原始社会时期，部落间一旦发生冲突，按照传统习惯，成员们自动参加斗争，这种传统习惯有着行为规范一样的组织纪律作用，所有人参战都是自发的。

人类进入奴隶社会以后，随着国家和军队的建立，原始社会传统的军事习惯逐渐失去作用，取而代之的是较为规范、较为严肃的制度，这种制度一般是由奴隶主阶级的国家政权制定或认可。这些制度，代表着奴隶主阶级的利益和意志，更好地适应了奴隶主阶级强化国家机器的需要。公元前18世纪，在古巴比伦王国的《汉谟拉比法典》中，就已经明

汉谟拉比法典碑 公元前 18 世纪

确规定了军人为王服役、奉王命出征、领取份地、保持家庭财产、违法惩处等各项相关军制。

在国家及其军队主要受封建领主和宗教神权控制的欧洲封建社会，军队多以民军形式出现，其核心是由骑兵扈从队组成的君主的亲兵，专门从事战争和掠夺的行为。而后，封建采邑制度得到了长足的发展，与之形成的骑士充役制度也逐渐流行开来。再后来，经济的发展、城市的兴盛，使得资本主义生产关系开始萌芽，封建割据状态也逐步消除，形成了权力集中的中央集权国家，这就致使盛行一时的骑士充役制度逐渐走向了没落，取而代之的是国家统一的常备雇佣军。

军队成为了国家进行供养的常备军。

17 世纪，英国资产阶级革命开始，雇佣兵制逐步被废除，各个资本主义国家普遍实行征兵制，即义务兵役制，军队成为国家进行供养的常备军，并且在军队之中设置了许多职能部门，比如作为指挥体制的总参谋本部；近代建立的海军部、陆军部以及单独发展出来的炮兵和工程兵。这一时期部队已经形成了初具规模的集团军、师团等编制，并且在装甲舰上部署火炮，与地面军队组成海陆一体的作战模式。军队管理系统化、正规化，军人必须穿着统一的军服，必须严格遵守部队纪律，接受统一的供给。

19 世纪末 20 世纪初，一些资本主义国家发展到帝国主义阶段。两次世界大战引起了军事制度的一系列巨大变化。在武装力量构成上，一般以军队为主体，实行常备军和后备力量相结合、正规的和非正规的武装组织相结合的体制；空军成为新的兵种，一些发达国家还建立了防空军、战略火箭军，一旦爆发战争，可以迅速地海陆空立体式作战。

在军队领导指挥体制上，逐渐形成作战指挥和行政领导合一的或分立的两种体制；在兵役制度上，实行征兵制、募兵制或征募结合制；在动员制度上，扩大武装力量动员，发展经济动员，改进局部动员和总动员（全面动员）制度，健全动员机构。随着社会的发展，许多国家开始重视军事制度的法律化，并且着重对国防经济管理制度、民防制度和国防教育制度进行开拓性建设。

在马克思主义诞生以后，许多国家的无产阶级革命蓬勃发展，纷纷建立了社会主义政权，这些国家都依照本国的实际情况建立一套具有本土特色的军事制度。

军制的核心部分：军事组织体制

军事组织体制，是对军事系统的组织形式、机构设置、相互关系、职权划分及其相应法规制度的总称，它包括军事领导体制和武装力量组织体制，还包括战争动员组织体制、军事经济组织体制、军事科学技术和武器装备发展管理组织体制、军事科学研究组织体制等。

军事领导体制：指挥和管理武装力量的组织系统和领导体制

军事领导体制，也被称为国防领导体制，是国家领导国防建设，组织和管理武装力量，指挥军事斗争的组织体系及相关制度。国家的军事领导机构主要包括最高统帅、最高军事决策机构、最高军事行政领导与作战指挥机构。还包括军事咨询机构、军事协调机构、军事法制机构、军事监督机构等。军事领导体制是军事领导的职能和意图借以实现的组织形式，其基本功能是保证国家高度集中地控制军权。不同国家的军事领导体制因不同的国家政治体制和文化传统有所不同。

美国军事领导体制

美国国家防务由国会、总统、国家安全委员会、国防部共同负责。其中，总统作为武装部队的总司令和国防部长一起组成"国家指挥当局"；美国国防部是总统领导和指挥全国武装力量的最高军事领导机关，国防部长负责作战指挥并领导参谋长联席会议和各联合司令部。另外，国防部下设的军种部是各军种的最高行政领导机关。按战区或职能设立的指挥机构联合司令部负责根据总统和国防部长通过参联会下达的命令，对所辖部队实施指挥。

英国军事领导体制

英国国防与军队建设事务的最高行政机关是国防部，最高军事指挥机关是国防参谋部，国家安全最高决策机构是国防和海外政策委员会，其中，首相任主席。各军种最高行政机关是各军种委员会，最高指挥机关是各军种的参谋部。另外，英国的国防问题主要由国防会议决定，国会、首相和国防大臣共同领导国防会议，在它属下设立国防参谋部。国王是名义上的武装力量的最高统帅，而真正的政府执行机构是首相领导下的内阁。

武装力量：关于武装力量整体结构的制度

武装力量组织体制是武装力量的组织系统、机构设置、建制、领导与指挥关系，以及各级组织的职能划分等的总称。

武装力量组织体制的基本功能是保证国家或政治集团建设和发展各种武装组织，并形成整体力量，使它们能够有效地履行职能和执行任务。当今世界各个国家都非常重视自己国家武装力量的建设和完善。现代武装力量通常包括正规的和非正规的武装组织。作为国家政权的重要组成部分，军队是一个正规的武装组织，更是一个国家武装力量的主干。除军队外，还有宪兵、预备役部队、国民警卫队、民防部队、警察、民兵等。

预备役部队也称后备役部队，属于后备力量，它是以少数的现役军人以及部分预备役军官和士兵构成的武装组织。后备役部队的任务主要是平时协助地方维护社会治安，一旦出现战时动员便可迅速转为现役部队进行作战。

宪兵部队、国家安全部队、警备部队、内卫部队、武装警察部队、边防部队、保安部队、治安部队等都属于武装警察性质的部队，其主要任务是保卫国内安全。

民兵是一种群众性的武装组织，它是军队的辅助力量，也是军队的后备力量。民兵担任着国内治安任务。

武装力量的概念：各种武装组织的统称

武装力量是指国家的各种正规和非正规的武装组织的总称。一般情况下，军队是国家武装力量构成的主体，辅助的有一些非正规的武装组织与其共同承担国防任务。国家的最高政治领导人也是武装力量的最高统帅。

国家的武装力量的职责在于对内维护统治阶级的利益，对外震慑他国、保卫领土、对外扩张，由国家统治阶级建立、维持和控制。

目前，世界各国的武装力量通常包括现役的陆军、海军、空军和后备役部队，有些还包括战略导弹部队、网络战部队、航天部队、宪兵、武装警察部队或武警特警部队。

武装力量的产生和发展

武装力量的产生和发展受很多因素的影响，包括国家的形成和演变，社会生产力和生产关系的变革，战争实践和军事理论的发展等。

中华人民共和国成立后，逐步形成了人民解放军、人民武装警察部队和民兵相结合的人民武装力量。武装力量的骨干是中国人民解放军，主要担负巩固国防、保卫祖国的任务；中国人民武装警察部队主要担负国内安全保卫任务。作为预备役的基本组织形式，民兵是由不脱产的人民群众组成的武装组织，是人民解放军强大的辅助和后备力量。

中国历史上早在春秋以前，公室军队和世族军队一般要听从国王的调遣，协助王室军队作战。在一般情况下，皇帝拥有军事统帅权，朝廷设有掌管军事行政的官员和机构。宋朝后，民兵、民壮、义兵、士兵、乡兵等一些由地主阶级掌握的民众武装组织，也纳入国家武装力量，常备军成为武装力量的主体，通常按戍卫京师、驻防要地、戍守边疆等任务编组部队。

平时，军队和其他武装组织各自成为一个完整的体系。战时，各个正规以及非正规的武装组织便高度集中，形成统一的领导和指挥。然而，由于各国国情的不同，武装力量的构成也或多或少有所差别。有些国家的武装力量属于"两结合"形式，即军队和另一种正规的或非正规的武装组织；有些国家，武装力量由单一的军队或警察或民兵构成；有些国家则采用"三结合"的构成方式，即军队、另一种正规的武装组织以及一种非正规的武装组织；甚至还有的国家的武装力量由军队和其他三种以上正规的、非正规的武装组织"多结合"的方式构成。另外，许多国家还结成军事联盟，形成国际军事集团。

例如，在非洲和拉丁美洲的多数国家，以及亚洲的部分国家采用常备军与武装警察相结合的武装力量体制；在欧洲、北美地区、亚洲地区的部分国家大多采用常备军、后备部队和

强大的武装力量是国防安全的有力保障。

武装警察相结合的武装力量体制；还有一些实行防御战略的国家的武装力量通常由常备军、武装警察和群众武装构成。而中国，目前实行的武装力量构成包括常备军、预备役部队、武装警察和民兵。

武装力量的划分

随着各种新式武器的出现，军队也被重新武装。当正式装备部队达到一定规模，并形成一定的战斗力的时候，一种新型的武装力量也就随之产生。

在现今世界，文明国家的武装力量通常由现役的海军、陆军、空军和后备役部队组成，有些国家的武装力量还包括航天部队，战略导弹部队，网络战部队，宪兵、武装警察部队或武警特警部队。但大多数的国家都采取以军队为主体，多种武装组织结合的武装力量体制。

目前，按照武装力量的规模和形式分类，武装力量可以分成战略力量、常规力量和核力量。

战略力量，是对装备战略武器系统，执行战略作战任务部队的总称。战略力量是用于进行全面核战争的军事力量。在美国，战略力量被分为战略进攻力量和战略防御力量。其中，战略进攻力量是由地地战略导弹部队、战略导弹潜艇部队和战略轰炸机部队组成的；而战略防御力量是由对付导弹核突击的预警部队和对付飞机、导弹及宇宙空间兵器的防御部队组成的。

常规力量，也称常规兵力，是使用常规武器系统进行作战任务的部队总称。作为大多数国家目前国家军队的主体部分，常规力量既能在常规条件下进行作战，也能在核条件下进行作战。20世纪60年代出现核导弹部队之后，便将核力量和常规力量进行了区分。

核力量，主要包括地地战略导弹部队、战略导弹潜艇部队和战略轰炸机部队等，是装备核武器系统并执行核突击任务的部队的总称。核力量一般分为战术核力量和

中国地地战术导弹发射试验

战略核力量。其中，战术核力量主要是装备战术核武器系统的各军、兵种部队。战略核力量具有大规模杀伤破坏能力和威慑能力。作为现代战略力量的重要组成部分，核力量的使用直接关系到国家政治和军事斗争的全局。

世界各国武装力量构成

当今世界各国武装力量的构成复杂多样，主要有四种类型。中国、越南、古巴等国采用的是常备军、后备部队、群众武装和武装警察相结合的类型；非洲、拉丁美洲的多数国家以及亚洲的部分国家采取常备军与武装警察相结合的类型；欧洲国家和多数北美国家以及部分亚洲国家采用的是常备军、后备部队和武装警察相结合的类型；少数较小的国家和地区实行单一的武装组织形式，建立有少量的军队。

在美国，武装力量由现役部队、后备役部队构成。其中，现役部队包括陆军、海军、空军、海军陆战队；后备役部队包括陆军国民警卫队、空军国民警卫队、海军后备队、陆军后备队、海军陆战队后备队、海岸警卫队后备队和空军后备队。

需要说明的是，美国的各军种后备队、国民警卫队、海岸警卫队是三种不同性质的武装组织。陆、海、空军后备队与海军陆战队后备队归各个军种管辖。陆军国民警卫队和空军国民警卫队是州属的地方性武装，与现役部队的编制相类似。海岸警卫队是海岸武装警察性质的武装组织，是海军的一支附属部队，平时归属于运输部，战时归属于海军部。

而英国的武装力量包括常备军、后备队以及军事警察。其中，常备军由陆、海、空三个军种组成。后备队分为陆军正规后备队和"地方军"（也称陆军志愿后备队）；海军志愿后备队和海军常备后备队；空

在海湾战争中，手持 M16A1 式步枪的美国士兵走下飞机，准备奔赴战场。

军志愿后备队和空军常备后备队。此外，还有皇家北爱尔兰军事警察。英国军队采取的是后备队与现役部队混合编组的体制。这种体制方式比较灵活，对战前、战时的统一和指挥来说，都非常方便。比如说，将地方军的营、旅与现役部队的营、旅混合编成营、旅一级部队。

在俄罗斯，武装力量由军队、边防军和内卫部队构成。其中，军队军种分为四个种类，包括陆军、空军、海军和战略火箭军。边防军担负边防警卫任务，由边防区组成，各边防区包括边防总队、边防大队、机动队、检查站以及航空兵和专业部队。

可以说，当前世界上大多数国家的武装力量的构成，都是基于保持武装力量的全面发展，在平时，保持一支精干的常备军；在战时，要能够迅速扩编军队；同时，也重视国际军事的联盟，发展联盟的武装力量。

军队组织体制：军队基本组织结构、各级组织的职能划分及相互关系

军队组织体制是对军事系统的组织形式、机构设置、职权划分、相互关系及相应法规制度的总称。

军队组织体制有很多划分标准。比如说，如果按照各部分担任任务的不同，可以划分成机关体制、部队体制、院校体制和科研体制；如果按照领导管理职能划分的话，可以分成作战指挥体制、军事行政领导体制、政治工作领导体制、装备领导体制、后勤领导体制等。

总部体制

所谓总部体制，是在国家最高军事当局的直接领导下，由负责全军作战的机关及日常行政、政治、后勤、装备等工作的领导机关组成的自上而下的体系。一般来说，大多数国

家的全军最高行政领导机关是国防部，全军作战指挥机关是总参谋部。国家作战与国家指挥机关又可以分为独成一体和合二为一两种形式。

战区体制

战区体制，是指特定作战区域的组织结构及其领导指挥体系。

有许多国家只有在战时才会临时设立战区，同时成立战区指挥机构，介于最高军事统帅机构（总部）与战略战役军团之间。

军队领导指挥体制：军队领导指挥体系的机构设置、职能划分和相互关系

军队领导指挥体制，即军队领导指挥体系的机构设置、职能划分、相互关系等制度的统称，一般包括决策机构、指挥机构和行政管理机构三个方面的组织机构体系设置。

军队领导指挥体制既规定了平时对军队建设实施领导权，又规定了战时对军队的统一指挥控制权，从而保证国家或者政治集团得以高度集中地控制军权。

另外，由于领导和指挥两者有一定的区别，所以很多时候，领导和指挥通常被分开来理解——军队领导体制和军队指挥体制，相比指挥体制，领导体制更注重平时的国防和军队建设、日常工作的管理等。

目前，世界军事领导指挥体制可分为两种基本类型——军令、军政分开型与军令、军政合一型。所谓军令、军政合一型领导指挥体制，是指指挥机关和行政机关合并设置在同一组织系统之内的；军令、军政分开型领导指挥体制，是指指挥机关和行政机关在一定层次上分开设置并各自形成不同的组织体系。

军队领导体制

军队领导体制是军队领导体系的机构设置、职能划分、相互关系等制度的统称，通常由国防部负责，它的基本功能是保证国家或政治集团高度集中地控制着军队的领导权、军队建设权和军事训练权。

军队指挥体制

军队指挥体制是有关军队指挥体系的机构设置、职能划分、相互关系等制度的统称，通常由总参谋部负责，其职能是由指挥机关、指挥员、指挥对象和把他们联结起来的通信网络构成的指挥系统，对军队作战行动实施统一的指挥。

希特勒正在听取将领们的作战部署。

国家最高军事指挥机构：不同国家，称谓各不相同

统帅部

统帅部，也被称做"最高统帅部""最高司令部"，是一国或数国联盟的武装力量的最高领导和指挥机构，由最高统帅领导。

通常是建立在战争时期，负责领导武装力量建设，研究战争局势和实施战略指挥的机构。美、英盟军在 1943 年 12 月成立了西欧远征军最高司令部；苏联在卫国战争初期建有统帅部；还有一些国家在平时就建立了统帅部，像德国和日本两个法西斯国家在第二次世界大战爆发前就建立了最高统帅部。

德国最高军事统帅部

大本营

大本营，即战争时期统帅或最高统帅的指挥机关。独立战区司令或军种司令的指挥机关也被称为大本营。

第一次国内革命战争期间，孙中山曾在广州组织成立陆海军大元帅大本营。

总司令部

总司令部，有时也称"最高统帅部""最高司令部"，是指一些国家的军队或武装力量的领导与指挥机构。有的国家的军种领导、指挥机构也称总司令部。比如，原苏联的军队就设有陆军总司令部、海军总司令部、空军总司令部、防空军总司令部和战略火箭军总司令部等。

总参谋部

总参谋部是现代军队中提供军事情报、后勤、计划与人事保障的组织机构。

在世界上，有很多国家设立有参谋部。1785 年，普鲁士军队首先设立了参谋部，主要承担统帅传令联络、搜集情报的任务；直到 1806 年发展为独立的作战参谋机构。奥匈帝国、法国、俄国、日本、美国和英国等国也于 19 世纪下半叶至 20 世纪初相继建立起总参谋部或类似的机构。

在两次世界大战期间，各国的总参谋部先后发展成为军事领导指挥的中枢。现如今，世界大多数国家设立了总参谋部或类似的机构，基本职能大体相同，但名称、隶属关系与性质不完全一样。英国的国防参谋部是首相、国防大臣的军事咨询机构和对军队实施指挥的机构；法国的参谋长委员会，则是国防部长领导下的军事咨询机构，战时在总统领导下实施作战指挥。

参谋长联席会议

参谋长联席会议，1942 年首创于美国，1954 年之后，日本、韩国、西班牙的军队也先后采用了这种体制。它是一些国家的高级军事咨询和指挥机构。战时，数国联盟武装力量的军事咨询和指挥机构也称为联合参谋部。

美国的参谋长联席会议

第二次世界大战期间，英、美两国曾在美国首都华盛顿设立联合参谋部，建立盟国参谋长联席会议。这个会议隶属于国防部，由主席、副主席、陆军参谋长、海军作战部长、空军参谋长和海军陆战队司令组成。

美国的参谋长联席会议，是美国总统、国家安全委员会和国防部长领导军事工作的咨询机构及实施作战指挥的执行机构。主要职能是兵种的协调和进行合作参谋。

四总部

四总部，即总参谋部、总政治部、总后勤部和总装备部。是我国军队领导指挥体制改革前中国人民解放军的领导机关。

总参谋部是指军队或武装力量的军事指挥机关。作为现代军队中提供军事情报、后勤、计划与人事的组织机构，总参谋部的主要任务是在总参谋长的领导下，贯彻执行最高统帅和中央军委的命令、指示，搜集和提供情报，拟定和组织实施战略战役计划和动员计划，指挥并协调各个军种、各战区及各种武装组织的作战行动。

总政治部是负责管理军队中党的工作和组织全军进行政治工作的最高领导机关。总政治部的主要任务是遵照中国共产党、中央军委的决议和指示，根据党的基本路线和军队的任务，制定全军政治工作的方针、政策、规章制度，领导全军学习马克思主义、毛泽东思想、邓小平理论、"三个代表"及国防和军队建设思想、科学发展观，领导全军搞好政治思想建设、党的建设、干部队伍建设与基层建设，保证党对军队的绝对领导，保证人民军队的性质，巩固军队内部的团结以及军政军民的团结，保证军队战斗力的不断提高和各项任务的顺利完成。

总后勤部，是指在中共中央和中央军委领导下，负责军队后勤专业勤务和后勤保障工作的最高统率机关。总后勤部负责领导与管理军队的各项后勤专业勤务，组织与实施军队的后勤保障。

总装备部，始建于 1998 年 4 月 3 日，旨在全面负责全军武器装备建设的集中统一领导，促进国防和军队现代化建设。

国家安全最高决策机构：国家不同，形式各异

国家安全委员会

国家安全委员会是一些国家关于国家安全方面的最高决策或决策性咨询机构，是由1947年美国《国家安全法》规定设立，正式成员包括主席和成员，其中主席是由总统担任，法定正式成员由副总统、国务卿、国防部长担任。

负责国家安全的机构——国家安全委员会

国家安全委员会的日常工作，由总统的国家安全事务助理负责主持。

国家安全委员会的主要职责：

一是在一切有关国家安全政策的统一与协调方面，向总统提出建议；

二是协助总统制定、审查并协调与国家安全有关的内政、外交及军事政策。

世界上有很多国家设置有国家安全委员会。比如，美国、巴西、智利、南非、土耳其、泰国等国。

例如，苏联的"克格勃"就是由过去的反间谍机构"契卡"演变而来的。

契卡徽章

中央军事委员会

中央军事委员会，简称中央军委，是中国共产党和中华人民共和国领导全国武装力量的最高军事机构。

中央军事委员会由主席、副主席若干人、委员若干人组成，实行主席负责制。

国防委员会：最高国防决策咨询机构

国防委员会，即最高国防咨询性质的机构。现在仍有许多国家设立国防委员会，不过职能并不相同，像朝鲜、印度、以色列等国的国防委员会是国家的最高军事领导指挥机关，全面负责国家的国防管理事务。而美国、德国、韩国等国家设立的国防委员会，是国家最高国防立法的职能部门，主要负责审议总统、总理提交的国家安全战略报告、国家防务、军队履行职能、年度国防费用开支、第二年的预算等。

国防部

国防部，国家中央政府中负责掌管国防与军队事务的军事部门，也有一些国家称为"军事部""人民武装力量部""防卫厅"等等。国防部的成员组成一般包括部长或大臣、副部长。其中，部长或大臣通常是中央政府和国防决策机构中的重要成员，由军官或文官担任，也有由总统或总理兼任的。

目前世界上绝大多数国家的中央政府都设有军事行政机关，但不同国家的国防部的名称、职权和组织机构各不相同。

例如美国的国防部"五角大楼"成立于1947年，领导是美国国防部长，国防部由国防部长办公厅、参谋长联席

"五角大楼"是美国国防部办公地，美国最高军事指挥机关所在地。

会议、3个军种部、9个联合司令部、国防部所属16个业务局和6个专业机构组成。根据1986年美国国会通过的《戈德华特－尼科尔斯国防部重构法》，所有军事命令的下达都要求总统通过国防部长下达给各个将军。

另外，法国国防部是军队的最高行政领导机关。相对于美国的国防部来说，法国国防部机构精简，设有三军参谋部和陆海空军三个军种参谋部、国家宪兵总局以及武器装备部等机构，在总统领导下负责国防工作。

军事检察院

军事检察院，是国家在军队中设立的法律监督机构。其职权是：1.对于叛国案、分裂国家案以及严重破坏国家的政策、法律、政令统一实施的重大犯罪案件，行使检察权。2.对于直接受理的国家工作人员利用职权实施的犯罪案件进行侦查。3.对于保卫部门侦查的案件进行审查，决定是否逮捕、起诉或者不起诉，并对侦查机关的侦查活动是否合法进行监督。4.对于刑事案件提起公诉，支持公诉；对于军事法院的刑事判决、裁定是否正确和审判活动是否合法进行监督。5.对于监狱、看守所等执行机关执行刑罚的活动是否合法进行监督。6.对军事法院已经发生效力的判决、裁定，发现违反法律、法规规定的，依法提起抗诉。

在我国，军事检察院是中国人民解放军中设置的专门法律监督机关，作为我国检察机

关的重要组成部分，是专门检察院的一种，是与军事保卫机关、军事法院并列的军队中的执法部门。

在建国初期，军事检察院的设置基本采取三级设置和个别陆军部队及海、空军四级设置相结合的组织系列。后来，到1985年改为单一的三级设置体系，包括：

1. 中国人民解放军军事检察院；

2. 大军区军事检察院、海军军事检察院、空军军事检察院；

3. 地区军事检察院、空军军一级军事检察院和海军舰队检察院。

另外，军事检察院内部设置检察委员会。

军事法院

军事法院是国家设立在军队中的最高审判机关。

世界上各个国家有关军事法院的设置不尽相同。中国人民解放军的审判机关，是属于国家审判体系的专门人民法院。军事法院依照法律规定，独立行使审判权。军事法院主要分为三级设置——中国人民解放军军事法院、军区级单位的军事法院、兵团和军级单位的军事法院。

不同于中国的是，俄罗斯的军事审判组织是军事法院设置成三级——卫戍区、军、小舰队法院；军区、舰队、军兵种、集团军军事法院；俄罗斯联邦法院军事审判庭。英国的军事审判组织构成包括战地军事法庭、高级军事法庭、初级军事法庭的军事上诉法院。

美国的军事审判组织是军事法庭和军事法院。美国的军事审判法庭实行军事司法审判权与军事指挥权和军事行政权合一的机制。美国军事法院分为三级，分别为第一级军事审判法庭、第二级军事复核法院、第三级军事上诉法院。军事审判法庭也分为三等，分别是第一等简易军事审判法庭，第二等特等军事审判法庭，第三等高等军事审判法庭。

不过，美国的军事审判法庭与军事法院不同，它并不是固定的常设司法机构，而是针对特定案件临时召集的审判组织。召集人可以是总统、国防部长、联合司令部或专门司令部的指挥官，也可以是其他级别的指挥官。

军队：国家常备正规武装力量

军队，是指国家或政治集团为准备和实施战争而建立的正规的武装组织。有时，被统治阶级、被侵略民族及其政党为夺取政权、争取独立所建立的常备武装组织也被称为军队。军队作为国家政权的主要成分，是执行政治任务的武装集团，更是对外抵抗或实施侵略、对内巩固政权的主要暴力工具。

现代军队由一般军官、士兵和文职人员等组成，通常编有领导指挥机关、作战部队、后勤保障系统、院校和科研机构等。

世界军队的产生和演变

军队作为国家的暴力机关是随着阶级和国家的产生而确立，最终也将随着国家和阶级的消失而消失。社会环境的变化会让军队也随之变化，包括社会生产力、科学技术的进步、经济和政治制度的变革、战争实践和军事理论的发展，等等。

斯巴达的军队

世界上最早的军队大约产生于公元前6世纪至公元前4世纪初。当时，作为镇压奴隶起义的工具，掠夺奴隶、家畜和财产，军队在古代埃及、印度、乌尔、巴比伦等早期奴隶制国家开始兴起。军队组成是奴隶主和自由民。兵种主要组成是步兵，有的军队还有车兵、骑兵，有的军队甚至还组建了海上舰队。

公元前6世纪以后，古希腊、古罗马等奴隶制国家先后出现了民军。按财产标准编队，民军分为三个等级，分别是最富有的奴隶主编为骑兵，占有较多土地的奴隶主编为重装步兵，无全权者和随军做仆役的奴隶组成轻装步兵。一般编十人队、百人队，采取密集的方阵形式作战，最大方阵可达万人。

公元前5世纪，雅典和斯巴达的军队先后由民军过渡为雇佣常备军。公元前2世纪，古罗马的奴隶主民军也被雇佣常备军所取代。以轻装步兵、骑兵混编的军团和重装步兵为基本单位，下辖若干百人团、小队、中队。从公元4世纪开始，封建制度代替了奴隶制度，军队渐渐成为了贵族和地主征服外族、夺取土地镇压农民的工具。15世纪以后，军队结构不断变化，火枪、火炮大量装备军队，步兵重新成为主要作战力量。

17世纪到19世纪上半叶，欧美列强和日本过渡为资本主义国家，开始进行对外侵略扩张。这一时期，热兵器完全取代了冷兵器，军队也分为陆军和海军两种，成为他们进行海外殖民的工具。

德国88毫米高射炮战斗状态

第一次世界大战和第二次世界大战期间，军队的规模迅速扩大。陆军出现高射炮兵、航空兵、装甲坦克兵、化学兵和通信兵，组建诸兵种合成的师、军和步兵集团军、方面军（集团军群）。装备航空母舰和潜艇的海军舰队在海战中发挥了巨大威力。空军成为有效的防空力量和强大的战略战术空袭力量。海军组建航空兵和潜艇部队，发展成为由多兵种组成的、能在广阔海洋战场上进行协同作战的军种。航空兵从勤务性部队发展成为重要的战斗兵种，后来在一些国家脱离陆军，成为独立的空军。

在世界范围内，陆军不断增加装甲兵部队，出现了电子部队、导弹（火箭）部队；海军迅速发展了航空兵部队、潜艇部队，发展了核动力装置、导弹武器系统和新型电子设备；空军在多数国家成为独立的军种，大量装备喷气式飞机，发展导弹、超声速喷气机、新型电子设备和核武器，从而使军队在陆地、海洋和空中扩大了活动范围，提高了作战能力。比如，苏联当时还建立了独立的战略火箭军和防空军。

现代世界各国军队，在领导体制上，一般以国家或执政党的首脑为最高统帅，并在政府设国防部，在军队设领导指挥机构。在部队体制上，陆军一般按师（旅）、团、营、连、排、班的序列编制，有的还编有军或集团军。在军队结构上，按作战领域、使命和主要武器装备，一般分为陆、海、空，有的还有战略火箭军和防空军。不少国家在军种之内还区分兵种，设有专门的兵种领导机构。空军多数国家以师或联队为最高作战单位，海军均以舰队为基本编组单位。在部队编成上，继续向诸军兵种合成发展，并组建快速反应部队。在作战能力上，一些国家的军队已成为既能打常规战争，又能打核战争的诸军兵种联合的军队。在组织规模上，平时实行精干的常备军和庞大的后备军相结合，以利平时少养兵、战时多出兵。

中国军队的产生和演变

中国军队始建于夏朝。君主控制军队，对内镇压奴隶，对外进行掠夺。到了商朝和西周，王开始拥有比较强大的军队。同时，王也有权利调遣各宗族、各方国或各诸侯国卿大夫的军队。当时的军队有车兵和徒卒，作战以车战为主，师可能是最大的编制单位。士卒主要由奴隶主和平民充当，平时耕牧和进行防御训练，战时根据需要征发，奴隶一般只能随军服杂役。

李鸿章克复苏州图　清
同治二年（1863）十月十九日，李鸿章亲督大军进攻苏州。二十日，娄葑等各门俱被攻下，李秀成带万余人突围，谭绍光拼命死守。二十三日，太平军叛徒汪有为刺死谭绍光，苏州城破。

到了春秋时期，随着诸侯和卿大夫势力增强，军队规模逐渐扩大。这时，车兵为主要兵种，军成为最大编制单位。有些诸侯国组建独立于战车之外的步兵，位于江河地区的诸侯国还建有一定规模的水军，也被称为舟师。

战国时期以后的历代封建王朝的统治阶级，为了维护其统治，十分重视军队的建设。虽然各朝各代军队的名称或者组织形式有所不同，但是它们都是由帝王指挥并控制的。军

中国新式军队（上图）在1911年的时候，他们支持那些民族主义者，反对现存的政府。6岁的溥仪——清朝的最后一个皇帝——被迫退位，中国两千多年的帝制统治结束。

队的成分大多是农民服役，通常区分为边防军、地方军和中央军。中央军担负守卫京城的任务；边防军负责戍守边境，防御外敌入侵；地方军负责驻防各地，由地方政府管辖，并听从帝王调遣；中央军由帝王直接统领。

从宋朝到清朝中期，总体来讲，军队处于冷兵器和火器并用时期。其中，元朝出现了炮手军（装备火炮的军队），编有炮手千户所、炮手万户府等部队；明朝出现神机营，装备火枪、火炮。

清朝末期，随着中国逐渐沦为半殖民地半封建社会，由于西方文化和制度的影响，中国军队也开始进行变革。这时，中国军队正式划分为陆军和海军。"新建陆军"按照镇、协、标、营、队、排、棚的序列编制，设置有步、马、炮、工、辎重等兵种。同时，按照西式操典和战术进行军队的演练，并装备有从西方购置或者仿制西方的火器。海军曾按海区编为北洋、福建、广东、南洋等水师。

到了民国时期，国民党军队分成三个军种：陆、海、空。陆军逐步组建了装甲兵、化学兵、工兵、铁道兵、通信兵等部队，改行军、师、旅、团、营、连、排、班的编制。

在中国历史上，从农民阶级到民族资产阶级为了反抗压迫进行了数百次的起义斗争。这些起义军虽然大都以失败告终，但是，他们都在一定的时期，一定程度地打击了当时的统治阶级，推动了社会的发展和进步。

第二章
军队体制

军队组织编制：军队整体结构和各级各类建制单位编成

军队组织编制即军队的组织制度，是军队整体结构和各级各类建制单位编成的制度。简单来说，军队组织编制可以帮助了解军队的总员额、军队的总体结构、军队的组织体制和编制情况等，还可以了解军队兵种类型及其构成，相互之间的职能关系。军队组织编制通常是以军事法规的形式加以规定，具有法律效力，军队的人与武器有效地结合，形成整体作战的能力。

随着军队的产生和发展，军队组织编制也在适时地进行着调试，并逐步从结构简单、方向单一的树状结构体制向结构复杂、纵横结合的扁平网状结构体制系统发展。合理的组织编制，可以保证军事人员与装备实现有机结合，使武器达到最佳效能，人员发挥最大作用，整体战斗力增强。

军队的组织体制：军队基本组织结构、各级组织的职能划分及其相互关系

军队的组织体制，又称军队体制，是军队的基本组织结构、各级组织的职能划分及其相互关系的制度。受国家政治、经济、科学技术发展水平、武器装备、军事战略、军事理论、作战样式等多种因素制约和影响。

军队是军人、武器和联结人与武器的体制编制。科学的组织体制能将军人和武器有机地融为一体，有效地利用。尤其是在现代战争条件下，各个兵种联合作战的发展形势，使科学编排诸军兵种结构成为影响协同作战能力的重要因素。

军队的体制编制的稳定性很重要，它的动态与静态平衡发展，对于国家军队的发展和进步具有十分重要的意义。

军队的体制编制调整一般在两方面表现，第一种情况是在军队的总体实力没有大幅度提高的情况下，为了加强军队作战的灵活性和相互协调性，加强和提高整体作战能力；第二种情况是当武器装备进行更新换代的时候，为了跟上世界军事武器装备发展的步伐，就要格外重视配备了新式武器后的新军种和兵种的定编问题。但是，无论哪种调整都应本着科学适度的原则，不能盲目。

军队总员额：国家在一定时期军队的总人数

军队总员额是指国家在一定时期军队的总人数。国家规定人数的限额又称为军队总定额，是军队量的规定性的主体和基本方面。作为国家重大战略决策之一，军队总员额通常由国家最高决策机构确定，并且需要经过一定的法律程序颁布实施。军队总员额受很多方面的影响和制约，其中最主要的限制因素就是生产力水平和战争规模。

军队总员额是国家安全需求和经济供养可能二者对立统一的集中反映，既关系国家的安全，又与国计民生休戚相关。

世界上各个国家对于军队总员额的规定有着共同的规律。大多数国家的军队总员额在非战期间都相对比较稳定，在与国家总人口保持一定比例的条件下，不超过国家总人口的2％。战时多，但是也不会超过国家总人口的10％。举个例子来说，在第二次世界大战期间，各个参战国在动员后，兵员总数是战前的2.8~7.1倍。

军队体制：军队的宏观构成

军队体制，是军队结构形式及各个部分相互关系的制度的总称。军队体制的基本功能是使军队的政体效能得到充分发挥，军队各个部分科学合理的相结合，圆满成功地完成作战任务和其他任务指标。

军队体制不仅具有全局性，更带有时代特征和国家特色。另外，它也受国家政治制度、科技水平、经济条件、民族特点、战争特点、历史传统、武器装备、作战对象和方法、军事战略、地理环境、军事理论等种种因素的影响与制约。

陆军体制

陆军体制，即陆军的组织设置、职权划分、指挥关系的有机整体的总称。

陆军，是主要在陆地进行作战任务的军种，由步兵（摩托化步兵、机械化步兵）、炮兵（导弹兵、火箭兵）、装甲兵（坦克兵）、航空兵、工程兵、通信兵、防化兵（化学兵）、防空兵、电子对抗兵等兵种和各种专业勤务部队组成。有一些国家的陆军还专门设有空降兵、铁道兵、陆军防空兵、陆军航空兵等。陆军兵种的结构主要取决于作战任务的需要和武器装备的发展情况。

反坦克步兵

战斗部队通常由步兵、火箭（导弹）兵、防空兵、装甲兵和炮兵以及武装直升机部队构成，战斗保障部队通常由工程兵、侦察兵、通信兵、防化兵等部（分）队构成。

现代陆军一般按照下面的序列编排：军、师（旅）、团、营、连、排、班，有的国家还编有集团军。

海军体制

海军，是指以舰艇部队为主体，在海洋上作战的军种。由潜艇部队、水面舰艇部队、海军陆战队、海军航空兵、岸防兵等兵种组成。目前世界各国海军如果按照规模大小、作战能力强弱以及任务等方面的不同，可以划分成远洋、区域、近海等三个类型。

海军一般以舰队、基地为基本编成单位，按照总部、舰队、基地（区舰队）和支队（分队）等层次编排序列。

从宏观上看，海军体制是海军组织的基本构成，包括海军机构设置、组织系统、建制、领导指挥关系及各级组织的职权划分。

一般来讲，海军体制主要是指海军人员与舰艇及武器的构成和排列方式。包括整体结构、海军领导指挥体制、海军航空兵体制、海军基地体制、海军装备管理体制、舰队体制、海军军事训练体制、海军后勤体制等。

空军体制

相比其他军种，空军是一个较年轻的军种，它以空中作战为主要任务。

各个国家的空军部队的编制序列不尽相同。有些国家是以集团军、军、师、团、大队、中队编序，有些国家是以航空队、空军师、联队、中队编序，还有的国家是以空军旅、中队编序，另外一些小国空军的最大单位是中队。

优秀的空军士兵

空军体制，包括空军整体结构、空军领导指挥体制、空军军事训练体制、空军后勤体制、空军装备管理体制等，是空军的组织系统、机构设置、建制、领导和指挥关系以及各级职权划分的统称。

简单来说，空军体制一般由领导指挥机构、兵种部队、技术勤务保障系统、后勤保障系统和部队科学研究部门及军事院校等构成。

对于大国来说，建设一支与国家地位相称的、国民经济能够负担的强大空军，是很多国家军队建设要解决的一道难题。

在美国，空军的现役、后备役、文职人员与承包商四位一体，实施空天一体的空军体制。也就是说，美国空军以地面以上的大气层内外空间为战场，规定其航空、航天、战略导弹与导弹防御力量的体制。可以说，美国掌握了航空和航天两大空间以及战略导弹的绝大部分资源，处于名副其实的垄断地位。

而中国的空军体制并不涉及天外，主要以航空兵、国土防空兵、空降兵范畴为主要部分。

战略核力量体制

在有核武器的国家，战略核力量是军事实力的重要组成部分。战略核力量是装备核武器系统，遂行战略作战任务的各种部队的总称。通常包括陆基战略轰炸航空兵部队、战略导弹部队、战略导弹潜艇部队，还有一些国家把反弹道导弹部队等也列入其中。

战略核力量体制是战略核力量的总体结构、领导指挥机制、部队编成、组织制度的总称。美国、前苏联、英国、法国和中国在 20 世纪 80 年代都相继拥有了战略核力量。

美国核试验的爆炸场面

美国在第一颗原子弹和氢弹研究成功后，就实现了导弹和氢弹的结合，继而组建战略导弹部队（隶属战略空军司令部），而后，随着战略轰炸机空投氢弹以及潜地弹道导弹的试验成功，再加上战略导弹核潜艇装备部队的服役，美国形成了一种"三位一体"的战略核力量，即由战略轰炸机部队、陆基战略导弹部队和战略导弹潜艇部队组成。

经过更新和改革，美苏两国拥有的战略核武器占全世界总数的 95% 以上。美国战略进攻核力量在 20 世纪 80 年代后期已经达到 12.5 万人左右的总兵力，约 1.4 万枚战略核弹头，26.5 亿吨爆炸当量，约 2000 件战略核武器运载工具。相比美国，前苏联也不相上下，同时期的苏联战略进攻核力量总兵力约 41 万人，战略核武器运载工具约 2500 件，战略核弹头约 1.1 万枚，爆炸当量 56.3 亿吨。

目前，世界上许多国家都在加紧研究尖端的军事武器，包括太空武器、第三代核武器等等。未来世界的战略核力量将会向着规模缩小、攻防能力增强的趋势发展。

后备力量组织体制

后备力量指的是除现役部队之外的，一切可以用于战争动员使用的群众性武装力量的总称，是国家根据战争需要有计划、有组织地储备在人民群众中，战时能够招之即来、来之能战的群众性武装力量，是国家武装力量的重要组成部分。在战争发生时，国家可以根据战争需要，有组织、有计划地将原有储备在人民群众中的军队力量聚集进来，发挥作用。

后备力量也是一种有严格组织体系，经过严格训练的军事组织。

说到后备力量组织体系，不得不提的就是预备役。体制的完善是需要预备役发挥作用的。

所谓预备役，是指公民在军队外服兵役，并随时准备根据国家需要应召入伍服役，包括编组的预备役部队和非编组的预备役人员。预备役的组织结构根据训练程度可分为一类、二类或三类。世界上大多数国家采取预备役制度或民兵制度，我国则采取两者相结合的制度，并且制定出军官预备役和士兵预备役两种。

军队编制：军队的微观构成

军队编制，包括单位的组织系统、机构设置、隶属关系、人员数额、职务区分和武器装备的编配等，是对军队各级各类建制单位编组的具体规定。

军队编制有多种分类方式。根据时效划分，可以分为平时编制和战时编制；根据战备等级不同划分，可以分为满员编制和简编编制；根据职能不同划分，可以分为机关编制、部队编制和院校编制；根据任务划分，可以分为战斗部队编制、支援部队编制和保障部队编制；根据服役性质划分，可以分为现役部队编制和预备役部队编制。

骑马俑　秦

军队编制的发展和改革受到多种因素的制约和限制。军队编制的基本功能在于实现军队各单位内部的合理编组，人和武器装备的有机结合，并且能够保持较高水平的战斗力。

世界大多数国家军队的编制经历大体相同的发展过程。冷兵器时代的军队编成主要是步兵、骑兵、车兵，采用密集方阵和紧密相连的作战方式。热兵器时代的编成主要由连、营、团、旅等组成正式的编制单位。

编制序列：编制系统

编制序列，也被称为"编制系统"，包括单位名称、数量、编制员额、主要装备以及建制领属关系等。编制序列是部队编制的总体框架，指的是编制规定的部队组织结构和建制关系。

在有些时候也指部队各级组织的排列顺序。现代世界各国军队的编制序列不是完全相同，陆军部队的序列一般是军、师、团、营、连、排、班，或者集团军、军、师、旅、营、连、排、班；空军航空兵部队的序列，一般为师、团（或者联队）、大队、中队等；海军的舰艇部队的序列有所不同，中国人民解放军海军为基地、支队、大队，美军为大队、中队。

军种：构成军队最主要的因素

现代各国军队大多数分为三个军种：陆军、海军、空军，有的国家还有防空军，前苏联还有战略导弹部队。然而，有些国家只有陆军、海军或陆军、空军两个军种。还有少数国家只有陆军，当然，也有个别国家不分军种。

军种的产生和划分取决于多种因素，包括社会生产力的提高、经济实力的增强、武器装备的发展以及军事战略、军队规模、历史传统、地理环境等。而且，各国对军种的划分标准也不尽一致。有的国家军队编有防空军，但是我国军队中却不存在这一军种。海军陆战队，在我国军队中是属于海军序列，在美军中却是独立于三大军种之外的。

随着军事科学技术的不断发展，将会出现一些新的军种，比如航天部队。如美国就成立了航天司令部和航天兵，有的国家还设立了网络作战部队。

陆军：陆地作战的军队

陆军，是陆地作战的军种，它是军队的重要组成部分。现代陆军主要由步兵（摩托化步兵、机械化步兵）、装甲兵（坦克兵）、炮兵、陆军防空兵、陆军航空兵、电子对抗兵（电子对抗部队）、工程兵、防化兵（化学兵）、通信兵、侦察兵等兵种和专业兵组成。有的国家的陆军还有空降兵、导弹兵（火箭兵）、铁道兵和特种部队等。

陆军通常设有领导指挥机关，不同国家名称不一样，比如陆军司令部、陆军参谋部等等。陆军的主要编制是师（旅）、团、营、连、排、班，配备的武器主要有步兵武器、汽车、坦克、装甲车、火炮、导弹（火箭）、直升机和各种技术器材。

陆地作战士兵

美国的陆军按照作战任务性质的不同分为战斗兵种、战斗支援兵种和战斗勤务支援兵种，最高的行政指挥机构叫做陆军部，而军事指挥的最高机构是陆军参谋部。

新中国成立后，我国陆军从原有的步兵发展为包括炮兵、装甲兵以及工程兵、通信兵、防化兵、电子对抗部队、陆军航空兵等战斗兵种、战斗保障兵种和专业部队在内的合成军种。

海军：海上军事防御的全部军事组织

海军是以舰艇部队为主体，包括船只、人员和海军机构，是一个国家对海上军事和防御的全部军事组织。海军通常穿着特定的制式服装，使用特殊的旗帜、徽章等标志。

现代海军主要配备有作战舰艇、辅助舰船和飞机，配备有战略导弹、战术导弹、火炮、水中武器、战斗车辆等；通常由海军航空兵、海军水面舰艇部队、海军潜艇部队、海军陆战队、海军基地警备部队以及其他特种部队组成。具有在水面、水下、空中及对岸上实施攻防作战的能力；有的还具有实施战略袭击的能力，可独立地或与其他军种协同遂行海洋机动作战。

当今世界，随着海洋开发和国际贸易以及航运的发展扩大，国际海洋斗争日趋激烈。沿海国家的海军发展是非常重要的，要将科学技术运用到发展海军新式武器之中，提高海军的战斗力和战术素养。要想成为一个海军强国，要重视核动力舰艇、舰载航空兵和具有核进攻能力的兵种及远程海空预警部队的发展；协调各个兵种和舰种之间的平衡发展；提高沿海区域的防御能力和快速反应部署能力。

在海洋上执行作战任务的海军

空军：空中作战的军种

空军是主要进行空中作战的军种。主要由多种航空兵组成，并编有地空导弹兵、高射炮兵和雷达兵等。

空军的主要任务是支援陆军、国土防空、海军作战、对敌后实施空袭、进行空运和航空侦察。如今大多数国家的空军主要由航空兵、地空导弹兵、高射炮兵和雷达兵等兵种组成。有的国家空军军队还编有地地战略导弹部队和空降兵。

空军配备的主要机种有侦察机、轰炸机、歼击机、强击机、直升机、歼击轰炸机、运输机及其他特种飞机。

美国空军轰炸机

现在世界上 130 多个国家备有空军。中国人民解放军空军以航空兵作为主体，其中还包含了高射炮兵、地空导弹兵、雷达兵、空降兵等兵种及其他专业兵部队。

美国的空军部和空军参谋部作为最高的行政指挥机构和军事指挥机构，掌握着美国空军的战略部署。日本的航空自卫队由航空自卫队参谋部统帅，下设航空总队、航空教育集团和航空支援集团等机构。

防空军：遂行防空作战任务

防空军是一种以防空作战为主要任务的军种。防空军是一种合成军队，由高射炮兵、地空导弹兵、歼击航空兵、雷达兵和其他专业兵组成。防空军的主要任务是保障本国的领空安全，消灭敌人的空袭武器，确保国家重要目标的安全。

早期的防空兵是高射炮兵，飞机诞生之后，成为防空的主要武器。随着时代的进步，武器的更新换代，防空导弹（也称地空导弹）及防空导弹部队应运而生。很多国家将高射炮和防空导弹结合起来使用，取长补短，收到很好的效果。

我国防空军成立于 1955 年，主要由高射炮兵、探照灯兵、雷达兵及其他专业兵组成，后来防空军合并到空军之中。

苏联航空兵作为一个独立兵种在 1948 年分离出来，主要职责是防空、编制雷达部队和防控飞弹。装备有截击机和战斗机。苏联解体后，俄罗斯继承了防空军的主要人员装备，但由于缺少资金，防空军与战略火箭军在 1998 年合并。

战略火箭军：遂行战略突击任务

战略火箭军是遂行战略突击任务的军种，主要任务是摧毁对方的核武器和军事基地；破坏对方的军工生产和交通运输；袭击对方的国家机关、军事指挥机关、工业中心和重要城市、港口等；突击对方的主要集团，包括战略预备队。

同时，还担任运送火箭、飞船、卫星上天的任务。战略火箭有其显著的特点，射程远，摧毁力大，战备程度高，准确性好，突防能力强，能广泛实施火箭核突击，作战行动不受天气、季节和昼夜时间等因素的限制，在短时间内消灭和摧毁对方大量的战略目标等。

天军：新军种

天军是一个新兴的军种，主要指宇宙间作战的部队，其包括航天发射部队、航天测量跟踪管理部队、防天监视作战部队和军事航天员部队。主要作用就是太空作战，支援空中、地面和海上作战，开发宇宙空间等。

美国空军在 1982 年建立了世界上第一个空军航天司令部。1993 年，美国假想在 2017 年世界将要爆发太空战，于是成立了太空战争研究中心，其中涵盖了太空战学院、太空研究室、第 527 太空进攻中队，进行了大规模的太空军事演习。这场演习中美国使用的主要武器是激光炮，并且运用了微型卫星。

在月球上熟练驾驶航天飞机的宇航员

由于当时的冷战余温尚存，美国的一系列做法刺激了俄罗斯，于是俄罗斯也开始抓紧时间组建天军。俄罗斯将航天部和太空导弹防御部门从战略火箭军中抽离出来，组建了大约 9 万人的航天部队，建立了三个大型航天试验发射场和一个航天试验控制中心，专门发展用于军事的航天器，针对别国的太空武器系统。

目前构成天军的主要武器系统有反卫星武器、微波武器、激光武器、定向能武器、太空战舰、反卫星导弹、动能武器、粒子束武器。而宇宙平台是航天飞机、太空港、空天飞机、空间站等。

当今世界非常重视航空航天技术的发展，许多国家开始对外层空间进行势力角逐，外层空间在未来发展中会逐渐成为新的"军事基地"。

我国从 1997 年开始组建航天员大队，在 2003 年的时候，我国第一次载人航天飞行成功，宇宙空间第一次留下了中国人的足迹。为了方便航天作战的指挥与管理统一，也为了提高航天器研发的进展速度，一些航天大国成立了天军指挥机构。这些国家中，美国首当其冲。

兵种：军种之内划分类别

兵种在组成上，依据主要武器装备、作战任务和技术战术特性来划分。如今兵种有几十个之多，每一个军种至少有 5 个以上的兵种组成。

有些国家将兵种按任务性质区分为战斗兵种、战斗支援兵种和战斗勤务支援兵种。有些国家将兵种区分为作战兵种和勤务保障兵种。

陆军兵种包括步兵（摩托化步兵、机械化步兵）、装甲兵（坦克兵）、炮兵（防空炮兵、野战炮兵）、工程兵、通信兵、导弹兵（火箭兵）、陆军防空兵、陆军航空兵等。

我国没有"宪兵"，只是在港澳地区由于习惯称驻军为"宪兵"。战斗勤务支援兵包括副官（人事行政）、财务、军法、军械、军需、卫生、卫生勤务、陆军护士等。工程兵、铁道兵、化学兵（防化兵）、通信兵、电子对抗部队、侦察部队和反侦察部队等，可执行保障其他兵种战斗行动和日常活动的任务，也可直接参加作战。

现代海军的主要兵种有：水面舰艇部队、潜艇部队、海军航空兵、海军岸防兵、海军陆战队、专业部队等。现代空军的兵种主要有：航空兵（包括歼击航空兵、轰炸航空兵、歼击轰炸航空兵、侦察航空兵、运输航空兵）、高射炮兵、地空导弹兵、雷达兵、空降兵等。

有些国家将高射炮兵、地空导弹兵列为防空军的兵种。空降兵，有的国家作为陆军的一个兵种，有的国家作为空军的一个兵种，有的国家则作为独立的兵种。

步兵：徒步行军作战的古老兵种

在冷兵器时代区别于车兵、骑兵等。随着科技的发展，近现代的步兵也依靠卡车、马匹、自行车、舰艇、直升机、运输机、火车、装甲运兵车等手段机动至战场。广义来讲，以单个士兵身体作为武器平台进行作战的部队，统称为步兵。狭义来讲，步兵是进行正规攻防的兵种，而特种作战的部队如海军陆战队、伞兵等都不应属于狭义的步兵部队。

罗马军团的步兵

陆军中搭乘汽车或徒步、步兵战车、装甲输送车实施机动和作战的兵种，前者称徒步步兵，后者称机械化步兵或摩托化步兵、装甲步兵。主要装备有火箭筒、步枪、机枪、轻型火炮、防空火器、反坦克导弹、迫击炮、汽车、步兵战车和装甲输送车。

徒步步兵，顾名思义，是用两条腿走路的兵，爬山、涉水皆可，行动受地形、气候影响小，便于机动；机械化步兵，是以步兵战车或装甲输送车为主要装备的步兵，以乘车战斗为主，也可下车作战，具有较强的机动力、防护力和火力，行动快，突击力强，但乘车时目标大，受一定地形和气象条件的限制，且需可靠的技术保障。

步兵是陆军中人数最多的兵种，通常情况下，最后夺取和扼守阵地、歼灭敌人，主要靠步兵，在地面作战中具有重要作用。

骑兵：古代最具战斗力的兵种

骑兵是陆军中骑马执行任务的部队、分队。如今，很多国家的军队只保留了少量的骑兵，它作为一个兵种已不复存在，主要用于执行巡逻、警戒、礼仪和运输等任务，有的国家把乘大象和骆驼的部队也一并列为骑兵。

随着技术装备的发展，特别是军队摩托化、

15 世纪后盛行欧洲的枪骑兵

机械化的发展，骑兵逐渐失去了原有的兵种地位。

古代欧洲的骑兵多种多样，像胸甲骑兵，就是欧洲 15 世纪后盛行的一种身着胸甲、火器和马刀的骑兵。还有枪骑兵、黑骑兵，等等。

工程兵：军队实施工程保障的技术骨干力量

陆军工程兵是担负军事工程保障任务的专业兵种，通常区分为队属工程兵和预备工程兵。预备工程兵隶属于总部和大军区，队属工程兵隶属于集团军、师、团。主要任务是构筑、设置和排除障碍物，构筑重要工事，实施破坏作业，实施工程侦察，对重要目标实施伪装，开设渡场，修筑道路，架设桥梁，构筑给水站等。其他军种的工程兵主要担负机场、军港、导弹基地等军事工程的建设和维护、抢修任务。

古时候没有工程兵，作战时候的工程任务主要由战士和民工完成。到了 17 世纪，法国率先组建了正规的工程兵部队，后来美国、英国纷纷效仿。中国最早的工程兵是清朝末年的工兵营。

炮兵：遂行地面火力突击任务

炮兵是以火炮、火箭炮和战役战术导弹为基本装备，遂行地面火力突击任务的兵种。炮兵具有较高的机动能力、强大的火力、良好的精度和较远的射程，能突然、集中、连续地对地面和水面目标实施火力突击。主要用于与其他兵种、军种协同作战，并支援、掩护步兵

反坦克炮兵正在作战

和装甲兵的战斗行动，也可独立进行火力战斗。

从广义讲，炮兵还包括海军的海岸炮兵、空军的高射炮兵。由于各国的历史传统不同，炮兵包括的范围也有差异，有的国家陆军炮兵还包括高射炮兵。

炮兵在历史上有"战争之神"的称号。依据不同的分类方式，炮兵有不同种类的分法。通常按隶属关系，炮兵分为预备炮兵和队属炮兵；按运动方式，分为骡马炮兵和摩托化炮兵（机械化炮兵）；按装备战斗性能，分为榴弹炮兵、加农炮兵、迫击炮兵、山地炮兵、火箭炮兵、反坦克炮兵和地地战役战术导弹部队。队属炮兵指集团军以下各级合成军队建制内的炮兵。

通信兵：担负军事通信任务

通信兵是军队中担负军事通信任务的专业兵种。一般由通信、通信工程、通信技术保障、指挥自动化、无线电通信对抗、航空兵导航、军邮等专业部队、分队组成。主要任务是组织运用各种通信手段，保障军队畅通的通信联络；进行无线电通信干扰和反干扰；组织实施航空兵导航勤务和野战军邮勤务。通信兵对保障军队指挥和完成各项任务具有重大作用。

美国在 1863 年组建通信兵，随后英国、法国相继也成立通信兵部队。俄国军队在

1851 年成立电报连，1899 年组建无线电通信部队。如今，世界各个国家对通信兵部队建设非常重视，经常在军以上的部队里编制通信团、通信旅。

防化兵：现代战争的降魔勇士

担负防化保障任务的专业兵种。防化兵又称化学兵。由核观测、化学辐射侦察、洗消、喷火、发烟等部队组成。其主要任务是：指导部队对核武器、化学武器和生物武器的群众性防护，实施核观测、化学观察和化学辐射侦察，实施剂量、沾染检查，实施消毒和消除沾染，组织实施烟幕保障，并以喷火分队直接配合步兵战斗。在一些国家防化兵称为化学兵，还担负使用化学武器的任务。

全副武装的防化兵

1915 年，德国设立了 A10 局，开始计划将毒气运用到战争中。第 31 工兵团改编为"毒气施放团"，并在与英国、法国等国作战的时候使用了大量毒气。见到毒气的厉害，英法两国也成立了化学兵部队、分队。

特种部队：遂行特殊任务的部队

特种部队专门担负摧毁、破坏敌纵深内重要的政治、经济、军事等目标和其他特殊作战任务的部队，具有编制灵活、人员精干、装备精良、机动快速、训练有素、战斗力强等特点。

其主要任务是：袭扰破坏、敌后侦察、窃取情报、心理战宣传、特种警卫，以及反颠覆、反特工、反偷袭和反劫持等。

美国的特种部队：海陆空多支部队

美国的特种部队分为军队的特种部队、联邦特警单位的特种部队、地方的特种部队。美特种部队始建于 1952 年。当时，其主要职责是在敌国领土上从事破坏活动和开展游击战。

美国陆军军队的特种部队有陆军特种作战部队"绿色贝雷帽""游骑兵部队""三角洲"；海军军队的特种部队有海陆空特遣队"海豹突击队"。

空军军队的特种部队有特种气象员、作战航控员、伞兵援救员；海军陆战队的特种部队

"绿色贝雷帽"部队战时的一项主要任务就是在敌后组织和训练当地的战斗部队。

有武力侦察队、舰队反恐怖安全组。

英国的特种部队：第一支现代意义上的特种部队

英军特种部队目前接受其联合特种作战特遣部队总部指挥（英国国防部特种作战局），司令员是准将，可来自任何一个军种。

英军特种部队有英国陆军的特别空勤团，共有三个：第21特别空勤团和第23特别空勤团，这两个是预备役，是侦察部队。特别空勤团虽然名义上是团，实际编制规模只相当于美国陆军的营。第22特别空勤团，从事反恐怖任务，性质类似美国陆军三角洲部队。

英国陆军特别空勤团是世界上第一支现代意义上的特种部队，是由英国组建的。成立于第二次世界大战期间，称为"哥曼德"。

联合军种的特种侦察团，行政上接受英国陆军指挥。特种支援大队，也是联合军种性质，人员主要来自陆军和皇家海军陆战队。皇家海军有特别舟艇团、蛙人部队，从事水下侦察活动，性质有点像美国海军海豹突击队。

俄罗斯的特种部队：打击国内外恐怖主义

俄罗斯特种部队是隶属于俄罗斯中央政府部门（如联邦安全局、克格勃、内政部等）单位的特种部队的统称。俄罗斯特种部队的主要任务是在国内外打击恐怖主义。

俄特种部队包括国防部、民防部、司法部、内务部、紧急情况部、联邦安全局、海关等各部门的特种部队，大致分为如下三类：

"勇士"特种部队：俄联邦内卫部队有"罗西奇""斯基弗""勇士""罗斯"等多支特种部队，其中以"勇士"特种部队最为有名。

"阿尔法"和"信号旗"特种部队：作为俄联邦安全局反恐行动的两把"利

俄罗斯特种部队应征者

剑"——"信号旗"与"阿尔法"两支部队分工不同："信号旗"是在国外专门执行特别任务并对俄驻外目标实施安全警戒；"阿尔法"则主要在俄境内从事反恐活动，与恐怖主义和以劫持人质、运输工具等其他极端主义行动进行斗争。

"格鲁乌"特种部队："格鲁乌"特种部队的主要任务是：在敌人后方实施集中侦察，必要时摧毁敌人的机动型核攻击武器，实施破坏行动并在敌人后方开展游击战争。"格鲁乌"特种部队为俄武装力量特种部队，包括陆军和海军特种部队，在车臣战争中发挥了重要作用。

日本的特种部队：至今没有"挂牌"

作为第二次世界大战的战败国，日本在军事力量的发展上受到许多制约，特别是在特种部队的建设上。有人称，日本的特种部队是至今也没有"挂牌"的特种部队。

20世纪80年代末，日本陆上自卫队成立了一支特种作战部队，该旅成立之后，对外在名义上一直称为普通空降部队，保密程度极高，在国内执行反恐怖等特种作战任务时，全部以警察的身份出现。这就是日本陆上自卫队第 1 空降师第 101 空降旅。

日本陆上自卫队士兵

为了加强对西南九州地区和冲绳各岛的"防御"，日本于 2002 年组建"中央机动集团"。这支特种部队编制 6000 人，绝大部分成员是军官和士官，士兵人数很少，官兵比例远远超过目前自卫队的官兵比例，队员素质和职业化水平在日本武装力量中也是第一。

日本防卫厅在研究 2001~2005 年防卫力量整备计划时决定，进一步扩大陆上自卫队的特种作战部队，提高日本陆上自卫队的特种作战能力。

韩国特种部队：从炼狱中来

韩国有 7 个特种部队旅，其组织结构与美国特种部队相同，相互之间关系也十分密切。

韩国特种部队的标志为银质 SF 徽章和黑色贝雷帽，不同的作战部队佩戴不同的徽章。韩国特种部队的主要任务是摧毁战术目标。另外，他们还能在敌方领土上长期开展游击战，或发动独立攻势。

印度的特种部队："四大金刚"

印度现有 4 支特种部队。这 4 支特种部队并没有统一的特种部队司令部，而是分别隶属于不同的军种和政府部门，包括隶属内政部控制的内政部特种部队、反间谍机构领导的特种边境部队、内阁控制的内阁特种部队以及海军司令部的海军陆战队特种部队。

合成部队：多兵种编成的部队

合成部队通常指以一个兵种部队（分队）为主体，与其他兵种部队（分队）共同编成的部队。如：以步兵（摩托化步兵、机械化步兵）部队（分队）或坦克部队（分队）为主体，与炮兵、工程兵、防化兵、通信兵等兵种部队（分队）共同编成的部队，即是合成部队。合成部队是新兵种不断产生、作战方法不断变革的结果。

联合国部队：跨国界的特种部队

以联合国军事组织名义执行任务的部队称为联合国维和部队。它成立于 1956 年苏伊

维和特种部队队员正在接受特种训练

士危机之际，受联合国大会或安全理事会的委派，活跃于国际上有冲突的地区。

维和部队士兵头戴有联合国英文缩写"UN"的天蓝色钢盔或蓝色贝雷帽，臂章缀有"地球与橄榄枝"图案。凡参加联合国维持和平部队的人员，必须被送到设于北欧4国的训练中心接受特种训练，以熟悉维和部队的任务、宗旨、职能和进行特种军事训练。

宪兵：多国家在军队中设立的特殊部队

宪兵是目前世界上多数国家军队的正规常设兵种，主要负责维持军队纪律，保障军队命令的执行，组织军事法庭。宪兵是名副其实的军队中的警察。宪兵通常拥有与部队相同的装备，其火力要大于一般警察。

宪兵是一支军队或某一级军事指挥机构内的组成部分，是许多国家在军队中设立的一个特殊部队或军种，该部队通常的任务不是与敌人作战，其职能主要是维系军纪，约束其他军人行为举止，处理军队中的各种刑事案件，特别是军人违犯军纪的事件。

我们经常在美国描写战争的电影中见到"MP"的字样，带有这个字样头盔的士兵就是宪兵。比如第二次世界大战结束后进行的纽伦堡大审判，站在纳粹战犯后面的军人就是美国的宪兵。

海外军制大观

美国"海豹"突击队

"海豹"（SEAL）是美军三栖突击队的别名，SEAL取SEA（海）、AIR（空）、LAND（陆）之意。突击队前身是美国海军水下爆破队，正式成立于1962年，海豹突击队现已成为美国实施低强度战争、应付突发事件的杀手。到1988年时已经扩大到两个战斗群，共有7个中队，人数约1600人。

美国"海豹"突击队（Navy Seals），世界十大特种部队之一，全称为美国海军"海豹"突击队。美国海军"海豹"突击队是世界上最为神秘、最具震慑力的特种作战部队之一。至今外界也很少有人知道"海豹"突击队会在什么地方执行任务、什么地方作为训练基地，等等，然而这支神秘的力量总是在国家最需要他们的时刻出现。

正在执行任务的"海豹"突击队队员

美军"三角洲"特种部队

"三角洲"部队人员编制 2500 人，是当今世界上装备最齐全、规模最大、资金最雄厚的部队。

美国"三角洲"特种部队队员

"三角洲"部队所进行的行动一直被笼罩在一层神秘的面纱后面，人们还难以了解背后的东西。但这支部队具有高素质人员和高技术装备以及强大的作战能力及高机动性，使其在未来国际反恐怖活动中，必将有令人瞠目的表现。

美国"三角洲"特种部队是在 1978 年 4 月仿效英国第 22 特别空勤团（SAS）建立的，在建制上参考了当时欧洲国家的反恐怖特种部队，但在职责设置上专司海外反恐怖行动。由于具有精良的装备武装起来的高素质人员以及高度的机动性，使其具有在"任何时候、任何地点"进行机动部署的能力。美国"三角洲"部队 20 余年来的战绩可以说是所有特种部队中最暗淡无光的，因而被形容为"永远当不成新娘"的特种部队。

美军的海外基地

第二次世界大战后，美军曾经在世界各地建立 5000 多个军事基地和军事设施。冷战结束后，由于国际形势的变化、美国军事战略的调整以及驻在国人民的强烈反对，美军在各地的军事基地的数量逐渐减少。

如今，美军共有 323 个海外基地和 478 个本土军事基地，形成既重视前沿基地，又重视战略运输线上的中间基地和后方基地的美国全球军事基地网络。这些本土和海外的军事基地多点线结合、多层次配置，控制着战略的要点和海上的要道。

在中东和东北非军事基地群共由 26 个军事基地组成，总兵力 2.1 万人，主要设在沙特阿拉伯、土耳其、阿曼、巴林、埃及和肯尼亚等地。在亚太地区，美军主要有 80 个军事基地，驻有美军约 17 万人。在格陵兰和加拿大地区建有军事基地 8 个，其中，大多数为空军的支援地和远程预警雷达站。在拉丁美洲，美军有 16 个主要的军事基地，这些基地主要集中在古巴、巴拿马和波多黎各三个地区，驻军约 9410 人。美军在格陵兰 8 个基地，多为空军的支援基地和远程预警雷达站，与阿拉斯加州的预警雷达站一起，构成北方预警系统实现监视美国北方天空的目的。

美军太平洋总部

1947 年 1 月，美军成立了太平洋总部，将司令部设在夏威夷的檀香山。该部门积极贯彻美国国家军事战略，同时，实现其"遏制侵略""对威胁和危机作出反应"以及所谓的"促进和平与发展"战略，并做好未来战争的准备。总部负责指挥美军在太平洋地区驻扎的兵力和装备，维护美国在亚太地区的国家利益。

欧洲军团：组成多种多样的部队

欧洲军团是欧洲防务合作的产物，是一支在原法德混合旅的基础上扩建而成的欧洲多国部队。根据 1998 年赫尔辛基欧盟首脑会议的决定，在发生危机的情况下，欧洲军团将作为欧盟的军事力量接受欧盟的指挥，主要执行以下三项任务：保卫欧盟和北约成员国；参加联合国维和行动；参加人道主义援助行动。目前，欧洲军团已基本完成向欧洲快速反应部队的演变。

数字化部队：部队的智能化

数字化部队，是指以计算机为支撑，以数字技术信息链为纽带，使部队从单兵到各级指挥员，从各种战斗、战斗支援到战斗保障系统都具备战场信息的最快获取、传输及处理功能的新一代部队。它可以实现最快获取战场信息、共享信息资源、将人和武器实现最佳结合等。

相比一般意义的机械化部队，数字化部队具有一些明显的特点，如作战指挥更加简单，作战保障更加便捷，作战行动更加迅速，作战能力明显增强等。目前，只有少数国家组建了数字化部队。2000 年，美军正式组建世界上第一个数字化重型师，即第 4 机械化步兵师。

日本自卫队：海陆空部队

日本自卫队是由首相领导，而管理则由防卫省（2006 年升格，意在提高政治影响力）负责。防卫省下设陆上自卫队、海上自卫队、航空自卫队，以及一个类似参谋长联席会议的统合幕僚会议。其他机关则有自卫队医院、防卫大学、防卫研究所等。

日本航空自卫队装备
F-15 型战斗机

陆上自卫队是陆海空三军中规模最大的，主要负责地面作战、地面防空、两栖登陆和近空空中支援作战。

日本海上自卫队是日本自卫队的海上部分，成立于 1954 年 7 月 1 日。

日本航空自卫队是一支空中与空防力量合一的部队，规模不大，但武器装备精良，人员训练有素，是亚洲地区少数装备 F-15 型战斗机的国家之一，其空中截击能力仅次于美国和以色列，并堪称是亚洲地区信息化程度首屈一指的空中力量。

瑞士的特殊编制：信鸽部队和自行车部队

瑞士的信鸽部队非常有名。瑞士是世界上唯一信鸽服兵役的国家，其信鸽部队的几个分队共有 4 万多羽鸽子。

信鸽一般是怎么执行任务的呢？像在哥伦比亚，信鸽是这样为警察局服务的：信鸽被放出去后，利用其胸前的一台自动快门照相机，边飞行边拍摄。

瑞士自行车部队，创立于 1891 年，距今已有 100 多年的历史。瑞士自行车部队不仅编制人数多，而且一直到 2003 年的改编中才被撤销，成为世界上保留时间最长的自行车部队。

执勤的军犬："永远忠诚"

军犬是在军队中服役的犬的统称。犬是一种具有高度神经活动功能的动物，它对气味的辨别能力比人高出几万倍，听力是人的16倍，其视野广阔，有弱光能力，善于夜间观察事物。经过训练后，军犬可担负追踪、巡逻、携弹、鉴别、侦破、搜查毒品、搜捕警戒、看守、通信、搜查爆炸物等任务。

机智神勇的军犬

目前，我国各战区、海、空军和武警都建有军犬训练基地，如今，已有近万条军犬在军队服役，成为一种有着特殊作用的军事力量。

没有军队的国家

世界上确实存在没有军队的国家。这种没有军队的国家可以分成两种情况。

第一种，像瑞士这样的国家。虽然它没有把士兵组织起来，但这个国家实行的是全民皆兵制，平时没有组织和编制，但是每个适龄青年都有受军事训练的责任和义务，在战时接到动员令就会自觉参战。

另外一种情况，国家的人口太少，面积太小，没有必要设置军队。即使成立了军队，也难抵外侵。所以还是不设的好，省了经费。这样的国家有瑙鲁、西萨摩亚、巴哈马、圣卢西亚、圣马力诺、梵蒂冈、摩纳哥，等等。

第三章
军队建制

军队建制的历史演变

现代军队编制一般都是统一的，现代军队的建制在平时和战时的编制基本相同，在需要调动的时候，也是采取成建制的调动模式。

中国古代，军队往往有两种编制，一种是战斗部队的编制，另一种是平时组织训练的编制。当要组建参战部队时需要将士兵重新组织到新的战斗编制中去，打破原来的编制。

商代开创了"什伍之制"，周朝继承了这样的编制方法，周武王在《牧誓》中就提到"百夫长""千夫长"。春秋时期，步兵作为一个重要的兵种在军队中的比重

骑兵和步兵战斗图　南北朝

该图取自甘肃省敦煌市莫高窟第 285 窟壁画，绘制的是西魏重装骑兵和步兵战斗的场面。从画面中可见到戟式双刃陌刀、长柄矛、环首刀、弓箭及盾牌等武器的使用情况。

越来越大，后来步兵单独形成了新的编制。由于春秋时期战争频发，"左中右的三军"这种战术单位逐渐固定，成为"师"以上的又一编制单位。到了战国时期，步兵成为战场的主力。

秦朝的成年男子一律入伍，这叫"士伍"。没有战争的时候，每个人就近进行编伍，展开训练，负责当地的治安。一旦战争爆发，就被派到前线浴血杀敌。

西魏、北周实行府兵制，这是军队编制的一次重大改革，隋唐继承了这一制度，使得这一时期的军队编制非常规范、齐整。

宋朝采用职业军的做法，可是在当时的年代，这种方法所取得的效果并不理想。明中后期，募兵制度开始盛行。募兵制具有非常强的地方性，各个地方的将领就在本辖区内招募士兵，全国并没有一套统一的方案。

从清朝开始，八旗制度开始形成；太平天国时期，曾国藩等人又采用全新的编制，建立了湘军、淮军。

部队建制

部队，泛指军队，也指军队的一部分，比如说，现役部队、导弹部队等等。从专业角度来讲，部队是指团以上的各级组织。团是可以独立遂行作战任务的基本战术部队，其组织结构形式，与旅、师、军、集团军、兵团等战役战略单位基本相同，都可以按全军的序列统一授予番号、代号、印章、军旗，设有领导指挥机关，编有作战和战斗、勤务保障单位。

空降团成员

团：最基础的部队建制

团，为基本战术部队，由若干个营（或连）及战斗、勤务保障分队编成的军队一级组织。通常隶属于师（或旅）。一般在师（或旅）编制内遂行作战任务，亦可独立作战。依任务、装备和编成，分为步兵团、摩托化（机械化）步兵团、导弹团、坦克团、炮兵团、航空兵团、工兵团、通信团、空降团、防化团、汽车团等。

中国古代，军队就以团作为一级组织，清末新军称这一级的军队组织为"标"，一标之长为"统带官"，又称为"标统"。1912 年，中华民国南京临时政府统一军队组织名称时，将标改称团。中华人民共和国成立后，组建了导弹团、航空兵团、防化团、空降兵团、通信团、雷达团、探照灯团和机械化步兵团等。

旅：升级后的战术部队

旅，由若干个营（或团）及战斗、勤务保障分队编成的军队一级组织。一般在上级编制内遂行作战任务，同样也可以单独进行作战。通常隶属于师或集团军（军）为战术兵团。依任务、装备和编成，分为步兵旅、炮兵旅、坦克旅、海军陆战旅、战术火箭旅、空降旅、舟桥旅等。

中国古代"旅"有时泛指军队，或作为军队的一级组织。20 世纪初，清末新军设协。民国时期，将协改称旅。世界上，旅最早出现于 16 世纪下半叶的西班牙军队。19 世纪初，法、俄等国军队将旅列为步兵和骑兵的固定建制单位，隶属于师。20 世纪上半叶，许多国家的军队组建特种兵旅。

师：若干团或旅编成的军队组织

师，由若干个团（或旅）编成的军队一级组织，由指挥机关进行领导，编有战斗、勤务保障部队、分队。通常隶属于集团军或军。为基本战术兵团。按任务、装备和编成，可区分为坦克师（装甲师）、步兵师（徒步步兵师、摩托化步兵师、机械化步兵师、山地步兵师、重装步兵师、轻装步兵师）、炮兵师、空中突击师、高射炮兵师、防空师、空降师（空降兵师）、航空兵师、海军陆战师（海军步兵师）等；按战备程度的不同，有架子师、满员师、简编师、动员师等。

师是构成战略战役军团的基础，也是计算战略战役力量对比的基本单位，其数量和质量是衡量军队作战实力的主要标志。

中国的师作为军队的编制单位，最早出现于商朝，当时师为最大的建制单位。近代意义的师出现在18世纪的欧洲。当前，世界一些国家军队中师的主要类型有：炮兵师、步兵师、坦克师、防空师、空降师，等等。

坦克师

军：战役战术兵团

军，为战役战术兵团，隶属于军区、方面军，由若干个师（或旅）编成的军队一级组织。军，通常设有领导指挥机关，设有战斗、勤务保障部队、分队。根据任务、装备和编成划分，可以分为空军军、陆军军（步兵军）、坦克军、空降军等。

军在中国古代曾泛指军队或作为军队的最高建制单位。中国人民解放军初创时，即有军一级组织，但没有统一的编制和番号。1930年，全国红军代表会议决定，各地红军统一按军团、军、师、团的序列编制，军一般辖3个师。后来，军一级组织几经变化，规模和编成不尽一致。

集团军：基本战役军团

集团军为基本战役军团，是由若干个军、师编成的基本战役军团。一般隶属于军区或方面军，设有领导机关，编有由步兵、防空兵、装甲兵、炮兵、工程兵、电子对抗兵、通信兵、防化兵、陆军航空兵等兵种或专业兵组成的战斗部队和勤务保障部队。

集团军分为甲类集团军和乙类集团军，是因为部队的历史和战斗力的不同，部署在不同的作战区域，又有不同的假想敌和不同的作战任务。

19世纪初，随着军队人数的增加，武器装备和交通运输能力的发展，战役规模的扩大，为提高作战指挥的效率，军队开始组建集团军。

第二次世界大战期间，苏、美和德、日等国军队中，集团军不断增多，出现坦克集团军、诸兵种合成集团军、空军集团军和防空集团军。

兵团：由师旅组成的战术兵团

兵团有多种含义：1.军、师、旅级作战部队的统称。如中国人民解放军的军为战役战术兵团，师为基本战术兵团，旅为战术兵团。2.泛指参战的军事集团。如主力兵团、地方兵团、游击兵团等。3.指由军、兵种部队组成的集团。4.军队一级的组织。5.军队的一个编制等级。

分队建制

分队，军队中相当于排或者连、班一级的组织。通常隶属于中队。如，侦察分队等等。

有时候，分队也指军事机关内各部门的通信代号。通常按专业角度来讲，分队是军队中营、连、排、班及与其相当单位的统称。作为部队的组成部分，分队的结构单纯，没有机关的编制，不授予全军统一的番号、代号、军旗、印章。

希特勒视察他的帝国卫队。

营：隶属于团的分队

营：军队单位，包含有一个指挥部，两个以上的班、连或类似的下属单位，隶属于团。其最高军事长官为营长，一般由上尉或少校担任。军队编制的一级，主要由一个司令部和两个排以上的连、炮兵连或类似单位组成。一个营配有 4 个连左右，人数大约在 500 人。

连：种类繁多的战术分队

连，由若干个排（或班）编成的军队一级组织。通常隶属于营，为基本战术分队。一般在营的编制内遂行任务。直属团以上单位的连称独立连，多担负技术和勤务保障任务。依任务、装备和编成可分为步兵连（装甲步兵连、摩托化步兵连、机械化步兵连）、坦克连、炮兵连、导弹连、侦察连、雷达连、防化连、工兵连、通信连、电子对抗连、汽车连等。

排：由任务、装备编成的小分队

排，由若干个班编成的军队一级组织。通常隶属于连，为战术小分队。设排长，由军官或士官充任。一般在连的编制内遂行任务。依装备、编成和任务，区分为步兵排（摩托化步兵排、装甲步兵排、步兵战斗车排）、工兵排、侦察排、坦克排、炮兵排、雷达排、汽车排、勤务排、通信排、修理排等。

随着新兵种的出现，高新技术和武器装备的发展，排的种类不断增多。世界上，大多数国家军队的专业兵及勤务保障部队、分队和各兵种，都有排的建制。美军机械化步兵排由 1 名排长（少尉军官）指挥，编 40 余人，辖 3 个步兵班、1 个火器班。中国人民解放军的排，由建军初期的 20 多种增加到近 400 种。排通常编 30~40 人，辖 3~4 个班。

班：最基层的小分队

由若干名士兵编成的军队最基层的一级组织。通常隶属于排。设班长，由军士担任。一般在排的编制内遂行任务。依任务和装备，分为步兵班、工兵班、通信班、摩托化（机械化）步兵班、炮兵班、汽车班、防化班等。坦克乘员组和海、空军的某些专业兵组也相当于班。

中国历代军队最基层的一级组织的名称不一，常见的有伍、火、小旗、棚等。中国人民解放军自建军始就以班为最基层的一级组织。

组：执行任务的最小单位组合

组是指军队中，某些军种、兵种、专业兵部队的最小一级组织，相当于班。如，坦克乘员组、无线电报务员组、边防执勤小组、海、空军的某些专业兵组等。在战争年代，每个班分成若干个小组进行作战。

一支德军炮兵小组正在搜索刚刚攻下的城镇。

队的建制

总队

总队，由各分队组编的军事团体，总指挥机关的级别与师、团相当。我国武警部队属于正大军区级，每个省、自治区、直辖市设有武警总队、消防总队等，总队级别为正师至副军级。

支队

支队，军队中相当于师或团的一级组织。在海军，支队属于师级编制，比如驱护舰支队、潜艇支队，下辖若干舰艇（正团至副团）等；在武警部队，支队是团级编制，直属于省级武警总队（副军至正师级）。

美国海军的支队由两个或两个以上的驱逐舰中队或驱逐舰以下舰种中队，加上附加舰船编成。

大队

军兵种和专业部队中相当于团或营的一级组织。如舰艇大队、飞行大队、测绘大队、技术大队等。

美国和俄罗斯的海军、空军也设大队。中国人民解放军第二炮兵和某些军区、海军、空军设有大队，如海道测量船大队、测绘大队、护卫艇大队、航图大队、航空兵大队、轰炸机大队等。中国人民武装警察部队同样设有大队。

中队

中队，武装力量中相当于营或连的一级组织。中国人民解放军的海军、空军及院校中设中队。如飞行中队、舰艇中队等。中国人民武装警察部队在县（旗、市辖区）编有中队。

区队

区队，军队中相当于连或排的一级组织。比如，美国海军把一艘舰（艇）的全体人员分编成若干个区队，以便于作战指挥和行政管理。中国人民解放军的院校中，学员中队下设若干区队。

小队

军中相当于排或班的一级组织，隶属于中队。比如俄罗斯边防军中编有边防小队、边境警戒小队等。

军团：大规模的军队

"军团"一词有多种使用情况：1.方面军与集团军两级作战部队的统称。2.历史上一些国家军队的编制单位。如古罗马以军团为部队的最高编制。3.历史上一些国家军队的泛称。如中国唐朝时候的军团就是府兵的别称。

军团是一个国家的军事力量，奉命保卫其国家的安全，并且维护它在世界上的利益。军团能够在远离家园的状况下坚持长期作战，是一种复杂的组织。军团通常是大规模的军队，由不同专业的兵种组成。由于这些组成份子具有十分可观的战力，因此国家的领导阶层对于

在英国港口整装待发的盟军士兵

他们的整合和力量都十分关注。在中国人民解放军的军语中，战略战役军团为方面军，战役军团为集团军。

然而，军团在历史上也曾被作为军队的编制单位而出现过。另外，有些国家联合组建的军事集团也被称为军团。

方面军：若干个集团军组成的军队组织

方面军，由若干个集团军（军）及战斗、勤务保障部队编成的军队一级组织，隶属于统帅部。通常在战时组建，诸兵种合成的战略战役军团，担负一个或数个战役方向上的作战任务。可独立作战或与其他方面军协同作战。

基地建制

基地，是军队的一种建制形式。但是不同的国家对此的称谓有所不同。有的称"沿海军区"，有的称"海防区"等，还有的把海军军港也称为海军基地。海军基地的设置，是根据海军兵力部署的需要和海区地理条件等情况确定的，通常设置在沿海要港、要地。少数

壮观的海军基地

拥有远洋进攻能力的海军的国家,还在海外设置海军基地。比如,美国在本土建有海军基地140多个,在海外(如英国、日本、菲律宾等国)设海军基地30多个。

海军基地:国家海防的重要构成因素

海军基地,担负一定海区的作战任务,并为辖区内海军兵力的驻屯、训练和战斗活动提供勤务保障的海军一级组织。通常隶属于舰队,下辖舰艇部队、防空部队和观察、水警区、通信、航海保证、岸防兵部队(见海军岸防兵)、工程、防化、修理、后勤等部队、分队。具有港口、驻泊点和飞机场等驻屯设施,对海、对空和对陆防御配系。对核、化学和生物武器袭击的防护设施,通信、观察配系和指挥机构,舰艇修造厂,仓库及部队生活服务设施等。海军军港习惯上亦称为海军基地。

海军基地的主要任务是保卫辖区海域的安全,保障辖区内海军兵力的驻泊和机动,为辖区内驻泊的海军兵力提供战斗保障、技术保障和后勤保障。

空军基地:执行空军任务的军事基地

保障航空兵驻扎、训练和作战的军事基地。基地内除驻有航空兵部队外,一般还驻有防空部队和警卫部队等,是航空兵训练、作战的依托。空军基地通常是一个设备完善的大型机场,有航空器材、油料弹药、军需等供应机构以及飞机维修、通信、导航、气象、运输等勤务保障部队、分队,还有跑道、滑行道和停机坪等场面设施。

其中,基地勤务部队的编成,根据所支援驻军的性质和兵力大小而定。在通常情况下,空军师和作战联队设支援大队,航空队驻地设基地联队。基地勤务部队一般由设施、补给、运输、通信、宪兵、炊事等单位组成。在有的国家,通常也把空军管辖的设施较完善的大型军用机场或机场群称为空军基地。

现代化的空军基地

第一次世界大战时期空军基地开始建立，到第二次世界大战结束后，在本土和国外建立空军基地最多的便是美国和苏联两个国家。其中，美国在国外建有 50 余个，在本土建有空军基地 200 余个。美国空军基地通常按性质由空军各大司令部管辖，编有基地司令部和各种勤务部队，并驻有不同建制的空军单位。

后勤基地：保障部队后勤设施及物资储备的场所

后勤基地是指军队在战略战役或战术后方建有相对固定的后勤保障设施，并设有相应机构和储有一定物资的基地。

后勤基地有多种分类方式，按保障内容分为综合保障基地和专业保障基地；按保障任务分为战略后勤基地、战役后勤基地和战术后勤基地；按保障对象分为联勤基地、陆军后勤基地、海军后勤基地、空军后勤基地。

其中，综合保障基地一般储备物资种类全，保障能力强，其机构编成通常包括指挥机关、仓库、医院和运输、工程、修理、通信、警卫等部队、分队。

而专业保障基地一般分工较细密，保障内容较单一，如医疗基地、储备基地、补给基地、修理基地等，其机构编成通常只包括相应的专业勤务机构和专业保障部队、分队。

总体来说，现代战争条件下的后勤基地，一般是根据战略、战役、战术任务选定，并与经济建设布局相结合。

梯队：执行战略任务的阶梯组织

梯队，通常是指部队的编制番号，有些国家将在战争中用于执行战略任务的军队集团称为梯队，区分为战略第一梯队、战略第二梯队。

还有一种情况，梯队通常指行军或作战时，依任务和行动顺序将部队划分成若干部分，由前向后排列的阶梯式队形，一个部分为一个梯队，依次为第一梯队、第二梯队，等等；或称前梯队、后梯队；先头梯队、后续梯队。

独立部队：没有兵种划分的部队

独立部队：正常编制外遂行特殊任务的部队。这是各军种、兵种和专业兵中在正常编制序列之外编成，用于遂行特殊任务的战术和行政管理单位的统称。如独立师、独立旅、独立团、独立营、独立连、独立大队等。

所谓独立部队，包括三种情况。第一种是指有的部队是由几类兵种编成，应该划为何兵种不好确定，即它有双重或多种性质，无法划分它属于哪种部队；第二种是指有的部队是属于某个兵种之下的一个门类，自身不能独立成为兵种，不能以兵种来划分；第三种是指各兵种中都有独立编制的部队，但从编制序列的角度看，它们都具有"独立"这一共性。这三种情况下，这样的部队被编成"独立部队"。

内卫部队：承担城市内部安全的部队

各个国家对内卫的定义不同，多数组建有内卫部队的国家，是用来保卫政府重要职能部门和重要的交通设施的安全，并在应急时候在不调动正规编制的作战部队时能平息一些小规模武装动乱。有些国家内卫部队编制人员比较多，所以在一些国家主要城市安全也是由内卫部队来完成的。

在中国，内卫部队是武警部队主要组成部分，受武警总部的直接领导管理。包括各省、自治区、直辖市武警总队、机动师和总部直属单位。内卫部队的主要任务是承担固定目标执勤和城市武装巡逻任务，保障国家重要目标的安全；处置各种突发事件，维护国家安全与社会稳定；支援国家经济建设和执行抢险救灾任务。

俄罗斯最早的内卫部队诞生于亚历山大一世时期，1881 年，由于拿破仑带领部队入侵沙皇俄国，所以那一时期亚历山大一世颁布一系列的法令，组建了一支非常强大的内卫部队。

守备部队：守备驻地的"铜墙铁壁"

守备部队，是指专门驻守军事要地的部队。有的国家的海岸防御部队也称为守备部队，有些国家的守备部队起初专指防守要塞的部队，后来将防守要塞或驻守在筑垒地域的部队泛称为守备部队。

守备部队在以下方面具有重要作用：守卫军事要地，迟滞、消耗敌军，防止敌人长驱直入，使国家由平时体制转入战时体制，等等。

守备部队主要担负海岛、要塞或特定重要城市的设防和守卫等任务，除了这些以外，还有一些属于国防院校驻军。

根据防守地区的范围和任务的不同，中国人民解放军的守备部队实行不同的编制，包括要塞区、警备区、守备师、守备旅、守备区、守备团等。

边防部队：守卫祖国的边疆

边防部队，专门驻守边疆的部队。世界上许多国家在古代都曾派部队守边疆。现代大多数国家都设有边防部队。有些国家的边防部队自成体系，称边防军；有些国家的边防任务由警卫队或警察部队担任。

中华人民共和国建立后，中国人民解放军

加拿大北极地区的守备部队

边防部队的主要任务是：严守国界，保卫边疆，同一切侵略、挑衅行为作斗争；参加边疆社会主义建设，做好群众工作和民兵工作；负责边境值勤、管理，维护边境秩序，保护边疆人民生命财产的安全；处理边境涉外事务，增进中国人民与邻国人民间的友谊等。

山地部队：土生土长的执行山地作战任务的部队

山地部队，是指遂行山地作战任务而编组的部队。通常包括步兵、炮兵、工程兵及其他部队、分队编成。

世界上第一支山地部队是由法国于 1887 年建立的第 27 步兵师。当今，许多国家编有山地部队，其编制规模有军、师、旅、团等。通常装备步兵武器、轻型炮兵武器、直升机、山地工程作业设备和适于在山地行进与驮载的运输工具等。

世界最著名的山地部队莫过于意大利的阿尔卑斯山地部队，这支部队由 5 个旅组成，是意大利军队非常重要的组成部分。这支部队的所有士兵都是从阿尔卑斯山当地人中精心挑选出来的，每个人对当地环境十分熟悉。

拆弹部队：解除弹药危险的作战部队

第二次世界大战开始后，很多国家都组建有拆弹部队。目前，世界上很多国家都有拆弹部队，虽然它还构不成一个兵种，但无论在平时还是战时，无论是在前方还是后方，各国都很重视这支部队的建设。例如英国拆弹部队，它在第二次世界大战中就表现得很突出；在战后，也表现不凡。在不计其数的拆弹实战之后，英国拆弹部队积累了丰富的城市拆弹经验，在技术上也颇有突破。

《拆弹部队》剧照

2008 年，一部以战争为背景，讲述拆弹部队故事的电影荣获奥斯卡金像奖。这部电影真实地反映了拆弹工作的危险性和必要性，详细地介绍了拆弹部队战士的工作和生活。

机械化部队：快速移动的防御部队

陆军中建制内的装甲战斗车辆实施机动和战斗的部队，一般称作机械化部队。机械化部队是快速移动型的防御部队，而且是会在战斗中快速撤退的部队。城市的战略资源贮存区中，必须要有原油以及橡胶才能产生机械化部队。机械化部队的出现代表着部队可以快速进入战场之中，而且快速冲破敌人的防御据点。但是像这样的快速推进，也会使得已获胜的占领区域变得毫无防备。

机械化与摩托化，只出现在陆军步兵师、旅、团级单位。机械化这个理念是第二次世界大战后逐步兴起的理念，主要是为了让步兵配合坦克装甲部队进行大纵深突击，而不用在搭乘坦克，组建的部队其主要运输工具是履带式步兵战车、履带式人员输送车。具有较强的装甲防御可保护步兵，具有较强的火力和机动性可配合坦克作战。

防守部队：驻守在舌喉部位的军队

要塞区是在海防要地设立的军队组织。中国人民解放军的要塞区隶属于军区，下辖若干个守备区和守备部队、分队，担负本区域的战备设防和战时坚守作战任务。要塞区大都筑有永备工事，配有较强火器，储备充足资源，形成独立的防御体系，对国防起着战略屏障作用。

守备区是指在某些军事要地设立的军队组织。世界上有些国家把守备部队驻守的筑垒地域都称为守备区。守备区隶属于军区或要塞区，辖守备队，具有一定的独立防御作战能力，担负所在军事要地的坚守和设防任务。

"联队"：日本部队的称号

联队是日本军队单一兵种最大的作战单位，联队的编制通常有3000~3500人，人数根据兵种的不同而定。常见兵种有步兵、炮兵、骑兵、辎重兵、工兵。特殊兵种有航空兵、机动兵、船舶兵、电信兵，另外还有独立混成联队、特设联队。各兵种中，步兵联队编制人员最多，相当于一个旅的编制。联队长通常由大佐担任，有时也有中佐充任。步兵联队和骑兵联队的重要象征是军旗，通称"连队旗"，步兵联队和骑兵联队以外都没有军旗，军旗是在联队创立时由天皇授予。

第四章
军人衔级

衔级含义：军人等级的区别工具

军衔是指军队中对不同职务的军人授予的等级称号，军衔将军人的荣誉称号、待遇等级和职务因素融为一体，使其兼有调整部队指挥关系和调整个人利益关系的两种功能。军衔分为临时军衔和永久军衔两类。一般军衔是指永久军衔。军衔一般分为帅、将、校、尉、士官、士兵6等。每级再细分数级。

军衔最早出现于15世纪末，是伴随着常备军的产生和发展逐渐完善的。军衔的主要作用是鲜明地表示军人的军阶高低，通过把官兵的等级在服装上表示出来的方法，以便于准确识别和指挥作战，确定相互之间的隶属关系。

俄国是世界上实行军衔较早的国家之一。16世纪中叶，俄国军队首先在射击兵中实行了军衔。到17世纪末18世纪初，彼得一世才在他建立的正规军中实行统一的军衔体制。苏联十月革命胜利后专门颁布法令，废除了旧的官衔军衔。到1935年，苏军才颁布了新的军衔制。

美国军队军衔制的第一个倡导者是乔治·华盛顿。1775年，华盛顿第一个在美国军队中推广和实行军衔制。经过200多年的发展，美军已形成了比较适合其特点的军衔体制。美军不设元帅，分为将、校、尉、准尉、军士、兵6类。

中国人民解放军于1955年第一次颁布了自己的军衔，当时的军衔分为帅、将、校、尉、军士、兵等6种，其级别20多个。20世纪60年代中期，中国人民解放军取消了军衔。从1988年起，中国人民解放军又恢复了军衔。比起20世纪50年代的军衔，目前的军衔更加简明，等级级别进一步减少，形成了独具特色的军衔体制。

军衔制度：军人的"身份证"制度

军衔是区分军人等级，表明军人身份的称号、标志，是国家给予军人的荣誉。

通常由将官、校官、尉官、准尉、士官、士兵构成其等级体系，有的国家还设有元帅。以置于肩、领或袖、帽等处的专门徽章符号，标志军人的军衔等级和所属军种、兵种及专业勤务。军衔的种类，按其性质，可分为正式军衔、临时军衔和荣誉军衔；按兵役，可分为现役军衔、预备役军衔和退役军衔。

实行军衔制度，有利于提高军人的责任心和荣誉感，方便军队的指挥和管理，促进军队正规化建设；对国际联盟作战和军队交往也具有重要意义。许多国家的法律规定，军衔是军人的终身荣誉，非经法律判决不得剥夺，具有一定功绩的军人退役后，在规定的场所有权着佩戴军衔符号的军服。

中华人民共和国建立后，中国人民解放军于 1955~1965 年第一次实行军衔制度时，军衔设 7 等 19 级：中华人民共和国大元帅（设而未授）、中华人民共和国元帅；大将、上将、中将、少将；大校、上校、中校、少校；大尉、上尉、中尉、少尉；上士、中士、下士；上等兵、列兵。在实

易北河会师后的盟军战士，他们有不同的军衔。

际授衔过程中，还授予了准尉军衔作为尉官的最低一级。

1988 年 7 月，中国人民解放军恢复实行军衔制度，军衔设 6 等 18 级：一级上将（设而未授）、上将、中将、少将；大校、上校、中校、少校；上尉、中尉、少尉；军士长、专业军士；上士、中士、下士；上等兵、列兵。

1993 年 4 月，士官军衔增加等级，军士长和专业军士军衔，由高至低各分为四级、三级、二级、一级。

1994 年 5 月，将官军衔中不再设一级上将。

1995 年 5 月，第八届全国人民代表大会常务委员会第 13 次会议通过，颁布《中华人民共和国预备役军官法》，规定预备役军官军衔为 3 等 8 级：预备役少将；预备役大校、上校、中校、少校；预备役上尉、中尉、少尉。

军衔的法律效力：受法律认可和保护的功能

军衔具有一定的法律效力。军衔受法律认可和保护的功效和职能，称为法律功能。将、校、尉等军衔等级体系，同军、师、团、营、连、排长等职务等级体系，都具有区分等级的功能，但其性质不同。军衔是授予个人的等级称号，上校、上尉等衔称区分的是个人的级别，团长、连长等职务区分的是岗位的台阶。

从专业角度来讲，授予军衔和任命职务，都是一种法律事实，但法律赋予它们的功能却不同。授予军衔，是对个人劳绩贡献总和的肯定，无论他在什么单位、什么岗位工作，只要军衔不因犯罪被剥夺，法律就保证其永远享有军衔赋予的权利和待遇。

军衔有许多法律功能，比如以下几个方面。

第一，军衔有确立军官身份的功能；

第二，调整军人利益关系上的功能；

第三，确定非隶属系统军人上下级关系的功能；

第四，标志社会荣誉方面的功能。

军衔的历史：四代汉语军衔等级

军衔制度本是由西欧国家传入中国的，军衔等级称号的汉语名称几经变更，迄今为止已经更新到了第四代。

第一代：

1904年，清朝政府在《另定新军官制事宜》的奏折中首先提出，1905年9月16日《陆军军官军佐任职等级及补官体制摘要章程》正式命名了三等九级的军官军衔称号。上等军官称都统，中等军官称参领，下等军官称军校，每等分正、副、协三级。

军官三等九级的全部称谓是：

正都统、副都统、协都统；正参领、副参领、协参领；正军校、副军校、协军校。

第二代：

辛亥革命胜利后，南京临时政府一成立，清朝政府命名的军衔等级称号被立即废弃，《军士制服令》中匆促提出新的军衔等级称谓。上等军官称将校，中等军官称领，次等军官称尉，每等分大、中、少三级。

军官三等九级的全部称谓是：

大将校、中将校、少将校；大领、中领、少领；大尉、中尉、少尉。

第三代：

1912年，南京临时政府正式颁布军队等级制度法规，在《陆军军官佐士兵阶级表》中正式命名了军官的军衔称号。上等官佐称将军，中等官佐称都尉，初等官佐称军校，每等分大、左、右三级。

军官三等九级的全部称谓是：大将军、左将军、右将军；大都尉、左都尉、右都尉；大军校、左军校、右军校。

第四代：

1912年，北洋政府另外颁发《陆军官佐士兵等级表》，重新命名了军官军衔称号。上等军官称将官，中等军官称校官，初等军官称尉官，每等分上、中、少三级。

军官三等九级的全部称谓是：上将、中将、少将；上校、中校、少校；上尉、中尉、少尉。

这种称谓一直沿用到现在，后来只是在每一等里面的级数上有所增加。如人民解放军在20世纪五六十年代实行军衔制期间，增设了大将、大校和大尉。

军衔类别

根据不同的分类标准，军衔可以有多种类型。按军衔的属性，可分为职务军衔和个人军衔；按军队种类，可分为陆军军衔、海军军衔和空军军衔；按军衔的效力，可分为正式军衔、临时军衔和荣誉军衔；按兵役状况，可分为现役军衔、预备役军衔和退役军衔；按工作业务，可分为不同专业勤务军衔。

编制军衔：职务军衔

编制军衔，又称"职务军衔"，就是对军队的每一个职务所规定的军衔等级。军人个人的军衔必须是在其所担任职务的编制军衔范围内授予或晋升。

世界各国军队一般都规定有编制军衔，但编制幅度不尽相同，有的一职编一衔，有的一职编数衔。规定一职编一衔的英美等国家，辅以临时军衔制度，来调整新老军官的利益关系，规定一职编数衔的国家，则用编制军衔的幅度来调整新老军官的利益关系。

美国的军官职务编制军衔规定：

上将：参谋长联席会议主席、军种参谋长、战区司令官；中将：军种副参谋长、军长、舰队司令；少将：师长、航空母舰特混部队司令；准将：副师长、独立旅旅长；上校：团长、空军联队长、舰长；中校：营长、舰艇中队长；少校：副营长、舰艇分队长；上尉：连长；中尉：副连长；少尉：排长。

印度的军官职务编制军衔规定：

美国海军上将詹姆士·朱厄特

上将：军种参谋长；中将：军区司令、舰队司令；少将：师长、军分区司令；准将：师参谋长、旅长；上校：旅参谋长、飞行联队司令、舰长；中校：营长、特种兵团长、飞行中队长、二级舰长；少校：副营长、特种兵副团长、飞行中队长、三级舰长；上尉：连长、飞行副分队长、艇长；中尉：副连长；少尉：排长。

中国人民解放军的编制军衔，基本上实行一职编两衔的制度，1994年全国人大常委会通过修正的《军官军衔条例》规定：中央军事委员会副主席、中央军事委员会委员、总参谋长、总政治部主任的职务编制军衔为上将，其他各职级的编制军衔为：

大军区正职：上将、中将；大军区副职：中将、少将；正军职：少将、中将；副军职：少将、大校；正师职：大校、少将；副师职（正旅职）：上校、大校；正团职（副旅职）：上校、中校；副团职：中校、少校；正营职：少校、中校；副营职：上尉、少校；正连职：上尉、中尉；副连职：中尉、上尉；排职：少尉、中尉。

个人军衔：永久军衔

个人军衔，又称"正式军衔""永久军衔"。这种军衔称号是军官的终身荣誉，因为它是根据军官德才表现、所任职务、工作实绩、在军队中服役的经历和对事业的贡献等综合因素，授予个人的军队等级称号。世界上多数国家的军衔制度，个人军衔在军官退役后仍然予以保留，属于永久军衔性质。只是在军衔称号前冠以"退役"二字，比如"退役上校""退役中将"等，也正因为如此，被称为永久军衔。

永久军衔的特点是将军官的荣誉称号、待遇等级和职务因素融为一体，具备两种功能，一是调整部队指挥关系，二是调整个人利益关系。

中国人民解放军1988年颁布、1994年修正的《中国人民解放军军官军衔条例》中这样规定："现役军官退役的，其军衔予以保留，在其军衔前冠以'退役'。"

军官的军衔必须是在其所任职务编制军衔范围内授予或晋升，但在所任职务编制军衔的幅度内，军衔的授予或晋升，可以是"高衔"，也可以是"低衔"。所以，经常会出现资历浅的连长是中尉，而资历深的副连长却是上尉这样"职衔倒挂"的现象。

《中国人民解放军军官军衔条例》中有这样的规定，在一般情况下，"军衔高的军官对军衔低的军官，军衔高的为上级。当军衔高的军官在职务上隶属于军衔低的军官时，职务高的为上级"。根据这一规定，同在一个连队工作的上尉副连长，必须作为下级而服从中尉连长的指挥。

另外，在世界上有少数国家为了避免这种职衔倒挂的情况出现，实行个人军衔与职务军衔相结合的制度。

临时军衔：职务军衔、名誉晋级

英国海军中将西摩尔，就是他率领八国联军向北京进犯。

临时军衔，又称"职务军衔"或"名誉晋级"，英国人又称为"荣誉阶级""加衔阶级"。它是按照军官所任职务佩戴军衔符号，任什么职就佩戴什么职务所对应的军衔符号，职务下降军衔也随之降低，职务消失军衔也就失效了。

最早来源于"名誉晋级"的临时军衔，起源于拉丁语。美国19世纪60年代开始实行名誉晋级制度。西方国家实行临时军衔制度最初是为了既可以在战时把更大的职责交给军官，又可以避免在战争结束后出现过多的高级军衔。

军衔晋升是军人的一种权利。各国对校级以下军官及士兵军衔的晋升期限，都有具体、严格的法律规定；将官军衔的晋升，通常实行择优选升，不规定具体期限。

实行临时军衔与永久军衔的意义在于，按临时军衔佩戴军衔符号，可以实现职务和军衔符号相一致，便于对部队的作战指挥和平时管理；按永久军衔享受个人生活待遇，使军官的待遇不只是同职务挂钩，而是同全部的劳绩贡献挂钩，有利于调整新老军官之间的利益关系，调动更多人的积极性。

和平时期，为使军人的军衔与其所任职务相一致，有的国家实行临时军衔制度。比如美国就有这样的规定：下士以上军人正式军衔尚未期满，而被正式任命或临时任命为比其正式军衔高的职务时，则授予同新任职务相适应的临时军衔。军衔一般都是按期逐级晋升，因职务提升而军衔低于新任职务的编制军衔，或在工作中建有突出功绩的军官，军衔可提前晋升。临时军衔，一般都高于本人的正式军衔。被授予临时军衔的人员，其权力和服装式样与正式军衔相同。职务下降时，临时军衔亦随之下降，但不得低于原有的正式军衔。英国、印度等国，亦实行临时军衔制度。

军兵种和勤务军衔

外国军队的军衔类别，大都按军种划分，如陆军上将、海军中校、空军少尉等。有的国家还在军种中再划分出若干兵种和专业勤务，如美国陆军军衔中就包括有步兵、野战炮兵、军械兵、宪兵、特种部队、医疗队、化学兵、财务兵、参谋等30余种类别，每类都有专门的符号加以标志。

中国人民解放军第一次实行军衔制期间，《中国人民解放军军官服役条例》规定，现役军官军衔分为 7 类 18 种。第 1 类为指挥军官和政治军官军衔，其中又划分为 12 种：步兵军衔、骑兵军衔、炮兵军衔、装甲兵军衔、工程兵军衔、铁道兵军衔、通信兵军衔、技术勤务兵军衔、公安军军衔、空军军衔、海军军衔、海岸军衔；第 2 类为技术军衔；第 3 类为军需军衔；第 4 类为军医军衔；第 5 类为兽医军衔；第 6 类为军法军衔；第 7 类为行政军衔。第 1 类中的海军军衔和第 2 类至第 7 类的全部军衔，在其军衔称号前均冠以军种或专业名称，如海军少尉、技术中尉、军需上尉、军医大尉、兽医少校、军法中校、行政上校等。骑兵、炮兵、装甲兵、工程兵、铁道兵、通信兵、技术勤务兵、公安军、空军和海岸军衔，只是将官在其军衔称号前冠以军兵种名称，如骑兵大将、技术勤务兵上将、公安军中将、海岸少将等；校官、尉官和全部步兵军衔，只用缀在领章上的军兵种和专业勤务符号来区分其军衔种类，在文字称呼上不冠军兵种及勤务名称。军兵种及专业勤务军衔符号的图案为：

步兵（合成军队）——镰刀斧头图案中嵌入"八一"军徽；

海军——铁锚；

空军——"八一"军徽和飞鹰两翼；

炮兵——交叉的古炮筒；

装甲兵——坦克；

工程兵——交叉的铁锹和铁镐；

通信兵——电话机、电波和铁塔；

铁道兵——五星、飞翼、钳子、铁锤和锚；

公安军——盾；

骑兵——交叉的马刀、骑枪和马蹄铁；

军医——金色衬底的红十字；

兽医——银色衬底的红十字；

军法——盾和两把交叉的宝剑；

军需——红五星外围麦穗和齿轮；

技术——交叉的钳子和扳子；

文工团——古笙外围松枝；

体工队——交叉的剑戟外围松枝。

空军军衔符号图案

1988 年人民解放军重新实行军衔制后，现役军衔的类别划分为 4 种，即陆军军衔、海军军衔、空军军衔和专业技术军衔。

军衔的几种变迁形式：升转降夺消

晋升：向上的变化

晋升，就是军衔晋升，即提高军人军衔的等级。军衔晋级，是军人的一种权利，各国对此均有立法，对军衔晋级的各项内容作出明确规范，使军人的这一权利得到法律的确认和保护。

当今世界上，各国对军衔晋级的内容规范，通常包括三个方面：一是晋级的条件规定，二是晋级批准权限的规定，三是晋级的期限规定。

第一，军衔晋升的批准权限，多数国家与军衔授予的权限相同，少数国家略宽于授衔权限。世界各国军衔晋级的条件基本上是这样两条，一是本人军衔没有达到其所任职务的最高编制军衔，二是具有良好的鉴定。

第二，军衔晋级的批准权限，一般按职务任免权限审批，即正师职以上军官军衔晋级，由中央军事委员会主席批准；副师、正团职军官军衔晋级，由大军区级首长批准；副团、正营职军官军衔晋级，由军一级首长批准；副营职以下军官军衔晋级，由师级首长批准。但副师职军官晋大校，得由中央军委主席批准；副营职军官晋少校，得由军一级首长批准。

第三，晋级期限是指，将官一般不作具体要求，校官和尉官晋级各国都有衔龄的要求，但期限长短很不一致。中国人民解放军的现行条例规定，平时军衔晋级期限，少尉晋中尉，大学专科毕业的为两年，其他三年；中尉至上校的军衔晋级，每级都是四年；大校至中将的军衔晋级为选升，无年限要求。战时军官军衔晋级期限可以缩短。军官因职务提升，其军衔低于新任职务等级最低编制军衔的，在作战或工作中建立突出功绩的，其军衔可以提前晋升。军官军衔晋级期限届满，因各种原因不够晋级条件的，得延期晋级或退出现役。

转改：横向上的变化

军衔等级的改变，向上称晋级，向下称降级，军衔类别的改变，人们习惯上称为转改。军衔类别可以转换和改变。

军衔转改在手续上同授衔不相同，授衔是由无军衔到获得军衔，所以需要举行比较隆重的授衔仪式，改衔由于是在既有的军衔等级前改变一个修饰词，故无须重新授予，一般也不举行什么仪式。

军衔类别的转改，俗称"改衔"。改衔与其他军衔变迁形式最重要的区别是利益关系上的差异：改衔对于军人来说，政治荣誉和物质待遇并不发生变化，只是关系到军人所从事的工作业务性质的改变，而授衔、晋级、降级和剥夺军衔，却会引起个人利益的变化。

与军衔晋级降级一样，军衔类别的转改，需要经有权批准其军衔称号的首长以正式文件的形式予以公布。

军衔的转改办法是将其军衔等级（如上校）前表示军衔类别的定语加以改变，如现役军官转服预备役后，即在其军衔前冠"预备役"三字，称"预备役大校"。

降级：向下的变化

军衔的降级是一种行政处分，指降低军人军衔的等级。

1988年，中国人民解放军实行新的军衔制后，降低军衔的情况包括两种：

第一种，军人因违反军纪，给国家和军队造成损失的，按照《中国人民解放军纪律条令》的规定，给予军衔降级处分，但这种处分不适用于少尉军衔。军衔降级后，其本级衔龄从降级之日起重新计算，但如果对所犯错误已经改正，并在作战或工作中做出显著成绩，其军衔的晋升期限可以缩短。

第二种，军官因不胜任现职，被调任下级职务，其军衔高于新任职务等级最高编制军衔的，应当将其军衔"调整"至新任职务等级最高的编制军衔，这种调整式的军衔降级，不算处分。

剥夺：军衔被吊销

军衔的剥夺，即指军衔被吊销。2000 年，中央军委颁发《关于剥夺犯罪军人军衔的规定》，对剥夺军衔的有关问题作了具体规定。规定还适用于：军队司法机关管辖的退役军人犯罪的案件，需要剥夺犯罪分子军衔的；中国人民武装警察部队军事法院判决剥夺犯罪分子警衔的。

在规定中，主要对以下一些方面做了一些规范：

军人犯罪被依法判处不满三年有期徒刑、拘役、管制、罚金、没收财产的，不剥夺其军衔。军人犯罪，被依法判处三年以上有期徒刑、无期徒刑、死刑或者剥夺政治权利的，由第一审军事法院判决剥夺其军衔。缓刑考验期限不得作为军衔晋级的期限计算。

军人犯罪被判处管制、拘役、三年以下有期徒刑宣告缓刑的，在缓刑考验期限内，可以佩戴军衔肩章、符号、帽徽。经司法机关批准或决定逮捕的军人，逮捕时应摘去本人佩戴的军衔肩章、符号、帽徽，由执行逮捕的机关暂时收存；不构成犯罪或依法不起诉、免于刑事处分的，应当及时向本人发还其军衔肩章、符号、帽徽。未被依法判处剥夺军衔的犯罪军人，按照中央军事委员会的有关规定，可以给予军衔降级处分。

被依法判处剥夺军衔的犯罪军人，在服刑期满后，需要在部队服役并授予军衔的，依照《中国人民解放军军官军衔条例》第 16 条、《中国人民解放军现役士兵服役条例》第 21 条的规定办理。被依法判处剥夺军衔的犯罪军人，原是军官的，在判决发生法律效力后，由第一审军事法院将判决书副本交其所在单位的干部部门备案；原是士兵的，在判决发生法律效力后，由第一审军事法院将判决书副本交其所在单位的行政管理部门备案。

被依法判处刑罚而未剥夺军衔的军人，服刑期间停止佩戴军衔肩章、符号、帽徽，其军衔、肩章、符号、帽徽由执行机关保存。服刑期满后，原职是军官的，由执行机关将本人及其军衔肩章、符号、帽徽交其所在单位的干部部门处理；原是士兵的，交其所在单位的行政管理部门处理。

取消：军衔失效

取消也是使原有军衔失效的一种措施。取消军衔，是中国人民解放军第二次实行军衔制后新规定的一项制度，20 世纪五六十年代首次实行军衔制期间没有这项规定。1988 年颁布实施的《中国人民解放军军官军衔条例》规定，被撤销军官职务并取消军官身份的人员，被开除军籍的军官，都应取消其军衔。

1988 年颁布实施的《中国人民解放军现役士兵服役条例》规定，士兵被除名、开除军籍的，应取消其军衔。取消军衔和剥夺军衔，都是使军人原有的军衔失效，但取消军衔是对因犯错误受行政处分人员的一项附加的处理措施，剥夺军衔则是对因犯罪受刑事处罚人员的一项附加的处罚措施，二者有轻重之别。

美国特有军衔：五星上将

五星上将是美国特有的军衔，五星上将晋升的基本条件是必须担任过盟军战区指挥官职务，历年获此殊荣者，均和第二次世界大战有关，包括麦克阿瑟（太平洋战区指挥官）、艾森豪威尔和马歇尔（先后担任过欧洲战区指挥官）及布莱德雷（地中海战区指挥官）。

五星上将正式设立于1944年12月，由美国国会批准。五星上将是美国军队最高军衔，肩章上镶有五颗星徽，相当于西方其他国家的元帅军衔。美国国会规定，美军的五星上将军衔只在战时授予，且终生不退役。艾森豪威尔为了竞选美国总统，后来放弃了五星上将军衔，因为美国宪法规定现役军人不得竞选总统。

美国陆军五星上将阿诺德

美国空军原附属于陆军，至第二次世界大战结束后始正式成为独立军种，作为空军首任司令官的阿诺德曾在空军还是"陆军航空兵"时获得过陆军五星上将军衔。美国第一次授予五星上将军衔是在1919年，最后一次是1950年。自1981年最后一位五星上将去世以后，美军将官中至今无五星上将。

"双料"将帅：两次将帅称号的拥有者

"双料"将帅，是指人民解放军的将领中在不同国家、不同时期、不同军队、不同阶段，两次获得将帅军衔称号。包括两国将军、两期将帅、两军将军和两度将军。其中，获得中外两国将官军衔称号者1名；获得大革命时期和社会主义革命时期将帅称号者4名；获得国共两党军队将官军衔称号者12名；获得解放军两个阶段将官军衔称号者13名。

大元帅：流星般的军衔称号

大元帅，军衔最高等级，地位高于元帅。大元帅起初并不是军衔称号，而是一种荣誉封号，用来授予本国或同盟国武装部队总司令，有时也授予皇家成员和国务活动家，实际上，大元帅在具体运作过程中其礼仪或荣誉作用高于军事作用。

大元帅是军衔体系中的最高等级，一般授予一国武装力量的最高统帅。民国时期的"特级上将"、纳粹德国的"帝国元帅"、法西斯意大利的"最高帝国元帅"以及美国在1976年追授开国总统华盛顿的"六星上将"军衔均可以视为大元帅。目前全球已没有在世者被授予此衔。大元帅在中国古代是职务，指前敌总指挥。例如金军之中，大元帅高于元帅、低于作为全军总司令的都元帅，另有天下兵马大元帅。历史上先后享有大元帅封号的共约30人。

元帅名称：官职或军衔兼用

"元帅"一词在历史上曾经有过两种含义：一是官职名称，二是军衔称号。法文"元帅"一词源自古德意文"马"和"仆人"。在中世纪的法国和其他一些欧洲国家，元帅是军队中的一般官职，负责军队的行军队形和作战队形，监督警卫勤务的执行，管理军队庶务以及指挥前卫、选择营地等工作。在中国，汉语"元帅"一词最早出现在公元前633年的春秋时期，当时还不是官职名称，从南北朝起，元帅逐渐成为战时统军征战的官职名称。

元帅作为军衔，始于16世纪的法国军队。继法国之后，元帅作为军衔被许多国家所采用。有的国家将元帅分为不同等级，如元帅级别设置最多的国家是苏联，设苏联大元帅、苏联元帅、主帅、元帅四个级别。有的国家还将元帅区分为不同种类。一般分为陆军元帅、海军元帅、空军元帅三种。

将官军衔：近、现代军官军衔的一等

将官，近、现代军官军衔的一等。为上等军官军衔，包括大将（一级上将）、上将、中将、少将。对授予上述军衔的军官亦泛称将官。

中国人民解放军于1955~1965年第一次实行军衔制期间，将官一等设大将、上将、中将和少将四级。1988年颁布的《中国人民解放军军官军衔条例》规定，将官军衔设一级上将、上将、中将和少将四级。1994年公布的《关于〈中国人民解放军军官军衔条例〉的决定》规定，将官军衔中不再设一级上将，只设上将、中将和少将三级。

民国南京临时政府于1912年1月颁布《陆军官佐士兵阶级表》，规定上等军官称"将军"，分大将军、左将军和右将军三级。8月，改定军官佐军衔，分上将、中将和少将三级，上等军官军衔称"将官"。

1934年，定陆海空军军官佐军衔，上等军官将官一等分上将、中将和少将三级。1935年，将上将一级增置为特级上将、一级上将和二级上将三级。

1936年，还规定陆军中将在二级上将无缺额时，授上将加衔，待上将出缺时，正式授二级上将。

大将

这是一些国家将级军官中最高一级的军衔称号。大将军衔最早由苏联红军设置，1940年5月最高苏维埃主席团发布命令，将高级军官军衔改称将官，大将为陆军将官中最高级别，与海军元帅等同。1943年设置了空军、炮兵、装甲兵、工程兵和通信兵元帅后，大将军衔只在诸兵种合成军队中设置，与军兵种元帅属同一级别。第二次世界大战后，东欧一些国家以及古巴、朝鲜、越南、尼加拉瓜、缅甸等国也相继设置大将军衔。

中国人民解放军 1955~1965 年第一次实行军衔制期间，也设有大将军衔，授予大将军衔称号的共 10 人。

上将

这是许多国家将级军官中最高级别的军衔称号。上将在英语中与"将军"为同一个词。中国人民解放军 20 世纪 50 年代第一次实行军衔制期间，上将为将官中的第二个级别，

美国陆军五星上将布莱德雷

全军共授予上将称号者 57 名。1988 年重新实行军衔制时，法律文件规定，上将分为一级上将和上将两个级别，一级上将空缺未授，授予上将称号者 17 名。

1994 年全国人大常委会通过决定，不再设一级上将，上将遂成为人民解放军的最高军衔称号，是中央军事委员会副主席、委员、总参谋长、总政治部主任法定的编制军衔，资深的大军区正职也可以授予或晋升为上将军衔。

随着军队规模的扩大和国家军事体制的发展，有的国家遂将上将区分为几个等级。最早是美国在第一次世界大战结束后，授予潘兴以五星上将称号，第二次世界大战中和大战结束后，授予马歇尔等 8 人以五星上将称号，其中陆军 4 名，空军 1 名，海军 3 名。

中将

这级军衔称号在多数国家属于将官的中等级别，少数国家以中将为最高军衔。在多数国家，中将是军长的编制军衔，但在一些国家，如利比亚、蒙古、以色列、索马里、瑞士、比利时、乌拉圭、危地马拉、厄瓜多尔、洪都拉斯等国，中将则是国家最高军事领导人的军衔称号，因而也是这些国家的将官中最高的一个级别。

在中国，中将军衔可授予正大军区职、副大军区职和正军职；也可授予高级专业技术军官。中国人民解放军 20 世纪五六十年代第一次实行军衔制期间，规定中将是军长、兵团级司令员和副司令员、大军区司令员和副司令员的编制军衔。

少将

这是将级军官中较低的一级军衔称号。世界各国的将官，一些国家以少将为最低的一个级别，一些国家则以准将为最低级别，后者如美、英、德、意、法、印、巴等国，前者如东欧国家、巴西、哥伦比亚、丹麦、日本、葡萄牙等国。少将一般为师长和副军长的编制军衔，因而起初在一些国家称少将为"师将"。

中国人民解放军 20 世纪五六十年代首次实行军衔制期间，规定少将是大军区副司令员、兵团级部队正副司令员、正副军长和师长的编制军衔，少将军衔可授予副大军区职、正副军职和正师职军官，高级专业技术军官也可授予此衔。

准将

准将一般是旅长的编制军衔，一些国家的将级军官中最低的一级军衔称号，所以过去一些国家称准将为"旅将"，法文用"将军"和"旅"这两个词相组合即为"准将"。

中国自清朝末年引进西欧式军衔制以后，历届政府都没有设置准将军衔。中国人民解放军在上校与少将之间所设的大校军衔，按指挥职权并不比准将轻，但外军往往将其等次排列在准将之下，理由是最低的将官也比最高的校官高一个等级。

在英国，凡是担任副师长或独立旅旅长的准将，属将级军官，而担任相当于其他国家团级规模的旅长职务的准将，则不是将级军官，而是一个受到特别任命的上校，这种准将军衔带有临时性质。在俄国彼得一世时期，只在海军中设准将衔，陆军不设。

将级军官队伍在整个军衔家族中，地位非常高，但是正由于地位较高，要取得任何一级将军军衔称号都并非易事，而且名额有严格的限定，所以各国的各级将军人数比起本国的几十万、上百万甚至几百万军队来说，数量非常小。

校官军衔：逐渐增加

军衔制度产生后，校级军官军衔在很长一段时间里都只是设有上校和少校两个级别，很多国家是到后来才增加了中校。目前世界上设置四级校官军衔的国家，除了中国和朝鲜以外，还有越南社会主义共和国、摩洛哥王国。

第二次世界大战结束时，世界上的校官军衔最多设为三级，朝鲜民主主义人民共和国实行军衔制时，首次在人民军中设置了大校军衔称号，使校级军官的军衔等级发展到四级。

大校

大校是少数国家校级军官中最高一级的军衔称号。世界上绝大多数国家不设大校军衔，有的国家不承认大校是高于上校的一个军衔等级，往往同他们国家的上校对等。

人民解放军的大校军衔称号，1955~1965年第一次实行军衔制期间规定，可以授予军长、副军长、师长和副师长等四个级别的军官。1988年的《中国人民解放军军官军衔条例》规定，大校军衔可以授予大军区副职、正军职、副军职、正师职和副师职等五个级别的军官。1994年修订的《中国人民解放军军官军衔条例》规定，大校军衔只授予副军职、正师职和副师职等三个级别的军官。朝鲜民主主义人民共和国规定，大校只是副师长的编制军衔。

大校最初由朝鲜民主主义人民共和国设置，是第二次世界大战后才出现的一级衔称。中国人民解放军于1955年和1988年两度实行的军衔制度中，均设有此衔。

中国的大校相当于美国军衔的准将，因为美国军衔中没有大校军衔，比上校高的就是准将。

陆军大校为陆军正师职军官的主要军衔。此外，它还是陆军副军职军官和副师职军官的辅助军衔。

海军大校为海军正师职军官的主要军衔。此外，它还是海军副军职军官和海军副师职军官的辅助军衔。

空军大校为空军正师职军官的主要军衔。此外，它还是空军副军职和副师职军官的辅助军衔。即资历较浅的空军副军职军官和资深的空军副师职军官，也可授予空军大校军衔。

武警大校为正师职警官的主要警衔。武警大校还是武警副军职警官和副师职警官的辅助警衔。

上校

"上校"一词源自意大利语"纵队"。清朝末年军衔制传入中国后，清朝政府命名该级军衔称号为"正参领"，是"统带官"的职务军衔。辛亥革命后，南京临时政府将这级军衔称号重新命名为"大都尉"，后北洋政府改名为"上校"。

目前世界各国的军衔体系中，一般都设有"上校"这一级军衔称号，除设有大校的少数国家外，上校是校官中的最高一级衔称。上校一般为团长的编制军衔，中国人民解放军现行法律文件规定，上校也可以授予副师职军官。

陆军上校为陆军副师职军官和正团职军官的主要军衔。

海军上校为海军副师职军官和正团职军官的主要军衔。

空军上校为空军副师职和正团职军官的主要军衔。

武警上校为武警大队的主要军衔。

"上校"一词首先出现在16世纪俄国，当时人们称呼指挥团队的人为上校。1631年，上校代替了督军和团首领的称呼，把担任团长职务的雇佣军官叫做上校。从1632年起，上校作为军衔开始授予新制团的指挥员。在法国古代的步兵部队中，上校是团长的代名词，18世纪末法国人往往把团长和上校混为一谈。

中校

校级军官中间一级的军衔称号。当今绝大多数国家的军事体系中，均设有中校军衔称号，一般为副团长或营长的编制军衔。中国人民解放军按现行法律规定，中校可以授予正团职、副团职和正营职等三级指挥军官和担任高级、中级、初级等所有的专业技术职务的军官。

陆军中校为陆军副团职军官的主要军衔。此外，它还是陆军正团职（副旅职）军官和正营职军官的辅助军衔。

海军中校为海军副团职军官的主要军衔。此外，它还是海军正团职（副旅职）军官和海军正营职军官的辅助军衔。

空军中校为空军副团职军官的主要军衔。此外，它还是空军正团职（副旅职）军官和空军正营职军官的辅助军衔。

奥托·斯柯采尼（中校）

武警中校为武警副团职警官的主要警衔。此外，它还是武警正团职警官和正营职警官的辅助警衔。

在17世纪俄国军队的副团长称为中校，后来逐渐演变为副团长的军衔称号。1722年，俄国彼得一世在《官级表》中，将中校作为校官的第二级军衔称号固定下来。1935年，苏联红军实行军衔制时，校官只设上校和少校两个级别，到1939年才补充设置了中校。在西欧国家，中校是团队指挥官上校的第一助手。

少校

"少校"一词源于拉丁文"大的""职位较高的""年长的"等词汇，是一个古老的军事术语。400多年前，西班牙军队最先把少校作为军衔称号使用。

现在世界各国的军衔体系中均设有少校，为校官中最低的一个级别，一般为副营长的编制军衔，有的国家也规定为营长或特种兵连长的编制军衔。

16世纪，"少校"这一军事术语传入德国，开始只是作为对担任一定职务人员的称呼，如少校与"城市"一词搭配，即指城市事务管理者，与"钥匙"一词搭配，则指负责要塞门户开关的人。以后德国在建立常备军时，少校便作为军衔称号使用。

陆军少校为陆军正营职军官的主要军衔。此外，它还是陆军副团职军官和副营职军官的辅助军衔。

海军少校为海军正营职军官的主要军衔。此外，它还是海军副团职军官和海军副营职军官的辅助军衔。

空军少校为空军正营职军官的主要军衔。此外，它还是空军副团职军官和空军副营职军官的辅助军衔。

武警少校为武警正营职警官的主要警衔。此外，它还是武警副团职警官和副营职警官的辅助警衔。

1698年，俄国为新制团的指挥人员和在俄军中服役的外国人设置了少校军衔，13年后在彼得一世建立的正规军中也开始设置此衔。18~19世纪，俄国一度将少校区分为一级少校和二级少校两个级别，还把少校与岗位相搭配来表示一种固定的职位，如"基地少校""门卫少校"等。

尉官衔：初级军官军衔的统称

尉官衔，系初级军官军衔的统称。通常设上尉、中尉、少尉，有的还设大尉。中国于1955~1965年实行的军衔制，尉官设大尉、上尉、中尉、少尉四级；1988年始重新实行的军衔制，设上尉、中尉、少尉三级。

大尉

"大尉"一词源自拉丁文"首领"一词派生出的"军事长官"。大尉的称谓首先出现于中世纪的法国，当时是独立军区长官的头衔，职位显贵。后来"大尉"一词逐渐失去了原来的意义，从1558年起，开始称连长为大尉，军区长官则称总大尉。

当前，世界各国的尉级军官军衔中，设置大尉军衔称号的只有东欧国家和越南、朝鲜民主主义人民共和国、尼加拉瓜、阿富汗等少数国家。

第二次世界大战结束以前，日本尉官中最高级别的军衔称为大尉，但他们不设上尉，大尉是高于中尉一级的军官，故译成汉语应称上尉。

在俄国，大尉称谓最早出现在16世纪鲍里斯·戈杜诺夫时期，人们称外国雇佣军的队长为大尉，从1647年起，大尉作为一级军衔称号授予新制团的连长，到18世纪初，所有正规军的连长都享有大尉称号。

中国人民解放军在20世纪五六十年代首次实行军衔制期间，设有大尉军衔，是尉级军官中最高的一个级别，授予副团长、营长、副营长和连长。1988年实行的新军衔制，不再设置该衔。

上尉

"上尉"一词来源于拉丁文"首领"，是一个最古老的军事术语。西方陆军最早的组织形式是被称为"连"的海陆空上尉常服肩章单位，每个连由一名上尉指挥，当时的上尉是一种职称，在德文中至今上尉和连长是同一个词——Hauptmann，这个词由"头"和"人"两词组合而成，表示一个地位显赫的人，过去一般是对首领或司令官的称呼。

后来，上尉逐渐演变为担任连长职务者的军衔称号。当今，世界上凡是实行军衔制的国家，都无一例外地设有上尉军衔，在绝大多数不设大尉的国家中，上尉是尉官中的最高级别。中国人民解放军的上尉，是副营长、连长和副连长的编制军衔。

中尉

"中尉"一词源自法文"代理人""副职"。中尉作为军队职务名称，最早出现在法国，1444年法国军队将担任副队长的首领称为中尉，到15世纪末，中尉成为对副连长的称呼。从17世纪下半叶起，中尉成为法兰西等西欧国家陆军和海军的军衔称号。

俄国军队17世纪中叶在新制团设置了中尉军衔，起初授予步兵连和骑兵连的副连长，后来中尉被任命担任连长。当今世界各国的军衔体系中都设有中尉军衔称号，一般为副连长的编制军衔。有的国家还将中尉区分为一级中尉与二级中尉两个级别。

少尉

"少尉"一词源于法语"代表"，是法国古代对步兵和骑兵部队中掌旗军官的称呼。

现在，少尉是绝大多数国家尉级军官中最低一级的军衔称号，少数不以少尉为尉官最低军衔的国家，有两种情况：一是不设少尉军衔，以中尉为尉官最低衔，如蒙古、波兰和古罗马尼亚的男军官；二是将准尉列入尉官等级，以准尉为尉官最低衔，如阿富汗、土耳其、阿根廷、智利等国。中国人民解放军的少尉，是排长的编制军衔。

在俄国，少尉军衔设于1703年彼得一世时期，在1722年颁布的《官级表》中，用法律的形式固定下来，一直沿用到1917年。

准尉军衔

准尉是军人的职衔，地位介于军官与士官之间，经上级选拔推荐、军官候补教育合格后可晋升为少尉。准尉官作为领导、指导、教练和顾问下属可以指挥分遣队、小组、行动、船艇、飞机和装甲车辆。但是，准尉官作为领导者的基本任务是在他们的专业内作为技术专家为指挥官和组织提供有用的技能、指导和专长。

在某些国家的军队制度中，准尉是士官晋升的最高官阶；在其他一些国家的军制中，独立成一阶级，或者尚未被授阶成为少尉的军校毕业生，也挂准尉阶级见习。

准尉可以分为三个类型：

军官同等官型是准尉阶级分类在军官。20 世纪 60 年代，英国海军准尉为少尉同等官。

上级士官型是指准尉阶级分类在士官，给予上级士官比照军官的待遇。

独立阶级型是准尉阶级不归在军官也不属于士官，例如北约及美军的准尉制度并分等级。

职务型是纳粹德国准尉制度为任命上士担当的职务，例如"SS 准尉"。

士官军衔：历经多次规范

士官是相对于军官和义务兵而言的，是我军的重要组成部分，是指从服现役期满的义务兵中选取，或者直接从非军事部门具有专业技能的公民中招收，并被授予相应军衔的志愿兵役制士兵。其按照工作性质分为专业技术和非专业技术士官。

一些国家军衔体系中低于军官、高于军士的军衔称号。只在少数国家设置，如西班牙、阿尔及利亚、印度尼西亚等国。中国人民解放军在 1988 年重新实行军衔制时，始设此衔，是士兵军衔中最高的一级衔称。

士官分两种，一种是专业士官，另外一种是非专业士官。非专业士官大都是初级士官，比如说带兵，非专业士官一般来说只能干一期、两期。很少有非专业士官干到三级四级的，这也就是说如果你不是非常优秀，二级非专业士官很难晋升三级士官。四级以上士官一般是专业士官。专业士官专业性非常强，只有一些技术性比较强的专业和单位才有，大部分都是从事维修、专业兵种武器维护工作的，比如说导弹维修、高炮维修、雷达维护等等。一般来说能达到高级士官的已经很不容易了，一个大军区的高级士官更少了，而六级士官一个大军区也没有几个，六级士官相当于副团职待遇，五级士官相当于正营职待遇，所以专业士官一般来说在部队中较容易升职。

士官军衔分为军士长和专业军士两个类别，二者在等级体系上无相互从属和递进关系，是相对独立而平行的两个系统。士官按兵役性质，属志愿兵范围，服役期限较义务兵长，退出现役后可享受转业待遇，由地方政府负责安排工作，符合条件规定的还可作退休安置，或者复员安置。有些国家称军士为士官，有的称"非委任军官"，名称不一，但其地位大同小异，都是居于军官、军士之间的一个等级。

我军的士官军衔实行三等七级，即士官军衔分为高级士官（一级军士长、二级军士长、三级军士长）、中级士官（四级军士长、上士）、初级士官（中士、下士）。士官退役后的安置建立有条件全程退役制度，各级士官在服现役的各个年度，符合全程退役条件的都可安排退役；将士官职业技能鉴定纳入军事训练考核计划。

军士衔称：用于军事人员

法国首先于 15 世纪将军士作为军衔，授予业务熟练的士兵。后来这一称号传入德国。1716 年彼得一世将其移植到俄军，其地位居于班长与司务长之间，使用 70 多年后于 1789

年废除，由班长级（下士）士官所取代。

目前世界各国的军衔等级体系中都设有军士衔称，一般区分为3~4级，多的设6~7级。中国人民解放军20世纪50年代首次实行军衔制期间，设上士、中士和下士三个级别；80年代新军衔制实行后，军士是士兵军衔中低于士官、高于兵的一个级别，划分为上士、中士和下士三级，服现役第二年的副班长、服现役第三年的上等兵，可以晋升为军士军衔。

士兵军衔：各国等级设置不同

士兵，是对军士和兵的统称，中国人民解放军将士官、军士、兵称其为士兵。世界各国士兵军衔的等级设置很不一致，最少的只设一级，最多的设四级，也有设二级、三级的。主要是因为各国的国情不一，另外关键是士兵服役规定各国都有一定的差异。

西方的"士兵"一词，源自意大利文"钱币"和"薪饷"，它作为军事术语最早出现于15世纪的意大利。

士官军衔在肩章版面上缀以象征符号和折杠。象征符号、折杠的繁简分别表示士官军衔

一位参加过对日太平洋战争的纳瓦霍退伍老兵

高、中、初三等和级别。一道粗折杠加一道细折杠为三级士官军衔；两道粗折杠加一道细折杠为五级士官军衔；一道粗折杠为二级士官军衔；两道粗折杠为四级士官军衔；三道粗折杠为六级士官军衔；一道细折杠为一级士官军衔。士官军衔肩章分硬肩章和套式软肩章。

中国的士兵军衔主要有三级：

士兵军衔肩章版面底色：陆军为棕绿色，海军为黑色，空军为天蓝色。兵的军衔在肩章版面上缀以折杠，无象征符号。两道折杠为上等兵军衔；一道折杠为列兵军衔。兵的军衔肩章为套式软肩章。

上等兵

上等兵，多数国家兵衔中最高等级的称号。

"上等兵"一词源自法语，法国军队曾规定，骑士如果在战斗中失去马匹，则暂归步兵指挥，执行步兵勤务，但仍保留他们的骑士称号和薪饷，并免干粗活。后来，就把这种"免除了列兵某些职责的人"叫做上等兵。

清朝末年军衔制引进中国后，称最高的一级兵衔为"正兵"；辛亥革命胜利后，孙中山的民国临时政府在《陆军官佐士兵阶级表》中，使用了"上等兵"这一称号，之后被历届政府沿用。中国人民解放军的条例规定，服现役第二年的列兵可晋升为上等兵军衔。

17世纪初，德国将上等兵作为一级军衔设置于连队，授予有经验而可靠的士兵，赋予他们负责哨兵派班、押解俘虏等重要任务，有时班长缺勤，还可以代理班长工作。1716年，

彼得一世将上等兵衔引进俄国，陆军条令规定，在步兵、骑兵、工兵中设置，授予屡建战功或长期服役无瑕的士兵。1722 年的《官级表》规定，在陆军中设上等兵、上等炮手，海军中设上等水兵。

目前，世界各国除兵衔只设一级的少数国家外，大多数国家都设有此衔。

二等兵

二等兵，某些国家士兵军衔中的一个等级称号。目前，兵衔设四级的国家有德国、日本、委内瑞拉、卢森堡等国。"二等兵"一词由德语"自由"和"解脱"两词演变而来，即"被解脱"之意。

在 17 世纪的雇佣军中，一些年纪较大而可靠的士兵，可被免除低级、繁重的和站哨等勤务，"二等兵"一词便是对这些略享优待士兵的称呼。1859 年，在普鲁士的炮兵中曾设过一等兵衔称，位于上等兵与二等兵之间。第二次世界大战中，德国士兵的服役期限延长到 12 年之久，为解决士兵的待遇问题，决定增加兵衔的等级层次，新设了一等兵和三等兵，使兵的军衔增加到了四级。

列兵

列兵，一些国家士兵军衔中最低的一级衔称。

目前，世界上设列兵军衔的国家有：法国、捷克、卢森堡、意大利、巴西、古巴、委内瑞拉等国。其他国家士兵最低军衔的称呼，有的称四等兵，如德国；有的称三等兵，如美国、日本、奥地利、智利、秘鲁等国；有的称二等兵，如印度尼西亚、比利时、荷兰、匈牙利等国；有的称新兵。

俄军在彼得一世 1722 年颁布的《官级表》中，首次设置此衔。1874 年，俄国实行普遍征兵制后，列兵属于"低级官衔"。1918

德军列队经过顿号河畔的一所教堂。

年，苏维埃共和国建立工农红军后，将列兵改称为红军战士，1946 年 7 月恢复列兵衔称。

中国军队引进军衔制后，清朝新建陆军和民国时期的陆军，称最低的兵衔为二等兵，北洋时期的海军称二等练兵。中国人民解放军两次实行军衔制中，均设列兵军衔，新兵经 3 个月入伍训练合格后，授予列兵军衔，服现役 1 年后晋升为上等兵。

新兵

新兵，少数国家士兵军衔中最低的一级衔称。俄国 1874 年在征兵条令中，开始用"新兵"这一名称取代实行募兵制期间使用的"新募兵"称呼，新兵应征后，通常仍着便服编入特别补充队或通过兵站被送往部队，到达部队后即成为正式士兵或水兵。

中国人民解放军同其他许多国家一样，新兵只是一个当兵时间早晚和服役经历长短的概念，是相对"老兵"而言的，往往把刚征集或入伍不久的士兵称为新兵。但在少数国家，新兵则是士兵军衔中的一个等级，设置新兵军衔的国家，亚洲有越南、印度、孟加拉国，欧洲有丹麦、挪威、英国等。

预备役军衔：国家储备后备兵员的重要方式

按照 1995 年通过的《中华人民共和国预备役军官法》规定，预备役军官军衔设三等八级：预备役将官：预备役少将；预备役校官：预备役大校、预备役上校、预备役中校、预备役少校；预备役尉官：预备役上尉、预备役中尉、预备役少尉；预备役士官；预备役士兵。专业技术军官授予相应军衔，海空军在军衔前分别冠以"海军""空军"。其中，少将、大校军衔由中央军事委员会主席批准授予。

人民解放军预备役军官专用军衔肩章符号，20 世纪 50 年代首次实行预备役军衔制度时未曾制定，20 世纪 90 年代再次实施预备役军衔制度时才正式制定佩戴。同国外的预备役军衔比较，中国现行的预备役军衔制度，有许多自己的特色。

预备役军衔的等级区分和类别设置

国外许多国家和中国历史上的预备役军衔等级的设置，与现役军衔差别不是很大，而中国人民解放现行的预备役军衔，最高只设至少将，比现役军衔低了两个等级。

（一）预备役军衔的类别区分。

1. 预备役军事、政治、后勤军官军衔；

2. 预备役专业技术军官军衔；

3. 海军预备役军官军衔；

4. 空军预备役军官军衔。

（二）预备役军衔的等级设置。

预备役将官：预备役少将；

预备役校官：预备役大校、预备役上校、预备役中校、预备役少校；

预备役尉官：预备役上尉、预备役中尉、预备役少尉；

预备役士官；

预备役士兵。

预备役专业技术军官军衔，其等级的设置与其他军官相同，只是在军衔等级前加"专业技术"四字，如"预备役专业技术少将"等。

美国的国防体制是，国防部下面设有陆军部、空军部、海军部，这三个军事部是相对独立的，它们都有自己所管辖的现役部队和预备役部队。美国的这种预备役体制，决定了预备役军衔是从属于军种的，所以它们理所当然地将军种冠于预备役之首。

苏联是以军兵种从属于预备役的，《苏军军官服役条例》规定，现役军官转入预备役后，应"对预备役军官的军衔称呼增添'预备役'一词。"军衔称呼增添上"预备役"一词后，军衔的全称就成为"预备役海军少尉""预备役空军中校""预备役坦克兵上将"了。

我国现行的预备役制度是，凡编入预备役部队或预编到现役部队任职的预备役军官，归所编部队管理，而部队是有陆、海、空之分的，如陆军预备役师、海军预备役旅、空军预备役团等。但大量预备役人员是储备在社会上的，统一归各地兵役机关登记管理，管理机关只代表国家和整个军队，并不代表哪个军种。因此，我国的预备役军官军衔的称谓，有进一步研究规范的必要。

预备役军衔的标志及其佩戴方法

（一）预备役军官军衔肩章。其衔级标示与现役军官相同。不同的是：（1）尉官、校官肩章。预备役"Y"字形金属标志和星徽，沿肩章纵轴呈直线分布，"Y"字形金属标志缀钉于肩章下端，星与星之间、星与肩章扣眼下端和"Y"字形标志上端之间的距离均等。大校肩章外侧两枚星徽左右对称缀钉，肩章星徽均以一角朝肩章扣眼方向。（2）将官肩章。"Y"字形松枝金属标志位于肩章下方适中位置，星徽与扣眼下端和"Y"字形松枝金属标志顶点之间距离均等。

（二）预备役士兵肩章。佩戴经中央军委批准的套式肩章（暂不区分军衔等级）。

（三）预编预备役人员专用臂章。编入预备役部队和预编到现役部队的预备役军官，均须佩戴预编预备役人员专用臂章。专用臂章用棕色线缀钉在军服左袖大臂外侧中央位置。

（四）佩戴有预备役军衔标志的制式服装穿着规定。预备役军官着制式服装时，应按照规定佩戴帽徽、军种或专业技术符号、预备役军衔肩章。预备役军官软、硬肩章的佩戴方法同现役军官；预备役士兵的套式肩章，着制式作训服时佩戴。

预备役军官参加军事训练、执行军事勤务期间，必须着制式服装；参加国庆节、建军节等重大庆典活动时，按照上级要求或主办单位规定，可以着制式服装。其他时机和场合，不得穿着制式服装。

文职将军：并非"将军"

文职将军，是指专业技术三级以上的文职干部。文职一级相当于中将，文职二级相当于少将，文职三级相当于大校、少将。但实际上"文职干部"是"有职（级）无衔"，并非真正意义上的将军。

女性将军：越来越多

据统计，全世界共有现役军人2000余万，其中，女军人近100万。现役女将军有近百位，其中，美国、中国、俄罗斯三国的女将军最多。从1955年中国人民解放军授予第一位女性将军称号开始至今，在中国军队里已经有几十位女性获得了"将军"称号；美国则一直是除中国以外女将军最多的国家，目前授衔总数已达到57人；以苏联为例，它的军队人数是世界上最多的，但是苏联的女兵比例较低，女兵中没有出现将军，最高军衔只是中校。

中国女将：三个第一

获得人民解放军军衔的第一位女将军

中国人民解放军1955年首次正式实行军衔制度，在1050名获得将官军衔的高级将领中，李贞是唯一的女性，被授予少将军衔。李贞1907年出生在湖南省浏阳县，1927年加入中国共产党，参加了秋收起义。土地革命战争时期，李贞担任过游击队士兵委员会委员长。此后，她还陆续担任过中共平江、吉安县县委军事部长，红六军团组织部长，红二方面军组织部副部长。长征后，任八路军妇女学校校长、晋绥军区政治部秘书长。解放战争时期，她任西北野战军政治部直属政治部秘书长。抗美援朝战争中，她又被任命为志愿军政治部秘书长，回国后任防空军政治部干部部部长，还担任过全国政协委员和全国人大常委会委员。1990年，李贞逝世。

解放军军衔史上的第一位中国女中将

中国人民解放军中有许多位女将军，但是只有一位女中将，她就是国防科学技术委员会原副主任兼秘书长聂力。

1930年9月出生于上海，1947年到荣臻小学学习，第二年升入华北育才中学，1949年北平解放后进入师大附中，1950年，在中学的时候聂力就光荣地加入中国共产党，1953年高中毕业，第二年24岁的她考入留学苏联的预备班，就读于列宁格勒精密机械与光学仪器学院。

1960年毕业回国，被分配到中国第一个搞导弹研究的国防部第五研究院，从最基层的实习员、技术员干起，走上了国防科研的道路。后来在海军装备部、国防科委历任工程组长、研究室主任、副局长、科委副主任等职。1988年9月，她被授予少将军衔。1993年7月，她又被晋升为中将，成为人民解放军迄今为止唯一一位女中将，也是世界上第一位女中将。

中国武警部队的第一位女性少将

杨俊生的父亲杨成武是中国军队中著名的高级将领，并于1955年被授予上将军衔。1961年，杨俊生高中毕业后，考上了军校，进入哈尔滨军事工程学院学习。1968年，杨俊生大学毕业后被分配到某导弹部队。1983年，由战略导弹部队调入武警工作。随后，杨俊生研制成功了许多警用杀伤性和非杀伤性武器和防护装备，填补了中国武警装备的许多空白。多年来，杨俊生还出任过国家科技奖励公安专业评审委员会副主任委员、武警部队科技委副主任委员及武警部队科技进步奖评审委员会秘书长等职，为中国武警部队的科技发展做出了突出贡献。1995年，杨俊生开始享受国务院颁发的政府特殊津贴。1996年7月，杨俊生被晋升为少将警衔，成为中国武警部队组建以来的第一位女将军。

外国女将：大都经历不凡

美国女上将

1955年，安·邓伍迪出生于美国的一个军人世家。她的父亲、祖父和曾祖父都毕业于西点军校，因而"她血管里流淌着橄榄的绿褐色"。但是，她的家族并非什么名门望族，在她之前，家族成员在军队中的最高军衔是准将，因而邓伍迪是脚踏实地地成长起来的。

1975 年，从纽约州立大学毕业后的邓伍迪选择了参军，入伍的动机并非打算在军中有所作为，而是曲线地寻找生活的依靠。

但是军旅生涯改变了她的理想和命运，她从此爱上了军营，她曾说过："我意识到再没有比做一名士兵更适合我了。我为能成为致力于建设世界上最强大陆军的那些勇士中的一员而感到自豪和骄傲。"

美国陆军部队将军安·邓伍迪晋升为四星上将，这是美军有史以来第一个最高军衔的女将军。

邓伍迪的第一个职务是排长，隶属于驻俄克拉何马州锡尔堡的后勤营第 226 维修连。随后，30 岁的邓伍迪升任为该维修连的指挥官，并被调往德国和沙特阿拉伯服役。

此后，她还先后担任驻德国伞兵第 5 军军需处处长，第 10 山地师支援指挥官。

1987 年，邓伍迪从陆军指挥和参谋学院获得后勤学、国家资源战略双硕士的头衔后，成为弗吉尼亚州第 82 空降师后勤计划官，而后又成为陆军后勤参谋部副部长。之后，邓伍迪就任陆军装备供应指挥官，管辖分布于 150 个地点的共计 13 万美国军人。

邓伍迪在美军中创造了多项第一：在 1992 年的时候，成为第 82 空降师第一个女性营级指挥官；2004 年成为装备支援联合司令部首位女指挥官；2008 年成为美国历史上首位女性四星上将，并成为现役美陆军 11 名上将中的一员；美国武装部队有现役军人 54.3 万人，其中女性约占 14%，她们一般没有战场经历和战功，而邓伍迪先后参加过海湾战争和伊拉克战争，共获得了 15 枚奖章。

在以男人为王的美国军队中终于诞生了首个女性上将，这是美军有史以来第一个军衔最高的女军人。邓伍迪的升迁，是美国前总统布什提名让她接管美国陆军物资司令部。美国国防部长盖茨在宣布提名时，评价邓伍迪"忠于职守，具有非凡的领导才能"。布什卸任以后，奥巴马敦促国会通过了对邓伍迪的提名。

法国首位女将军

法国现役的女将军只有一个，她就是安娜·玛丽·默尼埃，现任法国陆军参谋部专业干部总监。安娜的工作非常特别，她专门负责因年龄限制而不能到作战部队任职的专业军官，这些军官都受过良好的教育，且经验丰富。他们是各自领域的行家，从外语干部到科技干部，从情报专家到管理干部无所不有。

安娜大学毕业后在一所大学里任教。后经过父亲朋友的邀请，安娜于 1959 年穿上了军装。因为安娜已经获得学士学位，所以入伍后没有再进入到军事学校学习，只是参加了 3 个月的军事基础训练，训练结束后就分配到陆军参谋部人事局工作。她在这里可以施展自己在大学里所学到的人文学科专业。安娜在部队里一干就是 13 年。

1983 年，安娜出任陆军第四军司令部女军人处处长。1985 年，被调到阔别 10 年的陆军参谋部，任专业干部监察局参谋长，1991 年晋升为准将，现任该局总监察员。

俄罗斯太空女将军

俄罗斯女少将捷列什科娃是世界上第一个进入太空的女宇航员。1961 年 4 月 12 日，苏联宇航员加加林成功地升入太空，并安全返回地面，开辟了人类征服太空的时代。

1961 年 12 月 30 日，苏联中央委员会主席团发布关于批准军方选拔 5 名女宇航员提议的决定。捷列什科娃有幸成为军方初定的 200 名候选人之一。经过严格筛选，她又成为受训的 5 名女宇航员之一。

1962 年 4 月，5 名女宇航员开始接受训练，并被授予列兵军衔。半年后，她们顺利通过基础训练考试，又被授予少尉军衔。

当时，捷列什科娃的训练成绩和身体状况并不是最佳的，却有幸被选定为第一个升入太空的女性计划中。据说原因有两个：一是她已怀孕，便于同时作太空生育实验，一举两得；二是她是联合企业团委书记，政治条件好。

1963 年 6 月 16 日，她乘"联盟 -6"号宇宙飞船，从拜科努尔航天发射场升空并进入太空，开始了她举世瞩目的太空之旅。在历时 70 小时 41 分、绕地球 48 圈、航程 200 万千米的

瓦连京娜·捷列什科娃

整个太空旅行中，地面上的人没有感觉到她有任何的不适和异常，大家只听到一个平和的声音："我是海鸥，飞行正常。"可是，事实并非如此。

在进入太空的 3 天时间里，捷列什科娃从来就没有舒服过，穿透力极强的宇宙射线使她与孩子的身心受到了极大的伤害。回到地面后，她是被抬出太空舱的，经一个多月的休养之后才站立起来。在此之后，她的骨骼变得异常脆弱，多次骨折，有时还伴有出血现象，之后也没有完全恢复正常。可以说，她为苏联乃至世界的宇航事业做出了重大牺牲。

太空飞行成功当天，空军当局即晋升她为中尉军衔。但当时担任苏共中央第一书记兼政府总理的赫鲁晓夫知道后，认为"这还不够"。于是，空军总司令发布新的命令，授予她大尉军衔，同时授以"苏联英雄"称号。此外，保加利亚、越南、捷克斯洛伐克、蒙古和古巴，也把"英雄"称号授给了她。

20 世纪 90 年代初，苏联解体。1992 年，俄罗斯组建军队，捷列什科娃在军队中仍然有她的名额。1995 年 5 月 5 日，叶利钦总统授予她少将军衔，成为俄罗斯的第一位女将军。

捷列什科娃在军队中一共有 35 年，从最初一名列兵升到将军，并创造了女性航天奇迹。虽然现在她年事已高，但仍一直担任"加加林宇航员训练中心"高级教官，继续为培养新一代宇航员作出自己的贡献。

1997 年 3 月 6 日，在庆祝完 60 岁生日后，捷列什科娃光荣退休。她说：我的心永远离不开毕生献身的航天事业。

第五章

军人军职

兵役制度：公民参军的制度

兵役制度，是国家关于公民参加军队和其他武装组织、承担军事任务或在军队外接受军事训练的一项重要的军事制度。它随着国家的出现而产生，又随着国家的经济情况、政治制度和军事需要而变化。

兵役制度的种类很多，就其性质而言，基本上分为两种：一种是义务兵役制，又称征兵制。这种制度是国家利用法律形式规定公民在一定的年龄内必须服一定期限的兵役，带有强制性。另一种是志愿兵役制，又称募兵制。这种制度是公民凭自愿应召到军队服兵役，并与军方签订服役合同。

比如，美国规定"首期兵"的标准服役期是 8 年。但可以只服 2~3 年现役，然后再服 5~6 年的预备役；日本志愿兵的最短服役期为陆上自卫队 2 年，海上、航空自卫队 3 年；英国、墨西哥志愿兵服役期限短的也只有 3 年。

而一些实行征兵制的国家，为了弥补服役期限短，难以掌握复杂技术装备的缺陷，在义务兵中实行超期服役和军士制，以延长服役期。例如，越南服役期满并具有专业技术的义务兵，如本人愿意并经部队批准，可转为专业军士，继续服役 3 年以上，最高年龄不超过 50 岁；朝鲜义务兵能够服役到 27 岁（服役 8~9 年），特种部队的士兵服役年龄可以到 30 岁；意大利义务兵在入伍前或服役期间可以自愿申请超期限 2 年、3 年或 5 年不等。

这样，采用单一的兵役制也可以收到混合兵役制的效果，既可以扩大后备兵员队伍，满足战时兵员补充的需要，又利于加强兵员的更替周期、保留技术骨干、提高兵员素质和战斗力。可以预言，士兵服役期采取长短结合的制度，将会在更多的国家中实行。

军人：有军籍的人

有军籍的人，特指国家军队中的官兵。中国人民解放军军人，是在中国人民解放军服现役的中华人民共和国公民。

军队的力量就是维护国家的稳定不受外来国家的欺凌。军人以服从命令为天职。军人的任务是保卫国家安全，保卫政权稳定，保障人民安居乐业，为国家巩固国防力量，抵抗外来侵略者，使祖国强大。

近现代以我国陆军为主的大致情况：军队编制随着军队的出现而出现、发展而发展，经历了由低级到高级、由简单到复杂的发展过程。

中国人民解放军在土地革命战争时期，部队分散于各革命根据地，组织规模不同，编制装备不一，一般按方面军、军团、军、师、团、营、连、排、班的序列和"三三制"的原则编制。解放战争时期，人民解放军规模不断扩大，武器装备明显改善。一般按照野战军、兵团、纵队、师、团、营、连、排、班的建制序列编制。

参军：参加军队服兵役

参加军队服兵役，统称参军。中国人民解放军将参军叫做入伍，是沿用了旧军队的称谓。

从西周时代起，军队就是按伍、两、卒、旅、师、军编制的。据《周礼》载：我国古代军队里"五人为伍，五伍为两，五两为卒，五卒为旅，五旅为师，五师为军"。那时，社会基层单位叫"比"，一个村庄、一个部落住在一起，五户为一比。当兵时，五户各送一名男丁，一比共送 5 人，组成一个伍，不管干什么，5 人总是在一起。历代军队编制虽然不断变化，但"伍"的叫法却一直流传至今。近代的班、排、连代替了古老的伍、两、卒，人们仍习惯把参军叫做"入伍"。"伍"字在部队广为使用，如"队伍""入伍""退伍"等等。

军人职称

职称，即指军队中现役军人的各种职务名称。中国人民解放军的军人职务名称由编制表予以统一规定，以首长的任职命令为准。诸如班长、排长、连长、营长、团长、师长、司令员、战略研究员、作战参谋、军事教员、政治委员、秘书、组织干事和财务助理员等。

军队现行的这些"专业技术职务"，既可以作为一种"资格"，通过评定或考试取得，凡被评审委员会通过的，发给《中国人民解放军专业技术职务资格证书》，可以凭证参加学术、技术活动；又作为一种"职务"，通过有任免权的行政领导聘任或委任上岗。

目前，中国人民解放军称原来的职称为专业技术职务，多数系列设四个等级。比如军事科研机构的研究员、副研究员、助理研究员、研究实习员。

职称有的时候也指专业技术或学术等级称号，即也可以称为"学衔"。正如 1956 年国家制定的《学衔条例》规定，"学衔是根据学术水平、工作能力和工作成就授予的学术职务称号"，如高级工程师、工程师、助理工程师、技术员、教授、副教授、讲师、助教等。从专业角度来说，这种称号是综合反映专业技术人员的业务能力、技术水平、受教育程度和工作成就等方面的尺度，并且具有一定的荣誉性。

军官：排职或少尉以上的军人

军官，通常指排职或少尉以上的军人。军官按军衔等级，可分为元帅、将官、校官和

俄国军官

尉官；按照职务性质分为军事军官、政治军官、后勤军官、装备军官和专业技术军官；按职业性质，有的国家又有职业军官与合同制军官之分；按服役性质，可分为现役军官、退役军官和预备役军官。其主要任务是对所属的部队实施领导、教育与训练、管理，并指挥与带领部队完成作战及其他各项任务。

中国人民解放军在实行军衔制之前，对排级以上的军事、政治、后勤以及专业技术人员，通常称为干部，1955年颁发了《中国人民解放军军官服役条例》，上述人员才法定称为军官。在世界上的其他国家，15世纪的法国军队最早将"军官"一词作为军事术语使用。16世纪以后，在欧洲其他的一些国家，也开始称部队或舰队的指挥官为军官。17世纪30年代，俄国军队在新制团中正式使用"军官"这一称谓。

在中国，清朝末年和民国时期，军队中一部分官员曾经被称为军佐。当时的军队官员分为军官、军佐和军属。如军长、师长、旅长、团长、营长、连长、排长等凡是直接指挥、管理部队的官员，称之为军官；而军医、军需等各种职务，为辅佐军官管理部队的官员，称为军佐；军用文官则称为军属。此外，军官的等级设置为三等九级，即上等军官三级：上将、中将、少将；中等军官三级：上校、中校、少校；初等军官三级：上尉、中尉、少尉。而军佐不设上等官第一级，即将官的同等官只有二级，校官和尉官的同等官各有三级，共为三等八级。

战士

"战士"一词在中国出现于战国时期，通常泛指军人。实际上，战士有其确切的含义范围。一种情况是：军队中班长以下军人统称为战士。1927年中国工农红军创建以后，红军的指挥员和战斗员，便不再沿用旧军队的称谓。当时，各级指挥员一般称为干部；班长及其以下的战斗员一般称为战士。抗日战争时期与解放战争时期，"战士"这一称谓始终未变。直到1955年中国人民解放军实行军衔制度时，才将战士改称士兵。

另一种情况是：战士，专指兵。在革命战争年代，中国人民解放军的连队对干部、战士的职务区分，一般为连长、政治指导员、排长、班长、战士等。苏联于1917年12月16日废除了俄国的军衔、官衔，1918年建立起工农红军以后，对普通士兵通称为红军战士。1935年9月22日，苏联中央执行委员会和人民委员会决定，将"红军战士"定为一级军衔的名称，到1946年7月，这一级军衔改称列兵。

士兵

"士兵"一词源自意大利文"钱币"和"薪饷"，它作为军事术语最早出现于15世纪的意大利，当时指领取军饷的雇佣军人。后来经法国人传到其他国家，被许多国家的雇佣军所采用。

17世纪30年代初，这一衔称被俄国新制团广泛使用，从18世纪初开始，授予服役一定年限的应募兵。为纪念俄军正规部队的第一名士兵布赫沃斯托夫，彼得一世下令为其铸造了青铜像，俄政府在募兵制度的法令中规定，授予了士兵军衔后就摆脱了原来的农奴依从地位，连同妻子儿女一起被列入"士兵阶层"。1861 年废除农奴制和 1874 年实行普遍征兵制后，"士兵"这一阶层的含义即消失。

举枪的士兵

无论在哪一个国家和地区，士兵的荣耀便是杀死更多的敌人，效率越高，那么他们的军功就越大，若是其他人做出类似的行为，都将受到法律和道德的双重制裁，也是不被人道主义所容许的；士兵是一个比较特殊的存在，无论是什么样的战争，士兵是没有对错之分的，他们只是依照命令做事，战争的后果不应由士兵所承担。

士兵的总体综合素质往往决定了一场战争的胜败，战争的最直接的表现形式就是不同国籍或不同理想的士兵之间的相互厮杀。士兵是战争的产物，没有战争，士兵也就失去他所存在的意义。

武官

武官有海、陆、空军武官。通常包括以下三种情形：第一，担任军职的官员。第二，指军事官职。第三，驻外使馆的组成人员的一种。通常由一国的军事部门派遣军事人员担任。武官的职责是代表本国军事主管部门处置同驻在国军事主管部门之间的军事交往事宜。同时也是本国外交代表在军事问题上的顾问。

武官的办公机构为武官处。武官处是使馆的组成部分。武官处由武官、副武官、武官助理、武官秘书和有关工作人员组成。武官处在行政上受双重领导，即受使馆馆长的领导和国内派出部门的领导。

武官由派遣国委任并征得接受国同意后派出。武官享受外交特权。武官的使命是从事军事外交工作，并得以合法手段调查与军事有关的情况。武官享有外交特权和豁免权，应遵守公认的国际法准则，尊重驻在国的法律。

武官、副武官以及武官处人员与驻在国军方的公务交往和私人联系，一般都应当通过该国武装力量主管外国武官的外事部门进行安排。武官希望会见军方人员，参观访问军事单位或设施，向军方询问有关情况，要求在驻在国旅行，一般均应事先向指定的军队外事部门提出书面或口头申请，获准后方可进行。武官举行招待会、宴请或其他活动时如请军方人士参加，一般也要将请帖送军方外事主管部门转交。

军代表

军代表肩负着武器装备质量监督、检验验收的神圣使命。

在生产阶段，严格过程质量控制，坚持"质量第一"原则，确保问题不出厂所，从源头上解决问题。在装备出厂时，积极组织厂所为部队培训维修保障技术骨干，提高部队熟悉装备和自我解决问题的能力。在装备使用过程中，平时注重加强维修保障和售后技术服务的合同监督，并协助承制方做好技术服务工作。战时配合承制方组织精干的应急机动维修保障分队，确保随时拉得出、供得上、修得好。

在研制阶段，重点监督承制方把维修性、保障性和技术服务要求，规划到装备及其配套的保障资源中去，强化标准化、通用化、模块化及互换性、安全性、防错性设计，以减轻部队维修的压力。

军队文职干部

中国人民解放军中的文职干部是被任命为初级以上专业技术职务或者办事员级以上职务，不授予军衔的现役军人，是国家干部队伍的组成部分。

军队中科学研究、工程技术、医疗卫生、教学、图书、文化艺术、档案、新闻、出版、体育等单位的部分专业技术干部职务，以及机关、院校、医院等单位部分从事行政事务、服务保障的干部职务。

文职干部按照工作性质分为专业技术文职干部和非专业技术文职干部。

专业技术文职干部的专业技术职务分为高级、中级、初级，专业技术等级分为1级至14级，1级为最高级；非专业技术文职干部的职务分为正局级、副局级、正处级、副处级、正科级、副科级、1级科员、2级科员、办事员。干部向上调整专业技术等级，现专业技术等级应当满最低年限：14级至10级分别为3年；9级至2级分别为4年。

指挥员：总指挥

指挥员是指军队中担任各级领导职务的干部，有的国家称指挥官。按职务等级分，通常师职以上干部为高级指挥员，团、营职干部为中级指挥员，连、排职干部为初级指挥员。

担任军级以上职务的干部，须经高级指挥院校培训；担任师、团级职务的干部，须经中级指挥院校培训；担任营级以下职务的干部，须经初级指挥院校培训。指挥员有时是对军队中干部的统称，以区别于战斗员。

指挥员按其业务性质分，有陆军、海军和空军指挥员，有工程兵、炮兵、装甲兵、防化兵和通信兵等六种指挥员；有的国家还有战略火箭军指挥员、国土防空军指挥员；有政治和后勤指挥员等。

在苏联军队中，指挥员是一长制首长，是对分队、部队和兵团实施指挥的主管人员。苏军中的副职首长称副指挥员。如团的副指挥员有副团长、后勤副团长等；营的副指挥员有副营长、政治副营长等。

中华人民共和国成立后，陆续建立起一大批陆、海、空军指挥院校，逐步形成了完整的高、中、初三级培训体制。

正在研究作战部署的德国陆军元帅曼施坦因

总司令：官职可大可小

总司令，类似于中国古代的最高武职"大司马"。"司"为职掌、主管之义。古代有"司令"之官。隋为内官。总司令，一般有以下几个含义：

1. 最高统帅。如三军总司令。例如，约旦的最高指挥官就是总司令，直接听命于国王。

2. 方面军乃至方面军集群的最高军事首长，战区司令长官，负责指挥一个战场一方所有参战部队，一般战时任命。如第一次世界大战美国远征军总司令潘兴，苏联工农红军远东红旗方面军总司令布柳赫尔，苏联红军远东总司令华西列夫斯基，东北抗日联军总司令赵尚志，欧洲反法西斯盟军总司令艾森豪威尔，太平洋战区总司令兼美军太平洋舰队总司令尼米兹，西南太平洋战区总司令、远东美军总司令兼"联合国军"总司令麦克阿瑟，等等。

苏联红军远东总司令华西列夫斯基

3. 军种最高指挥官。例如陆军总司令、海军总司令、空军总司令等。

司令员：主管军事的人员

司令员，在我军，司令和司令员没什么区别，不过司令员是正式称谓。军、兵种、武警总部、大军区、省军区、军分区、卫戍区、警备区、海军舰队、军区空军和各基地的军事主官称为司令员。其他国家军队没有司令员的叫法，一般都称呼司令，司令员是规范的称呼；司令是口语，不规范，特别是在行文或著书时不应使用"司令"。但两种叫法都是指某部队的最高军事指挥官。

参谋长：协助首长作战

参谋长是各级部队军事指挥部门的首长，协助该部队的军事主官进行指挥。参谋长相当于单位军事主官副职，也就是说团参谋长是副团级，师（旅）参谋长是副师（旅）级，军参谋长是副军级，军区参谋长相当于军区副司令员。如军区参谋长是协助军区司令工作的，师参谋长是协助师长工作的。我军团以上包括旅、师、集团军、军区等各级部队都有参谋长。在团以下单位，只有作战参谋等职，而没有参谋长一职。只有在旅

隆美尔和他的参谋人员在北非之役中进行战略部署。

团级以上单位，才设参谋长。他的主要职责是整理战斗信息，为军事首长提供资料并提出一定的建议；经军事首长授意，向下面单位布置具体的战斗任务。

在17世纪中叶，法国军队中就设置了参谋长一职。其后许多国家相继仿效，到第一次世界大战时，很多参战国的团以上部队配置了参谋长。中国在民国临时政府时期开始设置参谋长一职。

教官：军队的老师

教官是军队、学校等团体内担任教练的军官的称呼。军训教官在学校的任务为，平时维护校园安全、校园秩序、校外活动安全，灾害时指挥学生、老师避难与救助，战时编组学生民防团能力、防空避难指挥。

苏联军队设有军事教官，负责对现役军人实施某项军事专业的实际训练。苏联是根据武装力量的人员训练任务特点和对某一门专业人员的需要，在军事院校与各级教导队中，分别设置相应的军事教官，如火箭装填教官、坦克驾驶教官、鱼雷手、潜水教官和飞行教官等。另外，当一个国家向另一个国家提供武器援助时，提供国通常向受援国派出军事教官，以帮助受援国掌握所提供的武器。

副官：主官的得力助手

辅助主官的副官。至明清时，凡知县的副官，如通判、州同、县丞、知州、知府等，统称佐贰。其品级比主官略低，但并非纯粹属员性质。

在现代，副官的军衔一般比较低，任务多半是社交性的。现代军队中一般也将副职军官称为副官，如副连长、副营长。

在一些国家当中，担任国王或总统等国家元首助手的陆海空军官也称为副官，他们的军衔较高，跟一般的私人助理军官不一样。

通常来说，不同级别的主官就会有不同级别的副官，一般都是主官的亲信。陆海空军将官或其他高级指挥官的私人助理军官，是处理日常事务的机要秘书。

军事记者：记者大军中的特殊队伍

军事新闻事业单位中担任采访新闻、摄影和撰写通信报道的专业人员为军事记者。有的通信社、报刊还有派驻各个军区等单位的常驻记者和负责完成编辑部赋予的重大任务的特派记者。有时对从事编辑、采访和评论工作的军事新闻工作者也统称为军事记者。

世界上有许多军事记者，最著名的是美国的"大兵记者"厄尼·派尔。

在第二次世界大战中，他与步兵一起生活，"用一种家乡的风格向美国人民报道士兵们的战斗和生活"，发回了大量战地通信。

在一次冲绳岛采访中，厄尼·派尔被日军子弹打中牺牲，美国全国震动。在前线，得知厄尼·派尔牺牲的当晚，攻占冲绳岛的美国海军陆战队队员都齐声背诵着厄尼·派尔战地通信中最为他们喜爱的段落，对日军又一次发起攻击。

美国"大兵记者"厄尼·派尔

世界女兵：也能撑起一片天

女兵是指对在国家军队中服役的女性军职人员的称呼，包括战斗人员和非战斗人员，其职责与男性士兵一样，都是保卫国家安全，政府政权稳定，保卫及守护国家边境，社会安定，有时亦参与非战斗性的包括救灾等工作。

女兵多被分配到后勤部、机关、军医与院校等军事设施工作，女兵也时常分配到空军与海军作飞行员和通信员。现代中国最早的成建制女兵是组建于 1927 年 2 月 12 日北伐战争时期的国民革命军黄埔军校第 6 期武汉分校女生队，并于当年夏天参加了对夏斗寅军队的作战。

如今，越来越多的女兵在部队中占据着重要的地位。世界上不同的国家女兵的数量不同。比如，法军在 1996 年时女兵的人数为 7.5%，居欧洲国家首位。而德国女兵只能在卫生部门任职，而意大利至今还没有女兵。

世界上唯一对妇女普遍实行义务兵役制度的国家是以色列。起初，以色列女兵主要从事秘书和情报工作，负责通信、统计和仓库管理等，除了拿军饷和各种补贴外，以色列女兵被允许在空闲时间打工。

以色列女兵在行为举止、礼仪容貌上都有严格的规章制度约束，如果违反规定，一般会受到口头批评，严重者则处以罚款。

如今，许多以色列女兵都是身怀绝技的专业军官或军士。如 F-15 战斗机的维修技师、伞训教官及突击部队特制装备教官等都有女性。

俄罗斯军队中有 2400 名以上的女军官。其中，共有 300 多名校官，350 多名少尉女军官，1 名将军——苏联英雄、加加林宇航员培训中心教官瓦莲娜·捷列什科娃。在所有女军官当中，年龄在 25 岁以下的占 25%，在 26~30 岁之间的占 33%，其余的则在 30 岁以上。

她们全受过高等教育，其中 1/4 的人毕业于军事院校或普通高校的军事系。此外，有大约 300 名女学员在国防部军事院校学习。俄联邦武装力量各军、兵种中都有女性服役。其中，空军、防空军和航空兵部队女性最多，她们主要担任话务员、后勤人员、无线电报务员、医务人员和绘图员。

在法国，女兵有近 2.3 万人，其中空军最多，占 11%。在陆军中服役的女性近 9000 人（占现役军人的 7.5%），其中有 400 名军官，6200 名士官，1200 名士兵和 1000 名志愿兵。所有专业兵种都向她们开放，但女兵们很少选择步兵、炮兵和装甲兵这些战斗部队。由于法军

俄罗斯女兵风采

将逐步向职业化过渡，法国国防部将增加女兵招收人数。陆军各兵种每年将招收 1 万名女兵。1993 年，海军军官学校开始招收 10％的女学员。在 3340 名女兵中，有 120 名军官和 3200 名海军士官，分布在 34 个专业兵种。

美国军队是世界上女兵最多的军队之一。现在在美军中服役的女兵人数占全部武装力量的 13％以上，高达 19.3 万人。1997 年，美海军陆战队设在北卡罗来纳州的陆战队新兵训练中心之一的勒任兵营，首次让女兵与男兵一起接受战斗训练，项目包括投掷手榴弹与大炮射击等，以期后勤女兵在必要时能执行支援保护机场与港口的任务。

不过迄今为止，海军陆战队仍禁止女兵参与战斗任务，并与陆军一样禁止女兵在步兵、炮兵与装甲部队执勤。

除此之外，随着美国国会限制女性上战斗舰禁令的解除，上战舰服役的女军人日增。目前，美海军已有了第一位辅助舰女舰长，在 24 艘补给船中有 11 位女副船长。"西马伦号"油船是第一批接纳女兵的舰艇之一。女水兵心细，在战斗情况室监视空、海情时，女水兵表现尤为出色。

第六章
军队奖惩制度与勋章

军队奖惩制度

军人奖励

作为维护军纪的一种措施，军人奖励通常包括精神奖励和物质奖励，是对在服役期间执行勤务和履行军人职责表现突出的个人给予的表彰和鼓励。

精神奖励一般包括记功，授予荣誉称号，颁发勋章、奖章和奖状等；物质奖励一般包括奖品、奖金等。

中国人民解放军的奖励目的在于鼓励先进，调动官兵的积极性、创造性，发扬爱国主义、共产主义和革命英雄主义精神，保证作战、训练和其他各项任务的完成；其奖励原则是以精神奖励为主，物质奖励为辅；其奖励依据有专门的条例规定。

中国人民解放军的奖励项目有荣誉称号、一等功、二等功、三等功、嘉奖。对符合国家奖励标准的，按国家的有关规定奖励；对获得一等功以上奖励的军官和文职干部可提前晋衔或晋工资档次，晋衔适用于上校以下军官和一定衔级的士官及士兵；对获得二等功以上奖励的士官，可以提前晋衔或者提高衔级工资档次；对获得三等功以上奖励的士兵和士官可提前晋衔。

军人处分

作为维护和巩固法纪的一种辅助性教育手段，军人处分是对在服役期间违反法律、纪律和犯了错误的军人给予的处罚。

军人处分通常包括行政处分和刑事处分。行政处分主要针对严重违纪行为，依据《中国人民解放军纪律条令》的原则，处分的形式包括警告、严重警告、记过、记大过、降职或降衔（衔级工资档次）、撤职或取消志愿兵资格、除名、开除军籍等等。刑事处分主要是针对犯罪行为，依据《中华人民共和国刑法》中的规定，处分的形式包括管制、拘役、有期徒刑、无期徒刑、死刑。另外，对于危害重大的犯罪军人，还要附加剥夺勋章、奖章和荣誉称号。

在战时，对被判处3年以下有期徒刑没有现实危险宣告缓刑的犯罪军人，允许其戴罪立功，确有立功表现时，可以撤销原判刑罚，不以犯罪论处。处分的原则是惩前毖后、治病救人；以事实为依据，以法律为准绳；教育为主，惩罚为辅。

奖励：是一种勋赏

勋官

勋官是中国古代授予有功之臣的荣誉性称号。勋官的称号起源于先秦军功爵制。首次将"勋"作为一种特殊功绩的标志是北周，北周的封建统治者将用于奖赏有战功的人员的荣誉称号称为"勋官"。公元575年，北周设置了有虚衔而无实职的上柱国、上大将军、上开府仪同三司等"勋官"11级，授给在周齐交战中"诸有功者"。隋朝建立后，隋文帝继承北周的做法，仍设"勋官"11级，"用赏勋劳"。公元624年，唐朝改设"勋官"十二"转"（级），一"转"最低，称号为武骑尉，视七品官待遇；十二"转"最高，称上柱国，视正二品官待遇。后世基本沿用唐制，只是官号、等级和待遇略有差别。勋官等级的高低，主要取决于战功的大小。辛亥革命后，以"勋位""勋刀""勋章"等来标志功绩。

勋位

勋位是北洋政府时期对有功之臣授予的荣誉性称号。1913年1月13日，民国发布《勋位授予条例》，在条例中有这样的规定："凡民国人民有勋劳于国家和社会者，授予勋位。"勋位分为六等：大勋位、勋一位、勋二位、勋三位、勋四位、勋五位。凡获得勋位者，依法律享受一定的年金。

勋刀

勋刀是民国时期授予有功人员的一种荣誉标志。1931年11月23日，中华国民政府在《陆海空军勋刀规则》中规定："凡陆海空军官佐建有特殊勋绩，或勋章进至最高等，而建有勋绩仍须奖励时"，颁给勋刀。勋刀通常在典礼活动时佩戴，分为一至九星级：一至三星授予校官和尉官，四至六星授予将官，七至九星授予"屡建特殊勋劳"的将官。一至三星勋刀由军政部长转授，四星以上勋刀由国民政府主席亲授。

勋章

勋章是通常由国家最高权力机关颁发和授予的，对有特殊功绩者的荣誉奖赏。勋章授予的对象可以是集体，也可以是个人，主要是包括那些立有不同等次军功的人，以及在某些方面有突出贡献的人，包括社会政治活动、科学艺术方面等有特殊建树的人。

勋章的佩戴有很多讲究。现在西方国家的勋章依勋章级别来制定不同的佩戴要求。高级勋章由勋章、绶带和代表勋章的

一些重要的场合需佩戴勋章。

星章三部分组成。个别勋章还附有供在隆重场合佩戴的金链。一般来说，五级勋章连在短绶上，戴在胸前；四级勋章连在带丝绸"花结"的绶带上，戴在胸前；三级勋章连在如同领带一样的带子上，挂在颈上；二级勋章也挂在颈上，星章戴在胸前；一级勋章的佩戴用一种斜挎在肩上的宽大绶带，绶带两头由勋章连接起来，星章戴在胸前。

勋章的命名方式各不相同，有以著名人物命名的，有以地名命名的，有以动植物之名命名的，有以天体命名的，有以兵器命名的，有以重要节日命名的，有以其他有意义的物品命名的等。

世界各国的勋章都各具特色。在勋章功能方面，有的国家规定，持有勋章者可以享受多种社会优待，如免费或减价乘飞机等；有的可荫及后代；一些国家规定，获得勋章者可以终身享有某些特殊的政治权利。在勋章的原料方面，有金质、银质、铜质或铝质的，也有珐琅质及其他非金属的，以原材料的不同质来显示奖赏的等级。此外，还有些国家的勋章名带"十字"，这与那里的宗教历史影响有关。

奖章：对勋章的补充

奖章，作为一种奖赏，直到 17 世纪才出现。如今，世界上大多数国家都有具有自己特色的奖章。例如，美国的奖章有国防部军功奖章、军功奖章、三军嘉奖奖章、三军功绩奖章、三军奖章、海军嘉奖奖章、海岸警卫队嘉奖奖章、陆军奖章、陆军功绩奖章、品行优良奖章、空军奖章、海军和空军功绩奖章等。此外，还有种类繁多的集体奖章及非军事奖章。

奖章是国家或军队等团体对立有军功或取得其他成就者的奖赏，实际上是对勋章的一种补充。奖章的制作原料和命名方式与勋章大体相同。

在历史上，中国人民解放军也曾颁发过多种奖章。例如，在抗日战争和解放战争时期，各部队颁发的奖章达百余种。八路军和新四军颁发的三等奖章、二等奖章、一等奖章；东北民主联军颁发的人民英雄奖章、工作模范奖章、毛泽东奖章、朱德奖章等等。还有新中国成立后，中国人民解放军队也逐渐开始革命化、现代化、正规化，奖章的制作及颁发也随之逐渐走向制度化、规范化。

中国军队颁发的奖章

立功奖章

立功奖章分为一、二、三等，是中国人民解放军授予荣获立功奖励人员的一种证章。一等功奖章的中间图案为中国人民解放军军徽，四周有 5 个大菱角；二等功奖章的中间图案为天安门城楼与火箭；三等功奖章的中间图案为中国人民解放军军徽和麦穗。

立功奖章的绶带由白色丝线编织而成，两边为蓝色，以中间的 1~3 道红杠分别表示一、

二、三等。凡立一、二、三等功的个人，分别发给一、二、三等奖章。对获得奖章者，同时发给奖章证书，并将有关情况进行登记，存入档案。

英雄模范奖章

英雄模范奖章分为一、二级，是中国人民解放军授予英雄模范人物的一种证章。凡由中央军事委员会授予英雄模范称号的个人，发给一级英雄模范奖章；凡由大军区、军兵种授予英雄模范称号的个人，发给二级英雄模范奖章。

一级奖章的中间图案为中国人民解放军军徽，四周有 10 个大菱角，二级奖章的中间图案为天安门城楼和中国人民解放军军旗。一、二级奖章的绶带皆由黄色丝线编织而成，两边为蓝色，中间为白色，以白色上的 1~2 条红杠分别表示一、二级。

优秀士兵证章

优秀士兵证章是中国人民解放军奖给被评定为优秀士兵的一种荣誉标志。优秀士兵证章，其质地为铜质镀金，主章图案由军徽、常青叶、五角星和光芒组成，象征着优秀士兵在人民解放军这所大学校里茁壮成长，层出不穷。

美国的功勋奖章和纪念章

荣誉勋章

荣誉勋章是美国政府颁发的最高军事荣衔，授予那些"在战斗中冒生命危险，在义务之外表现出英勇无畏"的军人。荣誉勋章的绶带系在衬衣的领子内，不能露出衬衣的领子外面和外套外面，勋章挂在领带上方。

荣誉勋章是根据 1862 年的国会法而设立的，一种美国国家颁发的最高并且最难获得的勋章。只能由总统亲自颁发，海、陆、空三军的成员皆有资格获颁这份荣誉，而每个军种授予的荣誉勋章各有其独特的设计。

获得荣誉勋章的个人必须具备英勇顽强、自我牺牲、临危不惧的事迹，所表现的勇气与大无畏精神必须明显超过他的同伴，授予此勋章必须具备令人信服的服役表现证明，在推荐时必须从突出功绩的标准来考虑。

美国海军勋章

美国海军勋章

海军勋章是由一青铜色的五星构成，每个脚的顶部用三叶草装饰，并由一圈月桂叶围绕着，每个角上有橡叶作为装饰。在勋章中央，一个由

34 颗星组成的圆圈代表了美国 1862 年的 34 个州，Minerva 将人性赋予美国的图案在整个勋章的中央，她的左手放在象征力量的古罗马权仗上面，右手举着象征美国武装力量的盾牌。奖章用一个锚悬挂在绶带上。

美国陆军勋章

美国陆军勋章是一个金制的五角星，每个角以三叶草作为装饰。对角线有 1 英寸宽，五星被绿色的月桂叶围绕着，五星上面悬挂着一块写有 "VALOR"（英勇）的小牌子，牌子上站立着一只展开翅膀的鹰，在五星中的 Minerva 头像被 "UNITED STATES OF AMERICA" 围绕着，五星的每一个角上有一片小橡叶，写有 "VALOR"（英勇）的小牌子反面，雕刻有 "THE CONGRESS TO"，并且留有雕刻勋。

美国空军勋章

美国空军勋章是主章由一金色五星构成，边缘被一圈绿色月桂树花圈围绕，每一个支脚的最顶端都是三叶草作为装饰，每个角中还有橡叶饰，勋章中央图案是自由女神头像。五星被一个写有 VALOR 的装饰品悬挂，装饰品中包括象征空军的雷电图案。

美国服役优异十字勋章

美国服役优异十字勋章是在 1918 年根据国会设立的，后来根据 1963 年法案进行了修正。服役优异十字勋章是授予那些以任何身份在陆军中服役时，在同美国的敌人的斗争中，在同外部敌对势力发生冲突的军事行动中，或者在国外服役时参加了友军与敌军的武装冲突（美国为非参战国时）中表现优异，但不能获得荣誉勋章的人员。

第七章
军队标志与服饰

军队识别标志

识别标志在军队中有多种使用情况，主要有：

第一，用以表明军人所属军队、军种、兵种、专业性质和军人军衔的标志。如帽徽、胸章、臂章、领章、领花、肩章、袖章、袖标、军种符号、兵种符号、专业勤务符号等。

第二、象征军队、军种或建制部队的标志。如军旗、军徽等。世界各国对此类标志的颁发、授予、制作、悬挂和使用都有严格的规定。

第三、用以表明武器装备所属国籍、军队、军种、兵种、部队的标志。一般在武器装备表面适当部位标上国旗、军旗、军徽或其他象征性图案以及阿拉伯数字、拼音文字的字母、专用符号等。

军旗：出现在国旗之前

象征军队或建制部队的旗帜，一般由旗幅、旗杆和旗顶组成，是表示该军队或部队属何国武装力量的一种标志，有些国家的军旗还包括主管人员旗。军旗通常由国家、军队的最高领导人或最高军事领导机关正式批准颁发。

旗杆一般为金属品，表面有旋纹；旗顶，即杆头，多为金属制成的矛、十字或其他象征性图形，如鹰、狮子等，有的旗顶还饰穗子。各国军队对于旗幅的规格、质料、颜色、图案（字样）及制作方法等都有严格的规定。

如今，世界各国军队都有自己的旗帜，多种多样。比如，西欧国家的军旗，多以国旗加镶丝穗，旗杆顶端挂有注明部队番号的彩色绸带制成。还有一些国家军队，旗帜的种类繁多。比如美国的陆军、海军、空军、海军陆战队、海岸警卫队和各兵种部队都有各自的军旗。

古罗马军队军旗

西方最早使用军旗的是古希腊和古罗马军队，即在一块方布上绘制猫头鹰、狮身人面像、狼等动物图案，以区分不同的部队单位。

战旗：军人英勇的旗帜

战旗是军人荣誉、英勇和光荣的必然象征。古今中外，不少国家的军队都拥有战旗，名称各异。中国宋代有战旗"净天鹤旗"。

苏军曾经把军旗称为战旗，最初是作为一种战斗奖赏而存在。以苏联最高苏维埃主席团的名义授予团、旅、独立营或炮兵营、航空兵大队、军事院校、教导部队、海军支队等，并发给证书，永远由该部队保存。奖给该部队的全部勋章均应挂在战旗之上。战斗中，部队全体人员必须勇敢保卫战旗。

军徽与帽徽：时同时不同

军徽，就是把具有一定意义的图案制作成徽章作为某一军事集团的象征和军事首领的标志，很多国家军队都有自己的军徽，它是象征军队的主要标志之一。

中国人民解放军陆军军徽的样式为镶有金黄色边的五角红星，中嵌金黄色"八一"两字（1927年8月1日中国人民解放军诞生之日）。海军军徽为藏蓝色底，衬以银灰色铁锚，蓝色衬底象征广阔的海洋，铁锚代表舰艇，象征海军。空军军徽衬以金黄色飞鹰两翼，象征人民空军英勇果敢，飞行无阻，并坚决负起捍卫祖国的光荣任务。军徽禁止用于商业广告和有碍于军徽庄严的场合或装饰品上，而是用于举行典礼、检阅、军人宣誓、隆重集会等时机（悬挂于主席台中央）或臂章、奖

中国人民解放军新式帽徽

状、车辆、舰艇、飞机、重要建筑物上，在使用的时候可以根据需要按照比例进行缩放。

帽徽是军人佩戴在军帽上的军队标志。中国人民解放军的帽徽总体高、宽皆为50毫米，为铝冲压制成，用螺丝、螺帽缀钉。分陆、海、空军三种。帽徽的主要部分是松枝叶，松枝叶纹仿刺绣，颜色与麦穗、齿轮、天安门一致，为金黄色，天安门按标准加工，上下平直，左右高出松叶半毫米左右，周边有清晰的轮廓线。之所以采用松枝叶的形象，主要撷取松树不畏惧风雨、生命力顽强、苍劲有力、用于牺牲和奉献的精神品格。陆军底衬海蓝色，海军底衬藏蓝色和金黄色铁锚，空军底衬天蓝色和金黄色飞翅。

另外，军人的作训帽上通常也缀有小帽徽。陆、海、空三军小帽徽的区分与大帽徽相同。小帽徽为圆形，直径为35毫米。采用软塑料热转移印模制成，轻便，便于佩戴。小帽徽中央有"八一"红星，周围有金黄色麦穗和齿轮。

中国人民武装警察部队官兵的帽徽的图案由国徽、盾牌、长城和松枝组成。其中，国徽标志着武警部队是中华人民共和国武装力量的组成部分；盾牌标志着武警部队是国家和人民安全的坚强后盾；长城标志着武警部队的坚不可摧，如长城一样坚固挺拔；松枝标志着武警部队英勇顽强地保卫祖国的战斗意志。

欧洲一些国家的军队在公元前5世纪的时候，就出现了一些装饰有神龛和动物小雕像或刻绘着特殊象征性图案圆盘的矛和杆，比如猫头鹰、公牛和互握的手等。除了这些，在一些军队中还出现了军事首长、高级官员的个人标志。

10~13世纪，西欧骑士的盔甲和旗帜上出现了象征主人勇敢和机敏的纹章，根据这种纹章可以对穿戴甲胄的骑士贵族家族做出区分。在这以后，军旅中的徽章逐渐发展成象征军队或建制部队的标志之一。

肩章：各军种各级别均有不同

肩章是指军人、警察等特殊职业人员佩戴在制服肩部的特殊识别标志，可以反映出军人、警察等级别的高低，也就是说按肩章的种类、式样、颜色、肩章上的彩色杠（竖条带）和条纹的数量、宽度以及星徽或其他图案的数量、大小，区分军衔等级和勤务的属性。

中国军队在20世纪初开始佩戴肩章，清朝时期的《陆军官务服帽章记》对肩章的式样、颜色等作了详细规定。民国时期军队的礼服和某些时期的常服，亦配备肩章。1955年10月，中国人民解放军于实行军衔制时开始佩戴肩章。

军衔等级为元帅、将、校、尉级军官以及院校学员的常服肩章为梯形，元帅肩章绣中华人民共和国国徽和银白色五角星徽各1枚，将、校、尉级军官肩章分金黄色、银白色两种，分别绣或缀钉银白色或金黄色五角星徽1~4枚；海军将官金黄色版面肩章，在金黄色星徽周围绣黑色线道，星徽正中为铁锚。海军士兵小肩章为矩形。海军及其航空兵士兵肩章镶金黄色横线表示军衔等级，上等兵、下士、中士分别为1~3条细黄线，上士1条粗黄线；水兵、列兵肩章和学员小肩章绣铁锚。军校学员、文工团和军乐团团员、体工队队员肩章，边镶黄色或黑色或蓝色丝带，有的镶金黄纵线，或缀专业符号。

日军军官常服肩章的基本模式与其基本相同，稍有区别的是，其星徽采用樱花图案，将官以四、三、二星分别标志上、中、少将。礼服肩章为

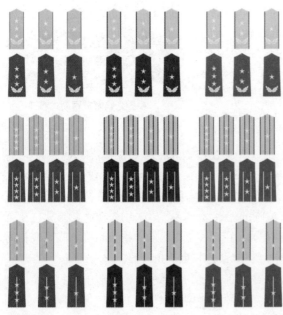

肩章级别

盘花式样，将、校官用 3 股金色圆绳编结，尉官用两股金色圆绳编结。将官肩章为双排 5 朵盘花，校官肩章为单排 5 朵盘花，尉官和准尉肩章为单盘 5 朵盘花。将、校、尉官以银色樱星区分上、中、少级，准尉无樱星。

相比日本军队的肩章，中国人民解放军的肩章一般由横杠、五角星等组成，形状有梯形、剑形、斜角形、矩形等，缀有军衔等级或军兵种专业勤务符号。依佩戴时通常分为常服肩章、礼服肩章、作训服肩章等。

1965 年 6 月，中国人民解放军军衔制取消，肩章也随之而废止。1985 年 5 月，解放军军官和志愿兵开始佩戴剑形肩章，陆军、空军为棕绿色，海军为海蓝色，中间缀军种符号；海军士兵佩戴印有铁锚的黑色小肩章。

1988 年 10 月，新军衔制开始实行，全军官兵肩章缀军衔符号，军官常服、礼服、大衣肩章，主体为长方形，内端呈钝角。版面为金黄色，镶边和纵向彩杠颜色区分军种，陆军为正红色，海军为黑色，空军为天蓝色。金黄色版面中一条纵向彩杠为尉官，两条纵向彩杠为校官。将军礼服肩章外端衬金色松枝叶。军士长、专业军士、学员常服肩章的材料、号型尺寸与军官常服肩章相同，版面颜色区别军种，陆军为正红色，海军为黑色，空军为蓝色。

1993 年 10 月，军士长、专业军士肩章样式改为等腰梯形，陆军为棕绿色，海军为黑色，空军为天蓝色，版面镶有金黄色纵杠和折杠，两道纵杠为军士长，一道纵杠为专业军士，折杠区分军衔等级。1992 年 5 月，文职干部统一配发服装，佩戴文职干部肩章，肩章中央缀钉军种符号。

军服领子饰物：领章和领花

领章和领花是军人佩戴在衣领上的识别标志。

领章多为金属制品，形状有平行四边形、长方形、正方形、斜角形等。一般用布呢制品制作，缀有军衔或军兵种专业勤务符号。有的国家战时领章的星徽、符号多用无光泽金属制作。

1955 年，中国人民解放军实行军衔制时，陆军、海军、空军官兵的领章分别为红色、黑色和天蓝色，上缀军种、兵种或专业勤务符号，陆军、空军士兵领章还有表示军衔等级的五角星徽；海军士兵佩戴小肩章，不佩戴领章。1958 年 1 月起，军官改佩军衔领章，其规格、底色与原制式相同，三面镶金黄色边，并有区分军衔等级的星徽和线条，尉官为一条，校官为两条，将军和元帅领章无线条。将、校、尉官均以一至四星分别区分少、中、上、大级别，元帅领章缀国徽和星徽各一枚。海军陆上士兵、海军航空兵士兵冬常服肩章和海军士兵大衣肩章，改为领章。1965 年 6 月取消军衔制，全军统一佩戴全红领章，领章背面标明佩戴者的姓名、血型和部队代号。1985 年 5 月，陆军、海军、空军领章又分别改为红色、黑色和天蓝色，军官领章三面镶金黄色边，中间缀五角星徽；士兵领章缀军种符号。

1988 年 10 月，中国人民解放军实行新的军衔制，全体官兵改佩标志军种和专业技术符号的领花。军人常服和制式衬衣的领花为军种或专业技术符号，军官礼服的领花不分军种，只分军衔等次，将官礼服领花由五星和松枝叶组成，采用金绢等材料手工刺绣在礼服面料的底布上，呈五边形，工厂直接缀钉在衣领的规定位置。

校官礼服领花由金属仿刺绣的五星和麦穗组成，用其背面的螺丝、螺帽缀钉在校官礼服领花衣领规定的位置。尉官礼服领花是由金属仿刺绣五星和宝剑形光芒线组成的，用螺丝、螺帽钉缀在衣领的规定位置。将官领花上绣的松枝叶，代表健康长寿的意思。校官领花上的仿刺绣麦穗，代表人民军队中级军官作出不可磨灭的贡献。尉官领花底衬宝剑形光芒线，意味着朝气蓬勃。

1992年5月，文职干部统一配发军装，其领花由金色的齿轮、麦穗和红五角星组成。中国人民武装警察部队官兵的领花分为武警领花和武警技术警官领花。武警领花以红色盾牌为主体，内有一颗金色五角星和两枚交叉的金色步枪，用两枝金色的松枝托起盾牌；武警技术警官领花，主体图案与武警领花相同，只是在红色盾牌内镶有白色卫星轨迹和金色的地球。

徽章：不同部位

胸章

胸章是军人佩戴在军衣左胸部位的徽章。一般在正面或背面标明佩戴人的姓名、职务、部别、颁发时间及编号等。

目前，中国人民解放军使用的新式军装的胸章是这样的：几排竖条代表级别。胸前有一排的是连、排级，两排的是营级，三排的是团级，四排的是师级，五排的是军级，六排的是大军区级，七排的是军委委员以上级别。此外，几道竖条代表军龄，从左到右，依次按1年、2年、级别略章（图案为小星星），3年、4年、5年，1年、10年、2年，3年、4年排列，如果仍排不够现有军龄，就再接着往下排，直到排够排数为止，为了凑排数，可以用小面值的竖条来代替大面值的竖条。其中，第一排的中间有几颗星，代表他是正职或副职，一颗星是副职，两颗星是正职。根据星牌底色的不同，划分出军、师等不同级别。

零七式军服增加了胸前的级别资历章，上面显示军人的级别和军龄。军龄由所有资历章的竖条加起来的和。级别则由资历章的排数和最上一排中间的级别略章构成。

臂章

臂章一般佩戴在左臂，是警察、军人等佩戴在军衣衣袖上臂部位，表示身份、勤务等信息的标志，有些国家也将其作为军阶符号或所属部队的标志。臂章一般是电脑刺绣而成的，形状有盾形、长方形、菱形等。

美军的臂章主要用于表示士官和士兵的军阶，如陆军的等级用金色角线和弧线来区分：二等兵角线1条；一等兵角线和弧线各1条；下士角线两条；中士角线3条；上士角线3条，弧线1条；军士长按等级增设弧线。中国人民解放军海军陆战队人员佩戴的臂章为圆形，黑底黄圈，中间的图案由军徽、麦穗、铁锚、剑和匕首组成。

袖章

袖章，通常指军人佩戴在军衣衣袖上的标志。主要用于表示其军衔、属何军种兵种、执行何种勤务等。

中国清朝末年和民国时期，军队的袖章主要用于表示军衔等级，通常被缀于军衣两袖口上方。1905 年，军人常服袖章，官佐、军士和兵均为红细辫一道，而礼服袖章与之不同，是五花辫图案，以花辫的颜色区分等次。1936 年 1 月，国民党政府规定，军官大礼服袖章图案为金辫和梅花，以金辫的多少区分等次，以梅花的数量区分级别；特级上将于梅花之上加缀圆环三个，成品字形，一级上将加缀圆环两个。

世界上许多国家的军队都以袖章作为军人军衔和所属军种、兵种、专业兵及勤务的识别标志。比如在苏联，军队的袖章既可表示军衔、属何军兵种或技术勤务，又可表示超期服役年限或院校学员的年级。

穗带

军服的装饰品。一般用金线、银线或彩色丝线编织成的有金属装饰端的带子，通常一端扣在右（或左）肩肩章之下，另一端扣在右（或左）衣领下，呈半椭圆形垂在胸前，是礼仪兵、军乐团员、文工团员等人员礼服的装饰品。

世界上很多国家的勋章和奖章皆配有绣带。中国人民解放军军乐队参加重大活动和重要会议演奏时以及文工团员演出时均佩戴穗带；中国人民解放军仪仗队队员、礼兵和中国人民武装警察部队国旗班等礼兵着礼宾服时佩戴穗带。美国军人在参加庆典时可在穿常服和礼服的情况下佩戴绶带。

但是，各军种绶带的颜色稍有不同，例如通信兵的绶带是橙色，装甲兵和骑兵的绶带是黄色，炮兵和工兵的绶带是鲜红色，化学兵的绶带是钴蓝色，航空兵的绶带是深蓝色，宪兵的绶带是绿色，特种部队的绶带是深绿色，等等。

17 世纪在西欧一些国家，穗带首次作为军服的一个组成部分在军队中使用。1762 年始，俄国总参谋部的将官、校官和尉官、副官、宪兵、机要信差以及某些龙骑兵团、火枪营和掷弹营的人员等等，均佩戴穗带。

军队符号：显眼的标志

军队符号是识别标志的具体体现，是用各种相应的图案代表一些军事术语或军用名称的特定含义的记号。这些符号可佩戴在军装的固定部位上或者印刷在证件上，甚至还可绘制在旗帜或武器装备上。

军队符号主要包括两种，一是表示军人及各种军用物资所属国籍、军队、军种、兵种、专业兵机关、部队、院校或勤务部门的象性图案。如军种符号、兵种符号；二是军用地图和图解文书上表示地物、敌我双方兵力部署情况、战斗情况、气象情况等的象征性标记。

军种符号

军种符号表示军人、部队属何军种的识别标志。与领章、肩章或袖章配合使用，为领章、肩章或袖章的组成部分，有时可印制和描绘或者用在证件或装备上。一般用金属或塑料制作，图案由单一或多种象征性图形组成。

1988年10月，中国人民解放军实行新的军衔制，同时制定了陆军、海军和空军新的军种符号。三军军种符号都以"八一"红五星为主体，为金属制品。在红五星下，陆军符号底衬5支金黄色的宝剑形光芒线，象征陆军以陆地武器为基础，英勇善战，所向无敌；海军符号底衬金黄色铁锚，象征舰艇；空军符号底衬飞鹰两翅，象征人民空军飞行无阻。铁锚和飞翅是国际公认的海、空标志。军种符号一般佩戴在军常服和制式衬衣衣领上。

兵种符号

兵种符号佩戴在领章、肩章、臂章上，用以表明军人所属兵种的识别标志。图案由单一或多种象征性图形组成，一般用金属或塑料制作。

美国陆军各兵种都有代表本兵种特点的符号。如野战炮兵的兵种符号为两门交叉的古炮；航空兵的兵种符号由一对金色鹰翅和压在上面的一个银色螺旋桨构成；特种部队的兵种符号是两只交叉的翎箭；化学兵的兵种符号由两个交叉的曲颈瓶和苯环组成，表示化学兵的职能与化学紧密相连；通信兵的兵种符号是两面相交叉的旗帜和一只火炬组成的图案。

专业勤务符号

专业勤务符号表示军人所担负的勤务的识别标志。图案由单一或多种象征性图形组成，一般用金属或塑料制作，与领章、肩章或袖章配合使用，是其组成部分。

1988年10月，中国人民解放军实行新的军衔制，制定了专业技术符号。新的专业勤务符号为金属制品，一般佩戴在军常服和制式衬衣衣领上，由25毫米的"八一"红五星（代表中国人民解放军）、底衬是两个交叉白色椭圆形电子轨迹组成的原子符号（表示科学技术）组成，原子符号宽和高各为20毫米。

着军服的严格规定

军服除了御寒暑、利征战等实用价值以外，还有肃军容、壮军威的观瞻功效，因而对于军人的着装，各国军队都有严格的统一规定。但各国的社会制度、宗教信仰、经济发展情况等不同，对军人着装的规定也有所不同。

《中国人民解放军内务条令》中对中国人民解放军军人穿着军服的要求进行了具体规定，如着军服时，要佩戴帽徽、肩章、军种（专业技术）符号和领花，系好衣扣、领扣和系好领带，内衣不得外露，不得挽袖、卷裤腿，不要披衣、敞怀；着军服要按规定配套，不得将不同季节、不同时机穿着的服装混穿，更不允许军服与便服混穿，或者在军服外面套上民用羽绒服、皮夹克、风衣等便服；着军服要保持衣着整洁，不能有碍观瞻，不得与军容风纪的要求相违背。同时，还对军人着便服的时机和场合作了规定，同样也必须注意形象端庄和衣着的整洁。

在美国，军人什么场合穿什么军服，都有明文规定。如作训服只限在执行任务时穿着，陆军黑色宴会服和晚礼服，只能在晚间穿着出席一般的或官方的正式社交活动，等等。

还有军衔和军兵种符号如何佩戴勋章、服役奖章和徽章，穿着哪几类军服时才可以佩戴，佩戴的位置和先后顺序如何，都规定得十分明确。

穿着军服准备作战的美国军人

军服的基本颜色

在很长的一段时间内，军服一直追求华丽美观的特色。古代的军服大多为鲜明亮丽的颜色，主要以红色为主，据实验研究，红色可使人肾上腺素分泌增加，使人精神振奋，是最富有攻击性和挑战性的色彩。

随着科学技术以及武器装备的发展，华丽的军服越来越显露出实用价值的欠缺。尤其在1899~1902年的英布战争中，身着红色军服的英军受到身穿绿色军服的布尔人的沉重打击。这使英国军队开始认识到军服的色彩在战争中的重要性，于是他们把军服一律改成暗

穿着不同颜色军服的士兵

绿色。随后，欧洲各国军队争相仿效。第一次世界大战后绿色服已相当普及。

如今，世界上军服的颜色多达 300 种，基本色调依然是绿色，包括深绿、墨绿、草绿、中绿、黄绿、浅绿、橄榄绿等。绿色在现代战争中的隐蔽作用十分明显。

然而，大自然是五彩缤纷的，单一的色彩对于作战来说，仍然会有许多弊端。而迷彩服的出现，弥补了这种缺陷。迷彩服大致有三种类型，第一种是"林地型"，其图案与地上的零星石块、杂草、灌木丛、阴影十分相似。第二种是"荒漠型"，颜色以黑土色和褐土色为主，模仿的是荒漠中的矮小灌木的斑点。第三种是"雪地型"，或是单一白色，或是夹杂黑色、灰色斑块。

目前，国外正在研制一种可随着环境的变化而改变色彩的军服。试想，这种军服的出现在未来高度机动化的现代战争中会大显身手。

军服基本种类：常服、礼服、作训服、战服

常服

常服是指军人在平时和一般礼仪场合穿着的服装，即平常时候穿着的军服，一般区分为军官常服、士兵常服或者夏常服和冬常服。

中国人民解放军"八七"式常服有士兵夏常服、冬常服，军官夏常服、冬常服。

士兵夏常服，陆军士兵夏常服为草绿色，空军士兵为上草绿下藏蓝色，上衣为开领，四个贴袋。制式衬衣为开领，短袖；女士兵制式衬衣与女军官制式衬衣相同。海军士兵夏常服为上漂白下藏蓝色，上衣是套头式带披肩水兵服，裤子为旁开口水兵裤。帽子为带飘带的无檐大顶帽。

士兵冬常服，其式样与军官冬常服基本相同，上衣口袋改为四个贴袋。陆军士兵冬常服为草绿色，空军士兵为上草绿下藏蓝色，海军士兵为藏蓝色。海军舰艇士兵为套头式水兵服。士兵大衣式样与尉官大衣基本相同，但有风帽、护膝，寒区为皮大衣，水兵为呢大衣。绒帽或皮帽有帽耳孔。军士长、专业军士、学员冬夏常服式样与尉官相同，用料与士兵冬夏常服相同。

军官夏常服，根据金属制成的领花作为军种符号。另外军服的颜色各军种稍有不同：陆军为棕绿色，海军为上白下藏青色，空军为上棕绿下藏青色。制式衬衣为猎装式，开领，短袖，陆军为米黄色，海军为漂白色，空军为月白色。

军官冬常服，将校官冬常服颜色与夏常服相同，陆军尉官为草绿色，海军尉官为藏蓝色，空军尉官是上草绿下藏蓝色。将官大衣，陆空军为棕绿色，海军为藏青色。校官大衣为风衣式，陆空军为棕绿色，海军为藏青色。尉官、士官大衣，陆空军为草绿色，海军为藏蓝色，栽绒领；舰艇尉官为呢大衣。冬帽是咖啡色栽绒帽或皮帽。

礼服

礼服是军人在参加重大礼仪活动时穿着的服装。多数国家只配发给军官。其主要特点是美观，色彩鲜艳，庄严，军阶标志鲜明，装饰注重民族风格等。

军礼服用料讲究，多用纯毛或毛涤混纺织物，制作精细。由于各个国家的民族特点等不同，其礼服的样式也不一样。有的喜欢把礼服装饰得绚烂多彩；有的设计得庄重大方。许多国家还有仪仗队、军乐团礼宾服及演出服。

中国人民解放军于2007年，在全军军服调整改革工作会议时对军服做出了大规模的调整和改革。加工上采用金属铸造和静电植绒等多种工艺，制作精细，缀钉方便。标志服饰主体图案，以"八一"军徽、长城、盾牌、钢枪、飞翅、铁锚为主，象征人民军队是维护国家主权和安全的钢铁长城，体现全军官兵献身国防的坚强意志和勇往直前的战斗精神。服饰以金黄色为主色调，既符合民族传统，又能体现军队威严。

除此之外，零七式军服标志服饰饰品种大量增加，服饰与服装的整体搭配不够协调，前胸较空，服饰表达力不强等不足。军官增加姓名牌、级别资历章、绶带，官兵增加胸标、臂章，士兵佩戴国防服役章，短袖夏常服上衣领尖、胸部分别增加领花和胸标。

作训服

作训服也叫作战服、野战服，是军人在训练和作战时穿的制式服装。作训服轻便紧凑，坚牢耐穿，尤其适应战术技术动作的要求。

与军常服和军礼服不同的是，作训服的设计重点第一就是伪装，使敌军不易察觉；其次就是耐用、舒适；再次就是防护，比如钢盔可以保护头部免遭炮火炸飞的石块的砸伤或作战时剧烈运动的碰伤，防弹背心可以挡住纷飞的枪弹，等等；最后是方便，便于军人携带枪支弹药、必要的急救包和干粮，以及行军宿营等物品，这样在训练或作战剧烈摸爬滚打的情况下不易破损。

作训服一般是上衣为夹克式，裤子为马裤式或裤口有抽带的散腿裤。美军从20世纪

身着野战服的士兵

80年代开始也装备了新式的作训服。每平方米约重254克，布料由尼龙和棉花混纺而成，这种面料的特点就是很轻。有的布的染料还具有防红外线的伪装效果，在战场上肉眼的观察距离为50~250米，新式作训服采用的颜色在这样的距离内很难被发现。这就大大提高了作战的隐蔽性。

战服：中国古代军服

战服，也称"戎衣""战袍""戎装"等，是中国古代对军人作战时所着服装的称谓。

其实，在秦始皇以前的奴隶社会盔甲就有了雏形，多用兽皮、兽筋、藤条等物编制而成，但是防护效果很差。

战国时赵国国君赵武灵王时期，盔甲正式作为中国古代军队装备的战服。春秋战国时，赵国在与北方匈奴交战时，经常失败。赵武灵王继位后，认真研究了这其中的原因，他认

为赵国兵败并非国衰民弱，而是在战法和战服上不如匈奴所致。匈奴将士，腰系皮带，脚登皮靴，身着窄袖短袍，既便于骑射，又能御寒，十分灵活。而赵军是以步兵和战车为主，衣服是拖拖沓沓，宽袍长带，战斗力很难得到发挥。

于是，赵武灵王开始着手军服的改造。在公元前307年，他上早朝的时候穿了一身胡服，满朝文武见状无不惊叹，赵武灵王说：赵国的军队从今天起全部改穿胡服。这时候有些朝中老臣认为这是在破坏中原的文化，有失尊严。赵武灵王下朝之后找到各位老臣挨个向他们解释清楚，最终得到了大家的认可。

此后在抗击匈奴的斗争中，赵国军队的战斗力大幅度提高，北驱匈奴，西抗强秦，东伐齐燕，使赵国成为战国七雄中的强国之一。

赵武灵王胡服骑射复原图

军服式样：多种式样

军服的式样很多。据一些军服研究专家调查：世界上的军服式样在1000种以上。尽管如此，但最基本的样式还是差不多的。

世界上多数国家军队的女军服是裙服。女军服的一般式样多为紧腰式的，只有野战服为筒裙式的。例如，苏军的陆军女军服装，冬天则为连衣裙的形式，颜色为浅灰色；而夏天全身绿色，上下分解；常服和野战服也是这样，只是在颜色上与扎服不同；鞋是一双高筒皮靴。

有的国家在女军服上还佩有漂亮的装饰品，如西方女军礼服的帽子上插有鹅翎雁翅；日本的夏季女军服也配有一顶看上去很美观的遮阳帽。

作战部队的服装就不同了，他们的服装首要问题是要有利于战斗。例如，飞行员的"夹克式"飞行服上之所以没有一颗纽扣，而是采用尼龙搭链，是为了避免造成事故隐患，影响战斗。

对于担负特殊任务的特种兵来说，其军服的式样更有特殊的作用。有的国家的坦克乘员服的肩部缝有一些牢固的布带，平时似乎派不上什么用场，可是在战时它们的作用就显示出来了。假使坦克乘员负了重伤，坦克内狭小的空间不可能容人进去把伤员抬出来，这时候，医护人员就可拉着其肩部的布带，把伤员拉出车外抢救。

在战争的环境中，在急行军的途中，作战人员需要脱去内衣内裤，以加快行军速度，争取时间，可是脱去内衣内裤往往需要一定时间，反而会延迟行军速度。为解决这个矛盾，欧洲一些国家的军队装备了一种能减少脱退时间的特殊式样的方便军服，它不需要脱去外面的服装，就可直接从裤管里把内裤拉出来，十几秒钟就可完成。

但是，并不是所有军队的军服都是随着时代的进步、战争的发展而变化的，目前世界上还有一支军队仍然穿着古代式样的军服，这就是梵蒂冈古罗马教廷的教皇卫队。他们的军服从 16 世纪到现在没有任何改变，甚至连衣领、袖子、钮扣等一些微小的地方都还保留着 16 世纪的式样。衣服的形状基本保持着冷兵器时代的形式，军服的头盔是船形的。

总之，军服的样式是复杂的，但仅仅样式好看合身得体，还不能满足战争对军服的要求，军服的颜色也是一个不可忽略的重要方面。

海军服装：特点鲜明

水兵服

水兵服是海军士兵最有特色的服装之一。特别是水兵服已基本形成国际惯用的样式，通常为白、蓝色，上衣为套头式，有披肩，蓝色的披肩和袖口上有数道白线；裤子在侧面开口，裤口肥大。世界上各国海军服饰虽各有不同，但大致样式相近，形成了一种"国际流行范例"。

这种"范例"是由多年的海上生活实践而来的。水兵经常在狭窄的舱室里进进出出，套头式上衣扎进裤腰里，为的是避免上下舷梯、进出舱口时挂住衣服。在海洋中航行难免有人呕吐，为了避免衣领刺激咽喉，减少呕吐，水兵服的上衣都是无领式的。裤子侧开口，是帆船时代为了爬桅杆时方便。裤口肥大主要考虑有三，一是冲洗甲板时便于挽起；二是下海救生脱退迅速，脱下的裤子扎紧裤口，充以空气即是应急浮游气袋；三是可罩住靴子，防止水花溅入。上衣的披肩，过去是用来做"垫肩"使用的，现在除美观外，已没有更大的使用价值。

中国人民解放军的军服经历了多次变化。建国初，海军水兵服的样式为夏装上白下蓝，有披肩、飘带、胸章；冬服为全蓝呢质。夏装的披肩和袖口为蓝色，上面各有三道白线。

这样的设计，一说是海军曾一度有过黄海、东海、南海三个舰队的编制，三条白线代表三大舰队，也表示人民海军肩负守卫三大领海的任务；另一说是当时苏军驻旅顺，渤海防务多赖于他们；另一说是学苏联海军的；至于渤海，一说是当时未与黄海明确分开。

直到 1955 年实行军衔制前后，海军才在水兵服的披肩和袖口上各增加了一条白线，变成四道白线，并赋予它"人民海军担负保卫祖国渤、黄、东、南四大领海的光荣任务"的含义。这时的水兵服上下全为蓝色，由佩戴胸章改为肩章。1965 年 6 月，海军水兵服被取消，水兵统一着灰色军服。1974 年 5 月，海军恢复具有特色的水兵服。经过几十年的发展变化，人民海军的水兵服更加漂亮和潇洒。

潜艇服

亦称"潜艇特装"，是潜艇人员工作时穿着的军装。主要包括：潜艇防寒服、潜艇工作服、冬防酸衣、帆布工作服、防酸手套、太阳镜、污衣袋等。潜艇工作服具有紧身、防油、

站在法国"可畏"级潜艇上穿着潜艇服的艇员

防酸、防水等特点。潜艇防寒服是供潜艇指挥塔人员春、冬季由水下航行转为水面航行时穿用，具有轻便、保暖和一定的防水性能。其上、下衣分解，防风帽与上衣连接，袖、裤口为紧缩式。面料为细帆布，保暖层为长毛绒。核潜艇工作服为连体式，供核潜艇人员在艇上穿用，具有防尘埃沾染、易洗涤、易穿脱等性能，采用漂白全棉平布制作。使用中定期检验，超过允许剂量时及时更换，以保证艇员身体不受损害。

出海服

出海服是舰面水兵出海作战、训练时穿着的服装。通常上衣是扣合式小翻领，下衣是工装背带裤。具有防风、防水、保暖和轻便等特点。冬季出海服为上、下衣分解，防水罩与保暖层分开，出海帽下有大披肩与上衣系结。防水罩用氯丁橡胶刮胶布，保暖层为细羊毛、腈纶混合絮片。面料为防水胶布，内配防寒保暖层。防寒保暖层一般用人造毛制成，或用腈纶纤维与羊毛加工后制成。快艇出海服，供导弹、鱼雷快艇舱面人员航行时穿用，具有防风、防水、保暖等性能。

海勤类作训服是舰艇人员在海上执勤时着用的制式工作服。舰艇在海上航行、战斗、锚泊时，为保证人员在海上环境恶劣的情况下正常生活和工作，不同的舰种配备具有相应防护性能的工作服。中国人民解放军海军到20世纪70年代后期，初步形成海勤特种工作服系列，主要有快艇出海服、快艇防寒胶靴、潜艇亚麻背心和裤衩、潜艇工作皮鞋、水面舰艇防寒服、潜艇防寒服、核潜艇连体工作服、快艇毡袜等。

飞行服：注重安全性

飞行服

飞行装主要包括头盔、面罩、抗荷服和救生衣等，是飞行员飞行训练、作战和遇险救生的重要防护装备。

飞行服是飞行员在执行飞行任务时穿着的军服，是保证飞行人员在飞行中，特别是在高空低气压、缺氧等情况下能正常工作的重要装备。主要包括：头盔、风镜、头（围）巾、外上衣、手套、裤子、皮靴和毛衣裤、衬衣裤等。

国外空军飞行服的颜色一般为绿色，还有沙漠黄，用于在沙漠环境下穿着，都属于保护色，在飞行员被击落后能起到伪装作用。

按穿用季节，飞行服分为夏季、冬季和春秋季飞行服。通常上衣为夹克式，下衣为马裤式。在外国军队中，美军的飞行服比较有代表性，为整体式，衣服上共有8个用拉链开合的口袋，胸部两个，大腿前两个，小腿前两个，左臂1个，左大腿内侧1个，供装带飞行中和跳伞后必备的生活用品。前部为拉链开口，腰部与袖口有搭伴式松紧带，裤脚底部有拉链。目前各国军队的飞行服均采用尼龙贴扣而没有纽扣，是总结了20世纪50年代初西欧某国在一次陆海空三军演习时，一名技术高超的飞行员因一粒纽扣掉进仪器中造成机毁人亡的事故

正在执行任务的飞行员

而改革的。飞行服作为飞行人员在空中执勤时着用的制式工作服，其种类包括抗荷服、高空代偿服、调温服、跳伞服、通风服、液冷服等。

　　中国人民解放军航空兵冬季飞行服的面料是羊皮革，夏季飞行服外衣通常采用薄布料，具有防寒、防风、保暖性、透湿透气性和轻便的特点。我军于20世纪60年代研制和装备了高空代偿服、抗荷服，并研制出通风服，之后又陆续研制出多种系列新型号，1982年研制出液冷服，更新了部队装备。为适应航空器的发展，飞行服将趋向于一服多功能、多用途，并向结构简化轻便、穿着舒适、使用方便、热负荷小的方向发展。

高空代偿服

　　高空代偿服，给飞行员的四肢和躯干体表施加压力以对抗因加压供氧而增加肺内压力的个体防护装备，又称部分压力服。高空代偿服是20世纪50年代在代偿背心的基础上研制成的。高空正常飞行时，代偿服不工作。当座舱失去气密性或飞行员应急离机时，氧气调节器或跳伞供氧器自动向代偿服和密闭头盔快速充氧，代偿服对飞行员体表形成与密闭头盔内余压相应的代偿压力，保持人体内外压力平衡，防止肺脏损伤，改善呼吸和循环机能，避免高空缺氧和加压供氧对人体的额外作用。代偿服与飞机供氧系统配合使用，同它配套的设备还有密闭头盔或加压面罩。

　　高空代偿服由张紧装置和代偿服主体组成。如需要对手足加压可增加代偿手套和代偿袜。衣面用低延伸率、高强度、质轻和阻燃性能好的织物制成。张紧装置的胶皮囊由尼龙涂胶布制成。高空代偿服按结构分为囊式和侧管式两类。侧管式在身体外侧装有胶管。胶皮囊充气后直接向体表施加压力，未覆盖胶皮囊的体表部分通过拉紧的衣面向体表施加压力。侧管充气膨胀后拉紧衣面，对人体表面施加压力。囊式代偿服是在衣面内配置胶皮囊。飞行员要按自己的体型选择合适的服装型号。

调温服

　　用以保持飞行员和空勤技术人员正常体温的服装，是一种罩在衬衣和高空服装外面的连衣裤。由面层、内层和调温垫组成。调温服通过调温层起调温作用。不同的调温服，调温垫层有不同的调温装置和不同的工作原理。按不同调温方式分为电热式调温服、液体调温服和通气调温服。电热式调温服的调温垫由弹性导电材料组成，使用机上固定电源或小型蓄电池保持一定温度，通气调温服垫层内装置壁上有带孔的弹性管，管内充空气或混合

气体，温度由恒温器保持。还有一种通过电动泵使冷却物质在循环回路中流动，循环构成制冷回路，使人体躯干得到良好的散热效果的液冷服，是新一代个体冷却散热服装，一些国家的空军已得到应用。

防护服：种类繁多

军队人员执行特种勤务时着用的制式工作服，亦称特装。其作用是保证特种勤务人员在有害人体环境中工作的安全。各国军队特种工作服的范围和种类不尽相同。

中国人民解放军的特种工作服包括地勤、海勤、伞勤、空勤及导弹部队人员着用的专用工作服和防护服。在 20 世纪 50 年代，人民解放军的空勤人员就配发了飞行服、飞行帽和飞行皮靴等；为空降兵配发了跳伞服装；为海军舰艇部队配发了防寒服。20 世纪 60 年代，为空勤人员增配了高空代偿服和抗荷服；给担负导弹试验、发射、储存任务的部队装备了相应的防护服。

20 世纪 70 年代初，装备了核潜艇防护服。现已初步形成配套的特种工作服系列。防护服按其功能，可分为特殊环境防护服和有害物质防护服两类；按其类别，可分为空勤类防护服、海勤类防护服、地勤类防护服。

苏联军队的特种工作服主要包括装甲兵、空勤、地勤、伞勤、海勤人员及其他军事专业人员着用的普通工作服、专用工作服、伪装服和防护服。

有的国家还专门制作用于防治各种昆虫对人体侵害的防护服，在海湾战争中多国部队曾穿过一种具有杀虫功能的军服，它能有效防止各类靠吸血为生的昆虫对人体的袭扰。

多功能的三防服

三防服就是具有防化学武器、核武器、生物武器综合性能的服装，这种服装是由特殊材料制成的。世界上最先进的三防服是英国的 MK-3 型三防防毒衣，由衣、裤、护目镜和丁基胶靴、氯丁橡胶手套、防毒面具组成。衣裤分内外两层，外层是第一道防线，由尼龙和变性聚丙烯腈纱织成，具有很高的耐光辐射性，并且表面极为光滑，落在三防服上的毒剂，会很快散布开来，被蒸发掉；内层是经过化学剂侵后，再涂上碳的特殊织物，组成第二道防线。当敌人施放化学毒剂的时候，它可以阻止化学毒剂以及有害微生物的侵蚀，还能防雨、透气、排汗。

防毒面具的主要功能是遮住人的呼吸器官、眼睛、面部，免其受到毒气的伤害，以及细菌和放射性灰尘进入到人的身体。

护目镜具有自动变色的功能，专门保护眼睛。核爆炸时，产生几十万度的高温，发出耀眼的火光，这种光直射人的眼睛，会烧伤视网

美国防毒面具

膜。这种由特殊材料制成的护目镜，在核闪光突然来临时，镜片在 100 微秒的时间内由透明颜色转为黑色，使眼睛不受损害，当闪光过后，镜片又自动恢复透明。

特种液冷军服

特种液冷军服，是用一套特殊装置使液态冷却剂沿人体表面循环，制造一种微气候环境。

因为研究表明，人的头部血管丰富，在高温条件下行动，往往容易大汗淋漓，特别是戴防毒面具情况下，战斗力更容易降低。

特种液冷军服通常是用聚氨基甲酸酯涂层尼龙制成的。一些细小的管道将数块输液片连接起来。这种特种液冷军服在穿着时，是由一个小型泵把冷却液从软壳容器中打出，通过输液管道流入军服，冷却液降低了军服的温度后流至一个热交换器，热交换器和一个小型制冷器相通，冷却液在此处被冷却后又进入循环。

防虫服

军人在执行潜伏任务时，尤其在酷暑难耐的夏天，要忍受着蚊虫叮咬的折磨，如果动，又会暴露目标，因此，防虫服应运而生。

针对这种情况，澳大利亚科学家曾经设计出一种蚊虫一叮就死的特种军服，命名为杀虫防疟疾军服。这些军服是用科学家发明并试验成功的一种名叫"佩里真"的杀虫剂浸过，比传统的驱虫剂更有效，能将落在军服上的昆虫马上杀死。

隐身服

隐身军服即隐形的军服，穿上它，在可见光条件下，敌方目视难以发现。是现代战争中保存部队战斗力的重要装备。

隐身服是指一种通过特殊的材料制作而成的服装，具有像变色龙和部分鱼类一样变色，能够随环境而改变颜色。目前，集防可见光、近红外、微光夜视侦察等优点于一身的新型"隐身衣"已出现。

身穿迷彩服执行任务的士兵。

特殊地理环境下的着装和武器装备

战车乘员服

战车乘员服是专门供坦克等装甲战车乘员穿用的制式军服。服装为连体式或两截式，皮革制作；服装的肩部缝有专门的比较牢固的布带或抽带，一旦坦克手负伤时，能及时地将其从狭小的坦克内拖拉出来；头盔有防止碰撞的垫层，以保护坦克手的头部。

各个国家战车乘员服的式样不尽相同，比如，在美国，乘员服有拉链式前开口，臀部加厚，后背上部有抽带。在衣服上制作了多个带拉链的口袋，左臂上有1个，前胸有两个，大腿前左右各1个，臀部左右各1个以及小腿前部左右各1个，可以及时获取各种战斗配件和生活用品。防寒夹克衫是带拉链对襟式的，前面有两个斜插兜，左袖上还有1个小兜，衣袖肘部带有垫衬，下摆和袖口有螺纹松紧边。此种服装应与作战皮靴一同穿着，但裤腿不用束紧。乘员在不戴头盔时，应戴制式鸭舌帽战车，乘员服为衣裤相连的整体式，外加一件防寒夹克衫，以保证在低温条件下作战。

跳伞服

跳伞服是指空降兵执行伞降任务时穿着的服装。具有防寒保暖、防潮、防水等性能，并有轻便紧凑的特点，其色彩有一定的伪装性。国外军队的跳伞服的式样，上衣多为夹克式，下衣多为马裤式。中国人民解放军伞兵部队的跳伞服，上衣下摆有抽带，下衣裤口为钉有扣袢的散腿式。

沙漠战斗服

沙漠战斗服是指有些国家设计和装备的专门用于在沙漠地区作战时穿着的服装，其颜色以沙漠黄为主色调，多为迷彩型。

20世纪90年代以后，世界上有沙漠或准备在沙漠地区作战的国家，其军队的沙漠战斗服都不同程度地得到了发展。主要针对沙漠战场的特点，进行进一步的研制和改进。比如，美军沙漠战斗服包括：沙漠白昼迷彩色的上衣、裤子和帽子以及沙漠夜间迷彩色的"派克"大衣和裤子。

身着沙漠战斗服的士兵

防弹衣：重要的单兵防护装备

防弹衣，又叫避弹衣、避弹背心、防弹背心、避弹服等，单兵护体装具，包括步兵防弹衣、飞行人员防弹衣和炮兵防弹衣等，主要用于防护弹头或弹片对人体的伤害。

防弹衣主要由衣套和防弹层两部分组成。衣套的材料为常用化纤织品材料；而防弹层是用金属、陶瓷、玻璃钢、尼龙、凯夫拉等材料，构成单一或复合型防护结构。

美国是最早研制防弹衣的国家之一，早在19世纪的南北战争时期，就为部队装备了重约3千克的胸甲，当时主要是用来防御毛瑟枪弹。

1994年，美军为其参加索马里联合国维和行动的突击队员配发了一种新型防弹衣。它有着极佳的抗冲击性能。当用ROG-7反装甲火箭弹射击突击队员胸部时，虽然这个未爆炸的火箭弹的冲击力使士兵飞出好远，但士兵没有受到严重伤害。这种防弹衣还能有效地防护7.26毫米子弹对突击队员背部的袭击。突击队员防弹衣是由特种作战司令部和陆军纳蒂克研究发展与工程中心共同研制开发的，由新型杜邦凯夫拉KM2芳香族聚酰胺纤维制造，美陆军计划装备7000~8000件。

英军对防弹衣的研制也可以回溯到第一次世界大战，当时将一种重达9千克的钢制防弹衣装备给机枪手、工兵、哨兵等特殊作战人员。目前，英国开发出一种新型的防弹用陶瓷防弹材料，这种被称为"碳化硅"的防弹材料，重量轻，防弹性能高，而且造价便宜。以这种新型防弹材料为防弹板，英军制成了新一代的高性能防弹衣，能在10平方毫米的面积上抵挡住3发同时射来的、初速为850米/秒的7.62毫米的步枪子弹。

法军加强型防弹衣，外层材料为防水高强度聚酰胺密纹布，内部防弹层由层叠的防水凯夫拉纤维制成，总重量约为6千克，颜色为北约防红外绿色。它在法军现行装备的防弹衣中防弹性能最佳，能够有效防护10米内射来的9毫米冲锋枪弹和"马格郎"手枪子弹对人体的伤害。

俄军于1994年研制出一种型号为"访问"M的新型防弹衣，该防弹衣采用钢加织物混合材料制造，重量轻，穿着舒适，外层套有专门设计的外套，便于拆下清洗。它能有效防护手枪枪弹、地雷和手榴弹的碎片，并能防护刺刀伤害。

日军研制成功一种新型防弹衣，它采用了新研制的高性能防弹板。防弹板以凯夫拉材料为主，在外则复含有陶瓷防弹片，在贴身内侧有氨基甲酸乙酯减震材料。防弹板将过去惯用的长方形改为八角龟甲型，符合人体工学原理，穿着舒适，不妨碍士兵动作。新型防弹衣增大了防护面积，从腰部至颈部均可保护，而且防弹性能优异，5.56毫米的小口径步枪近距离射击也难击穿。

中国人民解放军研制的54型防弹服已达到国际同类产品先进水平，能有效地防住2米外各种手枪弹的撞击。与国外同类产品相比，具有重量轻（3.5千克）、防护面积大（0.23平方米）、防护性能安全可靠等特点。样式美观大方，穿着舒适方便，全部使用国产材料，生产工艺简单，成本低，效益高，每件价格只相当于美制凯夫拉——陶瓷板防弹服的1/4。目前已广泛用于特警、武装警察部队和公安系统等人员。

女军服：展现女兵的魅力

女裙服

世界上多数国家军队的女军服是裙服，通常由上衣和裙子组成。女裙服一般式样多为紧腰式，只有野战服为筒裙式。比如，中国人民解放军女军官和女士兵的夏常服，均配藏蓝色涤棉西服裙。

还有的国家在女裙服上配有漂亮的装饰品，如西方不少国家的女裙服的帽子插有鹅领雁翅，还配有小巧玲珑的佩剑和装饰性小坤包。

孕妇服

一些国家专门为女军人在怀孕时穿着而制作的一种军服。在美国军队中，仅陆军就有A、B两种孕妇常服和孕妇工作服。A类陆军绿色孕妇服由带束腰的罩衣和长裤或裙子以及带黑色领饰的短袖或长袖衬衫组成；B类绿色孕妇服为不带束腰的罩衣和长裤或裙子以及短袖或长袖衬衫组成。

女有檐帽

绿色有檐帽是美军专为陆军女军官设计制作的一种军帽。有檐帽用军绿色绒毛毡或羊毛毡制作，帽顶部呈扁圆形，并有两条可拆卸式帽圈。帽圈上部有三道用相匹配的线编织的饰缝，并附有饰物。饰物按军官级别区分为两种，高、中级军官为：用金丝或规定的代用品绣制的两组弧形成对的月桂树叶；初级军官为：在帽圈底部装饰的一道 1/2 英寸宽的金丝带。

美国陆军着装制度规定，戴有檐帽的规定是：帽子要戴正，使帽圈在头上围成的圆圈与地面平行，帽檐应位于双眉上方 0.5~1 英寸处，从正面看额头上不应有头发外露。

军人戴帽：与军服融为一体

大檐帽

大檐帽有很长的历史。骑兵长期以来是穿旧时枪骑兵服，戴高筒军帽。这是一种高帽子，有时用羽毛和马尾毛加以装饰点缀。当时为了备马秣，各分队都轮流割草，晒成干草，打好捆后运走，而戴高筒军帽干这些活很不方便。因此当战士去备马秣时，也就是去做当时人们称之为"采办工作"时，便发给一种比较矮的、轻便的帽子。骑兵中根据工作而发的这种帽子被称之为"备马秣帽"，即大檐帽。随着形势的发展变化，军服的样式也逐渐跟着变化，大檐帽成了制服帽。

水兵帽

海军士兵戴的无檐帽。通常为白色或蓝色，帽檐为硬圈，其外表为黑色，前方一般标有文字；帽檐的后方有两条黑色的飘带，有的飘带上亦标有文字，有的飘带上还印有勋章的绶带等识别标志。例如，中国人民解放军海军的水兵帽帽檐和飘带的前方均标有"中国人民解放军海军"的字样。

水兵帽

但有些国家的水兵帽略有差异。比如法国的水兵帽的顶端缀有一个分外鲜艳的红绒球，象征"一滴血"，寓意为"作战勇敢，不怕牺牲"。

船形帽

一些国家军队佩戴的一种形似船只的软体制式军帽，俄军曾称其为折叠式软帽。船形帽即国际帽。采用国际通用样式，戴着美观大方，同时也较好地解决了官兵夏季戴大檐帽太重、太热和不便携带的问题。

中国人民解放军20世纪50年代实行军衔制期间，船形帽为军士和士兵的夏季制式军帽。船形帽戴在头上可略向右偏，但其右侧底缘不得触及耳尖。戴好后，从侧面看时其前、后垂直折线与帽顶线应形成一条不间断的折线。帽顶不得受压或变形，使帽子的前顶端和后顶端保持尖顶状。戴船形帽打仗时很方便，利于戴钢盔，不易被勾挂，既可当帽子戴，又能当毛巾擦汗。因此，至今仍有许多国家的军队采用这种军帽。

贝雷帽

一种无檐软质制式军帽，通常作为一些国家军队的别动队、特种部队和空降部队的人员标志。贝雷帽具有便于折叠、不怕挤压、容易携带、美观等优点，还便于外套钢盔。贝雷帽只有在穿常服、作训服和工作服时才能戴。

军队贝雷帽一般顶部斜向右方，少数欧洲国家是向左。一些国家主要是在颜色上对不同的兵种予以区分。如美军的别动队戴黑色贝雷帽，特种部队戴绿色贝雷帽，空降部队戴栗色贝雷帽。各兵种的贝雷帽除颜色不同外，式样都一样，均属制式统一发放物品。

头戴栗色贝雷帽的空降部队队员

头盔

头盔是保护头部的装具，是军人训练、作战时戴的帽子。它多呈半圆形，主要由外壳、衬里和悬挂装置三部分组成。外壳分别用特种钢、玻璃钢、增强塑料、皮革、尼龙等材料制作，以抵御弹头、弹片和其他打击物对头部的伤害。

目前，世界各国主要有如下几种头盔类型：凯夫拉头盔、尼龙头盔、超高分子聚乙烯头盔和钢盔。美国、日本、德国、新加坡、加拿大等国军队都装备了凯夫拉头盔；而英国军队则装备了尼龙头盔。

国外最早的金属头盔是公元前800年左右制造的青铜头盔。而世界上最早的金属头盔，在我国安阳殷墟出土的商朝铜盔，正面铸有兽面纹，左右和后边可遮住人的耳朵和颈部，距今约有3000年的历史。

西方国家军人特殊服饰

宴会服

宴会服是指军人在参加宴会等活动时穿着的制式军服，主要来源于西方国家传统流行的民用小礼服，其基本样式与民用小礼服差不多。通常，民用小礼服为全白色或黑色西装上衣，衣领镶有缎面，腰间仅一纽扣，下衣为配有缎带或丝腰带的黑裤；系黑色领带，穿黑皮鞋。军用的宴会服主要是在颜色、配用品和饰物方面稍有区别。比如美军的宴会服会配有斗篷、衬衫、领花、领带、纽扣、袖链扣和袖饰扣、宽边腰带、手套、黑色礼服用提包、皮鞋、袜子等。

西服领带

领带是与西式军服配套的饰物，其最早起源于军队士兵脖颈上系着的细布条。

1988 年，中国人民解放军改着"八七"式军服以后，领带也正式成为军人服饰中的一部分。男军官系藏青色领带，女军官系玫瑰红色领带，后来士兵亦增配领带，为草绿色。领带分为若干个型号，按每个人的身高发放，适宜的尺寸是领带尖不要遮住裤腰，穿背心时，领带尖不要露出背心。

美军的领带只在男军人的范围内佩戴，黑色活结式领带是统一发放物，穿绿色长袖衬衣时必须佩戴这种领带。

黑色蝴蝶领结是个人选购用品，用以在夜晚穿着陆军蓝色或白色军装时佩戴，并可与蓝色宴会服和白色宴会服配用。白色蝴蝶领结也是个人购买的物品，用于在穿着蓝色晚礼服和白色晚礼服时佩戴。

军服镶嵌装饰物

军服上的色带、衣边或衣缝镶条统称为缘饰，是军人的识别标志之一。

缘饰是一些国家军服必有的装饰。缘饰的颜色根据其国家军种、兵种和军服的式样确定。如苏联军队的大檐帽、军裤、肩章和领章，都缝有规定颜色的缘饰；而将军还在军上衣衣领与袖口，军大衣的衣襟、腰后带、领子和领口上缝有缘饰。

镶条是用有色呢子裁成宽条缝在军裤两侧合缝上的饰带，苏联军队为各兵种元帅、将军和军校学员的军服，均规定了相应颜色的镶条。许多非军事部门，如司法机关、海关、铁路等的高级领导人的制服上也缝有镶条。

第八章
军队礼仪

军队礼仪：树立军人形象的表现方式

军人礼仪，也称军事礼仪、军队礼仪，是整个民族礼仪文化的重要分支，是军人和军队在内外关系中表示敬意的礼节、仪式，具有严肃认真、正规划一的特点。军事仪式是军事典礼的形成，是部队作风、纪律的体现。外交活动中的军人礼仪可以体现国威、军威。

军人礼仪有着丰富的内容，其包括：军人称呼、军人仪容、军人着装、军人举止、军队内部礼节、对外交往以及军旗、军乐、礼炮、仪仗队，等等。而每一类又可细分为多种具体的礼节和仪式，如仅与军旗有关的仪式就有授军旗、迎送军旗、升军旗、向军旗宣誓、向军旗告别、赠军旗、军旗覆盖等。

升军旗

军人之间的称呼：严肃而认真

军人之间的称呼，各国军队都有相应的规定。

外国军队多数习惯按军衔称呼，如"莱特中尉"。如果是下级军官与上级军官、士兵与军官在军营中谈话时，则应称上级为"长官"。互称军衔时，也可以称某一等军衔的统称，如对少将可称"将军"，对中校可称"校官"，对上尉可称"尉官"。

在中国，在本单位本系统内部，军人之间接触交往，通常可称职务，如班长；或职务冠姓，如王连长或职务加同志，如团长同志；或姓名加同志，如李晓鸥同志。首长和上级对部属和下级可称姓名；或姓名加同志。当不知道对方的职务时，可称军衔加同志，如上尉同志；下级对上级也可以称首长，也可以称姓名加首长。

敬礼：将敬爱和友爱传递给你

军礼，是军队中使用的严肃礼节。如今世界各国军队都行军礼，只是不同国家之间方式有所不同，但是有一点是一致的，那就是用举手接触帽檐：1.在军礼徒手敬礼都是五根手指，立正右手手掌摊平，手心微微向内，中指微触眉梢。2.童军徒手敬礼都是三根手指，立正右手手掌摊平，手心微微向外，中指微触眉梢。3.如果只是敬礼（比如学校的升旗或是军队等），还是以五指礼为主；若是穿着童军制服、童军与童军间、童军活动或聚会场合，应行三指礼。

军人对国旗与军旗的礼仪

军人对国旗敬礼

国旗是国家的标志，对国旗执行礼节，是一个国家、一个民族尊严的体现。

世界上很多国家都十分重视维护国旗的尊严，强调对国旗的礼节。一些国家的法律法规规定，亵渎国旗要被判处半年以上的徒刑；有的国家认为，污辱国旗相当于侮辱国家元首，要受到处罚。中华人民共和国《国旗法》明确规定，"每个公民必须尊重和爱护国旗"。中国人民解放军是人民民主专政的柱石，每一个革命军人都必须以自己的实际行动维护国家的主权和尊严，尊重与爱护国旗，对国旗要有礼节。军人对国旗执行礼节的时机和场合为：参加隆重集会和重大活动看到升国旗、听到奏国歌时；部队组织升国旗仪式时；在军营及公共场所看到升国旗、听到奏国歌时。在上述时机和场合，军人集体活动时，应面向国旗立正，行注目礼，位于指挥位置的军人行举手礼；单个军人活动时，应停止活动，面向国旗或国歌乐曲传来的方向立正，戴军帽者行举手礼，未戴军帽者则行注目礼或举手礼。

一个军人在面向其国旗敬礼。

军人对军旗的礼节

"八一"军旗是中国武装力量的标志，是中国人民解放军荣誉、勇敢和光荣的象征。中国人民解放军中的每一个成员认真维护军旗的尊严，正确地实施对军旗的礼节是天经地义的事情。目前，人民解放军建制团以上部队、院校和海军舰艇都授予了军旗。军人对军旗执行礼节的时机和场合为：在师、团以上部队或与之相当的单位举行盛大庆典活动或隆重集会、组织阅兵等进行迎、送军旗时；海军舰艇每日升降军旗时；军人在升旗后至降旗前登、离舰艇时。

单兵礼仪：自然、得体、规范

敬礼是军队礼节的重要内容和表现形式，军人礼节直接体现着军队的文明程度、组织纪律性和精神风貌。敬礼的动作是否符合规范要求，反映了军人的训练程度和军事生活素养水平。不同民族或国家军队的敬礼要领有不同的习惯和要求。

行举手礼

举手礼起源于中世纪的欧洲，当时的骑士们常常在公主和贵族妇人面前比武，在经过公主的坐席时，他们要唱赞歌，歌词往往把公主比作光芒四射的美丽的太阳，因而骑士们在看公主时，总要把手举起来作遮挡太阳光的姿势，久而久之，就演变成举手到眉梢的一种礼节了。举手礼成为一种军礼后，便纳入军人举止用条令进行规范。

中国人民解放军的《队列条令》规定，举手礼的要领是：上体正直，右手取捷径迅速抬起，五指并拢自然伸直，中指微接帽檐右角前约2厘米处（戴无檐帽或免冠时，微接太阳穴上方帽墙下檐），手心向下，微向外张，手腕不得弯曲，右大臂略平，与两肩略成一线，同时注视受礼者。徒手或背枪的军人，应在距受礼者5~7步处，面向受礼者立正敬礼，等受礼者还礼后，将手放下，礼毕。行进间敬礼，应将头转向受礼者，边行进边行礼，右手不随头移动，左臂仍自然摆动，待受礼者还礼后礼毕。

敬礼的美国士兵

行注目礼

面向受礼者成立正姿势，同时注视受礼者，并目迎目送，左、右转头角度不超过 45 度。行注目礼是在不便行举手礼的情况下实施的一种礼节，如携带武器（背枪除外）、手持物品时，不论停止间或行进间，均可行注目礼，等受礼者还礼后礼毕。

行举枪礼

右手将枪提到胸前，枪身垂直并对正衣扣线，枪面向后，离身体约 10 厘米，准星护圈与眼同高，大臂轻贴右胁；同时左手接握表尺处，虎口对准枪面并与标尺上沿取齐，小臂略平，大臂轻贴左胁；同时转头向受礼者，双目注视，目迎目送，左右转头角度不超过 45 度。礼毕时，将头转正，右手将枪放下，使托底板轻轻着地，同时左手放下，成持枪立正姿势。

军人敬礼

行军礼的习惯自古有之。举手礼起源于中世纪的欧洲。军人敬礼举右手的由来有很多种的说法。

有一种说法认为，骑士们在公主和贵族妇人面前比武、唱赞歌时，把公主比作太阳，在看公主时，把右手举起来作遮挡太阳光的姿势，演变成一种礼节。另外一种说法是，戴盔甲的骑士为了互相问候而要露出脸来时，习惯用右手摘下头盔，用左手按住马的缰绳。这一动作后来延续下来，成为行军礼的基本方法。还有一种说法认为，那时欧洲人习惯行举手礼，以示没有带兵器。中世纪时期，人们风行穿长披风以掩藏刀剑。人们相遇时习惯把右手放在后面，这样做的目的是表示手没有放在长剑或短剑的剑柄上。

美国人对军人着便服时如何用右手向国旗行军礼，也有明确规定。在升国旗和奏国歌时，着便装的军人在不戴帽子时行军礼的要求是，身体保持立正姿势，右手放在心脏部位；戴帽子时行军礼的要求是，整个身体保持立正姿势，右手摘下帽子后随之放在胸部，帽檐应与左肩平。

中国人民解放军的《队列条令》规定，在正规场合，无论戴军帽或不戴军帽都应以右手行举手礼；美国军人的举手礼应用的范围更广。军人着军装戴军帽时，行举手礼，右手要举到帽檐处；不戴军帽时，右手举到太阳穴处。这一规定同样适用于着便装的军人。

分队礼节：小团体间的礼仪

分队、部队敬礼包括两种情况：

1. 停止间敬礼

要领：当首长进到距本分（部）队适当距离时，指挥员下达"立正"的口令，跑步到首长前 5~7 步处敬礼。待首长还礼后礼毕，再向首长报告。例如："团长同志，步兵第 × 连正在进行队列训练，全连应到 ×××名，实到 ×××名，请指示，连长 ×××。"报告完毕，待首长指示后，答"是"，再敬礼。要等到首长还完礼后才能礼毕，尔后跑步回到原来位置，下达"稍息"口令或者继续进行操练。

2. 行进间敬礼

要领：由带队指挥员按照单个军人行进间敬礼的规定实施，队列人员按照原步法行进。

海军礼仪:《舰艇条令》中的明确规定

海军礼仪可以算是世界各国所有军种中礼仪最复杂的一个，包括挂满旗、满灯、升挂国旗、鸣笛、鸣放礼炮、设仪仗队、舰员分区列队、海上阅兵等。

世界各国海军的礼仪虽然表现形式基本一致，但在等级划分、规模及执行方法等方面也稍有区别。中国人民解放军海军《舰艇条令》里对舰艇的礼仪进行了规定，主要分为5个等级：

最高的礼仪是第一级。举行第一级礼仪时，舰艇须悬挂满旗、国旗、军旗，设置军乐队、仪仗队，全体舰员分区列队，并奏国歌。这一级的礼仪适用于迎接党和国家、政府、军队的主要领导人。

举行第二级礼仪时，除不奏国歌，改奏欢迎曲外，其余与第一级相同。这一级的礼仪适用于迎接党和国家、政府、军队的其他领导人。

举行第三级礼仪时，除悬挂的旗帜改为"欢迎"旗组，演奏的歌曲改为欢迎曲外，其余的与第一级相同。这一级的礼仪适用于迎接海军、大军区以及与其职务相当的其他首长。

舰艇实施第一、第二、第三级礼仪的程序，通常是当被迎接的首长踏上跳板时，即由更位长鸣笛一长声，列队舰员立正；当首长登上舰艇时，舰长、政委向首长敬礼，并由舰长向首长报告；报告结束，军乐队奏规定的乐曲，全舰官兵敬礼；奏乐完毕，由舰长、政委陪同首长检阅仪仗队；检阅完毕，首长进入舱室后，更位长即鸣笛二短声，迎接仪式结束。当首长离舰时，军乐队奏欢送曲，不再奏国歌，不再向首长作报告，其他仪式与迎接时相同。

第四级礼仪的程序是，当被迎接的首长踏上跳板时，更位长即鸣笛一长声，以示致敬；首长登舰后，由舰长向首长作报告，报告完毕，更位长即鸣笛二短声，迎接仪式到此结束。

这一级的礼仪适用于迎接舰队、基地以及与其职务相当的其他首长。

第五级礼仪的程序是，当被迎接的首长踏上跳板时，更位长即鸣笛一长声，以示致敬；首长登舰后，值更官向首长作报告，结束后，更位长鸣笛二短声，迎接仪式即行结束。这一级的礼仪适用于迎接支队（水警区）以及与其职务相当的其他首长。由值更官在舷梯口迎接。

下面分别介绍海军礼仪及仪式：

满旗

满旗是海军舰艇昼间按规定悬挂国旗、军旗，并由舰首通过桅杆连接到舰尾挂满通信旗的仪式，用于迎接国家元首、政府首脑、军队高级将领，庆祝重大节日，举行隆重活动。舰艇航行时遇雨天、大风或担负战斗值班时，不挂满旗，挂代满旗；航行时，悬挂桅顶旗；停泊时，悬挂桅顶旗和舰首旗。通常在早晨8时升挂满旗，日落时降满旗。

满灯

满灯通常是舰艇在重大节日夜间沿满旗位置和舰舷、上层建筑轮廓挂灯的隆重礼仪。一般在降旗后开满灯。

仪仗队

仪仗队是执行礼节性任务的武装部队，一般由陆、海、空三军人员组成或由某一军种单独组成。人数根据不同国家的规定不等。执行礼节性任务的武装部队通常用来迎送外国元首、政府首脑和高级将领等。

军乐队

一般人对军乐队的概念习惯上归于铜管乐队，严格说来两者的含义是不一样的，铜管乐队由小号、圆号、长号等各种铜管号类和打击乐器、萨克管等组成，所有乐器除低音长号外，都是降 B 调和降 E 调的移调乐器，一律写在 G 谱表上。

而军乐队则除铜管乐器外，另加上木管乐器如：单簧管（黑管）、双簧管、大管（巴松）及长笛、短笛、打击乐器等级组成。乐谱和铜管乐队也有所不同，而和管弦乐队的记谱法一致。

分区列队

分区列队是舰员在舰上列队的一种形式，用于迎送高级领导人、海上阅兵、检阅舰艇、访问外国港口进出港时以及其他有关场合，以示隆重。

分区列队时（面向舷外），根据需要可以两舷分区列队，也可以在一舷分区列队。例如，中国海军规定，舰艇执行三级以上礼仪时，全体舰员分区列队。

鸣哨

鸣哨是海军特有的礼仪，对陆、空军不适用，对本国的海军军官也仅限于舰长以上的指挥官。鸣哨时使用的是一种金属制作的哨子，俗称海军哨。不同的音调代表不同的礼仪，如中国海军规定：鸣一长声，表示立正或敬礼，两短声表示稍息或礼毕。

军舰相遇

军人相遇时，军衔低的向军衔高的军官敬礼，军舰相遇同样存在这样的礼遇。

中国海军规定，当相遇的两舰首对齐或超越舰的舰首与被超越舰的舰尾对齐、且距离不超过两链时，开始敬礼。敬礼舰应先鸣笛一长声表示敬礼，受礼舰鸣一长声还礼，随后鸣笛两短声表示礼毕，敬礼舰接着鸣笛两短声，宣告礼节结束。在甲板上的舰员听到鸣笛一长声时，应面向通过的军舰立正，军官行举手礼，水手行注目礼。通常，在指挥台设数名军官作为执礼人员，行举手礼。

美国海军规定，当舰艇相遇时，距舰 550 米、距艇 370 米实施礼节：一声哨声是注意右舷，两声哨声是注意左舷，所有在甲板上的舰员立正，然后是一声哨声表示敬礼，两声哨声表示礼毕，三声哨声表示继续前进。

21 响礼炮：最高礼遇

礼炮最早源自海军军舰访问友好国家的港口时，军舰会舷炮齐发表明船上的炮桶已经放空以示友好与和平。在陆军战场上，交战双方停战以便双方收拾自己的阵亡者和伤员时，也会大炮齐鸣呼唤战友重新投入战斗。

鸣放礼炮作为国际礼节最早的起源可追溯到 400 多年前的英国。当战舰进入友好国家的港口之前，或

鸣放礼炮

在公海上与友好国家的舰船相遇时，为了表示没有敌意，便把船上大炮内的炮弹统统放掉，对方的海岸炮舰船也同样做以示回报。鸣放次数与战舰级别（装炮门数）相当。由于当时最大的战舰装有大炮 21 门，所以鸣炮 21 响就成了一种最高礼节。21 响为最高，以下次数为 19、17、15、13 响。据说当时认为双数不吉利，因此，舰炮都是单数，从1730 年开始，英国皇家海军决定以 21 响礼炮作为向王室致敬的礼仪。

礼炮在国家庆祝大典上可增添一种隆重的气氛，鸣放 21 响礼炮是国家元首享有的礼遇。

中国于 1961 年 6 月正式开始实行 21 响礼炮的礼遇，后曾多年停止鸣放礼炮，自 1984年 3 月起，为外国国家元首和政府首脑举行欢迎仪式恢复鸣放礼炮。

仪仗队：军队的形象

仪仗队是军队中执行礼仪任务的分队，由陆、海、空三军人员共同组成或由某一军种人员单独组成，执行任务时，配有军乐队，象征着国家或军队的最高礼仪。

古埃及、波斯和古罗马等国早在公元前就有仪仗队的存在。18 世纪以后，西欧各国广泛普及了用仪仗队来显示军威的作用。在我国最早的关于仪仗队的记载是在春秋时期，"观兵以威诸侯"的记载。

另外，相传 4000 多年前，在我国北方的华夏部落首领夏禹曾与南方各部落首领会盟，在会上，众多士兵手持各种用羽毛装饰的兵器，边歌边舞对南方部落首领表示隆重欢迎。

仪仗队通常用来迎送国家元首、政府首脑或高级将领等，有时参加具有重大意义纪念物的揭幕典礼或有特殊地位人士的殡葬仪式。尽管世界上大多数国家都设有仪仗队，但是编制不尽相同。例如，美国仪仗队，美国的 5 个军种和各州的国民警卫队都有自身的仪仗

队，5 个军种包括陆军、海军、空军、海军陆战队和美国防卫队。各地的军事单位也都为了地方典礼节日而设有仪仗队。

阅兵典礼

阅兵典礼是通常在国家重大节日、迎送国宾和军队出征、凯旋、校阅、授旗、授奖、大型军事演习时举行，对武装力量进行检阅的仪式，以示庆祝、致敬，展现部队建设成就，并可壮观瞻，振军威，鼓士气。

早在公元前，中国周朝和古埃及、古罗马等国就已经存在阅兵活动。阅兵包括阅兵式和分列式。其中，阅兵式是阅兵者从受阅部队队列前通过，进行检阅的仪式；分列式是受阅部队列队从检阅台前通过，接受阅兵者检阅的仪式。

令人欢呼雀跃的阅兵典礼

命名典礼

命名典礼是指根据上级命令举行的正式授予名称或称号的一种庄重的正规仪式。在举行命名典礼的时候，要召开正式隆重的命名大会，并且组织所属全体人员参加，还要邀请当地政府领导和群众代表出席。

在我国，中国人民解放军的命名通常有两大类，一类是部队、学校等单位正式组建，舰船服役，授予番号和舰名；另一类是中央军委、三总部或大军区、军兵种的首长，给有卓著功勋的集体或个人授予荣誉称号。

落成典礼

落成典礼是指当某些具有重要纪念意义的纪念碑完成时，或某些大型工程如机场、码头等竣工时，为了表示庆贺而举行的欢庆活动，通常包括剪彩、揭幕、上级首长讲话、致祝词、参观和瞻仰等内容。

在重要的纪念碑、纪念塔和纪念像揭幕时，可设置仪仗队和军乐队，并派出卫兵持枪守卫于纪念碑（塔、像）的正面两侧，这样可以使气氛更加庄严、严肃。

使用军旗：礼貌的欢送方式

迎军旗

迎军旗是指当展开的军旗持入队列时，部队应整队举行迎军旗仪式。

在迎军旗的时候，如果首长没有规定特殊队形的话，军团通常成营横队或团横队。掌旗员和护旗员听到由主持迎送军旗的指挥员下达"立正""迎军旗"的口令后，开始齐步行进。当正前方或左前方向本团右翼进至距队列40~50步时，指挥员下达"向军旗——敬礼——"的口令，位于指挥位置的军官行举手礼，其余人员行注目礼；掌旗员由扛旗换为端旗，与护旗兵一齐换正步，取捷径向本团右翼排头行进，当超过团机关的队形时，主持迎送军旗的指挥员下达"礼毕"口令，部队礼毕；掌旗员由端旗换扛旗，与护旗兵一齐换齐步。军旗进至团指挥员右侧三步处时，左后转弯立定，成立正姿势。

送军旗

将军旗持出队列时，部队应整队举行送军旗仪式。

军团送军旗时，掌旗员听到主持迎送军旗的指挥员下达"立正""送军旗"的口令后，扛旗，与护旗兵一齐按迎军旗的路线反向齐步行进。军旗出列行至团机关队形右侧前时，主持迎送军旗的指挥员下达"向军旗——敬礼——"的口令。掌旗员听到口令后由扛旗换端旗，与护旗兵换正步，全团按照迎军旗的规定敬礼。当军旗离开距队列正面40~50步时，指挥员下达"礼毕"口令，完毕后，掌旗员由端旗换扛旗，与护旗兵一齐换齐步，返回原出发位置。

第九章
军事演习

军事演习的含义

军事演习，简称演习，是在想定情况诱导下进行的作战指挥和行动的演练，是部队在完成理论学习和基础训练之后实施的近似实战的综合性训练，是军事训练的高级阶段。

军事演习的作用及原则：提升军力

一、提高部队执行任务的能力。军事演习尽可能按作战编制，使有关军种、兵种和专业士兵参加，进行协同演练；从实战需要出发，力求在复杂地形、不良天气和复杂多变的情况下昼夜连续实施；并注重运用先进手段，以较小的消耗获取最佳效果。如 2009 年在我国山东举行的代号为"前锋—2009"的军事演习，就是为了提高联合、立体式作战任务能力。

二、加强军队间的相互交流。有些演习的目的是加强军事间的交流，相互间进行沟通交流军队演练的经验，促进彼此的相互合作和组织协调能力。进行国家间战术、单兵动作训练、语言、演练和翻译培训。如"合作—2009"中新安保联合训练，这是中国和新加坡第一次为了地区安保所进行的联合行动。

三、扩大自身的影响。和平时期的军事演习是军事斗争的一个重要战略工具。一些国家通过演习来增强本国军队的战斗氛围，强化对敌对势力的威胁力度。

四、进行战争的准备和训练。在"敏感地域"和潜在危机地区进行军事演习，有利于战争的准备和训练。

军事演习的分类：不同标准，不同类别

演习按照不同的分类方式，可以划分为不同类型。

按目的，分为示范性演习、训练性演习、检验（考核）性演习、专业性演习和研究性演习；按形式，分为室内演习和野外演习、单方演习和对抗演习、实弹演习和非实弹演习、分段演习和综合演习；按对象，分为首长机关演习和实兵演习；按规模，演习分为战役演习、战术演习和战略演习；按参演方面，分为单方面演习和对抗性演习。

实兵演习是除了实战外最能检验军队战斗力的一种考核方式。在我军参演部队通常要提前进行一段适应性训练，针对演习课目完成相应训练后，才有参加演习的资格。

"检验性演习"概述

检验性演习，也称考核性演习，是以检查考核方式进行的军事演习，是军事演习的基本类型，目的在于检查、考核部队训练水平和战备情况，全面评估整体作战能力。一般在部队年度训练后期由上级首长和机关组织，以实兵或首长、机关带部分实兵的方式进行，通常为多课题综合演练。其显著特点是事先不透露原案，不排练，进入情况突然，比较接近实战；情况复杂，昼夜连续实施；组织较为简便，消耗较少，便于推行；容易暴露问题，利于改进部队军事演习和战备工作。这是一种比较接近实战的军事演习，此种演习容易暴露部队训练存在的问题，有利于改进部队军事训练和战备工作。

演习开始前，演习想定和实施计划由导演来组织拟制，并且还制定评分标准等指导评判文书，同时根据演习需要，导演要指导参演部队完成准备工作。演习中，演习所需的条件通常由计划导演和随机导演相结合的方法来提供，参演部队要独立分析判断和处置各种情况；所有导演都不直接干预部队行动；如果没有特殊情况，不会中止演习。演习结束后，由导演等人来对演习进行评价和判断，并作出总结和讲评。

韩美军演：方案检验性演习

近年来，韩国和美国进行了多次联合军事演习，两国的军事交流与合作不断加深，对于两国共同应对亚洲局势产生重大影响。

在 2009 年一年，韩美两国进行了多次联合军事演习。

2009 年 7 月 25 日 至 28 日，韩 美在日本海进行了代号为"不屈的意志"联合海上军演，此次联合军事演习中，双方共投入兵力达到 8000 多人，美国"乔治·华盛顿号"航母、韩国登陆舰

美韩在日本海进行的军演，图为韩国海军"独岛号"两栖攻击舰和美军"乔治·华盛顿号"航母。

"独岛"舰等 20 多艘舰艇和"F-22"战斗机等 200 多架飞机参与了军演。这是自 1976 年以来，美韩军队进行的最大规模军演。而此次在日本海进行的军事演习，日本也首次派出 4 名海上自卫官，作为观察员参与到演习之中。

8 月 16 日至 26 日，美韩再次进行联合军事演习，此次演习代号为"乙支自由卫士"，美国共派出 3 万名士兵，而韩方则派出了 5.6 万名韩国官兵参加此次演习。更为特别的是，一些美国士兵还在美国本土通过互联网参加了此次演习。

"研究性演习"概述

研究性演习，也称试验性演习，是一种以探讨和试验方式进行的军事演习。它主要用于研究和论证新的作战、训练方法，检验新的条令、教材、作战预案和体制编制的可行性，试验新武器装备的战场运用等。研究性演习通常对某一课题进行反复演练，深入观察，获取有关资料与数据。

该演习的目的是研究和探讨现代条件下的作战、训练方法；论证军队编制；检验条令、条例、教材或作战预案的可行性；验证武器、技术装备的战斗性能等。

演习前，演习想定及计划通常根据演习的课题、内容、规模和目的等方面来拟制。在此基础上，确定演习部队、研究制定方案，并设立导演机构和若干研究组，学习有关军事理论，同时还要筹措演习所需的各种器材。演习中，演习部队要对课题进行逐一研究、反复演练。在这一过程中，各研究组负责观察、分析演习的基本情况，记录有关资料、数据。演习结束后，各研究组要汇集、总结并报告研究成果。

研究性演习根据情况的不同，在演习中也有不同的侧重点。比如，有的侧重于探讨尚未提出的或正在形成的理论及对装备系统的使用方法；而有的则侧重于检验新提出的理论和新式装备的性能等。

"铸盾－2011"军演：探索陌生环境下的作战能力

2011年7月，创造军演史上多个首次的"铸盾－2011"军演正式拉开序幕。这是中国军队首次陆空混编集成联演、首次实弹依托模拟靶射击、首次全程运用指挥自动化系统进行射击的大规模军事演习。

此次军演是北空导弹某营在某陆军训练基地靶场正式拉开帷幕的。雷达飞转，导弹昂立，剑拔弩张，硝烟弥漫。

"指挥所，目标跟踪稳定，高度××、距离××千米。"

"群指，目标近火，高度××、距离××千米，导弹营请示任务。"

"指控车，目标正确，群指同意我营射击决心。"

这一道道命令是通过电脑精确计算过后的结果。本次军演最大的特点就是自动化系统的运用。这也就意味着演习指挥中的自动化程度较高，各作战单元均实现互联互通和作战全程实时动态监控，战场信息在指挥体系内的流动更加快速、可靠、精确。在指挥所中，原来的近方标图桌不见了，而现代化的专用计算机和指挥通信设备的运用将战场和指挥所紧密连接起来，指战员能够及时通过电脑系统清楚了解战场情况，并准确下达命令。

标图员端坐电脑前十指如飞，快速录入空情数据，指挥员轻点手中鼠标，正前方悬挂的投影幕布上，作战态势、各种数据跃然呈现，空情信息一目了然。

演习进入到白热化状态时，目标指示雷达报警："敌"机2批次，自东南方向向我阵地驶来。接到情报的引导师马上开始不停转动高低角滚轮和方位角拨轮，按目标指示雷达指定的方位在众多杂波中搜索"敌机"。很快，引导师就报告发现目标。一条与众不同的白线在众多杂波中若隐若现，就是敌机的信号。引导师按下跟踪按钮，随着就传来了军演开始的那一幕。营长开始果断下达跟踪、接近、射击目标的命令。"1、3 波导转战勤，1 波导发射……"发射技师接到命令后迅速行动，转眼之间，一团火光闪过，一声轰响在演习的上空响起，随之而来的是更大的爆炸声，而后，第二枚导弹发射。捷报传来，两枚导弹成功击落两架"敌机"。

随着时代的发展，军事演习也越来越向高水平发展。近年来，该营在不同的自然环境下进行了多次实战演练，部队在运用新战法、快速反应、协同作战、信息对抗、野战生存和综合保障等方面的能力显著提高。

该师师长深有感触地说道："通过多兵种多机种联合对抗演练，部队的快速突防、精确打击和特情处置能力得到大幅提升。"无论是大漠戈壁，还是浩瀚海洋，该营的战士们都能够在陌生而复杂的环境里摸爬滚打，同时利用高科技进行严酷的演练。

而此次演习的另一个特点则是实兵实弹性演练，通过这样的演练，更能够真实探讨实战中可能出现的问题，提高部队的实战能力，同时锤炼士兵们在实战环境中的作战和适应能力，提高部队作战的综合水平。

"示范性演习"概述

示范性演习，主要用于新的、难度较大的重点课题训练，具有规范性和指导性，是一种供观摩见学的军事演习。它的目的是为观摩见学者提供正确的组织指挥、准确的战斗动作和先进的训练方法。

这种演习通常在战术范围内实施，多用于战术范围。演习的实施一般由上两级指挥员组织。指挥员通常会选择素质较好的部队预先排练，达到规范标准后，在有代表性的场地进行。

示范性演习开始前，示范课题、目的和内容一般要先由指挥员进行介绍，并指出观摩重点。演习时，可分段或连续实施，现场解说与示范动作同步进行，以此来引导见学人员加深理解演习内容。

演习结束后，指挥员对演习作出总结，并提出对示范内容的推广。

中俄"和平使命"军演：体现反恐军事演习的必要性和现实意义

2009 年 7 月，"和平使命－2009"中俄联合反恐军演在俄罗斯哈巴罗夫斯克市和位于中国东北的沈阳军区洮南合同战术训练基地举行。此次演习旨在增强两军的军事合作能力以及实战能力，传递中俄两国关于反对极端主义、分裂主义和恐怖主义的决心。

参加此次演习的中方陆战主战装备有 99 式坦克、86A 步战车、122 自行榴弹炮等。而本次实兵演练中俄双方参演总兵力 2600 人，参演装备包括坦克、步战车、自行火炮等各类装甲车辆上百台，歼击机、歼击轰炸机、强击机、武装直升机等 60 余架，展示了中俄近年来在军事实力上的进步与发展。

此次演习共分为三个阶段：战略磋商、战役准备和战役实施。

7 月 22 日，中俄两军总参谋长在哈巴罗夫斯克市举行了第一阶段的战略磋商；

中俄"和平使命－2009"军演

7月23日至25日，两军在沈阳军区洮南合同战术训练基地举行了战役准备和战役实施。战役准备阶段，两军受训机关共同演练定下作战决心、拟制战役计划、组织战役协同。

7月26日进入战役实施阶段，两军重点演练联合封控、立体突破、机动抗反和纵深围剿四个内容，全程约80分钟。

7月26日上午，"和平使命－2009"中俄联合反恐军演实兵演练随着3颗绿色信号弹划破天空圆满结束，上合组织成员国高级军事代表团等所在的观摩台上响起热烈掌声，对中俄联合反恐军演取得成功表示祝贺。

26日下午，在沈阳军区洮南合同战术训练基地内举行了"和平使命－2009"中俄联合反恐军事演习结束仪式，中俄双方陆军和空军战斗群部分参演官兵接受了检阅。

此次"和平使命－2009"中俄联合反恐军事演习，在设计筹划上借鉴了当今世界多个反恐战例的经验教训，如：充分考虑了反恐作战的难度，将敌手定位为具有一定组织性与战斗力的恐怖武装集团，而不是一触即溃的散兵游勇；充分考虑了城市反恐作战的特点，设想恐怖分子劫持平民人质负隅顽抗，中俄联合反恐兵力必须在实施精确打击围剿恐怖分子的同时，注意保护人质安全；充分考虑了反恐作战的信息化战场条件，注重发挥信息化装备在联合作战中的倍增器效能，制定了"联合行动、信息先行、夺控要点、分区围剿"的作战原则。

这次演习实弹、实爆使用率高，高难度课目多，模拟对抗手段普遍运用，设置的战场空间被有意压缩，更突出了联合反恐作战中两军协同的时间要素，具有很高的仿真度。

"对抗演习"概述

对抗演习，多用于战术演习，演习双方通常采取攻、防对抗形式来进行。演习的方法有采用实兵、兵棋、图上、电子计算机模拟等。对抗演习的特点是：情况逼真，抗争激烈，演习双方各有自己的训练课题，实施较复杂。

演习前，要先成立一个导演机构，以便得以控制演习双方的行动，并制定具体的裁决方案、方法和对抗守则。演习中，导演、裁判人员、调理根据演习双方对抗

空军战役军事演习

情况适时进行个别、综合裁决，并以此结果为双方提供新的演练条件，促成新的对抗态势。演习结束后，由导演对双方评分和对胜负作出总裁决。

为了更接近于实战，对抗演习一般都要预先埋好炸药，而枪的子弹则是用对人一般不造成杀伤力的空爆弹，同时使用一种专门的判断坦克是否被击毁的装置。一旦坦克被击中，立即会冒出一股蓝色的烟，或者导演裁定其被击毁，并由人工启动该装置，此时被击中的坦克就必须退出战场。在这种演习中，允许有地域千分之三的死亡率。

"砺兵－ 2008"现代战争技术背景下的实战对抗

"砺兵— 2008"是我军在 2008 年 8 月进行的一次军事演习，以实兵对抗和联合作战为背景，达到检验和探索部队在现代化条件下的综合作战能力。

"砺兵— 2008"是实兵对抗演习。演习有别于以往的计算机模拟网上对抗、图上推演、首长司令部机关带通信器材及部分士兵的对抗，演习所进行的方式是全部实兵对抗。

从演习的主要兵力编程来看，参演兵力包括了陆军航空兵、装甲兵、机械化步兵，还包括了空军的空降兵。整个"砺兵— 2008"演习的性质是联合作战，这种方式与先前的协同作战和合同作战具有很大的区别。

"砺兵— 2008"是地面机动攻防演习。这是因为参演的主要战术集团"蓝方"是以装甲团为主，都是以地面部队为主，"红方"是以轻型机械化步兵旅为主。

"砺兵— 2008"是一次战术演习，参演的主要战术集团一个是旅级，另一个是团级，这体现了演习的级别。按照通常的划分方法，师以下为战术级别，师以上为战役级别。

正在进行反恐战术演习的士兵

"战略导弹部队作战演习"概述

战略导弹部队演习，又称"核战演习"，是为了检验战略导弹部队的战备程度和训练水平而进行的综合演习。也有一些国家试图通过战略导弹部队演习来显示自己的核打击实力，对别的国家进行核威慑。通过战略导弹部队演习，可以提高指挥员在复杂情况下的应变能力和整个战略导弹部队的生存能力、快速反应能力。战略导弹部队演习一般在想定情况的诱导之下进行。

战略导弹部队演习

战争动员、戒备等级转进、核突击、核防御、核武器运输与补给、核火力运用、指挥权移交等是战略导弹部队演习的主要内容。

按照演习目的，战略导弹部队演习可以分为研究性演习和检验性演习等；按照演习的性质来划分，可以分为核攻击演习和核反击演习两种；从演习方式角度来分，战略导弹部队演习可以分为指挥所演习和实兵演习。

在战略导弹部队演习中，防核突袭作战贯穿始终。

第十章
武器装备

武器的衍生发展：威慑和防御

武器，又称为兵器，是用于威慑、攻击和防御的工具。在原始社会时期，人类的武器主要来源于自然界，就是树枝、石头、兽牙等之类较锋利的东西。随着冶金术的发展，人类制作出更坚硬、更高杀伤力的金属兵器。

事实上，武器的发展与战争进程有很大的关联。第一次世界大战证明了以战壕和机枪群为基础的防守要优于进攻，在第一次世界大战期间，阵地僵持战成为主要的作战形式。因此，防守的武器也远优于进攻的武器，冲锋枪、火炮、毒气、战列舰主导了战局。在第一次世界大战后期出现了很多新式武器，比如坦克、飞机等。当然，这些新式武器还有很多不完善之处。直到第二次世界大战期间，情况发生逆转，进攻成为明显强于防守的作战方式。坦克、飞机、航母、潜舰为主的陆海空新式武器的优势得到了发挥，开始成为战争主导。

在第二次世界大战后的 60 年里，无论是攻击型武器，还是防御型武器都发展得非常迅速。雷达技术、反坦克武器、反导系统、防御型导弹、单兵武器系统等等都逐渐出现并发展成熟。防御型武器和攻击型武器齐头并进，共同发展，逐渐平衡。进攻型武器上除了导弹技术的成熟、卫星、定位技术的成熟，还有一个最重要的就是无人作战系统的出现，没准在将来的某天，机器人也能参与到战争当中。

武器的未来

随着科技的发展，以及各国军事改革的深入，构建信息化军队，推进军事转型，赢得信息化战争，是各国军事发展的终极目标，也是武器装备的转型和发展的引导力量。军事大国的重点目标便是调整军事战略方针、方向，以信息技术推动信息化武器装备的发展，并突出加强核威慑力量的建设。

除此之外，国际空间领域也成了国家军事发展中新的战略目标，进入空间、利用空间和控制空间成为各军事航天大国的竞争目标，军事航天装备的创新发展受到全世界的关注。大力推进军用卫星系统发展，增强战场态势感知能力，是各国军用卫星系统发展的主要方向。

武器分类：成员众多

武器是一个成员众多的大家族，随着新技术的不断发展，武器家族也不断被丰富，被充实。新式武器各具特色，层出不穷。因此，武器的分类也有很多种情况。按使用的兵种可分为陆军武器、海军武器、空军武器、防空部队武器、海军陆战队武器、空降部队武器和战略导弹部队武器；按毁坏程度和范围可分为大规模杀伤破坏武器和常规武器；按战争中的作用可分为战略武器、战役武器、战术武器等。

通常情况下，人们将武器划分成如下类型：

枪械，包括手枪、步枪、冲锋枪、机枪和特种枪；

火炮，包括加农炮、榴弹炮、火箭炮、迫击炮、高射炮、坦克炮、反坦克炮、航空炮、舰炮和海岸炮等；

装甲战斗车辆，包括坦克、装甲输送车和步兵战车等；

舰艇，包括战斗舰艇（航空母舰、战列舰、巡洋舰、驱逐舰、护卫舰、潜艇、导弹舰等）、两栖作战舰艇（两栖攻击舰、两栖运输舰、登陆舰艇等）、勤务舰艇（侦察舰船、抢险救生舰船、航行补给舰船、训练舰、医院船等）；

化学武器，包括装有化学战剂的炮弹、航空炸弹、火箭弹、导弹弹头和化学地雷等；

防暴武器，包括橡皮子弹、催泪瓦斯、炫目弹、高压水枪等；

生物武器，包括生物战剂（细菌、毒素和真菌等）及其施放装置等；

弹药，包括枪弹、炮弹、航空炸弹、手榴弹、地雷、水雷、火炸药等；

核武器，包括原子弹、氢弹、中子弹和能量较大的核弹头等；

精确制导武器，包括导弹、制导导弹、制导炮弹等；

隐形武器，包括隐形飞机、隐形导弹、隐形舰船、隐形坦克等；

军用航天器，包括军用人造卫星、宇宙飞船、空间站和航天飞机；

军用航空器，包括作战飞机（轰炸机、歼击机、强击机、反潜机等），勤务飞机（侦察机、预警机、电子干扰机、空中加油机、教练机等），直升机（武装直升机、空中运输直升机等）无人驾驶飞机、军用飞艇等；

新概念武器，包括定向能武器（激光武器、微波武器、粒子束武器）、动能武器（动能拦截弹、电磁炮、群射火箭）、军用机器人和电脑"病毒"等。

冷兵器

冷兵器，广义上来讲，是指冷兵器时代所有的作战装备；狭义上来讲，是指不带有火药、炸药或其他燃烧物，在战斗中直接杀伤敌人，保护自己的近战武器装备。一般来说，冷兵器就是指一般不利用火药、炸药等热能打击系统、热动力机械系统和现代技术杀伤手段，战场上直接对敌人进行杀伤，保护自己的武器装备。许多冷兵器是复合材料制成，同时兼有两种以上的用途、性质的。按材质冷兵器可以分为石、骨、蚌、竹、木、皮革、青铜、钢铁等兵器；按用途可以分为进攻性兵器和防护装具；按作战方式分为步战兵器、车战兵器、骑战兵器、水战兵器和攻守城器械等。

冷兵器最早出现于人类社会发展的早期，由耕作、狩猎等劳动工具演变而成。冷兵器的发展经历了三个阶段——石器时代、青铜时代和铁器时代——由单一到多样，由低级到高级的发展完善过程。世界各地冷兵器的发展各具特色，但是大致都经历了石木兵器时代、铜兵器时代、铁兵器时代和冷兵器、火器并用时代。

中国商代青铜兵器——三孔有銎钺

剑

剑，在商代开始有关剑的记载，短兵的一种，形状短小，只有短平茎，没有管筒。古代的剑由金属制成，呈长条形，前端尖，后端安有短柄，两边有刃。

剑由剑身和剑柄两部分组成。剑身包括剑尖、剑梢、剑刃、剑脊；剑柄包括剑格和剑茎，绝大多数剑还带有剑首。剑身安装在剑柄上即可称之为剑，通常配有一个剑鞘，套在剑身上，可以起到保护剑身和方便携带的作用。中国古代十大名剑分别为承影剑、纯钧剑、鱼肠剑、干将剑、莫邪剑、七星龙渊剑、泰阿剑、赤霄剑、湛泸剑、轩辕夏禹剑。

春秋时的龙泉剑，传说是由欧冶子和干将两大剑师联手所铸。欧冶子和干将为了铸造这把剑，凿开了茨山，放出山中溪水，引至铸剑炉旁的7个池水中，这7个池成北斗七星环列，因此得名"七星"。这把剑铸成之后，从上端俯视剑身，就像站在高山上，向深渊里眺望，飘渺而深邃，如同巨龙盘踞而卧。于是，七星剑改名为七星龙渊剑，简称龙渊剑。后因避唐高祖李渊讳，便把"渊"字改成"泉"字，称"七星龙泉"，简称龙泉剑。

矛

矛是一种古代用来刺杀敌人的进攻性武器。矛，起源于周代或周代以前，长柄，有刃，用以刺敌。矛的基本形制有狭叶、阔叶、长叶、叶刃带系和凹口骹式等。

矛，由矛头、柄和柄末端的激组成，一种带有尖锐刃器的长直形刺杀兵器。最初，矛是削尖了的棍棒，后来是在矛杆上装上矛头。整支矛全长 1.5~5 米。石器时代使用的矛都是石矛头和骨矛头，从青铜时代开始，人们才使用金属矛头。

在铁器时代，矛被广泛使用。在中世纪，矛主要被骑兵和步兵使用。15 ~ 16 世纪，在俄国流行的一种矛，矛头是带棱的，主要是使用铁或上等铸剑铜制作的。矛头的头部被称为矛尖，套在矛杆上的矛头的管部是矛骹，矛杆末端有金撬套箍。矛头和矛骹相连的大部分制成球形。

匕首

匕首，即短剑或狭长的短刀。其首形状类似于古人取食的一种器具匕，因此得名匕首。作为一种适用于近距离进攻的武器，匕首具有短小锋利，容易隐藏，携带方便的特点。虽然匕首是一种原始武器，但是它的形状和类型还是千差万别的。通常来说，它的长度是介于小刀与短剑之间。

匕首的首部是环形的，呈帽状。足以见得，匕首与剑一直是相提并论的，而且长久以来普遍为兵家武士、行者侠客所用，作为一种辅助兵器而流传至今。

有一种梅花匕，它是由铁制成的，长度大约为一尺二寸，两端有枪头的锐器，匕首的中部可以作握手的用处；还有一个月牙形的护手刃，杆处为圆形或方形，上面缠有绸带，使用的时候，一般左右手各持一匕。

早在石器时代，匕首就已经存在。匕首常与长剑并用。在汉代，一般官吏为了防身自卫，除了佩剑还带有匕首。到了晋代，匕首的形制受少数民族的刀剑形制的影响而逐渐有所变化。

刀

刀是一种单面长刃的短兵器。刀的基本形态是短柄，刃部较长，首部翘起，刀脊没有任何装饰。刀的形状在春秋战国时期曾发生过巨大的变化。直到两汉时期，出现了许多不同形式的长柄刀，另外，刀也逐渐发展成为步兵的主战兵器之一。目前世界上铜刀的数量不多，这些铜刀的体形非常轻薄，最厚处仅 0.35 厘米，从形制上可以分为短柄翘首刀、长秘卷首刀、平刃刀、曲刃刀等类型。

早在原始社会的人类就已经开始用石头、蚌壳、兽骨打制成各种形状的刀。他们大多选用石英石、砂岩、燧石或者水晶石打制成石刀，这些石刀质地坚硬、刀刃锋利。另外他们也会用蚌壳和兽骨磨制的蚌刀、骨刀，这类刀轻便锋利。

长刀，是一种砍杀兵器，是古代安有长柄的大刀。长刀创自后汉时期，分单面刃、双面刃。各朝各代的

古代中国持刀武士图

长刀形制和名称各不相同。三国时长刀被称为偃月刀，晋代时被称大刀，刃长 3 尺，柄长 4 尺，下有铁槽。唐代称陌刀，全长 1 丈，重 15 斤，是汉后各代的常备武器之一。

手持长矛和盾牌的古代士兵

戟

戟是古代一种戈、矛合一或矛、斧合一的长柄兵器。中国戟又称戳、棘等，是戈与矛的合一体，这种形制是世界独有的。戟有长戟、手戟、双戟等。手戟的重量轻，柄的长度短，可以防身自卫。长戟、双戟的柄长体重，杀伤威力大，其中带单月牙刃的称为青龙戟，带双月牙刃的称为方天画戟。

据《考工记》记载，西周时期的规格

是：戳广寸半，内长 4 寸半；胡长 6 寸，援长 7 寸半，刺长 6 寸，重 1 斤 4 两，柄长 1 丈 6 寸。

欧洲戟基本上是斧与矛的结合。欧洲戟的头端重，耗费工时，比矛昂贵，所以只作为矛的辅助武器。最著名的瑞士长戟长 2~3 米，它可以发挥刺、挑、劈、砍、勾多种功能。

锤

古代的一种兵器，有长柄锤、短柄锤、链子锤等。也有分为硬锤、软锤的。长柄锤多单用，短柄锤多双使。短柄锤多沉重，使用时硬砸实架；软锤多走悠势，讲究巧劲。战国时期的乌铁锤锤身重约 50 斤，锤长 3 尺余，多用于个人防身和突袭。

钺

钺是中国先秦时代武器，为一长柄斧头，比斧更重，在新石器时代良渚文化遗址中，已发现玉制的钺，在当时具有神圣的象征作用。但因形制沉重，灵活不足，终退为仪仗用途，常作为持有者权力的象征之用。

戈

中国古代击刺勾啄长兵器。标准的戈，由戈头、柄、铜尊三部分组成。一般情况，在其端首带有横向伸出的短刃，刃锋向内，安有长柄，用以勾割或啄刺敌人。

最早的戈由石刀、石斧、石镰等原始工具发展为石戈、青铜戈等。戈的形制尺寸多样，《考工记》中所记载的戈的规格是：戈广 2 寸，内长 7 寸，胡长 6 寸，援长 8 寸，重 1 斤 14 两。柄长 6 尺 6 寸。但实际上戈的尺寸并不一律。

铁蒺藜

铁蒺藜，亦称蒺藜，是中国古代一种军用的铁质尖刺的撒布障碍物。有 4 根伸出的铁刺，长数寸，刺尖如草本植物"蒺藜"。

中国在战国时期已使用铁蒺藜。在古代战争中，将铁蒺藜撒布在地，用以迟滞敌军行动。有的铁蒺藜中心有孔，可用绳串联，以便敷设和收取。秦汉以后，铁蒺藜成为军队中常用的防御器材，除在道路、防御地带、城池四周布设外，部队驻营时，也在营区四周布设。宋代以后铁蒺藜的种类逐渐增多，如布设在水中的"铁菱角"，连缀于木板上的"地涩"，拦马用的"蹄"，在刺上涂敷毒药的"鬼箭"等。

弩的复原模型图

弩

利用机械力量的弹射器。弩是由弓发展而来，是把强劲的弓固定在带有箭槽和发射装置的木（或金属）杠上，弓弦张开后，由发射装置磁定住，箭放槽中，弓弦接箭尾。弩的基本结构由弩弓、弦、弩臂、弩机四大部分组成，弩弓弦与普通弓弦相似。有的弩还可以发射石弹、镶弹等，因此弩又可以分为箭锋和弹弩。

河南洛阳出土的战国中期的弩是中国已发现最早的弩，弩臂由坚硬木料制成，刻有槽、孔，前端固定弩弓，中间有纵槽，放置箭矢，后部装置弩机（发射的控制机构）。弩机一般由牙、悬刀、牛三部分构成。牙，又称机钩，用来钩张弩弦。悬刀又称机拨，是拍发用的扳机。牛，又称垫机。在张弩时，用它把牙和悬刀钩合在一起。发弩时，拍板悬刀，牛即松升，牙面下落，被钩紧的弩弦突然驰开，把弩箭发射出去。芽的上面直立部有照门——"望山"。用来瞄准，弩机组合后，装在一个匣里，称为簿郭。

古代火器

火器，即利用火药等的燃烧、爆炸作用发射出弹丸进行杀伤和破坏的兵器。古代火器主要包括火箭、火铳和铁火炮等。火器的威力和破坏力远大于冷兵器。

铁火炮

铁火炮又称震天雷，指中国宋元时期的军队中用作军队装备的铁壳爆炸火器，其外壳通常由生铁铸成，内装火药，并留有安放引线的小孔。引线点燃后，火势蔓延至壳内，火药便在相对密闭的铁壳内燃烧，产生高压气体，进而使铁壳爆碎，达到伤人的目的。

铁火炮威力巨大，能震动城壁，广泛应用于攻守城池、水战和野战。地雷、水雷和爆炸性炮弹等火器都是以铁火炮为基础研制而成的。

火球

火球又称火药弹，是一种球状的可抛掷的古代火器，出现于中国宋代初期。制作火球时先将含硝量低、燃烧性能好的黑火药团和成球状，有时还在其中掺入有毒或发烟物质，而后用纸、麻或薄瓷片将火药团包裹数层，再在其表面涂满油脂，以防潮和助燃。使用时，将火球引燃，而后将其抛向敌军，以其燃烧产生的火焰或毒烟杀伤敌军。

火枪

火枪是中国古代用竹竿或纸做枪筒的火器，最初称作突火枪。宋朝时期，有人用竹筒做枪身，内装火药和弹丸，制造出突火枪。这种火枪被认为是人类已知的最早的能发射子弹的管状射击武器。到了元朝，火枪的竹

公元 1607 年的火枪手。此图展示了一名典型的火枪手。

管制的枪管被换成了生铁管，火药配比进行了调整，弹丸的威力大大增加，火枪的威力、射程、耐久度大大提高。

火铳

火铳是对中国元朝及明朝前期用铜或铁制成的管状射击火器的总称，包括前膛、药室和尾銎三部分。使用火铳时，先点燃通向药室的引线，引燃药室的火药，借助火药的爆炸力将预先装在前膛内的弹丸射出，以杀伤敌军。

鸟铳

鸟铳是对中国明朝后期军队中使用的火绳枪和燧火枪的统称，由枪管、火药池、枪机、准星、枪柄等构成。鸟铳由欧洲国家发明，于明朝时传入中国，明军开始进行仿制。最初仿制的鸟铳是一种前装、滑膛的火绳枪。使用时，通过预燃的火绳扣动枪机，使火绳点燃火药池内密实的火药，借助火药燃气的爆发力将枪管内的弹丸射出，杀伤敌军。

猛火油柜

猛火油柜是中国古代的一种喷火器具。自火药应用于作战后，用于喷火的猛火柜便开始出现在军队装备中。据《武经总要》记载，猛火柜以猛火油为燃料，用熟铜制成柜，柜有4脚，上有4个铜管，管上横置唧筒，与油柜相通。唧筒前部为内装引火药的"火楼"。使用时，烧红的烙锥点燃"火楼"中的引火药，然后用力抽拉唧筒，向油柜中空气施压，进而使猛火油从"火楼"喷出时燃成烈焰，以烧伤敌军及其装备。

枪

枪，旧称火铳、火枪、铁炮，是指利用火药燃气能量发射子弹，口径定义于20毫米以下的身管射击武器。枪是步兵的主要武器，以发射枪弹，打击无防护或弱防护的有生目标为主。

枪按照不同的分类方法可以有多种分类形式。按枪管内膛结构可分为滑膛枪和线膛枪。按枪管口径大小可以分为大口径枪支、中口径枪支、小口径枪支、微口径枪支。按枪支的用途可以分为军用枪支、狩猎用枪支、

毛瑟 7.63 毫米手枪

运动用枪支、特种枪支、教学用枪支和警用防暴枪支等。按作战用途可以分为手枪、步枪、冲锋枪、机枪、特种枪等。按枪械结构和动作方式可分为半自动枪、全自动枪、转膛枪、气动枪等。按枪支发射性能可以分为非自动枪支、自动枪支、转轮枪支和气动枪支。

"枪中之秀"——自动手枪

自动手枪指可以自动装填、单发射击，用弹夹供弹，有空夹挂机装置的手枪。自动手枪可以分为两种型号，第一种是全自动射击的——弹夹可携带 6~12 发子弹；第二种类型是能自动装填弹药的单发手枪——弹夹可装 20 发子弹，因此，严格地说应叫做自动装填手枪或半自动手枪。

自动手枪通常长 0.2~0.3 米，重约 1 千克，口径大多为 9 毫米；大多采用装于握把内的弹匣供弹，容弹量通常为 8 发，打单发时，射速约 40 发 / 分，有效射程约 50 米。自动手枪分为两种，一种是只能打单发的半自动手枪，又称自动装填手枪；另一种是可以打连发的全自动手枪，又称冲锋手枪。

德国 1932 年制造的毛瑟冲锋手枪是世界上最早被广泛使用的冲锋手枪。该手枪广泛流传于世界许多国家，具有威力大、动作可靠、使用方便的特点。枪长 0.28 米，口径 7.63 毫米，重 1.24 千克，20 发弹匣供弹，子弹初速 425 米 / 秒，射击方式为单发和连发，射击速度 900 发 / 分，有效射程 50~150 米。

"枪中之王"——步枪

步枪是单兵肩射的长管枪械。主要用于发射枪弹，杀伤暴露的有生目标；也可用刺刀、枪托格斗；有的还可发射枪榴弹，具有点面杀伤和反装甲能力。

步枪按自动化程度分为非自动、半自动和全自动三种类型；按用途分为普通步枪、骑枪（卡宾枪）、突击步枪和狙击步枪三种类型。

现代步枪多数自动方式为导气式，发射方式包括多种，比如单发、连发和 3 发点射方式等。大多数步枪一般配有枪口制退器、消焰器、防跳器，有的可安装榴弹发射器，发射枪榴弹。现代步枪结构简单，造价低，一般长度在 1 米左右，初速高达 700~1000 米 / 秒。

苏联著名枪械设计师米哈伊尔·季莫费耶维奇·卡拉什尼科夫设计的卡拉什尼科夫自动步枪系列很受欢迎，它的操作简单、安全可靠、价格低廉，是目前全世界生产数量最多的一种自动步枪，甚至有些国家把这种枪的图案印在了本国的国徽、国旗上。

用血写历史——机枪

机枪指全自动、可快速连续发射的枪械。通常分为轻机枪、中型机枪、通用机枪、重机枪等。

机枪主要发射步枪或更大口径（12.7毫米 /14.5 毫米）的子弹，具有稳定地连续射击的特点，通常备有两脚架及可安装在三脚架或固定枪座上，以扫射为主要攻击方式，透过密集火网压制对方火力点或掩护己方进攻。

美国 7.62 毫米 M134 米尼岗式 6 管机枪

被称为"火神炮"的美国加特林 M134 是世界上射速最快的机枪，它的最高射速高达 6000 发 / 分，系列口径从 5.56 毫米（0.223 英寸）一直到 25 毫米（1.0 英寸）。该机枪于 20

世纪 60 年代初，由原通用电气公司在机载 M61A1 "火神" 6 管速射机炮上发展而成，100 米内的任何东西都会被打穿。最初美国空军在此基础上重新设计发展出 7.62 毫米口径 6 管 GAU-2 型航空机枪，采用电力驱动，由 1 名乘员操作，用于美国空军的轻型飞机和直升机上，极高的射速威力惊人，曾在越南战争期间广泛使用。

"枪族新兵"——突击步枪

突击步枪是根据现代战争的要求，将步枪和冲锋枪所固有的最佳战术技术性能成功地结合起来，是具有冲锋枪的猛烈火力和接近普通步枪射击威力的自动步枪，现多指各种类型的能全自动、半自动、点射方式射击，发射中间型威力枪弹或小口径步枪弹，有效射程 300~400 米左右的自动步枪。突击步枪具有射速高、射击稳定、后坐力适中、枪身短小轻便的特点。

目前世界上采用小口径突击步枪的国家已达到 90 多个，美国的柯尔特 M16A2 型突击步枪火力密度大、精确度高，它除装备美国军队外，现已销往世界 50 多个国家和地区。

俄式 AN-94 突击步枪外表采用了引人注目的含玻璃纤维的后托，使用双排可卸式 30 发盒式弹匣，能实现 2 发点射，有效地增强了弹药的利用率，且在立姿实施 2 发点射时，其射击精度比 AK-74 突击步枪高 13 倍。以色列 TAR-21 突击步枪采用无托的总体布局，而且可以灵活地更换各种不同长度的枪管，实现不同需求，从而自成枪族。F-2000 突击步枪具有单独的火控系统，据称它甚至能与美国的理想单兵作战武器（OICW）一比高低。

重机枪——冲锋枪

冲锋枪是单兵双手握持发射手枪弹的轻型全自动枪，它是介于手枪和机枪之间的武器，比步枪短小轻便，便于突然开火，射速高，火力猛，适用于近战或冲锋。"冲锋枪"是国内对"SubMachineGun"的称呼，港澳地区一般称其为"轻机枪"或"手提式轻机枪"。

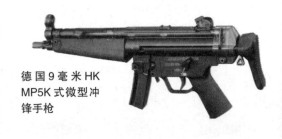

德国 9 毫米 HK MP5K 式微型冲锋手枪

冲锋枪结构较为简单，枪管较短，多设有小握把，枪托一般可伸缩和折叠，并且采用容弹量较大的弹匣供弹，战斗射速单发为 40 发 / 分，长点射时约 100~120 发 / 分。冲锋枪比步枪结构简单、短小轻便、火力猛，战斗射速单发时约为 40 发 / 分，连发约为 100~120 发 / 分。

目前被许多国家的特种部队、警察部队采用的 HK-MP5K 9 毫米冲锋枪是 HK 公司 1976 年研制成功的微型 MP5 冲锋枪。HK-MP5K 冲锋枪系列无枪托；枪管也被缩短；在枪管的前下方增加了垂直小握把，小握把前方还设有一个向下延伸的凸块，目的是对握前握把的手指进行限位。其工作原理及闭锁机构与 MP5 冲锋枪系列中的其他冲锋枪一样。

火炮

火炮通常由两大部分组成——炮身和炮架。炮身包括身管、炮尾、炮闩等；炮架包括反后坐装置、方向机、高低机、瞄准装置、大架和运动体等。

具体来讲，身管是用来给予弹丸初速并控制其飞行方向的；炮尾是用来填装炮弹的；炮闩是用以关闭炮膛，击发炮弹的；而反后坐装置是用以保证火炮发射炮弹后的复位的；方向机和高低机是用来保证火炮发射炮弹后复位的；方向机和高低机是用来操纵炮身变换方向和高低的；瞄准装置包括瞄准具和瞄准镜，用以装定火炮射击数据，保证实施瞄准射击；大架和运动体用于射击时支撑火炮。

火炮按炮膛构造分为线膛炮和滑膛炮；按用途分为地面压制火炮（加农炮、榴弹炮、加农榴弹炮、迫击炮或火箭炮）、高射炮、反坦克火炮（反坦克炮和无坐力炮）、坦克炮、航空机关炮、舰炮和海岸炮。

俄军射程最远的火炮为俄罗斯 203 毫米 2C7 自行加农炮，其炮管长 12 米，炮车只载 4 发炮弹，其他炮弹装在弹药车上。配用弹包括核弹、子母弹、化学弹和榴弹。发射时要借助炮尾大型驻锄才能击发，其中驻锄是火炮大架尾部像推土机前铲似的一种装置，火炮射击前埋到土里，有防止巨大的后坐力使火炮后移或下陷的作用。

火神的咆哮——热兵器

热兵器又名火器，是指一种利用推进燃料快速燃烧后产生的高压气体推进发射物的射击武器。

通常来讲，所有依靠火药或类似化学反应提供能量，以起到伤害作用的（如火药推动子弹）；或者直接利用火、化学、激光等携带的能量伤人的（如火焰喷射器），都是热兵器。

单兵的杀手锏——手榴弹

手榴弹是一种能攻能防的小型手投弹药，手榴弹一般由弹体、引信两部分组成。具有体积小、质量小，携带、使用方便等特点。

按用途，手榴弹可分为杀伤（包括防御型和进攻型）、反坦克、燃烧、发烟、照明、防暴手榴弹以及演习和训练手榴弹；按抛射方式，它又可分为两用（手投、枪发射或布设）、三用（手投、枪发射和榴弹发射器发射或布设）、多用等。

97 式手榴弹是日本陆军 1921 年开始使用的手榴弹，其最大的特色是它采用了敲击信管，但这很容易产生另外一个问题，就是无法调整爆炸时间。

火炮主力——榴弹炮

榴弹炮，是一种身管较短、弹道比较弯曲、适合于打击隐蔽目标和地面目标的野战炮。榴弹炮可以配用燃烧弹、榴弹、

英国 L119 式榴弹炮

杀伤子母弹、制导弹、碎甲弹、特种弹、照明弹、发烟弹等多种弹药，榴弹炮采用变装药变弹道可在较大纵深内实施火力机动，弹片可均匀地射向四面八方。因为榴弹炮的弹道比较弯曲，弹丸的落角比较大，接近沿垂方向下落。

M119A1型榴炮弹是美方与英国1987年签订许可证协议生产的一种轻型可空运、空降或牵引的105毫米榴弹炮。炮长6.15米，宽1.78米，高2.21米，最大射程19000米，最大射速6发／分，方向射界360度。该榴炮弹主要装备空降部队、空中突击和轻步兵部队，用以向轻步兵师和旅提供直接和非直接火力支援。

步兵的最爱——迫击炮

迫击炮是一种从炮口装弹，以曲射为主的火炮。迫击炮具有炮身短、射程近、轻便灵活的特点，能射击遮蔽物后方的目标。迫击炮是一种有效的压制兵器，可以杀伤近距离或在山丘等障碍物后面的敌人，或者用来摧毁轻型工事或桥梁等，也可用于施放烟幕弹和照明弹。

迫击炮具有射角大（一般为45°～85°），弹道弯曲，初速小，最近射程小，对无防护目标杀伤效果好的特点。

美国研制的M224型迫击炮炮身长1米，炮口径为60毫米，最大射程3500米，最大射速30发／分。该迫击炮由高强度钢制成，下部制有螺纹，可以提高散热性能。采用轻合金两脚架，圆形座钣由锻铝材料制成，座钣下面的加强筋在保证座钣强度的同时，使火炮在射击时更加稳定。炮尾处的提把内装有扳机，使该炮既可以迫发，也可以使用扳机击发。

美国M224式60毫米迫击炮

无情钢雨——火箭炮

火箭炮，又称为多管火箭炮，是炮兵装备的火箭发射装置，发射管赋于火箭弹射向，通常为多发联装。火箭炮由发射器、高低方向机回转机构、瞄准装置、电源（电池或发电机）、发射点火控制装置及运载车辆组成，具有重量轻、射速大、火力猛，富有突然性的特点，适宜对远距离大面积目标实施密集射击。

BM-21式122毫米多管火箭炮（中国改进型）

当今的火箭炮有几管、十几管、几十管，最多的有114管，基本采用多联装自行式发射，口径大多在200毫米以上，射程在20~70千米之间。

目前，我国军队的主力火箭炮为81式122毫米40管火箭炮，是仿制苏联BM-21火箭炮的产品。该炮定向器薄壁的管厚为2.2毫米，带有螺旋导向槽，40根定向管通过前后方形支座用纵、横拉紧带集合成束；在回转机底座箱体内安装有电动高低机和方向机,传动系统采用的是电传动为主,手摇动为辅;整个火箭炮以座圈为基础安装在 SX250 越野车底盘上;发火装置以汽车的蓄电池为电源,它与时间继电器组成的发火系统可实现车内连发或单发,该火箭炮还有车外发射装置。

最成功的火炮系统——高射炮

高射炮产生于第一次世界大战期间,是一种从地面对空中的飞机、直升机和飞行器等目标进行射击的火炮。1870 年 9 月,普鲁士军队包围了法国的首都巴黎,为了与城外进行联系,法国政府派人乘坐气球飞越普军防线。这一情况被普军发现之后,他们便决定研制一种专门打气球的火炮,这种火炮口径 37 毫米,由加农炮改装而成,这就是高射炮的雏形。

1906 年,德国爱哈尔特军火公司对原来的气球炮装置进行改进,制成了世界上第一门高射炮。这门火炮的最大射高为 4.2 千米,炮管的长度约 1.5 米,口径 50 毫米,发射榴弹的初速度可以达到 572 米 / 秒。之后,各国竞相制造高射炮。在早期的高射炮中,德国于 1914 年制造的 77 毫米高射炮性能最好。

多数高射炮因为配有火控系统,能自动跟踪和瞄准目标。高射炮的炮身一般较长,发射初速度比较大,射击精度非常高。除了空中目标之外,高射炮也可用于对地面或水上目标射击。高射炮的出现使战争史上防空作战进入了新的阶段。

从运动方式上来考虑,高射炮可以分为牵引式和自行式;按口径大小,可以分为大口径、中口径、小口径。大口径高射炮的口径大于 100 毫米,中口径高射炮的口径为 60~100 毫米,小口径高射炮的口径小于 60 毫米。20 世纪 50 年代初期,防空导弹开始进入战场,大、中口径的高射炮逐渐被取代。防空导弹虽威力巨大,但在战争中却无法完全取代高射炮。从 20 世纪 60 年代中期开始,由于可以快速击毁从低空来袭的敌机,小口径高射炮又开始得到人们的重视,从而获得迅速发展。

钢铁的咆哮——舰炮

舰炮是一种传统的海军武器,以水面舰艇作为载体。在鱼雷、舰载机和导弹武器出现之前,它曾经作为海军舰艇主要的攻击武器,并在战争中起到了重要的作用。从 14 世纪装备舰艇以来,舰炮的发展经历了滑膛炮发展时代和线膛炮时代。第一次世界大战中,水鱼雷开始出现在战场上,此时舰

1943 年 8 月,第二次世界大战时期的日本战舰,上面的大口径舰炮清晰可见。

炮仍然是海战的主战兵器。第二次世界大战时,以舰载机为主要作战兵器的航空母舰开始取代战列舰,成为主要的海上作战工具,舰炮在海战中的地位开始急速下滑。

20世纪60年代，反舰导弹出现；之后，舰空导弹、巡航导弹接连研制成功。随着这些精确制导武器投入使用，舰炮武器面临前所未有的挑战。与射程远、命中率高、威力巨大的导弹相比，舰炮从各方面讲都相差甚远。当时，英国等西方国家纷纷提出，导弹完全可以取代舰炮，成为现代军舰的装备武器。20世纪60年代至70年代，舰炮经历了发展的低落时期。1982年，在英阿马岛海战期间，英军所配备的MK8型114毫米舰炮对阿根廷的空中和地面有生力量进行了有效地进攻。据记载，包括诱饵弹在内，MK8型114毫米舰炮共发射了8000余发炮弹，击落了阿根廷7架飞机。1991年，海湾战争中，美国派出"密苏里"号和"威斯康星"号两艘"依阿华"级战列舰参战，舰上的超大口径舰炮发射了总重量100余吨的弹丸，总计100多发，对伊拉克部署在滨海地区的岸防导弹阵地、岸炮阵地、雷达站、指挥所等军事目标进行了极为猛烈的攻击，使伊拉克方面受到了非常严重的损失。

导弹的出现使舰炮由海战中的主战武器变为辅助武器，但它在现代水面舰艇上仍是不可或缺的装备。中小口径的舰炮因为反应速度快、发射率高等优点，在海战中可以与导弹武器配合使用，执行对空防御、对水面舰艇作战、对岸火力支援等任务。

坦克的终结者——反坦克炮

反坦克炮，又称"战防炮""防坦克炮"，是一种用来摧毁坦克和其他装甲目标的火炮。反坦克炮具有炮身长，穿甲能力强，速度高，直射距离远，火线高度低等特点，是一种重要的反坦克武器。它的结构与一般火炮基本一样。为了便于对运动的目标进行射击，反坦克炮一般采用半自动的炮闩，瞄准装置为测距与瞄准合一。按照炮膛的结构划分，反坦克炮可以分为滑膛式和线膛式两种。从机动方式的角度来考虑，可以分为牵引式反坦克炮和自行式反坦克炮。反坦克炮配用的弹种包括破甲弹、穿甲弹、碎甲弹等。

第一次世界大战时，坦克装甲的厚度较薄，可以用步兵炮或者野炮进行射击。战后，随着坦克的迅速发展，反坦克炮也开始发展起来。第二次世界大战中，重型坦克的装甲厚度已经达到152毫米，中型坦克的装甲厚度也达到了40~100毫米。为了对抗如此坚固的坦克，参战国家都装备了穿甲厚度为70~150毫米的反坦克炮。这种反坦克炮的口径为50~100毫米，初速度可以达到每秒900~1000米。第二次世界大战之后，反坦克炮的发展

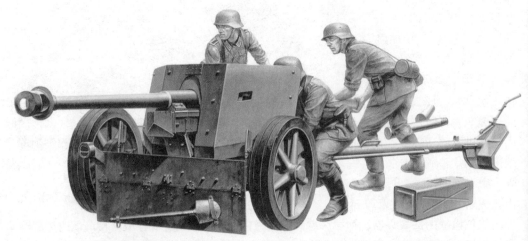

第二次世界大战中的德国75毫米反坦克炮

速度减缓，一些国家甚至停止了反坦克炮的研制工作。直到 20 世纪 70 年代以后，随着各类快速机动装甲目标的出现，反坦克炮才重新开始高速发展起来，许多新型反坦克炮都是在这一时期研制成功的。

现代反坦克炮的战斗全重为 5 吨，口径一般在 90~125 毫米之间，最大射速 12 发 / 分，发射初速度最大可以达到 1700 米 / 秒，直射距离可以达到 1.7 千米。发射尾翼稳定脱壳穿甲弹的苏联 125 毫米反坦克炮，可以在 2000 米之外穿透厚度为 500 毫米的穿甲。

坦克车的助手——坦克炮

坦克炮是一种重要的现代坦克武器，其组成部分包括炮身、炮闩、摇架、反后坐装置、高低机、方向机、发射装置等。它可以用来对抗和歼灭敌方的坦克装甲车，对敌方的火器和防御工事进行摧毁和消灭。坦克炮是加农炮的一种，它的初速度非常大，炮身比较长，是由小口径的地面炮发展而来的。坦克的装甲车体非常坚固、稳定，可以承载较大口径的火炮。现代坦克炮的口径一般处于 85~125 毫米之间，而主战坦克的火炮口径则高达 120~125 毫米。在 1500~2500 米的距离上，坦克炮使用比较可靠，射击效率很高。

受到风吹日晒、太阳辐射之后，坦克炮的炮身管壁会产生温度梯度，从而导致管壁弯曲。为了防止因管壁弯曲而导致的弹着点偏移，现代的主战坦克炮一般都配备有专用的隔热套。隔热套可以有效地减少炮身管壁的变形，提高火炮的命中率。

现代坦克炮的威力十分凶猛。苏联研制的 T—72 坦克 125 毫米火炮在发射长杆式动能弹的时候，如果初速度达到 1650 米 / 秒，弹丸能够在 2000 米的距离上击穿近一尺厚的钢板。联邦德国研制的"豹"Ⅱ坦克 120 毫米火炮在发射长杆式动能弹时，如果初速度达到 1650 米 / 秒，弹丸可以在 2200 米上垂直击透厚度为 350 毫米的装甲，也就是说，联邦德国研制的这种坦克炮可以对抗现今存在的各种坦克。

海岸的守护神——海岸炮

海岸炮是一种布置在陆地上，主要用于射击海上目标，保卫海军基地，保卫港口、沿海重要地段和海岸线等的火炮。海岸炮除了射击水面目标之外，也可以对部署位置附近的地面目标进行射击。在反舰导弹出现之前，海岸炮是沿海地区唯一的防御武器。一些海岸炮是由陆军使用的火炮改良而成，另外一些则是经过特别设计，专门作为海岸防卫武器。

海岸炮的部署方式有三种：固定炮塔、固定阵地和移动阵地。固定炮塔可以进行旋转，形态与军舰和战车上的炮塔相似。有些大型的固定炮塔是由钢筋水泥筑成建筑物。将海岸炮放入内部以后，炮口可以在一定范围内旋转。

固定阵地指提前选定一块开阔的射击阵地，平时把海岸炮隐藏在阵地旁边的掩体之中，使用的时候才将它移动到阵地上。这种情况下，火炮没有炮塔的保护，但是可以在阵地中随意改变射击角度。当射击完毕以后，火炮会重新被送回掩体中，进行保护或者弹药的装填。移动阵地需要提前规划好射击阵地，所使用的火炮与陆军所使用的拖拽或者是自走式火炮比较相似，这些火炮在使用的时候才会被移动到阵地中去。移动阵地的部署方式多用在紧急情况下。

海岸炮除了威力巨大之外，还具有战斗速度快，持久力强，射击死角小，命中率高等特点，在海岸防御作战中起着非常重要的作用。现代海岸炮的口径一般处于 100~406 毫米之间，射程可以达到 30~48 千米。

战车

战车又称兵车，是用于陆上战斗的车辆，它随步兵的产生而产生。在古代，战车是一种以马拉动的战斗车辆，而在现代，战车配合、支持坦克作战。战车的主要任务是在陆地战场上执行作战指挥、后勤支援、物资运输等。

"陆战之王"——坦克

坦克，是现代陆上作战的主要武器，它具有直射火力强大、越野机动性高、装甲保护力强的特点。它的主要任务是执行与对方坦克或其他装甲车辆作战，也可以压制、消灭反坦克武器、摧毁工事、歼灭敌方有生力量。

坦克一般装备一种大口径火炮（有些现代坦克的火炮甚至可以发射反坦克或反直升机导弹）以及数挺防空（高射）或同轴（并列）机枪。目前世界上较为先进的主战坦克，主要都是 20 世纪 80 年代以后研制的，其代表有：美国的 M1A1/M1A2、德国的"豹"Ⅱ、法国的"勒克莱尔"等。

德国研制的"豹"Ⅱ A6 主战坦克车长 9.61 米，宽 3.42 米，高 2.48 米，战斗全重 60多吨。它装备了莱茵金属公司制造的 120 毫米 L/55 滑膛炮，使用最新型的 120 毫米口径 DM53 尾翼稳定曳光脱壳穿甲弹，射程可以达到 5000 米。在国际坦克火力对比试验中，无论是火力还是穿透力，"豹"Ⅱ A6 坦克都遥遥领先。它是世界上火力最为强大的坦克之一。

"豹"Ⅱ A6 主战坦克采用了目前世界上最好的柴油发动机之一——MTU 公司研制的功率可达 1100 千瓦的 12 缸四冲程 V 型 90° 夹角水冷预燃室式增压中冷柴油机。在它的 120

"豹"Ⅱ主战坦克

毫米火炮左侧，安装有一挺由莱茵金属公司制造的口径为 7.62 毫米，射速可以达到每分钟 1200 发的 MG3A1 式并列机枪。在它的装填手舱盖环形支架上，安装有一架口径为 7.62 毫米的 MG3A1 式高射机枪。它的弹药基数为 4750 发 7.62 毫米弹和 42 发炮弹。除了火炮和并列机枪之外，"豹" Ⅱ A6 主战坦克还装备了 16 具烟幕弹发射器。

"豹" Ⅱ A6 坦克可以很好地应对各种各样的威胁。无论是面对穿甲弹的攻击，还是面对集束炸弹所带来的顶部威胁，甚至是反坦克地雷和核生化武器，它都能及时采取积极有效的防护措施进行应对。

雷神的霹雳——主战坦克

主战坦克是装有大威力火炮、具有高度越野机动性和装甲防护力的履带式装甲战斗车辆，一般全重为 40 吨至 60 吨，是 20 世纪 60 年代后出现的新型战斗坦克。

主战坦克主要用于与敌方坦克和其他装甲车辆作战，也可以摧毁反坦克武器、野战工事、歼灭有生力量。目前，大多数国家主战坦克的火炮口径为 105 毫米以上，并且多采用滑膛炮以增强对装甲的破坏力。

中国 98 式主战坦克采用一门口径为 125 毫米高膛压滑膛炮，这

美国 M1 主战坦克

种炮身管显得较长，抽气装置位于炮的中部。125 毫米滑膛炮还装备有炮射导弹，具备远距攻击能力。同时，它还配有性能可靠的自动装弹机，火炮射速可达 10 发 / 分。

"坦克伴侣"——步兵战车

步兵坦克是指在现有坦克基础上加装载员舱而成的坦克，是供步兵机动作战用的装甲战斗车辆，并且车上设有射击孔，步兵能乘车射击。目前只有乌克兰研制出两种现代步兵坦克。

步兵战车主要用于协同坦克作战，其任务是快速机动步兵分队、消灭敌方轻型装甲车辆、步兵反坦克火力点、有生力量和低空飞行目标。

按结构分类的话，步兵战车有履带式和轮式两种，除底盘不同外，总体布置和其他结构基本相同。作为现代装备的主要车型，履带式步兵战车越野性能好，生存能力较强；而轮式步兵战车造价低，使用维修简便，耗油少，公路行驶速度快。

瑞士"旋风"步兵战车于 1980 年完成样车。该步兵战车长 6.7 米，宽 3.15 米，高 1.75 米。车体为钢装甲全焊接结构，正面为间隔装甲。车体正面可防 23 毫米炮弹，两侧可防 14.5 毫米枪弹。车后设有液压操纵的跳板式尾门。车内装有三防装置和自动灭火装置。炮塔上装有机关炮和机枪。载员舱两侧各有 2 个球座射击孔。发动机与液力机械传动装置、冷却系统安装在一起，这样处理便于拆装更换。行动装置采用扭杆悬挂、液压减振器、挂

胶履带。其主要武器是1门25毫米机关炮，弹药基数800发。

战场鹰眼——装甲侦察车

装甲侦察车是指配备有侦察设备的装甲战斗车辆，装甲侦察车分为轮式和履带式两种，它通常具有高度机动性、一定的火力和防护能力。安装大口径火炮的侦察车称为战斗侦察车，而一般的则称为装甲侦察车。装甲侦察车主要用于实施战术侦察，在战争中对于高速机动和战术瞬变的战场是极为有利的。

1982年，英国陆军装备展览会首次出现了装备25毫米链炮的"狐"式侦察车，它在"狐"式侦察车车体上安装单人炮塔，可360度旋转，并装备25毫米M242链炮和左侧1挺7.62毫米的并列机枪，武器的最大仰角为50度。可任选电动稳定

英国早期的装甲侦察车

装置、安全门、有限滑动差速器、乘员的冷气设备和附加的燃料箱。

进退自如——轻型坦克

轻型坦克是指重10吨~20吨间，火炮口径不超过85毫米的坦克，主要用于侦察、警戒，也可用于特定条件下作战。

轻型坦克是早期坦克的一种类型，它主要应用于歼击任务，在复杂地形上能代替主战坦克作战。作为空降部队的重要装备之一，轻型坦克多数配合主战坦克进行侦察警戒和巡逻，并能实现快速部署远距离支援。

美军和北约部队在20世纪50年代至70年代间采用的M47型坦克就是著名的一种轻型坦克，由车体和炮塔两部分组成。驾驶舱在前部，战斗舱在中部，动力舱在后部，包括发动机和传动装置。车体由装甲钢板和铸造装甲部件焊接而成，铸造炮塔位于车体中央，车长和炮长位于炮塔内火炮右侧，装填手在左侧，炮塔内后顶部装有带圆顶罩的通气风扇，装填手舱盖前部装有1个M13潜望镜。部分M47坦克还装有M6推土铲。

舰艇

舰艇俗称军舰，又称海军舰艇，是指有武器装备，能在海洋执行作战任务的海军船只，是海军的主要装备。主要有战斗舰艇和辅助战斗舰艇两大类，战斗舰艇是直接执行战斗任务的，辅助战斗舰艇是执行辅助战斗任务的。战斗舰艇依其使命有航空母舰、战列舰、巡洋舰、驱逐舰、护卫舰（艇）、布雷舰（艇）、扫雷舰（艇）、登陆舰（艇）、潜艇、导弹艇、炮艇和鱼雷艇、猎潜（舰艇）等；辅助战斗舰艇依其使命分为修理舰船、运输舰船、补给舰船、测量船、打捞救生船、医院船、拖船等。

　　舰艇一般由船体结构，武器系统，动力装置，探测、通信和导航系统，船体设备，舰艇管路系统，防护设施，以及工作和生活舱室，油、水、弹药舱和器材舱等构成。它的主要任务是用于海上机动作战，进行战略核突袭，保护己方或破坏敌方的海上交通线，进行封锁或反封锁，参加登陆或抗登陆作战，以及担负海上补给、运输、修理、救生、医疗、侦察、调查、测量、工程和试验等保障勤务。

　　战斗舰艇中，根据习惯，一般把排水量为 500 吨以上的水面舰只称为舰，而把排水量为 500 吨以下的水面舰只称为艇。潜艇无论吨位大小均称为艇。在同种舰艇中，根据其排水量和主要武器装备的不同又可以划分为不同的级别。

游动的领土——航空母舰

　　航空母舰，简称"航母""空母"，是一种可以提供军用飞机起飞和降落的军舰。航空母舰是一种以舰载机为主要作战武器的大型水面舰艇。航空母舰一般不单独活动，通常有其他舰只协同，合称为航空母舰编队，又称航空母舰战斗群。整个航母编队可以在航空母舰的整体控制下，对数百千米范围内的敌对目标实施搜索、追踪、锁定和攻击。航空母舰的主要任务是以舰载机编队，夺取海战区的制空权和制海权。

　　按照不同的分类，航空母舰可以分为不同的类型：按舰载机种类，可分为固定翼飞机航母和直升机航母；按担负的任务，可

法国第一艘核动力航空母舰"戴高乐"号

分为攻击航母、反潜航母、护航航母和多用途航母；按吨位，可分为大型航母、中型航母和小型航母；按动力，可分为常规动力航母和核动力航母。

　　隶属于法国海军的核动力航空母舰"戴高乐"号航空母舰，于 2001 年 5 月正式入役，是法国目前正在操作中的唯一一艘航空母舰。"戴高乐"号不只是法国第一艘核动力航空母舰，也是唯一一艘不属于美国海军的在役核动力航空母舰。"戴高乐"号是法国史上拥有的第十艘航空母舰，其命名源自于法国著名的军事将领与政治家夏尔·戴高乐。

海上火炮——驱逐舰

　　驱逐舰是以导弹、鱼雷、舰炮等为主要武器，具有多种作战能力的中型军舰。作为 19 世纪 90 年代至今海军重要的舰种之一，驱逐舰主要用于攻击潜艇和水面舰船、舰队防空以及护航侦察巡逻警戒、布雷并袭击岸上目标等任务，有"海上多面手"称号，是现代海军舰艇中用途最广泛、数量最多的舰艇。

　　现代驱逐舰装备有防空、反潜、对海等多种武器，既能在海军舰艇编队担任进攻性的

突击任务，又能担任作战编队的防空、反潜护卫任务，还可在登陆、抗登陆作战中担任支援兵力，以及担任巡逻、警戒、侦察、海上封锁和海上救援等任务。

我国大幅采用西方技术研制而成的国产驱逐舰，"旅沪"级（052）导弹驱逐舰舰长148米，宽16米，高40米，吃水5.1米，排水量4800吨，最大航速32节。装载武器为双联鹰击8型（C-802）反舰导弹发射管4座；红旗-7短程防空导弹，8联装发射架一座；3联装324毫米鱼雷发射管2座；2具12管固定反潜火箭发射器；100毫米双管主炮一座，37毫米双管近防高炮系统2组。

"舰队之眼"——巡洋舰

巡洋舰是一种火力强、用途多，主要在远洋活动的大型水面舰艇。它装备有较强的进攻和防御型武器，具有较高的航速和适航性，能在恶劣气候条件下长时间进行远洋作战。它的主要任务是为航空母舰和战列舰护航，或者作为编队旗舰组成海上机动编队，攻击敌方水面舰艇、潜艇或岸上目标。世界最著名的现代巡洋舰有三种：美国"提康德罗加"级导弹巡洋舰，苏联"基洛夫"级核动力巡洋舰以及苏联"光荣级"导弹巡洋舰。

现代巡洋舰排水量一般在0.8万吨~3万吨，装备有各种导弹、火炮、鱼雷等武器。可以长时间巡航在海上，机动性强，拥有较高的航速，可以同时对付多个作战目标。

世界上第一艘装备导弹垂直发射系统的水面舰艇"基洛夫级"核动力导弹巡洋舰是世界上最大的导弹巡洋舰。该级舰长度251米，宽28.5米，吃水10.33米；满载排水量2.4万吨。动力装置为：核反应堆2座、蒸气轮机2台、电动机8台，总功率15万千瓦；航速30节，续航力为14000海里/30节。

"基洛夫"级核动力导弹巡洋舰

"海上警卫"——护卫舰

护卫舰曾被称为护航舰或护航驱逐舰，是以导弹、舰炮、深水炸弹及反潜鱼雷为主要武器的轻型水面战斗舰艇。它的主要任务是执行护航、反潜、防空、侦察、警戒巡逻、布雷、支援登陆和保障陆军濒海翼侧等作战任务。

作为一种传统的海军舰种，护卫舰是当代世界各国建造数量最多、分布最广、参战机会最多的一种中型水面舰艇。在现代海军编队中，护卫舰是在吨位和火力上仅次于驱逐舰的水面作战舰只，护卫舰的吨位较小，自持力较弱，远洋作战能力因而也逊于驱逐舰。

"水下蛟龙"——潜艇

潜艇是既能在水面航行又能潜入水下在一定深度范围内活动和作战的舰艇，也称潜水艇，是海军的主要舰种之一。潜艇主要执行巡逻、警戒、封锁、反潜、侦察等任务。其主要作用是对陆上战略目标实施核袭击，摧毁敌方军事、政治、经济中心；消灭运输舰船、破坏敌方海上交通线；执

日本海军潜水艇伊－16、伊－58。以伊号潜水艇为舰型，其续航力和速度都是当时世界上最优越的大型潜水艇。

行布雷、侦察、救援和遣送特种人员登陆；攻击大中型水面舰艇和潜艇等。

潜艇主要组成部分有艇体、操纵系统、动力装置、武器系统、导航系统、探测系统、通信设备、水声对抗设备、救生设备和居住生活设施等。具备利用水层掩护进行隐蔽活动和对敌方实施突然袭击；能在水下发射导弹、鱼雷和布设水雷，攻击海上和陆上目标；有较大的自给力、续航力和作战半径，可远离基地，在较长时间和较大海洋区域以至深入敌方海区独立作战，有较强的突击威力等特点。

按照不同的分类标准，潜艇可以有不同的分类。按动力分为常规动力潜艇与核动力潜艇；按作战使命分为攻击潜艇与战略导弹潜艇；按艇体结构分为双壳体潜艇、个半壳体潜艇、单壳潜艇和单、双混合壳体潜艇；按排水量可分为常规动力潜艇有大型潜艇（2000吨以上）、中型潜艇（600~2000吨）、小型潜艇（100~600吨）和袖珍潜艇（100吨以下），核动力潜艇则一般在3000吨以上，属于超大型核潜艇。

"水上勇士"——战列舰

战列舰是一种大型水面战斗舰艇，又被称为战斗舰或者主力舰。它具有吨位大、火力强、航程远等特点。由于装甲厚重，主要战斗武器是大口径的舰炮，战列舰无论是防护力还是攻击力都十分强大。在第二次世界大战时期，航空母舰出现之前，战列舰曾经作为海军编队的战斗核心，长期雄踞海上霸主的位置。第二次世界大战之后，随着航空母舰和弹道导弹潜艇的出现和发展，战列舰的战略地位逐渐被取代。

1849年，法国研制出"拿破仑"号战舰。"拿破仑"号战舰作为世界上第一艘以蒸汽机为动力装置的战列舰，是海军蒸汽动力战列舰的先驱。虽然它有蒸汽机作为主动力装

日本"武藏"号战列舰，排水量高达 69000 吨，为世界之最。

置，但是仍然挂了能够起到辅助动力作用的风帆。1873 年，法国"蹂躏"号战列舰研制成功，"蹂躏"号战列舰是世界海军史上第一艘完全以蒸汽机为动力装置的战列舰。

作为人类历史上最复杂、最庞大的战斗武器系统之一，从 19 世纪 60 年代开始，战列舰经历了其极为繁盛、荣耀的一个时期。在这一时期，它是唯一可以进行远程打击的战略武器平台，各海军强国都非常重视对它的发展，使它成为海军的主力军舰舰种之一。

1892 年，英国"君权"号战列舰建造成功，这是世界上第一艘舰体为全钢质的战列舰。它的前后各配置了一个炮塔，每个炮塔上装备 2 门主炮。该舰出现之后，各国开始把它当做设计战列舰的样板。此后，战列舰开始普遍使用全钢质舰身。

20 世纪 30 年代后期是战列舰发展最为迅速的时期，这一时期，各国竞相发展战列舰。日本的"大和号""武藏号"都是在这一时期研制成功的。第二次世界大战中，航母迅速崛起，并被广泛应用于战争之中，战列舰的核心战斗地位被撼动，从此开始一蹶不振，并逐步退出历史舞台。

"设雷高手"——布雷舰

布雷舰是用来在基地、江河、近岸海域、港口附近等处布设水雷障碍的水面战斗型军舰，可以分为远程布雷舰和基地布雷舰两种。布雷舰的定位精度非常高，能有效地在预设地点布设水雷，只是隐蔽性和防御能力都比较差，移动过程中容易被敌方发现。因此，布雷舰一般在己方兵力的掩护之下执行布雷任务。

有的布雷舰经过专门设计制造而成，也有一些布雷舰是由其他舰艇进行改装之后得到。现在，一些国家在研制布雷舰的时候，设计人员一般会将它定位为以布雷为主，同时可以一舰多用的军舰。布雷舰执行布设水雷的任务是在战争时期，平时，一般用作扫雷母舰、训练舰、供应舰等。

布雷舰的满载排水量可以达到 600~6000 吨，航速可以达到 12~30 节，上面设有水雷仓和布雷甲板。水雷仓中一般可以装载 50~800 枚水雷，布雷甲板上有运送水雷的升降机、雷轨、操纵台等。由于导航设备较为完善，布雷舰布设水雷的位置十分精确。

俄国在 1892 年建成了两艘布雷舰，这是世界上最早的布雷舰。第一次世界大战中，布雷舰迅速发展，巡洋布雷舰、驱逐布雷舰、近海布雷舰、高速布雷舰等相继产生，参战各国一共布设了 30 万枚锚雷，布雷舰在这场战争中发挥了重要作用。第二次世界大战中，除苏联之外的交战各国一共派出了近 60 艘布雷舰参战。第二次世界大战以后，飞机和潜艇开始成为布雷的主力，布雷舰开始逐渐淡出历史舞台。现在，除了少数国家之外，布雷舰已经基本不再制造。

"水雷的克星"——扫雷舰

扫雷舰是一种专门用来搜索和排除水雷的军舰。扫雷舰肩负着开辟航道、护航、登陆作战前扫雷等使命。第一次世界大战期间，扫雷舰被分为三类：舰队扫雷舰、基地扫雷舰和扫雷艇。第二次世界大战中，由于新型水雷在战场上的出现，扫雷舰艇的吨位出现了大幅度的增加，各国从排水量的角度考虑，把扫雷舰分为大型远洋舰队扫雷舰、中型沿海扫雷舰、小型港湾江河扫雷艇和艇具合一扫雷艇四类。

20世纪初，扫雷艇问世，之后便在战争中屡立奇功，得到广泛应用。随着军事科技的发展，水雷的种类越来越多，性能也越来越好，扫雷作业的难度开始越来越大，甚至没有合适的扫雷具能够扫除水压水雷。20世纪50年代初期，破雷舰应运而生。破雷舰可谓扫雷舰艇中的"敢死队"。它的生命力极为顽强，抗爆炸、冲击，震动的能力也非常强，引爆各种类型的水雷。从20世纪70年代开始，一些国家相继研制出几种安全性很高的扫雷舰艇，其中包括船体材质为玻璃钢的扫雷舰艇、遥控扫雷舰艇、气垫扫雷舰艇等。

第二次世界大战之后，美国海军在一段时期内不再重视扫雷舰的建造与使用，这使得美国在局部海战中处于劣势。之后，为了重振海军雄风，美国海军在20世纪70年代末开始重新加强扫雷舰的研制，"复仇者"级扫雷舰应运而生。"复仇者"级扫雷舰的舰体采用了多层木质结构，并且在外板表面包了多层玻璃纤维，这使得它具有强度高、耐冲击等诸多优点。另外，舰上所装备的探雷设备十分先进，灭扫雷系统也比较完善，使得其能够准确、快速地完成扫雷任务。

远洋航行的保障——登陆舰

登陆舰又被称为两栖舰艇，是一种能够运送登陆部队以及各种武装器械在远洋航行，并能够直接在敌方岸边登陆的中型军舰。除了火炮之外，登陆舰甚至可以运送包括坦克、车辆等体积和吨位较大的武器装备。

1916年，俄国黑海舰队使用了一种被称为"埃尔皮迪福尔"的船只。这种平底货船，非常适合用来将部队运送到沿海滩头实施登陆作战计划，被认为是登陆舰艇的最初形态。它吃水很浅，排水量在100~1300吨之间。第一次世界大战后期，英国和美国改装和建造了一批与"埃尔皮迪福尔"类似，排水量在10~500吨之间的登陆艇。这些登陆艇大小不一，但都装备了机枪和口径较小的舰炮。这时的登陆艇航速一般在每小时20千米以下，续航能力仅有200~1000千米。

20世纪70年代，美国、苏联又相继研制出了气垫登陆艇。相对于之前的登陆艇，气垫登陆艇的航速有了较大幅度的提高，可以达到每小时90~130千米。现代的登陆舰又被称为坦克登陆艇。它的排水量可以达到600~10000吨，航速一般处于每小时20~40千米之间，最多能够搭载几十辆坦克和几百名士兵。续航能力也有了较大幅度的提高，可以达到200~6000千米。

登陆舰的作战能力比登陆艇要强得多。第二次世界大战初期，英国用油船改装成了世界上第一艘登陆舰。之后，许多国家也纷纷开始了对登陆舰的研制。第二次世界大战中，美国为了在欧洲开辟第二战场，在太平洋岛屿登陆，研制了一种名为"坞式登陆舰"的新型登陆舰。坞式登陆舰在第二次世界大战中发挥了重要的作用。

"海上的轻骑兵"——导弹艇

导弹艇又被称为导弹快艇，于20世纪50年代末问世，是海军的一种小型战斗舰艇。由于装备了导弹武器，导弹艇虽然体积小，战斗力却非常强，其战略地位相当于海上的轻骑兵。导弹艇在鱼雷艇的基础上产生，与鱼雷艇相似的是，它的艇型也分为滑行艇型、水翼艇型、气垫艇型等。根据排水量不同，导弹艇可以分为大型、中型和小型三种。

1959年，苏联首先改装成了世界上最早的导弹艇——"蚊子"级导弹艇。"蚊子"级导弹艇的航速为每小时70千米，满载时的排水量为75吨，上面装载有两

挪威"暴风"级导弹艇

枚导弹。第一艘导弹艇问世以后，由于在战争中表现不凡，而且造价不高，所以许多发展中国家也纷纷开始用它来装备海军。在第三次中东战争中，导弹艇首次击沉了一艘军舰。埃及海军用"蚊子"级导弹艇击沉了以色列的"埃拉特"号驱逐舰。

在第四次中东战争中，以色列使用导弹艇成功干扰了埃及和叙利亚导弹艇发射的几十枚导弹，而且还利用对舰导弹和舰炮成功击沉了对方12艘导弹艇。这是导弹艇首次击沉同类艇。自此之后，各国开始竞相研制导弹艇，并着重对它的电子干扰能力和反电子干扰能力进行提高。20世纪80年代初期，世界上已经有大约50个国家拥有导弹艇。

近海作战的首选——鱼雷艇

鱼雷艇，是一种用于近海作战，以鱼雷为主要作战武器的小型高速水面战斗舰艇，又被称为鱼雷快艇。鱼雷艇在作战时，协同其他兵力，以编队的方式对敌方的舰艇进行攻击。除此之外，也可用于执行布雷、遣送侦察兵登陆、反潜等任务。现代鱼雷艇的船型一共有三种：滑行艇、半滑行艇和水翼艇，大部分以高速柴油机为主动力装置。满载时，排水量一般为40~200吨，航速可以达到40~50节。鱼雷艇上一般都装备有2~6枚鱼雷，1~2座舰炮。当海情为3~5级时，鱼雷艇能有效地使用这些武器。

根据排水量的大小，可以把现代鱼雷艇分为两类：大鱼雷艇和小鱼雷艇。大鱼雷艇的排水量最大可达1000吨以上，一般装备有2~4座鱼雷发射装置，并携带一定数量的水雷、深水炸弹、烟幕筒、高射武器等。在气象条件恶劣、距离基地很远的地方，大鱼雷艇依然可以执行任务。小鱼雷艇的排水量小于60吨，续航能力比较差，只有300~600海里，只能在离海岸很近的地方或者风浪较小的地方执行任务。

鱼雷艇具有航速快、灵活性强、作战威力大、隐蔽性好等优势，在攻击近岸的水面舰艇方面具有无可比拟的巨大优势，而且其造价也非常低廉，制造起来很容易，所以在各国海军中装备比率较高。但是，它也有一些无法克服的缺点，比如适航性和自我保护能力比较差，活动半径很小。

劈波斩浪的新宠——两栖舰

两栖舰是一种专门用来运送登陆部队以及物资的军舰。除了能在海上航行之外，两栖舰还肩负着将所运送的人员和物资送上没有岸基设施的海岸，并在登陆过程中承担着指挥和火力支援的任务。两栖舰有许多类型，包括两栖登陆舰、两栖运输舰、两栖指挥舰和两栖攻击舰等等。吨位较小的两栖舰只有十几吨，而吨位较大的可以达到数万吨。

两栖舰诞生于第二次世界大战期间，20 世纪 50 年代以后，开始得到快速发展。两栖攻击舰是两栖舰中最重要的作战舰艇。20 世纪 50 年代，登陆战的"垂直包围"理论开始出现在美军之中。在这种作战思想的指导下，美国开始研制两栖攻击舰。从 1955~1960 年，美国一共改装成了 7 艘两栖攻击舰。1959 年 4 月，美国开始着手建造"硫黄岛"号两栖舰，这是世界上第一艘两栖攻击舰。1961 年 8 月，"硫黄岛"号两栖舰开始进入美国海军服役。

"硫黄岛"号两栖舰外形与直升机母舰类似，甲板上设有机库和飞机升降机。它满载时的排水量为 18000 吨，航速可以达到每小时 46 千米，续航能力为 1850 千米，最多可以搭载 24 架直升机，除此之外，还能搭载 4 架 AV — 8B 型垂直 / 短距离起降战斗轰炸机。

之后，美国又建造出了通用型两栖攻击舰，相对于之前的两栖攻击舰，它更为先进，吨位也更大。通用型两栖攻击舰集中了各种两栖攻击舰的优势，是最有发展前景的两栖舰。

英国"海洋"号直升机两栖攻击舰的外形很别致。

飞机

飞机指具有机翼和一具或多具发动机，靠自身动力能在大气中飞行的重于空气的航空器。大多数飞机由机翼、机身、尾翼、起落装置和动力装置 5 个主要部分组成。

机翼的主要功用是为飞机提供升力和一定的稳定和操纵作用。在机翼上一般安装有副翼和襟翼。操纵副翼可使飞机滚转；放下襟翼能使机翼升力系数增大。机身将飞机的其他部件如尾翼、机翼及发动机等连接成一个整体，主要功用是装载乘员、旅客、武器、货物和各种设备。尾翼包括水平尾翼（平尾）和垂直尾翼（垂尾）。水平尾翼由固定的水平安定面和可动的升降舵组成。垂直尾翼则包括固定的垂直安定面和可动的方向舵。尾翼的主要功用是用来操纵飞机俯仰和偏转，保证飞机能平稳地飞行。起落装置是用来支撑飞机并使它能在地面和其他水平面起落和停放。动力装置主要用来产生拉力或推力，使飞机前进。其他的如鸭翼式结构，由后置的主机翼与可以理解成前置水平尾翼的鸭翼构成。也就是用鸭翼来控制飞机的仰角，水平尾翼的位置是鸭翼结构的主翼，来控制飞机的横滚。

在美国空军飞机种类中，攻击机的字母缩写为 A，轰炸机的字母缩写为 B，运输机的字母缩写为 C，电子战机的字母缩写为 E，战斗机的字母缩写为 F，直升机的字母缩写为 H，教练机的字母缩写为 T，活塞式飞机字母缩写一般为 P，侦察机字母缩写为 R。

"天空霸王"——战斗机

战斗机，也称歼击机，用于在空中消灭敌机和其他飞航式空袭兵器的军用飞机。战斗机具有火力强、速度快、机动性好等特点，主要任务是与敌方歼击机进行空战，夺取制空权；拦截敌方轰炸机、强击机和巡航导弹；携带一定数量的对地攻击武器，执行对地攻击任务。

歼击机最大飞行时速达 3000 千米，最大飞行高度 20 千米，最大航程不带副油箱 2000 千米，带油箱时可达 5000 千米。机上还带有先进的电子对抗设备。

F-16 是美国空军的主力机种之一，由通用动力公司研制而成，它是一种主要用于空战的单发单座轻型战斗机。F-16 的全长为 15.09 米，翼展为 9.45 米，最大起飞重量可以达到 16060 千克。它所使用的发动机是加力推力为 131.6 千牛型涡轮风扇发动机，最大航程可以达到 3890 千米，最大平飞速度 2 马赫。截至 2005 年 3 月，美国空军一共采购了 2231 架 F-16，如今，F-16 已经成为美国的重要出口机型之一。

第二代喷气式战斗机进入美军服役以后，研究人员发现，它的机动性较差，不够灵活轻便。为了获得一种灵活、不稳定的飞机，美国开始了对 F-16 战斗机的研制工作。

美国 F-16A "战隼" 战斗机

F-16主要依靠电传系统和计算机一起来维持飞行的稳定，它是一架极不安定的飞机，F-16刚刚面世的时候，美国空军对它并不重视，当时他们所钟情的是拥有强大力量的重型战斗机F-15。后来，由于经费问题，F-16才终于获得进入空军服役的机会。

F-16是美国军事装备史上非常具有代表性的一个机型。它所装备的武器主要是M61"火神"20毫米口径的加特林炮、AIM-7"麻雀"中距空空导弹和AIM-9"响尾蛇"近距空空导弹。F-16一共发展了很多代，1976年12月，第一种生产型F-16A，首次试飞。之后，又相继研制成功了F-16B、F-16C、F-16D、F-16N等。冷战结束以后，由于空军对军机的需求量缩减，1992年通用动力公司将F-16的生产线售出。

中国军队装备部队的战机歼-10属于典型的第三代战斗机。歼-10的机长14.57米，高4.78米，翼展8.78米，最大起飞重量19277千克，最大推力112.6千牛（A1-31FN），最大过载7G(持续)/10G(瞬时)，最大速度2马赫，最大升限18000米，最大航程2500千米，作战半径1100千米，载弹量7000千克。

此外，歼-10拥有11个外挂，可以配备国产P112主动雷达制导空对空导弹和对地攻击武器以及副油箱；座舱拥有三个大型中视多功能显示器；从左到右可以提供武器控制、雷达告警、接受、导航及相关的雷达数据。

"空中堡垒"——轰炸机

轰炸机是用于对地面、水面目标进行轰炸的飞机，具有突击力强、航程远、载弹量大等特点，是航空兵实施空中突击的主要机种。除了投炸弹外，轰炸机还能投掷各种鱼雷、核弹或发射空对地导弹。

轰炸机可以分为轻型轰炸机、中型轰炸机和重型轰炸机三种类型。轻型轰炸机一般能装载炸弹3~5吨，中型轰炸机能装载炸弹5~10吨，重型轰炸机能装载炸弹10~30吨。轰炸机上武器系统包括机载武器如各种炸弹、巡航导弹、鱼雷、航弹、空地导弹、航空机关炮等。轰炸机的电子设备包括自动驾驶仪、领航设备、地形跟踪雷达、电子干扰系统和全向警戒雷达等，用以保障其远程飞行和低空突防。机上的火控系统可以保证轰炸机具有全天候轰炸能力和很高的命中精度。现代轰炸机还装有受油设备，可进行空中加油。

B-1B型变后掠翼战略轰炸机是世界上第一种具有部分"隐身"功能的轰炸机，它是由美国洛克韦尔公司研制的。B-1B的隐身作用是这样实现的：在飞机外形、涂料和发动机的进、喷气口形状上作了防雷达和红外线探测处理，这就使它在敌方的雷达和红外线探测器面前，具有了一定的"隐身"功能。

"空中百灵鸟"——武装直升机

武装直升机是装有武器、为执行作战任务而研制的直升机。武装直升机可分为专用型和多用型两大类。其中，专用型机身窄长，作战能力较强；多用型可用来执行攻击任务以及运输、机降等任务。

20世纪50年代，美、苏、法等国都分别在直升机上加装武器，开始主要用于自卫，后来也用来执行轰炸、扫射等任务。20世纪60年代初，美国在越南战争中大量使用直升机。

苏联米里设计局研制的米-28是单旋翼带尾桨的全天候专用武装直升机。米-28的旋翼直径 17.20 米，尾桨直径 3.84 米，短翼翼展 6.4 米，机长（不包括旋翼）16.85 米，机身长 14.3 米，机身宽 1.75 米，机宽（包括短翼）4.87 米，机高（至旋翼顶部）4.81 米，旋翼桨盘面积 232.3 平方米。空重 7000 千克，正常起飞重量 10400 千克，最大起飞重量 11200 千克，最大有效载荷 3640 千克，最大桨盘载荷 44.77 千克 / 平方米，最大平飞速度 300 千米 / 时，最大巡航速度 270 千米 / 时，巡航速度 250 千米 / 时，最大爬升率 18 米 / 秒，实用升限 5800 米，悬停高度（无地效）3600 米，作战半径 240 千米，航程（内部燃油量）475 千米。

米－28 最初的基本设计思想是用来攻击地面坦克，攻击近距支援攻击机和直升机，攻击地面活动目标和进行战场侦察，拦截和下射低空飞行的巡航导弹。

"空中情报局"——侦察机

侦察机是指装有航空照相机等各种侦察设备，用于从空中进行侦察、获取情报的军用飞机，是现代战争中的主要侦察工具之一。按照执行任务的范围，侦察机可以分为战略侦察机和战术侦察机两种。战略侦察机航程远，能深入敌后对其重要目标实施战略侦察。战术侦察机能进行低空高速飞行，获取敌战役战术情报。

1910 年 6 月 9 日，法国陆军大尉玛尔科奈和中尉弗坎一起驾驶飞机进

美国 U－2C 高空侦察机

行了世界上第一次试验性的侦察飞行。这一天，侦察机诞生。他们所驾驶的飞机是亨利·法尔曼双翼机，飞行过程中，弗坎手持照相机，对地面的情况进行拍照。在第一次世界大战期间，侦察机起到了重要的作用，欧洲的交战国十分重视它的使用。第二次世界大战中，侦察机得到了更迅速的发展，出现了可以垂直拍照和倾斜拍照的高空航空照相机、雷达勘察设备。第二次次世界大战末期，电子侦察机问世。

20 世纪 60 年代，飞行时速度可以达到声速 3 倍的高空高速战略侦察机问世，无人驾驶侦察机也开始广泛投入使用。后来，侦察卫星出现，侦察机的地位开始动摇。而且随着防空导弹的发展，侦察机执行任务变得越来越困难。尽管如此，侦察机的发展也没有停滞，目前，侦察机的"隐身"技术正在逐步变得成熟。

飞机中的"千里眼"——预警机

预警机是指装有雷达和电子侦察设备，用于搜索、监视敌空中或海上目标，并指挥导引己方执行作战飞行任务的飞机。预警机可以克服雷达因地球曲度影响而无法到达某些区域的缺陷，可以减轻地形的干扰。由于客机和运输机的内部空间大，空中预警机一般是由这类飞机改装而成的，内部安装有大量的电子、电力和冷却设备。执行任务时，会搭乘一些雷达操作人员。目前，中国、美国、俄罗斯、英国、日本等在内的许多国家都有预警机。

世界上第一架空中预警机是美国的 AD-3W "复仇者"。第二次世界大战后期，美国海

军试着把警戒雷达装在飞机上，发现这可以使雷达的盲区得以缩小，探测的距离变得更大。之后，便把当时最先进的雷达安装在小型飞机上，改装成了 AD-3W "复仇者"。这架预警机在 1944 年第一次试飞。

20 世纪 50 年代，美国把新型雷达搬到 C-1A 小型运输机上，XTF-1W 早期预警机改装成功。经过一些改进，1958 年，这架预警机试飞成功，并获得正式命名——"跟踪者"式舰载预警机。这是世界上第一架真正投入使用的预警机，它于 1960 年 1 月 20 日正式进入美国海军开始服役。

舰载预警机是航空母舰的"千里眼"。它通过电子设备对敌方目标进行侦察，并将情报信息返回到航母指挥控制中心。舰载预警机的电子侦察设备和机载雷达有抗击敌方电子干扰的能力，可以在复杂的电磁环境中执行任务。

预警机因为监视范围大、抗干扰能力强、工作效率高等优点而受到广泛应用，但是它并不完美，也存在着许多缺点。比如，预警机的飞行区域和诸元比较固定，活动高度有规律可循，行迹容易暴露，而且自卫能力非常差，作战操纵也不是很方便。

空中作战的保障——运输机

运输机是一种主要用来运送军事人员、武器装备和其他军用物资的飞机。自问世以来，便在战场上发挥了重要的作用。除了运送兵员和物资之外，它还可以用来空投伞兵。随着军事科技的发展，现代战争越来越高速和机动，这就使得运输机的高速发展成为必然。1933 年 2 月 8 日，搭载了 10 名乘客的美国波音公司原型机首次试飞。后来经过改进，波音 247D 型运输机诞生。它的航速可以达到每小时 304 千米，航程可达 1200 千米。波音 247D 和 DC-2 的出现是现代运输机诞生的标志。

现代军用运输机的载重量比较大，续航能力也比较强，可以保障地面部队快速地从空中实施机动。由于配备了比较完善的通信和领航设备，它能在夜晚和比较复杂的气象条件下执行任务。现代军用运输机主要有战略运输机和战术运输机两类。战略运输机的载重能

美国 C - 130 "大力士"运输机

力和续航能力相对比较强，主要承担远距离的大型运输任务。战术运输机一般是中小型飞机，载重能力较差，大多用于承担近距离输送兵员和物资的任务。

美国的 C-130 军用运输机是其主力机种之一。它是一种战术运输机，于 1956 年底开始进入美国军队服役。目前，C-130 运输机有多种改装机型，其中载重量最大的可达 20 吨，巡航时速可以达到每小时 620 千米。

"空中骄子"——无人机

无人机，是利用无线电遥控设备和自备的程序控制装置操纵的不载人飞机，是无人驾驶飞机的简称。无人机上没有驾驶舱，但是安装了自动驾驶仪、程序控制装置等可以用来操纵飞机的设备。工作人员可以通过雷达等设备对无人机进行跟踪、定位、遥控、数字传输等。无人机被广泛运用于执行空中侦察、通信、监视、反潜等任务，它的成功研制和使用使现代战争进入了"非接触性"的新阶段。

目前，无人机主要包括"密码"无人机、多功能无人机、人工智能无人机、长时间留空无人机、反导弹无人机、预警无人机和隐身无人机等。与载人飞机相比，无人机具有许多优势，它的体积较小，造价非常低，使用起来也很方便，在战场上的生存能力又比较强，所以各国都比较重视对它的研制和使用。一些专家甚至预言，未来的空战将主要在具有隐身特性的无人驾驶飞行器和防空武器之间展开。

第二次世界大战之后，无人机的发展步入鼎盛时期。随着计算机技术、遥控遥测技术等的发展以及在无人机中的应用，无人机在军事方面所起到的作用开始逐渐变得明显，甚至获得了"空中骄子"的称号。

美国的"猎鹰 HTV-2"无人机是由美国空军和国防部下属的国防高级研究计划署共同研发的，它一经问世就吸引了全世界的注意，飞行速度可以达到声速的 20 倍。飞行时，需要用一艘火箭将它发射升空，然后它会以每小时 13000 英里的速度滑行到地面上。"猎鹰 HTV-2"的性能十分强悍，最多能够携带总重为 5 吨的物资。2011 年 8 月 11 日上午，"猎鹰 HTV-2"在位于美国加州的范登堡空军基地进行第二次试飞，成功发射升空之后，它在太空边缘与火箭分离，之后独自飞行，在返回地球的过程中失去联系。

空中补给——空中加油机

空中加油机是为了提高飞机的作战半径，延长执勤机在空中逗留的时间。设计人员总是尽量增大飞机的载油量，然而载油量过大，必然会影响飞机在其他方面的性能。而且，一些飞机在战斗过程中由于缺油而失事的事时有发生。加油机在这种情况下应运而生，它是用来给飞行中的飞机和直升机补给燃料的飞机。加油机的使用使受油飞机的作战半径大大增加，续航时间也得到了一定的延长。可以说，加油机使飞机的远程作战能力得以提高。

加油机大多是从大型的运输机或者战略轰炸机改装来的，空中加油是一个复杂的程序，一共包含四步：会合、对接、加油和解散。整个过程中，由飞行员或者加油员对位于机身尾部或者机翼下吊舱内的加油设备进行控制。

1923 年，空中加油第一次在世界上出现，美国陆军的一架飞机在飞行过程中，由人工操作，接受另一架同型飞机的两次加油。第二次世界大战之后，大量的空中加油机开始进入各国部队服役。20 世纪 80 年代初，总载油量为 16.1 万千克的美国新型 KC-10A 空中加油机研制成功，它可以同时给 3 架飞机进行加油。在海湾战争中，KC-10A 空中加油机发挥了重要的作用。

由于技术的发展，现在的加油机已经可以给歼击机、强击机、轰炸机等许多种类的机型集中进行加油。目前，能够生产加

美国 KC-10A "致远"加油机

油机的国家一共有 5 个，分别是美国、英国、俄国、法国和中国。现在，一共有 10 余种型号的加油机 1000 多架在 20 多个国家的军队里服役。

潜艇的"致命敌人"——反潜机

反潜机是载有搜索和攻击潜艇的设备、武器的军用飞机或其他航空器，如直升机、飞艇等。1914 年，潜艇问世，之后，各国开始用飞艇和水上飞机对潜艇进行搜索和攻击。由于具有快速、机动等特点，反潜机能够在较短的时间内对大面积的目标进行搜索，而且往海里投掷反潜炸弹或者鱼雷也很方便。现代反潜机一般都装有包括各类导航、探测器、控制系统在内的航空综合电子系统和包括鱼雷、普通炸弹、深水炸弹、水雷等在内的战斗武器。反潜机上的武器控制系统既可以依靠人工来操控，也可以自动进行操作。

固定翼反潜飞机大致有三种：水上反潜飞机、岸边反潜飞机和舰载反潜机。水上反潜飞机可以在水面上升起和降落；岸边反潜飞机的基地在陆地上，其他方面与水上反潜飞机基本一样；舰载反潜飞机的主要任务是配合航母一起对潜艇进行搜索、定位和攻击。

冷战结束之后，美国海军对海上战略做了一系列重大调整，沿海地带取代远洋成为海战的主战场。这一变化使反潜作战变得更为艰难。美国的 P-3C "猎户座"反潜巡逻机是美国海军空中反潜的主要战斗系统。1962 年，P-3C "猎户座"反潜机开始正式进入美国海军服役，由于经过反复改进，多年之后的今天，它仍是世界上最先进的固定翼反潜侦察机。

"空中突击兵"——攻击机

攻击机，又被称为强击机，旧称冲击机，是用于从低空、超低空对敌方的战术或浅近战役纵深内的防御工事、坦克、地面雷达等军事目标进行突击，对地面或者水面的战斗部队进行直接火力支援的军用飞机。为了使攻击机的生存能力得以提高，设计人员一般会在它的要害部位利用装甲进行防护。攻击机的低空操纵性和安全性都很好，由于下视界良好，使它对地面小目标的搜索能力也比较强。除此之外，它还能够配备包括机炮、炸弹、制导炸弹、反坦克集束炸弹和空地导弹等多种战斗武器，能够在敌人的炮火中进行攻击。

攻击机自问世以来，发展速度十分迅猛。现代攻击机一般最多可以搭载 3 吨弹药，速度最快的甚至可以超过声速。苏联的雅克-36、英国的"鹞"式攻击机已经具有了垂直和

短距离起降能力。

20 世纪 70 年代末，美国前洛克希德公司开始研制 F-117A 隐身攻击机。1981 年 6 月 5 日，F-117A 隐身攻击机试飞成功。1982 年 8 月 23 日，开始进入装备美国空军部队。自进入部队服役以后，F-117A 隐身攻击机一直处于保密状态。它在多次战争中起到了巨大的作用。2008 年，F-117A 隐身攻击机从美国空军退役。

空中掩护——电子战飞机

第二次世界大战中，电子雷达研制成功，此后，电子战开始在战争中应用。为了对雷达信号进行干扰，各参战国开始积极研制各种干扰设备、电子警告器和消极干扰物，并把它们应用于轰炸机上或者依靠轰炸机进行投放，这些用来对敌方雷达进行干扰的设备就是最早的电子战飞机。电子战飞机是专门用来侦察、干扰和攻击敌方的雷达、电子制导系统和无线电通信设备的军用飞机。在己方飞机执行任务的时候，它通过使敌方空防体系失效对己方飞机进行掩护。

电子战是现代战争中必不可少的。

第二次世界大战结束后，随着防空雷达技术日新月异的发展，对雷达的干扰技术也迅速发展，出现了干扰设备完善，专门对敌方雷达和通信系统进行干扰的飞机。世界上第一架真正的电子战飞机是美国于 20 世纪 50 年代研制成功的 EB-66 飞机。之后，电子战飞机在越南战争、第五次中东战争、海湾战争、科索沃战争、伊拉克战争中都起到了重要的作用，为美军立下了汗马功劳。

现代电子战飞机一般都是由轰炸机、运输机、攻击机等改装之后，建造而成的。主要包括三类：电子侦察飞机、电子干扰飞机和反雷达飞机。它们一般都是侦察机和预警机。美国格鲁门公司在空军委托下，于 1975 年 3 月，研制出了专门的电子战飞机 EF-111A。1981 年 11 月，EF-111A 开始进入美国空军服役。它的机长为 23.16 米，翼展为 19.2 米，最大速度可以达到每小时 2140 千米，作战半径为 1495 千米。它主要执行远距离干扰、突防护航干扰和近距离支援干扰三类任务。

导弹

导弹，全称导向性飞弹，是一种依靠制导系统来控制飞行轨迹的可以指定攻击目标，甚至追踪动态目标的无人驾驶武器。导弹具有射程远、精度高、速度快、杀伤破坏性大等特点，是一种依靠自身动力装置进行推进，由制导系统导引、控制其飞行路线，并导向目标的武器。

导弹的类型很多，不同的分类标准下，有不同的分类形式。按作战任务的性质分，有战略导弹和战术导弹；按攻击的兵器目标分，有反坦克导弹、反舰导弹、反雷达导弹、反弹道导弹、反卫星导弹等；按飞行方式分，有弹道导弹和巡航导弹；按搭载平台分，有单兵便携导弹、车载导弹、机载导弹、舰载导弹；按发射点和目标分，有地地导弹、地空导弹、空地导弹、空空导弹、潜地导弹、岸舰导弹等。

由英国肖特公司在"标枪"导弹基础上发展的"星光"导弹系统是一种高速近程面对空导弹武器系统，导弹代号S14，长度1.4米，体直径127毫米，发射重量20千克。肩射型"星光"导弹于1988年首次试验成功，"星光"导弹弹头由3个"标枪"子弹头组成，散开的单个"标枪"子弹头最适合用来摧毁攻击地面飞机。每个子弹头包括高速动能穿甲弹头和小型爆破战斗部，杀伤体占各分弹头长度的一半多。

英国"星光"地空导弹

智慧的炸弹——巡航导弹

巡航导弹是指依靠喷气发动机的推力和弹翼的气动升力，主要以巡航状态在稠密大气层内飞行的导弹，旧称飞航式导弹。巡航导弹具有突防能力强、命中精度高、机动性能好、摧毁力强等优点。目前，世界上只有美国、俄罗斯装备战略巡航导弹以及远程常规巡航导弹，实施核威慑和核打击。

"长剑10"陆基巡航导弹由我国主要的反舰导弹研制机构研制。"长剑10"的弹长8.3米，重2.5吨，直径0.68米，命中精度5~10米，巡航高度50~150米。采用复合制导方式制导，最大巡航速度0.75马赫，有效载荷300~500千克，有效射程1500~2500千米。"长剑10"超长的射程使得中国拥有在近岸打击第一岛链之内所有目标的能力，第二岛链内的有价值的军事目标也在其打击范围之内。

兵车"克星"——反坦克导弹

作为反坦克导弹武器系统的主要组成部分，反坦克导弹是指用于击毁敌方坦克和其他装甲目标的导弹。反坦克导弹具有命中精度高、威力大、射程远的特点，是一种有效的反坦克武器。与反坦克炮相比，它的重量轻，机动性能好，能从地面、车上、直升机上和舰艇上发射。

反坦克导弹主要由战斗部、动力装置、弹上制导装置和弹体构成。战斗部通常采用空心装药聚能破甲型或高能炸药和双锥锻压成形药型罩。动力装置通常指安装在导弹上的发动机，用固体推进剂产生推力，以保证导弹获得所需速度和射程。弹上制导装置由弹上控制仪器、稳定飞行装置和控制机构等组成。其作用是将导引系统传输来的控制指令综合、放大，驱动控制机构，从而改变导弹飞行方向。

陆地夺命索——地地导弹

地地导弹是指从地面发射攻击地面目标的导弹。导弹本身主要由弹头、弹体或战斗部、动力组织和制导系统等部分组成。导弹与其相关的地面指挥控制、探测跟踪、发射系统等结构构成了地地导弹武器系统。地地导弹可以携带单个或多个弹头，具有射程远、威力大、精度高等特点，已经成为战略核武器的主要组成部分。

第二次世界大战末期，德国使用的 V–1 和 V–2 导弹是最早问世的地地导弹。此后，地地导弹的性能不断提高，种类也不断增多。在现代局部战争中已多次使用的"飞毛腿"导弹，就是著名的地地战术导弹。

地地战术导弹可以携带核弹头或常规弹头，主要用于打击战役战术纵深内的目标，是地面部队的重要武器。地地导弹的发射方式有地面和地下、固定和机动、垂直和倾斜、热发射或冷发射等区分。其最远射程可达上万千米，如地地洲际导弹；最小射程则近至几十米，如地面发射的反坦克导弹。

一剑封喉——地空导弹

地空导弹，又被称为防空导弹，是一种从地面发射，对空中目标进行攻击的导弹。地空导弹是由地面发射，攻击敌来袭飞机、导弹等空中目标的一种导弹武器，是现代防空武器系统中的一个重要组成部分。由于具有射程远、反应速度快、射高大、火力威猛、单发命中率高等优点，它在战争中起着非常重要的作用。

地空导弹，按照射高，可以分为高空、中空和低空三类；按照射程，可以分为远程、中程、近程和短程四类；按照制导方式，可以分为遥控、寻的、复合制导等类型。第二次

"爱国者"导弹

世界大战后期，德国研制出了最初的地空导弹——"莱茵女儿"等。第二次世界大战结束后，美国、苏联、英国等相继开始对地空导弹进行研究。20 世纪 50 年代，第一代地空导弹进入军队开始服役；60 年代至 70 年代，军队开始装备第二代地空导弹；70 年代以后，第三代地空导弹开始出现并装备军队。从问世至今，地空导弹已经逐步发展成为具有规模的武器系列。

美国雷神公司制造的"爱国者"导弹，是美军的中、高度防空武器，是美国的代表性武器之一。它是一种全天候的多用途地空战术导弹，它的主要作用是对抗现代装备，并在电子干扰环境下对近程导弹进行攻击。"爱国者"导弹身长 5.31 米，重量为 1 吨，最大飞行速度可以达到声速的 6 倍。"爱国者"导弹在波斯湾战争中表现卓越，战争结束之后，开始广为人知。

空中霹雳——空空导弹

空空导弹是一种用航天器携带，对空中目标进行攻击的导弹。它是歼击机的主要武器之一，同时也装备在歼击轰炸机、强击机、直升机等上面。空空导弹和机载火控系统、发射装置等共同构成了空空导弹武器系统。与地地导弹、地空导弹相比，空空导弹的体积更小，重量更轻，反应更加机敏，使用起来也更加灵便。而与装备在航天器上的航空机关炮相比，它的命中率和威力都要更胜一筹。

根据发射距离，空空导弹可以分为三类：近距格斗导弹、中距拦射导弹、远距拦射导弹。近距格斗导弹的射程一般在几百米至 20 千米之间，主要用在较近距离的格斗中。中距拦射导弹的射程在数十米到数百千米之间，具有全天候和全方位的作战能力。远距拦射导弹的射程最远可以达到数百千米，在远距离作战中起着非常重要的作用。

第二次世界大战末期，德国研制出了世界上第一枚空空导弹——X-4 型有线制导空空导弹。这种导弹还未投入使用，战争即宣告结束了。X-4 空空导弹已经具备了现代空空导弹的一些典型特征，它采用固定火箭发动机，能够由飞机进行发射。20 世纪 50 年代中期，空空导弹开始进入部队服役。之后，经过一系列的发展，逐步形成了空空导弹家族。

威力惊人——反舰导弹

反舰导弹是从舰艇、岸上或飞机上发射，攻击水面舰船的导弹。反舰导弹主要包括四类：舰舰导弹、潜舰导弹、岸舰导弹和空舰导弹。反舰导弹在现代海战中占据着重要的位置。

20 世纪 50 年代中期，苏联制造出了世界上最早的舰艇导弹——SS-N-1 型导弹。它除了可以携带常规弹头之外，还可以携带重量极大的核弹头，它的主要任务是对航空母舰等比较大型的海上目标进行攻击，属于大型的舰舰导弹。1967 年 10 月 21 日，舰舰导弹首次击沉了一艘驱逐舰，埃及利用 SS-N-2 "冥河" 式舰舰导弹将以色列 "埃特拉" 号驱逐舰击沉。

20 世纪 70 年代中期，中国开始研制 C803 反舰导弹，它是一种轻小型近距离使用的反舰导弹。C803 反舰导弹的最大射程可以达到 50 千米，最小射程 8 千米。它的制导系统为自控加主动雷达末制导，动力装置由一台固体火箭主发动机、一台固体火箭助推器和一台固体火箭发动机组成。研制成功之后，它开始进入中国海军服役。

"大力神" 导弹——战略导弹

战略导弹主要是用来对政治和经济中心、军事基地、工业基地、交通枢纽、核武器库等战略目标进行打击的导弹。除了打击战略目标之外，它还可以用来对来袭的战略弹道进行拦截，在战略武器中占据着重要的位置。作为衡量一个国家战略核力量和军事科学技术发展水平的重要标志之一，战略导弹所携带的弹头通常为威力巨大的核弹头。进攻性的战略导弹，射程通常都在 1000 千米以上，适合远距离作战。

从发射点和目标位置方面考虑，战略导弹可以分为地地战略导弹、潜地战略导弹和空地战略导弹等；从作战使用的角度考虑，可以分为进攻性战略导弹和防御性战略导弹两类；从飞行弹道的角度考虑，可以分为战略弹道导弹和战略巡航导弹两类；从射程方面考虑，可以分为洲际战略导弹、远程战略导弹和中程战略导弹。

中国自行设计的第一种战略导弹是东风-3 弹道导弹。1967 年 5 月，试验成功的东风

–3 弹道导弹的射程可以达到 2800 千米。之后，经过改进，新型的东风 –3 导弹射程可以达到 3500 千米，能够携带多弹头分导重返大气层。

"卫星死敌"——反卫星导弹

反卫星导弹是从地面、空中或者太空进行发射，用来摧毁环绕地球轨道的人造卫星和其他航天器的导弹。反卫星导弹所打击的主要目标是军用卫星，特别是在地轨道运行的侦察卫星和海洋侦测卫星等。反卫星导弹除了能够安装常规弹头之外，还能够安装核弹头。它能够自动发现和跟踪目标，并能通过引爆弹头来击毁目标或者直接碰撞目标。

美国在 1978 年 9 月开始了对反卫星导弹的研制工作，最初研制的是一种机载反卫星导弹。1981 年，美国空军对机载反卫星导弹进行了地面试验。地面试验成功之后，1984~1985 年期间，又进行了一系列空中发射的飞行试验。这种导弹由两级固体火箭发动机和寻的拦截器组成，由 F–15 飞机进行发射，总重 1196 千克，长 5.4 米，直径 0.5 米。利用红外探测器对卫星发出的红外辐射进行探测，并自动跟踪和击毁所探测到的目标。

1985 年 9 月 13 日，一颗军用实验卫星被美军利用反导弹卫星击毁，这是反卫星导弹运用的首次成功。这次成功使反卫星导弹的制导技术和破坏机理得到进一步验证，使反卫星导弹的研制进入一个新的阶段。1987 年，美国空军计划部署两个反卫星导弹中队，1988 年，由于种种原因，这项计划又被取消。

"大气层外的杀手"——弹道导弹

弹道导弹是按照预设程序，在火箭发动机的推力作用下进行飞行的导弹。这种导弹通常没有翼，燃料燃尽之后，会根据预定的航向，按照自由抛物体的轨迹进行飞行。弹道导弹的弹道可以分为两个部分：主动段和被动段。离开发射点后，导弹进入主动段弹道，依靠火箭发动机所产生的推力和制导系统的作用向前运动。之后，火箭发动机关机，导弹进入被动段弹道，依靠惯性继续向前运动。为了使覆盖距离足够大，弹道导弹能达到的最高点必须很高，需要进入空中甚至太空，然后进行亚轨道宇宙飞行。

从作战使用的角度来考虑，弹道导弹可以分为战略弹道导弹和战术弹道导弹；从发射地点和目标所处的位置来考虑，可以分为地地弹道导弹和潜地弹道导弹；从所使用的推进剂类型进行考虑，可以分为液体推进剂弹道导弹和固体推进剂弹道导弹。

V–2 导弹

德国的 V–2 火箭是世界上第一种实用的弹道导弹，1936 年，在冯·布劳恩的主持下，对 V–2 的研制工作在佩内明德新建火箭研究中心展开。这项研究是在 A 系列火箭的基础上进行的，经过对 A 系列火箭的多次改进，V–2 火箭研制成功。它长 13.5 米，发射时的总重达 13 吨，由液体火箭发动机推动，燃料为液态氧和甲醇。由于当时的制导系统还比较落后，V–2 在执行任务时，误差比较大。

"空中飞人"——"飞毛腿"导弹

"飞毛腿"导弹是苏联在冷战时期所研制的一种短程机动发射的对地导弹。"飞毛腿A"是在V2火箭的基础上研制而成的，采用了V2火箭的一些技术参数，但是它的设计是全新的，相对于V2火箭来说，"飞毛腿A"的体积要更小，形状也与V2不同。它的引擎设计是一次革命性的创新，结构虽然简单，但是所用的防震荡折流板却能有效地防止间歇燃烧。1957年，"飞毛腿A"开始进入军队服役。

后来，研究人员对"飞毛腿A"进行改进，制造成了"飞毛腿B"。"飞毛腿B"长11.37米，起飞重量可以达到5.9吨，可以装载860千克炸药，杀伤半径约为150米，所使用的发动机是液体火箭发动机，它的制导系统是简易的惯性制导系统，可以安装核弹头、化学弹头和种子弹头。"飞毛腿B"于1965年开始进入苏联军队服役。目前，它已经成为世界上广泛装备的一种导弹。"飞毛腿B"在第四次中东战争、两伊战争和海湾战争中都表现不俗，起到了重要的作用。

俄罗斯"飞毛腿"A地地战术弹道导弹和建筑物

核武器

核武器是指利用能自持进行的原子核裂变或聚变反应瞬间释放的能量，产生爆炸作用，并具有大规模杀伤破坏效应的武器的总称。其中，主要利用重原子核的链式裂变反应原理制成的核武器被通称为原子弹；主要利用轻原子核的热核聚变反应原理制成的武器通常被称为氢弹。

核武器爆炸时可以释放出巨大的能量，远远超过化学炸药的常规武器。同时，核反应的过程非常迅速，微秒级的时间内即可完成。

核武器发展至今已经出现了四代。第一代核武器是指利用核裂变的核武器——原子弹；第二代核武器是利用核聚变反应的核弹——氢弹；第三代核武器是核爆炸的某些效应经过"剪裁"或增强的核武器——中子弹、冲击波弹、电磁脉冲弹等。我国爆炸的第一颗原子弹，就是利用铀核裂变反应释放的能量制造的炸弹，属于第一代核武器。

完整的爆炸装置——核炸弹

核炸弹是指由核爆炸装置、引爆控制系统以及带稳定翼的弹体组成的，用航空器携载投放的装有核战斗部的炸弹。

核炸弹在结构上大致可分为头部、中段、后体和尾部几个部分。其中，头部和后体是电子装置；中段为核爆炸装置；头部包括引爆控制系统的各装置，尾段一般为圆锥状或后体部分的延伸，配装不同形状、尺寸和横截面的尾翼及各种类型的减速机构或降落伞。

核炸弹可以根据战略战术要求和载机特性产生多种规格尺寸、威力和各种爆炸特性的炸弹，这些炸弹也可以通过结构上不同的设计、组合和连接即可。核炸弹可用不同的投放方式，例如，触地爆、减速—延迟地爆等多种引爆方式，在预定的位置爆炸，可以在地面，也可以在空中。就一般情况来说，由战略轰炸机携带的战略核炸弹的威力较高；由战术轰炸机携带的核炸弹的威力较低。

灵活的超强炸弹——核炮弹

核炮弹是指用火炮发射的装有核装料的炮弹。核炮弹主要分为裂变型和增强辐射型。核炮弹具有体积小、重量轻，便于在战场上灵活使用的特点。

其中，裂变型核炮弹，常作为战术武器使用，杀伤威力一般在几百吨至一万吨 TNT 当量，主要用于打击敌机场、桥梁、部队集结地和集群坦克等目标；增强辐射型核炮弹杀伤威力约 1000~2000 吨 TNT 当量，主要用于攻击敌部队集结地和集群坦克中的人。

M388 型核炮弹是美国于 1955 年秘密研制成功问世的。作为美国陆军最具机动作战能力的战术核武器，M388 型核炮弹是世界上实战部署的最小核武器，它全长仅 0.7 米，最粗处直径约为 0.3 米，编号 W54，重 23 千克，核当量 10 ~ 250 吨。

杀伤有生力量——核地雷

核地雷也称原子爆破装置，属于战术武器的一种，它是指以核材料为装料的地雷。能以巨大的爆炸威力直接摧毁军事设施和兵器、装备，杀伤有生力量，与一般地雷在构造上没有太大的区别。核地雷是将地雷中的常规装药更换为核装药，主要用于核爆炸时构成的地形障碍和放射性污染来阻滞敌军行动，迟滞敌坦克群的开进，有时也用来破坏敌后方的潜在军事目标，如机场、指挥所等。

根据研究，一枚 2000 吨 TNT 当量核地雷爆炸，可摧毁或杀伤 180 米距离内的坦克、260 米距离内的装甲输送车、950 米距离内的暴露人员。核地雷的体积和重量都很小，由战斗部和成套组合件构成，其中战斗部装填不同当量的核装药；成套组合件有发火装置，用于接收起爆地雷的信号，并将战斗部内的核装药引爆。

美国研制的山脉型核地雷，长度 0.9 米，直径约为 0.4 米，重 45.36 千克，爆炸威力为 10 吨 TNT 当量。能造成大面积的放射性沾染区，妨害部队的作战行动。

致命的现象——核冬天

核冬天是指核爆炸后，巨大的能量将烟尘和微粒注入大气，导致高层大气升温，地表温度下降，产生与温室效应相反的作用，进而使地表呈现出如严寒冬天般的景观。当核爆炸使得大量的烟尘注入大气，有的甚至高达 12 千米以上进入平流层。由于核爆炸所产生的烟尘微粒大部分的直径都小于 1 微米，而红外波长约为 10 微米，也就是说它们的平均直径要小于红外波长，它们能在高空停留数天乃至一年以上，它们对太阳的可见光辐射吸收力较强，而对地面向外的红外光辐射的吸收力较弱，因此导致高层大气升温，地表温度下降。

核冬天的现象会使太阳光长时间地被遮挡住，造成全球性气候变化，使地球处于黑暗和严寒之中，动植物濒临灭绝，甚至会严重威胁到人类生存。有科学家进行过考证，一颗小行星大约在六七千万年以前突然撞击地球，引发了爆炸。顿时，地动山摇，山崩地裂，火焰冲天，整个地球处于一片昏暗之中，烟尘滚滚，久久不散。由于大量烟尘持久地遮挡阳光，使地球气温陡然下降，进入了一个漫长而寒冷的冬天，茂密的植被大部冻死，恐龙等生物和动物遭到灭顶之灾。

"蘑菇云"的巨大威力——原子弹

原子弹是第一代核武器。核裂变或者核聚变反应过程中的光辐射、冲击波、早期核辐射、电磁脉冲及放射性沾染具有非常强的杀伤力和破坏性污染。原子弹就是利用核裂变反应的强大破坏作用对敌方的军事行动进行阻止，从而达到战略目的的武器。它主要利用铀235或钚239等重原子核进行裂变而产生巨大的能量。

结构最简单的原子弹是枪式结构的原子弹。1945年8月，美国向日本长岛投射了一枚代号为"小男孩"的原子弹，其采用的就是枪式结构。它的直径大约0.7米，长度0.3米，总重约4吨。这枚原子弹所采用的核装药是铀235，它产生了相当于14000吨TNT爆炸时所产生的能量。

除了枪式结构之外，还有另一种内爆式结构的原子弹。内爆式结构可以使用自发裂变概率较高的裂变物质作为核装药，它的使用效率较枪式结构要高得多。美国投在日本长崎的、代号为"胖子"的原子弹就是一颗内爆式结构的原子弹。它的核装药是钚239，弹重约4.9吨，长度约3.6米，炮弹最粗的地方直径152厘米。这颗代号为"胖子"的原子弹爆炸时，产生了相当于20000吨TNT爆炸时所产生的能量，比一般的原子弹威力要强大几百倍甚至上千倍。

用途广泛的热核武器——氢弹

氢弹又被称为聚变弹、热核弹、热核武器，是第二代核武器。它利用原子弹爆炸时所产生的能量点燃氘等轻原子核产生聚变反应，从而释放出巨大的能量。氢弹的杀伤力和破坏力都比原子弹要大得多，每颗氢弹爆炸时所释放的威力可以达到几千万吨的TNT爆炸时所产生的威力。

相对于原子弹来说，氢弹的战术技术性能要更胜一筹，用途也更为广泛。氢弹比原子弹在单位杀伤面积上所需要的成本要低，所需的核原料也没有上限值。从20世纪50年代初到60年代末，氢弹相继在美国、英国、苏联和中国等国家研制成功，并进入部队服役。

爱德华·泰勒是"氢弹之父"，他在原子弹的研制中也起到了重要的作用。1949年，苏联成功研制了世界上第一枚原子弹之后，泰勒建议当时的美国总统杜鲁门加快氢弹的研制工作，他自己也全力以赴地投入其中。1952年11月1日，世界上第一颗氢弹在太平洋中的一个岛上爆炸成功，爱德华·泰勒也因此成为"氢弹之父"。

三相弹是目前各国装备得最多的一种氢弹。在一枚可以产生几百万吨TNT爆炸时所产生能量的三相弹爆炸过程中，裂变所产生的能量可以占到总能量的一半左右。三相弹的放射性污染非常严重，因此也被称为"脏弹"。

第三代核武器——中子弹

中子弹又被称为"加强辐射弹"，是一种以高能中子辐射为主要杀伤力的低当量小型氢弹。它属于第三代核武器，是在氢弹的基础上发展而来的，其主要杀伤力是高能中子辐射。

氢弹爆炸产生的蘑菇云

中子弹在对敌作战中，可以杀伤敌方士兵，却不会造成长期无法消除的放射性污染，对建筑物和各类设施也不会产生很大的破坏作用。相对于氢弹来说，中子弹少了一层铀238外壳，在核聚变的过程中，大量中子由于失去阻碍，可以很轻松地辐射出去，产生较大的威力，同时，放射性污染、光辐射和冲击波也将大大减少。

中子弹爆炸时，能够产生穿透力强的较大效应核辐射，但是相对于一般的核武器来说，它释放的能量和造成的污染、破坏都要小得多。中子弹的中心是一个超小型的原子弹，原子弹周围是氘和氚的混合物，外层是一个由铍和铍合金共同制成的中子反射层和弹壳。处于中心的原子弹主要是用来点火起爆的。

1945年，美国向日本投射的两颗原子弹对广岛和长崎造成了毁灭性的伤害。原子弹的巨大伤害性让人震惊，军事界和科学界普遍认为，应该停止原子弹的研制和使用。在这种历史背景下，氢弹应运而生。冷战开始之初，为了防止苏联坦克进入西欧，并且为了不造成太过严重的破坏，美国科学家就开始研制另类的新核武器。1977年，中子弹终于横空出世。

第十一章
军事战争

冷兵器战争

希波战争：文明与野蛮的融合与厮杀

公元前547年，波斯帝国入侵小亚细亚的古希腊城邦。首先遭到攻击的是伊奥尼亚所在地区，因为这里是古希腊最发达的地方。被袭的伊奥尼亚向斯巴达城邦发出了支援的请求，但是斯巴达不愿出兵，最后雅典和埃雷特利亚发兵援助。不过战争持续几年之后，还是以波斯的胜利告终，伊奥尼亚所在的地区完全陷入了波斯的掌控之中。

得胜之后的波斯人为了报复在对伊奥尼亚战争中出兵的雅典人和埃雷特利亚人，他们决定对这两个城邦出兵，让他们付出代价。波斯首先利用外交阴谋离间古希腊境内各个城邦的关系，等到时机成熟的时候发起进攻。

公元前490年，波斯国王大流士一世出兵2.5万人，从海陆一同进攻雅典和埃雷特利亚。埃雷特利亚不堪一击，很快城池陷落，城邦里的人全部沦为了波斯人的奴隶。作为战胜国的波斯要求古希腊境内的土地和水资源全部为他们所用，雅典和斯巴达两个城邦对这个不合理的要求提出了严正的抗议，于是波斯发动了战争。

大流士
大流士一世在公元前522　前486年统治波斯帝国。他是军队的首领，也是个明智的统治者。他在统治期间建造了波斯波利斯，帝国达到了最强盛。

波斯军队大举压境，雅典希望能够与斯巴达联合起来，但是因为宗教节日的原因，斯巴达要到9月中旬才可以出兵。雅典只能凭借自己的力量抵抗波斯的入侵。

波斯军队在马拉松登陆，雅典派出米太亚率领的1万重装步兵前去应战。波斯人多势众，是雅典军队的两倍，战争刚开始的时候，雅典军队寡不敌众，节节败退。但是精明的米太亚得将精锐部队放在了两侧，对波斯形成了合围之势，这样雅典军队先输后赢，全歼了波斯军队。另一支从海上偷袭雅典城的波斯军队，也没有攻克城池，大败而归，这样波斯只能沮丧地撤回。马拉松之战胜利后，一个名叫斐里庇得的士兵跑步回到雅典城中，最后因为体力不支身亡，这也是马拉松长跑的起源。

马拉松之战是典型的以弱胜强、以少胜多的战役，雅典阵亡192人，波斯阵亡6400人，这场战争对波斯造成了沉重的打击。但是波斯并不心甘情愿认输，10年后，第二次希波战争爆发。

公元前 480 年，波斯王泽克西斯一世率领陆军 30 万，战舰 1000 艘，再一次向古希腊发起了进攻。古希腊以地米斯托克利为统帅、阿里斯德岱斯为副将全力迎战。面对来势汹汹的波斯大军，古希腊各个城邦已经命悬一线，只有团结起来，结成联盟，才有可能抵御住波斯的进攻。

斯巴达国王列奥尼达一世出精兵 300 人及 700 名底比斯人和 6000 名古希腊城邦的联军在温泉关浴血奋战，抵御住了人数众多的波斯军队，使敌人损失惨重。不幸的是，在抵御了 3 天 3 夜后，一个古希腊居民叛变，带着波斯军队从小路绕到了古希腊联军的后方。列奥尼达解散了古希腊联军，只留下 300 名斯巴达精兵和 700 名底比斯人留守。但是由于寡不敌众，经过一番厮杀之后，这些勇士英勇就义，他们的事迹为后人传颂。

斯巴达 300 名勇士和 700 名底比斯人的牺牲换来了宝贵的战略时间。此时波斯已经占领了古希腊 2/3 的土地，但是当他们进攻古希腊城时，城中没有一个人，恼怒的波斯军放火烧了雅典城以释怒气。

就在波斯军队放火烧城的时候，波斯海军按照命令绕过优卑亚岛，掠过阿提卡，到达了雅典外港比里犹斯。9 月 23 日凌晨，在萨拉米斯海峡，200 艘埃及战舰到达指定位置，加上先前的波斯舰队，这样古希腊舰队被困在了包围圈中。

太阳刚刚升起的时候，波斯海军指挥官薛西斯兴高采烈地来到战舰的瞭望室，想观看古希腊海军灭亡的场景。但是顽强的古希腊海军在地米斯托克利的带领下展开了阵型：柯林斯舰到海湾的西口抵御埃及舰队的

约公元前 480 年萨拉米斯战役打响。380 艘古希腊舰船（古希腊时有三层桨座的战船）迎战波斯人的 1200 艘海上军队。更加灵活矫健的古希腊船队使貌似强大的波斯人乱作一团。波斯人在陆地和海域均战败，这直接导致他们撤出古希腊地区。

袭击；主力部队到海峡的东部，16 艘斯巴达舰队在右翼，180 艘雅典舰队在左翼，剩下的舰队在中间，与波斯舰队形成了抗衡的态势。

希腊舰队利用自己小而快速灵活的特点，从斜侧对巨大的波斯战舰进行攻击，利用一根长约 5 米的包铜横杆，把波斯战舰的长桨击断，然后掉转过头用镶有铜套的船头猛烈地撞击波斯战舰的腹部。古希腊海军就利用这个方法将波斯的战舰一艘一艘地撞沉。

见此形势，波斯战舰没有好的应对办法，只能撤退。但是前来支援的波斯战舰并不清楚前方的战况，他们打着战鼓，鼓着风帆，士气高昂地赶过来，与落荒而逃的前方战舰正好迎面相撞，整个海湾变得一团糟。古希腊联军趁乱对波斯军队发起了总攻，到了夕阳时分，海面上一片狼藉，波斯军队的战舰支离破碎，狼狈地逃跑了。

薛西斯眼睁睁地看着自己的战舰全部被击沉，他沮丧万分，对如此惨烈的失败痛苦不已。几天之后，薛西斯派一小部分军队继续在古希腊作战，而剩余部队被他带到了小亚细亚。

萨拉米斯战争是希波战争中最为惨烈也是最重要的一场战役，它扭转了整个希波战争的战局。这场战役之后，以斯巴达军团为主力的古希腊联军乘胜追击，在普拉提亚击败了波斯军队。最后，波斯帝国不仅完全被赶出了欧洲，还让长期被波斯控制的小亚细亚地区的城邦重新获得了自由。

公元前 449 年，波斯在塞浦路斯彻底被古希腊联军击败，双方签订了和平约定，希波战争至此结束。

古希腊与波斯的这场较量，最初古希腊明显居于弱势，但是古希腊凭借着出色的战略指挥策略、重装步兵以及优秀的军舰技术，赢得了战争胜利，维护了国家的独立。这次战争的结局也对雅典城邦制度的发展和雅典对外扩张产生了重要影响，对于古希腊历史的发展起到推动作用。

伯罗奔尼撒战争：爱琴海的争霸

希波战争结束之后，古希腊境内中的自由城市组成了一个提洛同盟。但是，随着时间的流逝，这个同盟渐渐退化，摒弃了过去团结一致抗击外来侵略的宗旨，成为雅典在爱琴海上实行霸权统治的工具。同时为了巩固城池的防御，雅典建立起一座"长墙"，与海港比雷埃夫斯相连，这样大大降低了陆上外敌入侵的威胁。

在斯巴达的领导下，伯罗奔尼撒联盟成立，与雅典领导的提洛同盟形成了对立。其实，雅典和斯巴达的矛盾并非一朝一夕形成，早在公元前 460 年，米加腊退出伯罗奔尼撒联盟，加入提洛联盟，双方之间就已经剑拔弩张。这场冲突从公元前 460 年到公元前 446 年，可以说是第一场伯罗奔尼撒战争，也可以说是战争的序曲。

希波第一次战争后，分别以雅典和斯巴达为首的两大同盟形成了对立，双方实力不相上下，大规模战争在所难免。

公元前 431 年，斯巴达的同盟底比斯向雅典的同盟普拉提亚发动了攻击。伯罗奔尼撒战争正式拉开了帷幕。两年之后，雅典人利用斯巴达人不熟悉水性的弱点，对其发起了攻击，获得了胜利。

公元前 424 年，双方再一次交战，起初因为雅典指挥官克里昂的软弱，一味地退避，造成了目标暴露，斯巴达人发动奇袭，仅仅以 7 个人的代价就杀敌 600 多人。当斯巴达失

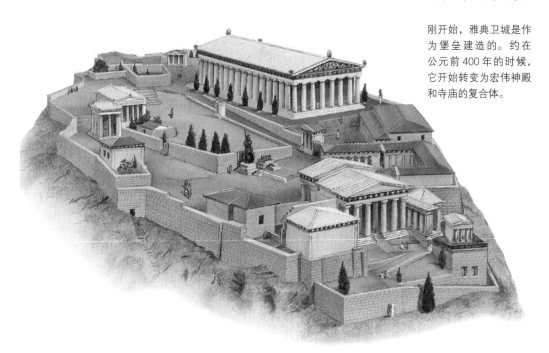

刚开始，雅典卫城是作为堡垒建造的。约在公元前 400 年的时候，它开始转变为宏伟神殿和寺庙的复合体。

败后，希洛人又在斯巴达的控制领域内造反，这样内外的忧患让雅典再一次取得了胜利。

不甘心失败的斯巴达集结同盟的 2/3 兵力，讨伐雅典。斯巴达国王阿基达马斯先派了一名间谍去雅典城内打探消息，但是守城的卫兵查明了他的身份，把他逮捕并且驱逐出境，押解间谍的侍卫在走到边境的时候大声喊道："今天是古希腊大难临头的开始。"斯巴达人了解到雅典根本不可能向他们示弱，阿基达马斯便将大军开向了阿提卡。

雅典人深知斯巴达人的陆军很厉害，于是伯里克利将雅典城内的居民全部安置到了长墙的夹道中间，用自己强大的海军封锁斯巴达的海港。但是人算不如天算，雅典城内爆发了瘟疫，指挥官伯里克利没有逃脱瘟神的眷顾。伯里克利一死，群龙无首，雅典城内乱作一团。不过瘟疫也让斯巴达人心慌慌，生怕自己的士兵也会感染上，所以迟迟没有攻城。

由于双方互有胜负，两边的兵民都已经厌倦了战争，于是双方签订了和平协定，同意将战争中侵占的对方土地归还彼此，并且交换战俘，双方保持 50 年的和平。该条约名为《尼西阿斯和约》，对于两边来说，这条和约其实就是缓兵之计，过了没几年，虽然没有大的战争爆发，但是小的摩擦不断。终于在《尼西阿斯和约》签订了 6 年零 10 个月之后，战火再一次袭来。

公元前 415 年，雅典军队主动出击，统帅阿尔基比阿德斯和尼西阿斯等率领大军出征科林斯殖民地西西里岛。雅典军队一行有 130 多艘战舰，重装步兵 1500 人，轻装步兵 1300 人，与驻守在科林斯的斯巴达军交火。

然而，事与愿违，雄心勃勃的雅典军本想靠自己强大的海军力量把叙拉古团团围住，但是遭到了斯巴达联军的顽强抵抗，最后反倒被叙拉古人、科林斯人和斯巴达人围困。

最后，斯巴达又与昔日的霸主波斯联合，缔结为同盟，条件是小亚细亚地区古希腊各个城邦的统治权交由波斯统治。随着波斯的加入，斯巴达的实力大增，并且建造了自己的舰队，从而想要彻底地消灭雅典。

公元前405年，交战双方在赫勒斯滂海峡决一死战，雅典的海军在这场战役中溃败而归，损失殆尽。第二年，雅典向斯巴达俯首称臣。

持续了27年的伯罗奔尼撒战争以雅典的惨败而告终，但是斯巴达也在这场旷日持久的战争中国力大损，可以说战争没有真正的胜者。也是从此刻开始，盛极一时的古希腊逐渐走向了没落。

亚历山大东征：掠夺亚洲的财富带回古希腊

公元前4世纪，古希腊境内的各个城邦矛盾重重，冲突接二连三。马其顿国王腓力二世看准时机，他先是采取金钱诱惑和外交手段干涉古希腊内务，最后直接进行军事威迫，强行干涉其内政。

公元前337年，腓力二世完成了对整个古希腊的掌控，并在科林斯召开城邦大会，宣布各个城邦之间休战，成立了以腓力二世为盟主的泛古希腊同盟。

当选盟主后，腓力二世主张对波斯"复仇"，但是还没有完成此项"大业"，腓力二世就遇刺身亡，古希腊顿时内乱四起。腓力二世的儿子亚历山大三世继承王位以后，首先需要解决的就是平息古希腊境内叛乱，之后才是征集人马，准备东扩。

公元前335年秋天，亚历山大组织军队从首都派拉出发，渡过赫勒斯滂海峡开始了东征的进程。这次远征军由160艘战舰、30000名步兵和5000名骑兵组成。为了保持国内稳定，亚历山大令安提里帕将军为摄政王，管理马其顿国内事务。

这一次，亚历山大的目标是波斯帝国。当时波斯帝国已经不复昔日的繁华，内政腐败，政局不稳。在小亚细亚地区，波斯仅仅派出了两万骑兵、两万古希腊雇佣军和400艘舰船镇守。

第二年5月，在马尔马拉海峡南岸的格拉斯库斯河，亚历山大的远征军遭到了波斯军队的阻击。波斯人在沿河东岸部署了3万兵力，骑兵处在进攻的第一线，步兵则在第二线防守，好阻止敌人过河。

这幅古希腊绘画作品向人们展示了亚历山大大帝在叙利亚伊苏斯战役（公元前333年）中痛击国王大流士的壮观场面。亚历山大大帝最终接管了波斯帝国的全部疆域和领土。

远征军则将步兵放置到中央，骑兵分属两侧。亚历山大先是假装派出一个先头部队探听虚实，等到敌人上当往左边移动的时候，趁着这个空当，右边的主力部队过河，直接插入敌人的腹脏地带。这一战术的运用让波斯军伤亡了千余人，在马其顿军的长矛优势下，波斯人很快溃败，2000多人被俘。

随后，亚历山大率远征军沿着小亚细亚西海岸向南前进，占领了包括吕底亚、卡利亚、吕基亚在内的诸多领土，然后又北上到达安哥拉，向东进军卡帕多西亚，向南拿下奇里乞亚。公元前333年10月，亚历山大大军与大流士三世的十几万大军在西里西亚东部的伊苏斯交战，亚历山大军队成功胜出，为通往叙利亚和腓尼基扫清了障碍。

大流士三世带着残余部队退至幼发拉底河，派人向亚历山大求和，请他放自己一条生路。亚历山大却一口回绝，率领远征军继续南下，成功占领了腓尼基——波斯海军的据点，保证了亚历山大在海上的交通路线顺畅。

公元前332年，在滨海要塞提尔，亚历山大远征军遭到了波斯军队的顽强抵抗，7个月过去了，持续的陆海之战，令波斯军队8000多人丧生，3万多人被俘，亚历山大远征军取得了胜利。

此后的两个月时间，亚历山大攻占了加沙，彻底捣毁了波斯海军的基地，新一代的地中海霸主——亚历山大走上世界史的舞台。11月，他又向埃及进军，不久就将埃及纳入羽下。

公元前331年，波斯腹地巴比伦尼亚和伊朗高原成为了亚历山大的新目标，他率领4万步兵和7000骑兵挺进此地。9月，远征军渡过了底格里斯河，10月，在高加米拉，远征军再次与大流士三世交战，后者大败，仓皇逃向米底。远征军乘势追击，占领了巴比伦，将波斯首都苏萨收入囊中。就这样，亚历山大马不停蹄，洗劫了波斯古都波斯波利斯。为了一举抓获大流士三世，他挥师米底首府埃克巴坦，在这里，亚历山大收复了大批古希腊盟国的士兵。

公元前330年夏天，远征军来到帕提亚，此时的大流士三世已经被属下杀死，古波斯帝国和阿契美尼德王朝就此灭亡，亚历山大三世成为世界新霸主。

波斯帝国的覆灭令亚历山大野心膨胀，公元前329年，远征军入侵巴克特利亚，在栗特处死了拜苏斯，此举引起了栗特居民的强烈不满，各地贵族纷纷起义，给远征军造成了沉重的打击。亚历山大用了两年时间才将各地的起义镇压下去。

公元前327年夏天，亚历山大垂涎富庶的印度河流域，率3万士兵入侵印度河口上游地区，第二年抵达希达斯佩斯河，与波鲁斯王国军队隔岸对质。在战胜了波鲁斯国之后，远征军中突发瘟疫，常年的争战已令士兵厌倦。无奈之下，亚历山大下令停止东征，将兵马分成三路，于公元前324年，三路人马抵达巴比伦后，亚历山大东征正式结束。

亚历山大东征是一次侵略性的战争。东征持续10年之久，征途长达万里，渡过了上百条江河，越过了无数的山地，穿越尽的沙漠，建立了一个西起巴尔干半岛、尼罗河，东到印度河的强大的亚历山大帝国。作为一名伟大的军事家，亚历山大制定了正确的东征方针，并且运用马其顿方阵的战术，统一协调步兵骑兵、陆军海军，将政治与军事相结合，在世界军事历史上留下了闪耀的篇章。

但是留下亚历山大足迹的地方，人们处在战争的水深火热之中，给人民造成了深重的灾难。他大量掠夺各地的财宝，将这些财富从亚洲运回到欧洲。但是从文化交流的角度来讲，亚历山大东征促进了东西方的交往，将地中海的文明传播到了东方；而东方文明也深入到了地中海文化，客观地说，亚历山大东征对世界的融合具有深远的影响。

布匿战争：地中海的拼夺之战

公元前264年～公元前146年之间，陆上强国古罗马和海上强国迦太基之间爆发了三场战争，因为古罗马人把迦太基人称为"布匿"，所以这三场战争又称为布匿战争。前两次布匿战争的主要目的是争夺地中海沿岸地区的控制权，第三次布匿战争是古罗马扩张所发动的侵略战争。

第一次布匿战争主要是海战，陆上战争的规模都是一些小冲突，针对的目标也主要是海港。公元前264年，古罗马将军队开进西西里岛，布匿战争拉开了帷幕。迫于迦太基强大的海上实力，古罗马组建了一支舰队，并在公元前260年投入到米拉海战中。这场战役让装有接舷吊桥的古罗马舰队大获全胜。4年之后的埃克诺姆斯海角战役中，古罗马军队再一次获胜。这一年，古罗马远征军准备在非洲登陆，但是结果却失败而归。

公元前241年，古罗马在埃加迪群岛附近与迦太基展开了厮杀，这次古罗马派出了200艘战舰，一举大败迦太基。迦太基无奈之下，把西西里岛周围的里帕利群岛让给了古罗马，并且赔款3200塔兰特。公元前238年，古罗马看准时机，利用迦太基雇佣军暴动的空隙，抢占了其撒丁和科西嘉两地。

第一次布匿战争持续了23年之久，古罗马顺利成为地中海地区的唯一霸主。而迦太基人在战败后，在首领哈米尔卡·巴卡的带领下，到西欧的伊比利亚半岛避居。

其实，第一次布匿战争对于古罗马和迦太基两国来说，都有很大的影响，无论是在经济、人口方面都承担了巨大损失。古罗马之所以胜利是因为得到了民众的支持和帮助，许多水手和战船都来自于民众的捐款。而迦太基的有钱人不肯为国家掏出一分钱，所以胜败自然分明。

整装待发的罗马军团阵营包括：百夫长（古罗马的军官，因指挥百人而命名）、弩炮（一种弹弩）、军团士兵和一名旗手。

迦太基战败后，哈米尔卡·巴卡与古罗马国签订和约，两国以埃布罗河为界。公元前219年，迦太基的年轻将领汉尼拔攻打享有埃布罗河沿岸自治权的萨贡托，占领了该城。古罗马国对此十分不满，要求汉尼拔受审。但是迦太基拒绝交出汉尼拔，于是两国再一次开战。

汉尼拔出身于贵族家庭，父亲也是赫赫有名的将领，所以汉尼拔从小就受到军事方面的熏陶，塑造了很高的军事素养。虽然汉尼拔有着贵族血统，但是他为人一点都不高傲，生活简朴，吃苦耐劳，作战期间经常与战士们吃住在一起，深受士兵爱戴。

公元前218年4月，汉尼拔开始了远征历程，他带了9万步兵、1.2万骑兵和37只战象，穿越比利牛斯山脉，渡过尼罗河，用了33天穿越高大雄伟的阿尔卑斯山，抵达意大利北面的波河平原。

当时的古罗马正准备远征非洲和西班牙，汉尼拔军队的突然出现打乱了他们的作战计划。古罗马立刻调转主力部队，驻守意大利本土，保卫古罗马城。汉尼拔为了能够走上一条通往古罗马的大道，率领军队用四天三夜的时间绕过没过胸部的污水和危险的沼泽地，走上通向古罗马城的大陆。古罗马派出的部队一路跟随汉尼拔，想要歼灭其军队。不料双方在进入到山谷中的时候，汉尼拔率先发出进攻的号令，先下手为强，前后夹击古罗马军队。三个小时的厮杀过后，古罗马全军覆没。

汉尼拔的"坦克"
最著名的战象属于迦太基统帅汉尼拔。公元前216年，在意大利南部与罗马人进行的坎尼战役中，他使用了从西班牙带来的大象。

古罗马城听闻兵败的消息，下令巩固城防，另一方面派人追击汉尼拔，但是恐惧于他的勇猛，古罗马军一直不敢与他正面交锋。

公元前217年底，瓦罗担任古罗马军队的指挥官，此人好大喜功，想要和汉尼拔决一死战。公元前216年，瓦罗与汉尼拔在奥费达斯河岸的坎尼地区开战。战前，汉尼拔预估了天气状况，根据风向让部队排列成一个新月形的阵势。战争刚一开始，汉尼拔的大军便对古罗马人形成了合围的攻势。这一役，以汉尼拔的胜利而告终。古罗马损失了7万人，瓦罗只带了379名骑兵逃回古罗马城。

坎尼之战是世界军事史上有名的合围之战，汉尼拔的军事指挥才能在这一战中展现得淋漓尽致。

公元前205年，古罗马指挥将领庇阿和汉尼拔在扎玛城附近交战。汉尼拔并没有接续之前的连胜气势，铩羽而归。原因在于，他仍然循规蹈矩地按照原有方案部署部队，而庇阿则不按常理出牌，他让1、2、3线的部队重叠配置，在中央的位置留下一个豁口，好让战象从这个口通过。战争开始，汉尼拔率先让己方的战象冲到最前面。正在此时，庇阿突然敲响了战鼓，鼓声震天，惊得战象不敢动弹，而使汉尼拔的军队受阻。庇阿利用这一有利时机，让骑兵冲上抄其后路，再令三线兵力向汉尼拔军正面发动进攻。这一战汉尼拔损失了2万人，首次吃到了败仗的苦头。

战役失败后，迦太基与古罗马签订了不平等条约，丧失了部分海外领土的主权，并且对古罗马进行战争补偿。至此之后，迦太基的海上霸主地位被古罗马取代。半个世纪过去了，虽然古罗马已经没有对手，但是海上贸易仍属于迦太基，这令古罗马实在眼红。公元前149年，古罗马再次入侵迦太基，第三次布匿战争爆发。

古罗马将领孟尼留斯率领步兵8万人，骑兵4000人，战舰600艘开往迦太基的重镇乌提卡。面对古罗马的突然侵略，迦太基根本没有做好准备，只好向古罗马求和。古罗马要求迦太基交出全部的武器，并且以300名儿童作为人质。迦太基不得不答应，但依然遭到了古罗马荼毒。

古罗马军队要求迦太基把城市毁掉，所有人都移居到距离海岸 15 千米以外的内地生活，这让迦太基人非常愤怒，决心拼死一搏，哪怕是全城的人都战死，也不能答应古罗马人的要求。

公元前 146 年，古罗马人围困迦太基，造成城内人大量饿死，双方经过 6 天 6 夜的巷战，最终还是以古罗马的胜利告终。战胜后，古罗马下令火烧迦太基，大火整整持续了 16 天，5 万迦太基人成为了奴隶，迦太基城彻底毁灭。

三次布匿战争是古代军事学术史发展的新高峰。古罗马为陆上强国，而迦太基为海上强国，但是双方的交战方式却恰恰以弱势迎强势。古罗马在没有海军的情况下组织海军，以用己方船舷靠近敌方船舷的接舷战方法赢得了胜利；而迦太基的统帅汉尼拔则翻越阿尔卑斯山深入古罗马腹地，以新月形围歼战术赢得陆上胜局。双方的战术方法都是当时战术史的创新，对后世军事战略战术的发展影响深远。

古罗马内战：恺撒与庞培的较量

公元前 146 年，古罗马共和国晚期，社会矛盾与阶级矛盾尖锐，奴隶起义与平民运动一浪高过一浪。公元前 138 年到公元前 132 年、公元前 104 年到公元前 101 年的两次西西里起义和公元前 73 年到公元前 71 年的斯巴达克起义，极大地撼动了古罗马的统治阶级。元老贵族的统治模式已经不能适应社会的发展，转变统治形式迫在眉睫。在这个时候，克拉苏斯与恺撒登上了历史的舞台，客观上推动了君主帝制取代共和制的历史转变。

公元前 60 年，由恺撒、克拉苏斯、庞培组成的"前三头联盟"开始步入政坛。公元前 58 年恺撒任高卢总督，在此期间他慢慢积攒了一定的实力。公元前 53 年，克拉苏斯阵亡，恺撒与庞培的矛盾日益尖锐。高卢之战获胜以后，恺撒写了一本名叫《高卢战记》的书，内容讲的是关于他自己的丰功伟绩，宣传他是一个英雄般的人物。除此之外，恺撒还掌管了 10 个军团，空前强大的实力让他独霸一方。

庞培看到恺撒羽翼丰满，担心会威胁到自己，于是他加强了与元老院的联系，将自己对付的目标锁定在了恺撒身上。公元前 50 年，庞培和元老院共同做出决定，在恺撒第二个任期期满之后，不得谋求连任，并且交出兵权。恺撒当然不会接受这个决定，他说他如果交出兵权，那么庞培也要交出兵权，如不这样做，那么兵戎相见也不是不可以。庞培视恺撒此举为下战书，元老会也宣布恺撒为全民公敌，古罗马内战一触即发。

恺撒在听从手下汇报的情况后，大胆地带领一个兵团毅然出击。公元前 49 年 1 月，恺撒渡过意大利和高卢诸省分界线的卢比孔河，以闪电战直接攻向古罗马。因为庞培考虑到如果双方开战，调集部队也尚需时日，所以他根本就没有想到过恺撒会闪电攻打自己。仓皇之中，庞培无力抵抗，逃亡古希腊。占领古罗马城后，恺撒全歼了留在城内的 7 个军团的西班牙主力部队，然后又率领 6 个军团进军西班牙，群龙无首的庞培军没有过多抵抗就缴枪投降，西班牙落在了恺撒手中。

决战在即，恺撒的军团数量猛增至 18 个，整整是庞培的一倍，不过庞培在地盘和人数上占据优势，并且还掌握着海上的主导权。公元前 48 年年初，恺撒开始向古希腊发动进攻，另一部队由于敌人封锁海面没有按原计划赶来。可惜，庞培没有抓住这个机会切断恺撒部队之间的联系，等到部队会合之后，恺撒将庞培团团包围在第拉希的筑垒兵营里。但是庞培也不是那么容易被打败的，三个月的围困并没有消灭庞培，恺撒只好将部队撤到色萨利。

公元前48年8月，双方在法塞拉斯开始了决战，恺撒埋伏的3000名士兵突然对庞培的精锐骑兵发动了攻击，骑兵见势不妙，左翼溃散。庞培也没有及时地组织反击，最后

罗马士兵浮雕
依靠这支作战勇敢、纪律严明的部队，奥古斯都战胜了所有的对手，最终登上了罗马皇帝的宝座。

败逃到了埃及，不过到了埃及之后不久，庞培就被人杀死了。

恺撒追击到埃及，恰巧埃及这时候也爆发了内讧，起义军打败了托勒密国王的部队，克里奥帕特拉王后成为了新的埃及国王。

古罗马内战的第一阶段以恺撒击败庞培和元老贵族而结束，但是恺撒并没有消除共和传统的习惯势力，这些势力后来慢慢组成了反对派，密谋杀死恺撒。

公元前44年3月15日，恺撒的得力助手布鲁图斯出卖了恺撒，和他的同伙卡西乌斯连刺了恺撒23剑，就这样，一代天骄撒手人寰。恺撒死后，古罗马的大权又到了众人追逐的状态中。这时候，一个初出茅庐的年轻人走进了政坛，他便是恺撒的养子屋大维。屋大维雄才胆略兼备，他心中明白，要想登上权力的巅峰，必须拉拢民众和统治阶层中的实力派人物。

这时候与屋大维争夺政权的最大对手是恺撒曾经的手下安东尼，安东尼因为镇压了恺撒葬礼引发的平民骚乱而获得了很高的威望。公元前43年，元老院拒绝了安东尼出任高卢总督的请求，安东尼一怒之下，派兵直接抢夺政权，将当时高卢总督围困于穆提那城。元老院闻讯大惊，急忙联合屋大维一起出兵解救高卢总督，安东尼大败而回，与恺撒的另一名将领雷必达达成共识。

帮助元老院赶走安东尼的屋大维要求自己担任执政官，可是同样遭到拒绝。在利益的驱使下，敌人也可以结成盟友，就这样，屋大维与安东尼、雷必达在公元前43年组成了"后三头同盟"。三个势力强大的人瓜分了天下：屋大维控制非洲、西西里岛和撒丁尼亚；安东尼控制高卢；雷必达控制西班牙。而意大利和古罗马则为三人共同统治。在逃中的布鲁图斯则交由安东尼和屋大维处置。

"后三头"组成联盟之后，对旧势力进行了恐怖的清洗，与元老院派系有关的人基本上赶尽杀绝。公元前40年，在消灭了外逃古希腊的布鲁图斯之后，"后三头"重新划分了势力范围：安东尼控制东部，雷必达控制北非，屋大维则坐镇意大利和高卢。

公元前36年，在扫清了残留在西西里和撒丁尼亚地区的小庞培势力后，屋大维解除了雷必达的军权，这时候的古罗马从三足鼎立的时代回到了两强相争。公元前32年，屋大维和安东尼公然决裂，古罗马内战的第二阶段开始。

战争初期，双方实力相当，胜负难料。第二年9月，屋大维和安东尼的军队在古希腊的亚克兴海峡交战。当时的安东尼与埃及女王克里奥帕特拉结为夫妻，克里奥帕特拉在战争进行得热火朝天之时，突然宣布撤出部队返回祖国，安东尼只好撤军。

亚克兴战役的胜利使屋大维在国内的威望高涨，成为恺撒独一无二的继承人。公元前30年，屋大维派兵进攻埃及，安东尼拔剑自刎，克里奥帕特拉被俘后想用美人计迷惑屋大维，但是屋大维深知恺撒和安东尼的失败都是这个妖艳女人魅惑的结果，所以屋大维对此无动于衷。克里奥帕特拉见自己的美色不奏效，只好自杀，托勒密王朝宣布灭亡，埃及由此也并入了古罗马的版图。

公元前27年，元老院赠与屋大维"奥古斯都"的尊号，古罗马帝国诞生，内战结束。

斯巴达克起义：古罗马帝国爆发的最大规模农民起义

古罗马奴隶社会时期，各地均是拥有大规模奴隶劳力的大庄园。对于农场主来说，奴隶只是"会说话的劳动工具"，备受奴隶主的剥削和虐待。

奴隶主为了寻找乐趣，建立了大型的角斗场，将一些比较强壮的奴隶训练成角斗士，让他们在角斗场互相厮杀，以资观赏。一场角斗结束，败的一方如果没有死，其命运也只能由女巫来决定。如果女巫是手背朝上的，角斗士便捡回了一条命，反之，角斗士便会被当场处死。而大多数时间，女巫都是选择手背朝下的，因为这样做会令奴隶主高兴得鼓掌。

奴隶主的残暴统治令奴隶们苦不堪言，小规模的奴隶起义时常发生，但并没有起到很好的效果。直至公元前73年，古罗马史上发生的最大规模的奴隶起义——斯巴达克起义改变了这一切。斯巴达克起义沉重地打击了奴隶主的势力，让古罗马社会的奴隶制度得到明显改善。

公元前73年，身体强壮的角斗士率先掀起起义序幕，他们冲出铁门，高喊"向维苏威跑去"。带头冲破铁门的角斗士便是斯巴达克。斯巴达克来自巴尔干半岛东北部，为色雷斯人。古罗马军队击败色雷斯人后，斯巴达克不幸沦为战俘，后来被卖做奴隶。高大威猛、机灵过人的斯巴达克被奴隶主看中，受训成为角斗士的主力，为奴隶主们赚钱取乐。在角斗场时，斯巴达克凭借英勇和机智，迅速成为角斗士中的核心人物，绸缪着这次起义。

一次，斯巴达克跟角斗士们说："与其在这里成为那些奴隶主取乐的对象，生命受到他们的随意践踏，不如奋起反抗，争取永恒的自由。"他的一番话慷慨激昂，深入人心，得到了角斗士们的拥戴，于是众人便纷纷拿起刀和铁叉，挣脱牢笼，一路逃到了维苏威火山上，在那里安营扎寨建立阵地，准备与奴隶主抗争到底。

角斗士的营地建立之后，不少奴隶纷纷响应，投奔起义军，起义队伍迅速扩大，由之前的70多人增长到了一万多人。斯巴达克之前已经有作战经验，他将起义军按照古罗马军队的组织形式编排起来，设立了骑兵部队。

颇具规模的起义军与古罗马的一些小队伍交手，均取得了胜利。不久，起义军占领了整个坎佩尼亚平原。斯巴达克的军队不断壮大，短短一年的时间里，就达12万人的规模。

被起义军的迅速扩大和战果震惊的古罗马元老院迅速调兵遣将，派当时的执政官讨伐斯巴达克。

就在这时，起义军的内部发生了分歧。大部分奴隶想要离开

斯巴达克雕像

意大利回到高卢地区，因为在古罗马势力范围内的意大利建立新的政权很困难。一小部分的当地牧人、贫农则不愿意离开，希望留下来继续作战，夺回自己的土地。因此，有将近 3 万人的义军脱离了队伍。

古罗马执政官得到这个消息，立即攻打脱离队伍的 3 万义军，在伽尔伽努斯山下将之全部歼灭。斯巴达克听到消息后，率军援助，但已经来不及了。3 万义军被杀后，斯巴达克怒从心起，将俘虏来的 300 名古罗马士兵杀死，以此来抚慰起义军的亡灵，随即兴师穿过意大利，进入高卢地区，击溃了古罗马军队，占领高卢。

虽然起义军获胜了，但斯巴达克认为，大军如果继续前进，穿越阿尔卑斯山非常困难，所以他改变了计划，率军返回意大利，绕过古罗马，向南进军。

古罗马统治者见到这帮驰骋在意大利土地上的义军，十分害怕。加上古罗马军中找不到可用之才，最后不得不选奴隶主克拉苏斯率兵镇压义军。

公元前 72 年秋，斯巴达克的军队在意大利布鲁提亚半岛集结，欲乘船渡墨西拿海峡。当地的海盗本来答应借船给义军，但他们不守信用，没有及时将船只借出，古罗马大军趁机在义军军营后方建筑防御工事，切断了义军回意大利的后路。义军奋勇作战，虽然突围回到意大利，但也因此折损了大部分部队。

义军受挫之后，没过多长时间得到再次扩充，大约 7 万人。公元前 71 年，义军突袭意大利，迅速占领意大利的港口布林的西，遂乘船渡过海峡到达古希腊。

古罗马统治者见义军愈发壮大，分别从西班牙和色雷斯调大部队镇压义军。面对如此情况，斯巴达克立刻向古罗马军发起总进攻。尽管义军个个奋勇杀敌，但因古罗马军队数目太多，义军最终不敌。斯巴达克最终也壮烈牺牲了，与斯巴达克一起的 6 万义军也都战死沙场。为了向奴隶们警告和示威，古罗马人将其中的 6000 个战俘钉在了十字架上。

尽管古罗马镇压了这次斯巴达克的起义，但是起义军的残余势力仍在意大利多个地区坚持抗争了 10 余年，才逐渐被歼灭。

斯巴达克起义是人类历史上第一次大规模的起义。虽然起义失败了，但是在一定程度上地打击了奴隶社会奴隶主阶级的统治势力，迫使奴隶主改变对奴隶的态度和方式。首先，奴隶主收买各种族的奴隶，以免同种族的奴隶团结起来反抗；其次，实施土地制，将小块土地分给奴隶耕种，让奴隶得到一部分收成，刺激了奴隶的劳动积极性；再者，被释放的

竞技场上的厮杀

奴隶越来越多，奴隶主和奴隶的矛盾得到了极大的缓解。

百年战争：英法对欧洲的争夺

由于北欧的维京海盗经常骚扰法国的海岸线，加洛林王朝的西法兰克国王查理三世想利用这些海盗抵御其他海盗，便允许他们在诺曼底地区长期定居下来。久而久之，这些维京人建立一个国家叫做诺曼底公国。

1066年，整个英格兰被诺曼底威廉公爵征服，之后的150年这一地区都被盎格鲁·诺曼贵族统治。在百年战争开始的时候，法国的英吉利海峡沿岸仍然被他们所掌控。

14世纪，法国人不希望这些英格兰人继续在西南地区生活，英格兰人当然也不会轻易放弃自己的领地，于是两国为领土问题争执起来。再加上后来的弗兰德尔贸易纠纷，两国矛盾严重激化。

这时候，法国的卡佩王朝没有后代继承王位，英国的爱德华三世想以亲戚的身份继承法国王位，但是腓力六世半路杀出没有让爱德华三世得逞，这让两国本来积怨已久的矛盾瞬间爆发。爱德华三世宣战，派出雇佣军前去讨伐。法国组成封建骑士兵团前来应战。

1337~1360年，佛兰德斯和基恩是英法两国争夺的焦点。1340年，强大的英国海军发动了斯鲁伊斯海战，击败了同样实力不俗的法军，取得了海上的主动权。6年后的克雷西会战，英国又取得大捷，随后展开对加莱港的进攻，不到一年的时间攻下了该港。紧接着英军活捉心向法国的苏格兰国王大卫二世，扫清了他所带来的威胁。

1348年，黑死病在欧洲横行，为此两国休战十年。1356年，英国卷土重来，法国西南部的基恩和加斯科涅成为了英国的囊中之物。普瓦捷战役的失败更是让法国王室处在了水深火热之中。面对不利情况，法国被迫和英国签订不平等条约《布勒丁尼和约》，卢瓦尔河以南到比利牛斯山脉地区的全部领土割让给了英国。

1360~1400年，法国国王查理五世为了对英国复仇，精兵简政，安抚民心，任命贝特朗·杜·盖克兰率领军队采用游击战和突袭战的方法多次打败英军，英国被迫在1380年退

"百年战争"中发生在斯鲁斯港口外的大规模海战
这次海战的胜利使得英国暂时控制了英吉利海峡，并使他们在接下来的20年里可以将军队运至法国沿海的任何地方而不受任何抵抗。

守到沿海地区。后来与法国签订了停战协定，将大部分侵占地区归还了法国。

在短暂的十几年和平之后，双方在 1451~1429 年再一次爆发战争，英国军队在阿金库尔地区击败法国军队，和勃艮地公爵结成联盟，占领了法国大部分的土地。法国国王查理六世没过多久就放弃了抵抗，于 1420 年 5 月 21 日在特鲁瓦和英国签订了丧权辱国的《特鲁瓦和约》，这则和约基本标志了法国成为英国的一部分。英国国王亨利五世成为法国的摄政王，有权继承法王的王位。

1429~1453 年，法国人民不屈服于英国的统治，全国各地反对英国的抗争此起彼伏。1428 年，英国军队包围了奥尔良地区，这个时候被世人所赞颂的圣女贞德指挥法国军队击败了入侵的英国人，冲破了在奥尔良的包围，扭转了战争的局面。

不幸的是圣女贞德在不久之后被英国军队抓住，判处死刑。听到此消息的法国民众群情激昂，激起了他们对抗入侵者的决心。1437 年，法国军队解放了首都巴黎；1441 年，香槟地区被收复；紧随其后，曼恩和诺曼底相继收复。1453 年 10 月 19 日，英国军队宣布投降。1558 年，法国将英国从欧洲大陆上彻底赶走。

这场战争前后持续了 100 多年，可以说是亘古未有。战争对两国人民来说都是深重的灾难，造成两国大量难民的出现。战争进行之地法国，没有一座城市能够躲过战争的侵害。放眼望去，满目疮痍，百姓民不聊生。

百年战争的胜利使得法国完成了民族的统一，为今后的扩张筑下了根基。英国在战败后将重心从大陆转向了海洋，发展航海技术，进行全球的殖民扩张，成为了当时世界上最强大的国家。

牧野之战：武王伐纣得民心而胜

古语有云，水能载舟，亦能覆舟。商汤建立的商王朝，传位至商纣王。纣王是历史上有名的暴君，在他的统治下，严酷的刑罚让老百姓生不如死，让朝廷官员每天心惊胆战，生怕一不小心得罪了纣王，落得挖心剖腹、五马分尸的下场。公元前 1130 年，在"武王伐纣"期间，周武王姬发在牧野与商纣的军队进行了交战，最后兵败的纣王在鹿台自焚而死。

周武王像

纣王辛是商王朝第 31 位国王，他虽然智勇过人，但沉迷酒色，宠信爱妃妲己，荒废朝野。为了宠妃，他更是大兴土木，不惜耗费大量的人力物力修筑鹿台、矩桥，使得国库空虚，从而加重对民众的苛捐杂税，使得民不聊生。同时纣王又十分相信悭吝之臣，谋害忠良，妄杀忠臣，逐渐失去了左膀右臂的辅助，朝廷日益空虚。朝中忠臣比干无辜被害，比干的弟弟箕子受牵连被监禁，后又导致微子出走，诸侯纷纷离叛。当时商纣王将主要兵力都致力于抗击东夷，朝中无人，十分孤立。

殷商民心所背，岌岌可危，然而在渭水之滨一个部落却正悄然发展起来，这个部落就是周。周的首领姬昌是一个贤主，他对内任人唯贤，重用姜尚、太颠、南宫适等大臣；对外坚持德政、亲民，使得各诸侯纷纷归顺，大获民心。姬昌心系天下百姓的疾苦，痛恨商纣王的荒淫无道，于公元前 1056 年自封为周文王，誓言要推翻商王朝的统治。他积极部署兵力，增强国力，蓄势与商王朝抗击。

但遗憾的是，周文王未能实现灭商大计，于公元前1050年去世，其子周武王姬发继位，发誓要完成先王遗愿，继续率领众臣共举大计。

周武王即位后，一方面向纣王献殷勤，假装好美色，无心大业，以此来减少纣王对他的疑心；另一方面他重用姜尚，重整朝政，整顿军队，使周日益强大。一天，周武王在父亲的墓前祭祀，派人将周文王的排位搬至军营中，宣称是奉周文王之命，率六师东进至孟津，检阅实兵。当时有800多诸侯不期而至，纷纷响应武王，结成灭商阵线。各诸侯都谏言武王立即兴兵伐纣，但武王深知商纣兵力尚足，还未到讨伐时间，便拒绝了诸侯们的提议，随即率军返回，史称"孟津观兵"。这次阅兵，周武王掌握了自己军队的实力，同时获得了众诸侯的支持，实力大大增强，为其之后伐纣建立了良好的基础。

周武王为了探听朝歌的情况，派出间谍到商都中一探究竟。间谍回来报告周武王，说朝歌中的大部分王公大臣、黎民百姓都已经视纣王为仇敌。武王一听，心情大悦，觉得讨伐商周的时机到了，于是集结兵马向朝歌进军。

公元前1046年，周武王亲自率领四师大军、战车300乘出兵东征伐纣。在部队到达孟津之后，其他的部族军队纷纷投身到讨伐商纣的队伍中来，于是武王一一列举出纣王的数条罪状，决定替天行道，继续向朝歌进军。

当时天降暴雨，为周武王的军队前进增添了很多困难，但民心所向，讨伐大军的士兵，个个斗志昂扬，很快冒雨从汜地渡过河水，然后日夜兼程到达百泉，继续东行。周军仅仅用了两天时间，前行数千里的路程，到达牧野。随后，武王于牧野占卦为吉，召开誓师大会，下令众将士在作战时，保持队形严整，不滥杀逃败之敌。周军与诸侯国列成左、中、右三方阵，与商军形成对峙之势。

商纣王得知武王大举进兵，十分慌张。由于商的主要兵力都被调集到东南抗夷，朝歌部队所剩无几，只好调集朝中少量贵族兵力以及大量奴隶、战俘仓促应战。当时商的兵力17万，远远超过周武王的兵力，但商王朝的士兵个个无心作战，军威不振。武王见机，命姜尚率白长夫的大卒精兵率先向商军发起进攻。商纣王则派奴隶镇守前方，先于周军抗击，但大多数奴隶倒戈，让道给周军，致使周军很快突破商朝军队的封锁。

商代战车（模型）

先秦时期，战车一般为独辕两轮，初为两马牵拉，后来演进为一车四马。

之后，武王则率领大军，大举进攻，奋力冲杀，与商军激战。一直到傍晚时分，双方的战斗持续了一天一夜，商军最终大败。纣王的士兵见商大势已去，便纷纷投降，投奔周军。纣王见到这个情况，匆匆逃回朝歌，最后感觉复起无望，便登上鹿台，自焚而亡。武王率兵占领朝歌，安抚商朝民众。武王的部队很快便得到了民众的支持。

牧野之战周军大获全胜，战胜了商17万大军，截获了牲畜1万多头。至此，统治中原地区长达700年的殷商灭亡。随后周继续发兵攻打南方各地，扫除附商诸侯侵扰，扩大战果。这场以少胜多、以弱制强之战对后人的军事思想具有不可估量的影响。

齐鲁长勺之战：曹刿足智多谋取胜

春秋初期，我国进入诸侯争霸阶段。当时齐国、鲁国称霸一方，并且两国毗邻，所以时常发生冲突。加之齐国在内部发生夺位矛盾时，鲁国干涉其中，最终得罪了成功争夺了政权的齐桓公。齐桓公因此怀恨在心，决定对鲁国发起进攻，展开了长勺之战。

齐国齐厘公去世后，齐襄公即位。即位不久，由于先王对其侄子公孙无知宠爱有加，引起了齐襄公的嫉恨。于是齐襄公借故降低公孙无知的职位。公孙无知因此心生仇杀之心，他勾结连称、管至父决定谋害齐襄王。当时管仲、鲍叔牙同为齐国大夫，他们得知公孙无知的阴谋后，担心会引起一片内乱，于是带领公子纠和公子小白到鲁国和吕国躲避。

人面纹护胸牌饰　春秋

公元前 686 年，齐襄王外出打猎，公孙无知借机射杀了齐襄公，然后管至父等拥立公孙无知为王，这引起了朝中大臣的不满，最终公孙无知也被齐国大臣杀死。后大臣们又立公子纠为王，决定迎接公子纠回国，鲁国也担负起了护送公子纠的职责。此时公子小白得知公子纠为王后，便和鲍叔牙一起踏上了回国的征程。

公子纠和管至父知道公子小白回来是想抢班夺权，于是命军队前去阻挡赶来的公子小白。在战斗中，鲍叔牙让小白假装被射中，然后抢先赶回了齐国，夺取了齐国政权，而公子纠只好返回鲁国。鲁国因为公子纠没能当上齐国国主而对齐国十分愤怒。公子小白即位后，称号为齐桓公。因为先前鲁国拥戴公子纠，所以遭到齐桓公的忌恨，这样两国之间的战争一触即发。

鲁国率领大军强送公子纠回国，当时齐国实力强于鲁国，加上鲍叔牙向齐桓公力荐管仲，齐国实力得到了更大的提升。管仲和鲍叔牙得知鲁国强送公子纠回国，决定以武对之，两面夹击，齐国大败鲁国。

鲁国战败后，将公子纠杀害，吸取了战争的教训，重整国力，加强军队训练，来防止齐国的进攻。同时鲁庄公对内取信于民，任人唯贤，任命曹刿为军师与齐国抗衡。

公元前 684 年，齐桓公自认为现在国力强大，无须休整，便不听管仲对内整修政治、对外与各国友好结盟的建议，令鲍叔牙率兵兴师伐鲁。而鲁国的国力不敌齐国，但是曹刿不认为鲁国会遭受齐军蹂躏，他亲自向鲁庄公举荐自己，认为可以与齐国在长勺一战。

齐鲁大军纷纷驻军长勺后，曹刿命鲁军原地待命，不得主动进攻齐国。而齐国因为之前与鲁国交锋都是取胜，因此产生轻敌之心。齐国大将鲍叔牙命士兵敲响战鼓，挥舞旗帜，向鲁军进攻。齐兵个个斗志昂扬冲向鲁军，这时候曹刿依然让鲁军按兵不动。鲍叔牙担心鲁军有诈，便命士兵退回阵地。过了数时辰后，鲍叔牙见鲁军没有任何行动，便消除了疑虑，认为鲁军只是胆小怕事，便再次命士兵敲响战鼓，向鲁军进攻，这时齐兵担心鲁军会像第一次一样退缩不应战，便都没有了第一次进军那么有斗志，但还是个个勇猛，欲将鲁军杀个片甲不留。

曹刿见齐军二次进攻，并没有打算应战的意思，再次命士兵避而不战。齐军见鲁军还没有动静，不得不再次退回阵地，等待鲁军进军。过了数个时辰，鲍叔牙按捺不住，第三次命士兵击鼓，这时连击鼓的士兵都没有了士气，而战旗也只是随意挥舞了一下，齐兵个个都毫无斗志，因为他们认为鲁军肯定又是避而不战，于是齐军便懒懒散散地向鲁军冲去。

此时，曹刿见齐军士气全无，于是命士兵调战鼓，扬战旗，与齐军作战。鲁军由于等待作战很久，个个都是蓄势待发，奋勇拼杀。而士气衰竭的齐军面对突如其来的鲁军的进攻，没有做好应战的准备，结果被鲁军杀得四散而逃，最终齐军溃散而败。

曹刿随军班师回朝，鲁庄公甚是高兴，亲自接待曹刿。后来鲁庄公问曹刿为何如此作战时，曹刿回答道："齐国和鲁国的兵力悬殊，如果我军每一次都积极应战肯定会大败，所以只能智取。当齐国第一击鼓时，齐国士兵士气高昂，如果我们应战肯定会输，所以我命士兵退守，这样让齐军扫兴而归；当齐军第二次进军时，士兵的士气就不如第一次了，但鲁军还是不能敌过，所以我再次命鲁军退守，再让齐军无获而归；当齐军第三次进军时，齐军已经毫无士气了，这时候我命军队大举进攻，必能战胜齐军。"鲁庄公听到后，觉得曹刿是一个人才，更加重用他。

长勺之战是中国历史上一次以少胜多的战役，虽然战争规模不算很大，但它所体现的用兵之道，一直都被后人所称赞和学习。

马陵之战：孙膑计赚庞涓

战国时期，群雄割据，各诸侯国为了强大自己开始对外扩张。在中原区域的魏国也不甘落后，在扩充了自己的实力之后，不断对邻国进犯。

公元前354年，魏王派大将庞涓率兵攻打赵国，包围了赵国的都城邯郸。赵国无力抗击，便向齐国求救。齐国明白唇亡齿寒这个道理，魏攻打赵国成功后，下一个目标就是齐国。于是齐王任命田忌为大将军、孙膑为军师，率军西进向魏国发起了进攻。庞涓知道齐国偷袭之后，立即率兵回朝，抗击齐军。这样赵国就解除了危机，这就是历史上著名的"围魏救赵"。

魏国击退齐军，解除了自己国家危机后，于公元前341年再次派庞涓为大将率兵攻打韩国，包围了韩国的都城新郑。韩国也跟赵国一样求救于齐国。齐王再次率兵与魏军抗击，解救韩国。庞涓得知齐军进军攻魏后，连忙弃韩而归救魏。经过这两次战役，魏王十分记恨齐国，认为齐国干预魏国大事，实在欺人太甚。于是将目标直接对准了齐国，集结魏国的全部人马，派庞涓和太子申与齐国一较高下。

齐国见魏军来势汹汹，立即命孙膑为军师，指挥齐军抗魏。孙膑深知这场战斗敌众我寡，只可智取、不可硬拼。孙膑率军驻扎在马陵后，他坐车外出观察地形，在沿途街道上看到许多被烟火熏黑的土灶。他向当地人打听，才知道齐军所驻扎的地方是一个集市，白天人们在街道上卖熟食，在土灶上放上锅便可营业，到了晚上便撤走锅子，只剩下一个空灶。孙膑随即想到，看一个集市有多少土灶便可知道这个集市有多少商户，那么从一个军队的灶炉的数目，也可以看出一个军队的人数了。于是他便一面下令命人挖地道用来藏兵，一面建起了10万灶炉，第二天命人将灶炉减少到5万，第三天再命人将灶炉减少到3万，同时每天都命大军向后撤退数里。

庞涓与孙膑出自同一师门，庞涓深知孙膑善打埋伏战，这次孙膑借减灶之计解除了庞涓的疑虑。庞涓见齐军灶台在不断减少，心中大喜，认为齐军接连三天被击退，而军中的灶台也连日减少，肯定是大受挫伤。于是庞涓派军大举进攻，齐军则见势立即抗击，对魏军两面夹击，将魏军打个措手不及。

孙膑以减灶之计诱使魏军中计后，率兵到达马陵的谷疃村，然后又西南方向退去。西南方向并不是去齐国的方向，孙膑只是想借此给庞涓一个既不敢跟魏国硬碰，又不敢引魏军回齐国的假象，好让庞涓追击到自己设下的埋伏圈。孙膑带军来到一个空旷之地后，立即命人建筑了100座营寨，然后散布谣言说："齐军已经安营扎寨好了，要与魏军决一死战。"庞涓率军追击齐军的途中听到孙膑放出来的谣言，下令命魏军上下警惕。当魏军到达齐军所建的营寨前时，庞涓担心齐军势力太强，不敢贸然进军，命全军原地待命。

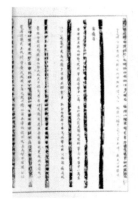

《孙膑擒庞涓》书简

本篇记述了孙膑在"围魏救赵"之战中，用避实击虚、"攻其必救"等方法，在桂陵大破魏军，俘获庞涓。这是孙膑运用他的军事思想取得胜利的一个著名战例。

几个时辰后，庞涓见齐兵没有任何动静，终于按捺不住了，起兵向齐军进攻。然而魏军攻击的只是100个空寨，庞涓以为自己又中计了，不禁愤怒不已，认为孙膑建这么多寨子只是为了迷惑他，争取给齐军更多的时间逃走而已。

庞涓一气之下命人将100个寨子全部烧掉。然后带兵前行，追击齐军。当庞涓带军走到一棵树下时，他用火照亮了这棵树，见树的皮被削掉了，上面写着"庞涓死于此树下"。而孙膑早已经和众将士商量好，只要见营寨有烟火发出，便立马进军攻击。此时齐军万箭齐发，将魏军打的七零八落。庞涓见大势已去，自己又无计可施，便拔剑自刎。魏军见将军已死，无人指挥，更加乱了方寸，纷纷逃生而去，这便是著名的"孙膑计赚庞涓"。

马陵之战后，魏国由胜转衰，军事实力大大地减弱，不复当日。相反齐国却由于大破魏军，军威大振，加上之前成功解救了赵国、韩国，因此在诸侯国中的地位得到了很大的提升。

马陵之战作为一场典型的以少胜多的战役，被记录在了中国战争史上。在这场战争中，齐国国王值得称赞，他任用贤才孙膑，而孙膑利用天时、地利、人和，采取出其不意、攻其不备的战略，以少胜多，大败魏军。孙膑在这场战争中给人留下深刻印象，展示了出色的作战指挥才能和睿智的作战方针。马陵之战让孙膑名扬天下，成为后人模仿和研究的对象。

楚汉战争：刘邦明修栈道，暗度陈仓

楚汉一战持续了5年之久，最终以市井出身的刘邦胜利而告终，刘邦也开创了中国历史上历时最长的统一王朝。其实，刘邦的胜利并非偶然，作为一个君王，最重要的不是他自身有多少雄才大略，而是懂得善用人才。知人善用，何愁天下不到手。纵力拔山兮气盖世的项羽有一身能耐，却有一范增而不能用，以致于最后无颜面对江东父老，自刎于乌江。

西楚霸王项羽和汉王刘邦在这一战里，各自施展战术，斗得不可开交。这5年里，除了南越王等少数几个诸侯保持中立外，其他大部分的诸侯都或多或少地被牵扯进了这场楚汉之争中。楚汉交锋，大小战役无数次，比较出名的有彭城之战、成皋争夺战、京索之战、垓下之战、固陵之战等，在众多战役中，对刘邦最后的成功起到决定性作用的是暗度陈仓这一战。

当时，楚怀王与天下人约定：谁最先领军进入关中，谁就是关中之王。然而项羽延误了进关中的时机，这不是他疏忽大意，而是因为与秦军破釜沉舟一战损耗了太多的兵力，导致最后被刘邦抢了先。刘邦是识时务的俊杰，在不利的情势下施展浑身解数，既表忠心又收买人，最终在鸿门宴逃过一劫。

项羽是个出色的将军，却不是个合格的君王。

在汉元年（公元前206年）正月，项羽统辖梁、楚九郡，放弃了对关中要地的掌控。他自立为西楚霸王，封刘邦为汉中王，巴、蜀、汉三地为他所有。同时又封章邯、司马欣、董翳分别为雍王、塞王、翟王。项羽这么做的目的是想困住刘邦，将他牢牢地控制在"三秦"之中。项羽的封地行为最后事与愿违，反倒是让各路诸侯感到了不满，引起了土地纠纷。

刘邦麾下谋士不少，经常为他出谋划策。他礼遇下属，愿意接纳他人意见，这也是他能成就大业的最重要原因之一。刘邦刚进关中之时，看到金碧辉煌、华丽壮观的宫殿后沾沾自喜，以关中王自居，不愿意离开。樊哙和张良都来进谏，劝诫刘邦说天下没有平定，这时不能做出头鸟。刘邦意识到问题的严重性后，退军灞上。这时他被封为汉中王，非常不满，不愿意前行，还想要以微薄的兵力以卵击石。这时候萧何认为，汉中虽然有点偏，但是地形非常好，以它为根据地夺取天下是可行的。萧何极力劝刘邦先忍辱负重，暂时屈就汉中这块小地方。刘邦采纳了这个意见，暂且隐忍不发，来到汉中，开始暗自制定谋取天下的策略，励精图治，积极休整，并且大量招贤纳士，伺机而动。

刘邦在去汉中的途中，发现到处是高山，悬崖峭壁之上只有栈道高高架起，再无他物。行人除了栈道，也没有其他路径入蜀。待汉军过后，他就让人烧毁了所经过的栈道，这样做既可以表示自己没有东向的意图，麻痹项羽对自己的警惕之心，还可以防止他人偷袭，一举两得。

汉元年（公元前206年）四月，齐国贵族田荣没有得到封地，率先反对齐王田都，挑起了诸侯不满封地的纠纷。诸侯纷纷出手，一时局势大乱。就在项羽发动主力出兵定齐时，刘邦趁机出兵定三秦，利用"明修栈道，暗度陈仓"的计策，趁其不备，迅速挥师东进。

当时刘邦听取了下属的进言，认为跟骁勇善战的西楚霸王项羽硬碰硬讨不到什么便宜，就干脆来个声东击西，正面迷惑，侧面攻击，这样才能出奇制胜，取得奇效。

刘邦从地势险要的陈仓发兵，他先是明修栈道，让所有人都以为他想向东面发兵，从而很好地避开了雍王章邯。当时的栈道已经被焚毁得不成样子，刘邦命令樊哙一个月内修好栈道，这让别

栈道遗址
公元前206年，韩信率汉军东征。当时，汉中入关的栈道已被烧毁，不能行军，张良献"明修栈道，暗度陈仓"计，遂得关中。

人更加确信刘邦是想从东面出兵。

谁知，在汉元年（公元前206年）八月，刘邦悄然无声地带领部队翻山越岭向陈仓发起了攻击。这一仗打得守备陈仓的雍王章邯措手不及，仓皇而逃。最终刘邦突破了"三秦"的包围。

项羽得知刘邦兼并了三秦，非常生气，想要率兵攻击汉军。张良却来书信说，刘邦只是为了

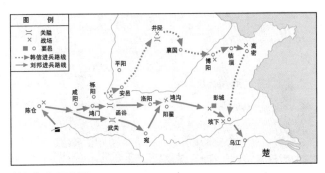

楚汉相争示意图

完成当年楚怀王定下的谁先入关中谁为关中王的约定，并没有继续东进的意图。同时又将齐国打算联合赵国消灭楚国的书信呈上。

张良的信让"明烧栈道"的效果发挥得淋漓尽致，它把项羽的注意力转移了。项羽无暇他顾，只能带领主力继续平定齐国，放松了关中的防范。这为刘邦的养精蓄锐赢得了非常宝贵的时间，也为日后东进获得了重要的保证。

"明修栈道""暗度陈仓"，默契配合，谱写了历史上的一段佳话。刘邦也因此依据关中，站稳了脚跟。此后就是他和项羽逐鹿天下的精彩演出，经过相持几年的对抗后，刘邦最终获得胜利，开创了一统天下的汉王朝。

垓下之战：霸王别姬的历史悲歌

西楚霸王项羽最喜欢的两样宝物，一是他的乌骓宝马，二就是他的宠姬虞美人。当他被围困在垓下，听到四面八方都唱起楚地的歌时，项羽以为刘邦已经完全控制了楚地，只能悲叹："力拔山兮气盖世，时不利兮骓不逝，骓不逝兮可奈何，虞兮虞兮奈若何？"虞姬是一位奇女子，以死斩断了项羽儿女私情之忧。

"汉兵已略地，四方楚歌声；大王意气尽，贱妾何聊生。"

霸王别姬，一段千古绝唱在垓下演绎着，成为一曲垓下之战的历史悲歌。

鸿沟议和之前的形势是刘邦平定三秦后，带领诸侯出兵占领彭城。项羽亲自率领3万精兵经过长途奔波，切到彭城后面，出其不意偷袭汉军，以少胜多赢得了彭城之战。然后刘邦在英布、韩信和彭越的帮助下，又赢得了京索之战。

楚汉两军进入到了相持阶段，战争对于双方来说都是巨大的消耗。汉四年（公元前203年8月）八月，战争的局势开始向有利于刘邦的一面倾斜。楚军因为粮草不到位，造成士兵的战斗力下降；而汉军固守阵地，抵挡住了楚军来袭。后两军经过商议，决定以鸿沟为界二分天下，东楚西汉。

鸿沟议和后，项羽立即率兵往东撤退。刘邦本来也要撤兵西返，可是旗下谋士张良等却建议刘邦毁约，认为现在楚军粮草已尽，士气不足，这时候背后偷袭绝对可以一举灭楚。刘邦采纳了他们的意见，从楚军背后追击，并且承诺韩信、彭越等事成后割地封王。于是各路大军汇合30多万人，加上汉军20万，以韩信为最高指挥统帅，将仅剩10万疲惫不堪的楚军包围在垓下，展开了最后的生死决战。

这时候的楚军已经是强弩之末，只有区区10万兵马，还是一群连续几个月没有得到粮

垓下遗址

食补给和装备供应的队伍。当时正值12月的寒冬季节，楚军穿着夏天的衣服，饥寒交迫，又陷入层层包围，突出无望，士气更是不足。而汉军是楚军的几倍人马，并且粮草充足，精神饱满，有着必胜的信心，胜败其实已经了然。

两军交战之时，汉军等在韩信的指挥下，正面大军且战且退，而楚军在项羽的带领下不顾一切地向前冲，试图拉开正面大军的缺口，却造成了战线拉长，前后无法兼顾的尴尬局面。加上汉军人数众多，左右两军慢慢收拢，跟正面大军默契配合，把楚军紧密地包围了起来，前后夹攻。最后项羽仅剩不到两万残兵败将回到阵中，等待救援。

按照当时的形势看，楚军已经不是汉军的对手，不足为患。不过刘邦考虑到项羽一直骁勇善战，擅长以少胜多，为了避免夜长梦多，于是想出了妙计。在晚上让人在四周唱起了楚地的歌。楚军听到这些哀婉的歌声，又联想到目前的处境，无不悲上心来，本来已经一蹶不振的楚军此时可以说已经丧失了全部的战斗力。项羽的宠姬虞姬为了不让自己拖累项羽，拔剑自刎。

项羽没来得及等到救援，只带领800余骑兵企图连夜突围。天亮之时，在汉军的追赶下，楚军又损失兵力过半。渡过淮河之后，项羽已是方寸大乱，相信了一农夫的指路，导致队伍陷入沼泽之地，被汉兵追杀上来。项羽带领剩余骑士继续往东，最后到达东城仅剩28人。

贵族出身的项羽自有一股傲气，事已至此，项羽觉得没有颜面回江东见那里的百姓，他虽然知道再继续战斗下去会全军覆没，但还是选择了奋战到底。最后项羽的军队被杀得只剩下他一个人，项羽仍然冲杀，连杀几百敌军，最后自刎于乌江边上。

项羽是一位时代英雄，他重情意，过于正直，却不够知人善任，笼络人才。他不但没有听取范增的建议，还把张良给逼到了刘邦旗下。他没有很好地把握住机会，坑杀了秦军20万降军，杀死了秦子婴，却没有在鸿门宴上心狠一点，除去刘邦。

尽管项羽最后以失败而告终，但是他之前带兵取得的胜利仍然塑造了一位历史英雄的形象。他是一位悲剧英雄，他的历史悲剧让很多人为之感叹。

垓下之战，一场决定胜负的战役，就这样为楚汉之争画上了句号。没有刘邦的毁约，没有韩信的指挥，没有彭越的支持，就不会有垓下之战。没有垓下之战，没有各路大军的合力围攻，没有这50多万绝对优势兵力，也就不会这么快结束了秦末混战的局面。这场战役，规模空前巨大，影响空前深远，创造了成功追击战的记录，具有无可比拟的里程碑意义，也因此被列为世界著名古代七大战役之一。

赤壁之战：奠定了三国鼎立之势

三国时期，一代枭雄曹操文韬武略，一生征战赢敌无数，但赤壁一战却是其一生之痛。关于赤壁之战，后世之人的描述评价诸多，李白曾作《咏赤壁》："魏吴争斗决雌雄，赤壁楼船扫地空。烈火张天照云海，周瑜曾此破曹公。"描写的正是赤壁之战的情景。而苏轼的一曲《念奴娇》："大江东去，浪淘尽，千古风流人物……"，也将三国诸枭雄之间的恩怨纠葛写得清楚。

赤壁之战始于曹操欲统一中国大江南北疆土。建安十三年（公元208年），曹操基本统一北方之后，开始训练水军，并派遣张辽等大将率军驻许都（今河南省许昌县张番乡古城村）以南，以待南征。

当年七月，曹操亲率大军，南攻荆州。一个月后，荆州牧刘表病死，其次子刘琮继位。曹操趁此机会大破荆州军，攻下章陵郡。刘琮大惊，顾不得在樊城抵御曹军的刘备，私下向曹操交了投降书。直至曹操大军到达宛城的附近，刘备这才发现自己被刘琮出卖了，忍不住又惊又急，只能离开樊城，向南逃跑。

曹操一路向南追去，终于在长坂追上了刘备，俘获了其妻儿。刘备顾不得妻儿安全，在赵云、张飞等人的掩护下逃跑了。此时的曹操并没有急于抓刘备，而是赶往了江陵。因为他更担心的是盘踞在江东的孙权。

刘备南逃之后，与自汉水东下的关羽水军会合，与前来增援的江夏太守刘表之子刘琦共同退守长江东岸的夏口。曹操则在攻占江陵后，立即采取安民措施，同时组织投降于他的荆州水军，准备东征刘备，但他的目的实则是江东，而孙权才是他的终极目标。

江东一方，诸葛亮凭借三寸不烂之舌终于说动孙权与刘备联合抵御曹军。至此，上演了为人们所熟知的草船借箭、周瑜打黄盖、火烧连环船等精彩的历史剧目。

在诸葛亮草船借箭之前，曹操本大有胜算，但是他却不幸中了周瑜的离间计。当时曹操派了周瑜的好友蒋干去劝降周瑜，蒋干无意间在周瑜的房里发现了蔡瑁、张允欲投靠周瑜的信。蔡瑁、张允是荆州降曹的水军将领，也是曹操这次东征水军的指挥者，两个人本一心归曹，而周瑜的信实则是造假。但是蒋干哪里知道，立刻回到曹营向曹操禀报了此事。曹操震怒不已，毫不犹豫地将二人的头砍了下来，令不会水的将领来指挥水军，于是荆州水军战斗力大减。

诸葛亮草船借箭成功之后，曹操很是上火，不料此时周瑜的亲信黄盖竟来投奔他。起

赤壁大战图

初曹操并不相信黄盖，但见他真的受到了周瑜的薄待，又被打了一顿，便将他迎入己方阵营。黄盖还向曹操保证，时机成熟时，他会带着一些水军投靠曹操，实则他的目的却是要一把火烧了曹操的船。不过，要烧曹营的任意一条船容易，但要把曹军所有的船都烧掉，根本不可能，只有想办法让曹操自己把所有的船连起来，但是曹操又怎么会犯这种致命错误？

孙权座下鲁肃心生一计，将与诸葛亮齐名的"凤雏"庞统推荐给孙权，共谋大计。庞统先是到曹营表示效忠，力劝曹操用大铁索将船捆绑起来，20艘大船为一行，30艘小船为一列，船与船之间搭架木板，建造巨型的水上陆地，以保证江岸驻扎的陆军和船上的水军来去自如。

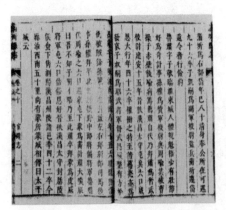

诸葛亮舌战群儒
凭着三寸不烂之舌和满腹智慧，诸葛亮轻易达到了联吴抗曹的目的。

当时曹操的陆军在南方已经水土不服，更不善于水战，而庞统此法解决了这个难题。不过，此法也有风险，正是惧怕对方以火攻之。以曹操的心智不可能不知如此弊端，但是他认为当时正是冬季，刮的是西北风，敌方只有在东风的助力下才能施展火攻战术，因此并未放在心上。

然而，人算不如天算。正当曹操站在甲板之上得意自夸，历数往事——破黄巾、擒吕布、灭袁术、收袁绍，深入塞北，直抵辽东，纵横天下，不负大丈夫之志。并以《短歌行》以抒壮志情怀："对酒当歌，人生几何？譬如朝露，去日苦多……山不厌高，水不厌深。周公吐哺，天下归心。"天公心情斗转，东南风袭来，大雾漫天，周瑜的船只已经凭风攻至。

是夜，十余艘船只在江中顺风前行，待接近曹营时，黄盖手举火把，大喝道："我来投降的。"曹军不怀疑他，却哪里知道，黄盖的船上全是火油、干草。在离曹军大约千米的距离，黄盖下令立刻点燃柴草，火势凶猛，冲向曹操的连环船。片刻之间，火光冲天，曹军大乱，被烧死者次之，溺死者无数。而孙刘联军也趁此横渡长江，将曹军打得落荒而逃。至此赤壁之战结束。

其实赤壁一战曹操之败，败于天时地利人和皆不足。诸葛亮和周瑜都曾分析曹操必败的原因：

其一，曹操在道义上是一大失败：名为汉相，实为汉贼。如果孙权投降，便为失大义；

其二，曹操北边尚不稳定，西北的马腾和韩遂没有投降，为曹操心腹大患，不能全心攻打江东；

其三，北方军队善于陆战，但不善于水战，而江东均熟知水战之法；

其四，曹军平定北方已经伤了元气，匆匆南下攻江东，士兵早已疲惫不堪，肯定会因为水土不服而大批量病倒，战斗力下降；

其五，冬天已至，战马吃不到草，军队又缺粮，曹操必急于开战，以致部署不周详；

《蒲圻县志》有关赤壁之战的记载

其六，曹操新收刘表的荆州水军，荆州水军未必肯全心为曹操卖命。

总结此六点，曹操即使有几十万甚至百万士兵，也未必全有胜算。加之智计百出的诸葛亮、周瑜等人令曹操接连中计，而且曹军又不熟悉江东的气候，为东南风所祸。曹操之败，几乎已成必然。

赤壁之战充分显示了兵法中天时、地利、人和三要素灵活运用的奥妙，值得仔细研究和揣测。

明朝抗倭战争：戚家军扬威东南沿海

明朝历史上赫赫有名的戚家军，因首领戚继光而得名。嘉靖三十八年（1559 年），戚家军在浙江的义乌成立。当时的总人数大概有 4000 人，其中大部分还都是当地的农民和工人。虽然人员散乱，但戚家军军纪严明，训练有素。在那个时代，他们拥有了最精良的装备，百战百胜。据历史记载，他们的杀敌记录高达十几万人。那么多场战役之中，让人们记住戚家军的名号的，要属东南沿海一带的抗倭战役了。

明朝嘉靖年间，倭寇不断在我国东南沿海一带滋扰生事。戚继光率领戚家军总计 6000 人，在福建一带与倭寇进行了一场场惊心动魄的大战。

嘉靖四十一年（1562 年）的 7 月，戚家军来到福建，马上与当地的倭寇进行了一番激战，并且连胜四役。横屿是倭寇们在福建境内的大本营，拿下横屿势在必行。8 月上旬，戚继光率领戚家军到达了宁德。他在充分研究地形和敌情之后，为削弱敌人的实力，下达了招抚令，赦免当地人投靠倭寇的罪过。这一招很

戚继光像

起作用，那些被迫屈从于倭寇的当地百姓，见到明军如此大度，纷纷投奔而来。

数日之内，竟有几千人从倭寇军营转投戚家军，这一来大大地削弱了倭寇的实力。戚继光身先士卒，奋勇杀敌，率领戚家军大败倭寇。这一役还不超过 3 个时辰，倭寇死伤不计其数，而戚家军只战亡 13 人，另外还救出了 800 多名被扣押的老百姓。就这样，倭寇在福建的大本营被戚家军成功地收回。

在拿下了横屿之后，戚继光又率领他的戚家军挥师南下，挺进福清县境内。同年 8 月 29 日，戚家军刚刚进入福清境内，就受到了当地百姓的热烈欢迎。人们烹狗宰羊，夹道欢迎戚家军的到来。而此时的戚继光却没有急于响应百姓的号召，立刻投入战斗。他故意放出消息，偃旗息鼓，休整戚家军。倭寇果然上了当，放松了警惕，既没有做好战斗准备，也没做好逃跑的架势。他们还像过去那样烧杀抢掠，寻欢作乐。但他们却没有想到，已经大祸临头了。

实际上，戚继光早已暗中制定好了作战计划。9 月 1 日，他下令兵分三路，向倭寇发起了猛烈的进攻。敌寇此时还都在睡梦之中，被喊杀声惊醒，吓得四处逃窜。戚家军顺势放起大火，倭寇自相践踏，死伤不计其数。之后，戚家军越战越勇，直入牛田的倭寇大本营，一鼓作气，接连攻下牛田、上薛、闻读等倭寇的老窝。这一战，更胜横屿之战，不但解救了 900 多个当地百姓，还斩杀倭寇无数。侵占了沿海其他地方的倭寇，听闻此战，都吓得慌忙逃窜，不攻自破。从此，戚家军名声威震东南沿海。

戚家军的这次支援福建的行动，行军超过 1000 里，共取得 4 次大胜，总计消灭倭寇 5000 余人，被吓跑的倭寇不计其数，堪称中国历史上著名的经典战役。

倭寇经常骚扰东南沿海地区的居民，给社会稳定和经济发展造成了非常坏的影响。但是造成倭寇侵扰的深层原因，还是明朝政府实行的"海禁"政策。如果解除"海禁"，发展海上贸易，这样既能加强商品经济的往来，增加财政收入，又能有效地抑制沿海居民与倭寇的走私行为，保证地区的社会稳定。

明穆宗隆庆年间，在开明大臣的建议下，取消了"海禁"，顺应了世界经济的发展潮流，促进了海上贸易和东南沿海地区经济的发展。

清平定"三藩之乱"：制止分裂，维护统一

"三藩之乱"是指清朝初年平西王吴三桂、平南王尚可喜、靖南王耿精忠三位藩王发动的叛乱。

大清的前期，世道并不太平。清政府要对付民间汉人起义以及南明的反动势力，单靠自己的八旗军队确实有些捉襟见肘，所以大清不得不依靠明朝的降臣，让他们出兵镇压叛乱和招安。在那些降将之中，有四位因为功劳最高被封为了王，他们是孔有德、耿仲明、尚可喜、吴三桂。

吴三桂颁发的兵部票　清

孔有德在与李定国率领的农民起义军作战时战败，自杀于桂林，所以最终没能成为藩王，而其他三人则成了气候。吴三桂驻守云南，尚可喜则驻守广东，耿精忠作为耿忠明的孙子驻守福建，这就是三藩的形成。

清朝养虎为患，在边境驻守的三位藩王慢慢壮大，精兵将广，粮草充足。尤其远驻云南的吴三桂，已经发展了很强大的势力，蠢蠢欲动，欲与清朝争天下。而清政府每年还要花费大量银子在三藩身上，这也给政府造成了很大的财政压力。于是康熙皇帝决定撤销三藩，这是大清完成真正意义上统一所必须完成的任务。

康熙在 1673 年的春天，宣诏撤销三藩。而另外一方，三位藩王也做出了应对措施。吴三桂在同年的 11 月份，杀了康熙派来的云南巡抚朱国治，自封为兵马大元帅，讨伐清廷。叛军从云贵两省挺进湖南，很短的时间内几乎攻下了湖南全省。

吴三桂又挥师直取四川，四川当地的官员不战而降。一时间全国的南方各省危机四伏，大清出兵迫在眉睫。但吴三桂力求稳扎稳打，攻下湖南后便不敢往北继续前行，而是沿水修筑防御。这也给了清廷喘息之机，康熙利用此阶段重新部署战略和兵力分配。康熙深知吴三桂是造反的根源，所以对其他造反官员实施招安，削弱了三藩叛乱的势力。同时康熙起用了汉人作为大将，得到了百姓的支持，也鼓舞了军心。

康熙十七年（1678 年），吴三桂在衡州称帝，国号大周。但他心里清楚地知道大势已去，连耿精忠、尚之信都已经归顺清廷。此时建立的伪帝国，不能改变叛乱失败的命运。同年秋天，吴三桂因病去世，他所率领的叛军因群龙无首而迅速溃散，吴三桂的孙子吴世璠继承了爷爷的伪皇帝位。康熙抓住机会，一举获得了战争的胜利，收复了湖南、广西、贵州、四川等地。在之后的两年时间里，清军攻入云南。吴世璠自杀，其余的叛军出城投

降。至此，三藩之乱宣告结束。

康熙在此次平三藩之乱中，不但制止了叛乱，还维护了国家统一。康乾盛世也慢慢初具规模。

吴三桂发动叛乱，虽然攻下了南方的很多城市，但是作为一个使明朝灭亡的大汉奸，吴三桂在百姓的心里树立了反面形象，所以他发动的叛乱得不到民众的支持。

而清朝出兵平定叛乱，有力地促进了国家的统一，使清朝的中央集权得到了加强，提高了边疆的防御和抵御外敌入侵的能力。

热兵器战争

英西海战：西班牙"无敌舰队"神话破灭

在 16 世纪的欧洲，西班牙的"无敌舰队"无人能敌，西班牙依靠强大的海军实力称霸欧洲，连后来殖民地遍布全球的日不落帝国——英国都无法赶超。但是，再"无敌"也有衰落的时候，英西海战就是西班牙"无敌舰队"神话破灭的时候。

自从哥伦布发现美洲新大陆以来，西班牙就开始了它的殖民历程，源源不断的金银财宝被掠夺搜刮至西班牙国内，使其迅速成为当时欧洲最富有的海上帝国。

有资料显示，在 1545~1560 年间，西班牙从海外掠夺黄金 5500 千克，白银 24.6 万千克，并占有了世界贵重金属开采中的 83%。为了运输这些金银财宝，保障其在海上交通线和海外的利益，西班牙建立了一支强大的舰队，号称"无敌舰队"。这支舰队由 100 多艘战舰、3000 余门大炮、几万名士兵组成，在当时无人能及。

16 世纪的欧洲，资本主义开始萌芽，新兴的资本主义英国开始寻求海外市场，并且开始和老牌殖民帝国西班牙进行资源和殖民地的争夺，试图打破西班牙对殖民地的垄断地位。鉴于这种情况，西班牙统治者菲利普二世试图在英国开始进行颠覆活动，将信奉天主教的苏格兰女王玛丽扶上英国王位，但是最终没有成功，玛丽被当时的女王伊丽莎白所杀。菲利普二世决定采用武力制服英国。

1588 年 5 月，西班牙公爵梅迪纳率领"无敌舰队"从里斯本出发，舰队包括舰船 134 艘，其中 2.1 万步兵，船员和水手 8000余人，另 2000 多名摇桨奴隶，声势浩大。可以看出，梅迪纳抱持势在必得之心，打算采取传统的冲撞敌舰、登舰肉搏之战法，夺取英国船队。

而英国方面，其舰队规模远不及西班牙，只有 197 艘战舰，作战人员仅 9000 余人，且大多是船员和水手。为了抵抗西班

击败西班牙"无敌舰队"伊丽莎白一世功不可没。她并不喜欢她姐姐的丈夫菲利普二世，而且她对英国也抱有野心，特别是在英国取得胜仗之后。

菲利普二世

牙压倒性势力，英方将船进行了改装，改用小而快、机动性强的船只，并且使用射程远的火炮，这样英国就能够成功躲避西班牙的重型炮弹的袭击，同时在远距离以火炮制胜。

当西班牙舰队浩浩荡荡出航的时候，遇上了大风暴，舰队只好返港避风，直到7月才重新出发。7月22日，英西海战正式爆发。英军凭着西南风，猛轰"无敌舰队"的后卫舰船，使其阵脚大乱。但是，23日清晨，海上的风向逆转，"无敌舰队"暂得优势，凭借风力重创英军的最大军舰"凯旋"号。第一回合结束。

7月25日，双方再次进行了几个小时的激战。此时，西班牙"无敌舰队"的弹药基本耗光，但是没有补给，于是梅迪纳决定向加莱前进。而此时的英国舰队则可以通过附近的港口得到弹药补给。26日，"无敌舰队"到达加莱附近海域，随后而来的英国舰队停靠在西班牙炮程范围内，而此时弹药空虚的西班牙"无敌舰队"对此无能为力。

7月28日凌晨，英国海军对"无敌舰队"发起突然袭击，8艘小船驶向"无敌舰队"并将一些船只点燃，顿时火光滔天，"无敌舰队"内一片混乱，开始溃散。英军随之对大乱的"无敌舰队"发起了猛烈的进攻，直到下午6时风向转变，"无敌舰队"才得以趁机退出英吉利海峡。

7月29日，风向仍然无利于"无敌舰队"，鉴于当时情况，梅迪纳只好决定绕道北海，返回西班牙。

8月，英西两军再次在加莱东北海上进行会战。英国行动灵活的战舰将运转不灵的西班牙庞然大物打得狼狈不堪、七零八落。在持续将近一整天的炮战中，西班牙"无敌舰队"的两个分舰队覆没，另有一名分舰队司令被俘。至此，西班牙"无敌舰队"一蹶不振，全线撤退。

但是，英国并没有至此收手，而是乘胜追击，于8月8日在格拉夫林子午线对"无敌舰队"发起进攻，再次击沉对方16艘战舰，而英军舰无一损失。此时的"无敌舰队"只好集结残余船只返回西班牙，英国海军因为弹药消耗过大等问题，放弃了继续追击。

屋漏偏逢连夜雨，受损的西班牙舰队在抵达苏格兰西北岸的拉斯角时，遇到了大西洋风暴，再次给了这支已经残破的舰队以致命打击。西班牙的战舰漏水下沉，不少人被淹死或失踪。1588年10月，仅剩43艘残破船只的"无敌舰队"返回西班牙，"无敌舰队"不朽的神话从此化为戏谈。

欧洲30年战争：国家宫廷的"布拉格抛出窗外事件"

欧洲历史上第一次大规模的战争，恐怕就是"30年战争"。这场欧洲大战的战场在德意志，所以无论是经济还是城市建筑上，德意志都遭到了严重的打击。大战的最终结果是两大派系签订了合约，整个欧洲开创了新局面，领土重新被划分。欧洲从此结束了漫长的一统天下的局面，德意志民族的神圣古罗马帝国也撤去了它的大旗。而整个事件的导火索，就是被人们所熟悉的"布拉格抛出窗外事件"，它标志着30年战争的爆发。事情的起因还要从欧洲当时的两大集团说起。

当时的西班牙、奥地利和德意志的天主教联合起来组成了哈布斯堡集团，而德意志的新教派联合法国、丹麦等国组成了反哈布斯堡集团。1526 年，捷克被德意志民族的神圣古罗马帝国所吞并，而古罗马帝国的皇帝身兼两职，同时当起了捷克的皇帝。

当时的捷克还算太平，百姓们可以有自由的信仰，政治上比较自立，但自从马亚提登基之后，一切都变了。他派了斐迪南去捷克做国王，还命令大量的耶稣传教士到捷克去，想传播他们信仰的天主教。斐迪南更加丧心病狂，登基之后就开始下令摧毁所有当地新教派的教堂和活动场所，追杀新教徒，捷克人民失去了信仰自由，处于水深火热之中。

俗话说，哪里有压迫，哪里就有反抗。捷克人民长期的愤怒终于在 1618 年 5 月 23 日爆发了。当地的新教徒们组织了一群携带武器的百姓，联合起来发动了起义。他们冲入了王宫中，将斐迪南手下的两个钦差大臣从瑞德凯妮城堡的一扇窗户扔了出去，两个可怜鬼从 20 多米高的王宫中跌入护城河的垃圾点，一命呜呼。这座城堡在当时是哈布斯堡在布拉格的重镇要塞。这就是历史上著名的 "布拉格抛出窗外事件"，30 年的欧洲大战也就此爆发。

这次起义之后，捷克人民取得了暂时性的胜利，获得了独立。但 1620 年，古罗马帝国凭借着哈布斯堡集团的联盟军，再次攻下捷克。捷克再次被德意志所占领。

而神圣古罗马帝国的大胜，却引发了欧洲其他国家的不安与不满，最初是丹麦的介入。1625 年，丹麦军队攻古罗马帝国，最后以失败告终。1629 年，丹麦皇帝不得不与神圣古罗马帝国签署了《吕贝克合约》，承诺从此不再干涉德意志的军务。

大帝国的势力日渐庞大，并有向北扩张的趋势。瑞典和法国为对抗强大的神圣古罗马帝国，组成了同盟，并联合了其他一些势力，在德意志的西南方与大帝国展开了激战。起初瑞典军方占得一些便宜，而大帝国于 1634 年与西班牙组成同盟，马上扭转了局面。瑞典被打得很惨，而大帝国一方也撤回到了波罗的海沿岸。

瑞典的失败，促成了法国一方的迅速出战。瑞法两国的联军与大帝国一方的势力展开了旷日持久的战争。后来因为双方都损失惨重，尤其是神圣古罗马帝国一方，他们被逼无奈，只好求和。自此，持续了 30 年左右的欧洲大战落下了帷幕。

这场大战导致了欧洲经济的严重衰退，各个国家都是劳民伤财，倾尽国力。法国通过这次大战，瓜分了德意志当时很多的地盘，从而一跃成为当时欧洲的霸主。这是一场轰轰烈烈的欧洲大战，而引发大战的 "布拉格抛出窗外事件" 也永远刻在了历史的石碑上。

这场战争同样给世界战争模式带来了改变。这场战争中，各国以征兵制作为扩充兵源的方法，并且在前线与后勤之间架起了一道有保障的桥梁。战争中瑞典一方开始使用火枪，

布拉格抛出窗外事件

这比冷冰冰的长矛对敌人的杀伤力更大。三段式战法也率先得到运用，作战部队先是用火枪向敌人发起猛烈的攻击，然后骑兵在火枪的掩护下对敌方的阵势进行冲击，最后由步兵负责对敌人进行清剿工作。三段式战法成为之后作战战法的一个模板。

英荷战争：制海权的争夺

华尔特雷利曾经说过："谁控制了海洋，即控制了贸易；谁控制了世界贸易，即控制了世界财富，因而控制了世界。"由此可见，制海权对于一个国家来说是非常重要的。发生在17世纪的长达几十年的英荷战争就是争夺制海权的典型例子。

众所周知，16世纪，英国打败了强大的西班牙的"无敌舰队"，并相继在欧洲大陆、印度和北美进行长达半个世纪的战争，逐渐成为日不落帝国。

16世纪以前，当时的荷兰还是西班牙的殖民地，直到1581年才建立起独立的国家。作为一个面积仅4万多平方千米，陆地自然资源匮乏的国家，只能够将视线转移到海上。

据载：土地的贫瘠与海岸无险可守驱使荷兰人首先从事了渔业。随后，加工保存鱼类方式的发现给予他们除了进行国内消费以外还能用以出口的物质，并由此奠定了他们财富的根基。

从16世纪到17世纪中叶，荷兰的商业、造船业和海上运输业迅速发展，成为当时世界上最大的海洋运输国家，当时欧洲南方和北方国家的贸易，几乎都掌握在荷兰人的手中，所以荷兰被称为"海上的马车夫"。

英国和荷兰的战争就是因为这样开始的，由于商业竞争、海上优势和抢夺海外殖民地等综合因素的结果，英荷双方的争战持续了几十年，最集中的战争有三次，史称英荷战争。

一开始，英荷双方从最初的封锁和反封锁贸易战发展为主力舰队间争夺制海权的决战。1653年8月，战争暂告一段落，英国控制了制海权，荷兰经济面临瘫痪。两国于1654年签订了《威斯敏斯特和约》，合约中荷兰表示承认英国的海上霸主地位。

1665年6月22日，经过一年的休整之后，英荷再次宣战，第二次英荷战争爆发。在这次战争中，荷兰和丹麦组成了反英联盟。双方再次进行了激烈的战争，8月，荷兰舰队攻打伦敦，英国海军将其重创，暂时获得制海权。9月10日，伦敦发生大火，英国无力再次与荷兰斗争，1667年7月，英国和荷兰签订《布雷达和约》，通过这个条约，荷兰在贸易权和海外殖民地上重新获得优势。

英国不甘于就此失败，1672年5月，英国联合法国对荷兰宣战，第三次英荷战争拉开序幕。英法联军分别从陆地和海上发动进攻，荷兰应对不力，受到重创。直到第二年3月，荷兰的海军才将英国舰队击退。

1673年6月，英法组成了联合舰队向荷兰发起进攻，这次也是一场海上和陆地同时进行的战争。法军从陆地、英军从海上两方面夹击荷兰，势如破竹。由于荷兰的陆军实力较弱，作战经验和武器装备远不及法国陆军，结果一路失陷。法

这幅浮雕画表现的是一艘荷兰船只，正是这种类型的船只支撑着这个国家获得了广泛的商业利益。

军接连得胜，甚至突破了埃塞尔河防线，直逼荷兰首都阿姆斯特丹。

荷兰元首威廉见状不妙，开启了穆伊登堤坝，令须德海和莱茵河化作一片汪洋，水冲法国陆军。法军受到重创，不得不提前结束战斗，及时撤退。结果，法国被迫退出陆战。

1673 年 8 月，英法舰队纠集势力，约 2 万陆军，其中 1 万人登舰，在鲁珀特亲王的率领下企图登陆荷兰特塞尔岛。

荷兰方面的情报员及时将消息报告给荷兰海军军方，荷兰海军将领德·奈特于 21 日夜间指挥舰队，利用风向成功插入英法舰队与海岸之间的缝隙，于拂晓时分主动发动进攻。一时间，双方炮火，你来我往。尽管英法联军兵力占了优势，但荷兰水兵士气高昂，英勇作战；指挥官们精明强干，不让分毫。不久，荷兰指挥官班克特巧妙避开法国指挥官的陷阱，突破了其战列线，令法国分舰队陷入了混乱。班克特留下了部分战舰应对法军，其余战力则投向了德·奈特，帮助他应付英国舰队。

这场海战持续了整整一个白天。夜幕降临时，英法联合舰队受创颇重，损失无数，知道攻占特塞尔岛无望，只好颓然撤退。经此一役，荷兰获得了短暂的海上休息期，将东印度公司护航船安全接回。

1673 年 8 月，法国正式退出战争，英国也于第二年 2 月与荷兰签订《威斯敏斯特和约》，结束了这场旷日持久的英荷战争。

经过三次英荷战争，英国最终成为了海上霸主，最早的殖民国家和海上霸主荷兰却因此耗尽了实力，一蹶不振。

鸦片战争：为反鸦片而战

晚清时中国实行闭关锁国政策，1757 年整个中国沿海只有广州的"十三行"一口通商。但是随着世界航海技术的发展，各国之间贸易往来日趋频繁，越来越多的欧洲人来到东方做生意。可是当时的中国是自给自足的自然经济，对欧洲产品的渴求度比较小。而中国的产品如茶叶、丝绸，深受欧洲人的欢迎，所以中国在海外贸易上形成了巨大的顺差。这也成为了后来爆发鸦片战争的原因之一。

为了摆脱贸易上的不利局面，英国通过设在殖民地印度的东印度公司将大量的鸦片贩卖给中国。清政府深知鸦片的危害，雍正年间就已经明令禁烟。但是清朝官吏贪财，收受了英国人的贿赂，所以禁令有如一纸空文，沿海地带鸦片贩卖猖獗。1821~1838 年，鸦片输入由 4000 箱猛增到 4.02 万箱。许多中国人，上到皇亲国戚、政府要

林则徐像

员下至贫民百姓都吸食鸦片。在军队中，鸦片更是盛行，致使军队的战斗力下降，士兵的身心健康受到了摧残。沿海地区的手工业几近荒废，国库的白银大量外流，长此以往，国将不国。

鸦片对国家社会造成的危害日益严重，朝野上下禁烟的呼声高涨。为此，道光皇帝下令派两广总督林则徐前往广州销烟。到达广州后的林则徐搜缴市面上的鸦片，命令外国的烟贩必须把库存的所有鸦片交出。1839 年 6 月 3 日至 6 月 25 日，英国人的鸦片库存全被

林则徐销毁，英国人认为这侵犯了他们的私有财产，进而导致了鸦片战争的爆发。

战争初期，清政府孤高自傲，认为英国不足为惧。谁知英国的坚船利炮让定海城一天沦陷，8月便抵达了天津大沽口。眼看英军打到了家门口，本来想和英国人一较高低的道光皇帝这时候不得不与英国人谈判。他按照英国人的要求将林则徐发配至新疆，然后又派人与英国人商谈。由于谈判久久不能达成协议，英国谈判代表义律最后失去耐心，说先战后商。1841年1月7日，英国攻下了虎门大角、沙角炮台。2月23日，英军攻击虎门炮台，广东水师提督关天培英勇抗敌，最后因为实力相差悬殊，虎门沦陷。

在英军的进攻下，广州附近的重要地域全部沦陷，清军不得不全部退守到广州城内。清军向英军投降，签订了《广州和约》。为了满足英军的赔偿要求，清军勒索了百姓600万银元，拿到钱的英国人撤出了广州。广州城内的百姓此时群情激奋，反对英国的事件频频发生，其中最著名的是三元里抗英事件。

1841年8月27日，英军北上攻下了鼓浪屿、厦门、定海、镇海、乍浦；1842年1月，英军在短暂休整之后进攻台湾中部；吴淞之战，面对英军的坚船利炮，江南提督陈化成誓死镇守西炮台，最后孤军奋战而死；7月21日，英军击败了守备镇江的清军，这让富庶的扬州绅商非常害怕，他们联合向英军缴纳了55万的赎城费用，才让扬州免于战火。

8月4日，英军逼近南京城，占领了镇江，封锁了江上漕运，阻碍江运贸易。如此情形让道光皇帝感觉到了事情的紧急，立马做出了求和决定。

1842年8月29日，随着中国第一个不平等条约《南京条约》的签订，第一次鸦片战争结束。

1844年，《中美望厦条约》第34条规定"所有贸易及海面各款恐不无稍有变通之处，应候十二年后，两国派员公平酌办"，英、美、法、俄四国想根据《南京条约》中的一体均沾原则，修改条约要求。但是清政府予以拒绝，这为欧美列强再一次对中国发动战争找到了"理由"。

1851年，太平天国运动爆发，对清政府的统治造成了重创。

英法联军趁太平天国运动之际，在1856年以"亚罗号事件"为借口，发动了第二次鸦片战争。

1857年9月，英法联军将战舰开到了广东沿海，12月28日开始对广州发起攻击。很快，广州沦陷，总督叶名琛被俘。至此广州城完全在英法联军的控制之中。

1858年4月，四国公使将战舰集结，一齐向北直逼大沽口。

5月20日，英法联军和清军在大沽口激战，联军派出了6艘炮艇向炮台发起攻击，近千名的海军陆战队员在炮火的掩护下

在鸦片战争期间，英国海军不费吹灰之力便摧毁了中国的舢板船。

抢滩登陆。清军也发炮进行了还击，但是最终结果炮台被英法联军攻占。26 日，英法联军抵达了天津城。清政府与英法联军签订了《天津条约》。

1859 年 6 月 20 日，清政府拒绝了英、法、美三国要求的让公使在清军的保护下进北京换约的要求，于是第二次大沽口战役打响。

25 日，英法联军对大沽口发动了进攻，英国海军司令贺布所率领的 12 艘联军军舰在下午 3 时向大沽炮台发起了攻击，清军予以反击。由于弹药准备充足，清军火力全开，英法联军受到了损伤。据统计有 4 艘联军的军舰被清军的大炮击沉。下午 5 时，贺布带领士兵强行在南岸登陆，

虎门销烟池纪念碑　清

结果由于岸边的道路太过泥泞，影响了英法联军的行进速度，清军的火炮击中登陆的英法联军队伍，造成了大量的死伤。

傍晚时分，从新河赶来的清军骑兵前来支援，晚上双方又发生了激战，英法联军死伤数人，不得不退回到了杭州湾。这是鸦片战争以来清军唯一的一场胜利。

联军的失败让英法非常不满，他们又派出大批的军队第三次向大沽口进攻。这一次联军的火力非常猛，清军根本抵挡不住，英法联军先后攻下新河和塘沽，清军连连溃败，大沽口炮台最后落入了英法联军的控制之内。

清军兵败大沽口，朝廷派代表与英法联军在天津议和。但是议和不果，英法联军向北京进攻，清廷派兵在通州阻击，结果全军覆没。咸丰皇帝仓皇之中逃往避暑山庄。

10 月 13 日，进入北京城的联军为了报复清军先前虐待杀害英法使节团的行为，洗劫并烧毁了圆明园和静宜园，300 多名太监、宫女在这场浩劫中死去。

两次鸦片战争给中国造成了深重的灾难。第一次鸦片战争开启中国 100 多年被西方帝国主义侵略的屈辱史。战争结束后签订的《南京条约》使中国丧失了主权，加剧了社会矛盾，加速了中国半殖民化的进程。但是两次鸦片战争的爆发让中国很多开明之士改变了对西方的看法，促进了新思想的涌入。同时，商品贸易蓬勃发展起来，为中国民族资产阶级的形成奠定了基础。

莱克星顿之战：打响美国独立战争的第一枪

18 世纪后半期，英国的海外殖民扩张愈演愈烈，在大西洋沿岸已经建立了 13 个殖民地。负责每个殖民地管理的官员叫做总督。英国在自己的殖民地上大面积地开发种植园，开展了纺织、冶铁、采矿等工业，经济发展迅速，贸易往来繁荣。

贪婪的英国政府为了增加财政收入，对殖民地加大了税收，并且对殖民地的人民进行残酷地镇压和剥削。1765 年，英国开始征收印花税，凡是签订的合同、公文、执照，哪怕是报纸、杂志、广告、遗嘱都要贴上印花税税票，这样才能够流通。这种乱加税的做法激

1775 年 4 月 18 日黎明，莱克星顿的枪声揭开了北美独立战争的序幕。

怒了殖民地生活的人们。各种各样的反对英国的组织在纷纷建立，反英事件经常发生，焚烧税票、武装骚乱、赶走税吏的行为也是屡见不鲜。

1775 年 4 月 18 日晚上，夜色一片漆黑，两个年轻人骑着快马从波士顿来到了康科德，他们一个叫保尔·瑞维尔，一个叫威廉·戴维斯。他们都是反英组织的成员。这一次他们着急忙慌地赶回到康科德，是因为他们探听到总督兼英国驻军总司令的盖茨将要派大批英国士兵前来收缴枪支弹药，逮捕反英组织人员。

这两个年轻人连夜赶回来向各村子的村民报告情况，他们很快来到了莱克星顿村，然后又骑马飞奔到康科德。很快这一地区的各个村子的村民集合起来，躲在路边的灌木丛中、树林里，等着英军到来。

转天早上，穿着传统红色军装的英国轻步兵，一行 800 多人，在少校指挥史密斯的带领下，来到了莱克星顿村。他们刚想悄悄潜入到村子里，这时候史密斯发现了藏在灌木丛中的民兵，他命令向林子中开枪，民兵也扣动扳机予以还击。英国士兵接二连三地倒在地上，有的民兵也为此献出了生命。最终因为人数上的差距，英国士兵很快冲进了村子，然后又转向进攻康科德。不过让英军失望的是，等到他们到达康科德的时候，武器弹药已经全部转移了，除了一些粮食，什么也没有找到。

正当史密斯命令士兵撤退的时候，突然从四周传来了枪响，英国士兵成了活靶子，成片地倒下去。史密斯抱头鼠窜，十分狼狈地逃回到波士顿。这一场战斗民兵们一共打死了247 名英国士兵，可谓是战绩辉煌。这一消息传到了其他地方，点燃了各地的反英斗争，拉开了北美独立战争的序幕。

独立战争胜利之后，莱克星顿的枪声被人们当成了美国独立的象征，人们称它为"美国独立的摇篮"。在莱克星顿的城镇中心区，有一座纪念碑专门纪念美国独立战争。这座碑就是一个拿着步枪的、头上顶着一顶草帽的民兵的形象。石碑的下面刻着一行字："坚守阵地。在敌人没有开枪射击以前，不要先开枪；但是，如果敌人硬要把战争强加在我们头上，那么，就让战争从这儿开始吧。"

莱克星顿的枪声不仅仅是一声枪响，它代表着自由，反抗欺压、剥削。作为美国独立战争的开始，结束了英国的殖民统治，实现了主权的独立，对以后亚洲、欧洲和拉丁美洲追求民主、自由、独立的革命也起到了推动作用。

第二次美英战争：美国的拓疆之战

独立战争之后，英国在北美洲还有大面积的殖民地，加拿大就是其中之一。美国看准英国在那里驻兵较少，防御松懈，想要再往北扩张领土。

为此，美国为自己的扩张找了三个理由，他们认为在独立战争后英国侵犯了他们三项主权：没有遵循1783年双方达成的巴里条约，英国没有交给美国西部地区的军事要塞，并且武装印第安人威胁美国边境；英国皇家海军在没有说明理由的情况下拦截美国商船，并且将船上的船员强征入伍；因为拿破仑战争导致的海上贸易禁运中，被英国克扣的美国商船要归还给美国。

1812年，美国卸任总统托马斯·杰斐逊发表演说，鼓励美国人民向加拿大进军，将英国人赶出美洲大陆。加拿大本土人民也非常欢迎美国人来"解放"他们。

其实战争双方都没做好战斗的准备，英国的战略重点一直在与法国的战争上，而美国在1812年的时候，陆军只有不到1.2万人，虽然在战前征召到3.5万人，但大都是没有经过正规训练的志愿军，缺乏军官，部队的战斗力也十分有限。

英国是当时的海上霸主，拥有世界上最先进的战列舰和护卫舰，并且数量庞大；美国只是在独立战争后的20年间组建了22艘的舰队，而且都是大而笨拙的护卫舰，双方实力不在一个档次上。然而战争伊始，美国海军以弱胜强取得了一些战斗的胜利，许多英国的战舰被美国俘获。英国一开始低估了美国海军的实力，于是派出更多的舰艇到美国海港，同时输送众多的陆军登上美洲大陆。英国在1814年8月24日进军到美国首都华盛顿，一把火烧了华盛顿的总统府，史称"华盛顿大火"。

在西部战场上，美军制定了错误方针，他们没有用主力部队猛攻圣劳伦斯防线，造成英国军队将救援物资很顺畅地运到了前线。同时休伦湖圣约瑟岛上的英军士兵率先攻击美军把守的底特律，造成那里的美军投降。1812年后的几场战役，美军都被装备先进的英军击败。

1813年1月22日，美国想要从英国手中夺回底特律，但是在法兰西镇的战斗中，美军被击败，收复计划宣告失败。1813年9月10日，美国指挥官奥利弗·佩里上尉率领美军进行了伊利湖战役，这场战役让美国取得了决定性的胜利，这场胜利犹如久旱逢甘霖，让先前遭遇了数次失败的美军士兵精神大振，美国军队重新控制了底特律。

伊利湖战役

伊利湖战役发生于1813年9月，交战双方是英国军队和实力稍弱的美国海军。美国人获得了胜利，并俘获了6艘英国舰船。他们的指挥官奥利弗·佩里在他自己的船沉掉之后，跳上了另一艘美国舰船。接着他宣布："我们已经遭遇上敌人，他们必将是我们的手下败将。"

安德鲁·杰克逊（1767年~1845年）是1829年至1837年的美国总统。他曾经参加过1812年的战争，并于1818年入侵过佛罗里达州，还参加了那里反对米诺尔族人的一场战争。他支持在西部地区扩展边疆的政策，并鼓励和支持殖民者去反对美国土著居民。

1813年5月，美军分别向加拿大首府约克和尼亚加拉河北部的乔治要塞进攻，但是都没有成功。时间转眼到了1814年11月，先前的战斗双方互有胜负，美军将领安德鲁·杰克逊带领部队转移到了路易斯安那州的新奥尔良。从1814年12月到1815年1月，面对前来入侵的英国指挥官爱德华·白金汉少将，杰克逊将军领兵顽强抵抗，保住了这座城市，并且击毙了白金汉少将。美军取得了新奥尔良大捷，杰克逊成了美国民众心目当中的大英雄，后来他当选为美国第七任总统。

1814年12月24日，两国外交人员在比利时的根特签署了停战协定，宣布停止战争。1815年2月17日，麦迪逊总统在《根特和约》上签字。条约内容规定了英美双方要互相交换占领的岛屿，美国人可以在圣劳伦斯河捕鱼，处理和解决这些年来双方搁置未解决的债务、财产纠纷。第二年，美国第六任总统约翰·亚当斯指控英国违反了和约的内容，战争中被俘虏的美国人充当了英国的奴隶，但是现在英国没有将这些美国奴隶归还，英国给出的理由是奴隶不包含在财产的范围内。

《根特和约》的签订没有根本解决双方的问题，但是它让英美两国由对峙状态回归到相对平息的环境中。虽然双方并没有在领土问题上达成共识，但是两国之间在此后的100年内没有再爆发大规模的冲突。

法俄战争：拿破仑兵败莫斯科

拿破仑是战争风云人物，在他叱咤风云的时代可谓是战无不胜，攻无不克。可是，在法俄战争中，拿破仑却兵败莫斯科，成为他的军事生涯上的一个败笔。

其实，早在法俄战争之前的欧洲大陆就已经不平静了。法国与俄国在1807年7月签订了《蒂尔西特合约》，两国结成了同盟，准备将英国围困在英伦三岛上。拿破仑带领七国与亚历山大一世带领的30个公国分别派出人马在波兰、奥斯曼和中欧地区展开了激战。先前法俄商定的对英国的"大陆封锁"体系也接二连三地被俄国破坏，以法俄为首的多国战争看来已经不可避免。

1812年，拿破仑和普、奥以及多数欧洲国家结成反俄同盟，并集结波兰军队50余万人，火炮1370余门。而当时的俄军仅22万余人，火炮942门，双方的实力悬殊较大。

战争爆发之前，法国派出先遣部队悄然渡过涅曼河，从三个方向进入到俄国边境。这也预示着法俄战争正式拉开了帷幕。拿破仑的初步想法是用最短的时间征服广袤的俄国。不过现在看来，拿破仑的想法有些蛇吞象。进入到俄境内的先遣部队到维尔诺地区破坏俄国的交通运输线路，为法军进军莫斯科开辟出一条捷径。

俄军的部署则是全方位的，主力的巴克莱军团驻守在涅曼河的右岸，其他军队分别在各个方向进行防御。

6月28日，法军攻占维尔诺，与法国实力悬殊的俄军全线撤退。7月28日法军进占维捷布斯克。9月7日，双方在博罗季诺再次进行会战，伤亡都很惨重。

9月14日，拿破仑正式攻入莫斯科，得意扬扬的法军看到的却是一片火海和废墟。此

当拿破仑的军队到达莫斯科的时候，俄国人早已经将莫斯科焚毁。最终，寒冷的冬季给拿破仑造成了严重损失。拿破仑带着51万名战士进入俄国，却只带1万人返回法国。

时，莫斯科城内的老百姓团结一心，誓死不让莫斯科沦陷。20多万人组成了民军，对入侵的法国军队展开了游击战斗，打得法军找不着北。

时间一天一天过去，与民军的游击战斗让法军十分苦恼，他们迟迟拿不下莫斯科城。这时候，由于战线拉得过长，法军的后勤物资补充不到位，战士们在严寒和饥饿中苦苦地支撑。

10月19日拿破仑下令全面撤退，但是在撤退中不断遭到俄军的阻击。莫斯科的冬天异常寒冷，法军冻饿而死的士兵不计其数，俄军多路进行追击，歼灭大量法军。拿破仑的军队节节败退。到了11月，撤退到别列津纳河时的法军只剩下3万多人。噩梦并没有结束，法军再次遭到俄军的追击，损失了大半兵力。而法军的同盟者普军和奥军则与俄国进行秘密议和，全身而退。狼狈不堪的拿破仑将军队交到部将缪拉手中，自己逃回巴黎。随即，法军残军渡过涅曼河，撤出俄境。

法俄战争至此以拿破仑的惨败落下帷幕，拿破仑在战术上的急于求成、轻敌冒进、战线过长、消耗过大使得法军付出了惨重的代价，拿破仑的神话随之被打破。

滑铁卢会战：拿破仑的致命败笔

一代枭雄拿破仑最终败于滑铁卢，而拿破仑的帝国也从此结束。在滑铁卢战争之前，拿破仑已是强弩之末。在莱比锡之战时，他败回莱茵河，把战线推到法国本土，随后，反法同盟军攻占了巴黎，拿破仑被迫退位，并被流放到了厄尔巴岛上，波旁王朝复辟。

但是，一代枭雄拿破仑绝不甘愿就这样结束自己的一生的。1815年法国国内局势混乱，反法同盟在为分赃不均而剑拔弩张，法国人民同封建贵族的矛盾日益激化，面对这样的局面，拿破仑准备东山再起。

1815年2月26日，拿破仑找来6艘小船，带上1050名士兵，经过几天几夜的不间断划行，悄然到达位于法国南岸的儒昂湾。他发表了极具鼓动性的演讲："士兵们，我们并未失败，我时刻在倾听着你们的声音，为我们的今天，我历经重重艰辛。现在，此时此刻，我终于又回到了你们中间。来吧，让我们并肩战斗，胜利属于你们，荣誉属于你们，高举起大鹰旗帜，去推翻波旁王朝，争取我们的自由和幸福吧！"在不费一兵一卒的情况下迅速集结士兵1.5万人，并成功进入巴黎。3月19日，拿破仑重登王位。

到3月25日，俄、奥、普、英、比、荷等国结成的第七次反法联盟，七国的兵力总计有70万。联军准备分头进攻巴黎。而拿破仑也在紧急筹备兵力，到了6月份，已经拥有18万人。

6月12日，拿破仑率领12.5万法军在滑铁卢对英国士兵发起攻击，并一度占领了一些村庄，但随即被打退，战争很快进入白热化状态。而此时，双方的伤亡已经非常惨重。更为重要的是，双方都在等着各自的援军。英军的威灵顿在等待着布吕歇尔，而拿破仑则希

这幅画表现了 1815 年 6 月 18 日进行的滑铁卢战役中晚 8 时许的紧张情景。

望格鲁希尽快赶来。

此时的格鲁希遵守命令于 6 月 17 日出发。正在追击普鲁士军的格鲁希向前行动非常迟缓，但是这一路上并没有受到敌人的袭击。在一次休息的时候，格鲁希在农家里听到一声声的炮响。有经验的人听到这是战争的声音，格鲁希的部下开始建议他马上前进，对法军进行支援。而一向懦弱的格鲁希却做出了一个改变了战争结局的决定，他说："在皇帝撤回成命以前，他决不偏离自己的责任。"格鲁希没有在第一时间前去支援拿破仑的军队。副司令热拉尔请求他亲自率领一些部队上前作战，而考虑了一秒后的格鲁希否决了这个提议。就这样，拿破仑最后的希望也破灭了。

滑铁卢的战争还在激烈地进行。这天下午，拿破仑一次又一次向威灵顿的高地发起了进攻，但是一次次被击退回来。不幸的事情在这时发生了，威灵顿的援军来了，浩浩荡荡的队伍开向滑铁卢，看到援军到了的英军士气大涨，冲向法军。仅仅几分钟，拿破仑的军队就崩溃了，拿破仑本人也慌忙逃跑。还不知道状况的格鲁希随后到达了滑铁卢，但是战局已定，拿破仑已经逃亡，他的帝国随之败落，此后再也无法东山再起。

1815 年 6 月 22 日，重新当了 100 天皇帝的拿破仑再一次退位，后来他被押送到大西洋的圣赫勒拿岛上，于 1821 年去世。

克里米亚战争：俄国兵败于四国联盟

巴尔干半岛自古以来就是兵家必争之地。1853 年，英、法、土耳其、撒丁四国向俄国宣战，想要争夺在巴尔干地区的主导权，这场战争史称"克里米亚战争"（又名"克里木战争"）。克里米亚战争之所以被历史所铭记，是因为它的发生导致了欧洲各大列强之间（尤其是俄国与英法等国）的关系和地位得到了本质上的改变，它也是世界史中有记载的第一次"现代化"战争。

表面上看，克里米亚战争的起因是由于奥斯曼帝国的国王苏丹拒绝了俄国提出的"建立保护地来保护奥斯曼帝国国内的教徒"的要求，从而被俄国人抓住了把柄，以拒绝合作为理由采取军事行动。实质上，当时的奥斯曼土耳其帝国正在从内部逐渐走向瓦解，而俄国认定了吞占奥斯曼的地盘将会是它发展自己势力的最佳机会。尤其是打败奥斯曼帝国之后，俄国可以获得占领巴尔干半岛的机会。这也让俄国人按捺不住，找个借口对奥斯曼帝国兵戎相见。

尼古拉一世

但此时的英法等国也在欧洲大陆扩张自己的势力，他们不会允许俄国拥有这样的机会占领军事重地，否则必将威胁到他们的地位，因此他们投入到这场战争中来是势在必行。

俄国对奥斯曼土耳其宣战之后，奥方在巴尔干与俄方展开了战争，并且凭借着本土军力占据的优势打败了俄国，英法两国见情况有利于奥斯曼帝国，便都没有采取行动。

1853年10月27日，奥方军队在高加索又与俄方发生战斗，结果土耳其一方被俄方打败。同年11月份，两国又在黑海区域发生了海战。俄军在海上占尽优势，全歼了奥斯曼帝国的一支分舰队，大获全胜。至此，俄国获得了黑海的控制权。

英法联盟见情势不对，在1854年1月份开始进入黑海，与俄国发动战争。同年9月份，英法与奥斯曼土耳其形成了三国联军，在克里米亚半岛抢滩登陆，开始攻打塞瓦斯托波尔，从此开展了长达11个月的激战。双方各有胜负，损失都非常惨重。

1854年12月2日，英、法、奥三国在维也纳组成了"反俄联盟"。1855年1月16日，撒丁尼亚王国在英法的支持下也加入了战争中。同年的9月8日，反俄联盟军在围攻了300多天之后终于打下了塞瓦斯托波尔。

1856年3月，俄国与法国等联军签署《巴黎和约》。黑海成为中立区域，而俄国也失去了对黑海的控制权。

此战过后，奥方日趋落寞，而1861年撒丁尼亚王国在法国的支持下建立了意大利王国。俄国的国际地位也是江河日下，失去了欧洲霸权地位。

克里米亚战争使奥地利、俄国、普鲁士的同盟关系瓦解。战后，普鲁士与奥地利和俄国的关系恶化，这时候英法也主动示好俄国，造成了奥地利被孤立。欧洲各国之间的势力水平发生了变化，奥地利在欧洲处于越来越不利的位置。

这场战争对俄国的影响也非常深刻，它让俄国在国际上的威望荡然无存，同时国家内部也爆发了很严重的问题，农民起义频繁发生。看到政权不稳，亚历山大二世摒弃了农奴制度，跟随世界的潮流开始发展资本主义。

1854年10月，皇家海军对塞瓦斯托波尔进行了轰炸。但是，这并不足以使其重新占领整个城镇。一直到1855年9月，该镇才终于被攻陷。

美国南北战争：内战爆发

在社会历史转型的时期，一个国家的进步发展无不伴随着对旧制度的去除和对新制度的确立。奴隶制度向封建制度转变是这样，封建制度向资本主义过渡也是如此。

新兴的资本主义制度率先在欧洲的英法等国确立，这些国家的新兴资产阶级为了争取本阶级利益，在战火和硝烟中为封建制度谱写挽歌。在美洲，美国以独立战争的形式确立了资本主义制度。但是，独立战争之后，美国南北方两种经济制度之间的矛盾越来越激烈，最终引发了南北战争。

美国独立战争之后，北方的新兴工业蓬勃发展，与南方传统奴隶制种植园经济并存。北方新兴工业是在第一次科技革命之后蓬勃发展起来的，这种经济形式代表着新兴资本主义经济模式，与美国南部地区一直存在的奴隶制种植园经济相互矛盾。

林肯

南部奴隶制种植园经济是一种封建经济模式，这种经济模式需要占用大片土地和大量的劳动力。可以说，美国南北战争在表面上看是两种经济制度之间的斗争，但在根本上说，是落后的封建制度和新兴的资本主义制度之间的一次较量。

南北战争之前的美国南方，黑人奴隶过着困苦而没有尊严的生活。在南方奴隶主、种植园农场主心里，这些黑人奴隶只是为他们工作的工具而不是活生生的人。

揭示黑人奴隶悲惨生活的文学作品《汤姆叔叔的小屋》在此时出版面世，这本书引起了极大的反响，在美国越来越多的人同情黑人奴隶的遭遇，也激发了黑人奴隶自身寻求解放的斗志。在这种氛围下，美国国内关于黑人奴隶解放的讨论越来越激烈，而林肯成功当选总统似乎为黑人奴隶解放展现了一丝希望。

亚伯拉罕·林肯是一位同情黑人奴隶遭遇、对解放黑奴持肯定态度的总统，在他的施政纲领中涉及到保护关税的内容。关税问题历来是南北方争论的焦点，提高关税，尤其是对欧洲一些国家的关税，对北方新兴工业是有益的，这样可以保证国内市场对工业产品的需求。但是对南方种植园经济来说，这无疑是件糟糕的事情。

提高关税，南方农业产品低价的优势就被大大削弱，这对依赖出口的南方经济是沉重的打击。林肯所涉及的关税政策，无疑是对南方经济的限制。更让南方各地无法忍受的是，他还提出了《宅地法》的政策。《宅地法》针对的是美国西部的土地，使得很多农民得到土地，发展了美国的小农土地所有制。但是这些政策对需要大片土地的种植园经济来说极其不利，阻碍了种植园经济向西部的扩张，也因此受到南方势力的反对。林肯的这些政策为黑人奴隶解放提供了条件，他本人作为南北战争中北方的领袖，也为黑人奴隶的解放做出了巨大贡献。

林肯出任总统激化了南北方之间的矛盾，南方诸州纷纷宣布脱离联邦独立，并成立了所谓"美利坚联盟"，杰弗逊·戴维斯任总统，美国南北方开始了内战。

南北战争开始之后，在北方领袖林肯和南方领袖戴维斯的带领下，双方展开了多场战斗。战争开始，由于南方军队有充分准备，而北方军队仓促应战，所以战场形势对北方不利，南方军队捷报频传。林肯颁布《宅地法》和《解放黑人奴隶宣言》，这成为南北战争的转折点，这两项政策的颁布使得北方军队得到黑人奴隶的支持，大量黑人奴隶参军入伍或者为北方军队提供补给，对扭转战争局面做出了重大贡献。

战争期间，北方的军队指挥官菲尔德·斯科特向林肯提出了自己的计划，计划中提到要将地理和经济结合起来，这是北方目前最大的优势所在。然后尽力控制住海港，阻碍南方的海上贸易往来，这样就掐断了南方的经济链条。这就是著名的"蟒蛇计划"，在接下来的战争中，林肯采纳了这项计划。

在经济上，北方本来就较南方更有优势，战争前期，南方势力又消耗了大量财力，而北方对南部港口的控制更使得南方经济雪上加霜。北方采取封锁国际航运和国内港口间运输两种方式，沉重打击了南方经济，使得南方粮食紧张，物资困难。失去物质支持的南方军队在东部战场和西部战场节节败退。

东部战场上，南方军在前期一直处于优势地位，尤其是两次马纳沙斯战役的胜利极大地鼓舞了南方军。第一次马纳沙斯战役是南北战争中早期的一场重要战役，在这场战役中，南方军在优秀将领杰克森的率领下抵御了北方军猛烈的进攻，并最终取得胜利。

杰克逊面对北方军重型武器的不断进攻，坚守防线，不让北方军有突破的可能，这使得杰克逊获得"石墙"的赞誉。第二次马纳沙斯战役之中，杰克逊仍然出任南方军的指挥。南方军巧妙地利用战略战术，佯装撤退来迷惑北方军。北方军信以为真，出兵追击，受到南方军队的攻击，最终被南方军队两队夹击，无奈之下只能撤退回华盛顿。第二次马纳沙斯战役，使得北方军困守北部，极大鼓舞了南方军的士气，南方军决定乘胜追击，进攻北方军，引发安提耶坦战役。

南方军以胜利之师进攻北方军，北方军队谨慎迎战。林肯调集军队，仍以麦克伦莱为统帅，两军在马里兰州的安提耶坦相遇。这一战，双方均投入巨大，而又获胜之心强烈，故而此战交火激烈，惨烈异常。最终，这场战役双方都损伤巨大，北方军勉强获胜，扼制了南方军队想要乘胜北上的势头，而林肯在战争胜利之后发布了《解放黑人奴隶宣言》，起到了扭转东部战场形势的作用。

在此之后，北方军在东部战场抵御了南方军队多次大规模进攻，并最终在盖茨堡之役击败南方军的第二次北上侵略。盖茨堡战役是南北战争中转折性的一场战役，南方军基于前期在东部战场的胜利势头，再次向北方军发动了攻势。

骄兵必败，南方军统帅李将军自信心膨胀，错误地估计了形式，最终被米德少将击败。盖茨堡战役双方都损伤巨大，但这无疑是南北战争中影响最大的战役之一。此役之后，南方军再也不具有大规模主动出击的实力，

两个出逃的、即将恢复奴隶身份的奴隶被戴上脚镣、手铐，押解着穿过波士顿的街道，路边观看的有些废奴主义者忍不住潸然泪下。

战争的天平向北方军方向倾斜。

《解放黑人奴隶宣言》发表后，华盛顿上下一片欢腾。

在西部战场和泛密西西比战场上，北方军也获得了优势，最终南方军将领李将军弃守南方政权的首都，并投降，北方军迎来了南北战争的胜利。

南北战争的胜利为美国资本主义发展清除了障碍，但是这场胜利是以国家内战、人民涂炭为代价换来的。南北战争之后，尤其是美国南方的经济受到重创，花费了长久时间才有所恢复。另外，这场战争推动了黑人奴隶的解放，这是一项重要的功绩。虽然这种解放在当时也仅限于形式上的平等解放，但是，这毕竟是美国在尊重人权、反对种族歧视方面的一次巨大进步。

普奥战争：称霸德意志的争斗

德意志统一的过程中经历了三次战争。在这三次战争中，普奥战争是最为重要也是最为艰难的一次。普鲁士和奥地利作为德意志联邦当中实力最强大的两个邦国，为了争夺德意志的领导权展开激战。

在详细解说普奥战争之前，我们要先了解一位重要的人物，那就是普鲁士首相——俾斯麦。俾斯麦在对普鲁士完成德意志统一的大业中贡献巨大，可以说他是统一进程的核心人物，有"铁血宰相"之称。

普丹战争之后，俾斯麦解决了丹麦这个普鲁士的紧邻，开始将眼光集中在联邦中的最大对手奥地利上。俾斯麦以杰出的政治家眼光，对局势做出了正确、敏锐的预测。

战争前期，他就在政治上采取先缓和与奥地利关系的策略，然后通过外交手段，争取到法国和俄国的中立态度，之后与意大利结成盟友，为日后普奥战争中迫使奥地利两线作战埋下了伏笔。

在军事上，俾斯麦为这场战争准备了先进的武器装备，例如先进的前装枪和铁路通信网络，这些先进设备的应用使得普鲁士在战争中占尽先机。俾斯麦能够知人善用，虽然他是一位杰出的政治家、军事家，但是俾斯麦并没有在战场上指挥的经验。

普奥战争中指挥大局的是著名的毛奇将军，他和俾斯麦、阿尔布雷希特被称为"德意志的三驾马车"，对优秀军事将领的培养和重视，是俾斯麦为普鲁士统一德意志所做的重要贡献。更难能可贵的是，三人之间能够和谐分工，军事上以毛奇和阿尔布雷希特为主，政治上以俾斯麦为主。普鲁士能够完成德意志统一，击败强大的对手，与这些杰出的军事家、政治家的通力合作是分不开的。

普鲁士的前期准备完成之后，普奥战争终于拉开了序幕。双方各具盟友，在三个战场展开争夺。

在意大利战场上，普鲁士盟友的表现令人失望。战争刚刚开始，意大利就被奥地利军队逼得节节败退，最终丧失了战斗力。奥地利军队并没有乘胜追击，而是将兵力集中在其他战场之上。意大利战场虽然没有实现俾斯麦之前设想的迫使奥军陷入两面作战的计划，但是客观上仍然牵制了奥军的兵力，为其他战争上的普鲁士军队争取到了宝贵的时机。

如果说，在意大利战场上，奥地利军队横扫普鲁士的盟友，那么在德意志战场之上，普鲁士军队就给了奥利地的盟友们一个响亮的回击。德意志战场之上，奥军的盟友面对强大的普鲁士军队根本不堪一击，普军以排山倒海之势轻松战胜各国，最终获得德意志战场的胜利。

"铁血宰相"俾斯麦

意大利战场和德意志战场的征战双方互有胜负，真正决定战争走向的是在波西米亚战场之上的较量。

普鲁士人深知波西米亚战场的重要性，在这个战场上部署了主要兵力并且以杰出将领毛奇出任统帅。毛奇制定了正确的作战策略，将军力分为三个部分合围奥军。但是这样分散兵力很容易被敌军逐个击破。庆幸的是，奥军统帅贝奈德克将军并没有采取这样的方式。最终，双方选择在萨多瓦展开激战。

奥地利军队因为之前连连受挫不得不退守易北河以南，以此来躲避普鲁士军队的合围。但是，在奥地利军队成功撤退之前，不幸和普鲁士军队在萨多瓦遭遇。战役中，虽然普鲁士军队一度陷入混乱的境地，但是他们凭借强劲的实力取得了最终的胜利，而这次胜利也奠定了波西米亚战场甚至是普奥战争的走向。此战之后，奥地利军队丧失了再次大规模作战的实力，最终奥地利皇帝弗兰茨·约瑟夫主动求和。

此时，普鲁士的决策者们已经不能抑制胜利的狂喜，他们想乘胜追击，吞并奥地利。面对近在咫尺的胜利，多数人都主张不能留给奥地利人喘息的机会，一鼓作气，攻占奥地利。但是，俾斯麦再次展现了他天才的谋略和预见力。他预见到要完成德意志统一，和邻国法国必将决一胜负，如果此时普鲁士不同意和奥地利和解，那么很可能会使法国加入战局。

所以他力排众议，和奥地利进行和谈。在和谈中，他又准确地分析了形势，认识到如果在以后和法国的战争中，能够争取到奥地利的合作，那么将会是极大的优势。所以俾斯麦决定在此次和谈中不过分地削弱奥地利，为日后的时局做出长远打算。普法战争的事实也表明，俾斯麦的决策是十分英明的。

最终，普奥双方签订了《布拉格合约》，奥地利割地赔款，退出北德意志联邦，普鲁士取得了普奥战争的胜利。

普奥战争之后，奥地利丧失了以往在欧洲的影响力，普鲁士组成了以它为中心的新德意志联邦，为完成德意志统一奠定了坚实的基础。

普法战争：法国签订屈辱和约

普鲁士经过普单战争、普奥战争的胜利，在德意志联邦当中取得了主导地位。但是，法国并不满意在它的身边有这样一位迅速兴起的强大对手，它通过各种途径插手德意志联邦的内部事务，这种行为为志在完成德意志统一的普鲁士人所不能容忍，终于在1870年爆发了普法战争。

1870年初，普鲁上以西班牙王室的继承问题作为借口，挑起争端，使得法国皇帝拿破仑三世率先向普鲁士宣战，普法战争爆发。

战争开始，求胜心切而又盲目自信的拿破仑三世亲率军队进入普鲁士境内，妄图迅速消灭普鲁士。但是，面对他的不是一支软弱无能的军队，而是一支铁血勇武的精兵。双方

1871年普法战争后期，胜利的德国军队群集在巴黎城墙外的废墟上。

在萨尔布吕肯地区首次相遇，这一次交锋，法国可谓出师不利，战争开始后两天，普鲁士人已经控制了局势，进入反攻阶段。

此后，法国军队接连遭受失败，当初志在必得的气势早已不复存在，被迫退守法国境内，寸土未得反而为本土招来祸患。气势如虹的普鲁士军队乘胜追击，终于在8月30日和法国军队在色当进行了决定性的一战。

在色当战役中，法军以主力部队和普军抗衡。战斗开始后不久，法军即陷入普军的包围，法国皇帝拿破仑三世无计可施，只得寄希望于统帅麦克马洪能够率军突破包围。普军当然不会令法军轻易地突围而出，双方在要地拿·蒙萨勒镇和巴萨利斯镇展开激烈交战。

在巴萨利斯镇的战斗中，法国军队可谓占据地利人和。法军对所处地形极其熟悉，并且此时的法国人民抵抗外敌的热情十分高涨，所以法军官兵在出战之前一个个自信满满。然而，这样的优势未能挽救法国人的败局。

战争打响之后，法军在普军猛烈炮火的进攻下，不能组织有效进攻，普军杰出将领毛奇的谋略领导使得法军无计可施。在这种情况下，法军仅有的几次反击均以失败告终。

而在战争后期，普军的支援部队抵达，法军更是抵挡不住敌人的进攻，尤其是普军先进火炮的进攻，节节败退，最终陷入普军的包围之中。陷入绝境的法军没有立刻放弃抵抗，组织了几次突围，试图挣脱普军的重重阻碍，可是结果都是无功而返。原来不可一世的法国皇帝拿破仑三世不得不承认失败的事实，在9月2日展示出白旗向普鲁士人投降。

至此，普鲁士取得了这场战争的胜利。在色当战役之后，面对已经投降并丧失进攻能力的法国人，普鲁士人并没有停止进攻的步伐，称霸欧洲的狂热梦想促使他们继续向法国境内推进，使得普法战争演变成为一场侵略战争。

普鲁士的侵略行为促成了世界历史上第一个无产阶级政权——巴黎公社的成立。面对普鲁士的侵略，当时的法国政府并不致力于抵抗外辱。相反，为了维护在国内的统治，法国和普鲁士签订了苛刻的和解条约。这彻底激发了法国人民的反抗精神，终于在1871年，巴黎人民推翻了资产阶级政府的统治，建立了巴黎公社。

普法战争以普鲁士大胜法国结

普法战争是法国与新统一的德国为了争夺北欧的主导权而进行的一场战争。这是一场一边倒的战争，俾斯麦的普鲁士军队在色当打败了拿破仑三世的军队，包围了巴黎。在后来的协议中，法国失去了阿尔萨斯与洛林两省，为德法关系留下了痛苦的遗产，这个问题一直延续到20世纪。

束，法国签订了割地赔款的条约，使得法国丧失了长期以来在欧洲的霸主地位。普法战争给法国社会造成的动荡不安，使得法国在接下来的第二次科技革命中发展缓慢。在这之后，法国的经济水平不能再与英美德资本主义国家相抗衡。

对于普鲁士来说，这次胜利，不仅使德意志统一大业最终实现。更重要的是，德意志从分裂状态转变为统一，为他在第二次科技革命中迅猛发展奠定了基础，而普法战争中获得的赔款和土地资源，又为它在第二次科技革命中的飞越进步提供了重要的帮助。从此以后，德意志成为欧洲举足轻重的势力，欧洲的政治版图被彻底改写了。

但是，此次战争中，普鲁士扩张的野心再也不能控制，对法国的过分剥夺使得法德之间产生严重的矛盾。战争之后，双方均相互防范，然后又进行军事力量的比拼，并扩展到其他资本主义国家，演变成为一场波及面广泛的资本主义国家之间的矛盾争斗，进而爆发了第一次世界大战。

中法战争：中国"不败而败"，法国"不胜而胜"

中国第二次鸦片战争期间，资本主义各国进入帝国资本主义时期，为了寻求自身的发展，他们急需扩张殖民市场和原料产地。为此，他们对世界各地展开了疯狂的侵略，中国及周边地区都未能幸免。

在此期间，法国对越南进行侵略。越南与中国毗邻，法国人在侵略越南时，对中国虎视眈眈。法国军队首先对越南南部各地进行武力侵略，在夺取越南南部大部分地区之后，侵略势力开始北上。

冯子材旧照

此时，越南国王向刘永福率领的黑旗军求助。刘永福早期率领军队在滇桂一带进行反清运动，之后进入越南境内，发展军事力量。刘永福的军队以严明的纪律和出色的战斗能力而闻名，所以在当地深受人们的爱戴。在受到越南国王的请求之后，刘永福当仁不让地肩负起反击侵略的使命，他率领黑旗军在越南境内和法国侵略者展开战斗。

在和法国军队的交战中，刘永福以出色的指挥能力，带领手下的精兵强将在当地人民的支持下，屡屡击败法国侵略者，收复河内，扼制了法国侵略者北上的势头，功勋卓著。

1882年，法国侵略者再次出兵北上，试图攻占越南北部地区，刘永福率兵抵抗，并击毙法国军队统帅李维业。但是，法国侵略者利用李维业的死大做文章，更加疯狂的进行侵略。最终，由于双方实力太过悬殊，越南战败并签订了《顺化条约》，至此，法国开始了对越南的殖民统治。在对越南的侵略中，法国以越南为入侵中国的跳板，而越南政府被迫向法国开发红河流域，也为法国侵略中国提供了交通上的条件。

在法越交战之后，中法之间逐步开始正面交锋。法国侵略者首先向中国施压，妄图入侵中国云南。彼时，昏庸的清政府不敢和法国正面冲突，这种软弱的态度加速了法国侵略的步伐，在1883年12月，法国开始了对中国的武装侵略。

战争初始，法国对山西等地进行攻击，而后，又相继占领北宁、太原、兴华。面对法军的猛烈攻势，清政府不思抵抗一味求和，与法国签订《中法会议简明条约》，这一不平

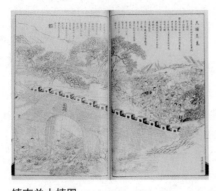

镇南关大捷图
点石斋画报，光绪末年上海东亚社石印本。

等条约使得法国打开中国的大门，势力渗透到中国各地。

在此之后，法国的侵略野心并没有得到满足，以"观音桥事变"为契机，法国开始在中国沿海点燃战火，中法战争进入了一个新的阶段。

法国军队在海上首先进攻基隆，台湾事务大臣刘铭传面对先进的法国海军并未退缩，率领军民与法国侵略者展开斗争。刘铭传充分地分析敌我优势，避敌所长，多次成功击退法国军队的进攻。法国海军进而对浙江一带展开攻势，中国海军殊死抵抗，但是，中国军队的实力与法国军队相去甚远，中国军队损伤惨重。

法国海军在中国沿海四处横行的时候，法国陆军也没有放慢侵略的脚步。他们集中力量入侵中国的西南地区。在侵略过程中，法军遭到老将冯子材的迎头痛击。

冯子材驻守镇南关，法国军队入侵镇南关之前，他就率领军民修筑防御工事，整顿部队，部署作战计划。在交战当日，冯子材一马当先，身先士卒，使得清军官兵士气大涨，勇猛果敢地回击了法国侵略者的猖狂行径。

在成功抵抗了法国军队对镇南关的入侵之后，冯子材率军一鼓作气，接连给予敌军沉重的打击。镇南关大捷是中法战争中，中国军队获胜的转折点，使得法国入侵中国的势头被遏制。但是，中国军队获得的巨大胜利并没有给中国在外交上争取到优势，腐朽的清王朝为了维护自己苟延残喘的统治，虽然在战场上取得了胜利，但是仍然和法国侵略者签订了丧权辱国的不平等条约，使得中国被迫开放众多口岸，法国侵略者的势力进一步进入到中国。

中法战争之后，中国的西南地区向法国开放，法国的势力开始逐步控制中国西南边疆，为法国进行资本输出，攫取大量财富提供了条件。虽然中法战争最终以中国签订不平等条约告终，但是在战争过程中，众多将领、官兵和普通民众不顾生死、保家卫国的精神让后人难以忘怀。

更重要的是，此次战争充分的暴露了清王朝的腐朽统治，使得越来越多的中国人明白，想要抵抗外辱不能依靠清王朝。相反，只有推翻清王朝的统治才有可能维护民族的独立。这次战争激发了中国国内推翻清王朝的呼声，使得清王朝越来越陷入风雨飘摇之中，并最终迎来了它的终结。

中日甲午战争：北洋舰队覆灭

明治维新之后的日本，从原本落后的封建制国家转变为一个资本主义国家，这使得日本的经济、军事水平日渐强盛。但是，日本本身的原材料市场和国内消费市场都很狭小，不能满足日益发展的生产力水平。日本只能通过对外侵略扩展来寻求出路。

日本对中国可以说觊觎已久。当时中国正处于封建统治的末期，虽然统治阶级内部开展了洋务运动的自救行动，但是这也只是一种治标不治本的方式，阻碍中国进步发展的封建制度仍然存在，中国与日本相比仍然是一个落后的封建制国家。而中国地大物博，人口众多，资源丰富，有着广阔的原材料市场和消费市场，此时此刻的中国正是日本通过武力扩张解决内部问题的最佳目标。在 1894 年，日本对中国正式宣战，这场战争被称为中日甲午战争。

战争初期，最主要的两场战役是平壤战役和黄海海战。

平壤战役中，中日双方兵力旗鼓相当，并且中方还得到朝鲜内部的支持，可以说这次战役中，中方在实力上并不比日本弱。但是，中方统帅叶志超软弱胆小，对部下的正确军事行动多次阻挠，使得中国军队贻误了先机。

平壤战役分别在大同江南岸战场、玄武门外战场和城西南战场展开。在这三个战场之中，玄武门外战场集中了双方的主力部队，是主战场。此战双方交火激烈，伤亡惨重。但值得庆幸的是，这场战役中担任中方统帅的左宝贵英勇无畏，把个人生死置之度外，这种精神使得中国军队上下官兵士气高涨。虽然，左宝贵最后英勇牺牲，但是余下的中国军队殊死抵抗，最终扼制了日本军队在玄武门外战场上的进攻势头。

相反，叶志超指挥的城西南战场，他在战局并未显露出失败迹象的情况下，出示白旗撤兵投降。侵略野心旺盛的日本军队又怎么会让他轻易撤退呢？中国军队在撤退的途中，遭遇日军埋伏，溃不成军，狂奔至鸭绿江边。最终，平壤战役因为主帅的软弱无能而宣告失败，日本进驻朝鲜。

平壤一战，日军大败中国军队之后，随即在黄海海域和中国军队再次交锋。此时，清政府正进行轰轰烈烈的洋务运动，而驻守黄海海域的北洋水师正是洋务运动的重要成果之一。

在洋务运动中，清政府兴办近代军事工业，装备近代海军，试图以此来挽救危机的统治。洋务运动到底有没有实效，此次北洋水师与日军的第一次正面抗衡正是验证的机会。

黄海战役之时，双方在军事实力上存在很大差距。北洋水师成军之后，并没有对舰船进行悉心的养护，也没有及时更新武器装备，而日本水军官兵训练有素，舰船和武器装备精良。

北洋水师将领丁汝昌在护送援军入朝返回后，和日本军队在大东沟遭遇，黄海海战全面爆发。战斗中，北洋水师出动"定远""致远""经远"舰等 12 艘军舰，迎战日本联合舰队。"致远"舰在厮杀中一直一马当先，最后陷入日军多艘军舰的合击，深陷合击的"致远"舰遭到重创，甚至出现船身倾斜的危机情况。但是，当"致远"舰与敌方军舰"吉野"号近距离相遇时，"致远"舰管带邓世昌没有退缩，更没有逃跑，他决定马力全开，向敌军军舰冲撞过去，最终在日军集中的炮火攻击下，"致远"舰爆炸，全舰官兵仅 7 人存活。

黄海海战当中，中日双方互有伤亡，但是北洋水师发挥了应有的水平，特别是各位北洋水师将

中日甲午海战图　清

李鸿章与伊藤博文签订《马关条约》图

1895年4月，在日本马关（今下关）的春帆楼内，中日两国代表进行停战谈判，签订了《马关条约》。

领，他们在战争中所表现出来的无惧无畏的拼搏和奉献精神是北洋水师得以抵抗强敌的重要原因。

不过，黄海海战之后，李鸿章以保存北洋水师实力之名，命令水师避入威海港内，任日本海军在黄海海域横行，使得日军取得黄海海域的控制权。李鸿章在名义上称此举是为了保存北洋水师的实力，但实际上，北洋水师是他所领导的洋务运动的重要政绩之一，如果北洋水师继续迎敌很有可能会遭受毁灭性打击，这样一来，他所依靠的政治资本也就受到损害。所以，李鸿章为了保有自己的政治资本而命令北洋水师避敌不出，延误了战机，丧失了黄海海域的控制权。

在此之后，日军顺势入侵中国，双方在辽东半岛展开多次战斗。面对日军的肆虐横行，清军抵抗不利，连连败退，多个要地被日军攻占。日军以三路大军进攻大连湾之时，驻守大连湾的清军统帅竟然不战而逃，日军不费一兵一卒轻取大连湾。此后，日军的气焰更加嚣张，在进攻旅顺的时候，清军无力抵抗，日军仅用两日就攻克旅顺口。日军的猖狂暴行已经再难压制，登陆旅顺口之后，日军制造旅顺惨案，对无辜平民进行大肆屠杀，所作所为令人发指。

此时，北洋水师仍然龟缩在威海港内，日军夺取旅顺之后，出兵威海，与北洋水师再次交战。双方此次交锋中各出全力，展开一场恶战。最终，北洋水师统帅丁汝昌自杀殉国，刘公岛陷于日军之手，日军攻占威海卫海军基地，北洋水师覆灭。

中日甲午战争，在中国近代历史上占据重要的地位。在战争中，洋务运动的最重要成果北洋水师覆灭于敌手，战争结束之后，双方签订了《马关条约》。

《马关条约》是一个严重的不平等条约，清政府赔付巨额赔款，为了解决财政危机，清政府更加残酷地剥削人民，加重了国内的阶级矛盾。台湾等大片领土被割让，严重损害了中国的领土主权完整，更加刺激了其他列强在中国分一杯羹的野心，中国半殖民地半封建化的程度大大加深了。

日俄战争：爆发在中国的异国之战

有人说，中国的近代史是一部血泪史，近代中国是西方列强对外侵略扩张的目标之一。关于划分中国势力范围的问题，西方列强之间总会产生矛盾和纷争。日俄战争正是日本和俄国之间矛盾纷争不可调和之下，为了确定势力范围而进行的一次战斗。

俄国一直以来都是欧洲强国，此时的俄国处于沙皇统治之下，对内以封建高压统治镇压人民，对外则肆意扩张掠夺以缓解国内的矛盾。日本与俄国情况相似，在明治维新之后走上了资本主义道路，使得经济水平迅速发展，但是其根深蒂固的封建统治残余并没有彻底清除。在这样一种情况下，日本内部矛盾重重，再加上是一个资源贫乏的岛国，经济发展所需的大量廉价原材料和劳动力国内根本无法满足。

同沙皇俄国一样，日本也走上了以对外侵略扩张、对内高压统治的道路。两国的侵略之心都日益膨胀，而与他们紧邻同时又资源丰富、市场广阔的中国就同时成为他们的首要目标。这样，两国在中国的势力范围存在矛盾，并积怨已久，为了解决这种矛盾，双方在辽东半岛正面交锋。

战斗开始，双方首先在旅顺展开对制海权的争夺。此时，旅顺处于俄国的控制之下。但是，俄国并没有意识到旅顺的重要地位，更没有意识到日本对旅顺的虎视眈眈，仅仅在旅顺布置了常规兵力，并且没有配备先进的装备。但是，日本为了抢夺俄国在中国的势力范围，做了精心的准备。

首先，他们此战的将领多在德国有过学习的经验，甚至在普法战争的战场上实地观摩过毛奇将军领兵作战。因此，他们都接受了先进的军事指挥训练，具备较高的实战领导能力。其次，日本军队配备了精良的武器

日俄战争中的俄国海军军舰

装备，对士兵进行了严格的训练，使得日本军队成为一支训练有素的精英部队。最重要的是，日本对于俄国在中国的势力范围势在必得，对于旅顺这样一个至关重要的出海口更是垂涎三尺。就这样，在双方实力悬殊的情况下，旅顺的争夺开始了。

日军在1904年2月的一个夜晚，对驻扎在旅顺口的俄国军舰进行炮火攻击。可笑的是，当时俄国海军大部分军官正在参加一个歌舞升平的宴会，根本没有人坐镇指挥。俄国人在毫不知情的情况下，被日军炮火吞噬掉三艘军舰。之后，日军对俄军进行了突袭，此时此刻的俄军还是没有意识到日本人的野心，对日军的突袭毫无准备，日军出其不意，重创俄军。至此，日军虽然未能完全消灭俄军的海上势力，但是在制海权的争夺中处于压倒性的优势地位，俄军对日军无反击之力，唯有采取防守之势。

在陆上战役方面，俄军虽然在军队人数上和日军的差距并不大，但是，军队纪律散漫，技术装备落后，最重要的是对日军没有足够的重视。因此，在陆上战争的前期，俄军一直处于不利地位，日军相继取得金州、大连，继而进攻旅顺。此时，俄军退守旅顺，双方争夺的焦点再次集中在这里。

俄国统治者这时候已经意识到对日本的轻视是极其失误的，双方再次于旅顺对峙之后，俄国沙皇对俄军统帅施压，要求力保旅顺。俄军试图以东北其他地区的军队力量来支援旅顺，但是在瓦房店一带和日军遭遇之后，俄军的援军被日本人迎头痛击。这样，俄军援助旅顺的计划破灭。在此之后，日军相继清除了旅顺周边的一些隐患，终于在8月发动对旅顺的进攻。

驻扎在旅顺的俄军开始加强防御，但是落后的设备和失败的指挥使得这些举措都无济于事。日军对两个战略要塞发起了进攻，而俄军力图死守这两个至关重要的位置。双方展开了数天的争夺，最终，这两个要塞为日军所得。之后，双方展开了一系列的交战，都损失惨重，一时之间难分胜负，日军见不能在短时期内攻克旅顺就改变了作战计划，对旅顺实施长期包围。

在旅顺争夺的同时，日俄双方先后在辽阳和沙河进行大规模的交战，双方互有损伤。

反映日俄海战的版画

日本舰队对旅顺港实施闭塞和严密封锁，给躲在旅顺港内的沙俄太平洋分舰队出海作战造成威胁，迫使俄军向海参崴突围。双方在黄海海面上展开了激战，俄军惨败。黄海海战后，日军取得了海上主动权。

此时日军意识到在和俄军的作战中，最关键的问题还是旅顺口制海权，所以再次集中力量进攻旅顺。

这一次对旅顺的争夺，双方都明白此役的胜负决定着制海权的归属，进而决定了日俄战争的整体走向。所以，双方都拼尽全力，希望能够一举得胜。日军对旅顺进行了三次猛烈的进攻，终于在第三次进攻中，夺取了战略要地——203高地，这也就获得了旅顺争夺战中决定性的胜利。1905年1月2日，俄军投降，旅顺失守，日军夺取了制海权，日俄战争向着有利于日本的方向发展。

日本在夺得制海权之后，在奉天战役和对马海战中又取得胜利。但是日本和俄国两国都损失巨大，日本虽然在战争中取得了优势，但是也意识到如果持续这场战争对双方都不利，所以日俄开始了和谈。最终，双方签订了合约，俄国承诺将其在朝鲜和中国东北的势力范围转移给日本。

虽然此次战争的交战国双方是日本和俄国，但是战争的发生地在中国境内，最终结果也是两个列强瓜分中国领土而告终。日俄战争给中国东北造成了巨大灾难，炮火使得人们流离失所，中国再一次屈辱地向着半殖民迈进了一步。

此次战争对日本来说是重大的胜利，不仅仅获得了俄国在中国的势力范围，更重要的是明确了自身亚洲强国的地位。

机械化战争

马恩河会战：“施利芬计划”对决“第十七号计划”

第一次世界大战爆发之后，协约国和同盟国展开激烈的争夺战。欧洲战场上，法国和德国一对夙敌再次站在了对立面上。

第一次世界大战之中，德国军队的统帅是小毛奇。小毛奇是德意志著名将领毛奇将军的后代。在大战开始之初，小毛奇决定承袭德国前总参谋长施利芬的指导思想，也就是著名的“施利芬计划”。“施利芬计划”具体来说是这样的：从历史情况考虑，施利芬认为，法国和德国之间长久以来一直存在着不可化解的矛盾，那么一旦大战开始，法国和德国势必为敌。

另一方面，施利芬敏锐地发现，自普法战争之后，法国就和俄国发展了良好的关系。而俄国称霸的野心和试图将势力渗透欧洲的想法使得它将德国这样一个欧洲强国视为眼中钉。

　　这样一来，一旦爆发世界大战，俄国极有可能会联合法国合攻德国。如果出现这样的情况，德国就被迫陷入两线作战的不利境地，那么如何处理这种情况呢？施利芬认为，法国和德国之间这种不可化解的矛盾使得法国成为德国最强大也是最永久的敌人，相较于俄国来讲，法国这个一直都对德国心怀恨意而又虎视眈眈的紧邻则更加危险。

　　因此，施利芬提议应该在法国一线积极主动地进攻，尽快地解决法国的威胁；在俄国一线以防守为主，在清除法国的障碍之后，再同俄国正面交锋。这样一个策略，从军事理论上来说，自然是有很强的优势的，但是，施利芬制订计划的时候，世界大战还只是一个预想。

　　在第一次世界大战开始时，世界局势要比施利芬所预想得复杂得多。而且，德军统帅小毛奇在决定承袭"施利芬计划"时，只根据实际情况做出了较小的改动，他可能未考虑到，有盟友支持的法国雪耻复仇的决心是多么地强烈，也没有考虑到俄国对德国的戒备有多强，再沿袭旧的作战计划势必不会取得良好收效。

　　法国方面所采取的大战策略是"第十七号计划"，这个计划是由法军统帅霞飞制订的。霞飞制订这个计划的目的是希望能够应对德军各种有可能的攻势，并非预先规定的作战计划。霞飞的这种指导思想使他在第一次世界大战爆发之后的混乱局势中，从容有序地应对了德国的进攻。

　　法德两国分别以不同的作战计划为指导，在大战爆发之后投入战局，两军终于在马恩河进行了全面的对峙。

　　马恩河会战之前，法国在战场上的表现并不尽如人意。克鲁克率领的第一集团军位于德军最右翼，在轻取比利时之后入侵法国。霞飞面对德军来势汹汹的入侵不敢怠慢，及时调动格林战场上的兵力，组建新的集团军来牵制克鲁克的进攻。然而，这一举措并没有起到很好的效果，克鲁克的军队直逼法国首都巴黎。法国国内此时已经处于一种人人自危的状态，法国政府也弃巴黎迁往波尔多。

　　如果克鲁克能够毫不犹豫地直取巴黎，那么，也许世界历史就将要改写。但是，在克鲁克已经兵临巴黎城下之时，他选择了转向东方以配合比罗的军事行动。他选择这样的行军路线使得德国军队和试图解救巴黎危机的法国第六集团军正面相遇，这对于法国来说是一个千载难逢的机会。

　　但是克鲁克并没有意识到自己的决策存在一个重大的失误，或者说他没有料想到，法国人在首都即将失守的情况下仍然有调集军队主动进攻的勇气，他不顾上级的命令，一路挥师向东，追赶比罗的军队，一路追至马恩河附近。

　　此时，法国人并没有立即行动抓住这个机会，好在将领加利埃尼敏锐地捕捉到了战机。他多次向霞飞建议出击攻打克鲁克部的后翼，最终霞飞痛下决心决定调集第六集团军去袭击克鲁克部。

　　一直跑在前面的克鲁克听到右后翼被法军袭

法军在战争后期逐渐掌握了主动权，图为法国空军对撤退中的德军阵地进行轰炸。

德国侵略者开始渡过马恩河时，法国军队就在河的这岸等着与之交战。

击的消息时，立刻决定调遣第3军和第9军回去增援。这两部军队的撤退，使得德国军队的进攻出现了一个缝隙，也正是因为这个缝隙的存在，给了法国军队全面反击的机会。

法国第3集团军、第4集团军、第5集团军和第6集团军纷纷展开了进攻，原本处于撤退状态的法军转瞬之间就转变为猛烈进攻的状态。陷入法军围困的克鲁克和比罗最终不敌法国人的猛烈进攻，相继撤退。马恩河会战以法国人的胜利结束，德军兵力全部后退，法国亡国的危机解除了。

马恩河会战拯救了岌岌可危的法国，同时使得德国人先取法国再战俄国的计划受阻，令第一次世界大战进入相持阶段。

凡尔登大战：“绞肉机之役”

德国人在第一次世界大战前期，丧失了快速攻克法国转而迎战俄国的机会，陷入了多面作战的僵持状态。1916年，德国军队认为还是应该遵循先取法国的战略，再次将作战中心转移。德国军队在这次针对法国的进攻中，选择凡尔登作为目标。

凡尔登一直以来都是法国一方着力防御的要地，它所处的地理位置是夺取巴黎，袭击法国后方阵线的要塞。德国之前对凡尔登发动过多次攻击，但是均以失败告终，最后迫不得已将进攻方向转向别处。正因为德国调整了作战重心，所以法国人放松了对凡尔登的防御，使德国看到夺取凡尔登的一线希望。

1916年，德国总参谋部长法金汉运用声东击西的计谋误导了法国人的视线。法金汉一方面大张旗鼓的增兵香贝尼，使得法国人误以为德军要以香贝尼为突破口夺取巴黎。但实际上，法金汉是在“明修栈道，暗度陈仓”，他暗地里向凡尔登调集部队，希望趁法国人没有觉醒之前，一举夺下凡尔登。但是，随着法金汉调集部队的人数越来越多，法军终于识破了他的诡计，迅速向凡尔登增兵，但是此时急速增兵已经为时已晚。

德国军队丝毫不给对手以喘息的机会，迅速发起了对凡尔登的猛烈进攻。此时，德军以近30个师的武装力量进攻凡尔登，并且配备了千门先进的大炮。而法国驻守凡尔登的将领贝当以四个师的兵力与之抗衡。可以说，在凡尔登战前期，德军具备压倒性优势，千门大炮的轮番进攻使得凡尔登笼罩在炮声和火光之中。但是法国军队面对强敌，殊死抵抗，尤其是将领贝当，在己方处于明显劣势的情况下，不慌不忙，沉着应战，利用地形优势，激发士兵的爱国主义热情和战斗激情，在最危险的情况下守住了凡尔登，为援军的到来争取了时间。

沿着西部战线发生的战斗，都是在那些有着带刺铁丝网和机关枪守卫的战壕中打响的。那里的条件令人触目惊心，有的是过膝的泥泞土地、不断的机关枪扫射、狙击和突然袭击。于1916年发生在法国的索姆河战役和凡尔登战役，便造成了200多万人的死伤。

待法国援军到来的时候，双方陷入了僵持阶段，双方都投入了大量军队，势要一决高下。战斗历时数个月，德国军队在占尽先机的情况下未能攻克凡尔登，但是双方仍然不断增兵，陷入长期的阵地战之中。法德均消耗了大量军事力量，这场战争已经从最初的速决战转变为一场消耗战。

双方在这样的互相消耗中又度过了数月的时间。到了7月，德国军队发起了新一轮进攻，这次进攻是德国军队的最后一搏，但是仍然没有收到效果，法国军队成功抵挡了这轮攻势，并在秋季发起了反攻。德军经历了长期的消耗已经视凡尔登为鸡肋，停止了进攻，在法军的反扑之中无力支持。

凡尔登战役是一场双方都损失巨大的战役，无数的士兵丧命沙场。长期的战场相持，又使得凡尔登周边的人民群众被战争所困，不能进行正常的生产生活，给法国的经济带来巨大损失。

但是，在军事角度上讲，凡尔登战役对于法国来说是一场表现出色的战役。首先，法国在战争前期军事实力明显不敌德军的情况下仍然固守凡尔登，这可以说是战场上的一个奇迹。其次，法国军事将领在凡尔登被德军突袭的情况下能够准确及时的应对，迅速地支援了前线的法军，也可以说树立了一个战争典范。最后，在双方阵地相持阶段，法国军队以一种誓死捍卫家园的精神守卫凡尔登，数次抵挡了德国军队的猛烈进攻，不得不让后人为这种精神所钦佩。

在凡尔登战役结束后，取得胜利的法军极大鼓舞了在其他战场上的盟友，加速了第一次世界大战协约国一方的胜利进程。而这次战役，对德军实力的巨大消耗和长期牵制都为其他战场争取了条件，使凡尔登战役成为第一次世界大战的转折点。

日德兰海战：以战列舰进行的最后一次大海战

第一次世界大战中有许多载入史册的战役，日德兰海战就是其中之一。这场战役是英德之间爆发的规模最大的一场战役。战役之后，英国海军海上霸主的地位受到了威胁。

日德兰海战在第一次世界大战整体过程中的地位也很重要，英军重新证明了自己仍旧是海上霸主。更为军事学家称道的是，此次战役是两位军事奇才之间的一次巅峰较量，以至于这场战役的胜负需要留待后人来评说。

日德兰海战情形

交战中，德军射击技术和舰艇操作水平较高，"同时转向"战术运用娴熟，但舰队实力处于劣势；英军虽握有主动权，但行动不坚决，也失去歼敌良机。

日德兰海战爆发之前，德军虽然极其重视海军建设，加强了对海军的投入，但是与海上王者英国海军相比，不论是在军舰的构造还是在战术技术上都有所差距。基于这种情况，第一次世界大战爆发之后的两年之内，德国海军受困于英国海军的封锁，退守驻地，毫无作为，更不敢与英国海军主力舰队进行面对面的较量。这种情况直到舍尔上将出任德军大洋舰队统帅之后才有所改善。

舍尔上将是一位有雄心和抱负的军事家，他出任大洋舰队统帅之后，不甘受制于英国军队的封锁，试图同这位海上霸主展开交锋。但是，舍尔上将不是鲁莽的勇夫，他在分析了两军实力对比情况之后，制订了一项计划，正是这项计划引发了日德兰海战，成就了一次为世界军事史铭记的精彩战斗。

他命希佩尔上将指挥的非主力舰队作为诱饵，引诱英国海军出动，而他在设定这个诱饵的时候极其小心，他并没有以更强势的部队去迷惑英国海军，这是因为他想要避免和英国海军主力部队交锋。如果英国海军进入了舍尔的圈套，那么他在英军追击希佩尔的时候，就可以与希佩尔合击英军。

舍尔的计划本是非常完美的。但是，他并不知道英国海军手握俄国人为他们提供的德军无线密码本。有了这本密码本，英国军队成功破译了德军的密码，获悉了德军的军事部署。英军海军主帅杰利科以其人之道还治其人之身，制订了与舍尔类似的计划，同样派军作为诱饵，引诱敌方军队进攻，而他本人则率领一支军队埋伏在外，静等时机攻击敌军侧后，以期与先头部队形成里应外合的夹击之势。

1916年5月31日，英军以贝蒂所率军队为诱饵，主帅杰利科亲自带领英军主力埋伏在侧。德军以希佩尔所率军队为诱饵，主帅舍尔亲自带领德军主力埋伏在侧。双方展开了激烈的交战。

在此次战斗中，贝蒂和希佩尔所领导的先头部队最先交锋。两军展开猛烈的炮火攻击之后，战场的形势有利希佩尔。首先，希佩尔所处的地理位置较英军的位置要有利得多。其次，在前期的往来之中，由于英军通信上的失误，使得英军在交战之前处于一种比较混乱的状态。而希佩尔也牢牢抓住了这一优势，在战斗刚刚开始的几十分钟内就掌握了主动权。

杰利科见战场形势不利于贝蒂，果断决定派兵增援。有了援手的贝蒂开始了对希佩尔更加猛烈地还击。希佩尔在英军的猛烈攻势下渐渐不支，最终陷入贝蒂舰队和英军第五舰队的包围，希佩尔果断决定与舍尔的主力部队会合以保存实力。随后，英国海军与舍尔率领的德军主力舰队相遇，双方再次正面对峙。在这个阶段，双方都出动了主力部队相抗衡，在激烈的交火中，德军多次重创英军海军主力，但是德军试图冲破英军包围圈的想法没有实现。最终，虽然英军损耗方面比德军要大，但是仍然成功地完成了对德军的继续封锁。

日德兰海战是英德双方展开的一次激烈抗衡。在这次战役之后，德军无力再向英军发动主动的大规模进攻，英军也更加谨慎地对待其强劲对手。这次战役为协约国在第一次世界大战中的海上战场掌控优势地位奠定了基础。而在这场战斗中，双方主帅的智谋和在实战中的临场指挥，都使得日德兰海战成为军事历史上的一次经典战役，为后人研究和学习。

索姆河战役：英法对德实施的进攻

在法国倾尽全力与德国军队在凡尔登抗衡的时候，协约国为了给法国减轻压力，吸引德国兵力，同时也为了进一步打击德国，在法国北部地区由英法两国对德国发动了大规模进攻。这次战役是第一次世界大战爆发以来规模最大的一场战役，持续了数月。

德军在索姆河附近地区构建了异常坚固的防守工事。为了摧毁德军的牢固工事，英法两国投入了大量兵力。战斗初期英法联军以39个师的兵力向德军发起进攻，战斗的第一个阶段，联军合力进行了为期7天的炮火袭击。经过这7天的炮击，英法联军突破了德军的第一层阵地，并且对第二层阵地也进行了摧毁性的打击。虽然在这一阶段的攻击中，英法联军依靠强大的武器装备和雄厚的物资供给取得了巨大的胜利，但是这种完全依赖武器的作用，没有向前推进的作战方式，丧失了战斗开始应该掌握的主动性。

在炮击阶段结束之后，英法联军利用火炮掩护展开了步兵进攻。这一阶段的进攻分三个方向进行，以英国军队担任主攻，另外两个方向上由英国和法国的军队进行配合。战斗打响不久，英国主攻方向上取得了突破，法国在助攻方向上也有所收获。

但是英国的助攻方向上遭遇了德军的猛烈进攻，德军的强大炮火使得英军损伤了大量的兵力。不过，可喜的是，从总体战场上看，英法军队是占据优势的，并且在最后控制了德军的第二层阵地。

德军眼看辛苦建立起来的防御工事就这样被逐层击破，随后德军开始巩固剩余的防线，更抓紧机会进行反击。英法军队再次对德军的第三层防线进行攻击，但是未能实现根本上的突破。在9月3日，英法联军集结了近60个师的兵力对德军进行最大规模的进攻，从最后的结果上看收效甚微。德军防线固若金汤，近10天的进攻英法联军只向前推进了几千米。

面对这种久攻不下的情况，英

第一次世界大战期间，坦克首次应用于战争。

法军队不得不出动当时最先进的陆上武器——坦克。9月15日，英军出动数十辆坦克，在坦克的掩护之下，英军向前推进的速度加快。而坦克的首次出现，在战场上也起到了震慑敌人的作用，甚至使得一些德国将领不战而逃。

正因为坦克发挥了它重要的作用，这次进攻的当天，英法军队就占领了第三层防线的数个重要战略据点。在之后的进攻中，英军又两次使用坦克，但是由于数量上比较少，作用没有第一次那么明显。

进入11月之后，自然气候状况变得比较恶劣，双方相互僵持，士兵们也都没有恋战之心，最终这次声势浩大的战役以英法联军的失败告终。虽然索姆河战役未能实现英法两国在作战之初所意图实现的战略目标，但是它仍然意义重大。

首先，索姆河战役使得德国陷入多边作战的尴尬境地，为在凡尔登奋战的法国军队牵制了兵力也争取了时间。

其次，此次战役虽然没有彻底摧毁德军的多重防线，但是仍然极大地消耗了德军的军事实力。

再次，英法联合举行的这次大规模进攻，给德军在心理上造成了压力，使他们深刻认识到对手的强大和恐怖，产生畏惧心理。

另外，在这次战役中，坦克首次被应用于战场，虽然此时坦克的技术还很不成熟，但这毕竟是重型机械在阵地战中的首次应用，为日后的战争提供了范例和引导方向。而此次战役在武器发展之上的贡献还不仅限于此，德军之所以能够抵挡住英法联军如此大规模的进攻，与本国制造的马克沁重机枪息息相关。在此次战役中杀敌无数的马克沁重机枪经过德国人的改造，杀伤力更加强大，使用起来也更加快捷省时。英法联军没有重视重机枪在战斗中的作用，在此次战斗中为他们的忽视付出了巨大的代价。

总之，索姆河战役无疑是第一次世界大战中一次意义重大的战役，加速了协约国的胜利进程，为协约国彻底摧毁同盟国奠定了基础。

十月革命：俄国共产革命

俄国国内一直都存在着发展资本主义经济的条件，但是由于俄国的封建残余势力根深蒂固，所以阻碍了俄国资本主义经济的发展。虽然俄国也转变为帝国主义国家，但它的实力应该是帝国主义国家最弱的。

此时的俄国统治者所面临的状况是：国内人民群众不满俄国参战之后的悲惨生活，不满意统治者的高压统治，纷纷揭竿而起进行起义。国外，俄国在帝国主义国家之间的利益争夺战中并没有占据优势地位，反而损耗不少，这就使得俄国统治者更加专制的镇压国内起义，以此来维护自身的统治。

弗拉基米尔·列宁（1870年~1924年）

另一方面，俄国的资本主义经济相较于其他先进的资本主义国家来说有很大差距，在俄国形成了比较独立的无产阶级。这些无产阶级深受资产阶级的剥削和压迫，具有极强的革命性。

在俄国，无产阶级举行了多次起义实践活动，这也为十月革命的爆发积累了经验。而无产阶级和同样受到深重剥削的农民阶级具有天然的亲密联系，所以双方自然地组成了同盟军。

俄国无产阶级的反抗活动受到了农民阶级的大力支持。俄国的无产阶级活动具有正确的理论指导，那就是列宁的正确指引。因为有了列宁在革命理论方面的引导，使得俄国无产阶级有了正确的方向可以

1917 年 11 月 6 日，武装起来的工人和在布尔什维克领导下的士兵和船员们，向位于彼得格勒的冬宫发起了进攻。虽然冬宫是沙皇政府的总部大楼，但是并没有坚固的防御工事，很快便被攻下。

遵循，这是确保俄国十月革命胜利的重要条件。基于以上条件，十月革命在俄国轰轰烈烈地展开。

在十月革命之前，俄国的无产阶级作为主力展开了二月革命。二月革命推翻了沙皇的腐朽统治，在革命成功之后，却出现一种奇怪的局面。二月革命的领导力量和主要参与力量都是工人和士兵，但是革命胜利之后却在彼得格勒出现了资产阶级临时政府。因为资产阶级在二月革命中没有掌握领导权，所以武装力量的控制权还是由工人阶级来掌握的。作为二月革命的主力和领导阶级，工人阶级也成立了自己的政权——苏维埃政权。

苏维埃政权的成立表明了俄国有两个政府，这在任何国家是绝无仅有的。不仅如此，当时俄国还面临另外一个困境，布尔什维克的主要领导人都不在国内，所以在革命胜利建立起政权之后缺乏理论指导，不少布尔什维克人也被孟什维克的错误理论所误导，相信俄国在推翻沙皇统治之后，还需要经过资产阶级共和国的阶段才能建立无产阶级政权，因而纷纷支持资产阶级临时政府。

不久，列宁发表了《四月提纲》，为俄国革命指明了道路。他论证了俄国革命不能走资产阶级共和国的道路，只能走无产阶级领导的无产阶级革命道路的原因。

恰在此时，资产阶级临时政府草率地向德意志帝国和奥匈帝国发起军事攻击，他们此举的目的在于，以对外战争来混淆国内关于路线问题的讨论。然而，对外战争产生了令他们难以预料的结局。

在俄对德、奥的军事行动中，俄军遭受了重创，损伤惨痛，这激发了俄国国内对资产阶级临时政府统治的不满。工人、士兵再次进行起义游行，要求由苏维埃政府接替资产阶级临时政府。

面对国内洪水一般的反对声音，资产阶级临时政府出动军队，以暴力手段血腥地镇压了国内人民的起义，这就是著名的"七月流血事件"。这次暴力事件使俄国民众开始觉醒，他们认识到只有无产阶级才能真正解决俄国的问题。

在 11 月，俄国的无产阶级计划以武装起义夺取政权。11 月 6 日，列宁亲赴起义前线进行指挥。无产阶级获得了彼得格勒大部分地区的控制权。此时，临时政府总理迫于起义的迅猛发展，仓皇出逃。革命军事委员会发布声明，宣布政权已经移交苏维埃。这时，在俄国境内仍然存在着一些顽抗的资产阶级反动派，革命者对待这些残余势力毫不手软，最

终武装起义彻底推翻了资产阶级临时政府的统治。

十月革命胜利之后，俄国确立了世界上第一个无产阶级政权，为很多同样迷茫徘徊的国家指明了方向，使帝国主义受到了沉重的打击。

第二次世界大战：惨绝人寰的大动荡、大灾难

第二次世界大战，是以德国、意大利、日本为主的轴心国与以美国、苏联、英国、法国和中国为主的同盟国进行的一场全球规模的战争。战火席卷了整个欧亚大陆，甚至燃烧到了北非大陆，而大西洋与太平洋也成为双方角逐的战场。最终世界反法西斯同盟和全世界反法西斯力量取得了胜利，赢得了世界的和平与进步。据统计，有61个国家和地区、20亿以上的人口卷入了这场战争，使第二次世界大战成为人类历史上一次惨绝人寰的大动荡、大灾难，影响深远。

第一次世界大战后，帝国主义间固有的矛盾不但没有得到解决，反而增加了战胜国与战败国以及战胜国之间的矛盾。在1929年10月29日，美国华尔街股市崩盘，由美国蔓延开的经济危机席卷了整个资本主义世界，并由此引发了众多资本主义国家的社会危机。正是在这种大背景下，法西斯主义开始在资本主义世界兴起。正是由于这些因素，使得帝国主义国家间经济、政治和军事发展不平衡，为第二次世界大战的爆发种下了祸根。

1939年9月1日德国出动62个师共160万人闪击波兰，这成为第二次世界大战爆发的标志。英国和法国承诺维护波兰的主权完整，并于1939年9月3日对德宣战，欧洲西线战事全面爆发。此后，德军相继开始在欧洲西、北和东南方向展开了大规模进攻，几乎占据了整个西欧。

1943年7月，英美盟军在意大利西西里岛登陆成功，9月，意大利宣布投降，盟军打掉了"邪恶轴心"的一员。1944年6月，盟军先后集结268万人，开始在诺曼底登陆，开辟了欧洲第二战场。到8月底，德军遭受重创，损失相当惨重。盟军经过1944年秋冬两季的战斗，完全解放了被德国占领的西欧国家，而诺曼底登陆战则成为20世纪最大的、最有影响力的登陆战役。

在欧洲东线战场，1941年6月22日，德国撕毁《苏德互不侵犯条约》后，共投入190

日军发动"九一八"事变，进攻中国沈阳。

个师 550 余万人，分 3 路向苏联发动突然袭击，苏德战争爆发。在战争初期，苏联处于防御阶段，由于作战准备不足导致战事失利，损失惨重。在 1941 年 9 月 ~1942 年 1 月的莫斯科会战中，苏军粉碎了德军"闪击战"计划。

1942 年 7 月 17 日，德军进攻顿河河曲，苏军随即开展了顽强的反击，双方进行了激烈的战斗。到 9 月 13 日，德军攻入斯大林格勒市后，双方又进行了惨烈地城区争夺战。苏军采用积极的防御战术，再次粉碎了希特勒的侵略计划。

从 1942 年 7 月 ~1943 年 2 月间，苏德之间在斯大林格勒展开的这场战争即是史上著名的斯大林格勒战役，亦称为斯大林格勒保卫战，成为苏德战场乃至整个第二次世界大战的转折点。此次战役的残酷性，也使其成为人类历史上规模空前和充满血腥的著名战役之一。

此后，苏军进行了多次反攻，逐渐掌握了战争主动权，使得德军在东线战场全面崩溃。1944 年 1 月 22 日，苏军发起全线进攻，基本肃清境内的德国军队。1945 年初，苏军攻占柏林，德国宣布投降，至此，苏德战争结束。

在太平洋战场上，1941 年 12 月 7 日，日本海军利用航空母舰舰载飞机和微型潜艇，突然发动了对美国海军基地珍珠港的袭击，太平洋战争正式爆发。日本的这次偷袭是美国继美墨战争后首次有国家直接对美国本土进行攻击，这极大地刺激了美国人的自尊心。因而美国不惜任何代价，于 1942 年 4 月 18 日对日本东京实施了小规模的空袭。

1942 年，日本为了报复美国空袭东京的一箭之仇，几乎投入了全部兵力，开始了中途岛海战，这是日本在第二次世界大战中最大的战略进攻。最终，美国海军成功地击退了日本海军对中途岛海域的攻击，掌握了太平洋战区的主动权。1944 年美军转入战略进攻，大规模空袭日本本土，对日占岛屿实施海陆空联合作战。1945 年 8 月，美军向日本广岛和长崎投下两颗原子弹。8 月 15 日，日本宣布投降。

在中国战场，早在 1931 年 9 月 18 日，"九一八"事变发生之后，日本便侵占了中国东北，中日之间的战争随即开始。1937 年 7 月 7 日，日本发动预示着全面侵华的"七七事变"。中国人民组成了抗日民族统一战线，奋起抗日，率先揭开了世界反法西斯战争的序幕。抗日战争经过艰苦的战略防御和相持阶段，于 1944 年转入了战略反攻阶段。

1945 年 8 月，中国展开了全国范围的抗日反攻，苏联红军也出兵中国东北，围歼了日本关东军。8 月 15 日，日本宣布投降后，中国战场也取得了最终的胜利。中国战场一直是第二次世界大战太平洋地区的主战场，而中国从抗战以来便是打击日本法西斯主义的主要力量，太平洋战场的胜利也标志了世界反法西斯战争的结束。

第二次世界大战所造成的巨大破坏和血腥杀戮，对战后人们的和平意识与社会生活产生了深远的影响。虽然战后形成了以美国为首的资本主义阵营和以苏联为首的社会主义阵营两大集团的对峙，造成"冷战"的局面，但双方始终没有大规模的战争形态出现，人们都在极力地警醒与克制来保持与维护眼前来之不易的和平。

德波战争：德军的"闪电战"

"战马的血肉之躯与坦克的钢铁之身的碰撞，是一种落后与先进、愚昧与文明的失衡撞击。"这种评价真实地展现了第二次世界大战中德国对波兰的那场战争。德国用其先进的军事装备与战略战术，完成了对波兰的闪击战，为第二次世界大战的全面爆发拉开了序幕。

波兰地处德国和苏联之间，与强国毗邻，还临波罗的海，战略地位十分重要。一直以

1939年8月，苏德在莫斯科签定《互不侵犯条约》，图为斯大林（右二）与德国外长冯·里宾特洛甫（右三）在条约签定仪式上。

来，波兰多灾多难，曾先后多次被瓜分，第一次世界大战后才又恢复独立。《凡尔赛和约》把德国东部的"但泽走廊"划给了波兰，德国人一直耿耿于怀。希特勒上台后，誓要报此仇。自1938年10月起，他多次向波兰提出归还领土的要求，但遭到了波兰政府的拒绝。希特勒在1939年3月吞并了捷克斯洛伐克之后，又下达了一份代号为"白色方案"的绝密命令，决定1939年8月底或9月初突袭波兰，还特别强调这个时间不可更改。

1939年8月23日，苏德签署了《苏德互不侵犯条约》，德国免去了不得不两线作战的危机，同时与苏联达成秘密协议瓜分波兰。

1939年9月1日凌晨4时45分，德军对波兰的部队、军火库、机场、铁路、公路和桥梁展开了猛烈的轰炸。几分钟过后，波兰不仅城市和港口遭到轰炸，连首都华沙也化为废墟。随后，德军地面部队也发起全面进攻。德国此次从空中和地面的双管齐下，令波兰乃至全世界都首次领教了"闪电战"的威力。

德军的"闪击"使得波军猝不及防，不到两天，空军就被摧毁了，部队完全陷入一片混乱之中。接着，德军趁波军混乱之际，地面以装甲部队和摩托化部队为先导，首先突破了波军几个主要地段的防线，波军成溃败之势。防线被突破之后，德军直插波兰腹地。

德波开战后，波兰立即致电英国政府，报告遭受德军空袭，请求支援。英国紧急召开议会，最后决定对希特勒开战，而不对德国人民开战。随后，英法都向德国发出最后通牒，给出了停战的期限，可是希特勒对此置之不理。于是，英法两国被迫向德国宣战，第二次世界大战全面爆发。可是英法虽然宣战，却只"宣而不战"，英法驻守在马其诺防线后的百万军队，未动一兵一卒，任由德国的"铁蹄"践踏波兰的土地。

到9月17日，波兰彻底陷落，德苏两军会师。随后，希特勒希望在9月底占领华沙，便于9月25日下令对华沙外围的要塞、据点及重要补给中心等进攻，继而对华沙进行轰炸。至9月28日，华沙守军司令正式宣布投降，并签署了投降书。一个月的时间里，第二次世界大战爆发后的第一个战役宣告结束。在德波战争中，参战双方伤亡约20万人，给人民带来了深重的灾难。

在这场战争中，德国装甲兵创始人古德里安成功运用了装甲兵作战和闪电战的理论，并取得了战争的完全胜利。波兰的军队还处于第

1939年9月，德国军队在维斯瓦河附近迎头痛击了装备落后的波兰军队。波兰西部的多数地区都被纳入德意志第三帝国的囊中，而其中很多人也被转移到德国境内干苦工。

一次世界大战时期的战争思维，各种装备及军备配置没有创新，根本无法与德国的装甲部队抗衡。德国装甲兵则充分利用了这种优势，在古德里安的战术指导下，充分发挥了其快速、机动的特点，成为此后陆上作战的重要力量。最终，波兰骑士想象中的战场拼杀变成了德军坦克与装甲车对其的屠杀。

德波战争中，德军第一次成功地运用"闪击战"，体现了坦克兵团的作战威力，对军事学术的发展也有深远的影响。然而，希特勒对波兰的入侵却是一场赌博，他启动了战争机器，进行了规模空前的机械化部队大进军，企图与世界为敌。

波兰的奋起抵抗只是星星之火，虽然其很快就被德国侵占，但它却点燃了世界反法西斯战争的熊熊烈焰。

突破马其诺防线："固若金汤"的战史笑料

第一次世界大战期间，法军死伤近 500 万，这给法国人民留下了惨痛的记忆。战后，法国人开始研究如何防御德国和意大利的入侵，而第一次世界大战中的"壕沟战"经历，坚定了他们不惜一切代价修筑防御工事的决心，想以此来阻挡敌人的进攻。

1930 年，刚上任的法国国防部长马其诺，将争论多年的防御计划重新提上议事日程，召开议会讨论，并最终获得通过。于是，法国耗资近 50 亿法郎在法德和法意边境上开始建造了绵延 700 千米，并以当时法国国防部长安德烈·马其诺的名字命名的"马其诺防线"。该防御系统十分完备，号称"固若金汤"。马其诺防线于 1936 年建成并投入使用，可以说是法国筑起的一道横在法意、法德之间的"长城"。

有人曾对马其诺防线做了详细的考察，并做了这样的描述："马其诺防线工事，从南面的地中海沿岸法意边境、到北面北海之滨的法比边境，整条防线 700 千米长，主要构造是一组组相互独立的筑垒式防御工事群。每一组工事由一个主体工事和一些观察哨所组成，他们之间可以以电话联系。主体工事一般距地面 30 米，其中有炮塔、指挥部、修理设备、发电设备、宿舍、食堂、医院等各类设施，工事外面则密布金属柱、铁丝网。

"此外，马其诺防线所采用的技术可以说是当时最先进的。其中它的炮火指挥系统最能体现马其诺防线的技术水平。每一个炮塔重达几吨，一个个耸立在地面上，可以上下自由升降和进行 360 度旋转。而这些，在一架庞大的机械设备的帮助下，只需一名女士手工就可轻易完成。战争打响的时候，炮塔升出地面，四面八方都是它的攻击范围。敌人进攻时，各个工事内的侦察兵也可以通过炮塔观察敌人，并向工事内部的炮兵指挥部报告。指挥部对所得到的敌人信息加以分析，随后通过一套机械传输系统将数据传达到炮塔指挥所，再由指挥所根据指挥部的指令调整火炮角度，向敌人实施准确打击。这一过程十分迅速，一次只需要几分钟。要塞内部储存的弹药、粮食以及发电燃油可以保证士兵坚守 3 个月。"

然而，正是这样一个先进的防御工事，在 1940 年 5 月 ~ 6 月间，没有能够阻挡住德国装甲化、摩托化的部队。因为德国并没有直接与该防线发生冲突，而是采取了迂回、绕道的方式避开了这个"豪华"的防御体系。

1940 年 5 月，德军主力东线攀越阿登山脉，从马其诺防线的左侧迂回作战，首先突破了达拉第防线，侵入到法国北部。随后，德军进入到马其诺防线的背后，对法国形成包围之势。接下来，德军采用了新的作战方案，从西线突袭荷兰、比利时和卢森堡，法德两军还在马恩河展开决战，但德军最终还是绕过了马其诺防线。

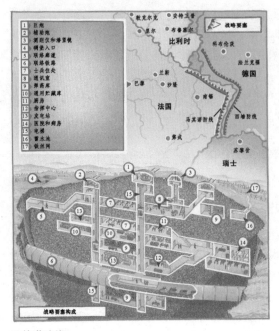

马其诺防线

德军突破了马其诺防线后，迅速占领了法国全境。当时镇守马其诺防线的法国士兵，没有抽调一兵一卒去防守首都巴黎，还在等着敌军发起正面的进攻。此刻，号称"固若金汤"的钢铁防线——马其诺防线已成为无用的摆设，对法国来说是一个讽刺，也成为世界军事史上一个"天大的笑话"。

就马其诺防线本身而言，它实际上是有史以来最为成功、最为坚固的防线，直到德军占领法国全境，它仍然是"固若金汤"；同时，它从未遭受过进攻和被突破，负责防守的法军官兵也在它的保护下毫发无损。

但是在军事史上，马其诺防线已然成为了"消极防御"的代名词。全体法国人民对这条防线给予厚望，可结果却让法国人民大失所望。防线没有起到保护和守卫的作用，反而间接导致了法国的迅速战败。有人曾这样评价过这条防线："马其诺防线就像一条无形的镣铐，紧紧地禁锢了法军的思想；它也是一条真正的镣铐，束缚住了法军的手脚。"

敦刻尔克大撤退：英法联军的命运交响曲

第二次世界大战初期的1940年5月，在德国机械化部队猛攻的形势下，英法联军防线全面崩溃，随后英军利用各种船只，在敦刻尔克进行了历史上规模空前的、代号为"发电机行动"的军事撤退行动，最终得以撤出大量的作战部队，为盟军的反攻保存了军事力量。这次撤退，被称为"敦刻尔克大撤退"，亦是英法联军的命运交响曲。

1939年，德国占领波兰之后，便开始准备对欧洲西部的进攻。经过精心的战略部署之后，1940年5月10日拂晓，德军136个师和3000多辆坦克，绕过马其诺防线进攻比利时、荷兰、法国、卢森堡等国。仅仅10多天时间，德国装甲部队就已横穿法国大陆，直逼英吉利海峡。

5月19日，英国就已经预料到了战事的结局，便开始策划如何撤退，并制定了代号为"发电机行动"的方案。5月26日下午6点57分，英法开始执行这个方案，但此时的形势已经发生了变化，能够撤离的港口只有敦刻尔克可以利用。40万人的英法联军，只能依靠敦刻尔克及其附近的海岸线作为唯一的退路。在海军的努力下，首批撤离敦刻尔克的是1312人的后勤部队。此后，撤退行动由拉姆齐负责，这场有史以来最复杂、最危险的撤退正式开始。

就德国方面而言，希特勒考虑到敦刻尔克是沼泽和低洼地，担心装甲部队受困于河道纵横的地带陷入阵地战，同时为了在接下来的作战行动中保存实力，便于5月24日，亲自下达了停止前进的命令。当时德军距离敦刻尔克港口仅有10英里远，正准备从西、南、东三面对英法联军进行围攻。可以说，希特勒的这个命令间接默许了联军在敦刻尔克的大撤退行动。

5 月 27 日，比利时宣布投降，40 万英法联军在德军的压迫下撤向敦刻尔克。此时的英法联军是在为生存而战斗，于是在敦刻尔克周边进行布置积极的防御工事，以延缓德军进攻速度，为部队撤离争取宝贵的时间。

与此同时，德国空军对敦刻尔克港区和海滩进行了猛烈的轰炸，几乎把这一地区夷为平地。英国空军也出动了 200 多架次战斗机进行拦截，尽管没能完全阻止德军的空袭，但也给德军空军以沉痛的打击，使得德军在这一天的损失超过之前 10 天战斗损失的总和，成为德军"灾难的一天"。

随后，希特勒不得不取消了装甲部队停止前进的命令，令装甲师再度投入战斗。6 月 1 日，德国和英国的空军都倾巢出动，一拼高下，结果英军遭受重创，成为大撤退中英军损失最惨重的一天。接下来，英军为了保存空中力量，调整了撤退战略，只在夜间进行撤退。到 2 日午夜，最后一批英国远征军从敦刻尔克东堤登船，撤向海峡对面的英国。

6 月 4 日这一天的上午 9 时，德国第 18 集团军的装甲部队进入了敦刻尔克市区，俘虏了来不及撤离的、在海滩上担负掩护任务的约 4 万法军部队。当天 14 时左右，"发电机行动"宣布结束。

敦刻尔克大撤退历时 9 天，共撤离了 34 万人到英国，包括英军、法军和部分比利时军队，这些部队也成为盟军后来反攻的主要力量，而敦刻尔克大撤退的意义也正在于此。时任英国首相的丘吉尔向议会的报告中说出了撤退的真意："我们挫败了德国消灭远征军的企图，这次撤退将孕育着胜利。"

敦刻尔克撤退结束后，丘吉尔在下议院发表了如下演讲："我们必须极其小心，不要把这次撤退蒙上胜利的色彩，战争不是靠撤退来取胜的……德国人拼命想击沉海面上数千艘满载战士的船只，但他们被击退了，他们遭到了挫败，我们撤出了远征军。"丘吉尔的演

在敦刻尔克大撤退期间，士兵几乎将一艘驱逐舰给塞满。

说，也警醒着联军们，一次成功的撤退并不代表着胜利，真正的胜利离我们还有着漫长的道路。

敦刻尔克大撤退其实并非一场战役，而是英法联军在德军的围攻之下所进行的一场无奈的逃亡行动。但从战略上讲，也正是得益于这次逃亡，使得英法联军保存了有生力量，并最终取得了反法西斯战争的伟大胜利。

英国的军事历史学家亨利·莫尔指出："欧洲的光复和德国的失败就是从敦刻尔克开始的，这绝不是一场奇耻大辱的败退。"美国军事历史学家则把敦刻尔克撤退列为第二次世界大战最著名的战役之首。而德国陆军上将蒂佩尔斯基在战后谈及敦刻尔克大撤退时也写道："英国人完全有理由为他们完成的事业感到自豪。"第二次世界大战结束后，在敦刻尔克的海滩上建起了一座纪念碑，以此纪念敦刻尔克大撤退及在此牺牲的英法联军将士。

莫斯科会战：希特勒"望城莫及"

第二次世界大战中，在苏德作战的东线战场上，苏军为保卫莫斯科，并粉碎德军"中央"集团军群各突击集团向莫斯科进攻，所进行的一系列防御战和进攻战，组成了著名的莫斯科保卫战。通过这场战役，德军打开了通向莫斯科的门户，距城只有300~400千米之遥，却最终失之交臂。苏联人的不屈精神和顽强抵抗，使得希特勒只能"望城莫及"。

希特勒对苏联的战略，主要在于夺取列宁格勒和乌克兰，以便于控制波罗的海和获取乌克兰的后勤物资。希特勒对于他的这第一次世界大战略则有过这样的叙述："莫斯科的确很重要，但在我看来，它只不过是一个地理概念而已。占领莫斯科应该是大戏的尾声，在此之前，应先在南方和北方取得决定性的胜利。"虽然莫斯科作为苏联的权力中心，亦是苏联最大的交通枢纽和工业中心，但希特勒坚持认为列宁格勒和乌克兰比莫斯科更重要，因而在德军取得基辅会战胜利和成功包围列宁格勒之后才把作战重点转移到莫斯科。

德军为了攻占莫斯科，于1941年9月初专门制定出一个作战方案，代号为"台风"。德军以3个装甲集群从苏联东部、东北部发动攻击，打乱苏联的防御，歼灭苏联主力部队，然后再南北夹击莫斯科，企图在冬季到来之前抢占莫斯科。德军派出了"中央"集团军群，总兵力为78个师，180万人，各种火炮1.4万门，坦克1700辆，飞机1390架。希特勒要求在开打之前，首先以钳形攻势将苏军分为两个部分加以歼灭，然后顺势攻占莫斯科。希特勒还在施行"台风"行动之前，发表了一篇演说，呼吁德军"必须有破釜沉舟的气概"，一鼓作气，在冬季来临前把苏军彻底消灭。

1941年9月30日拂晓，古德里安的第2装甲兵团首先实施"台风"行动，并在当天就突破了苏军防线。10月2日，德军攻势转向中线。苏军判定德军主攻方向是莫斯科，决心誓死保卫莫斯科。苏军集中了全部作战兵力的30%以上，在斯大林的领导下，先后在莫斯科以西建立了纵深梯次配置的防御工事，阻挡德军的进攻。同时，苏军还在敌后组织游击队，配合正规军作战，为反攻争取时间。

10月3日、4日，苏军发起反击，但以失败告终，德军继续推进。德军的"台风"行动初战告捷，希特勒很满意地宣布："毫不夸张地说，我们已经最终赢得了战争。"在苏联方面，斯大林召集朱可夫大将和布琼尼元帅火速赶回莫斯科，保卫首都莫斯科。苏军在朱可夫的带领下，建立了坚固的防御工事，但未能抵挡住德军的猛烈攻势。随着时间的推移，天气越来越寒冷，德军的攻势也逐渐失去了锐气，苏军则得到了宝贵的喘息机会。

10 月底，苏军开始整顿和调集增援部队，准备发动突击，粉碎德军的进攻计划，但是未能达到预期的效果。11 月初，气温骤降，使得德军的士气低落。11 月 16 日，德军总参谋长下达了"1941 年秋季攻势命令"。同时，苏联各阶层人民也投入到保卫莫斯科的战役中来，在冰天雪地里同德军战斗。

苏军有冬季作战的准备与经验，新型坦克也能派上用场。当气温下降到零下 52 摄氏度时，德军已不能抵御严寒继续作战，虽然莫斯科近在眼前，但德军已经精疲力竭，无力最后一次大战，古德里安只好带着沉重的心情下令撤退。12 月 6 日，苏军对疲惫不堪、饥寒交迫的德军开始了大规模的反攻，德军的防线相继被突破，开始撤退。到 1941 年 12 月底，苏军先后收复失地，解除了德军对图拉的包围。至此，莫斯科会战宣告结束。

苏军虽然取得了莫斯科保卫战的胜利，使希特勒的"闪击战"第一次尝到失败，但是自身也付出惨重的代价，伤亡 70 余万人。战后，据苏军统计，德军在此次战役中共伤亡 50 多万人，损失坦克 1300 余辆，火炮 2500 门，汽车 1.5 万多辆。这是德军自开战以来的第一次惨败，时任德国陆军上将的哈尔德也哀叹道："德国陆军常胜不败的神话已经破灭了。"

偷袭珍珠港：美国太平洋舰队的噩梦

1941 年 12 月 7 日，日本海军利用航空母舰舰载飞机和微型潜艇突然袭击了美国海军在夏威夷的军事基地珍珠港，其目的是最大限度地消灭美国海军的太平洋舰队，以获得在太平洋地区的制海权。这是美国本土自美墨战争以来，第一次落下别国的炸弹，致使美国加入第二次世界大战，开始了与世界法西斯主义的斗争。

珍珠港位于日、美之间太平洋东部的夏威夷群岛上，距日本约 3500 海里，距美国本土约 2000 海里，战略地位相当重要，也是美国太平洋舰队最重要的海军基地。由于日本陆军的"北进"计划受阻，而日本海军的"南进"战略则更有利于使日本获得在战争中急缺的石油资源。可是，日本海军要想实现这一战略，就必须获得太平洋地区的制海权。于是，1941 年 1 月 7 日，时任日本海军联合舰队司令的山本五十六正式提出了偷袭珍珠港的设想。

日军最终以 6 艘航空母舰、2 艘战列舰、2 艘重洋巡舰、1 艘轻巡洋舰、9 艘驱逐舰、3 艘潜艇和 8 艘油船所组成的突击编队，利用 104 架舰载水平轰炸机、135 架舰载俯冲轰炸机、40 架舰载鱼雷机和 81 架舰载战斗机对美军太平洋舰队的珍珠港基地进行了突然袭击。1941 年 12 月 7 日凌晨，担任日军第一攻击波的 183 架舰载飞机起飞，飞向珍珠港。7 时 53 分，日军飞机发回"虎、虎、虎"的信号，证明日军的突袭成功。担任第二攻击波的 168 架舰载飞机

珍珠港的偷袭成功，使日本在此后的半年里将整个太平洋抓在手里。

紧随其后，再次发动攻击，致使仓促应战的美军损失惨重。

其实，在日军偷袭珍珠港前，美国军政两方通过多种途径，都收到日军有可能对美国实施攻击的情报，但美军没有重视；驻守珍珠港的美军也先后多次发现日本潜艇逼近，但也没有采取任何防范措施；后来大批飞机都已进犯珍珠港，美军则认为是己方飞机，又没有给予重视。三次重要的情报都没有引起美方的重视，致使美国对战略判断错误，从而遭受了重大的损失。

美军在日军的这次偷袭中损失惨重，珍珠港内的 8 艘战列舰，4 艘被击沉，1 艘搁浅，剩余都受到了非常严重的损伤；另外还有 6 艘巡洋舰和 3 艘驱逐舰被日军的飞机击中，交战过程中 188 架飞机被击毁，数千名官兵伤亡。与美国相比，日本损失的代价非常小，只有 29 架飞机被击毁，还有几艘小的潜艇被击沉，人员伤亡为 55 名飞行员。可以说，日本以较小的代价获取了一次较大的胜利，但是这次偷袭并没有达成日本设想的目标，而且这胜利里面也孕育了日本战败的种子。

日军在偷袭珍珠港之前，美国"独立主义"的呼声高涨，国民不主张卷入海外战争。珍珠港事件发生后，这个国家的全体人民立刻被动员了起来，也把美国人民团结了起来，一致对外，反击日本，美国也因此正式加入了世界反法西斯的战争中来。

当时的美国国务卿赫尔后来回忆道："日本人为了他们自身的利益袭击了珍珠港。然而，这次突然袭击立刻使美国人民团结了起来。因而这也是日本人的失策。"美陆军部长史汀生也说："由于珍珠港事件，美国'举棋不定'的状态终于消失了……正因为这个，使我们美国人民团结起来了。"美国参战，则注定了日本失败的命运。

有历史学家认为，不论日本击中的是美国的什么，发动对珍珠港的袭击本身就已经决定了日本战败的命运。从军事史的角度来说，日本对珍珠港的袭击标志着航空母舰舰载机和潜艇已经取代了战列舰成为海军的主力攻击力量。

中途岛海战：日本海军葬送太平洋

日本偷袭珍珠港成功之后，日本海军联合舰队司令山本五十六并没有为胜利而欢呼，反而忧心忡忡，他说："我们只是唤醒了一个巨人，必须在巨人尚未起身之前，完成袭击珍珠港未竟之事业，彻底击毁美太平洋舰队。"于是有了进攻中途岛的作战计划。

中途岛，与美国旧金山和日本横滨均相距 2800 海里，处于亚洲和北美之间的太平洋航线上，岛的面积虽然狭小，但是其地理位置特殊，具有极大的战略价值与意义。另外它距珍珠港仅 1135 海里，是美国太平洋上另一个重要的军事基地和交通枢纽，也是通往夏威夷的门户和前哨阵地。如果中途岛失守，美国太平洋舰队的大本营珍珠港也会受到严重的威胁。

1941 年 12 月 7 日，日军偷袭珍珠港之后，在 3 个多月的时间里就几乎控制了整个西太平洋，对美国造成了极大的威胁。于是美国总统罗斯福任命切斯特·尼米兹上将为美国太平洋舰队的司令，并对他说道："到珍珠港去收拾败局，然后留在那里，直到战争胜利。"尼米兹上任之后，迅速组织舰队，袭击太平洋岛屿上的日军，还发动了对日本东京的空袭，令人震惊。

美国空袭东京之后，更加坚定了日本海军联合舰队司令山本五十六进攻中途岛的决心，于是在 4 月 28 日山本五十六制定了详细的作战计划：以阿留申群岛为第一个打击对象，在群岛中的阿图岛和基斯卡岛登陆，诱骗美军将舰队的主要力量吸引到北面去，然后在伺机攻占中途岛，作战日期定在 6 月初。5月 5 日，日本正式批准被命名为"米号作战"中途岛作战计划。

如果这一海战能够取胜，既可以报美国空袭东京的一箭之仇，又打开了通往夏威夷群岛的门户，同时还可以把美国太平洋舰队的残余势力全部歼灭，以阻止美国从夏威夷出兵攻击日本。为达到这一战略目的，日本海军几乎倾巢出动，派出了规模空前的海上力量。

随后，珊瑚海战役爆发，日军海军遭受重创，山本五十六决定展开中途岛的作战计划，声东击西，表面上进攻阿留申群岛，暗中却将 3 艘航空母舰及 8 艘巡洋舰派往中途岛。然而，美国已经通过多种途径截获了战略情报，明确掌握了日军进攻中途岛的计划。

中途岛海战的失利使日本将战争的主动权拱手相让。

于是，美日双方海空力量在中途岛展开了激战，场面十分惨烈。最后，美军损失了 1 艘航空母舰、1 艘驱逐舰和 147 架飞机，阵亡 307 人；日本则损失了 4 艘大型航空母舰、1 艘巡洋舰、330 架飞机，以及大部分经验丰富的飞行员和 3700 名舰员。这沉重地打击了日本的海上军事力量，日本海军从此逐渐走向衰落。日本为了掩盖惨败的事实，维护士气，竟没有公开真实的损失。

1942 年开始的中途岛战役，是第二次世界大战太平洋地区的重要转折点，美国海军最终以少胜多，成功地击退了日本海军对中途岛环礁的攻击，进而取得了太平洋地区作战的主动权；而中途岛海战也是日本海军在第二次世界大战以来规模最大的一次战略进攻，但是由于受到其他战线的牵制和通信密码被破译，使得日本海军主力葬送在太平洋海底。

中途岛海战结束后，日本和美国在太平洋地区航空母舰的实力发生了改变。日军仅剩下两艘大型航空母舰和 4 艘轻型航空母舰。从此，美国掌握了在太平洋战场的战略主动权，第二次世界大战的有利局势开始转向盟军战局。

许多军事学家事后认为日本的失误在于：日本海军错误地将航空母舰作为一种辅助性的战舰使用，作战主要还是靠战列舰，忽视了航空兵的作用，最终导致了战役的失败。而美军提前截获中途岛的作战计划，则是直接导致日本战事失利的原因。后来，美国著名海军历史学家塞缪尔·E.莫里森称，中途岛海战的胜利实则是"情报的胜利"。

"火炬行动"：英美盟军登陆北非

"火炬行动"，即北非登陆战役，是第二次世界大战中美英盟军于 1942 年 11 月 8 日至10 日间潜入法属北非（阿尔及利亚、摩洛哥和突尼斯）与德意联军作战的军事行动。

第二次世界大战开始后，盟军在北非战场上一直战事不顺，盟军为了取得北非的制空权，最终只好牺牲盟军在缅甸战场的战斗。日军偷袭珍珠港后，太平洋战争爆发，美国开始加入战争，并同英方制定了作战策略，同意在欧洲开辟第二战场。但是英国首相丘吉尔却对地中海地区更加重视，认为攻占北非才是战胜轴心国的关键。

盟军登陆北非的作战，由美国陆军中将艾森豪威尔担任总指挥，英国海军上将坎宁安则担任海军总司令。登陆作战的部队合计 10.7 万人，其他提供支援的有 16 艘航空母舰、7 艘战列舰、9 艘巡洋舰以及大批驱逐舰、扫雷舰和各式登陆舰艇约 650 艘。

1942 年 11 月 8 日凌晨，英美联军在艾森豪威尔的指挥下，先由 1700 架战机攻击敌人的防御阵地，再由 655 艘战列舰和运输船，护送陆军作战部队从三个方向分别在卡萨布兰卡、奥伦和阿尔及尔一带登陆，"火炬行动"正式展开。空中战斗分别由东、西两个空军司令部负责，并下达命令，如果敌军的炮兵和舰艇不开火，就按兵不动。英美盟军的登陆只遇到了法国维希政府军的轻微抵抗，在当天日落之前，盟军就进入了阿尔及尔城。10 日，盟军进驻奥兰，11 日，进驻卡萨布卡兰，英美盟军成功登陆北非法属领地。

11 月 10 日，盟军进入奥兰之后，当天晚上，法国维希政府武装力量总司令达尔朗海军上将下令停止了对英美盟军的抵抗。到 12 月 1 日，盟军方面已有 25 万人在北非登陆。英美盟军在占领阿尔及利亚的主要基地后，立即决定向突尼斯推进。但是当盟军进入到比塞大附近地区时，遭遇到了德意军队的抵抗。此时，盟军并没有从海上攻击突尼斯，这给了德意军队留下了可乘之机。于是，德军在 11 月 11 日派遣空降兵，迅速占领了比塞大和突尼斯，这给盟军在北非的行动增加了不少困难。

在 1942 年 11 月 8 日至 13 日间的军事行动中，盟军击沉了敌方 9 艘驱逐舰、10 艘潜艇和 14 艘其他船只，而自己也损失了 2225 人。在此次"火炬行动"中，美军伞兵也首次在第二次世界大战中亮相参战。美军第 509 伞降步兵旅从英国起飞，绕过西班牙领空，打算在奥兰附近空降及攻占机场。但是由于在空投时，航行人员与地面沟通出现了问题，导致很多伞兵降落在了沙漠上，飞行人员伤亡惨重，但仍然攻占了敌方两个机场，取得了不小的战绩。同时，这次空降经历，也为盟军日后大规模的空降作战提供了宝贵的经验。

北非战役的成功，扭转了第二次世界大战北非的战局，盟军在非洲有了自己的战略基地。这场战役获得了苏伊士运河这条连接地中海和印度洋的海上交通要道，把欧洲战场与亚洲战场联系得更为紧密。同时，盟军登陆北非是第二次世界大战以来，盟军第一次使用登陆舰艇实施"由舰到岸"的大规模渡海作战，在战役组织、装备使用等各个方面都为后来的西西里岛、诺曼底登陆战役提供了极其宝贵的经验。

斯大林格勒会战：苏德战场格局的转折点

斯大林格勒，原名察里津，位于伏尔加河下游西岸，是伏尔加河沿岸的重要港口，也是苏联的重要交通枢纽和工业城市。鉴于其重要的战略地位，德军在围攻列宁格勒之后，就立即制订了攻占斯大林格勒的作战计划。

斯大林格勒会战，又被称为斯大林格勒保卫战，这场战役从 1942 年 7 月 17 日开始至 1943 年 2 月 2 日结束，一共持续了 199 天，战争双方都有大量的人员伤亡，是人类历史上规模空前和极其残酷的战斗之一。同时，此次战役也成为第二次世界大战中苏联卫国战争的转折点，亦是第二次世界大战欧洲战场的重要转折点。

1942 年 7 月 17 日，苏德双方在斯大林格勒近郊地区进行交战，会战正式开始。德军的保卢斯上将指挥德军第 6 集团军，分南北两个突击集团，对苏军的 62 集团军发动了进攻，并向卡拉奇方向挺进。同年 7 月 23 日，德军突破苏军第 62 集团军防线，推进到顿河河岸附近；26 日，苏军第 64 集团军被迫退守顿河。由于苏军被逼得步步后退，斯大林非常着急，临时任命戈尔多夫中将为斯大林格勒军司令员，并从其他地方抽调火力支援斯大林格勒战场。最终德军由于装甲兵力的支援不足，被迫转入防御阶段。

7 月 30 日，希特勒宣布："因为高加索的命运是将要在斯大林格勒决定，所以由于这个会战的重要性，遂有从 A 集团军群抽调兵力以增强 B 集团军群之必要。"于是，霍特部队先后占领了蒙特纳亚和科捷尔尼科沃，并在 8 月 5 日突破了苏军第 64 集团军的防御，推进到了阿勃加涅罗沃地域。之后，苏军的抵抗和反击越来越强烈，霍特遂暂时放弃了攻占斯大林格勒的想法，转入战略防御阶段。8 月 19 日，保卢斯和霍特的部队一起，对斯大林格勒重新发起了猛攻。

斯大林格勒的形势日趋严峻，于是斯大林又任命朱可夫为最高副统帅，并加派兵力开赴斯大林格勒。8 月 29 日，新上任的朱可夫着手组织反击。9 月 5 日，朱可夫部队正式发起反击，但是由于部队准备不足和德军的强大火力，苏军的反击未达到预期的效果。

随后，苏军的多次反击尝试均告失败。到 9 月 12 日，苏军丧失了斯大林格勒的外围防御地带，德军也终于突破了城防，向城区突进。9 月 13 日，德军在保卢斯和霍特的指挥下南北夹击，开始攻占斯大林格勒。14 日，德军进入市区，与苏军展开了激烈的巷战，双方逐街逐楼逐屋反复争夺，斯大林格勒则由繁荣的城市即刻变成了一片断壁残垣。

在巷战过程中，苏联红军的平均存活时间不超过 24 个小时，军官也不超过 3 天。9 月 15 日，德军开始重点抢占马马耶夫高地。双方经过一天的残酷战斗后，德军占领了马马耶夫高地。苏军在失去阵地后，立即组织反击，并于次日又夺回了马马耶夫高地。9 月 25 日，德军占领了市中心，并于 27 日又重新占领了马马耶夫高地，可两天之后就又被苏军夺回。苏德双方交替占领着这片高地。

在整个斯大林格勒城市巷战的战斗中，苏德双方对每一个重要的战略据点都进行了类似地反复争夺，其中对第一火车站的争夺竟持续了一周的时间。据统计，德苏对第一火车站的争夺多达 13 次。曾经参加过此次战役的一位德军将军在其著述《进军斯大林格勒》一书中写道："敌我双方为争夺每一座房屋、车间、水塔、铁路路基，甚至为争夺一堵墙、一个地下室和每一堆瓦砾都展开了激烈的战斗。其激烈程度是前所未有的。"

斯大林格勒战役场面

整个 10 月份，斯大林格勒都在进行着激烈的城市巷战。德军不放过任何一点空隙，从地面到地下，以致这场战争被人称为"老鼠战争"。希特勒曾经甚至说过这样的话："即使我们占领了厨房，仍然需要在客厅进行战斗。"但是对斯大林来说，这座以自己名字命名的城市是绝对不能落入德军之手的。他亲自下令，无论如何都要死守该城，并非常严肃地对其手下的将领们说："每一座房屋，只要有苏联军人，哪怕只有一个人，也要成为敌人攻不破的堡垒。"无论是对于斯大林还是希特勒，这都是一场至关重要、生死攸关的战斗，因而双方的将士都被下达了死命令，展开了你死我活的争夺。

经过 3 个月残酷的战斗，至 11 月初，德军终于推进到伏尔加河岸，斯大林格勒的 80% 被德军控制，但是始终未能完全占领该城。11 月 11 日，德军又发起了全面强攻。在这一天之内，双方为争夺每寸土地、每一座房屋，进行了激烈的战斗，双方都伤亡惨重。11 月 13 日，斯大林批准了代号为"天王星行动"的反攻计划，与针对德军中央军群的"火星行动"相呼应。19 日，苏联红军展开了"天王星行动"。

经过漫长而寒冷的冬天之后，德军的意志被消磨殆尽，而苏军则经过国内的大动员积蓄了力量，开始对德军进行反击。1943 年 1 月，苏联红军发起一场代号为"木星行动"的攻势，突破了顿河地区的意大利军防线，并逐渐对入侵斯大林格勒之敌形成了战略包围。到 1943 年 2 月 2 日，被包围的德军残余势力宣布投降。至此，斯大林格勒会战结束。

德国陆军总参谋长蔡茨勒将军曾说："我们在斯大林格勒损失 25 万官兵，那就等于打断了我们在整个东线的脊梁骨。"虽然整个战役中，苏军的损失超过了德军，但苏联强大的后备资源和工业基础，为其源源不断地补充着兵力和装备。德军的惨败对于德国而言是致命的，其战争储备已消耗殆尽，随之而来的便是军队战斗力的逐渐消逝。

斯大林格勒会战结束后，苏军开始掌握苏德战场的主动权，但这是以苏联付出的惨重代价为前提的。德军在攻入斯大林格勒城区之后，一周之内就屠杀了近 4 万名市民，同时这座城市也基本上被夷为平地，成为地图上的坐标。

库尔斯克会战：苏德战争最终定乾坤

库尔斯克会战是 1943 年 7 月至 8 月间东线战场德军和苏军在库尔斯克进行的一场会战，是苏德战场上具有决定性的重要战役。在这次会战中双方共出动了 250 万士兵和 6000 多辆坦克参加了战斗，因此也被称为是世界上最大的坦克战争。

苏军在取得了斯大林格勒战役的胜利后，德军南方集团军总司令曼施坦因向苏军进行反扑，并诱敌深入，而其结果是形成了以库尔斯克为中心的突出部。德军中央集团军和南方集团军分别控制了北边的奥廖尔、别尔哥罗德地区，其突出的部分就是苏联军队，苏德双方进入相持阶段。

德军在取得哈尔科夫战役的胜利后，曼斯坦因希望在库尔斯克突出部进行一次主动攻击达到歼灭苏军的计划。希特勒采纳了这项计划，命令中央集团军和南方集团军联合摧毁驻扎在库尔斯克突出部的苏联军队，这次战斗被命名为"堡垒"作战。

苏军方面，瓦图京大将建议主动攻击以获得战略主动权，朱可夫为代表的将领则坚持苏军要先做好防御工作，消耗敌人的有生力量，以守为攻。斯大林最终采纳朱可夫的建议，苏军在库尔斯克转入了积极的防御准备，修筑多道宽度超过 100 英里的防御沟，由战壕、铁丝网、反坦克火力点和反坦克沟壕以及雷区密切配合形成强大的防御体系。

　　苏军从俘获的战俘口中获知了德国的"堡垒"计划,为了打乱德军的进攻,苏军在7月5日晨率先向德军阵地展开了炮击,库尔斯克会战正式开始。

　　战争在南北两线同时进行,苏联军队对德军的进攻进行了有效的防御。南线战场上,德军在苏军的突然袭击中损失很大,但随后德军还是按计划发起进攻,攻破了苏军的两道防线,并强渡佩纳河,并在7月6日取得了该地区的制空权。当日晚,苏军指挥官瓦图京得到华西列夫斯基部队的增援,并在接下来两天内有效抵御了德军的进攻,且扭转了空中的劣势。

　　但是,德军还是一直进攻到普罗霍罗夫卡城下,于是苏德双方在7月12日上演了普罗霍罗夫卡坦克大战。由于苏军的T-34坦克在正常的作战模式中无法对德军的"虎"式坦克实施有效打击,所以便以高速度冲向德军的坦克,希望进行近距离作战。苏军在冲锋中损失惨重,双方近距离的战斗则更加惨烈。坦克在攻击中被一辆辆摧毁,其他的坦克便在摧毁的坦克旁继续激烈地战斗。双方士兵在坦克被毁后,亦展开了肉搏,战斗一直持续到傍晚。德军在这次坦克大战中摧毁了大量的苏联坦克,但却始终未能攻下库尔斯克,而苏联援军不断地到来又加固了苏军的防线。

　　随后,苏联空军逐渐取得了制空权,失去制空权的德国将领们向希特勒提出放弃奥廖尔向后撤退的请求,但被希特勒严词拒绝。墨索里尼下台后,意大利退出战争,德军不得不抽调兵力去驻守意大利,而在奥廖尔的德军开始面临着被包围的危险。无奈之下,希特勒只好同意撤退。

　　在北线战场上,德军第一天经过激烈战斗突破了第一道防线。第二天苏德双方也进行了一次大规模的坦克大战,苏军坦克屡受重创,德军一路杀到苏军第二条防线前,但被苏军的援军阻止。接下来几天德军企图夺取波内里,多次攻入市区,但又都被苏军赶出。苏空军还夺取了库尔斯克北部地区的制空权,德军虽给苏军造成了很大的损失,但苏军还是坚守住了阵地。在波内里城内,德军付出了惨重的代价后,占领了大半个波内里。然而,苏军仍控制着市内一些重要据点,使德军无法继续推进,德军将领莫德尔被迫让军队在7月10日转入战略防御。

　　8月份,苏军进行反攻,以大炮、火箭炮打响战斗,以坦克和步兵发起攻击,很快突破德军第一道防线。战至8月17日,双方都蒙受了巨大的损失,德军的反击曾使苏军惨遭重创,而苏军凭借数量上的优势很快又扭转了局势,继续进攻。22日晚,苏第53集团军率先攻入城内哈尔科夫,德军开始全面撤出。苏军于当日收复了北方的哈尔科夫。

　　库尔斯克会战中,面对德军的攻击,苏军运用了得当的防守策略,并在军队部署和防御阵地的建设上做好了严防的准备;德军虽然拥有武器装备上的微弱优势,但是其在军队的数量上及军队的补给上输给了苏军,而战局也不利于德军,最后只能被迫撤退。此后,苏军乘胜追击进行大反攻,把大批德军赶出俄国领土,这次战役因而也成为苏军全面反击德军的序幕。

诺曼底登陆战役:战史上第一次大规模渡海登陆作战

　　在欧洲开辟第二战场的计划是斯大林在1941年向丘吉尔提出的。因为当时"珍珠港事件"还没有爆发,美国没有直接参与到战争中来,所以英国没有能力组织这样庞大的战争计划,只好将该计划暂时搁置。虽然英美盟军于1942年在北非登陆,开辟了所谓的新战

规模宏大的诺曼底登陆场面

1944 年 6 月　7 月，由美国陆军四星上将艾森豪威尔（同年 12 月晋升为五星上将）指挥的"霸王"行动在诺曼底成功上演。这对于盟军在西欧展开大规模进攻，加速纳粹德国的崩溃，具有重大意义。

场，但欧洲大陆上仍然只有苏联在与德军抗衡。直到 1944 年，艾森豪威尔在远征军最高司令部会议上确定了登陆欧洲开辟第二战场的具体作战计划，盟军登陆欧洲反击德国的设想才真正开始实施。

在海上大规模登陆开始前，盟军空降兵便提前落降在距海岸 10~15 千米的登陆滩头，一方面从德军阵地后方发起进攻，另一方面也可以抵御德军增援之敌。盟军空降兵在最短的时间内攻占了德军的重要交通线，并毁坏了部分德军炮兵阵地，牵制了德军的军力，让德军在盟军登陆开始前便处于被动，为登陆的胜利创造了有利条件。

由于盟军需要从英国横渡英吉利海峡到达欧洲大陆，因此盟军派出了规模空前的海上战队。一时间，英吉利海峡上布满了盟军的舰船，一场前所未有的跨海登陆行动即将上演。

1944 年 6 月 5 日，也就是著名的"D 日"，盟军开始了登陆行动。盟军计划在诺曼底的 5 个抢滩同时进行登陆，这 5 个滩头分别是宝剑海滩、朱诺海滩、黄金海滩、奥马哈海滩、犹他海滩。在这 5 个海滩上，盟军和德军进行了激烈的对抗。

宝剑海滩是 5 个抢滩地中最东边的一个海滩，靠近法国北部的航运中心康城。英军从宝剑海滩东边登陆成功后，迅速击溃德军轻装步兵，并与提前空降的盟军伞兵会合。随后，德军坦克部队对盟军的登陆部队进行了反击，但在英军和加拿大部队的联合攻势下，德军坦克部队被击退，盟军登陆宝剑海滩成功。

黄金海滩的登陆并不顺利，作为登陆的中心点，盟军因为海水涨潮而没有办法彻底清除海岸前的鱼雷和障碍物。同时，德国军队在临近的小城利维拉和阿梅尔驻有重兵，还在海滩阵地上设置了四门大炮，给盟军的登陆造成了极大的威胁。最后，英军用皇家海军

"艾杰克斯"号强烈的炮火摧毁了大炮，才使得盟军可以在夜晚降临之前顺利登陆。

朱诺海滩的登陆区域宽约 6 英里，德军的轻装步兵则藏在沙滩后的村落里，盟军登陆艇一上岸就遭到德军炮火的猛烈攻击，1/3 的盟军登陆艇都被炸毁。当登陆成功的加拿大部队越过沙滩之后，又继续遭到了德军的火力攻击，致使首批登陆的盟军伤亡过半。直到中午，才得以与来自黄金海滩的英军会师。

奥马哈海滩的战斗又被称为"血腥奥马哈"，是 5 个登陆海滩中战斗最为激烈的一个。海滩全长 6.4 千米，海岸线上多为悬崖峭壁，属于易守难攻的地势特点，致使盟军在奥马哈滩头惨遭巨大的损失。作战当天的天气十分糟糕，海浪就摧毁了盟军的 10 艘登陆艇，而晕船和阴冷的天气更让许多官兵体力不支。

登陆上海滩后，大批美国士兵因为无法辨别方向而在海滩上成为德军炮火的标靶，登陆行动几近失败。海军指挥官意识到海滩的危机形势后，率领舰队不顾触雷、搁浅以及被德军海岸炮攻击的危险，为陆上的美军提供炮火支援。当发现德军海岸炮是由电线杆伪装后，美国海军无所顾忌地对德军据点进行猛烈攻击。同时，在空军的指引下，美国海军的战列舰和巡洋舰也开始向海岸射击，搁置在海岸上的美军得以在中午成功登陆，德军开始败退。到天黑时分，美军完全登陆。

犹他海滩是位于卡伦坦湾西侧的一处宽约 3 英里、被覆着低矮沙丘的沙滩。盟军在 3 个小时内便越过滩头，到中午与空降部队会合，午夜时完成了登陆任务，并向内陆推进了 4 英里。犹他海滩的登陆作战尤其顺利，是所有登陆作战海滩中伤亡最少的一个。

盟军成功登陆后，便按计划向内陆进攻。在以诺曼底为中心的欧洲海岸线上形成了一个正面宽 150 千米、纵深 15~35 千米的登陆场，并建立"桥头堡"，为大规模地面总攻做好了准备。此后，盟军用了两个月时间与德军展开激战，终于在 8 月 25 日攻占了巴黎，这也意味着诺曼底战役的结束。

攻占柏林：第三帝国的灭亡

1945 年，法西斯国家已成溃败之势，为了加速法西斯国家的灭亡，取得第二次世界大战的全面胜利，同时也为了缓和各同盟国之间的利益矛盾，苏、美、英三国政府首脑举行了雅尔塔会议。会议一方面讨论了战后盟国的利益划分问题，但更为重要的是英、美、苏之间明确了对德的作战计划。苏军和英美盟军以易北河为界对德国进行占领，苏军担负着攻占柏林的重任。

在苏军还没有正式进攻柏林之前，英军在蒙哥马利将军的指挥下已经从易北河西面向柏林进发，而美军也在易北河对岸登陆准备进军柏林。此时的德军处于消极防御的状态，时刻准备着战败向盟军投降。

1945 年 4 月 15 日凌晨 5 时，苏军进攻柏林的战斗正式打响。战斗一开始，苏军就先用上千门火炮和迫击炮配合轰炸机对柏林外围的德军阵地进行了猛烈轰炸，而德军没有发射一发炮弹。一天时间内，苏军就在德军的阵地上投下了 120 多万发炮弹，德军阵地在这种严酷地打击下被摧毁。随后，苏军攻占了被称为"柏林之锁"的泽洛高地，跨过奥德河、尼斯河防线，以 4 万多门火炮、6000 多辆坦克、7000 多架飞机以及 250 万人的兵力兵临柏林城下。

1945 年 4 月 20 日，正值希特勒 56 岁生日。在他接见少年冲锋队员的时候，苏军开始

苏军攻克柏林

对柏林城内进行炮攻。随后，希特勒被告知，苏军正从东、南、北三面向柏林开来。在他怒火中烧，想要处决那些叛变的亲信之时，他的部下大都已悄然离开并计划投降。此时负责守卫柏林城区的是党卫军，他们在柏林每条街巷都修筑防御工事，并加固成堡垒，把每一间屋子都布置成了火力点，试图把这里变成另一个"斯大林格勒"。

然而，苏军进入柏林后，前仆后继，一条街一个屋地消灭敌军。德国战败的形势已不可逆转。4月26日，苏军向柏林发起总攻，坦克一辆一辆开进柏林，走过一条条街巷，把柏林城区所有建筑几乎都炸成了废墟。4月30日，苏军攻入波茨坦广场。

正当苏军对柏林城进行炮轰和清剿之时，希特勒与爱娃在柏林的暗堡里成婚，随后双双自尽，尸体随即被焚毁。当天，苏军步兵攻占国会大厦，与楼内德国军队短兵相接。1945年4月30日21时50分，苏联国旗升起在德国国会大厦楼顶。5天后，德军的海军元帅在法国兰斯向艾森豪威尔将军所率领的盟军无条件投降。1945年5月6日午夜24时，由苏军元帅朱可夫主持的德国投降签字仪式上，德国正式向苏、美、英、法四国无条件投降。

在攻占柏林的战役中，苏军死伤30多万人。德军伤亡也有30余万人，被俘30多万人，德国平民死亡人数为20多万。当柏林被苏军攻占之后，也标志了纳粹德国的灭亡。同时，纳粹德国的覆灭也预示了世界反法西斯斗争的全面胜利即将来临。

核威慑条件下的高技术与信息化战争

美国对日本的核突击：开启了核时代的序幕

核武器是目前世界上杀伤性最大的武器，具有毁灭性的力量，许多国家为了增强自己的国力，防止其他国家的侵略，都在秘密进行核试验及其武器的研究。核武器第一次也是唯一一次用于实战，是第二次世界大战末期美国对日本的核突击。美国的核攻击对日本所造成的损失与创伤，对世界产生了深远的影响，并开启了核时代的序幕。

1945年8月，世界反法西斯战争即将胜利，在欧洲战场上纳粹德国已经无条件投降，而在太平洋战场上日本仍然在做垂死挣扎，持"玉碎"之决心。当时美国的陆军部长史汀生向杜鲁门建议，法西斯的失败虽然已经成为定局，但是日本在中国和本土还拥有大量兵力，且军事装备不容小觑。日本正积极准备在本土上进行最后的抵抗，如果美军对日本进行登陆作战，要付出巨大的代价。在美国第一颗原子弹已经试爆成功的前提下，史汀生提议，如果利用原子弹让日本人投降，能够避免美国人的损失，也能够使第二次世界大战尽快结束。虽然杜鲁门总统也曾有过犹豫，但为了挽救上百万美国士兵的生命，他最终接受

波音 B-29 超级堡垒轰炸机，是第二次世界大战中所使用的最大型轰炸机。

轰炸广岛

美国科学家开发的原子弹，一直被当做高度机密，只有两颗原子弹在战争中被使用。1945 年 8 月 6 日，五吨重的"小男孩"号原子弹被投放到广岛，执行该任务的是一架名为"埃诺拉·盖伊"的波音 B-29 超级堡垒轰炸机。三天之后，第二颗原子弹"胖子"，也被另一架名叫"黑啤之星"的超级堡垒轰炸机投放，并摧毁了整个长崎。

了这个建议，把原子弹投向日本。

同年 8 月 6 日凌晨 1 时许，美军三架气象侦察机先行起飞，分别对广岛、小仓和长崎上空进行气象观察。随后，2 点 45 分担任原子弹投放任务的蒂贝茨上校驾驶"埃诺拉·盖伊"号 B-29 型轰炸机起飞，斯韦尼少校和马夸特上尉驾观测机跟在后面，一同飞向日本。负责侦察广岛天气情况的气象侦察机最先发回报告，称广岛上空云量少，能见度高。于是，蒂贝茨上校驾机于 8 点 12 分到达广岛上空，一路上没有受到日军的拦截和袭击，十分顺利。在投下名为"小男孩"的原子弹后，蒂贝茨等驾机迅速离开，8 点 15 分 43 秒原子弹在广岛上爆炸，一时间广岛被淹没在巨大的蘑菇云中。当云雾散去，广岛已成为一片废墟。蒂贝茨因此次行动获得了"服役优异十字勋章"。

在轰炸广岛的原子弹爆炸 16 小时之后，美国总统杜鲁门向世界发表声明，宣称美国对日本使用了原子弹，其威力相当于 2 万吨 TNT 炸药爆炸的效果。如果日本不接受美国的条件，那么这种地球上从未有过的毁灭性打击还将降临在日本头上。

杜鲁门的声明不仅是要求日本尽快投降，同时也向世界展示了核武器的威力，对世界其他国家形成了一种"专有独断"的震慑。随后的两天里，美国第 21 轰炸航空兵联队司令李梅将军，命令轰炸机对日本发起更加猛烈的空袭，但是日本仍然没有接受投降。

就在日本内阁频频开会商讨是否接受停战协议之时，美国政府毅然决定将对日本投下第二颗原子弹，目标选定为小仓。第二颗原子弹外号叫"胖子"，引爆系统是复杂的"内爆法"，必须在执行任务之前，由一些专家在地面上特殊的绝密车间里合作组装。此次任务由 5 架 B—29 轰炸机组成的突击队执行，斯韦尼少校驾驶载有原子弹的"博克之车"号轰炸机，飞机上还有 3 名负责原子弹引爆系统的安全保险工作的核武器专家。斯韦尼少校的

"博克之车"号载着的是安装好引爆系统的原子弹上天，起飞时必须十分慎重，否则后果不堪设想。8 月 9 日，当地时间 2 点 56 分，斯韦尼少校驾机起飞，飞向小仓。

然而，到达小仓上空时却发现这里的天气很差，云层很厚，地面上还有滚滚浓烟。"博克之车"号在小仓上空盘旋了 3 周却始终没有找到预设瞄准点——5 号军火库。小仓地面的日本防空部队已经开始警觉并对天空发射高射炮。随后无线电报员报告称，附近可能有日本战机升空拦截。

无奈之下，斯韦尼少校决定把轰炸目标改为长崎，随即调转机头飞往西南方向。10 点 58 分，飞机抵达长崎上空，这里的天气同样糟糕，此时飞机的油料已经出现严重不足，于是机组决定用雷达引投，"胖子"就这样投到了长崎上空。11 点 01 分"胖子"在离地 500米的空中爆炸了，顿时形成一个巨大的火球，吞没了整个长崎城。

美国用原子弹对日本的广岛和长崎所进行的突袭造成了令人震惊的损害，同时美国也通过这种方式达到了目的。1945 年 8 月 15 日，日本宣布无条件投降，并在《波茨坦公告》上签字，第二次世界大战至此结束。在广岛和长崎爆炸的原子弹，第一次让人们切身感受到了核武器的威力，并对其毁灭性的打击不能忘怀。这也是日后为什么众多国家发展核武器以确保自身国防安全，美苏两极争霸时出现核竞赛和国际原子能组织机构的建立以及无核化世界概念出现的重要原因。

冷战：美苏之间的核竞争与核威慑

日本投降之后，第二次世界大战也随即宣告结束。战争的结果以德、日、意为首的法西斯国家彻底失败，以美、英、法、苏、中为首的反法西斯同盟获得了胜利而告终。在战争中，美国凭借其本土远离主战场，使本国的工业和科学技术得到长足发展；苏联是欧洲的主战场之一，其为了对德作战，发展出了庞大的军队和强大的工业体系。当战争结束之时，美国和苏联已经成为两个超级大国，而且都想称霸世界。可以说，其意识形态上的冲突早已预示了两国在战后走向对抗。

所谓"冷战"，通俗来说，就是除了热战（战争）以外的所有冲突模式。这里包括军事上、政治上、外交上、经济上等多种途径的对抗与竞争。对于冷战的开始，首先要提到的就是曾任英国首相的丘吉尔，正是他在访问美国时发表了著名的"铁幕演说"，间接标志了冷战的开始。1947 年 4 月 16 日，在杜鲁门政府供职的美国金融家伯纳德·巴鲁克于一次演说中第一次使用了"冷战"这个词。

在冷战期间，很多自发的人民团体组织，比如和平保卫联盟等，开始形成并努力去影响政府，并阻止核武器的扩散。

1947 年 3 月 12 日，杜鲁门总统发表了敌视社会主义国家的讲话，被称为"杜鲁门主义"。咨文发表后，美国对古希腊和土耳其政府提供经济援助来镇压人民运动，美苏之间的"冷战"正式开始。

从"冷战"一开始，美苏双方的核竞争与核威慑便也开始了。苏联为了打破美国的核垄断，于 1949 年夏天在哈萨克斯坦无人地区成功引爆了一颗原子弹。这也预示了美苏两国核竞争的正式开始。1952 年，美国在太平洋上试爆第一颗氢弹获得成功，其威力相当于投在广岛上空的原子弹威力的 750 倍。随后，仅相隔一年时间，苏联就在西伯利亚对自己研制的氢弹进行了爆炸试验并获得成功。在美苏两国各自进行核武器研究的同时，也开始积极探索核武器运载工具的创新。

第二次世界大战后的一段时期内，能够运载并投放核弹的有效工具只有飞机。1957 年，苏联成功发射了世界上第一颗人造卫星，并在 1961 年率先将宇航员送上太空，这充分表明了苏联在核武器运载工具上的领先地位。美国当然也不甘示弱，1969 年美国实现了人类首次登月，并在空间技术上赶上并逐渐超越苏联。由此，不难看出，美苏之间的核竞争已经引发了双方在新技术、新领域上的竞争，这加快了全球高技术和信息化时代及战争模式的到来。

随着美苏双方在核武器技术上的竞争愈演愈烈，双方也各自追求在核武器的部署上和数量上对对方形成威慑。1962 年，"古巴导弹危机"的出现就是由于苏联决定对古巴提供军事援助并计划在那里设置导弹基地所引发的。以美国为首的北约在欧洲大陆上对以苏联为首的华约进行了全面封锁。在核武器数量上，1970 年美国有 1054 枚陆基洲际导弹，苏联则有 1300 枚；1986 年据伦敦国际研究所公布的美苏战略核弹头数量，美国 10174 枚，苏联多于 9987 枚。美苏双方在核武器的竞争中此消彼长，其目标都是为了提高自身国家安全防御力的同时，对对方形成强大的核威慑。

在战后世界和平主义的呼声之下，以及世界人民逐渐觉醒的反核危害意识，美苏之间的核竞争已经不合时宜。同时，美苏双方也都惧怕核战争所带来的毁灭性灾难。因而，在 1973 年 6 月，美苏双方为了消除核战争的危害，签订了无限期有效的《美苏防止核战争协定》。至此，常规武器上的技术突破以及新科技的开发成为双方的角逐重点。

美苏冷战的结果是，苏联在核竞赛中经济被拖垮，最终于 1991 年解体，美国获得了所谓的"胜利"。俄罗斯继承了苏联的主要衣钵，成为国际新秩序中的强国之一。美苏"冷战"给人们带来了核竞争与核危机的同时，也大大促进了世界科学技术的进步及信息技术的发展。然而不管怎样，世界仍旧处于核威慑的时代之下，有 8 个国家拥有核武器，还有其他国家积极想要加入这个行列之中。

越南战争：美国先进军事技术的"魔窟"

1961 年 5 月 ~1973 年 3 月，为了防止共产主义的进一步扩张，美国从出钱出枪派顾问的"特种战争"，逐渐升级为直接派兵参战的"局部战争"，乃至提出"越南化"政策，用越南人打越南人，直到最后全线撤出越南。战争持续时间长达 12 年，历经美国 4 任总统，影响了整整一代美国人，美国经济也因此受到牵连。

越南战争发生在美苏"冷战"的大背景之下，美国直接参与到了战争中来，而越南民主共和国的背后也缺少不了国际共产主义国家的援助，尤其是苏联，越南战场上出现的大量 AK-47 突击步枪就是最好的例证。美国人在决定出兵之后，越南战场上的美军迅速增加到 50 万人。此外，美军装备了最为先进的武器，把越南变成了检验美国军事科技成就的"试验场"。

1964 年 8 月 5 日，美国借口其驱逐舰"马多克斯"号被越南北方鱼雷袭击，制造了"北部湾事件"，开始对越南北方进行连续空中轰炸。此后，美军对越南北方实施了大规模地面进攻。

越战期间，美国向越南投下了800万吨炸药，远超过第二次世界大战各战场投弹量的总和，这场战争造成越南160多万人死亡和整个中印半岛1000多万难民流离失所，家破人亡、妻离子散的场景随处可见。

1965年8月18日，美国海军陆战队动用了5500名士兵，发动了战争中第一场大规模的陆地战。美军在空中支援和陆地炮火的掩护下，成功摧毁了越南人民武装力量的阵地。然而这种小的局部胜利却没有对越南战场起到决定性作用。越南人民武装力量利用广袤的热带雨林，与美军展开了游击战。美国的空中优势和地面炮火变得无的放矢，只有当美军地面部队遭到攻击之时，才能够请求它们的支援，这极大地限制了美军军事上的优势和战术上的展开。

最大规模的反美斗争在1968年1月展开，30日，越南南方人民武装开始对大中城镇发动攻势，展开全面的"新春攻势"，经过45昼夜的激战，赢得了新春大捷。美军在战场上完全陷入被动。美国国内的反战情绪也日益高涨。

尼克松总统上台之后，为了应对美国国内的反战浪潮，改变了作战策略，开始推行"越南化"的战争政策，重拾"以越南治越"的方式，并逐渐把美军撤出越南南方。1973年1月27日，美国被迫在停战协定上签字，越南战争至此结束。

美国在这场战争中动用了航母、B-52重型轰炸机、"眼镜蛇"攻击直升机、AC-130"幽灵"武装直升机等先进的武器装备；给步兵配备了新型的M-16自动步枪和榴弹发射器，增强其单兵作战能力；同时美国还有一个强大的后勤保障系统为战争中的美军提供源源不断的给养。然而这样一支装备精良的军队，却不得不从越南战场上撤出。

究其原因，一方面美国在海外连年征战，国内反战呼声越来越高，随着世界和平主义的发展，民众希望早日结束战争，期待和平稳定的生活。另一方面是，在越南战场上，当地的地理环境使美军的军事优势大大减弱，美军局部战场上的胜利并不构成对越南人民解放武装力量的致命打击。地理环境仍然是左右现代化战争胜负的重要因素。

苏联入侵阿富汗：企图建立印度洋的桥头堡

在"冷战"的大背景下，阿富汗地处苏联陆地进入印度洋与美争霸的通道上，地理位置优越，且拥有丰富的石油资源。20世纪50年代，苏联就开始控制了阿富汗的经济命脉和军队。1979年，阿明担任阿富汗总统之后，与苏联的矛盾日益激化，阻碍了苏联在阿富汗的利益。

1979年，苏联为了在印度洋建立桥头堡，同时为了获得波斯湾丰富的石油资源，决心武装入侵阿富汗，除掉阿明，以实现在印度洋寻求暖水港和出海口并切断欧洲和远东联系的战略目标。苏阿双方随即展开了一场长达9年的侵略与反侵略战争，也称为阿富汗战争。

1979年12月27日，当西方世界正举杯欢度圣诞节之际，苏军特种兵和空降兵已进入喀布尔。当日晚7点30分，苏军攻占了阿首脑机关，击毙阿明总统及其幕僚，当即成立了以巴布拉克·卡尔迈勒为首的傀儡政府。次日，苏军在阿富汗边境上集结的6个师分东、西两路对阿富汗发动钳形攻势。苏军一路上几乎未遇抵抗，阿政府军大部分缴械投降并归顺了新傀儡政权。苏军随后迅速控制阿富汗全境。

1980 年 2 月，在苏军完成对阿富汗的占领后，开始发动针对反政府武装的全面"扫荡"和重点"清剿"。由前阿政府军转变而来的反政府武装，利用山地地形，展开游击战，使苏军的全面"扫荡"无功而返；于是苏军改变战术，实行重点"清剿"，企图歼灭游击队的主力，重点"清剿"也归于失败。经过几

1989 年 2 月，最后一批苏联军队撤离阿富汗。

年战争的发展，游击队的力量不断壮大。至 1985 年底，苏联在阿富汗的军队达到 12 万人，游击队则逐渐发展到 10 万人。

1986 年 1 月，双方进入战略相持阶段。1986 年 2 月，迫于舆论的谴责和阿军的顽强抵抗，苏联表示愿意接受采用政治方式解决问题，放弃主攻，转而防守城市和交通线。然而阿游击队发动猛烈攻势，对苏军造成了严重的威胁。结果，苏军主要防守城市和交通线，阿富汗游击队则扩大农村范围，双方形成了僵持的局面。最后，苏联只能选择接受 1988 年 4 月 14 日达成的《日内瓦协议》，在同年的 5 月 15 日和转年的 2 月 15 日从阿富汗撤军，这也就宣告了长达 9 年的阿富汗战争结束。

9 年多的阿富汗战争给两国人民都带来了深重的灾难。双方共计 100 多万人死于战火，1000 多万人背井离乡，沦为难民。

苏军入侵阿富汗，属于扩充势力范围的非正义战争，遭到国际社会的强烈谴责，且战争削弱了国力，对国际战略格局产生了深远影响；而阿富汗人民的顽强抵抗，不屈不挠，受到社会的广泛支持，且成功运用游击战和苏军打成平手，最终迫使苏军撤离国土。

英阿马岛战争：现代海战中制空权的重要性

为了争夺马尔维纳斯群岛的主权，英国和阿根廷发动了一场战争，这场战争称为马岛战争或"南大西洋战争"，全称马尔维纳斯群岛战争或福克兰群岛战争或福克兰海战，也有人称为福岛战争，发生在 1982 年 4 月到 6 月。

1980 年的阿根廷，国内发生了严重的经济危机和反军政府的运动，政府领导人加尔铁里试图通过马岛战役，来转嫁国内危机。

1982 年 3 月 19 日，阿根廷人强行登陆马岛以东的南乔治亚岛，并在那里建立营地，升起了国旗。此时英国当局采取不回应的态度。4 月 2 日，阿根廷下令出兵占领马岛，马岛战争正式爆发。随后，阿根廷海军司令制定了登陆马岛的计划，积极部署作战。英国最初对阿根廷的进攻表示意外，派出了海军特遣战斗群抵抗阿根廷的海空军，后来英国皇家海军陆战队也加入战斗。

到 4 月中旬，英国皇家空军也开始进驻，为后续战事做准备。还派遣了一支海军陆战

部队负责收复南乔治亚岛，以便在此进行空中侦察。5月初，英军制订了"黑公鹿"作战计划，这是一次由皇家空军火神轰炸机进行的轰炸任务。首先对斯坦利港机场发动空袭，然而火神轰炸机是改装的，在空袭过程中需要空中加油，这在一定程度上降低了轰炸能力。如果阿根廷能充分利用"幻影"式战斗机的护航与拦截任务，则可以提高制空权，但最后它只执行了简单的防空任务。空战的开幕戏由英国海军801中队的"海鹞"式战斗机与阿根廷第8大队的"幻影"式战斗机展开，阿空军接连失利。

另外，在战争的最初阶段，阿根廷海军决定避免与皇家海军起正面冲突。在福克兰战役中，阿根廷海军的"贝尔格拉诺将军"号巡洋舰在5月1日被击沉，失去了一定的制海权，使得阿根廷战略受到巨大影响。4日，英国的"谢菲尔德"号驱逐舰被击中，沉没在公海，舆论界哗然。21日，英军得以在东福克兰岛北岸海滩登陆，开始了陆面作战。阿根廷为了回应英军的登陆，以空军轰炸与之对抗。轰炸持续到了战争的最后一天。期间，42突击营还进行了一次肯特山的特种部队行动。直到6月11日，英国经过多日的侦察和休整，向斯坦利港周边发动突袭，最终斯坦利港陷落。

在几番激烈争夺后，英军最终夺回了马岛的控制权，不过阿根廷也没有对马岛的主权死心。战争对双方的政治产生很大影响，在两国历史上留下了浓墨重彩的一笔。

马岛海战英国损失不小，但却是一个很好考验英国海军两栖作战能力的机会。这为英国的海军两栖作战方式和两栖战舰船的发展提供了很多的启示。

伊拉克入侵科威特：海湾大危机

1990年8月2日，为了解决与科威特的边界领土纠纷，以及控制其石油宝藏，萨达姆下令入侵科威特，一时间，10万伊拉克大军压境科威特，这个波斯湾的弹丸小国引发了新一轮的海湾危机。这场战争被称为"科威特战争"，它也是海湾战争的一部分。

1990年8月2日，"科威特战争"正式打响，伊拉克军队进入到科威特境内，企图推翻科威特政府，占领科威特全境。这件事震惊了全世界，联合国安理会先后多次通过反对伊拉克入侵科威特并对伊实施制裁的决议。1990年11月29日，联合国安理会第678号决议要求伊拉克军队在1991年1月15日之前从科威特撤出。1991年1月9日，美国和伊拉克在日内瓦举行战前谈判，但是双方都不愿意让步，无疾而终。联合国安理会最终决定：采取大规模军事部署行动，以迫使伊拉克撤军，并为必要时采取军事打击行动做好准备。因为美军主要负责中东地区的防务，所以联合国将制订作战计划的任务交给了美国，美国联合了34个国家组成以他为首的多国部队，制定了"沙漠盾牌"作战方案，并得到联合国的授权。

"沙漠风暴"计划包括战略性空袭、夺取科威特战区制空权和为地面进攻做好战场准备三个阶段性任务。1991年1月17日凌晨2点多，以美国为首的多国部队，空袭行动开始施行，首先是对巴格达的轰炸；同时停泊在海湾地区的美国军舰，则向伊拉克的防空阵地、雷达基地发射"战斧"式巡航导弹，由此，拉开了海湾战争空中战役的帷幕。战争期间，联军每日出动飞机2000~3000架次，分别担任掩护和攻击任务。

在进行空袭的同时，也实施地面作战计划，由5个军队集团负责。美国第18空降军负责西线进攻，切断科威特战区伊拉克军队的后续支援；美国第7军则负责主攻，以消灭伊拉克共和国卫队为重点；在第7军右侧，分别是北线联合部队、美军中央总部海军陆战队

和东线联合部队，负责外围包抄以及
牵制伊军部队，其中北线和东线联合
部队的阿拉伯部队负责解放科威特市。
这个作战计划在具体实施的时候还进
行了重新的调整和部署。

到 1991 年 2 月 24 日 凌晨 4 点 左
右，多国部队发动了大规模的联合进
攻，将战争推向了最后阶段。首先是进
行中部战线的攻击，牵制伊军主力。随
后，东西联合行动，形成西端"关门"，
东端"驱赶"之势。在这样的情况下，
第 7 军先向北，随后向东，歼灭了伊军

驶往波斯湾的"艾森豪威尔"号航母

主力。伊军虽然进行了顽强抵抗，还点燃了科威特大量油井，但终究难改失败的局势。

到 2 月 28 日 8 时美国宣布停止战斗，海湾战争结束。伊军约 2 万人死亡，17.5 万人被
俘，大部分坦克、装甲车和飞机被摧毁。而美国只是伤亡了小部分人，不过战争还危及到
了除伊拉克和美国之外的其他国家。外部势力的军事介入使得科威特得以解救。伊拉克最
终被迫接受联合国 660 号决议，承诺从科威特撤军。

海湾战争是冷战后参战国最多、现代化程度最高、规模最大的一场局部战争。战争采
用了机械化战争的最先进样式，改变了传统的作战模式，开创了主要凭借空中力量打赢战
争的先例，电子战和高技术武器在对战过程中发挥了决定性的作用。因此海湾战争被称为
"信息化的第一场战争"，是机械化战争向信息化战争过渡的典型战例。

科威特战争，强烈震撼了第二次世界大战以来形成的传统战争观念，在核威慑越来越
大的环境下，这应该是 20 世纪最典型的运用高技术开展的局部战争。它加速了苏联的解体
和苏美两极格局的结束，打破了原有的世界格局，世界向多极化方向发展加快。

科索沃战争：北约轰炸南联盟

科索沃战争是霸权主义、强权政治破坏世界和平与发展两大主题的典型案例，给南联
盟人民带来了深重的灾难，同样也给世界人民敲响警钟。

1991 年苏联解体，在 1945 年成立的南斯拉夫联邦也一分为五。此后由于领土和利益
划分的问题，新成立的几个国家间战争不断，1992 年至 1995 年的波黑战争使死伤者无数，
而波黑战争结束后，冲突很快转移。

1992 年 4 月 27 日，塞尔维亚和黑山两个共和国宣布成立"南斯拉夫联盟共和国"，而
科索沃位于南联盟南部，始终想要独立。铁托逝世后，科索沃独立运动逐步发展，1992 年，
科索沃推举民主联盟领导鲁瓦为"科索沃共和国"总统，正式独立。塞尔维亚派兵镇压，
想要消灭"科索沃解放军"，结果造成 30 万人失去家园成为难民，战争被激化。

以美国为首的北约对科索沃事件的发展十分关注，他们不希望冷战后这种新的世界格局
被打破，同时希望借机清除米洛舍维奇社会主义政权，于是从 1988 年开始干涉科索沃危机。

1992 年，塞尔维亚和科索沃阿尔巴尼亚族代表在北约的压力和主持下进行和谈，内容
由美国特使希尔拟定，要求保持南联盟领土完整的基础上使科索沃享有高度自治权。科索

北约依靠强大的空中军事力量，对南联盟境内的军用、民用目标进行了野蛮轰炸。

沃解放军必须解除武装，由北约派兵进入科索沃保证协议实施。双方都不能够接受这些条款，在美国的强迫下，科索沃阿尔巴尼亚族代表签订了协议，但是南联盟坚决拒绝，于是在3月24日，北约开始对南联盟发动空袭，科索沃战争爆发。

北约部队使用高科技军事武器，50多颗卫星在南联盟上空建成一张太空数据网，1200架最先进的B－2隐形战略轰炸机、B－1远程战略轰炸机以及F－117隐形战斗轰炸机全部投入战场。战争分三个阶段，逐步增加强度，进行了连续78天的轰炸。最终制造了一场陆、海、空、天、电一体的多元空间的战争，造成80万人失去家园，南斯拉夫几乎成为废墟。

最让人难以接受的是1999年5月8日，北约使用导弹公然袭击中国驻南斯拉夫大使馆，3名记者在轰炸中丧生，多人受伤，严重侵犯了中国主权，激起全中国甚至全世界人民的愤怒。

明显处于弱势的南斯拉夫利用灵活机动的战略战术，与敌人进行对抗，击落了F－117隐形战斗机，这种不屈的民族精神被世界人民称赞。1999年6月2日，南联盟接受和平协议从科索沃撤军，2008年2月17日科索沃正式宣布独立。

科索沃战争虽然是在20世纪末的一场局部战争，但是由于以美国为首的北约进行干涉而造成深远影响。

第十二章
军事人物

中国著名军事人物

"春秋第一相"——管仲

　　管仲被称为"春秋第一相"，这是因为若没有管仲的辅佐，"春秋第一人"齐桓公根本无法成就其盖世霸业。齐桓公尊管仲为"仲父"，终其一生对他言听计从；可是在最初的时候，管仲却是齐桓公的敌人，还险些要了他的命。

　　管仲与鲍叔牙是相知相敬的好友，不过他们并没有成为"同事"，而是分别侍奉齐君的两个儿子，公子纠和公子小白。当时，公子小白才不外露，又不为父君所喜爱，所以几乎没有继任国君的希望。所以公子小白的老师鲍叔牙心中苦闷，常常称病不朝，暗地里已经放弃了对小白的教导。

　　独具慧眼的管仲却开导他说：小白公子虽然性子急躁，但是胸怀大志、眼光长远；我辅佐的公子纠虽然因为母亲受宠而得到国君的喜爱，可是人们都讨厌他而同情自幼丧母的公子小白，将来能够成就大业的必然是公子小白。

　　鲍叔牙这才兢兢业业地履行自己的"师责"。

　　虽然管仲赏识公子小白的胸襟才干，可是到了争夺大位的关头，他仍然不留情。当公子小白从别国赶回齐国准备登位的时候，管仲早已在关卡处埋伏等待。他拈箭拉弓，将公子小白射倒，自以为杀了后者，于是转身走了。然而这支箭恰好射在公子小白衣服的铜扣上，并未伤及其分毫，而历史就这样改写了：小白登上了王座，他便是赫赫有名的齐桓公。

管仲像

　　齐桓公杀了自己的兄弟兼政敌公子纠，正当他要杀掉管仲，报那一箭之仇，鲍叔牙挺身而出，悉数管仲的美德与才干，又说出管仲劝说自己辅佐齐桓公的往事，这才让一代霸主回心转意，设坛沐浴，拜管仲为相。

　　管仲反对空谈，是一位"实用主义"的政治家，他的信条是"国多财则远者来，地辟举则民留处，仓廪实而知礼节，衣食足而知荣辱"。他主持齐国内政，首先就是减压减负，取信于民，又广开渔盐之利，充实国库。等国家富强之后，才考虑军事建设，组建了后来扬名天下的齐国雄师。

　　富有成效的改革使管仲充分得到了齐桓公的信任，他曾对人说："国有大政，先告仲父，次及寡人。有所施行，一凭仲父裁决。"正是这种无保留的信任，让齐桓公和管仲一直并肩走到了最后，而没有像其他君臣那样，最后落得翻脸反目、鱼死网破。

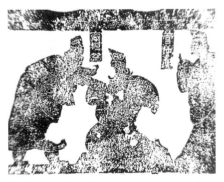

齐桓公与管仲画像石
出土于山东嘉祥，反映了法家思想在春秋战国时期受到当政者的推崇与重视。

　　齐、鲁两国屡有矛盾。齐国仗着国力强盛，想在两国会盟上逼迫鲁国割地让城。本来一切顺利进行，谁知半途杀出来一个鲁国的猛士曹沬，他不顾礼仪，陪着鲁君一起登坛，又突然发难，把匕首架在齐桓公的脖子上，逼着他放弃无礼贪婪的要求。性命相胁下，齐桓公只得答应，可是他却咽不下这口气，总是想毁约，发动战争攻破鲁国，生擒曹沬。管仲劝他说，政治只讲究利害关系，而不能逞一时之气，我们既然已经与鲁国会盟定约，就要遵守约定，否则就不仅仅是失信于鲁国，而是失信于天下，这对于争霸只有百害而无一利。

　　自周室东迁以来，其实力日渐削弱，已经无法统御诸侯。中原力量的分散和各自为政，给了西北少数民族以可乘之机，他们纷纷东逐南下，欺凌中原各诸侯国。山戎是北方民族的一支，逐水草而居，在马背上生、在马背上死，骑射冠绝天下，又性嗜掳掠，早成为中原各诸侯国的大患。这一次，山戎的数万大军直指燕国，以阻止燕国向当时正在崛起的齐国靠拢。燕君无奈，只好向齐桓公求救。当时齐桓公正集结大军准备南下，对付无礼于周天子的楚国。

　　管仲遂向齐桓公进言道：燕国与我毗邻，若燕国不保，则我齐国就要直面蛮夷的侵凌，而且出兵救燕的话，是集合中原的力量对抗蛮族，必定会赢得天下人的支持，这是我们成就霸业的一个绝佳机会。

　　于是齐桓公改变主意，出兵救燕。在齐、燕两国军队的通力合作下，山戎很快被击溃，向西远逃入孤竹国，齐桓公想一鼓作气收服孤竹，带着齐国大军紧追不舍。

　　孤竹国知道没法正面抗衡齐国，就献上山戎首领的首级，向齐桓公诈降，又谎称孤竹国君已经逃往漠北。齐桓公率军深入大漠，想要生擒孤竹国君，这便中了圈套了：齐国人突然发现，他们在沙漠中迷路了。大漠气候有异于别处，白天特别热，晚上又冰寒入骨，温差极大，而且时不时地又有狂风卷地，吹起一片沙石，痛割人面。军队里的水在一天天减少，士兵的嘴唇日渐干裂，而他们的眼睛也是焦躁与迷茫的情绪轮换出现。危机越来越深了。

　　此时唯一仍能保持冷静思考的便只有管仲。他向齐桓公建议道：燕马往来于大漠，从不曾迷路，我们不如放几匹老马在前面引路，让军队跟着它们走，也许会找到一条出路。

　　齐桓公听从了管仲的意见。果然，沙丘虽变化无端，却没能给带队的老马带来任何迷惑，齐军就这样走出了大漠，恢复了生机，这就是成语故事"老马识途"的由来。而诈降的孤竹国自然没有得到好下场，被齐桓公所灭。从此北方戎狄再不敢轻言南下，中原各国也因此享受了一段难得的平静时光。

　　有人曾批评管仲没有为公子纠尽死节，因此不能称为仁者。孔子却认为这不过是小节，而管仲辅助齐桓公称霸，平伏戎狄，匡扶华夏才是大义。由此看来，管仲确实功不可没，"春秋第一相"的美誉他当之无愧。

历代"兵家之祖"——孙武

孙武，齐国人，春秋时期杰出的军事家，被历代各国军事家尊崇为"兵家之祖"，其所著《孙子兵法》一书是中国乃至世界上现存的最早的兵书，被后人誉为"兵学盛典"。

孙武在年少时候，他就认定吴国是他施展才能和实现理想的地方。吴国当时联晋伐楚，国势强盛，很有新兴气象。

孙武离开故土，长途跋涉，慕名投奔吴国。吴国国君见到孙武，想要考验一下他是真的会领兵打仗还是只会纸上谈兵。他让孙武按照兵法演练军队，并且出了一个难题，不准用士兵，而是用宫女。

结果吴王的难题没有难倒孙武，由宫女组成的"军队"在孙武的指挥下表演得很成功，可是吴王并不领情，一句"将军罢休就舍，寡人不愿下观"想把孙武打发了。孙武毫不客气，当面指责吴王"徒好其言，不能用其实"，令吴王羞愧不已。结果知人善任的吴王拜孙武为将，孙武成为他的得力将领。

清版《孙子兵法》书影

正式称《孙子兵法》为武经，定孙子为武学教本，应当始于宋代。明代因之，亦列孙子于武经七书之首。清时，言兵者亦莫不奉孙子为圭臬。民国初年，蒋方震首以现代兵学为孙子作新释，从而为孙子研究开辟一崭新途径。

后来夫差继承了吴王的王位，随着吴国霸业的蒸蒸日上，夫差渐渐自以为是，不纳忠言。他听了奸臣的挑拨，不仅不理睬伍子胥的苦谏，反而制造借口，逼其自尽。孙武深知"飞鸟尽，良弓藏；狡兔死，走狗烹"的道理，对伍子胥的惨死十分心寒，于是便悄然归隐深山，修订兵法，使其更加完善。

孙武自小耳濡目染了许多关于战争的故事，深深懂得战争的残酷性。所以《孙子兵法》开篇就是前边所说的：兵者，诡道也。拿士兵的生命当赌注有点残酷，但这是战争的需要。一个主将必须爱兵如子，这样手下的将士才会愿意用生命的代价赢得战争的胜利。亲兵是一种手段，是一种以赢得战争为目的的关爱。所以有人说最毒辣的将军不是那些咆哮士兵动不动就虐待宰杀士兵的将军，而是那些待兵如自己的兄弟手足的世之所谓的好将军。这正应了孙子的善之善者的理论。

《孙子兵法》包含的广泛内容使其成为兵家制胜的宝典。俗话说："水无常形，兵无常势。"能在千变万化的古今战场上始终能捕捉到必胜的战机，放眼古今中外，无有出其右者，不得不说孙武无愧于"兵圣"称号。

军事舞台上的"千古高手"——孙膑

孙膑是战国时期著名的军事家，汉族，山东鄄城人，是孙武的后代。

在春秋战国时期，军事方面最令人瞩目的新星莫过于孙膑。孙膑和魏国大将军庞涓是师兄弟，师从鬼谷子。后来庞涓因为嫉妒孙膑的军事才能高于自己，便设计谋将孙膑骗到魏国，挖去了孙膑的膝盖骨（髌刑），像对待犯人一样在他脸上刺字。后来齐国使臣来访魏国，孙膑趁机会见了齐国使臣。齐人惊奇于孙膑的军事才能，偷偷将孙膑送到了齐国。

齐国大将田忌非常欣赏孙膑的才能，把他视为坐上高宾。有一次，田忌和齐威王赛马，

孙膑像

孙膑略施小计，分别让田忌的下、上、中三等赛马去对抗齐王的上、中、下三等赛马。结果田忌 2：1 获胜。这就是历史上著名的"田忌赛马"。田忌借此机会将孙膑引荐给了齐王。齐王也很欣赏孙膑的军事韬略，委以重任。从此孙膑当上了齐国的军师。

后来，魏国攻打赵国，赵国向齐国求援。齐威王拜田忌为大将军，让孙膑辅佐他去解赵国之危。孙膑献策给田忌，让他率领齐国精锐之师奇袭魏国首都大梁。在魏国防备空虚的时候攻击他们的后方大本营。这样前方攻打赵国的魏军自然会撤军。田忌很赞同孙膑的策略，挥师直取大梁。魏军果然放弃正在进攻的赵国都城邯郸，回来解救自己的都城。齐魏两军在桂陵开战。魏军由于路途遥远，奔波劳累，加之战日长久，被齐国大败。这就是著名的"围魏救赵"。

十几年后，魏军联合赵国一起去攻打韩国。韩国派使者向齐国求援。田忌和孙膑带兵再次直奔魏国首都而来。庞涓得知后，放弃攻打韩国，率兵回国救援。这次孙膑采用了逐日减灶之计诱敌深入，在马陵大败庞涓统领的魏军。马陵道之战，遂让孙膑名垂千古。

孙膑这样一个伟大的军事家，留下了一部著作《孙膑兵法》，不过其中有一部分内容已经失传。他留给世人的不只是一部兵书，更多的是让人们永远记住的军事故事。

"战国四大名将"之一——廉颇

"战国四大名将"白起、王翦、李牧、廉颇。四者战功赫赫，在战国的历史乃至中国历史上都留下了深刻的印痕。其中，廉颇为赵国最著名的将军之一。

廉颇率军伐齐，帮赵国攻取阳晋，被封为赵国上卿。他的英勇善战，威震列国诸侯，被传为千古佳话，至今为后人所津津乐道；他的负荆请罪、知错能改的松柏气度，不是等闲之辈能做到的，着实令人敬佩不已。

赵惠文王初（公元前 298 年），以齐和秦最强。秦国为了扩张势力，进攻赵国。赵国派大将廉颇出战，一举将秦军击败。此后，秦改变策略，采取合纵的策略，联合韩、燕、魏、赵一同伐齐。越惠文王十六年（公元前 283 年），廉颇带领赵军进攻齐国，攻取了晋阳，致使赵国一举跃居六国之首。此后，廉颇被封为赵国上卿，屡次出战，战无不胜、攻无不克，从未尝败绩。与此同时秦国一直对赵国虎视眈眈，但都畏于大将廉颇的威仪，因此一直不敢贸然进攻。

廉颇像

赵惠文王十六年（公元前 283 年），得一和氏璧，秦王窥视和氏璧，愿意以 15 座城池换取。赵派蔺相如带和氏璧出使秦国。最终蔺相如通过与秦王机智周旋，最终完璧归赵。蔺相如也因此被封为上代夫。之后，秦阀赵，占领了石城。第二年赵王回攻，杀死了两万士兵。秦王派使者说要在渑池与赵王言和，赵王害怕不敢去。廉颇和蔺相如商议说："赵王如果不去，就会显得赵国懦弱，所以赵王必须去。"于是赵王在蔺相如的随从下前往渑池。廉颇将赵王送到边境，说："赵王这次前行，如果 30 天内还没有回来，我就立太子为王，以绝了秦国的念想。"赵王答应了廉颇，然后前行。

赵王与秦王在渑池商议时，蔺相如凭借他的大智大勇、不卑不亢和秦王抗争，顺利地将赵王平安带回赵国，同时使赵国在外交上取得了重大的胜利。因此，赵国拜蔺相如为上卿，位居廉颇之上，这自然引起了廉颇的不满。

在廉颇看来，蔺相如只是动动嘴皮子，其本来又只是宦官缪贤门下的"舍人"，而他自己骁勇善战，功劳居功至伟，毫无道理要屈居蔺相如之下。因此，廉颇多次扬言下次遇到蔺相如一定要羞辱他。蔺相如听说这件事后，每次遇到廉颇都躲开，他的一个门生不解地问蔺相如："为什么要躲着廉颇，怕他干什么？"蔺相如说道："秦国之所以不敢贸然进攻赵国，就是因为赵国有我和廉颇，如果我们两个起内讧，最大的受益者是谁，还不是秦国。"蔺相如的话传至廉颇耳中之后，廉颇也想明白了，觉得自己思想太过狭隘，自愧不如。不过廉颇胜在知错就改，并没有逃避自己的过错，他背上荆条，赤膊露体来到蔺相如的府邸请罪，从这以后，廉颇和蔺相如却因此成为了生死与共的好搭档。这也就是历史上著名的"负荆请罪"。廉颇敢于承担错误的优点，难能可贵，在当时也被传为佳话。

赵国因为廉、蔺一条心，上下团结对外，使得赵国空前强盛，秦国以后10年都不敢攻打赵国。直至公元前266年，赵惠文王死后，孝成王被立为赵王。秦赵两国围绕上党地区发生战争，此时蔺相如已经病重，只有廉颇来执掌军务。

此时爆发了中国古代战争史上最著名的，也是影响最深远的战争——长平之战。在这一战中，廉颇最先授命出战秦国。由于赵军长途跋涉，军队疲惫，而秦兵却是驻地防守，精力充沛，廉颇便命士兵驻地休息，调整状态再出战。廉颇一直与秦军小心周旋，以较少的兵力与兵强国富的秦国相持了两年多之久。秦国久攻不下，就想出了离间计，派人到赵国谗言说廉颇老矣，不可用。赵王听信奸佞小人所言，撤下廉颇，派赵括出战。赵括急于表现，立马出战秦国，46天后就以赵国失败告终，自己也惨被射杀。长平之战，赵国损失50万士兵，兵力大大减弱。

此后，赵王更加重用廉颇。廉颇在之后与燕国大战中又一次大获全胜，逼得燕国割城求和，把赵国从与秦国的战败中再一次拉回来，赵国士兵个个骁勇善战，誓死保卫自己的国家。此战的胜利，胜在赵军在名将廉颇的指挥下，利用燕军的轻敌加上赵军的同仇敌忾，

双鞘铜剑 战国

是中国历史上以少胜多的著名战例之一。战后，廉颇也被封为信平君，任相国。

赵孝成王去世后，晚年的廉颇被奸人所害，屡遭排挤，最后还被解除了军职，被迫远离赵国投奔魏国大梁。他在那里却没有受到重用，一心还是想着再为赵国效力。之后因为赵国多次被困，赵王想再度任用廉颇，派遣使者宦官唐玖快马到大梁去慰问廉颇。可惜廉颇还是被仇人郭开所陷害，设计让赵王误会廉颇已经老了，没有利用价值了。渴望再度为赵国出力的廉颇再也没有得到为国报效的机会。后来廉颇辗转来到楚国，却也没有建立什么功劳。他忠君爱国，一生都在为赵国付出，言语中时常流露出对祖国家乡的眷恋之情。这位为赵国作出过重大贡献的一代名将，最终却只能在楚国的寿春郁郁而终，年约85岁。

十多年后，赵国被秦国所灭。

廉颇作为赵国的著名军事将领，领兵征战数十年，取得了大大小小无数场战斗的胜利，并且为人耿直，知错就改。他的一生被用与不用，实际上跟赵国的存亡是紧紧相连的，这正是他一生的真实写照。

"燕雀安知鸿鹄之志"——陈胜

陈胜自幼家境贫苦，再加上秦始皇统治时期实行严刑酷法，于是在年幼时候，陈胜就立志要反抗秦始皇的暴行。果不其然在成年之后，陈胜成为了中国历史上第一个农民起义领袖。秦末他与吴广一起带领众多贫苦百姓揭竿而起，发动了大泽乡起义，建立张楚政权。

秦末陈胜、吴广大泽乡起义旧址

秦朝暴政时期，陈胜和广大底层农民群众一样，深受压迫。一天，陈胜在和同伴一起耕田时说："如果有一天我富贵了，一定不会忘记大家的。"他的同伴却笑道："像我们这样的穷苦农民，哪来的富贵？"陈胜便感叹说："燕雀安知鸿鹄之志哉！"并在不久后，他便证明了自己的志向，实现了抱负。

秦二世元年七月（公元前209年），陈胜、吴广等900人被调去驻守渔阳。当时正逢大雨，他们距离渔阳的距离还有上千里，而规定到达的期限已经到了，这样按照秦的规定，没有及时赶到者，都要被处斩。陈胜便和吴广商量说："反正我们到达渔阳是死，往回走也是死，不如我们号召大家一起反抗，推翻秦的暴政。"吴广是和陈胜有着同样抱负的人，因此两人不谋而合，他们决定打着公子扶苏和楚将项燕的旗号号召人马。同时他们利用占卦之说，将写有"陈胜王"的白绸塞到鱼肚中，戍卒买鱼回来，发现鱼肚中的白绸开始心生疑惑。然后，陈胜派吴广，晚上在一个古庙中点起篝火，并且模仿狐狸的声音叫道："大楚兴，陈胜王。"

这样让戍卒们都投入到陈胜的队伍中来。当时吴广是队伍中的屯长，他平常和戍卒的关系十分好。一次，吴广见押运队伍的县尉喝醉了，就故意扬言说要逃跑，激怒了县尉，引得县尉抽打自己。这样，果然激怒了群众，吴广便顺势杀了县尉，陈胜也合力杀死另外两个县尉。然后陈胜号召大家说："大家一同前往渔阳，但是遇到暴雨，已经逾期了，这样我们都会被处死。而且即使不被砍头，将来驻守边疆十个中也有六七个会死。并且七尺男儿不死则罢，要死就要名扬千古，难道侯爷将相都是天生的吗？"陈胜的一番话，激起了大家的斗志，于是纷纷响应陈胜的号召，揭竿而起。陈胜自立为将军，任命吴广为都尉，开始了反秦之路。

陈胜、吴广起义受到了广大民众的响应，起义军队伍不断壮大。起义军攻下了要地陈县，进驻陈县后，陈胜召集当地豪杰，共商大事，自立为王，建陈县为都城，国号"张楚"，意在推翻秦朝暴政，解救穷苦农民。至此中国历史上第一个农民政权建立了。

张楚政权建立后，全国各地群众都纷纷响应，反抗秦暴政。陈胜任命吴广为假王，西起进攻荥阳，直捣秦都咸阳。同时令众将分别攻关中、渡黄河攻淮南地区、吞并广陵、大梁等地。起义军士气不断高涨，起义达到了全盛时期。

但当吴广西进攻打荥阳时，却受到章邯率领的几十万秦兵的阻击。起义军与秦军抗战十来天后，由于寡不敌众，加上军用粮草供用不上，最终被章邯击败，退回城父。而与此同时，由于陈胜称王后，他的思想开始发生了变化，渐渐与民众疏远，这样使得他失去了部分民心。加之，随着反秦大军的扩张，各地带军领头人都心存异心，纷纷占地为王。因此，给了秦反攻的机会。

公元前 209 年，陈胜亲率起义军与秦军抗争，但最终回天乏术，被击退。之后，出乎陈胜意料，他被自己的车夫庄贾谋害，至此含恨而终。陈胜死后，反秦大军并未止步，三年后，刘邦领导的起义军，攻下咸阳，推翻了秦王朝暴政，中国历史上第一次大规模的农民起义获得了最终的胜利。

刘邦称帝以后，建立了西汉王朝，陈胜被追封为"隐王"。陈胜作为秦末起义的领导者，他的功绩能与汤放桀，武王伐纣相提并论也不为过。陈胜不畏强暴地发动农民起义为以后的农民反抗压迫的斗争树立了榜样。

"人杰鬼雄"——项羽

"生当作人杰，死亦为鬼雄。"说到项羽，首先得承认他是一位英雄。当年秦始皇游会稽山时，项羽的叔父项梁带着他去看热闹。项羽看到始皇帝这一番非凡的气势，不仅没有被震慑住，相反还脱口而出："彼可取而代也。"吓得项梁连忙捂住他的嘴巴。而项羽这句"彼可取而代也"则说得掷地有声，响彻千年。仅仅从这一句话中，项羽的英雄气概已喷涌而出。他承担了历史的使命，成为灭秦的关键一人。

巨鹿一战就是项羽灭秦路上最漂亮的一次胜利。公元前 207 年，项羽的叔叔被秦军的将领章邯所杀后，项羽破釜沉舟，对将士们说："这次和秦军作战，有进无退，3 天之内一定要打退秦兵。"将士们被主帅的气势所感染，士气高涨，一举消灭了秦军主力，迫使章邯20 万大军投降。想象当年的项羽，站在高处振臂一呼，即有无数将士跟随其出生入死，驰骋疆场，是何等英雄，何等威风。

项羽也有儿女情长。这可以从韩信对他的评价中得到证实，韩信说项羽"言语呕呕"，也就是说他说话啰唆、琐碎。同时项羽还很仁慈，据韩信说，他看到手下的将士受伤生病，都要流着眼泪去送汤送饭。其实项羽的"仁"是敌对双方都公认的。韩信说项羽"恭敬慈爱"，陈平说项羽"恭敬爱人"，高起、王陵则说项羽"仁而爱人"，看法相当一致。而项羽的"仁"表现得最不是时候的一次就是在"鸿门宴"上，"项庄舞剑，意在沛公"，如果当初项羽能够狠辣一些，接受范增的安排，也不至于随随便便就放走了刘邦，结果使得自己陷入困境。

项羽的性格中不仅有儿女情长，还有着小家子气。当年他占领咸阳后，并没有趁热打铁，直接在帝都里做自己的帝王，而是烧杀抢掠了一番，便带着金银财宝回到彭城（江苏徐州）做他的西楚霸王去了。确实，项羽之所以这么做，是因为楚的根据地在江东，他也放心不

项羽像

下那个自己扶植起来的羸弱的楚怀王。这就表现出了他小心眼儿的一面，正是这小心眼儿，使他谋杀怀王，从而失去人心。也正是这小心眼儿，使他疑心范增，从而失去臂膀。小家子气已让人看不起，小心眼儿更让人受不了。于是，他身边那些有能力、有志向的人如韩信、陈平便一个个都离他而去，只剩下一匹骏马、一个美人和他心心相印。

骏马的名字叫"骓"，而美人就是虞姬了。项羽终究是斗不过刘邦，垓下被围后，他的举动和结局给自己的一生蒙上了悲情的色彩。这里就出现了霸王别姬的一幕：夜色已经深沉，四面响彻着楚歌，霸王的大帐内外灯火通明。盖世英雄饮尽杯中之酒，起身慷慨悲歌："力拔山兮气盖世，时不利兮骓不逝，骓不逝兮可奈何，虞兮虞兮奈若何。"歌声止处，美人挥剑自刎。项羽决定携他身边的 28 骑与刘邦大军进行一场快战，"今日固决死，愿为诸君快战"。痛痛快快打一仗，速战速决，尽快了结。这就成了项羽一生的告别尾幕。

"至今思项羽，不肯过江东。"女词人李清照对他的评价也截然不同。项羽，无愧于英雄名节，无愧七尺男儿之身，无愧江东父老所托，以死相报，痛快地退出了人生的战场。几多悲壮，几许凄凉。一代霸王面对自己失败的结局，心中定是感慨万千：今生霸图难再，来世也当称雄。

深明韬略，足智多谋——张良

中国古语有云："运筹帷帐之中，决胜千里之外。"是指在后方对前线进行部署指挥，仅靠权衡计谋，便能决胜千里，杀敌制胜。能当此言者，中国历史上的人物并不多，而此言说的正是"汉初三杰"之一的张良。

张良，字子房，是秦末汉初时期最有名的政治家和军事家，足智多谋、攻于心计，善谋善划，可以说，项羽战场之败，败于张良之手。他助刘邦歼灭楚军，完成统一大业，所以刘邦才称他为"运筹帷幄""决胜千里"之才。

张良祖先三代在韩国为相，后来秦灭六国，统一天下。张良的父亲被杀，当时张良正年少，结识了刺客，想在古博浪沙刺杀秦始皇，但没有成功，之后被秦始皇悬榜通缉，被迫隐姓埋名，隐居于下邳。

一天，张良在桥头散步，被一位老翁叫住，差使张良说："小子，把我的鞋捡起来。"张良照办。随后，老翁又差使张良帮他把鞋穿上，张良也照办。老翁见张良"孺子可教矣"，便相约张良再次见面，赠与张良《太公兵法》。张良得兵法后潜心学习，终于成

张良像

为了一个文韬武略的智士。当然，张良得《太公兵法》这段传说并不一定为真实历史，但他的确在隐居期间提升了个人的才能。

公元前 209 年，陈胜、吴广起义反秦。立志报仇的张良，也聚集了 100 多人参与在反秦大军中，后来与刘邦相遇，张良多次向刘邦进言自己的主张，都受到刘邦的赏识，因此，张良果断投奔了刘邦。

公元前 208 年，刘邦、项羽兵分两路攻打秦国，刘邦从无官进入关中。张良随刘邦南下，军队直至南阳郡。南阳郡首退至宛城坚守，刘邦灭秦心切，便想绕过宛城继续进攻。

张良劝阻，刘邦听取了其意见，并采取攻心之术，笼络人心，不用一兵一卒便取得宛城，同时刘邦的军威也得到了很大的提升。之后，刘邦率兵抵达峣关，峣关也是秦兵的最后一道关卡。由于峣关地势险要，重兵把守，所以很难攻破。

张良又向刘邦献上一个妙计，利用峣关守将贪图财物，诱劝他投降，同时大张旗鼓、虚张声势，来恐吓秦兵。果然，秦兵中计，刘邦率兵攻下了峣关，大败秦兵。直至公元前206年，刘邦大军抵达灞上，而秦二世也被赵高杀死，至此，秦国灭亡。刘邦大军打进咸阳后，刘邦及其士兵都被咸阳城中的奢华宫殿、娇艳宫女迷失了心智，幸好张良谏言相劝，刘邦才下令封存了所有宫殿宝物，并与各县的民众约法三章："杀人者死，伤人及盗抵罪。"刘邦大获民心，这也为他日后与项羽抗争奠定了良好的基础。

公元前206年二月，项羽知道刘邦攻下咸阳，并重兵把守后，十分生气，誓要与刘邦决一死战。但当时刘邦的实力远不如项羽，还好项羽的叔父与张良有旧交，他把这个消息告诉了张良。张良带项伯觐见了刘邦，并把他所知道的一五一十地告诉了刘邦，刘邦听后十分焦急，不知如何是好。于是张良给刘邦出了个釜底抽薪的妙计，让刘邦以兄长之理对待项伯，并对项伯说明他自己并没有要称王的意思，只是守好咸阳等待项羽的到来。项伯信以为真，告诉刘邦第二天去鸿门请罪，并连夜赶回鸿门，把刘邦所说的告诉项羽，这样就缓解了局势。

第二天，刘邦带着张良、樊哙等到鸿门赴宴请罪。刘邦向项羽称述其坚守咸阳只是为了等项羽的到来，项羽就动了恻隐之心。项羽的谋臣范增多次向项羽暗示要其杀了刘邦，但项羽都无动于衷。范增只好叫来勇士项庄，以舞剑表演为由，伺机杀了刘邦。

不过，张良何等聪明，立刻看出了范增的计谋，令樊哙一同舞剑保护刘邦。刘邦见形势好转，便借口如厕并在张良的安排下赶快脱了身，张良则留下来与项羽周旋。范增得知刘邦逃走了之后大怒，却也无可奈何。张良这次利用自己的智谋，再一次帮刘邦逃离了险境。

刘邦脱离险境之后到达褒中（今陕西褒城），张良观察地形，命士兵烧毁了所有入蜀的栈道，以消除项羽的疑心，并令士兵加紧操练。同年八月，刘邦采用了大将韩信的计策，躲开雍王章邯的正面防守，从侧面出其不意攻打，一举争夺了关中宝地，和项羽逐鹿天下。这也是历史上被传为佳话的"明烧栈道，暗度陈仓"。

公元前203年，刘邦、项羽约定，双方以鸿沟为界，东归项羽（楚），西归刘邦（汉），两方各不相犯。而张良看出了楚霸王项羽捉襟见肘、背腹受敌的形势，于是向刘邦谏言："现在正是项羽处于弱势时期，如果现在我们发兵攻打楚国，必定能大获全胜，一统天下。"刘邦采用张良的意见，大举进攻楚，采用"十面埋伏"、"四面楚歌"之计击败了项羽，并逼迫项羽在乌江自刎。到这里为止，长达四年的楚汉之争，以刘邦胜利而告终。

天下已定，张良深知谋士可助夺天下，但不可享天下，于是以体弱多病为由，闭门不出，与世无争，得以安享晚年。张良是一位洞察秋毫的谋略家和富有远见的政治家，但却没有满足于自己的功劳，拿得起放得下，实为大智大慧者。

战必胜，攻必取——韩信

韩信对于汉朝的建立居功至伟，高祖刘邦曾对他这样评价："连百万之师，战必胜，攻必取，吾不如韩信。"但在封建社会，能够获得帝王这样的评价，既是幸运，也是不幸，有过人之才而不能被用，就如同怀璧夜行，只能招来杀身之祸。

韩信像

淮阴人，我国历史上著名的军事家。在整个楚汉战争中韩信发挥了卓越的军事才能，为汉王朝的建立作出了重要贡献，他的用兵之道也为后世兵家所推崇。

韩信一生以冤屈死亡结束，却以屈辱贫困开始，但贫困的韩信却素有大志。韩信出身平民，性格放纵而不拘礼节。未被推选为官吏，又无经商谋生之道，常常依靠别人糊口度日，许多人都讨厌他。韩信在城下钓鱼时，有一老妇见韩信饿得可怜，就给他饭吃，韩信对她表示："吾必有以重报母。"老妇很生气，斥责韩信："大丈夫不能自食其力，我只是可怜你才给你吃食，难道是希图报答吗？"

淮阴屠户中有个年轻人侮辱韩信说："虽长大，好带刀剑，怯耳。"并当众侮辱他说："能死，刺我；不能，出胯下。"韩信注视了对方良久，低下身来，从他的胯下爬了过去。秦末乱世，是英雄大显身手的时候，韩信先投项羽，不得重用，后又投奔刘邦，只得到一个小官——连敖，但很快就"坐法当斩"。幸好在刀砍向他脖子之前，他仰天大叫："上不欲就天下乎？何为斩壮士。"这一叫打动了监斩官夏侯婴。韩信非但没死，还被提升为治粟都尉，但治粟都尉离韩信的理想简直一个天上一个地下，于是韩信选择了逃离。幸好萧何演了一出"月下追韩信"，才有了后来刘邦的封坛拜将。

而韩信在政治上的拙劣表现最后却使他连刘邦这种表面的信任都丧失了。他率军攻齐，为争夺功劳，听从辩士蒯通的建议，不顾郦食其的生死，乘虚偷袭齐国，使齐王田广用油锅烹掉郦食其。韩信如此行为，使刘邦失大信于天下。刘邦与项羽相持于荥阳，韩信乘人之危，挟功邀赏，请封为假齐王，称："不为假王以镇之，其势不定，愿为假王以镇之。"刘邦于是将计就计，封他为齐王，韩信这才发兵帮助刘邦。刘邦引兵追项羽，并调韩信、彭越率军来剿项羽，但此二人皆不听调遣。刘邦被项羽一个回马枪，杀得大败。刘邦无奈，只好听从张良的意见，把"自陈以东至海"之地，封给齐王韩信；"睢阳以北至谷城"，封给彭越。韩信、彭越得到了好处，这才率军前来（最后垓下一战，消灭项羽）。

韩信的败亡在于其首鼠两端，犹豫不决。早在韩信平齐败楚杀广田等将时，项羽曾派人游说韩信煽动他背叛刘邦，以"三分天下取其一"做诱饵，遭到拒绝。蒯通多次暗示韩信，若背叛刘邦则"大贵"，他毫不动心。

对于别人的劝告，韩信说："臣事项王，官不过郎中，位不过执戟，言不听，画不用，故倍楚而归汉。汉王授我上将军印，予我数万众，解衣衣我，推食食我，言听计用，故吾得以至於此。夫人深亲信我，我倍之不祥，虽死不易。幸为信谢项王！"

韩信对刘邦可谓忠心，但他又不甘心放弃自己既得的利益，处处要挟刘邦，与刘邦心生嫌隙，为以后的惨死埋下了伏笔。后来，张良劝他功成身退时，他又放不下到手的富贵，为了眼前的利益而不顾被杀的危险。

韩信的幼稚还在于他不懂得收敛自己。刘邦称帝之后，他更是狂妄自大、自恃功高，庇护刘邦憎恶的项羽部将，并羞与绛侯周勃、将军灌婴同等地位。由于他战功赫赫，在军中威望极高，以至于当时军中兵器均刻上"不杀韩信"四字。韩信也自恃功高，以为刘邦不敢杀他。但刘邦得天下后，恐他造反，无人能敌，又见他十分狂傲，终于动了杀机。

后来，陈豨谋反，刘邦亲自率兵前去征讨，韩信称病不随高祖出征。这时有人密告韩信谋反，吕后于是与相国萧何商议，骗他入朝，斩于长乐宫中钟室里，并被诛灭三族。韩信被处斩时说："吾不用蒯通计，反为女子所诈，岂非天哉！"

韩信的死是其人格造成的悲剧，他过于张扬自我，不注意收敛，居功自傲，目空一切。终于犯了君主的大忌而被灭族，一代名将就这样以悲剧结束了自己的一生。

只琢磨事，不琢磨人——周亚夫

周亚夫，"文景之治"时期大将，汉初名将周勃之子。他练兵有术，平七国之乱，官升宰辅，助景帝治国，一生为文、景二帝尽忠。因生性倔犟，得罪景帝而入狱，最终因受不了狱卒的污辱，愤而绝食，饿死于牢中。此等命运的确让闻者伤心、听者垂泪。

周亚夫像

其实，早在周亚夫做河南太守时，便有著名的观相者许负给他相面，说他3年之后为侯，为侯8年做将相，持国秉，身份高贵，但会在为相的9年之后，落得饿死下场。周亚夫闻言不信，毫不在意，犹自过着安然之生活。想不到真如许负所说，过了3年，周亚夫的哥哥周胜之因杀人罪被剥夺了侯爵之位。文帝念周勃对汉朝建国立下战功，所以不愿意就此剥夺了周家的爵位，于是下令选择周勃之子中贤能的人，大臣都推举周亚夫，于是周亚夫被封为条侯。

周亚夫的军队训练有素，后世兵家皆以此为榜样。汉文帝即位第六年，匈奴进犯北部边境，文帝急忙调边将镇守防御，派三路军队到长安附近抵御守卫。其中周亚夫守卫细柳。

为鼓舞士气，文帝亲自到三路军队中犒劳慰问。他先到其他两处，这两处都不用通报，见到皇帝的车马来了，军营都主动放行，两地的主将慌忙迎接。送文帝走时也是亲率全军送到营寨门口。

然而到了周亚夫的营寨，却是不同的样子。先是守军门的守卫说："将军有令，军中只听将军命令，不听天子诏令。"守营的士兵还告诉皇帝的随从："将军有令：军营之中不许车马急驰。"在军中见到一身戎装的周亚夫，他却说："甲胄之士不拜，请陛下允许臣下以军中之礼拜见。"军中无儿戏，对于周亚夫来说，他真的做到了。而文帝也惊叹周亚夫军队的纪律严明，大赞有这等将军，匈奴哪敢再犯。等到文帝弥留之时，还特别嘱托太子刘启（景帝）："即有缓急，周亚夫真可任将兵。"

汉景帝三年（公元前154年），吴、楚等七个诸侯国发动武装叛乱。景帝即命周亚夫等人带兵平乱。周亚夫受命后，提出："楚兵剽轻，难与争锋。愿以梁委之，绝其粮道，乃可制。"他的意思是暂时放弃梁国的部分地区，引诱吴、楚军队入梁，与梁争斗。等到吴、楚兵疲马困时，再断吴、楚粮草，让他们饿得背朝天，只好乖乖投降。此计果然奏效。待到那时周亚夫乘机追击，大破吴、楚联军，迫楚王自杀，诱杀吴王。

但是在后来一件事情上，周亚夫却表现出了他的严谨与倔犟，奏出了君臣之间的不和谐音符。周亚夫反对封匈奴降将为侯。匈奴将军唯许卢等5人归顺汉朝，景帝非常高兴，想封他们为侯，以鼓励其他人也归顺汉朝。但周亚夫又冒出来反对："如果把这些背叛国家的人封侯，那以后我们如何处罚那些不守节的大臣呢？"景帝愤然地骂他："丞相的话迂腐不可用。"周亚夫一激动便托病辞职，景帝准奏。

但是过了一段时间，汉景帝还是想再试探试探周亚夫，争取给他一个机会，便把他召进宫中设宴招待，故意给了他一块没有切的肉，又叫人在他的面前不放筷子。周亚夫不高兴地向管事的要筷子，景帝笑着对他说："莫非这还不能让你满意吗？"周亚夫羞愤不已，站起来走了。

后来周亚夫的儿子见父亲年老了，就偷偷买了五百甲盾，准备在他去世发表时用，但甲盾是国家禁止个人买卖的，有心人便趁此机会告周亚夫谋反。景帝立刻派人追查。廷尉问周亚夫道："君侯为什么要谋反？"欲加之罪，何患无辞。周亚夫哼声道："我儿子买的都是丧葬品，怎么说是谋反呢？"廷尉讽刺他说："你就是不在地上谋反，恐怕也要到地下谋反吧。"周亚夫闻言大感屈辱，无法忍受，立刻绝食抗议。5 天后，吐血身亡。

龙城的"飞将军"——李广

在中国历史上，李广无疑是一位充满悲剧色彩的人物，让后人发出无数的慨叹。他自"结发"起参加了无数次与匈奴的交战，使得匈奴听说只要李广驻守或参战，顿觉寒意，这等威风无人可比。可他迟迟没有被封侯。和李广出身相同的从弟李蔡文帝时同为中郎，景帝时一同抗击匈奴，被封乐安侯，官至丞相。李广之子李敢以校尉身份跟随霍去病打仗，军功卓越，赐爵关内侯。甚至李广的部属军吏也有不少以军功封侯。偏偏李广戎马一生，历文帝、景帝、武帝三朝，难以封侯，最后还自杀身亡。

李广难封的时代，正是西汉国防战略发生重大转折的关键时期。汉武帝登基后，变以往的"无为而治"为"积极有为"，一下子改变了汉高祖以来对匈奴的策略，主动出击。而李广以前抵御时代形成的战术就不实用了。尽管李广在担任陇西、北地、雁门、代郡、云中等太守时期，击退匈奴无数，以奋战而闻名天下。他也曾与百人深陷匈奴大军之中，从容应对，以智令匈奴不敢袭击他的军队，这份胆识，一直为后人所称颂。而在武帝运用骑兵集团纵深突袭的时候，不免显得"江郎才尽"，无法承担统率汉军大规模反击匈奴的重任。武帝自然也想培养自己的亲信，恰巧新将卫青、霍去病都是"皇亲国戚"，便纷纷得宠，这便注定李广要退出战场舞台。

李广上了年纪，已经不讨武帝的欢喜，而他似乎又很倒霉，以往他虽然常常能迫追匈奴，却从没有取上将首级的战功，时不时地还输那么几仗。这让汉武帝对他更不放心，便给他安排到大将军卫青手下做偏将。这一点让李广久久不能释怀，在后来的战斗中就出现不听指挥的现象，单独行动。谁知天公不作美，军队没有向导，竟然迷路了，偌大个军队在沙漠里绕来绕去，结果落在卫青之后，未能与匈奴作战，

李广射石图　清　任颐
唐代诗人卢纶诗："林暗草惊风，将军夜引弓，平明寻白羽，没在石棱中。"即讲李广射石这件事，极力称赞李将军的高超箭术和神勇。

不幸令单于脱逃。等到他带军回营，卫青立刻派人责令李广幕府的人员前去受审对质。李广到了卫青幕府前，对他的部下说："我从少年起与匈奴打过大小70多仗，如今有幸跟随大将军出征同单于军队交战，可是大将军又调我的部队去走迂回绕远的路，偏又迷失道路，难道不是天意吗？况且我已60多岁了，毕竟不能再受那些刀笔吏的侮辱。"于是拔刀自刎。

一代名将就此归为尘土，呜呼哀哉。可叹他一生为汉廷效力，最后落得如此下场，确实让人悲叹。王维为其抱不平："卫青不败由天幸，李广无功缘数奇。"但是说的有些脱离事实了。李广曾先后5次率精兵参加反击匈奴的作战，应该说杀敌立功、晋爵封侯的机遇多多，可是他不是无功而返，就是损兵折将，根本没有表现出"飞将军"的风采。他在战斗过程中，虽然勇猛，却明显疏于战略战役指挥上的大智大勇，尤其不善于指挥大规模骑兵集团远程奔袭、机动作战，而这一点正是他的致命弱点。

李广爱兵如子、身先士卒早已闻名。他的确是个好人，他"宽缓不苛"使得军人们甘愿为他牺牲。但他在治军上放任自流，不讲求以法治军、严格管理。行军打仗时没有严格的队列和阵势；靠近水丰草茂的地方驻扎军队，停宿的地方人人都感到便利；晚上也不打更自卫，幕府简化各种文书簿册。如果不是他在远地布置哨兵，早就遭到偷袭了。孙子说"令之以文，齐之以武，是谓必取"。李广违背了这一治军的基本原则，无怪乎劳而无功、际遇坎坷了。

"从奴隶到将军"——卫青

卫青，字仲卿，是一位擅长征战的将领，对于汉朝北部疆域的开拓，卫青可以说是功不可没。卫青出生卑微，最后却娶了平阳公主，足见有其过人之处。朝廷外戚很多都是靠裙带关系得以上位，而卫青的地位却是靠他自己用生命和鲜血奋斗拼来的。他与外甥霍去病并称为西汉"帝国双璧"，消除了西汉时期匈奴不可战败的神话。

漠北之战　绘画

卫青母亲曾在平阳公主的夫家做女仆，原有一男三女，后来与县吏郑季私通，生了卫青。卫青幼时就被送到郑季家抚养，但郑季夫人及其儿子都视卫青为眼中钉。因此，卫青的童年磨难重重，尝尽辛酸。直至成年，卫青才回到母亲身边，做了平阳府的骑奴。

建元二年（公元前139年），卫青的姐姐卫子夫被汉武帝选中，卫青也因此被招进宫中当差，这是卫青人生的一大转折点。建元三年（公元前138年），卫子夫怀孕了。当时的陈皇后是汉武帝的姑姑馆陶公主的女儿，她自己没有儿子，于是就妒恨卫子夫。母亲为了给女儿出一口气，便命人谋害卫青。幸好卫青的好友公孙敖相助解救了卫青。没想到卫青却因此因祸得福，汉武帝十分生气馆陶公主和陈皇后的做法，加封卫青为太中大夫，还赏赐了很多珍宝。

元光六年（公元前129年），匈奴兵兴兵攻汉。汉武帝任命卫青为车骑将军，与匈奴交战。卫青首次出战指挥，表现十分英勇，率军直捣龙城，消灭了数千名匈奴，取得了胜利。

打破了匈奴不能战胜的神话，为以后汉朝进一步打击匈奴奠定了基础。汉武帝龙颜大悦，加封卫青为关内侯。

公元前128年，匈奴再一次侵犯西汉的领土。辽西的守将不敌匈奴铁骑，被对手掠去了大量的人马。汉武帝命卫青出击抵御匈奴。卫青领兵3万，在前线和匈奴兵大战，结果西汉将士在卫青的带领下，浴血奋战，消灭敌人数千名，把匈奴兵赶跑。

公元前127年，西汉与匈奴的第一次大战役展开。卫青受命于汉武帝，率4万大军，采取"迂回侧击"的战术，首先攻打匈奴后方，占据有利地形，然后再率精兵包围，致使匈奴首领落荒而逃。这次战役中汉军斩敌捉兵无数，夺取了100多头牲畜，更重要的是可以控制河套地区。河套地区地势险要，在这里修筑朔方城，加上修复秦时蒙恬所筑的防御工事，不但可以解除匈奴对长安造成的威胁，还可以进一步建立抗击匈奴的前线。这场战役中卫青再立大功，被加封为长平侯，食邑3800户。

公元前124年，匈奴战败后想要复仇，于是领兵再次来袭。卫青联合苏建、公孙贺、李蔡等从高阙出发，击败了匈奴铁骑一万多人，俘虏了匈奴右贤王的小王10多个人。这场战争再一次以西汉军队大获全胜而告终。喜出望外的汉武帝封卫青为大将军。

经过几次战役之后，匈奴兵依旧猖獗。公元前123年，汉武帝再命卫青攻打匈奴。这场战役中卫青命霍去病为校尉，带领800骑兵，袭击匈奴的软肋。这一仗霍去病斩杀2000多敌人，杀了匈奴单于祖父。

汉武帝为了彻底击败匈奴主力，公元前119年，集中全国财力、人力，任命大将军卫青、骠骑将军霍去病率10万精兵出战匈奴。卫青亲率公孙贺、曹襄从正面进兵，北行1000多里，与严正以待的匈奴兵激战。双方对战持续到黄昏时，这时突然刮起暴风，沙尘漫天。卫青乘机命人兵分两路，从单于背后包抄了他们的大营。虽然匈奴单于侥幸逃跑了，但汉军斩获了匈奴士兵1.9万多人。霍去病带领的东路军，北进与匈奴左贤王激战，成功俘获了匈奴小王、将军、相国等83人，歼灭匈奴兵7万多人。此次战役，使匈奴元气大伤，再也不敢窥视汉朝。汉武帝为此特加封卫青、霍去病为大司马，两人平起平坐。

卫青功高盖世，权倾朝野，但一生忠于职守，从不结党营私，也不仗势欺人。他为人谦和，虽然成为位高权重的大司马，也没有欺压平民百姓。后来，汉武帝日益恩宠霍去病，卫青还是不以为然，依旧过着自己平静的生活。公元前106年，一代将军卫青去世，谥号为烈侯。为了表彰卫青的功绩，汉武帝命人将他的陵墓修在自己的茂陵东边，可以说这是对这位立下赫赫战功的名将最大的肯定。

卫青对抗匈奴，七战七捷，没有尝过败绩，是中国历史上为人熟知的常胜将军，深受兵家推崇。从后来各朝人民专门写来赞美卫青将军的诗词歌赋数不胜数这一点就可以看出，卫青深得人心，芳名流传至今。

"投笔从戎"的西域英雄——班超

当人们脱口而出"投笔从戎""不入虎穴，焉得虎子""封侯于万里之外""水至清则无鱼"这些话的时候，大多数人也许并不知道，这些话后面，是一位伟大的历史人物的人生足迹。

这个人物是东汉名将班超。汉明帝永平五年（公元62年），班

班超像

鄯善国柳中城遗址
鄯善即楼兰，为汉代西域三十六国之一。

超的兄长班固被召入京城任校书郎，班超和母亲跟随着居于洛阳生活。此时的班家已不如以往那般显贵，班超替官府抄写一些文书来维持生计。他每日伏案挥毫写字，有时听到边关匈奴入侵，想到历史上将士奋勇杀敌的事情，不禁投笔而言："大丈夫无他志略，犹当效傅介子、张骞立功异域，以取封侯，安能久事笔砚间乎？"旁人都笑话他的言行。班超感叹说："小子安知壮士志哉？"于是开始他的定鼎西域之路。

当时的情况还是匈奴的势力在此根深蒂固，班超首先抵达的是鄯善王国，鄯善国王最初表示欢迎，可是不久就冷淡了下来，这种情况让班超警觉到有什么事情发生过。于是，他在审问侍者时得知匈奴使节尚在鄯善王国。班超立即召集他的全体部属，总共就那么几十人，商议对策。班超说："不入虎穴，焉得虎子。现在只有一条路，我们乘黑夜杀死匈奴使者，这样鄯善国王破胆，不敢不听从我们的。"于是众人在班超的带领下奇袭匈奴驻地，杀死了全部的匈奴人。班超展示出他一个优秀使者的素质和能力。不久，他平定了各国的叛乱，重新打通了"丝绸之路"，让多民族的文化在此交汇，发挥长足的作用。班超代表东汉先后结交了西域50多个国家。曾经烽火连天夜不眠的战地，曾经将士不归百战死的边疆，在班超的努力下，终于成为玉帛繁华之地。范晔在《后汉书·班超列传》中说："封超为定远侯，邑千户。"

今天提起西域来，带给人的全是瑰丽美妙的意象：葡萄美酒夜光杯，蓝眼丽人舞诱人。那异域的风光扑面而来，让人目不暇接。但在遥远的汉朝，西域却像一个黑洞一样，充满了危险和未知。班超之前的张骞和苏武，哪一个不是在西域历经千辛万苦几经磨难后才回到汉廷？

30多年的光阴在不知不觉间溜走，在西域为东汉开展广泛外交活动的班超，多年来经历了数次东汉政权的交替，如明帝、章帝，和帝继位也已10年多了。大漠的葡萄已酿成美酒喝了一遍又一遍，大漠的丽人也已经凋零了一批又一批，班超不再是一条血气方刚的汉子，他已经70岁了。黄沙依旧，驼铃依旧，只是英雄想回家了。

于今天遥想班超当年，只以汉朝使节的名义，多年头顶大漠沧桑的烟尘，抵拒匈奴无数次的车马欺凌，驰骋万里西域，纵横决战，肩负着多重使命，可他还是勇敢地坚持了下来，也正因为此，班超被传诵千年。

"横槊赋诗的可爱奸雄"——曹操

对于曹操，自古人们就有说不尽的话题，因为这是一个个性非常复杂的人。曹操在民间是个"大花脸"，就是奸贼。

曹操出生于一个显赫的宦官家庭。灵帝熹平三年（公元174年），20岁的曹操被举为孝廉，入洛阳为郎。不久，就被任命为洛阳北部尉。洛阳当时为东汉都城，是皇亲贵族聚居之地，很难治理。曹操一到任，就申明禁令、严肃法纪，造五色大棒10余根，悬于衙门左右，"有犯禁者，皆棒杀之"。皇帝宠幸的宦官蹇硕的叔父蹇图违禁夜行，曹操毫不留情，将蹇图用五色棒处死。于是，"京师敛迹，无敢犯者"。

魏武帝曹操像

在军事实战方面，他讨黄巾、逐刘备、灭吕布、平袁绍、败匈奴，打遍了中国的整个北方，使得北方统一，他有着高超的军事指挥能力；在外交方面，他对匈奴及西域各国恩威并用，收复北方失地；在内政方面，整顿吏治，兴办屯田，采取各种措施，扶植自耕农经济，使得曹魏的经济一直是蜀汉和东吴望尘莫及的；在文学方面，他和他的两个儿子所带动的"建安风骨"是中国文学史上的辉煌成就之一。当时著名的"建安七子"无一不在曹魏的势力范围，这是因为相对稳定的北方有文人们赖以生存的文化气息。

当然，作为大人物，曹操不可避免有他的缺点，这也是许多反感曹操的人士死死抓住不放的地方，那就是他的野心和他阴险毒辣的一面。然而，有人却认为，曹操虽然奸，但他奸得可爱。

比如官渡之战时，曹操没有粮食，袁绍阵营里面有一个谋士叫做许攸的来投奔曹操，曹操骗他，被许攸识破，这是曹操的奸诈，但其中的话语无不露出曹操的可爱。再如曹操和张绣的战争中，他的长子曹昂在战斗中死了，他的正妻丁夫人悲痛得死去活来。因为曹昂是丁夫人代曹昂生母抚养大的，二人情感非常深。丁夫人哭着闹着跟曹操要儿子，曹操一烦，让她回老家去了。几个月以后，曹操后悔了，然后自己驾着车子，到丁夫人的娘家想把丁夫人接回来。这是曹操的可爱之处，这也是他的性格。

正是这种实在的性格，为奸诈的曹操平添了更多的可爱。他西征马超、韩遂时，同韩遂在战场上约见。韩遂的士兵听说曹操亲自出场，都争先恐后伸长了脖子要看他。曹操便大声说："你们是想看曹操吧？告诉你们，和你们一样，他也是个人，并没有四只眼睛两张嘴，只不过多了点智慧。"

作为英雄的曹操通过迎献帝、迁都于许昌和恢复农业生产等措施为其成功奠定了重要条件。从建安二年（公元197年）起，曹操利用他"挟天子以令诸侯"的政治优势，东征西讨，开始了他翦灭群雄、统一北方的战争。可是无论他有多么大的权力，他一直没有自立为皇帝。曹操在孙权擒杀关羽取得荆州后，孙权遣使入贡，向曹操称臣，并劝曹操代汉称帝。曹操将孙权来书遍示内外群臣，说："是儿欲踞吾著炉火上耶！"曹操手下群臣乘机向曹操劝进。曹操从策略上全面权衡得失后，决定自己还是继续做汉臣。所以有人认为曹操是一个讲求实际的人，只求掌握实权，在他看来，虚名并不重要。

文武筹略，万人之英——周瑜

周瑜，字公瑾，庐江舒县（今安徽省庐江县西南）汉族人，出生于汉熹平四年（公元175年）。他是东汉末年东吴著名将领，多谋善断，精于军略。周瑜还有个最大的特点是英俊潇洒，玉树临风，且精通音律，称得上是绝世美男子，故又有"周郎"之称。一代大文豪苏轼曾立于长江之畔，感慨万千，以一阕千古绝唱《念奴娇·赤壁怀古》，抒发对风华绝代、功勋彪炳的周郎的无比景仰和无限向往。

民间有句非常有名的谚语，周瑜打黄盖——一个愿打一个愿挨。说的就是公元208年的赤壁之战，周瑜和黄盖配合得天衣无缝，瞒过了曹操，以火攻击败曹操的军队，赢得了那场重要的战役。此战也奠定了三分天下的基础。

当时曹操基本统一北方后，第一个战略目标便是荆州。自古以来，荆州地处要冲，蜀、吴也觊觎很久。公元208年9月，曹操挥师南下，顺利占领了荆州，更扬言要席卷江东。面对这种情况，东吴的大部分将领都胆战心惊，惊恐万分，"抗曹"和"迎曹"两派议论纷纷，互不相让。

最后，还是周瑜站出来解决了问题，他指出抗曹方为上上之策。他认为虽然曹操的战书上写有水步兵80万，但实际上能够派上用场的不可能有那么多。稍微分析一下就能够得知曹操的人马并没各个骁勇善战，因为其部队中有一部分是刘表的降军，这些军人并非对曹操忠心，所以和曹操一战东吴的军队胜面还是很大的。

在周瑜的指挥下，结盟的蜀军和吴军首战得力，将曹操逼退。黄盖在此时提出用火攻曹操的战船，周瑜认为此为良策，便采纳黄盖的意见。此时曹操正苦于自己手下的将士不适应水上生活，许多人因为过度晕船而生病。

深入曹营的周瑜手下庞统向曹操提出将几艘大船绑在一起，这样士兵就可以克服船的摇摆，如履平地。其实这是一招"连环计"，船绑在一起，用火攻的话，所有的船都逃脱不了。后来黄盖假装投降，让曹操放松了警惕，结果一把火将曹操的战船烧了一个精光。这场战争让曹军损失殆尽，不得不退回到南郡。

赤壁之战，为曹操一统天下的计划大受阻挠，后来的三足鼎立局面在这时候已经初露端倪。

周瑜一直忠于孙氏，至死不渝，孙权对于周瑜也是信任有加。周瑜的才能过人，刘备、曹操、孙权都非常清楚。刘备曾私下挑拨周瑜和孙权的关系，在孙权面前指出周瑜文武筹略，万人之英，器量太大，恐怕不能长久为人臣。曹操多次派人拉拢周瑜，都被周瑜拒绝了，就有意贬低周瑜在赤壁之战中的作用，他写信给孙权说："赤壁之役，值有疾病，孤烧船自退，横使周瑜虚获此名。"

但周瑜是何等人物，孙权心知肚明，况且周瑜自幼便侍奉孙氏，孙权自然不受曹操的离间。

对于周瑜和孙氏的渊源，得从周瑜儿时说起。周瑜和孙坚的儿子孙策同年，从小就要好，甚至把路南的大宅院让给孙家居住。孙策率领父亲的部队打江山的时候，恰逢周瑜接任父亲周尚的职位丹阳太守，周瑜非常支持孙策的行动，带兵迎接。两人一起并肩作战，等到孙策部队发展壮大的时候，周瑜又率部回到丹阳，并没有争抢功劳。

不久，周瑜得到机会回到江东，孙策知道消息后，亲自出来迎接，并且授周瑜为建威中郎将，调兵遣将给他，还赏赐了丰厚的珍宝和豪华的住宅。孙策还发布命令，说周瑜雄姿英发，才能绝伦，和自己有总角之好，骨肉之情。周瑜得到的荣誉在当地是没有人能跟他相提并论的。当时周瑜年仅24岁，但在吴郡，人人皆称之为周郎。从此周瑜跟随孙策左右，攻破皖城后，得到乔公两个倾国倾城的女儿大乔和小乔。结果，孙策和周瑜一人娶大乔，一人娶小乔，结为连襟。

在建安五年（公元200年），孙权接管遇刺身亡的孙策的部队后，周瑜依然接着追随孙权左右。曹操在官渡之战打败袁绍后，满心以为天下已经尽在掌握中，要求孙权送来人质。当时孙权的重臣大将都不敢轻易下定论，犹豫不决，众说纷纭。只有周瑜，毫不犹豫，坚定地劝说孙权拒绝曹操的要求，并且指出了当中的利益要害关系，认为送人质是弊大于利，以后必将处处受制于曹操。

在当时，周瑜是以胆略兼人、气度恢宏和雍容大雅著称，他赢得了所有人，甚至包括敌人的仰慕。周瑜待人谦恭有礼，在孙权只是个将军的时候，别人面对孙权不拘礼仪，只有孙权谨守君臣之礼。周瑜更是一个大度宽心之人，以德服人。当时，程普倚老卖老，多次欺辱年少的周瑜，后者却始终一笑置之，从不与他计较。久了之后，程普慢慢地也开始佩服周瑜，多次对别人说，与周瑜交往如同品尝美酒，其醇甘沁人心脾，令人沉醉。

建安十五年（公元 210 年），周瑜进京见孙权，请求发兵取蜀。然而，令人未料的是，周瑜在去蜀途中身患重病，不治身亡，逝于巴陵巴丘。惊闻噩耗的孙权令举国哀悼，自己也身穿素衣以慰藉亡者。

《三国志集解》引述清代李安溪的话："周瑜在则可，如无瑜者，权必不能独挡曹。"此番言论，更加肯定了周瑜对于吴国的重要性，亦直接肯定了周瑜的军事才能。

"五虎上将"之首——关羽

关羽，三国时期蜀国大将，被列为蜀国五虎上将之首。关羽本字长生，后改字为云长，河东解人，也就是现在的山西运城人。关羽早年因为在家乡犯事而逃到幽州涿郡，并在那里结识了刘备、张飞二人。随后，刘、关、张三人结成了异姓兄弟，奉刘备为大哥。

此时正值东汉末年，朝纲崩塌，外戚专权，黄巾军起义风起云涌。公元 184 年，身为皇室宗亲的刘备便在涿郡组织了一支义勇军，参与围剿黄巾军。关羽自此便跟随在刘备军中转战南北。

公元 194 年，曹操攻打陶谦，想要夺取徐州。陶谦便向刘备求助，刘备遂带领关羽、张飞来救。曹操退兵后，在陶谦再三相让下，刘备当上了徐州牧。公元 196 年，刘备在袁术与吕布的夹攻下，丢掉了徐州，于是刘备带领关羽等人投奔了曹操。公元 198 年，刘备与曹操合力攻取了徐州，并生擒吕布。后来刘备奉曹操之命去徐州拦截袁术，刘备趁机杀了徐州刺史车胄，命关羽守下邳、领徐州，刘备自己则返回小沛。

公元 200 年，曹操攻打刘备，关羽战败被擒。关羽只好投降曹操。曹操对关羽关爱备至，待之以厚，还封关羽为偏将军。虽然关羽对曹操的厚爱也十分感激，但关羽始终不动声色，一心想着回到刘备身边，实乃身在曹营心在汉。不久，袁绍派手下大将颜良进攻东郡太守刘延，曹军因而被围困于白马。曹操随即亲自率兵求援，张辽与关羽被命为曹军前锋。于是，关羽斩杀了颜良之后，便解了曹军的白马之围。《三国志》中对于关羽斩颜良是这样描述的："羽望见良麾盖，策马刺良于万众之中，斩其首还，绍诸将莫能当者，遂解白马围。"关羽之勇猛无敌，由此可见一斑。随后，曹操封关羽为汉寿亭侯。

曹操为了挽留住关羽，便让张辽去探关羽的口风。随后，曹操知道关羽要走之后，便又重赏关羽，想以此留住关羽。但是关羽尽封曹操的赏赐，毅然决定回到处在袁绍军中的刘备

关羽擒将图 明 商喜

身边，留书告辞。曹操身边的诸将想要截杀关羽，但曹操心里钦佩关羽的忠心，遂命令手下不准追杀关羽，以成全关羽的大义。

随后，刘备投靠荆州刘表，并屯兵在新野。刘表死后，曹操决定借机平定荆州，于是挥军南下。刘备军力不足，率部南逃，并命关羽率领数百艘船驶至江陵会合。然而，刘备被曹军追逼汉津，幸好关羽驾船也行至此地，于是刘备与关羽一同驾船到了夏口。到了夏口之后，刘备联合孙权在赤壁打败曹操。

曹操战败后，便退兵许昌，留下曹仁据守荆州。于是，刘备又联合孙权手下大将周瑜夹攻曹仁，并命关羽断绝曹仁北逃的退路。此役大胜后，刘备夺取了荆州四郡，关羽被封为元勋，襄阳太守、荡寇将军。不久之后，刘备夺取了益州，便命关羽董督荆州事。一次，关羽在作战中被飞箭击中左臂，虽然伤口已经愈合，但每逢下雨阴天便会痛至骨髓。医生查看说："这个箭头有毒，且毒已侵入骨头，只能割开皮肉，刮骨去毒，才能治愈此病。"关羽便伸出臂膀，让医生割臂治疗。同时，关羽请众将饮食相对，谈笑自若。

公元214年，东吴孙权得知刘备已取得益州，便希望要回荆州。刘备敷衍了事，双方就此结怨。公元219年，刘备称汉中王，封关羽为前将军，假节钺。同年，关羽率兵进攻驻守在荆州北部樊城的曹仁。曹操于是命于禁率领大军前去救援曹仁。这时正值秋季，大雨连绵，导致汉水暴涨，于禁所率的军卒纷纷逃往高处避难。关羽看准时机，乘势降服了于禁。关羽"水淹七军"便出自这里。

关羽战败于禁后，便率军大举围困曹仁于樊城，并派兵又围困了襄阳。此时关羽势不可当，曹操手下多名官员都投降了关羽。曹操甚至有想要迁都以避关羽锋芒的想法。但随后，曹操就联合孙权，让孙权从背后偷袭关羽。孙权也想取回荆州之地，于是命吕蒙为主帅，偷袭荆州。吕蒙迅速夺取了荆州各郡，同时曹操的援兵也赶到了樊城，由徐晃出兵打败了围困樊城的关羽之军。此时关羽已腹背受敌，只得败走麦城。关羽随后从麦城率数十骑出逃，在临沮遇马忠埋伏，进而被俘，随后被杀害在临沮。

关羽死后，得到后世的尊崇，人们逐渐将其神化，尊称其为"关公"。后人多被关羽的忠勇所感，因而才在各地修建庙堂以示纪念。可以说，关羽已经成为中国文化的一种象征，成为一种忠勇仁义的化身。

"兵动若神，谋无再计"——司马懿

司马懿，字仲达，三国时期杰出的军事家、政治家。司马懿出生在军事世家，祖上大都为朝中的将军、大员。司马懿的高祖是汉安帝时期的征西大将军司马钧；曾祖司马亮是豫章太守；祖父司马隽是颍川太守；父亲司马防是京兆尹。

司马懿小时候就显示出了过人的聪明才智，他博览群书、广识才学，但为人也是心高气傲，他因为看不起曹操的出身，拒绝为曹操出任官职。不过在公元208年的时候，曹操已经成为丞相，他强迫已经29岁的司马懿为文学掾。后来司马懿渐渐取得了曹操的信任。

公元219年，关羽攻打曹仁驻守的樊城，加上汉水在这一年突然猛涨，于禁的7个大军被洪水湮没。关羽趁机抓住了于禁，斩了庞德。曹操闻听消息惊慌失色，害怕关羽的实力越来越大，想要从许昌迁都。这时候司马懿劝阻曹操不要武断迁都，可以联合孙权一同牵制关羽，毕竟孙权也不想看到关羽的实力变强。没想到司马懿的推断一语中的，孙权果断地攻打了关羽的大本营。

　　魏太和五年（公元 231 年）、青龙二年（公元 234 年），面对诸葛亮率领大军北伐，司马懿亲自领兵前来应战。起初，他并没有和诸葛亮进行正面交锋，而是以险峻为守地，造成蜀军久攻不下，粮草断绝，两次北伐以失败而告终。

　　击溃了蜀军，司马懿在曹魏朝廷中的威望与日俱增，成为了曹魏的中流砥柱。后来在应对叛将孟达的事情上，司马懿也表现出了卓越的军事才能。孟达原本是蜀军的武将，后来投降曹魏，曹丕命他驻守新城。曹丕死后，孟达又合计叛逃曹魏回归蜀汉。这时候司马懿察觉到此消息，他采用软硬兼施的策略，表面上给孟达写信以示安抚，另一方面调兵遣将用武力进行讨伐。司马懿军行进如风，本来孟达报告给诸葛亮说司马懿如果举兵来犯，最快也要一个月，没想到司马懿军 8 天时间就赶到了，打了孟达一个措手不及，用 16 天时间攻破上庸，斩杀孟达。

　　青龙五年（公元 237 年），原魏辽东太守公孙渊自立为燕王，建立了朝廷，和曹魏分庭抗争。魏景初二年（公元 238 年），魏明帝曹睿派遣已经 59 岁高龄的司马懿率领 4 万大军前去讨伐公孙渊。公孙渊为了阻击魏军，让卑衍、杨祚等带领步兵、骑兵数万人，建立起高高的防御堡垒。司马懿没有硬攻，而是采用声东击西的策略，假装派一小队人马攻打公孙渊军的防御堡垒，大部队悄悄地渡过辽水，杀向公孙渊所在的襄平城。这一策略让前在堡垒处的公孙渊军队回撤协助襄平。司马懿与援军进行了三场大战，皆获胜，入主襄平。这时候天降暴雨，司马懿军将士担心洪水来袭，想要把营地迁开，但是司马懿厉声道："鼓动移营者斩。"

　　公孙渊想趁着暴雨的机会出城，有将士禀报司马懿，说此时正是捉拿公孙渊的好时机，但是司马懿微微摇头，没有采纳建议。到了一月份，雨水已停，曹魏的军队包围了襄平城，他们挖地道、垒土山、制造楼车、钩梯等攻城所用的装备，不分日夜的对襄平城发动了猛攻。此时城内已经没有了粮食，公孙渊的兵将纷纷倒戈。八月，襄平被攻破了，公孙渊想要做最后一搏，率领数百士兵突出重围，但是到达梁水的时候，被司马懿的追兵赶上，斩杀于此。这样地处辽东的四个郡就已经处于曹魏的掌握之中。

　　司马懿不仅军事才能卓越，而且政治上也是治国有方。他建议曹操采用屯田制。曹操死后，曹丕听从司马懿的建议广泛实行屯田制。司马懿还在孙吴和蜀汉对立的地带设置军屯，开发粮储基地。公元 235 年，关东爆发了饥荒，司马懿调取了 500 万斛粟运到了洛阳，可见屯田制度让关中存有大量的粮食。司马懿在水利方面也有突出的贡献，"开成国渠，自陈仓至槐里筑临晋陂，引汧洛溉舄卤之地三千余顷"。

　　曹操封自己为魏王之后，命司马懿为太子中庶子，辅佐曹丕。曹丕临死时，又令司马懿和曹真辅佐魏明帝曹叡。司马懿多次任抚军大将军、大将军、太尉等重要的职位。明帝死后，曹芳即位，司马懿和曹爽辅佐幼主。司马懿与曹爽不和，被其排挤，于是他决定发动政变。正始十年（公元 249 年），趁着曹芳和曹爽离开洛阳去高平陵扫墓的机会，发动了高平陵事件，夺取了曹魏的政权，至此曹魏政权就旁落到了司马氏的手中。

　　嘉平三年（公元 251 年），太尉王凌与兖州刺史令狐愚密谋想要曹操的儿子曹彪登基帝位。不料消息败露，司马懿诛杀了王凌和令狐愚，赐死了曹彪，这起事件史称为寿春三叛之一。同年司马懿病死。公元 265 年，司马炎宣布称帝，史称西晋，司马懿被追认为高祖宣皇帝。

"中流击楫"——祖逖

祖逖，字士稚，东晋著名将领，"闻鸡起舞"的典故就来源于他和刘琨的故事。年少时期，祖逖生性不拘小节，游手好闲，十四五岁还没有上学读书，他的哥哥非常担心他的前途。但是祖逖并非街头的地痞习气，他侠义心肠，不看重钱财，并且心怀抱负，经常以他哥哥的名义周济周边的穷苦人，所以左邻右舍都非常喜爱他。

后来的祖逖博览群书，人们都赞颂他是稀世奇才，担任司州主簿，不久又担任齐王司马冏和骠骑将军长沙王司马乂的属官，最后官至太子舍人、豫章王司马炽的从事中郎。

永嘉五年（公元311年），匈奴族的刘曜率领汉军攻进了洛阳城，晋怀帝成为了俘虏，祖逖带领几百名手下向南逃跑，祖逖被推举为行主，成为了他们的首领。这一队人马到了泗口，镇东大将军司马睿命祖逖为徐州刺史，后又任命为军咨祭酒。

此时的西晋朝野上下一片混乱，为了有朝一日恢复晋朝的秩序和繁荣，祖逖忍辱负重，纵容那些粗鲁、无礼的门客，与他们搞好关系，希望以后的北伐过程中他们会有所帮助。祖逖同时上书给司马睿，请求北伐，但是司马睿一心想要巩固在江东的政权，对北伐没有强烈的欲望，于是在建兴元年（公元313年），任命祖逖为奋威将军、豫州刺史，但是只给了他1000人的口粮和3000匹布作为北伐物资，然后让祖逖自己招募士兵，打造兵器。

这对祖逖来说困难重重，但是他并没有灰心，他带领着起初跟随他的家兵向北渡过长江，"中流击楫"宣誓："祖逖不能清中原而复济者，有如大江。"然后带领着这些人开始了北伐的征程。

彩绘闻鸡起舞图　民国　魏墉生　瓷板画

本画源自《晋书·祖逖传》："祖逖与司空刘琨俱为司州主簿，情好绸缪，共被同寝。中夜鸡鸣，蹴琨觉曰：'此非恶声也。'因起舞。"祖逖立志为国效力，与刘琨互相勉励，半夜鸡啼起床舞剑。后成为有志者及时奋发的典故。

流民坞主张平、樊雅两个人在谯郡地区拥有众多人马，经常在那里兴风作浪。祖逖于是向其进攻，但是张平、樊雅二人重兵把守，祖逖攻打了一年多也没有攻下，最后他只能是计谋利用张平的部下谢浮找机会杀死了张平。祖逖进驻到太丘，张、樊二人的余部还固守在谯城负隅顽抗。在蓬陂坞主陈川派将领李头和南中郎将王含派桓宣的支援下，祖逖终于打败了樊雅，进驻到谯城。

祖逖感谢李头出手相助，于是将一匹名马足赠与他，李头十分感谢。不料这一举动招来了陈川的嫉恨，将李头杀死，李头的部队人马于是全都投奔到祖逖的名下。陈川派兵攻打豫州各个郡县，祖逖派兵扫平了陈川部队的肆虐，将百姓被抢的钱财全都归还给了百姓，百姓为此非常感恩祖逖。

陈川战败，投奔了石勒，祖逖率军讨伐，石勒派石虎率领5万精兵前去救援，结果祖逖连连败却，退回到淮南地区。石虎部队占领了豫州，他的将领桃豹驻守在西台城。太兴三年（公元321年），祖逖命韩潜守住东台，两军对峙40天后，祖逖让敌军误以为晋军的粮食充足，再看看自己的粮食十分稀少，从而起到打击敌人士气的目的。随后，祖逖又派兵抢劫了石勒给桃豹的军粮，令桃豹退到了燕城。祖逖占领了西台后，命韩潜前去进攻桃豹，自己则回守到屯雍丘。后祖逖多次讨伐石勒，将其击败，石勒部众纷纷归降祖逖。祖逖乘胜追击，收复了黄河以南中原地区的大部分领土。

祖逖的部队纪律严明，勤俭节约，他们从来不与百姓为敌，反而处处帮助百姓。他们的生活物资以及平日所吃的食物都是自己生产，所以祖逖的部队深受百姓的爱戴。不久祖逖被升为镇西将军，石勒见到他实力越来越强大，不敢贸然向南进犯，想与其修好。石勒在成皋县和范阳修缮祖逖祖父及父母的坟墓，并向祖逖写书信请求通商。祖逖见石勒修好诚意真切，便任其贸易往来。于是两边边境处在一片祥和的环境中。但是这时候的祖逖一直在虎牢地区，厉兵秣马，准备向北边扩进。

太兴四年（公元 322 年），晋元帝司马睿派遣戴渊为征西将军、都督司、兖、豫、并、雍、冀六州的军事工作以及司州刺史，用来监督祖逖。祖逖看到皇帝这般的人事安排，觉得戴渊虽然很有才学，但是没有远见，不适合做北伐统帅；自己这么些年来屡立战功却没有得到重用，心里实在不快。同时，朝中权臣王敦和宠臣刘隗对立，祖逖担心会爆发内乱，这些对北伐来说非常不利。祖逖因为思虑过多，身患疾病，但是他仍然在修缮虎牢城，派人修筑营垒，防止后赵入侵。可是营垒还没有修筑完毕，祖逖就病死了。东晋皇帝追封他为车骑将军。第二年，王敦在朝中发动王敦之乱，祖逖的弟弟祖约没有抵挡住石勒的进攻，只得向南退却，曾经收复的领土再一次被石勒侵占。

励精图治，使前秦基本统一北方——苻坚

苻坚，字永固，氏族，前秦宣昭皇帝，十六国时期前秦的君主，称为大秦天王。

前秦厉王苻生是一个十分残暴的君主，他经常枉杀无辜。寿光三年（公元 357年），苻坚为民除害杀死了苻生，自称为大秦天王，宣布称帝。接着他杀掉了苻生的亲信董龙、赵韶等 20 余人，改年号为永兴元年，追谥自己的父亲苻雄为文桓皇帝，母亲苟氏为皇太后。

三男议事图　五胡十六国

苻坚当上皇帝以后，非常有作为。在他刚刚即位的时候，社会动荡，秩序混乱。本来关中地区就是一个多民族杂居的地方，再加上苻生残暴的统治，使这里的居民人心惶惶，暴力事件、民族仇杀时有发生。苻坚就是在这样一个环境中成为了前秦的皇帝。看到豪强欺行霸市，百姓痛不欲生，苻坚看到了时弊害民的危险性，自己要是再这么继续下去，迟早有一天会和苻生一样的下场，于是他下定决心，开创新的政治局面。

苻坚制定了一系列的方针政策，对豪强的不法行为进行严惩，采用休养生息的治国方针。在用人方面，他除掉了苻生身边的奸佞之臣董容、赵韶等人，然后广招天下人才，整合最高统治机构，提拔了一些清正廉明的有识之士参与朝政。苻生通过吕婆楼认识了王猛，两人一见如故，苻坚认为王猛是难得一遇的人才，非常高兴，形容此为刘玄德遇见诸葛孔明一般，拜王猛为中书侍郎。前秦在苻坚的领导下日益强大起来，国力一度超过了东晋很

多，统一中国的机会摆在了苻坚的眼前。

机会出现的同时，困难也会有很多。苻坚军队由不同民族组成，团结性很差，经常引起部队间的内乱；并且各地豪强贵族对前秦的政权虎视眈眈，可以说苻坚的统一大业任重而道远。

就苻坚自己来说，他为人缺乏耐心，又有些刚愎自用，不顾大臣们的反对，在时机尚不成熟的情况下攻打东晋，在淝水与晋军发生了激战，这就是著名的淝水之战。东晋太元八年（公元 383 年）十一月，东晋宰相谢玄调遣部将刘牢之率领 5000 精兵连夜渡河，攻破了前秦军队的先头部队，然后又杀死前秦十员战将，歼灭敌人 1.5 万人。晋军旗开得胜，气势如虹，分别从水陆两面逼近淝水东岸。苻坚此时登上寿阳城，看到眼前尽是晋军，心里不禁恐惧起来。

谢玄抓住了前秦军队民族众多、人心各异的弱点，迫使前秦军队向后撤。此时的苻坚心浮气躁，想要与晋军决一死战。不过前秦军队人心涣散，十分厌战，苻坚一败再败。晋军趁机抢渡淝水，对苻坚发起了猛烈的进攻，秦军大败。谢玄乘胜收复了洛阳、彭城等地方。在逃跑的过程中，苻坚中箭受伤。

淝水之战是中国历史上有名的以少胜多的案例，东晋赢得了这场战争后，把边界向北推进到黄河，并且从此几十年没有外敌入侵。

前秦兵败后，所属的鲜卑、羌等部族先后脱离苻坚的统治。西燕主慕容冲派兵围困长安多日，长安城内缺水少粮。这天，慕容冲终于率兵攻打长安城，苻坚带领十几个侍卫逃到了五将山。在五将山，苻坚被姚苌俘虏，囚禁在新平佛寺，后来被逼自缢身亡，埋在了此地，当地人称苻坚的墓地为"长角冢"。

史学家评价苻坚做了四大善事：文学优良，内政修明，大度容人，武功赫赫。苻坚与王猛君臣相得益彰，只可惜苻坚性格存在缺陷，在不利的时机大举伐晋，一失足而失天下。

一日"玄武门"成就数年"贞观景"——李世民

在历代帝王中，李世民是以其"雄才大略而又从谏如流，位及人主而兼听纳下"的开明作风而闻名于世的。

隋大业十一年（公元 615 年），突厥 10 万铁骑将隋炀帝围困在雁门，李世民接到了朝廷的命令带领部队前去救援。李世民使用疑兵计，虚张军容，白天领兵擎军旗数十里，晚上又钲鼓相应。等到东都各个郡的援兵赶到，将突厥军队解围撤退。

后来在与隋军的作战中，李世民先是和哥哥李建成进攻西河，其父李渊向关中进军。隋大业十三年（公元 617 年）七月，李世民主张进军咸阳，这样便可以号令天下。随后，李世民和李渊配合向霍邑发起了进军，兵临城下之时，李世民先是诱出守城的隋军将领，然后又命骑兵向敌军进行猛攻，斩了隋将，夺下了霍邑。

九月的时候，李世民又率军向长安发起了攻击，同时又命先前部队渡过了黄河，占领了渭河以北的广大地区，这一地区的土豪劣绅、农民起义军纷纷投奔李世民的军队。十一月，各路军队攻占了长安。李渊立代王杨侑为帝，即隋恭帝，改大业十三年为义

唐太宗像

宁元年。李渊晋封为唐王，李世民被封为京兆尹，封为秦公。

　　同年五月，隋恭帝将君主的位子让给了唐，李渊继承了皇帝位，国号大唐，改元武德。武德元年（公元618年），以赵公世民为尚书令、右翊卫大将军，进封秦王。在唐朝建立以后，李世民亲自指挥了6场大战役中的4场，结果全部获胜，促进了国家的统一，为唐王朝立下了赫赫战功。

　　公元626年，由李世民为首的秦王府集团在玄武门附近发动了一次流血政变。李世民杀死了自己的长兄皇太子李建成和四弟齐王李元吉，成为皇太子并掌握实权，并于同年继承帝位，是为唐太宗。

　　李世民当上皇帝之后，吸取隋朝灭亡的教训，非常重视老百姓的生活。他强调以民为本，还常说："民，水也；君，舟也。水能载舟，亦能覆舟。"李世民即位之初，下令轻徭薄赋，让老百姓休养生息。他爱惜民力，从不轻易征发徭役。他患有气疾，不适合居住在潮湿的旧宫殿，但他一直在

秦王破阵乐图　唐

隋朝的旧宫殿里住了很久。贞观之初，在李世民的带领下，全国上下一心，经济情况很快得到了好转。牛马遍野，百姓丰衣足食，夜不闭户，道不拾遗，出现了一片欣欣向荣的升平景象。也许贞观之治有些被夸大了，贞观时期比乱世当然好，也比一般的时期强，但远没有现在通常吹捧的那样美好。但有一点是值得肯定的，人们的生活确实在一天天好转，老百姓看到了希望。

　　同时，李世民赋予了大唐朝一种包容且自信的气质，使得这个朝代成为后世人梦寐以求的天堂。在一次聚会上，日本创价学会的会长池田大作曾问英国学者汤因比："阁下如此倾情古老的神州大地，假如给你一次机会，你愿意生活在中国这五千年漫长历史中的哪个朝代？"汤因比思索了一下，回答说："要是出现这种可能性的话，我会选择唐代。"

　　在后世人一次次梦回唐朝的想象中，李世民成了唐代传奇中最瑰丽的一个，他也是中国历史上最英明的君主之一。正是这英明掩盖了他曾经的血腥。他虽然最终没有摆脱"原罪"的纠缠。但无论如何他都开创了一代盛世，为中国日后的发展奠定了坚实的基础。

"平叛大将军"——郭子仪

　　中唐名将郭子仪是华州郑县人，他以武举的身份从军入仕，后一路被提拔至九原太守、朔方节度右兵马使。公元755年，安史之乱爆发之后，他以朔方节度使的身份率兵成功收复长安和洛阳两地，立下头等战功，后获封汾阳郡王。待到代宗时，郭子仪又率军再次出征，平定了仆固怀恩叛乱，戎马一生，多次建立显赫战功，享有极高的名望和声誉。

　　郭子仪出身官员之家，他的父亲郭敬之曾担任过渭州、吉州等四州的刺史。而体格健壮的郭子仪从小习武，武艺高强，且为人刚直公正，不畏强权。后来参加武举考试获得禁军幕僚长一职，天宝八载（公元749年）时他被任命为安塞军使。

当时唐玄宗在位，因其整日专宠杨贵妃而不顾朝政，导致朝政腐败不堪。边镇的节度使逐渐开始兼管行政和财政两大方面，权倾一方，最终因割据势力的形成而导致安史之乱的爆发。

安史之乱爆发后，唐朝军队由于多年和平之世战斗力早已大不如前，于是在面对叛军的猛烈攻势时难以招架，安史叛军遂大举入侵，使得唐朝陷入水深火热的战乱之中。在这个危急关头，唐玄宗紧急提拔郭子仪为卫尉卿，率领朔方军讨伐叛军。

公元756年，唐军打败叛军薛忠义一举收复重镇云中，接着他又率兵攻占马邑取胜，打通了朔方军与太原军的联系，导致安禄山夹攻关中的军事行动告吹，并赢得了战略上的主动权。郭子仪也因此功居御史大夫。在随后收复洛阳的过程中，郭子仪制定了先夺取河北各郡切断洛阳与安禄山老窝联系的策略，并与李光弼一起共同迎击叛军，在九门城与史思明的大军发生会战，经过双方的激烈交战，唐军终于大获全胜，史思明被迫退守博陵。

由于博陵地势易守难攻，郭子仪和李光弼大军久攻难下，因此决定改用先疲后打的战略转战歼敌，并精选500精锐骑兵牵制叛军以消耗其兵力，最终趁其疲惫之时大败史军于沙河，取得了另一个巨大的胜利。由于以郭子仪为首的唐军队取得的一系列辉煌战绩，唐军的成功扭转了此前的被动局面，使战争局势得以扭转。后来又经过多次苦战，唐军终于平定了安史之乱，同时也付出了惨重的代价。

安史之乱后，肃宗即位，并派遣郭子仪率军收复两京，重整大唐河山。郭子仪在这次出征中果然又不负使命收复了都城长安，又经过一番苦战攻克洛阳，成功收复两京，为大唐收复河山之战作出了巨大贡献。

郭子仪戎马一生，屡建战功，却从来不居功自傲，大唐因有他而获得了长达20多年的安宁，史称他"权倾天下而朝不忌，功盖一代而主不疑"，在整个大唐上下，他都享有崇高的威望和声誉。终年85岁高龄，获赐谥忠武，并配飨代宗庙。

领导农民起义摧毁了腐朽的李唐王朝——黄巢

黄巢是唐朝末年著名的农民起义领袖，他由于自身所具的人格魅力和超人的胆识，最终取代了王仙芝成为了唐末起义的总领导人物。

黄巢于公元820年出生于曹州。他出身盐商，喜欢聚众敛财。唐懿宗以来，百姓由于天灾和朝廷赋税沉重而民不聊生。难以忍受苦难的民众终因此以各种形式反抗当朝。公元874年，王仙芝率领盗匪起事反唐，唐末农民起义爆发。

第二年，黄巢便与同族的兄弟等人聚集数千人起兵响应，并与王仙芝的军队会师，并肩作战。起义军

黄巢像

向东攻占沂州未果，随后转向洛阳的周围地区发起进攻，中途遭到唐军队的夹击。此后王、黄大军先后在唐州、邓州等地，之后又到湖北、安徽等地开展起义活动，对唐军造成了极大的冲击。同年底，王仙芝在蕲州刺史的诱降下开始动摇，想要接受唐的官职。王仙芝的背叛引起了黄巢的强烈不满，黄巢对其强烈呵斥，并在愤怒之下将王仙芝击伤。王仙芝因为畏惧众怒而不敢接受唐的官职，于是与黄巢分兵继续作战。期间王、黄虽在进攻宋州时

曾一度合兵，但不久又分兵作战。

乾符五年（公元 877 年）进行的黄梅战斗中，王仙芝牺牲，余部与黄巢汇合。之后，黄巢被推举为冲天大将军，成为起义军的最高领导人。借着这股气势，黄巢再度率众北上，攻占沂州等地，然后沿黄河南岸向西进攻，使得唐朝紧急调遣军队增援东都。在唐军的猛烈攻击之下，黄巢自知攻东都无望只得引兵南下，渡过长江，在越州遭到了镇海节度使的阻击。起义军奉命从浙江开始向南进军，行走

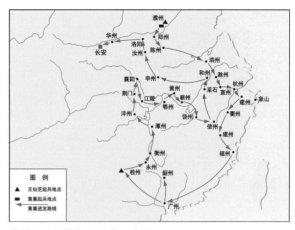

黄巢与王仙芝起义始末示意图

了 700 多千米，到达福建，攻下了福州，将处在福州的地主劣绅进行了严厉地打击。

这之后，黄巢率军沿海岸南进军，并攻占了广州，同年冬，黄巢又率领大军北伐，企图打入关中。此后，他率军先后攻占了浙、闽、粤等地，于十一月份成功占领了东都洛阳，途中吸引众多群众纷纷参加起义，使得人数升至百万。随后他更是趁势攻下京师长安，逼得僖宗逃命成都。公元 881 年 1 月 16 日，黄巢在含元殿即位，自封为帝，并将国号改为大齐。

在大齐王朝建立之后，黄巢只是盲目地沉浸在胜利的喜悦之中，并没有居安思危，也没有乘胜追击消灭唐僖宗的残余势力。大齐政权成立后，一直没有一个行之有效的经济政策，造成生产生活严重的滞涩。

这种情况久而久之就使起义军的优势地位荡然无存，叛变投降的情况时有发生。同时，敌军的实力在这一时期大大加强，这对大齐政权来说是很深的危机。此后没过多久，起义军向唐军驻守的陈州发起了进攻，可是久疏战阵的起义军被唐军击溃到了狼虎口，黄巢无奈之下自刎而死，一场历时 9 年的浩大的农民起义就这样以失败告终。

虽然起义没有成功，但是黄巢领导的这场农民斗争深深地摧毁了没落的李唐王朝，有效地阻止了国家进一步分裂，这为今后社会从分裂到统一奠定了基础，为推动历史前进具有重要作用。

南征北战，缔造契丹——耶律阿保机

辽太祖耶律阿保机生于公元 872 年，他统一了契丹余七部，是辽的开国君主。

耶律阿保机是契丹族人，契丹名为阿保机，出身迭剌部的一个拥有世选本部夷离堇的特权贵族家庭中，地位显赫。他出生时，正值契丹贵族为争夺联盟首领而混战，于是年幼的他常常被藏在其他地方的帐内。阿保机从小便机智过人，并胸怀大志，长大之后更是练就了一身的好武艺。此后，阿保机的伯父掌权，他便凭借着伯父组建的侍卫亲军迅速崛起，并率领着扈卫队战胜了邻近的几个小部，才能得以初露锋芒。在伯父被杀之后，耶律阿保机继承了伯父的可汗之位，掌管联盟的军事和行政等事务，期间先后击溃了以蒲古只为首的部落豪强，大破越兀、兀古诸部。凭借着辉煌的战绩，他被国人授予了"阿主沙里"的美誉。

公元 902 年，耶律阿保机率领 40 万大军南下讨伐河东、伐北等地，连克 9 郡。次年

他继续率军南取河东进而占领了蓟北地区，同时成为了部落联盟的实际操纵者。直到公元905年唐朝摇摇欲坠，濒临灭亡，他便开始向着自己做皇帝、建立世袭制的目标努力。公元907年，他终于废除了传统的可汗选举制度，并在左右的支持之下宣告即位成为皇帝。

阿保机的做法并没有得到别人的认同，相反引起了其他贵族的不满。为了赢得被选举权，阿保机的兄弟开始反目成仇，爆发了历史上著名的"诸弟之乱"。其他的兄弟想让阿保机参与可汗的改选大会，阿保机则趁机举行了"燔柴礼"，成功连任了可汗，这样"诸弟之乱"兵不血刃地被平息。

然而，宝座的诱惑终究还是比兄弟之情大得多，于是不到半年之后，他们伺机再次发动较大规模的武装战乱造反。结果他们的阴谋诡计早已被阿保机识破，在侍卫亲军的强大攻势之下，阿保机最终平定了这场战乱，并擒获剌葛，至此才算基本消灭了本族的反对势力。

虽然平定"诸弟之乱"后社会暂时的平静，但是契丹的其他部落仍然对权力虎视眈眈，都想趁机除掉耶律阿保机。但是阿保机事先想到了这一点，他命人早先假装宣布自己让出可汗的位置，然后在其他部落首领过来赴宴，喝得酩酊大醉的时候将他们一并杀害，这样内部的反对势力就被阿保机扫除干净。耶律阿保机在公元916年称帝，国号为契丹，耶律阿保机自己称天皇帝。

耶律阿保机称帝之后便开始了其扩张领土的战斗，但先后两次的南下作战都以失败告终。后来在征服北伐游牧民族之后顺利攻下东北的渤海国，并接着占领了河东和河北地区，向北一直打到了乌孤山，势力最西处曾达到今阿尔泰山一带，使得契丹的国土面积得以大大扩展。

公元926年，在东征渤海国的途中，阿保机率大军统一渤海全境，将自己的势力范围扩大到了渤海沿岸地区。同时结束了东北地区的分裂局面，但是在回师途中，耶律阿保机却不幸病死在扶余城，时年55岁，庙号辽太祖。

耶律阿保机是辽的开国皇帝，他足智多谋，先后平定"诸弟之乱"和契丹七部，统一渤海地区，结束东北地区分裂局面，一生战绩辉煌，成就显赫。并且在位期间，他任用汉人制定法律，并改革习俗，发展文化事业，为契丹缔造和文化的传播作出了巨大的贡献。

天上掉下来的"救世主"——赵匡胤

施耐庵的《水浒传》开篇大赞："自古帝王，都不及这一朝天子。一条杆棒等身齐，打四百座军州都姓赵。那天子扫清寰宇，荡静中原，国号大宋，建都汴梁，九朝八帝班头，四百年开基帝主。"其中"天子"指的正是赵匡胤。

后周显德七年（公元960年）春天，陈桥驿，赵匡胤被几人拥出帐外，尚未站定，周围蓦然爆起士兵的震聋呐喊："诸军无主，愿奉都点检为天子。"赵匡胤不及回应，拥他出帐的几人便将早已准备好的金色龙袍披在他的肩上。兵士纷纷跪地，山呼万岁。赵匡胤就是这样，被"逼"走马上任，披上龙袍，调转马头，挥军直指开封汴梁，从此江山易主。

公元960年初，赵匡胤发动陈桥兵变，当上了皇帝，中国几十年混乱不堪的局面到此为止，320年的赵宋王朝由此建立。唐朝覆灭之后的几十年时间，中原先后有后梁、后唐、后晋、后汉、后周五朝更迭。而中原地区周围则陆续出现了吴、南唐、吴越、闽、楚、蜀、南汉、北汉等十国。群雄逐鹿，斗争不断，而由此导致民不聊生似乎已是必然。在天怒人怨的情况下，赵匡胤走上政治舞台，实为时局所趋。

赵匡胤生性是好强之人。端看他未及弱冠之年时，单为了驯烈马，差点丢了性命，终令马俯首称臣，为其所用，便知其性。他不服输的个性为其后来谋反埋下了伏笔。

在投靠后周开国君主郭威之后，赵匡胤的野心已经慢慢酝酿。他于谋仕途时曾多次遭人白眼，对于世态炎凉早已看得通透——人若是无权，根本无法在这兵荒马乱的年代生存下去。

赵匡胤追随周世宗，南征北战，屡建殊勋，官至检讨太尉，节度归德，并得到整顿禁军的任务。兵权在握，他培养属于自己的精锐部队，还组建了智囊团。世宗一死，其子柴宗训6岁即位，天下不服之势已出。赵匡胤立刻借出师契丹、北汉之机遇，屯兵至陈桥，自立为皇，夺下宫廷，令后周宰相范质、王溥俯首称臣，逼周恭帝柴宗训逊位，自己则慷而慨之当了皇帝。

河南封丘陈桥乡"宋太祖黄袍加身处"碑

其实，赵匡胤能统一天下并非偶然。周治八百载而诸侯起，汉统四百年而三国分，唐朝覆灭之后，中国历史迎来了第三个大分裂时代，它亟须有作为的英雄人物出来，而赵匡胤恰在此时应运而生，既有军功，又有时运，加之有些许野心，遂顺利登上皇位。

但是初登王位让赵匡胤觉得位置不够稳固，为了加强中央集权，也为了避免其他的将领效仿他"黄袍加身"，赵匡胤将手下的武将全都招来，举办了一次宴会。席间，赵匡胤对部将威逼利诱的方式使得武将们都乖乖地交出了兵权，这就是历史上著名的"杯酒释兵权"。

"精忠报国"——岳飞

"公卿有党排宗泽，帷幄无人用岳飞。遗老不应知此恨，亦逢汉节解沾衣。"陆放翁对南宋投降派的勾当发文痛斥，南宋高层的投降主义使得他老人家空有报国热情，也只能在《剑南诗稿》中舒展金戈铁马、沙场点兵的无限快意。

武将们生在南宋，有一腔血洒疆场的豪情，终究也难逃成终生遗憾的结局。"经略中原二十秋，功多过少未全酬；丹心似石凭谁诉？空有游魂遍九州。"绍兴十一年（1142年）十二月二十九日，苍茫大地发出了震耳欲聋的吼啸，一代名将岳飞屈死风波亭，天下人无不为之痛哭流泪。后世之人更为岳飞之死而表示惋惜。

时人说起岳飞，必想到岳母刺字和风波亭之役，前者是岳飞精忠报国的开始，后者则为其精忠报国的最终结局。岳飞的一生不得不说是传奇的，同时也是富有悲剧色彩的。作为出色的军事家，岳飞一生的战略功绩是数不胜数的。他因军事方面的才能而被誉为宋、辽、金、西夏时期最为杰出的军事统帅，同时又是两宋最年轻的建节封侯者。

几次同金的交锋，金兀术不仅拿他没办法，而且每次都输得实在难看，金兵慨叹"撼山

岳飞坐像，在今浙江杭州岳王庙内。

易，撼岳家军难"。这支所向披靡的军队，能达到这样的高度，有两个法宝。首先是岳飞的调教，其次是军队的作风。如何把军队和人民大众牢牢地联系在一起，这一点岳飞悟到了精髓。不像南宋其他军队，天天想着抢个美女，这儿要吃，那边要喝，而岳家军做到了不拿群众的一针一线，"冻死不拆屋，饿死不打掳"。他们平时居住在军营当中，街巷中很少有出外游逛的士兵。在行军途中，则"夜宿民户外，民开门纳之，莫敢先入。晨起去，草苇无乱者"。战为民，又不扰民，岳飞的军队保护了最广大人民的根本利益。

赵构也看到了岳飞的功绩，因此奖励他的许多诏令当中几乎每一次都称赞他的治军有法、纪律严明。这是一支军队最感人的地方，也最让敌人害怕的力量。

人民的力量是伟大的，在南宋面临危难的时刻，他们也挺身而出，一起抗金。岳飞对自发的民间抗金组织颇为重视，除了体恤百姓，团结百姓的力量则是岳飞的另一个高明之处，"联结河朔"的军事思想证明了这一点。作为一代抗金英雄，岳飞的功绩不只源于赤胆忠心，更多的还是他的岳家军。当年的中兴四人李纲、宗泽、岳飞和吴玠同样力图北伐，但从战绩和受百姓爱戴两方面看，岳飞最出色。

一位史学家曾说：岳飞是南宋初年出类拔萃的名将，在中国古代军事史上占有相当的地位。同其他朝代的名将相比，必须考虑到宋朝文官政治下根深蒂固的抑武传统，对尚武精神的摧残等不利条件，其成就和贡献更是难能可贵。

然而，成就虽然可贵，命运却并没有松开它的手掌，令岳飞在历史的舞台上继续辗转腾挪。正因为宋朝的抑武传统，令赵构对岳家军渐渐胆寒。可以说，不是每一个时代、每一个当权者都能珍惜横空出世的救国英雄，都能善用之，一举逆转颓势，重振国威。

历史不能假设，也无法重来，有时候英雄的出现，注定了是一场悲剧的诞生。当人们回过头去揭开历史的面纱，但见烽火狼烟中豪情万丈，高风亮节掩映苍穹；然而，汗青的夕阳中平添了悲壮的一笔，不得不又为岳飞壮志未酬扼腕叹息。最终，赵构纵容了秦桧的用心，令岳飞成了一个国家、一个时代的牺牲品。

诚然，岳飞决定不了历史的进程，但他的所作所为足以影响一个时代、一个民族，改变危局的天平。他曾经扭转了战局，让饱受战火磨难的百姓看到了重建家园的希望，让苟且偷安的南宋政权看到了一雪前耻的莫大可能。可惜这一切都化为泡影。然而，却更加让人无法忘怀一个敢于为还河山竭诚尽忠的岳飞。

"天日昭昭，天日昭昭"，一代忠臣良将含冤而死，昭示着南宋内部投降派对主战派的决定性胜利，这样的胜利莫不是王朝的悲哀。岳飞被害是投降派精心策划的阴谋，他作为

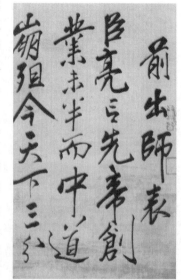

前出师表　岳飞书

投降主义的牺牲品祭奠了历史的转折。

一代天骄——成吉思汗

孛儿只斤·铁木真，蒙古帝国可汗，汗号"成吉思汗"，在位期间多次发动对外征服战争。

他的名字是伴着血腥的征服让世人知晓的。当铁木真小小尝试征服了克烈人后，他的雄心就随着大了起来，他的目光也随之投向了更远的地方。但在这之前，他必须先完成另一项任务，那就是统一草原。

1204 年夏初，铁木真与乃蛮部联军摆开战阵。铁木真这一战简直可以用不费吹灰之力来描述，因为对手太阳汗从来没上过战场，用他儿子屈出律的话说就是："从来没有骑马到过比孕妇更衣更远的地方，或比牛到它吃草处更远的地方。"两军交战，仗还没打呢，对手就马上让军队向后退。结果，只经过一天的鏖战，乃蛮军队就彻底溃败了。

之后，铁木真聚集各部落首领召开大会。会上，众人一致推举他为全蒙古的大汗，并且尊其为成吉思汗。这个名字从此横空出世，响彻云霄。

在草原部落那个时代，在被挑拨的情况下，各个部落会改变派系立场，而且战士们也会抛弃他们的领导者，但作为一名勇士，在整整 60 年的战斗生涯中，没有一位得力干将背弃过铁木真。铁木真

成吉思汗放鹰捕猎图

这是一幅中国丝绸上的绘画，狩猎是蒙古人重要的生活内容。在狩猎时，鹰是猎人的向导，它负责搜寻猎物，引导方向，所以蒙古人出猎时往往将鹰带在身边。

也从未惩处或伤害过任何一名得力干将。在历史上的伟大国王和征服者们中间，这项忠贞的记录是独一无二的。

征服的战争开始了，成吉思汗迎着草原猎猎的寒风，铁马奔驰，用大迂回战略做军事思想，活生生地出现在世界各地人们的面前。25 年间，成吉思汗和他的子孙们，征服了 30 个国家和超过 30 亿人口，比古罗马人花费了 400 年时间征服的还要多。而完成这个成就的蒙古部落只有 100 万人口，成吉思汗从这 100 万人口中征兵，其军队不过是 10 万左右的规模——一个大型体育场就可以容纳的人数。这是一个绝对冲击人类想象力的奇迹。从太平洋到地中海，从西伯利亚到印度平原，从匈牙利到越南，3000 多万平方千米的土地上，蒙古勇士的铁骑溅起了每一条河流的水花。如韩儒林所说，成吉思汗把东西交通大道上的此疆彼界扫除了，把阻碍经济文化交流的堡垒削平了，于是东西方的交流开始频繁，距离开始缩短。

但一代天骄总有死去的时候，1227 年 8 月 18 日这一天，一个高大威武的身躯突然倒下了，也许世界应该发出巨大的战栗，然而，他只是悄无声息地去了，带着无尽的遗憾，带着无数的谜团，带着后人毁誉参半的评价，英雄归于沉寂。

说他是英雄并不代表否认他的血腥，相反，我们始终认为那些被成吉思汗征服的人群

中有相当大的一部分是在暴力和血腥之下无奈地活着。只是，即便有血腥和暴力，他仍然是一位本色英雄。他的伟大之处，不只是组织培育了伟大的蒙古军团，还在于他身上折射出的另一种美。他曾在救回被掳走的妻子后对她说："什么是爱？就是那些受尽折磨仍忠贞不渝的热烈。"他也曾经对自己的儿子说："一个光荣的士兵，就不能老死。"所有的这些，都是一种民族自强不息的精神。

元朝首位皇帝——忽必烈

13世纪，意大利的年轻人马可·波罗来到了中国，受到了当时的元朝皇帝忽必烈的热情接见，在接待者的带领下，马可·波罗以一个全新的角度和视野看到了当时的中国，在他的心目中，中国是一个繁荣富庶的"黄金国"，中国的皇帝忽必烈是"诸君主之大君主或皇帝"，更是"人类远祖阿丹（Adam）以来迄于今日世上从未见广有人民、土地、财货之强大君主"。从此，忽必烈的名字走入了欧洲的史册。

元宪宗蒙哥成为蒙古大汗之时，历史上很难找到蒙哥的弟弟忽必烈的名字。随着蒙哥的继位，忽必烈之名才传遍了草原。1251年，蒙哥命忽必烈总理"漠南汉地军国庶事"，从这一刻起，忽必烈的命运就和华夏大地上的汉室江山紧密地联系了起来。

忽必烈出生于1215年9月23日，是成吉思汗之子拖雷的第四个儿子。忽必烈的童年时代正是蒙古铁骑四处征伐、影响极盛的时期。战争环境熏陶了他仁厚英武、度量宽宏、志于伟业的性格。他从小就很有抱负，在祖父和父母的影响下，青年时期的他聪明睿智、"思大有为于天下"，就连他的祖父成吉思汗也曾在众臣面前夸奖他出言谨慎，"将有一日据吾宝座，使汝辈将来获见一种命运，灿烂犹如我再生之时"。

1251年夏天，蒙哥继承汗位，将大漠以南的汉族地区交由忽必烈管理。忽必烈上任后，充分运用了多年来广学博采的治理之道，知人善用，奖罚分明，积极整顿吏治，恢复农业，成功地迈出了开创伟业的第一步。

如果说这个时候的忽必烈只是一方的管理者，显示出的是一种文韬气概，充其量是蒙哥的得力帮手，蒙哥对其只有欣赏。那么经过奇袭大理之后，他的才华更加显露无遗，这一次，蒙哥的想法可就复杂多了，他对忽必烈已经产生了防范之意。

忽必烈率领蒙古大军分三路围攻大理城，歼灭大理军的大部，城里军民纷纷溃逃。在姚枢的劝说下，忽必烈禁止屠城，安抚当地民众，稳定城内秩序。蒙古军继续前进，一路势如破竹，分兵攻占下关、姚安等战略要地，并很快控制了大理全境。在这次战斗中，忽必烈充分发挥了蒙古骑兵善于奔袭、吃苦耐劳的特点，隐蔽接敌，辅以分化、招抚等策略，达到了战争的预期目的。攻占大理的全面胜利，进一步提高了忽必烈在蒙古政治舞台的地位，也为他日后统军南下，灭亡南宋做了战略战术上的准备。

忽必烈在中原威望日增，这使得蒙哥感到汗位受到了威胁。宝祐五年（1257年），蒙哥借口忽必烈刚打完仗，又患有脚病，让他留在家中休息，而以塔察儿为左翼军统帅，解除了忽必烈的兵权。忽必烈当时的情况岌岌可危，他虽身为藩王，但调动军马及粮饷的权利都在大汗手中，因而难以与蒙哥决一雌雄。忽必烈听从了姚枢的建议，把妻子、儿女送到汗廷做人质，表示自己并无异志。当年十一月，忽必烈又亲自谒见蒙哥，蒙哥尴尬万分，终于消除了疑虑。忽必烈也撤销了设在邢州、陕西、河南的机构，调回了自己派出的官员。就这样，忽必烈以谦恭忍让保全了实力，避免了一场不测之祸。

《旧唐书》载："历太和会昌朝，愈事韬晦，群居游处，未尝有言。"韬光养晦无疑是一种高明的生存策略。忽必烈采取此策略并不代表他放弃了控制中原汉地的雄心。相反，只有在这种外衣的保护下，他才能更理性、更安全地实施自己的策略。后来，蒙哥因塔察儿军事失利，又命忽必烈重率左路军征宋。在征宋过程中，忽必烈又重新把东路军的大权控制在自己的手中。

历史总是充满了巧合，开庆元年（1259年）7月，蒙哥在攻宋战争中身负重伤，死于合州钓鱼山下。忙于南征的忽必烈为争夺王位，决定返回漠北，碰巧南宋贾似道派使讲和，忽必烈当即同意，断然把大军留在江北，自己率一支亲军先行。

中统元年（1260年）3月，忽必烈到达开平，召集忽邻勒塔。在诸王塔察儿、也先哥、合丹、末哥等以及大臣再三劝进下，忽必烈自称奉遗诏，在一些王的拥戴下继承汗位。而另一方面，蒙哥的另一个弟弟阿里不哥在和林举行大会宣布继承汗位。事情发展到这个地步，只有靠武力解决问题了。经过4年大战，阿里不哥战败，于至元元年（1264年）归降忽必烈。至此，这场汗位争夺战中，以忽必烈的胜利而告终。接下来的几年，忽必烈全力征灭南宋，统一了全国。

忽必烈既是一名杰出的军事统帅，《蒙古源流》中对忽必烈的评价是："治理大国之众，平定四方之邦，四隅无苦，八方无挠，致天下井然，俾众庶均安康矣。"可见忽必烈治国确实颇有方略。

不仅如此，忽必烈还尊孔重道，任用贤才，兴办学校；劝课农桑、安恤流民。他还"复租税，均赋役；明刑典，理狱滞"。元朝幅员辽阔，"初步奠定了中国疆域的规模"，忽必烈注重"发展边疆经济"，"发展各民族经济文化的交流"，同时，"南北方的统一，为社会经济进一步发展开拓了前景"……所有这些都具有积极意义，影响十分深远的。

从上述忽必烈的文治武功而言，可以说，他是蒙古继成吉思汗后一位最伟大的帝王，其在位的35年为蒙古的鼎盛时期，对蒙古帝国而言是一个划时代的时间。

忽必烈一生戎马，直至一统天下，建立了幅员辽阔的统一的多民族国家——元。纵观中国历史，元王朝的疆域最为辽阔，横跨整个亚欧两洲。不过，对于忽必烈来说，对于这些国家的征服远不如对国内反对势力的镇压来得重要。同时这也说明，由于疆土扩张的速度过快，元王朝内部权利斗争激烈，导致了忽必烈不得不为了平定内乱而东奔西走。忽必烈在位的35年，几乎都是在马背上度过，可以说是彻头彻尾的马上帝王。

骑射图　蒙古
此图绘箭在弦上蓄势待发的瞬间，表现出蒙古人的矫健，很有"弯弓射大雕"之势。

与成吉思汗一样，忽必烈是蒙古民族光辉历史的缔造者，是蒙古族最卓越的政治家、军事家之一。他所缔造的元帝国，疆域之广，前所未有。这个帝国在整个欧亚非世界无人能及。

圣贤、豪杰、盗贼之性，兼而有之——朱元璋

朱元璋于 1328 年 10 月 21 日出生在濠州的一个赤贫农民家庭，属于中国社会的最底层。由于元朝连年征税，甚至提前征税，致使大部分的农民都成了欠税者。朱元璋的父母以及他的祖父母都是欠税者，因而举家在淮河流域到处躲债，并想方设法能够做个佃户，以便可以维持一家的生计。

1344 年，在朱元璋 16 岁这年，他度过了人生中最为灰暗的一段日子。这一年的 5 月至 6 月间，流行病、蝗灾和旱灾先后夺取了朱元璋父母及其长兄的生命，家里由于太贫穷竟买不起棺材为死去的人下葬。走投无路之下，朱元璋想起了幼年时期父亲曾为他许愿舍身皇觉寺，于是朱元璋去了那里，当上了和尚。然而，朱元璋仅做了 50 多天的和尚之后，寺院也由于米少僧多，打发和尚们自己出去化缘讨斋。于是，这时已年满 17 岁的朱元璋便开始了乞讨流浪的生活，四处游走。

1348 年，朱元璋结束了在外 3 年的流浪生活，又回到了皇觉寺。这 3 年多的生活对于朱元璋来说至关重要，正是在这期间的游走，让年少的朱元璋开阔了眼界，积累了丰富的社会经验，并在艰苦的流浪中练就了果敢、坚毅的性格。同时，在这 3 年中，朱元璋也看到了各地人民生活的日渐恶化，还看到了各地正在孕育的反元农民斗争。因而，朱元璋回到寺院后，开始勤奋学习，广交朋友，准备成就一番事业。

随后，各地农民起义运动兴起，到处都有反对元朝暴虐统治的大旗。朱元璋看到这种景象，于是便也想要投入到起义中来。正在此际，朱元璋幼年的好友汤和给朱元璋寄来了一封信，邀请朱元璋加入到郭子兴的反元义军。于是，朱元璋便投到郭子兴的红巾军里，成为反元斗士中的一员。这一年，朱元璋 25 岁。

朱元璋投到郭子兴麾下后，作战勇猛，而且头脑灵活，还略通文墨，便逐渐得到了郭子兴的赏识。于是，郭子兴就把朱元璋调到府内当差，并任命朱元璋为亲兵九夫长。随后，朱元璋凭借他的精明，在军中声名远播，并被郭子兴认为是心腹知己。郭子兴看到朱元璋是一个难得的人才，为了进一步笼络朱元璋，郭子兴便把自己的义女嫁给了朱元璋，从此，朱元璋在军中被人称为朱公子，并有了正式的名字元璋，字国瑞，不再用从前的小名重八了。

此时，郭子兴所在的濠州城内有 5 个元帅，相互间分成两派并争斗不止。朱元璋见此情形便决定依靠自己创造新局面，于是回乡募兵。1353 年 6 月间，朱元璋回到家乡，并很快征募了 700 多名兵勇，这其中还有朱元璋少年时的玩伴徐达、周德兴和郭英等人。朱元璋带兵回到濠州后，郭子兴很高兴，便提拔朱元璋做了镇抚。但朱元璋回来半年多后，只见濠州城内仍是自斗不暇，各头领们并无进取之心。朱元璋便带着 24 个心腹，离开濠州城，开始开创霸业。

朱元璋先是在张家堡驴牌寨招抚了民兵 3000 余人，然后又招降了秦把头的 800 多人，并率领这些人攻破定远，打败元军统帅缪大亨，又收复了元降军 2 万人。随后，朱元璋又率军攻取了滁州。这时，郭子兴由于在濠州城受到排挤，便也来到滁州。朱元璋在郭子兴到后，便交出了军权。

1355 年，朱元璋攻克和州。郭子兴得到消息后，立即任命朱元璋为总兵官，镇守和州。不久，郭子兴因病离世，朱元璋便成为明王旗下这支起义军的实际领导者。朱元璋在和州没有几个月，便发现城中的粮食供应成了问题。朱元璋便借助归附而来的红巾军巢湖

水军一举拿下了采石与太平。朱元璋率军进驻太平后，纪律严明，深得当地百姓的拥护。朱元璋随后便在太平设立了帅府，自己当了元帅。

1356年，张士诚率军在长三角地区进攻元军。朱元璋看准时机，亲率水陆大军进攻集庆，也就是今天的南京。不久，朱元璋攻克集庆，把集庆改名为应天府。朱元璋进城后做的第一件事就是安抚城内百姓，得到了当地百姓的信任。朱元璋又在应天府兴建了康翼大元帅府，开始巩固以应天为中心的根据地。到1367年冬，朱元璋已经取得了应天周围重要的战略要地，扩大了根据地的面积。至1359年时，朱元璋已经占据了从应天至太湖以西的大片区域，实力不断增强。

然而，在朱元璋的这块根据地周围还有众多起义军割据势力，长江上游有陈友谅、长江下游有张士诚是能够威胁朱元璋的重要势力。1360年，陈友谅在采石称帝后，相约张士诚东西夹击应天，消灭朱元璋后平分他的地盘。朱元璋和

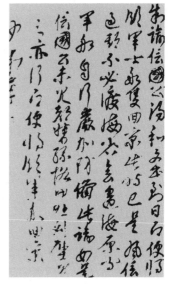

论不必渡海帖 明 朱元璋

谋士商议后，认为陈友谅是最危险的敌人，于是决定诱敌深入，埋伏取胜。果然，陈友谅被朱元璋设兵伏击后，大败而逃。朱元璋领兵乘胜追击，收复了太平，占据了信州、安庆，陈友谅则逃到九江。次年，朱元璋又攻取了陈友谅的老巢江州，并占据了江西和湖北东南部。

正在朱元璋大战陈友谅之时，中原地区的红巾军内部发生了分裂，实力被削弱。1363年，张士诚借机进攻安丰，刘福通便向朱元璋求救。朱元璋为救明王义主，便率兵北上，等赶到安丰时，刘福通已被杀，只救得小明王韩林儿。正当此时，陈友谅认为反击朱元璋的时机已到，便率水陆大军进攻洪都。随后，洪都被围，朱元璋的侄子朱文正率将士坚守了85天后，朱元璋率20万大军来援。陈友谅随即撤出了围军，与朱元璋展开了鄱阳湖大战。

然而，鄱阳湖大战中，陈友谅的舰船具有很大的优势，交战中朱元璋曾一度处于苦闷与绝望中。但是，大难不死的朱元璋最后利用己方战船虽小但灵活机动的优势，以火攻陈友谅的大舰，取得了决定性的胜利。双方此次在鄱阳湖大战36天，陈友谅最终被乱箭射死。

1364年，朱元璋始称吴王。在消灭了陈友谅之后，朱元璋眼下只剩张士诚一个劲敌。1366年，朱元璋发布了讨伐张士诚的檄文，并列举了张士诚的八大罪状，然后率兵进攻张士诚。到这一年底，张士诚只剩下平江这一座孤城。于是朱元璋用重兵围困平江，开始了平江战役。在围城的同时，朱元璋还派廖永忠去接小明王到应天，但在瓜州渡江时，小明王与船同沉江底。由于张士诚誓死抵抗，拒绝投降，于是朱元璋在1367年9月才最终攻破平江的外城，进入城内巷战。随后张士诚被俘，押送到应天后，死于乱棍下。

1368年，朱元璋在应天称帝。为了恢复经济生产，朱元璋大力支持开荒耕种，并迁徙了大量农民到地广人稀的地区，使农业生产得以快速恢复。然而，朱元璋还肩负的重任就是消灭依然残据北方的元朝。1370~1396年之间，朱元璋共兴起了8次北伐，最终将元朝灭亡。

振古之名将——戚继光

戚继光，字元敬，号南塘，晚号孟诸，明朝著名的军事家，抗倭爱国将领，山东蓬莱人。

戚继光一生最辉煌的时刻就在明世宗嘉靖年间。作为一个武将，他的辉煌代表国家的动乱。当时明朝的君臣正沉迷于"大礼"及其时间的斗争，而管理国家内部事务的朝臣们也浑浑噩噩，百姓生活则困苦不堪。正所谓"屋漏偏逢连夜雨"，明朝此时的东南沿海遭受葡萄牙军队的侵袭和倭患也变得白热化，虽然后来葡萄牙军队被赶走了，但是倭患情况却丝毫没有改善，国家此时正值内忧外患的窘境。

戚继光像

东南沿海的倭寇祸患明初就有，但那时国力强盛，重视海防设置，倭寇未能酿成大患。随着明朝政治的腐败，海防松弛，倭寇祸害越来越严重。嘉靖年间，随着商品经济的发展，沿海周边的海上贸易活动十分活跃。许多商人为了眼前的小利小益，和日本倭寇勾结，在沿海地区实行抢劫活动，走私兵器，造成倭患十分严重。

戚继光作为一名水兵指挥官，不可能扭转整个国家的命运，他能管的也就只有东南这一亩三分地不被外来民族欺负而已。继承了父亲的都指挥金事职位，戚继光负责宁波、绍兴、台州（今浙江临海）三府。这时候他没有受到严嵩等人的迫害，皆在于他受到与严嵩对立的权臣内阁宰相张居正的庇护。

带着"封侯非我意，但愿海波平"灭倭志向的戚继光一到三地上任，就看到旧军作战能力超差，这样的烂兵想打赢倭寇和奸商，那肯定是做梦。因此他认为当下最紧急的就是整顿水兵。

那时候东南沿海的百姓一直深受倭寇的掠夺之苦，曾经自发组织抗倭，但是百姓毕竟不是军人，无论武器上还是体力上，远远不及真正的军人武装力量。于是戚继光将强壮的民众组织起来，再加上原有的水兵，组成了新的队伍——戚家军。他针对明军兵器装备种类繁多、沿海地形多沼泽、倭寇小股分散的特点，创立攻防兼宜的"鸳鸯阵"，以12人为1队，长短兵器迭用，刺卫兼顾，因敌因地变换阵形。

戚家祠堂

这一系列军制改革后，一支全新的军队出现在浙东沿海战场，抗倭形势很快转变。戚继光不让数量有限的部队分兵把口，而形成一个拳头主动出击，在台州九战九捷。大感惊恐的日本海盗转而窜扰福建、广东沿海，戚家军也随之南调。戚继光根据倭寇在海边游动需要一些据点和岛屿作为巢穴的特点，以主动攻击为主，其中夜袭横屿岛一仗歼敌2000人，使得当时的将军谭纶都忍不住发出感叹："盖自东南用兵以来，军威未有如此之震，军功未有如此之奇者。"

戚家军在浙江、福建、广东三省转战 10 年，日本海盗只要见到他，腿肚子就抽筋，头皮就会发麻，哪还敢再来捣乱。

利用作战训练间隙，戚继光总结了水战、陆战的经验，撰成《纪效新书》，阐述选兵、编伍、操练、出征等理论和方法。这部有关"海军陆战队"的兵书，比之金庸笔下的《武穆遗书》，恐怕也毫不逊色。

可惜的是，这位勇猛无匹的抗倭名将，曾立于海岸发出"南北驱驰报主情，江花边草笑生平；一年三百六十日，都是横戈马上行"这等豪言壮语的戚家军领导人，在明神宗万历年间，随着庇护他的张居正失势而受到排挤，归乡而逝，结束了自己在史册中的最后一笔。此后，明朝东南沿海再无名将守护，倭寇虽减，然而葡萄牙侵略者却多次骚扰明朝领土，久占澳门不还，最后澳门终落入外人手中。

"一柄锋锐绝伦、精刚无俦的宝剑"——袁崇焕

袁崇焕像

明崇祯三年（1630 年）八月十六，西市一大早就挤满了北京市民，大家来此是为了观看传说中的千刀万剐，更是为了泄心头之恨，因为这一天受到凌迟的是那个曾经的太子太保、兵部尚书兼右都御史，那个通敌卖国的"汉奸"袁崇焕，老百姓们等这一天已经等了很久。天已近正午，当那个"卖国贼"的囚车缓缓驶来的时候，人们看到的却是一副淡然的面孔，嘴中还念念有词。当然这话围观的人是听不见的，那却是袁崇焕最后的一腔碧血："一生事业总成空，半世功名在梦中。死后不愁无将勇，忠魂依旧保辽东。"

袁崇焕，广东东莞水南人，祖上原籍广西梧州藤县。他为人慷慨，富于胆略，少年时便以"豪士"自许，喜读兵书。中了举人后再考进士，多次落第，但他依然坚持，直到明朝万历四十七年（1619 年），袁崇焕在北京参加廷试，中进士，开始了一段文弱书生带兵战无不胜的不朽传奇。

从东莞到北京这漫长的旅途中，袁崇焕也许就在想，国已如此，况乎己身？在做过几年知县之后，他终于迎来了第一个保卫家国的机会。朝廷指派他负责镇守山海关。山海关素有"天下第一关"之称，乃是防守京师的第一大要塞，山海关一失，清兵就长驱直入北京了。

袁崇焕抵达山海关的第一个深夜，单骑出关了解地形，回来后便称："予我军马钱谷，我一人足守此。"虽是口出狂言，但这番胆识和勇气，也着实让人佩服。不久，他便被升为山东按察司佥事、山海监军。后有兵部尚书孙承宗的支持，袁崇焕在辽东筑宁远城，恢复锦州、右屯等军事重镇，使明的边防从宁远向前推进了 200 里，基本上收复了天启初年的失地。他又采取以辽土养辽人、以辽人守辽土的政策，鼓励百姓恢复生产，重建家园。还注意整肃军队，号令严明，大大提高了军队的战斗力。由于治边有方，天启三年（1623年），袁崇焕被提拔为兵备副使，不久又升为右参政。他是继班超之后从笔杆子转业当军人的又一成功案例。

宁远大捷，袁崇焕以一万守兵挡住了自起事以来百战不殆的努尔哈赤 13 万骁勇大军。努尔哈赤输了，他一生只输过这一次，然而这也是他最后的一次战斗，他以后连输的机会

宁远城遗址
1626年，努尔哈赤亲率十三万大军，号称二十万，围攻明关外要塞宁远城（今辽宁省兴城市），遇到明将袁崇焕抗击，久攻不下，背发痈疽而死。

都没有了。不久，努尔哈赤因背发痈疽而死。袁崇焕一战成名，文官掌军制度在生产出大批劣质的军事指挥官后，总算得到了一个能文能武、文采与韬略兼具、含金量很高的文人，这是制度的一个偶然。

在熬过魏阉乱政，等来崇祯图治之后，袁崇焕以为自己得到了明主的信任，岂料，千秋家国梦瞬间便支离破碎。明朝面临内忧外患、积贫瘠弱、危机四伏、百官昏聩和党争之烈，袁崇焕在多年的官场生涯中深切感受到这些已经到了无以复加、不可救药的地步，尽管在崇祯初年，朱由检的政治才能曾昙花一现般光彩夺目，尽管明朝的灭亡的责任不能全算在他头上，但他的刚愎自用、急功近利使得一个足以改写历史的大将蒙受冤屈。

勇猛有识略——李自成

1606年，李自成出生于陕西米脂的李继迁寨，是明末农民起义运动的著名领袖，杰出的军事战略家。李自成少年时期就喜欢习武，练就了一身本领。李自成还曾在银川当过明朝的驿卒，明崇祯元年的驿站改革，李自成因弄丢公文而被裁撤，于是回到家中，还欠了债。

1628年冬，李自成因为还不起债而被举人艾诏告到官府。官府将李自成收押后准备处死，但亲友将其救出。李自成出来后，便杀了债主艾诏。同时，李自成又发现妻子与他人通奸，于是又将妻子杀害。两条人命在身的李自成自知难逃其咎，遂于次年春投军甘肃甘州。当时甘州总兵为杨肇

李自成画像

基，参将为王国，李自成凭借自身的本领不久就被提升为把总。1629年，李自成因为军中欠饷问题，杀死了榆中县令和参将王国，当即率兵起义。

1630年，李自成投靠了高迎祥，遂号八队闯将。1633年，在农民军首领王自用病故后，李自成收归王自用部2万余人，李自成的队伍因此而逐渐壮大。随后，李自成率军与张献忠等农民军首领合兵一处，在河南林县打败了明朝总兵邓玘，并杀死邓玘的部将杨遇春。此后，李自成率部转战山、陕各地。

1634年，李自成先后攻克陕西澄城、甘肃乾州等地，起义军势不可当。但李自成在高陵被明朝总兵左光先所败，起义军受到重创。次年，李自成与各路农民军首领商议进军对策后，又率军转战河南、陕西等地，躲避明军的围剿。李自成在宁州遇到明军，杀死了明军副总兵艾万年。在真宁，李自成再败明军，迫使明军总兵曹文诏自杀。

1636年，农民起义军走入低谷，起义军首领高迎祥被俘，随即斩首示众。李自成则被

推举为闯王，成为起义军的首领。为了保存起义军的有生力量，李自成采取了"以走制敌"的办法，接连攻克阶州、陇州、剑州等地，屡败明军，并杀死了明军总兵侯良柱。

大顺通宝、永昌通宝
李自成在西安称帝，建国号曰"大顺"，建元曰"永昌"，改六部为政府，设局铸造钱币名曰"永昌通宝"。

1637 年，明朝为了彻底消灭农民起义的大火，增饷 280 万，令杨嗣昌筹兵 10 万，全面剿杀起义军。杨嗣昌遂提出了"四正六隅，十面张网"的策略，对起义军进行逐个击破，最后一网打尽。在这种策略的引导下，明军取得了辉煌的战果。起义军张献忠部被迫降明，李自成也在渭南地区遭遇了明军的埋伏，仅剩刘宗敏等 17 人躲进了商洛山里。1638 年，清兵侵犯明境，崇祯帝随即调回正在围剿起义军的洪承畴，使得李自成大难不死，有了喘息的机会。

1639 年，降明的张献忠在谷城再次起义，李自成也率领数千余人从商洛山中杀出，起义军声势再起。1640 年，李自成趁明军主力追剿张献忠之机，转战河南，收留了大量饥民，并开仓放粮赈济百姓。李自成提出了"均田免赋"的口号，深得民心，甚至在民间传出"迎闯王，不纳粮"的歌谣，李自成的起义军遂迅速扩大到数万人。

1641 年，李自成率军攻克洛阳，杀死了福王朱常洵。随后，李自成三围开封而不克，直到 1642 年黄河决口，李自成才顺势攻占开封。1642 年 10 月，李自成又在河南郏县大败孙传庭。清军不断袭扰关内，明朝边防告急，战事不利。同年 11 月，清军深入到关内山东，掠走 36 万人。明朝已岌岌可危。

1643 年 1 月，李自成在襄阳称王，号"新顺王"。10 月，李自成攻破潼关，杀死了孙传庭，占据了陕西全省。1644 年 1 月，李自成在陕西西安称帝，国号"大顺"。随后，李自成率兵东征，进军北京。李自成接连攻占宁武关、太原、大同、宣府等地，率起义军一步步直逼北京。此时已有大批明朝官员来降，明朝内部已土崩瓦解。

1644 年 3 月 17 日，李自成带领起义军进入北京外城。3 月 18 日，李自成派太监杜勋入内城与崇祯皇帝谈判。谈判破裂后，李自成于 3 月 19 日清晨率军进入北京城内，崇祯帝当天自缢于景山。

同年 4 月 21 日，李自成率军与驻守在山海关的明将吴三桂作战。战至次日，吴三桂军渐渐处于弱势，随时都有被击败的可能。因而，吴三桂转而投降清朝，与驻守在关外的清朝摄政王多尔衮军联合，才击溃了李自成的起义军。4 月 26 日，李自成逃回北京，手下兵卒仅剩 3 万余人。3 日后，李自成在北京称帝，并于次日逃往西安。12 月，清军出击潼关。1845 年，清军攻破潼关，李自成采取避战之策，逃往湖北。同年 5 月，李自成神秘消失于九宫山中，也有人说李自成战死沙场。李自成最后是死是活，也成为一个历史谜团。

"战无不胜，攻无不克"——努尔哈赤

1559 年，建州左卫苏克素护部赫图阿拉城的一个满族奴隶主塔克世的家中，降生了中国最后一个封建王朝的开国之祖，他便是"战无不胜，攻无不克"的爱新觉罗·努尔哈赤。他是后金政权的建立者，也为清王朝的建立打下深厚的基础，在清朝建立之后，被尊称为

萨尔浒大战的遗物——明代铁炮

"清太祖"。

努尔哈赤从小便是一个军事奇才，会说汉语，喜欢看《三国演义》，从中学习战争策略，而且很有野心。为扩张领土，他1583年率领部队和尼堪外兰作战攻下图伦城，并且在"建州老营"建城，又在祖居起兵统一女真各部，平定中国东北部，1603年，迁都到赫图阿拉。1616年，努尔哈赤在赫图阿拉建立后金，成为后金大汗。

1618年，努尔哈赤认为明朝对自己的敌人女真部袒护，于是颁布"七大恨"，开始正式出兵想要推翻明朝政权。

这"七大恨"包括：明朝无故杀害努尔哈赤父亲和祖父；明朝偏袒叶赫、哈达两部，欺压建州女真；明朝强令努尔哈赤赔偿关于后者所杀越境之人的命；明朝派兵保卫叶赫部；因明朝支持叶赫部，叶赫部将其"老女"转嫁蒙古；明朝逼迫努尔哈赤退出已垦种的柴河、三岔和抚安三地；明朝辽东当局派遣守备尚伯芝赴建州，其人嚣张跋扈。

宣布了七大恨之后，就在1619年时，明朝兴兵14万讨伐建州。萨尔浒之战就此打响。此战当中，努尔哈赤把握有利战机，集中兵力击败明军，歼敌6万人，大胜而归。关于萨尔浒之战，阎崇年先生说，努尔哈赤是集"天、地、人、己""四合"于一身采取的成果。

"天合"包括"大天时"和"小天时"。首先，明朝腐败，这是"大天时"，努尔哈赤再以"七大恨"巧妙地拨动战争的正义天平。其次，当时是阴历三月初一，东北赫图阿拉附近气候寒冷、冰天雪地，明朝军队多是从南方调来的，行进困难，天寒地冻，人饥马饿；而努尔哈赤的部队土生土长，对寒冷的气候已经适应。这就是所谓的"小天时"。魏源说："小天时决利钝，大天时决兴亡。"努尔哈赤占尽大小"天时"，已经握住了战争的主动权。

"地合"主要指地利。明朝的军队有战车，有炮，适合于攻城和平原远距离作战，萨尔浒山麓道路崎岖，西路几万大军在山沟里无法汇集起来。努尔哈赤就利用这个地势，趁统帅杜松分兵两路的时候，直扑萨尔浒大本营。此其一。其二，北路军在尚间崖、斐芬山和斡珲鄂漠扎营，犯了兵力分散的大忌。其三，努尔哈赤命皇太极等抢占阿布达里岗，利用有利地形伏击东路明军。这些积极主动的战略部署，让他们充分利用了地利因素。

"人合"即人心所向。努尔哈赤平时就很注重对人心的拉拢，尤其是猛士与将才。在他与其他部落打仗时，有两个勇士差点将他射杀，城破被俘后，努尔哈赤不但没有杀他们，反而封他们为官，辖户三百。对待盟友努尔哈赤亦是大方，因此很得手下和盟友的信任。而此战中，明调集11万兵马直扑过来，企图一举消灭后金，民族生死关头，更激发了女真勇士的"誓扫明军不顾身"的决心。这就是《孙子兵法》所说的"民与上同欲也"，而"上下同欲者胜"。

"己合"就是心态好，身心合一。面对气势汹汹、号称47万的明军，努尔哈赤没有惊慌失措，而是沉着应战，按照"任它几路来，我只一路去"的作战方针，集中优势兵力，各个击破。

萨尔浒大捷充分体现了努尔哈赤卓越的军事思想和战略战术。此后，他又攻下了辽东地区防御后金的屏障开原和铁岭，于1621年迁都辽阳，建东京城。1622年，努尔哈赤再和夺取明辽西重镇广宁辽东经略熊廷弼交手，后者兵败被斩。1625年，努尔哈赤再次迁都至

八旗大纛

八旗大纛是八旗军队的八面军旗。1601 年努尔哈赤创建黄、白、红、蓝四旗军队，每旗军队各以本旗色布绣一云龙为本旗旗徽。1615 年，增建镶四旗，旗帜均镶边。

沈阳。

几十年的争战下来，努尔哈赤不仅展露了军事上的才智，在国家政权巩固和建设上也很有方法。他注重对人才的任用，招募了很多有用之才为他献策，并且对功臣特别的礼遇和优待。同时确立以抚为主，以剿相辅的方针，抗拒者杀，降者编户，来归者奖，争取到很多敌人，周围的部落前来归附，壮大了队伍。在外交上，他与蒙古联盟，并向明朝纳贡，在没有这些强敌的情况下进行自己统一女真的事业，巩固了后金的政权。

努尔哈赤与明朝的战斗多半都是取胜，占领了明朝东北部很多地区，努尔哈赤决定乘胜追击，正逢辽东的经略高第命令撤去关外各城的守御，将部队全部撤入山海关，只剩抗命不撤的袁崇焕坚守兴城。他立即调集 13 万大军进攻兴城。

在这场战斗中，双方兵力悬殊，而且袁崇焕是文官，努尔哈赤认为此战必胜。但是袁崇焕却是一个很有思想的军事家，在兴城外，两军进行了斗智斗勇的较量，袁崇焕使用木柜装大石来投掷金兵，金兵用牛皮作战车抵御，并用铁车撞击城墙，挖掘墙角，就在城墙要被攻破时，明朝军队从城墙上扔下很多被子，当时天气寒冷，金兵开始争抢棉被，结果城墙上又扔下装着火的木框，被子立马被点燃，烧死很多金兵。这样僵持了几日后，袁崇焕依然带人死守城门，努尔哈赤却被大炮打伤，不得已退兵。

对于努尔哈赤来说，他一生争战无数，首尝败绩，终结了 43 年不败的神话。一颗高傲的心也在耻辱与遗憾中备受煎熬。

1626 年 9 月 11 日，努尔哈赤在太子河中的船上，怀着深深的遗憾，带着如同他的年号——"天命"一般的命运离开了。他的人生幕布缓缓落下。

纵观努尔哈赤一生的征战史，不难发现，他巧于运用天时地利人和的各方面因素，在这卓越的战绩背后，隐藏着的是一颗冷静、沉稳、善于等待、利用机会的心。努尔哈赤的战争策略非常灵活，采用的是以战养战之策，能战则战，不战则走，伺机寻求更有利的机会。作为统治者，他是清王朝的奠基人，统一女真各部，建立后金政权，多次打败明朝军队，扩张领土巩固政权，为清朝建立作出了不可磨灭的贡献；作为一个军事家，他的战略战术同样值得后人仔细研究。

在战争中成长——皇太极

爱新觉罗·皇太极于 1592 年出生在呼兰哈达山下东南建筑了费阿拉。1626 年，继承

清太宗皇太极像

了后金可汗的位置后，宣布成立大清，他就是大清国的开国皇帝。

幼年的时候就很聪明，7岁就能主持家政，而且文武双全，力大无比，深受努尔哈赤的喜爱。皇太极虽然年纪小，但是协助努尔哈赤进行了很多著名的战役。在攻打乌拉的时候，皇太极就提出先攻下附属城池再向主力进攻的"伐大树"说，在努尔哈赤的指挥下，乌拉被灭，女真各部基本被统一。在建立后金之后，努尔哈赤决定攻打明朝，皇太极便提议先打抚顺，这是金与明朝第一次大战，金兵里应外合攻下抚顺，震惊了朝廷。在萨尔浒大战中，皇太极反对军队偷偷行军，而是应当浩浩荡荡出现在百姓面前，以发动百姓，结果大败明军，皇太极在这次战斗中起到了重要作用。

皇太极在幼年时勇猛无畏，辽沈大战中，皇太极冲杀在最前线，后金倾国出兵，占领沈阳。金兵和明军大战浑河，面对来势汹汹的明朝军队，后金将领雅松有些畏惧，可是皇太极并没有被这阵势吓到，而是领兵冲上前去，结果大败明军。占领了沈阳之后，清军又在努尔哈赤的带领下攻向辽阳。皇太极也在辽阳取得了大捷，他的军事才能在这场战斗中体现得淋漓尽致。

努尔哈赤死后，皇太极继位，但他不满足于现在的成就，想要大败明朝，使国家更加强大。他执政后，从内政上，提出了"安民""重本"，加强中央集权等巩固政权的举措。对外扩张上，更是出军朝鲜，订立"江都之盟"，免去后顾之忧，又积累了物质基础。

天聪元年1627年五月，皇太极领兵征服了朝鲜，此后清军集结全部人马向明朝发起了总攻，皇太极御驾亲征。此时明朝大将袁崇焕实行"恢复之计"，在宁锦筑起了一道防线。面对重重阻碍，皇太极将目标转移到了蒙古地区，先后经过察哈尔和敖木伦之战，击败了这一地区的头号敌人察哈尔，巩固了自己在蒙古的统治地位。

天聪三年（1629年）六月，皇太极亲统大军征明，首次绕过山海关，攻向内地。历史上称此为"入口"之战，是皇太极在军政集权上的一次巨大胜利。在接下来的数十年内，皇太极一直率兵与后金周旋，主要在大同、宣府附近徘徊，但是明朝国基深厚，所以没能从根本上动摇其统治。但是在这些年的征战中，多尔衮意外地获得了元朝的传国玺。这一胜利标志着漠南蒙古全部归于后金统一。在后来的松锦决战中，明朝军队主力已经被消灭，明朝也在摇摇欲坠之中。

至皇太极去世，清军不曾通过山海关，但没有他们扫清道路，也就不可能有后来的清军入关，皇太极为大清的建立奠定了基业。

完成大清一统基业的关键人物——多尔衮

爱新觉罗多尔衮，努尔哈赤第十四子。完成了大清一统基业，是当时实际统治者，也是一名杰出的政治家和军事家。

努尔哈赤儿子众多，他在位之时，多尔衮年纪还小，努尔哈赤病逝，其母阿巴亥被逼殉葬，皇太极继位，在自己的地位面临威胁的时候，多尔衮学会在夹缝中求生存。1628 年 3 月，皇太极命多尔衮继任固山贝勒。这时候，多尔衮刚满 15 岁。他一方面顺从皇太极，以得到他的信任和赏识；另一方面，在战场上显示出他过人的胆识。

1629 年，皇太极带兵攻打明朝，多尔衮在各个战役中都奋勇当先，立下不少功劳，得到皇太极的赏识。征服朝鲜和进攻蒙古察哈尔的战役更是让他名声大振，皇太极率兵亲征朝鲜的时候，多尔衮率军攻打江华岛取得大胜，并且极力劝降，减少双方死伤。在与察哈尔的战役中，多尔衮也是用劝降的方法与双方结盟，更是在返程途中偶然得到了元朝玉玺，这块玉玺意义重大，成为皇太极称帝的依据，同时可以招揽人心。皇太极亲自出城迎接多尔衮归来并大加赞赏。后皇太极建大清，多尔衮被封为和硕睿亲王，年仅 24 岁。

在此之后，多尔衮向明朝发起了轮番的攻击，都取得了战斗的胜利。1638 年，多尔衮被授予"奉命大将军"，与明朝军队在巨鹿一战，结果多尔衮又取得了胜利。皇太极任命多尔衮管理六部之首的吏部，为多尔衮摄政打下基础。

1643 年，皇太极"暴逝"，一场激烈的皇位争夺战开始，多尔衮头脑精明，力推福临为帝，自己任摄政王。表面上是辅佐幼帝，实际上掌握了国家大权。他巧妙化解了这场危机，自己也成为了大清初期真正的统治者。

1644 年，李自成率农民起义军包围了北京。此时，吴三桂向清军请求支援，多尔衮为了让吴三桂能够投降清军，实行缓兵之计，命令放缓援兵的行进速度，迫使吴三桂投降。等到与李自成的起义军交战的时候，吴三桂与李自成的部队损失都很大，这时候多尔衮才派援军前来助战。李自成兵败，清军占领了北京。回到山陕的李自成想要在南京建都，这时候多尔衮定下方略准备先铲除掉农民军再对付"南明"。

后李自成战败死于湖北九宫山，南明政权不攻自破，清军实现了统一。

多尔衮在加强中央集权方面作出了很大的贡献，同时，还很注重对外关系的建立。这表明多尔衮对外的政策比较开明，但是对于可能威胁清朝安全的贸易活动还是比较保守。

多尔衮死后，许多政治上的对手开始揭露他的罪行。直到乾隆年间，多尔衮的名誉才渐渐地恢复，评价其"定国开基，成一统之业，厥功最著"。多尔衮的军事才能卓著，可以说为清朝统一中国的大业立下了汗马功劳。

"失之东隅，收之桑榆"——吴三桂

吴梅村一首《圆圆曲》在明末清初家家传诵，吴三桂尴尬得无地自容。据说他曾经派人送黄金千两让作者将"恸哭六军俱缟素，冲冠一怒为红颜"删掉或予以修正，吴梅村断然拒绝："天下皆知，改又何益？"此后，这两句就成为吴藩王的标准评价，将吴三桂永远钉在历史的耻辱柱上，成为后人的笑柄。

吴三桂降清真的是因为"红颜"之怒吗？

《中国人史纲》中提到，吴三桂得到李自成即位的消息，决定投降。他父亲吴襄正好也派遣仆人到军前劝他入朝。但经过下列一段对话后，吴三桂的态度立刻转变。他问起父亲的情形，仆人说："已被逮捕。"吴三桂说："我到北京后，就会释放。"又问他的财产，仆人说："已经没收。"吴三桂说："我一到北京，就会发还。"又问他美丽的爱妾陈圆圆，仆人说："已被宰相刘宗敏抢去了。"吴三桂火冒三丈，命令他的军队为死去的皇帝朱由检穿上白色丧服，誓言为朱由检报仇。在答复他父亲的信上，吴三桂慷慨激昂地说："父亲既不

以吴三桂得名的"定辽大将军"铜炮,是明清兴亡交替的一件实物见证。

能当忠臣,儿子自不能当孝子。"于是,转过脸来,向昨天还是敌人的清军投降,请求清军派遣军队入关,联合剿匪。这样说来吴三桂真的是为了陈圆圆而冲天一怒,引兵倒戈。

其实,吴三桂开始似乎是很忠于明的。当时在山海关外,明朝只剩下宁远一座孤城的情况下,吴三桂还能不为清廷的百般劝诱所惑而降,毫无疑问这是他忠于明朝的表现。而等到他退守山海关,南北驿道上羽书往还,信使星驰,两大军事集团都在争取吴三桂。皇太极曾手谕并指使早已降清的吴三凤,祖大寿,祖可法以兄长、母舅名义招降吴三桂,许以"功名富贵""分茅列土之封",吴三桂的反应是"答书不从"。李自成也曾派明降将唐通、王则尧等人前往辽东劝降,皆被吴三桂拒绝。

吴三桂似乎是抱定效忠明朝的决心了,可是又不全是这样。

李自成进攻北京前,崇祯帝曾封吴三桂为平西伯,命其火速入京护驾。吴三桂倒是有所行动,但他以宁远民众恐遭鞑靼屠戮为借口,徙宁远兵民数十万人入关,军民混杂,还要护送老幼,这样的行军速度,能"火速入京护驾"吗?相比之前袁崇焕狂奔400多千米由宁远至京护驾,吴总兵的速度是不是太慢了呢?

果然,军民缓缓行至丰润,北京城就被李自成攻陷了,吴三桂遂引兵北返,退居山海关,坐观时局变化。正是这一举动,让他成为一位在大顺和大清之间举足轻重的人物。

大明灭亡了,属于明军的吴三桂立刻成为"自由人",他驻守在南北咽喉要冲山海关。向内,他可以外拒清军铁骑;向外,他可以打开中原的入口,引清军直捣北京。吴三桂在窃喜:这正是他想要的结果。

经过松锦一战后,吴三桂对形势有着清醒的认识,这一点他和洪承畴是一样的。明廷的腐朽他心知肚明,清军的强悍他也是亲身经历过的,但是,瘦死的骆驼比马大,究竟谁胜谁负,一时间吴三桂还不敢妄下定论,更何况还有一股势力——李自成的起义军也在迅速壮大,而且实力也不容小觑。吴三桂想得更远,他要让时间证明谁才是更值得他选择的。

所以,无论对于李自成的劝降还是皇太极的利诱,吴三桂都拒绝了,这并不代表他对明朝是忠心的,不然他肯定也会像袁崇焕一样在崇祯遇到危难时狂奔至皇帝脚下。

李自成在北京城是容不得眼皮底下存在这样的威胁的,而清朝自皇太极去世,幼主福临即位后,摄政王多尔衮决定会师南下,实现"问鼎中原"的目标。两股分别来自北京、盛京的铁流,南北相向,汇向山海关。

吴三桂手握四五万兵力的自由兵团,瞬间成为可以左右战局的炙手可热的人物。他的作用,可媲美楚汉相争时的韩信。当

明崇祯山海关镇炮

山海关依山临海,形势险要。1644 年 4 月,吴三桂引清军入山海关,击败李自成。清军由此进入中原。

时韩信"为汉则汉胜，与楚则楚胜"，而吴三桂则"为顺则顺胜，为清则清胜"。手握如此重要的筹码，待价而沽的吴三桂知道自己可以卖个好价钱了。

然而，事情的发展是瞬息万变的。清兵接下来的表现却让吴三桂大失所望。用柏杨先生的话说，"流寇"已经被驱逐，应该把房子归还原主人了。可是这位正义凛然的大侠客，不但不把房子归还，反而把自己的家搬过来，坚持说他们就是主人。

这样，吴三桂的请兵之举立刻变质为"降军"之举。

吴三桂此时对自己的前途肯定也是忐忑不安的，所幸此刻多尔衮一方面为了保存实力，一方面为了削弱吴三桂的兵力，催促他向南扫平起义军。吴三桂也知道，自己与洪承畴他们不同，自己拥有一支独立统率的部队，清朝对自己虽然外示优宠，但内存疑忌，并未授之以事权，留在北京附近只会使自己死得更早，不如趁势南下，一面确立战功，一面趁势扩张自己的势力。他最终的目的达到了，吴三桂成为藩王，坐拥一方为土皇帝。当然，代价也是惨重的：除了陈圆圆，他一家包括父亲吴襄在内共 34 口都被李自成所杀，他本人则成为"冲冠一怒为红颜"、助清军夺取汉人江山的乱臣贼子。

收复台湾的民族英雄——郑成功

郑成功，明末清初著名的军事家，抗击荷兰侵略者的民族英雄。郑成功于 1624 年出生在日本九州平户藩，他的父亲郑芝龙为海商及海盗首领，在中国东南沿海和日

郑成功军用过的大刀

本、菲律宾等海域拥有极大的势力。郑成功的母亲是日本人田川氏，6 岁以前，郑成功都随其母亲住在日本平户。

郑成功 6 岁时，他的父亲郑芝龙被大明朝招安，成为明朝的官员。随后，郑成功被接回泉州府南安县，并在那里读书。1638 年，郑成功考取了秀才，后又经过考试成为南安县20 名"廪膳生"之一。1644 年，郑成功为求进入南京国子监就读深造的机会，便拜在名儒钱谦益的门下。同年，李自成攻破北京，崇祯帝自缢于景山，大明王朝灭亡。

1645 年，清军南下，灭亡了南明弘光政权。随后，郑成功的父亲郑芝龙在福州拥戴唐王朱聿键称帝，并改元"隆武"。郑成功很快受到了隆武帝的赏识，被隆武帝封为忠孝伯，赐国姓，并改名"成功"。此后，郑成功又被人称为"国姓爷"。在南明隆武政权下称臣的郑成功，于 1646 年就开始领兵与清军作战，此时郑成功只有 22 岁。但是不久以后，郑成功的父亲郑芝龙决定投降清军，郑成功力劝而不能止。不料清军将领博洛背约，不但将郑芝龙等押往北京，还派兵攻打郑家的故乡，郑成功的母亲便在这次变故中自缢身亡。当郑成功得知母亲去世之后，更坚定与清军斗争的决心。

然而，就在郑成功与清军苦斗之时，他的内心中还有一件时时不能忘怀之事，那就是把荷兰侵略者赶出台湾。1661 年，郑成功感到收复台湾之事已不能再迟疑，于是决定亲征台湾，赶走外国侵略者。

郑成功在经过精密的部署和充分的战前准备之后，于 1661 年阴历 2 月 23 日，亲率第一梯队舰船从金门出发向台湾挺进。24 日晨，郑成功率部渡过台湾海峡，陆续到达澎湖列岛。25 日，郑成功亲自到各岛上巡视，认为澎湖列岛是个战略要地，便派手下 4 位将领在

荷兰殖民者投降图

岛上驻防，自己则又率舰船向东驶去。虽然澎湖列岛与台湾只有 52 海里的距离，但是这段路上如遇逆风大浪，便很难通行。不巧的是，郑成功率舰队驶过这片海域时，正好遇上暴风，郑成功只好于 27 日返回澎湖。

由于海上大风不止，郑成功的军队所带的粮食已所剩无几。于是郑成功经过认真的考察，当机立断，决定强渡海峡。30 日晚，郑成功率领船队冒着狂风暴雨、滔天巨浪横渡海峡。4 月 1 日拂晓，郑成功船队顺利到达台湾鹿耳门港海域。随即，郑成功派小船去查看鹿耳门港的地形。当日中午，鹿耳门海域潮水大涨，郑成功立即命令船队出发，向荷兰侵略者的要塞进攻。

驻守台湾的荷兰军队以为中国船队会从南航道驶入，便准备用大炮进行拦截。但是郑成功率船队从鹿耳门驶入台江，避开了荷兰军队的火力范围，令荷兰军队措手不及。荷兰军队面对浩浩荡荡的中国舰船，感觉神兵天降，只能束手就擒。郑成功率领船队按着原先预设的航线鱼贯驶入，切断了荷兰军队驻守的台湾城与赤嵌城之间的联系。郑成功随后命军队迅速登陆禾寮港，并立即在台江沿岸建立了滩头阵地，准备从侧后方进攻赤嵌城。

郑成功率军登陆台湾之后，立即得到台湾当地居民的热情欢迎和大力帮助，表现了台湾人民热烈欢迎祖国军队收复台湾的爱国热情。因而，郑成功在台湾人民的帮助下，顺利分隔包围了驻扎在台湾的荷兰军队，为顺利赶跑荷兰侵略者、收复台湾作出了巨大的贡献。

4 月 4 日，赤嵌城的水源被台湾人民切断。同时，荷兰军队在之前的海战与陆战中均被郑成功的军队击败，此时赤嵌城已成孤城一座，且无外援可盼。守城的荷兰军队面对此种情境，只好在城头挂上白旗投降。至此，郑成功登陆台湾 4 天就成功收复了赤嵌城。

台湾城是荷兰侵略者在台湾的统治中心，因而城防坚固，设施完备，守军也较赤嵌城多。郑成功鉴于台湾城城池坚固，于是决定采取围困的策略，命手下将士将台湾城团团围住。此后，台湾城里陆续有舰船想要突围逃跑寻求援助，均被郑成功军队给击退回城内。至 7 月底，台湾城内的荷兰军队已被围困数月，军粮得不到补给而士气逐渐低落。年底，郑成功从俘虏中了解了荷兰守军的情况后，决定在对方获得救兵前将其消灭，遂决定对荷兰军队的防守战术转为大举进攻。在郑成功所率军队全力进攻下，荷兰守军渐渐招架不住。

1662 年 1 月 25 日，郑成功率军又对台湾城的荷兰守军发起了一次猛烈的进攻。此时，台湾城已被围困近 9 个月，城内能战斗的荷兰士兵仅剩 600 余人，且城内已弹尽粮绝。2 月 1 日，荷兰驻台湾长官揆一在双方谈定的"愿罢兵约降，请乞回国"的投降书上签字。荷兰军队交出了所有的城堡、武器和物资，由揆一率领撤出台湾。至此，被荷兰侵略者侵占长达 38 年之久的宝岛台湾重新回到了祖国的怀抱。

郑成功完成了收复台湾的心愿后，便于当年逝世，享年只有 38 岁。郑成功为祖国的领土完整和中国人民的反侵略斗争作出了巨大的贡献，是中华民族当之无愧的英雄。

太平天国创建者及思想指导者"天王"——洪秀全

洪秀全本名叫洪仁坤，"洪秀全"之名是他自己造出来的。洪仁坤出生在广东花县，汉族客家人。父亲洪镜扬是当地的一个乡长，家境还过得去，因此洪仁坤也粗通些诗书。洪仁坤是家里的老三，18 岁那年开始教书，同时连年地考秀才，希望有朝一日做上官老爷，飞黄腾达。

天不从人愿，他 16 岁、24 岁、25 岁、31 岁，连着四次去广州城"府试"，都没能做上秀才。他本来有别的路可走，比方说，老老实实做一个农民，耕几亩薄田，与妻子儿女平安度日也就算了。可是这种生活并不能满足他，于是一考到底，而 15 年的光阴就这样没了。他内心的郁愤是可以想见的。

洪秀全塑像

第二次去广州考试的时候，他遇见了一个白袍长须的英国传教士，向他宣讲基督创世论。传教士有一个中国人的助手叫做梁阿发的，还送给他一本小册子：《劝世良言》。洪仁坤收下册子，回到家里，"束之高阁"。

等到再次科场失利，他的身心终于承受不住，大病一场。40 多天，他始终卧在病床，有时高烧不退，还持续地梦话呓语。醒来之后，他告诉周围人说，我在梦中直直地升上天空，见到了造天造人的上帝，向他显示了大威能。还有一个中年人，上帝将他指给洪仁坤，说，这是你的阿兄耶稣，他牺牲自己，为世人承受苦难；人间的妖孽太多，若你能到人间除魔卫道，我便封你为王。

是洪仁坤病中确有此幻觉，还是他有意编造？真假难辨。只是他将自己的名字改作为洪秀全了。"秀"来自他的乳名"火秀"，"全"字拆开则是人王，暗示要在人间称王。不知道谁是妖孽，也没真个去除妖斩魔，"王"却已经当上，这是跨越式发展。

洪秀全找出那本《劝世良言》，粗读一遍，以为领会了基督博大宽厚的精神，于是自称已经入教。他的教书生涯也有了转折，他将孔孟书籍打翻在地，又把孔子的牌位换成是上帝的牌位，似是叛出了孔门。又与亲戚冯云山等人钻进河中洗了个澡，这就算是受过了洗礼。

洪秀全遇见人就开始宣讲基督的教义，想叫人家入教，还给人家受洗。慢慢地，周边的信徒开始增加了，他也不屑于再做一个教书先生，于是遣散了学生，开始"全职"传教。

可是，洪秀全真正发迹并不在广东，可能是因为广东作为近代开阜较早的地方，民众比较开化，并不相信他那一套杂糅了基督教神学和本土术法迷信的玩意儿。洪秀全的真正道场是在广西的贵县、桂平、武宣一带，那里多的是矿工苦力，人人受压迫，因此洪秀全那一套人人都将得到救赎的说法得到人们的响应。这一次，有3000多人入会，接受洗礼。洪秀全的势力开始壮大。

3000多人的势力为何没引来朝廷的剿灭呢？这是因为洪秀全的教义里有基督教的成分，当地的官府怕洋人老爷的责罚，怕引来外交麻烦，因此对洪秀全的传教活动睁一只眼闭一只眼。

除了洪秀全、冯云山，另有当地的一个种山烧炭的土豪叫做杨秀清的，也加入进来，还一点点取得自己的势力，渐渐与洪秀全、冯云山分庭抗礼。杨秀清是个干才，狡猾多智，洪秀全为了平衡杨秀清，就与他和另外几个人，韦昌辉、萧朝贵、石达开，再加上冯云山，一共6人，结为异姓兄弟。后来，官军与信众的矛盾激化，终于爆发冲突，他们也不得不揭竿而起，鲜明地亮出反清的大旗。

一众人连克官军，奔赴永安，在此封王建制。洪秀全自为天王，又依次封杨秀清等人为东王、南王、西王、北王以及翼王。这翼王，就是特别能战的石达开，洪秀全称他为"达胞"。

这时太平军仍处于四处流窜的窘境，但洪秀全本人却已经有了16位王娘，可见他的骄淫。后来太平军中分出两支，一支向西开进，一支孤悬北上，均告失败。不过西征和北伐转移了清政府的注意力，为太平军的主力赢得了喘息时间，使他们能够较从容地辗转江南，最后占领南京。

一旦安定下来，洪秀全等人贪图享乐的本性再也没法压抑，他们大兴土木，建设的宫殿连清政府的统治者也慨叹不如。同时，太平天国的内部矛盾也日益加剧。永安封王的时候，便规定其余诸王尽受东王杨秀清节制。既如此，还要他天王洪秀全干什么？可知那时便埋下了一颗炸弹。而杨秀清的才能与野心比洪秀全有过之而无不及，这就使得二人的冲突没法调和与避免。

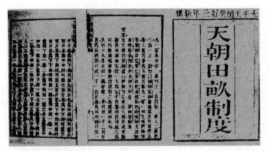

《天朝田亩制度》

太平天国定都天京后，为巩固政权，1853年颁布了以解决农民土地问题为中心，包括政治、经济、军事、文教和社会生活各方面内容的纲领性文件《天朝田亩制度》，提出了平分土地、平均分配生活资料的方案，建立兵农合一的军政制度，试图实现"无处不均匀，无人不饱暖"的绝对平均理想社会，带有明显的乌托邦的空想性质。

洪秀全假托自己是耶稣的弟弟，杨秀清竟装神弄鬼地说自己本身就是上帝下凡，是"天父"。早在广西的时候，他便用过这一招，不过洪秀全为了遮掩自己的秘密就只好帮着他圆谎：大家耍弄的都是同一套嘛。现在，杨秀清又多次假传"天父"旨意，作为天王的洪秀全也要听他的号令，给彻底架空了。

洪秀全在不安中，又听说杨秀清图谋不轨，于是拉拢了韦昌辉和秦日纲，与他们里应外合，将杨秀清杀了，这还不算，连杨秀清的家人也惨遭屠戮，这就是政治斗争的残忍之处。

杨秀清死则死也，可是为什么死得有个缘由。最后证据不足，洪秀全丢卒保车，将韦昌辉也处死，兔死狗烹。

经历了这么一场大的变乱，太平天国元气大伤，终于在曾国藩等汉族重臣的谋划打击之下日渐衰落，而洪秀全也于 1864 年没世，享年 50 岁。太平天国虽然灭了，清政府也在这场动乱中伤了根本，日趋灭亡。

震古烁今者，如斯而已——曾国藩

传说曾国藩出生的前一天晚上，其曾祖父曾竟希做了这样一个梦：一条巨蟒，盘旋空中，旋绕于宅之左右，接着入室庭，蹲踞良久。第二天醒来，老人一直在回味着这个奇怪的梦，百思而不得其解。这时，有人兴冲冲地告诉他："恭喜公公，今早添了一位曾孙。"这一下老人恍然大悟，他联想到唐朝大将郭子仪出生时，其祖父也是梦见蟒蛇入门，因此认定他的这位曾孙就是那蟒蛇投的胎，将来定会成为大贵之人。

曾国藩 6 岁从师入学，14 岁应童子试，先后考了 7 次，到 23 岁才成为生员（秀才），第二年中湖南乡试第 36 名举人。28 岁那年到京城会试，考取第三甲第 42 名，赐同进士出身。后入翰林院庶常馆深造。两年之后，授曾国藩翰林院检讨，秩从七品，从此开始了他 12 年的京师为宦生涯。自 1840 年得授翰林院检讨，到 1849 年已经升任礼部右侍郎，他十年七迁，跃升十级，成为二品大员。他在写给朋友的信中说："回思善化馆中同车出入，万顺店中徒步过从，疏野之性，肮脏之貌，不特仆不自意其速化至此，即知好三数人，亦不敢为此不近人情之称许。"可见，曾国藩自己也料想不到升迁会如此之快，简直有点"朝为田舍郎，暮登天子堂"的味道。

曾国藩 28 岁考中进士就把立德当做日常很重要的一个部分。他坚持每天记日记，对自己一天言行进行检查、反思，正是"日三省吾身"。他更是从 31 岁开始的修身，一直贯穿到他的后半生。在此后的 30 年中，身为军事统帅的他，每天在杀戮声中度过，仍然"三省吾身"。可以说，立德是曾国藩事业成功最重要的原因。

曾国藩的立功是与镇压太平天国起义分不开的。咸丰二年（1852 年），太平军攻占了湖北的汉阳，次年，曾国藩历练地方官兵，组建了湘军。湘军分为水陆两军，成员大都是湘乡一代的农民。咸丰四年（1854 年），曾国藩带领湘军出征，可是一开始在岳州、靖港湘军接连吃到了败仗，但是曾国藩没有气馁，而是重整军实，终于在不久之后占领了岳州、武昌，太平军被迫退守到湖南。同治三年（1864 年），曾国藩的湘军大败太平军于天京，可是当曾国藩进驻天京时惨无人道地实行"三光政策"，屠杀了全城十万多老百姓，随后曾国藩纵兵焚城，天京城付之一炬。城内的大量金银珠宝被曾国藩搬运走。

虽然湘军在天京城内无恶不作，但是从军事角度

曾国藩像

来讲这支部队是一支纪律严明、骁勇善战的部队，之后湘军的威名更是名震天下，世人有"天下无湘不成军"之说。击败太平军后，曾国藩被封为一等勇毅侯，成为清代以文人而封武侯的第一人，官居一品。

对朝廷的腐败衰落，他洞若观火。在严重的内忧外患而大多数士大夫沉湎于义理考据之时，曾国藩则在思索。他对中西邦交也就有了自己的看法，一方面他十分痛恨西方人侵略中国，认为卧榻之旁，岂容他人鼾睡，并反对借师助剿，以借助外国为深愧；另一方面又不盲目排外，主张向西方学习其先进的科学技术。于是那场轰轰烈烈的"师夷长技以制夷"的洋务运动就在他的倡导下开始了，曾国藩设立军械所、建制造局等，又积极筹措经费，派遣学童赴美留学，使中国历史运动与世界近代化运动合流，中国历史由此走进一个新的阶段。梁启超说："曾文正者，岂唯近代，盖有史以来不一二睹之大人也已；岂唯我国，抑全世界不一二睹之大人也已"。

曾国藩生前封侯拜相，满族荣华，死后没有留下什么财产田地、金银珍宝，留给子孙后代的，只有一楼富厚的藏书、一道著名的遗嘱。

一生签下30多个不平等条约——李鸿章

李鸿章（1823~1901），安徽省合肥县东乡（今天的合肥瑶海区）磨店乡人，是当地名门望族之后。多被世人尊称为李中堂，亦称李合肥，本名章桐，字渐甫或子黻，号少荃（泉），晚年自号仪叟，别号省心，谥文忠。他创建并统帅淮军，倡导了洋务运动，是晚清重臣之一。

李鸿章官至直隶总督兼北洋通商大臣，同时也是文华殿大学士。慈禧太后十分器重李鸿章，称他为"再造玄黄"之人。他是唯一的一名在北京建立祭祀祠堂的汉族官员，日本首相伊藤博文也十分欣赏他的才干，说他是"大清帝国中唯一有能耐可与世界列强一争长短之人"。

李鸿章自幼聪慧，学问功底深厚，投身曾国藩门下。在同治年间曾率淮军攻陷苏州、常州等地，和曾国藩旗下的湘军一起镇压太平天国运动。后因剿灭有功而被加封为湖广总督、协办大学士，且在关键时刻出身挽救了濒临消亡的清王朝，故被誉为"中兴名臣"。在任期间，与四川总督吴棠结为"金石至交"。

19世纪70年代出任直隶总督，深感责任重大。倡导掀起的洋务运动，重点首先放在"求富"上。然后还积极强化海防，组建中国近代海军。这支海军有舰艇25艘，官兵4000余人，可谓当时在亚洲最强大的海军。

19世纪末，日本发动入侵中国和朝鲜的甲午战争。左宝贵率驻朝陆军与日军激战伤亡惨重，而后北洋舰队在黄海周边海域遭遇日本海军主力，李鸿章为保船而消极避战。最终，清军未能抵挡住日军的攻势，众多海军基地沦陷，北洋水师全军覆没。

李鸿章奉朝廷之命与日军议和，尽管朝廷允许他割地赔款，但他为多争取一分一地

李鸿章与伊藤博文等人会面图　清

而与日方代表争辩，但因实力不足，在 1895 年签订了《马关条约》。而他也因这个条约受到强烈刺激，视之为人生的一大耻辱，发誓"终身不履日地"。他在出任粤督期间，镇压义和团运动，在八国联军侵华之时奉命收拾残局。最后又向八国联军求和，代表清政府签署了丧权辱国的《辛丑条约》，签字之后吐血而亡。

李鸿章出任直隶总督，还兼任北洋大臣，可谓"坐镇北洋，遥执朝政"，是晚清的军政重臣，但他在历史上却备受争议。一生签下约 30 多个不平等条约，内心深感无力，痛恨日本的侵略。

"有公足壮海军威"——邓世昌

邓世昌像

邓世昌，原名永昌，字正卿，是清末著名的海军爱国将领，民族英雄，在中日黄海海战中作战勇猛，并为国捐躯。他出生于广东番禺的富人家庭，其父亲专门经营茶叶生意，家境殷实。少年的时候，他便跟随父亲来到了上海，从西方人那里学习英语、算术等知识，受到了良好的教育。

1867 年，沈葆桢开始在福州马尾船政学堂任职，为了培养制造和驾驶轮船的人才，便在全国各地招收优秀学员进行培养，邓世昌成为其中一员。1868 年，邓世昌凭借幼时聪颖好学及良好的英文基础，以各科考核皆优的成绩考入了福州船政学堂，成为该学堂驾驶班的第一届学生，开始了他的报国理想。

1871 年，邓世昌从福州船政学堂毕业以后，被派到"建威"号上练习驾驶，游历了南洋各岛。1874 年，他被任命为"琛海"号兵船的大副，此后又被任命为兵船的管带。1879 年，李鸿章把邓世昌调入了正在筹建的北洋海军序列，邓世昌开始担任"镇南"炮舰的管带。1881 年，邓世昌随丁汝昌出访英国，带回了"超勇"和"扬威"两艘巡洋舰，随后被任命为"扬威"号管带。

1887 年初，邓世昌率队再次出访英国，接回由英、德打造的"致远""靖远""经远""来远"四艘战舰，并在归国沿途进行了舰队演练。当年底，邓世昌被升为副将，加总兵衔，并开始担任"致远"舰号管带。1888 年 10 月，北洋海军正式建成，邓世昌随即被升为中军中营副将。1891 年，李鸿章检阅北洋海军之时，看到邓世昌对舰队训练有加，因而赐予邓世昌"葛尔萨巴图鲁"的勇名。

1894 年 8 月 1 日，中日甲午海战正式爆发。9 月中旬，邓世昌随北洋舰队护送清廷援军至朝鲜，在 17 日回程途中，与日本联合舰队在海上相遇，一场恶战随即开始。一开始，北洋舰队的旗舰"定远"号就遭受到日本联合舰队的猛烈攻击，舰队总指挥丁汝昌负伤后，便由"定远"号管带刘步蟾代为指挥舰队作战。但在"定远"号的通信设施被击毁、大旗被击落之后，"定远"号已彻底丧失了作为旗舰的指挥能力。

在这种情形之下，邓世昌立即命令手下在自己的战舰上升起了代表指挥权的旗帜，把敌人的战舰都吸引了过来。随后，他指挥"致远"号在海上与敌人进行了激烈的战斗，"致远"号上的前后火炮一齐开火，给日舰重创。北洋舰队的其他战舰则或战或逃，而"致远"号则被日舰团团围住，在猛烈炮火攻击下开始倾斜。此时，邓世昌仍旧沉着迎战，命令手下开炮还击，直至打完最后一发炮弹。

当炮弹打完之时，邓世昌觉得"致远"号最后的时刻到了，于是便对部下说："我们就是死，也要死出中国海军的威风，报国的时刻到了。"当下，他便下令"致远"号全速冲向日军旗舰"吉野"号，打算与它同归于尽。日舰"吉野"号见此情景，连忙掉头逃跑，并向其他日舰发出救援信号。最后，"致远"号战舰在敌人的猛烈炮击下沉没，252名官兵，除7人幸存外，其他全部殉难。

邓世昌在"致远"舰沉没前坠身入海，部下抛给他的救生圈他执意不接。邓世昌的爱犬在海中衔住其衣襟，使邓世昌不致沉入海底。当他看到眼前的清军将士都已阵亡，"致远"舰也已沉入海底之后，抱住爱犬一同葬身于汹涌的海浪里。

邓世昌在面对强敌外辱之时，毫不示弱，勇于斗争，战斗至生命的最后一刻，彰显了中华民族的伟大气节。邓世昌不幸逝世后，全国为之震动。光绪帝亲自为邓世昌撰联"此日漫挥天下泪，有公足壮海军威"，还赐予"壮节公"的谥号，并追封他为"太子少保"。李鸿章也在奏文中大表邓世昌的功绩。邓世昌壮烈牺牲之时，年仅45岁。

外国著名军事人物

"月神的后裔"——汉谟拉比

大约在公元前1792年，汉谟拉比继承了父亲辛·穆巴特利的权力，成为巴比伦王国第六位国王。在辛·穆巴特利时代，巴比伦地区处于相对和平的状态，汉谟拉比登基之后，该地区却屡遭外敌入侵。大约公元前1766年，埃兰王国与巴比伦王国为了争夺扎格罗斯山脉进行了战争，汉谟拉比为了抵御外敌的袭击，大兴土木，在铸建防御高墙的同时，还扩建了许多庙宇，以乞求神灵保佑。

汉谟拉比头像　公元前18世纪

他是公元前第2个千年间在位的伟大的古巴比伦国王，曾将整个美索不达米亚置于他的统治之下。

埃兰王国与美索不达米亚平原上的其他城邦结成联盟，击败了埃什努纳等许多城邦，将自己控制的领土进一步延伸到了巴比伦地区。为了继续扩大自己的势力范围，埃兰王国又使用离间计，挑拨巴比伦王国和拉尔萨王国之间的关系，但是埃兰的计谋没有得逞，反而被两国合力粉碎了埃兰及其联盟的入侵。随后汉谟拉比迁怒于拉尔萨在这场战争中出工不出力，于是汉谟拉比在公元前1763年征服了拉尔萨王国，统一了两河流域下游。

正当汉谟拉比准备进一步统一南方的时候，北方因为兵力空虚，邻邦趁虚而入。汉谟拉比遂又挥师北上，平复了动乱，占领了艾什努纳。后来，汉谟拉比又借此机会平复了北方的其他小城邦。汉谟拉比用了几年时间便基本控制了两河流域的大部分地区，只剩下西部叙利亚的阿勒颇和卡特纳还保持着独立。汉谟拉比自称为"月神的后裔"，他的南征北讨使其成为巴比伦王国最伟大的国王，被人们尊称为"阿摩利人之王"。

然而，汉谟拉比远非只是一个能征善战的国王，他还是一个治国有方的政治家。这在后来出土的大量考古遗迹中，得到了证实。就考古发现的黏土板和书信记载，汉谟拉比统治时代就有一套应对水灾十分奏效的规则和饲养家畜的要求，并且天文历法也趋于完善。公元前 1686 年，汉谟拉比逝世，他的儿子萨姆苏伊鲁纳继承了王位。

巴比伦在汉谟拉比的领导下成为了美索不达米亚平原上一个实力强大的城邦。尽管两河地区存在着多种不同类型的文明，但是在考古学者心中，古巴比伦文明的地位却是不可替代的。

汉谟拉比通过征服博尔西帕、西帕尔、基什等地区，使巴比伦从一个小城邦成为了这一地区的霸权国家。然而汉谟拉比对世界最大的贡献，是他颁布了人类历史上第一部成文法典《汉谟拉比法典》。法典刻在了一块巨大的玄武岩石碑上面，虽然当时的人很少认识文字，但是这部法典仍然摆放在了巴比伦城中最显眼的位置。法典顶部有一个浮雕，描绘了汉谟拉比接受巴比伦的太阳神沙玛什所赐予法典的情景。这个浮雕意在说明汉谟拉比所制定的法典是神的旨意，是神赋予他统治国家的权力。

《汉谟拉比法典》的出现对两河流域许多国家法律的制定产生了深远影响，它保留了古代阿摩离人习惯法的一些痕迹，比如"同态复仇"的原则，鼓励人们以眼还眼、以牙还牙，以公平解决民事纠纷。但是这个原则太过残酷，往往造成人们在争斗中伤残、死亡。尽管充满了血腥，这部法典仍然成为了法制史上的里程碑，日后许多帝王在制定法律时都曾把它作为重要的参考。

汉谟拉比死后，巴比伦王国不断遭到赫梯人的入侵，国势渐渐衰落下来。公元前 1595年，赫梯人攻占了巴比伦，巴比伦第一王朝灭亡。不过，等到赫梯人离开之后，伊新建立了巴比伦第二王朝，但之后加喜特人的进犯，彻底征服了巴比伦。曾经强大一时的巴比伦王国不复存在，加喜特人开始了在两河流域长达 400 多年的统治。

西方古代战史"第一伟人"——亚历山大

公元前 356 年，亚历山大大帝出生在马其顿王国的首都派拉城。他 18 岁开始随父出征，20 岁便继承了王位，31 岁时就建立了一个横跨欧亚非三大洲的马其顿帝国，是欧洲历史上最杰出的军事奇才之一。亚历山大少年时曾经以亚里士多德为师，精于谋略；马其顿人的好战天性，又让他英勇无畏。伴随着他战争的足迹，古希腊文明也被带到了世界各地，使其得以广泛传播。他也因无数前无古人的辉煌战绩被称为西方古代战史上的"第一伟人"。

亚历山大的成长深受其母亲和《荷马史诗》中人物阿基里斯的影响，并从小就拥有过人的智慧和洞察力，并在其母亲的培养下磨炼出了坚忍和节制的性格，同时他对科学、哲学和医学等学科也有深厚的兴趣，而其在马术和音乐等方面的才华从小就有所展现。

公元前 340 年，亚历山大开始接触国政，并初露锋芒。公元前 338 年，古希腊城邦中发生反马其顿叛乱，腓力二世政权受到了来自雅典和底比斯两大城邦的联合攻击，于是爆发了喀罗尼亚战争。这场战争使亚历山大迎来了自己真正的挑战。他作为马其顿联军左翼的总指挥官，准确地抓住了时机率领联军突入进攻，从后方打击了敌军，将古希腊当时最强的底比斯圣队一举歼灭，为马其顿人获得至关重要的胜利。当时年仅 18 岁的亚历山大在这次战斗中将自己的军事才能展现无遗，之后，由于亚历山大与其父腓力二世发生矛盾后出逃。腓力遇刺身亡后，亚历山大继承王位，亚历山大大帝时代也随之到来。

这是一幅表现不戴头盔的亚历山大大帝追击大流士战马的图画。

　　20 岁时，亚历山大成为马其顿新任的国王，上任后，他通过减少税收等政策赢得了国民以及军队的一致支持，并先后除掉了可能威胁到自己权力地位的其他王族势力，随后又镇压了底比斯起义，占据了雅典，进一步巩固了自己的执政地位。

　　公元前 334 年，亚历山大率领马其顿和其他古希腊城邦的军队到达小亚细亚的特洛伊，随后继续向波斯进军。在敌众我寡的情况下，对波斯造成了一系列毁灭性的打击后取得了辉煌的胜利，同时他勇战前线，与战士们生死与共的精神也大大鼓舞了军心。

　　公元前 333 年，为了消除波斯海军优势产生的困扰，亚历山大决定率兵从今天的土耳其地区出发，一路南下征战，足迹遍布叙利亚、巴勒斯坦，一直延伸至埃及。一路上经历伊苏斯战役等大大小小无数次战斗，对波斯军队造成重创，经过 7 个月的艰难战斗，终于攻克了推罗城，并在其间与波斯国王达成协议，占据了半个波斯帝国的领土。随后，亚历山大继续向南攻占了埃及，并在埃及建成了以他的名字命名的著名港口城市亚历山大。

亚历山大骑马雕像
在一次突围中，亚历山大骑着布斯法鲁斯率军粉碎了波斯军队的进攻。该图见于他的下属西顿王的石棺。

　　在取得了如此辉煌战绩之后，亚历山大并没有就此满足，而是于公元前 331 年继续出征，经过阿贝拉会战之后逐渐将波斯彻底征服。接着，公元前 327 年他又率军远征印度，彻底打败了波斯军队。此后，他几次重整军队，并实行了一系列措施以备继续出征，但后来却未能付诸实行。公元前 323 年，亚历山大因不知名的发热病症折磨了 10 日之久，最后病逝于巴比伦，时年 33 岁。

　　亚历山大大帝在位期间，创造了一系列前无古人的辉煌战绩，使自己成为史上最具传奇色彩的帝王之一，而其多方面的才华更令他成了当之无愧的西方古代史上"第一伟人"。

"坎尼战法"流芳百世——汉尼拔

北非古国迦太基著名军事家汉尼拔，出生于公元前247年，一个古罗马共和国势力日益崛起的时代。汉尼拔很小便开始接受严格的军事锻炼，培养了他坚毅的军人性格，并在军事以及外交活动上有着十分出色的表现，其军事思想和战略至今仍被许多军事学家不断研究。

汉尼拔是一位聪明绝顶的战略家，同时也十分谦卑。他所实施的各种策略很多人都不以为然，古罗马人要想战胜他必须在战略上与其匹敌。

汉尼拔出生时正值古罗马攻打迦太基，于是汉尼拔从小便跟随父亲外出征战，并立下了终身与古罗马誓不两立的誓言。公元前221年，哈斯德鲁巴遇刺身亡之后，汉尼拔在军队的拥护之下接管了军队大权，此后的两年内，他在巩固自己地位权势的同时，完成了征服伊比利亚半岛埃布罗河地区的任务，他也因此声名大噪。古罗马人日渐感到了汉尼拔的威胁，于是对迦太基发出通牒，而迦太基却在汉尼拔的带领下拒绝了古罗马的无理要求，更在之后向古罗马宣战。汉尼拔决定率领军队对意大利半岛发起攻击，以此拉开了第二次布匿战争的大幕。

吸取了第一次布匿战争失败的教训后，汉尼拔提出了一个前所未有的特别策略，他在公元前218年率军从新迦太基出发翻过比利牛斯山，历尽艰险，不顾气候的恶劣，横穿高卢人的领地，最终在冬季到达之时成功跨过了阿尔卑斯山而进入意大利的北部地区，粉碎了古罗马原本计划的在高卢地区击败迦太基军队的计划。

之后，古罗马立即派兵对汉尼拔的部队发起攻击，而在此之前，汉尼拔便抓住时机果断地率先收复了都灵地区的敌对部落，成功解除了其后方的威胁。在随后的波河流域附近的交战中，汉尼拔再次利用骑兵的优势击退古罗马军队，使得他们不得不退出伦巴底平原地区，取得了这次交锋的胜利，同时更加速了当地高卢人对古罗马的叛变以及整个意大利北部部落向迦太基阵营倾倒的趋势。当地人的不断归附也让汉尼拔的军队实力大增。

同年12月，双方在特拉比亚河畔展开了决战，汉尼拔利用塞姆普罗纽斯性情急躁的缺点，利用骑兵干扰引诱古罗马军营出击，结果塞姆普罗纽斯果然不顾恶劣的天气条件和疲惫不堪的士兵状况而武断地下令出兵，掉入了汉尼拔设好的圈套之中。迦太基的伏兵趁机向混乱的古罗马军发起突击，古罗马兵团溃不成军。汉尼拔取得了不小的胜利，导致古罗马军伤亡超过三分之一，汉尼拔过人的军事谋略和才干也在这次战斗中发挥得淋漓尽致。不过，汉尼拔的迦太基军队最后仍然敌不过强大的古罗马军的正面进攻而损失惨重。

在此后的特拉西梅诺湖战役中，汉尼拔依旧运用精巧的战术和诱敌制胜的方法给了古罗马军队沉重的一击，最终导致古罗马军队在此次战役中全军覆没，其统帅弗拉米尼也随军阵亡，至此为止，汉尼拔消除了他进军古罗马城的一切有力障碍。

公元前216年，汉尼拔率先攻下了坎尼这一古罗马人的军事补给重地，并在此与随之而来的古罗马军队展开了交锋，战斗中他使用了举世闻名的新月形战术，引诱古罗马军攻打其中锋，使古罗马军彻底惨败。虽然如此，他仍旧没能动摇古罗马在意大利的统治地位。

此后，在古罗马人的施压下，汉尼拔四处流亡，最终于公元前183年被古罗马人逼迫致死。

"整个古代史中最辉煌的人物"——斯巴达克斯

斯巴达克斯出生于巴尔干半岛东北部,在古罗马入侵的时候不幸沦为奴隶,并被卖为角斗士,送到一所角斗士学校参加训练。后来,他为了自由和同伴克雷斯、奥梅尼奥斯一起在角斗学校的厨房中发起暴动,随后逃到了维苏威火山,并在此发动了起义。他们起初召集了70余名角斗士,随着起义的进行,起义队伍逐渐发展壮大,很快就发展为数千人的规模。斯巴达克斯组织的这支起义队伍在对古罗马军队的起义过程中取得了多次战斗的胜利。

公元前72年,斯巴达克斯率领起义军沿着亚得里亚海岸行进,足迹贯穿了整个意大利。此后,摩提那会战爆发,起义军在此次会战中战胜卡西乌斯率领的军队取得了重大胜利,随后他率军继续南下。面对如此形势,古罗马元老院宣布了国家进入紧急状态的消息,并派遣克拉苏率军前往镇压起义军。同年秋,起义军到达布鲁提亚,准备乘坐利基号海盗船渡过墨西拿海峡,向西西里进发。不料海盗并没有遵守信用,没有按约定为他们提供船只,致使斯巴达克斯通过自造木筏渡海,计划完全落空。

与此同时,克拉苏将古老的"十一抽杀律"重新恢复,通过在起义军后方,也就是陆地最狭窄的地方挖掘了一个巨大的壕沟,直通两端的海水的方式彻底切断了起义军可能撤回意大利的退路。于是,无路可退的起义军不得不与古罗马军队在此展开激烈战斗,战斗中斯巴达克斯突破重重阻拦成功实现了突击,代价是将近2/3的军队兵力遭受损失。这次布鲁提亚战役也是斯巴达克斯起义由强盛走向衰落的重要转折点。

布鲁提亚战役后,伤亡惨重的起义军不得不于公元前71年春天,企图通过突袭意大利南部港口布林底西的方式渡海逃往古希腊,此时古罗马元老院则将庞培和路库鲁斯的军队分别从西班牙和色雷斯调派过来增援克拉苏的部队。斯巴达克斯得知此消息后迅速命部队向北方进军,以阻止古罗马军队此次的汇合,直接对克拉苏发起进攻。双方随后在阿普里亚省南部地区展开激战,在斯巴达克斯的指挥下,起义军顽强抵抗,无奈敌众我寡,难敌强大的古罗马军队,最终惨遭重创,而斯巴达克斯本人也在这次战斗中不幸战死,起义军损失了近6万名战士,剩余的5000人向北逃去。随后,逃走的起义军也被赶到的庞培军队所歼灭。此次战役中,约6000名起义军被古罗马军俘获,随后被钉死在了从古罗马城直到加普亚的十字架上,至此起义军全军覆没,轰轰烈烈的斯巴达克斯起义也以如此惨烈的状况宣告了最终的失败。

斯巴达克斯从奴隶、角斗士到起义军的领袖人物,其拥有的反抗精神和杰出的组织指挥才能在历史上留下了重要的印记,他被马克思称为"伟大的统帅,古代无产阶级的真正代表",后人将其誉为"整个古代史中最辉煌的人物"。

出身贵族的杰出统帅——庞培

庞培生于公元前106年,是古罗马的统帅兼政治家。庞培出生于古罗马的一个贵族家庭,他的父亲曾是古罗马共和国的一名杰出统帅,还是贵族派代表人物之一。因而,庞培从小就接受了良好的教育,对当时的古希腊文化有着浓厚的兴趣,还对军事充满好奇。他17岁时就随同父亲一起参加了镇压意大利人的起义,在其父亲去世后继承了他的地产,并随后投靠了贵族领袖苏拉,利用其父的势力和影响招募军团,并在投奔苏拉军营途中突破马略部下的重重阻拦到达目的地，令苏拉对他大加赞赏。后来，苏拉为了加强自己的地位，便让自己的女儿与庞培结婚，并让庞培出兵占领了西西里岛。庞培占领该岛之后不久，又被派到非洲同多米提乌斯作战。庞培利用天气因素，在敌军撤退之机果断出击，一举消灭敌军，仅用了 40 天的时间就征服了非洲，此次战争的胜利令他在古罗马的声望大大提高。

公元前 78 年，苏拉病逝，政权动荡，庞培奉命前往镇压反动者。随后，他被派往西班牙进行讨伐另一民主派领袖赛尔托里乌斯的战斗，不料却接连遭遇失败。公元前 72 年，赛尔托里乌斯被其部将杀害，庞培终于抓住机会反败为胜，艰难地获得了胜利。

从西班牙回国后，庞培又接连参加了一系列镇压起义和海盗的活动。面对地中海辽阔的海域，他制定了分片包抄的战术，依靠其军队庞大的规模和高超的战术策略，将海盗势力重重包围，迫使海盗帮派纷纷投降，最终将万余名海盗顽固分子全部消灭，摧毁 120 座海盗要塞，并缴获 900 多艘船只，仅仅利用 3 个多月的时间就出色地完成了此次平定海盗的战斗任务，使地中海沿岸地区再次恢复了应有的和平安全，同时也为古罗马帝国重新收回了地中海的控制权。

此后，庞培又到达东方，先后围攻本都，突入伊伯利亚和阿尔巴尼亚等地，把叙利亚变为了古罗马的一个行省。之后他又率军在小亚细亚等地到处进行军事活动，促使一些东方国家被迫处于古罗马的统治之下，而庞培本人也因此达到了权力和名望的顶点，成为了古罗马帝国最有权力的人。

回国后，庞培气焰嚣张，并开始同元老院进行对抗，公元前 60 年，他与恺撒和克拉苏结盟勾结。后来为了削弱恺撒不断高涨的声望，庞培开始逐渐向贵族派靠拢，并在公元前 55 年任满之后，将自己的军队以及西班牙一同委托给副将，自己坐镇古罗马以控制政局，同时不断进行收买人心的活动。公元前 53 年，"三头同盟"结束，庞培与恺撒之间的内战开始爆发，两方势力之间展开了激烈的权力争夺之战，期间，庞培曾两次大败恺撒，最终在著名的法萨卢战役中，庞培难以招架恺撒的猛烈攻势，最终以失败收场。他本人也在逃跑途中被人刺杀，终年 58 岁。

庞培作为古罗马帝国史上杰出统帅和贵族派的重要代表人物，在古罗马历史上占据着重要地位，他优秀的指挥才华和军事头脑也让他在西方古代史上留下了浓重的一笔。

无数君主帝王和平民百姓的偶像——恺撒

盖乌斯·尤利乌斯·恺撒是古罗马共和国杰出的军事统帅和政治家，史称恺撒大帝。

公元前 100 年，恺撒生于古罗马一个父母均是贵族出身的家庭中，家庭环境十分优越。这样显赫的身世也为后来恺撒的发展提供了强大的后盾。恺撒从小就进入了贵族子弟学校，并以优异的成绩和聪明的头脑得到了老师的大加赞赏。

公元前 82 年，苏拉得势，在他的逼迫下，恺撒被迫逃离古罗马，旅居于东方。后来他受命到达小亚细亚，初出茅庐的恺撒很快就圆满地完成了任务。公元前 80 年，恺撒又随军前往米蒂莱进行战斗，并凭借其英勇无畏的表现获得花冠。公元

尤利乌斯·恺撒是一位野心勃勃的将军兼政治家。他征服了高卢地区的凯尔特人，并在后来成为了古罗马的第一位终身独裁者。但这一名衔招致了共和国国民的愤怒，并直接导致他被暗杀。

前78年，恺撒终于在苏拉去世之后回到了阔别多年的古罗马。几年后他再次前往了东方，并在经历了海盗劫持等事件后组织了一支舰队，拥有了一定的势力。

此后，在重回古罗马之后，32岁的恺撒参与选举，并顺利当上了财务官，但他并不满足于这些小小的成就，因此恺撒不断努力攀升。几年后，恺撒成为古罗马的新一届市政官，负责城市公共设施的建设维护以及古罗马日常事务的管理等工作，在这些平凡的工作中他仍旧尽职尽责。公元前63年，恺撒参加古罗马祭司长的竞选并顺利当选，同年他又获得了大法官的职位。

公元前60年，恺撒成为古罗马共和国最高执行长官，但同时也因为他日渐高升的地位和权势，使包括元老院精英派代表在内的许多人成为他的政治对手。为了巩固自己的地位，恺撒急切地需要组建属于自己的政治同盟。正在安置退伍老兵却遭受失败的庞培和古罗马最富有者之一的克拉苏成为恺撒的注意对象，于是三人言归于好，于公元前60年结成政治同盟，史称"前三头同盟"，这一结盟让他们势力大大增强。

此后借着这股气势，恺撒将大权独自揽入怀中，并在其执行官任期结束后，被授予了总督的职务。但这些仍旧无法满足恺撒的勃勃野心，随后他发动了高卢战争。在9年的战争时间里，他率领军队夺取了整个高卢地区，并将其周围地带划成了古罗马的一个行省，成为第一个跨过莱茵河进攻日耳曼人的古罗马人。

恺撒在高卢战争中获得的巨大声望让身在古罗马的庞培深感不安，于是双方之间的内战一触即发。经过双方长时间的交战，他终于在公元前48年的法尔萨拉斯会战中一举将庞培彻底击败。之后，他凯旋回国，并积极推动各项改革政策，集大权于一身。

公元前44年，恺撒遭到了以布鲁图斯为首的元老院成员的预谋暗杀而不幸身亡。

恺撒是古罗马共和国的重要奠基者，他智勇多谋，作战英勇，拥有超出凡人的军事指挥才华和出众的政治头脑，素有"恺撒大帝"之称，更被视为古罗马帝国的无冕之王。同时，恺撒也是一位军事理论家，与同时代的西塞罗并称为拉丁文学的两大文豪，为后世留下了《高卢战记》《内战记》等军事著作，影响颇深，众多的成就和战绩也让恺撒成为无数君主帝王和平民百姓的偶像。

这是一幅表现恺撒被刺死的绘画。尽管事先受到威胁，恺撒还是没带武器便来到元老院，在凶手中，他认出布鲁图——他之前非常信任的人，死前他说道："你也这样，我的儿子！"

古罗马帝国开国皇帝——奥古斯都

奥古斯都原名为盖乌斯·屋大维，出生于公元前 63 年，是罗马帝国的开国皇帝，同时也是元首政治的创始者，统治古罗马长达 43 年之久。

公元前 44 年，奥古斯都被恺撒收为养子，并且被定为恺撒的继任者。后来恺撒遇刺，他才逐渐登上了政治舞台，他与马克·安东尼以及雷必达一起共同组成了军事独裁联盟，史称"后三头联盟"。该联盟形成后，他们开始铲除刺杀者，并不断巩固自己的政权和地位。随后，屋大维返回古罗马，安东尼前往古埃及。正在安东尼忙于东方的战事并与埃及艳后风流之时，屋大维则在古罗马广泛集结人心，并散布谣言对安东尼进行中伤，巩固自己的地位和势力。随着局势的越来越紧张，公元前 32 年，他终于向安东尼宣战。随着他的不断进攻，安东尼最终被逼上了绝路，奥古斯都也成功地扫清了自己前进道路上的障碍。

由于古罗马并不愿意接受一个专制的君主，因此在多年的内战结束之后，屋大维解散了军队，并顺利当选为古罗马共和国最高行政官，大获人心。公元前 27 年，他更是被元老院授予了西班牙、高卢和叙利亚的三省统治权以及"奥古斯都"（意为神圣、庄严、伟大）的荣誉称号，象征着他超越人的权威和绝对的地位。后来他为了保证自己的权力而辞去了执政官的职务，转而接受其他两个职务，这样使自己在领土管理上拥有了最高权威。

屋大维像

这个踌躇满志的青年，19 岁时继承恺撒的伟业，31 岁时统治罗马世界，治理帝国近半个世纪。这尊大理石雕像雕刻的屋大维显得平静而庄严，做凯旋而归的胜利姿势，其脚边的丘比特象征着他的伟大诞生。

在屋大维统治的 40 余年间，古罗马国内经历了难得的和平时期，国家持续繁荣发展，史称"古罗马和平"，这主要归功于屋大维审慎睿智的统治。同时，他也创立了古罗马的第一支常备军队，并将其驻扎在边境地区。此外，他还对古罗马的财政和税收制度进行了全新的改革，使其更为合理化。在他统治期间，他没有发动过大规模的战争；内政方面，屋大维给军队提供了十分优厚的财富待遇，并对首都进行装潢，鼓励娱乐活动，还建立了多座神庙神龛。同时，他还鼓励对神的崇拜，大兴神论，并整顿世风，积极投身文艺保护活动等，诸如此类的一系列措施令屋大维赢得了广泛赞誉。屋大维死后即被列入了神的行列中，并逐渐被神化。

屋大维擅长审时度势，并且办事机智，行事果断，进退有制，风格稳健。在他长达 40 多年的统治期间，他采用了一些顺应形势的内政措施和对外政策，使得人民生活安定平和，开创了一个相对安定的政治局面，带来了一个全新的和平时期，为帝国初期的繁荣发展奠定了坚实的基础。同时，他在军事和政治方面的出色才能，以及在文艺以及国家治理方面的不凡表现也在古罗马历史上留名，并被后世之人广泛传诵。这样一位古罗马帝国的开国元勋的确值得后人的尊敬和敬仰，他在开创古罗马帝国上功不可没。

"欧洲之父"——查理大帝

查理大帝，也称卡尔大帝或查理曼大帝，他是神圣古罗马帝国的奠基人，也是法兰克王国加洛林王朝的伟大国王，建立了包括西欧大部分地区的庞大帝国。

查理于公元741年出生于亚琛市，他的祖父马特尔在公元732年时夺取了图尔战斗的胜利。公元751年，查理的父亲丕平宣称自己为法兰克的国王，以此建立起一个全新的王朝——加洛林王朝。在父亲驾崩后，查理经历了与弟弟权力斗争之后成为法兰克王国唯一的君主，法兰克王国也成为当时西欧最强大的国家。

查理登基之后，便开始适时地进行领土扩张行动，公元774年时将意大利北部并入了自己的领土版图中。之后，他集中力量向德国北方一片广大的地区萨克森发起攻击，由于难于攻克，从公元772年到公元804年之间，查理大帝先后率军对其进攻18次之多才成功拿下该地区。

此后，为了巩固对德国南部和法国南部的统治地位，查理大帝又率军向这些地区出征，同阿瓦尔人进行了一系列激烈的战争，最终将阿瓦尔军队成功击败，并获得了阿瓦尔人曾经占有的广阔领土，也成功保证帝国和东部边境地区的安全。

为了确保南部边疆地区的安全，查理大帝于公元778年出征西班牙，向该地发起侵略行动，尽管没有取得最终胜利，但却成功地在西班牙的北部地区建立一个叫做西班牙三月国的边境国，使其承认自己的主权地位。与此类似，萨克森和巴伐利亚以东地区的国家也没有法兰克人占领，但查理大帝仍用自己的力量令这一带的国家承认了法兰克的宗主权。

在查理大帝长达45年的统治期间，法兰克人一共出征了54次，通过这些毫不停歇的征程，他成功地将西欧的绝大部分地区，包括今日的法国大部分地区、奥地利、瑞士、德国、意大利以及许多边界地区在内，归属于自己的领导之下，创下古罗马帝国衰亡以来欧洲一个国家控制如此广阔领土的强大记录。

在查理大帝统治的整个时期内，他一直坚持着与古罗马教皇之间密切的政治联盟关系，不过这之中，查理大帝的统治显然处在支配性地位上。他在短期内的影响十分巨大，不仅毁灭了伦巴第和阿瓦尔两个国家，还征服了萨森克等许多地区，战功显赫。

查理大帝跪在教皇利奥三世（公元795-816年在位）面前接受加冕，称"罗马人皇帝"，他的帝国也被称为"罗马帝国"。

查理大帝作为一位君主不仅十分有谋略和作为，同时也十分注重文化教育事业的发展。他的文化教育政策对于日耳曼人文化水平的提高以及古典文明的恢复都有着非常重要的意义和影响，后称这一时期的文化成就为"加洛林文艺复兴"。尽管他在统治期间也犯下了不少错误，但这仍然不能妨碍其成为历史上最伟大的君主之一，他的功绩使他无愧于"欧洲之父"这一光荣而神圣的称号。

一个拯救法国的英雄——贞德

提到圣女贞德，相信大家都不会陌生，不过更多的可能是关注她在宗教方面的事迹，殊不知她在军事方面也有所建树。

在欧洲各国之间，一直以来都存在着因为利益纠纷而引起的国家之间的战争。贞德所处的时代，法国正处于内忧外患的形势之中。国际方面，英国对法国的控制加强。甚至开始侵略法国。国内方面，法国的统治者之间为了争权夺利不断更迭，各个政治势力之间相互较量，政局动荡。这种大势下，贞德降生于法国的一个小村庄。

贞德的家境殷实，但是在她的童年经历中还是不可避免地出现战火。贞德在小小年纪就声称得到了大天使的启示，她甚至以极大的勇气去求见当时的法国王储。当然，一个普普通通的农村少女想要求见王储是不可能轻易实现的，她的求见请求被当地的指挥官置之不理。但是贞德以她神奇的预言获得了这位指挥官的支持，终于得以去面见王储。

这是 1431 年圣女贞德被烧死前的情形。400 多年之后的 1920 年，她被封为圣徒。

在前往王储所在地的路途中，她女扮男装，穿越敌对势力控制范围。她表现出惊人的勇气，也正是这种女子难得具有的勇气使得她日后在战场上能够建功立业。

能够和王储有机会面谈，贞德对这个机会倍加珍惜。在和王储交谈的过程中，贞德对时事的见解及其个人风采都令王储折服。这次交谈为贞德争取到了一个难得的机会，使这个年纪轻轻的女孩子有机会率领军队，征战沙场。

在和王储交谈之后，王储组织了一支远征奥尔良的军队。王储在考虑由谁来出任这支军队的将领之时，贞德成为他的第一人选，就这样，少女贞德蜕变为一名将领。贞德在战场之上一直以男装打扮示人，战场上的飒爽英姿，不让须眉。更令人惊奇的是，虽然贞德仅仅是一个连书都没读过的乡村女孩，但是她在战场上却每每都有出人预料的表现。

长久以来，人们一直都对贞德在战场上能够表现出众的原因众说纷纭。大家争论的焦点大多集中在她是否真的有上帝的指引。根据历史记录，参与这次远征的士兵和将领坚持这样一种观点，那就是贞德的胜利来源于上帝的指示。但是，后世的历史学家在研究贞德的生平之中，又形成了另外一种认识，他们认为贞德的成就是她个人军事才华和领导能力的结果。真相如何还有待后人去研究，不过有一点我们可以确定，战场之上，贞德领兵征战，她多次受伤，但是从来没有从战场之上退却，她能够多次取得胜利，和战场之上这样无畏的表现是分不开的。

在奥尔良远征之中取得胜利之后，贞德继续投身于和英国人的战争之中。在将领们议定军队的下一个目标是哪里之时，贞德力排众议将目标锁定在兰斯。这次征途之中，贞德在军中的地位已经与奥尔良远征截然不同。奥尔良远征之时，军队其他人对她还有怀疑，远征胜利之后，她的表现令人折服，在征战兰斯的过程中，她在军中有极高的威信。

在这次进攻兰斯的途中，法国人的军队遇到了一个困难。法军在进攻的前期一路顺利，但是在法军攻占了特鲁瓦之后，军队开始面临粮食供给不足的困境。当军中出现粮食问题之后，军心出现骚乱，将领们一时之间束手无策。相传就在这时，贞德结识的一位修道士朋友解决了这个问题。这位具有传奇色彩的修道士引导当地农民种植一些早熟的作物，当军队将要无粮之时，这些早熟的作物刚好解决了问题。最终，法国人成功入主兰斯城。兰斯征战之后，法国国王力主和谈，并最终从前线撤军，贞德的军事历程也就到此结束了。

贞德是一位富有传奇色彩的女性，在教会对她的审判中，她面对审判人员的提问多次以机智的回答震惊全场。这次审判是在极端不公正的情况下进行的，不仅仅是程序上不公正，对审判有实质影响的审判人员也都是反对贞德的，这种极具倾向性的审判对贞德来说毫无公平可言。

贞德被执行火刑之后，因为政治形势的改变，贞德的名誉得以恢复。贞德在战场上的作为扭转了当时法国战争的形势，她的一生跌宕起伏而又具有一种神秘色彩。在法国，她享受了后人对她的爱戴和尊敬。在法国有以她名字命名的军舰，更有为纪念她的全国性假日，可见她在法国人民心中的非凡地位。

江户幕府的第一代将军——德川家康

日本的战国时代，是一个社会转型的时代，同时也是一个封建军阀混战的时代。德川家康势力就是其中一支重要的军事、政治力量，而这支力量的逐步成长壮大是德川家康本人苦心经营的结果。

德川家康年幼时期曾经长时期作为人质身处异地，这种经历使得他形成了缜密细致的特点，这也为他日后在复杂的政治军事斗争中能够脱颖而出奠定了基础。德川家康辉煌的一生和另一个人密不可分，这就是日本战国时代一位杰出的军事家——织田信长。

德川家康在今川氏做人质的时候，织田信长摧毁了今川氏的势力，也将德川家康解救了出来。德川家康审时度势，和织田信长结为同盟，获得了三河封地，这也是德川家康事业的起点。

德川家康的一位将领与大阪城堡的守卫者搏斗。

德川家康在三河励精图治，使得三河地区有了较大的发展，但是，三河内部发生了一次动乱。德川家康以出色的军事才能和政治才能成功地化解了这次动乱，在此之后，德川家康在三河之内的统治得到了巩固和加强，德川家康也开始了他逐鹿天下的道路。

此后，德川家康跟随织田信长征战天下，他的才华得到织田信长的赏识，受到提拔重用。他协助织田信长相继攻克浅井氏、朝仓氏等政治力量，最终与同样想要统一天下的武田信玄正面交锋。这次交锋中，武田信玄在军事实力方面要远远强于织田信长联合的实力，武田信玄本人善用计谋，用兵玄妙更使得德川家康不能招架。最后，德川家康逃回滨松，值得庆幸的是，武田信玄不久之后即病逝，这为德川家康解除了一大危险。

随着织田信长的势力逐渐扩大，在攻破武田氏之后，织田的势力更加强大，意图统一全国的野心也逐步展现。然而，就在此时，织田手下大将明智光秀起兵叛变，使得织田信长死于本能寺。织田信长的去世，让国内的局势再一次陷入混乱之中，混乱的形势之中，最具势力的就是丰臣秀吉和德川家康这两股势力，德川家康加紧扩张势力范围，他先后夺取信州和信浓南部地区等地，这样德川家康的实力更上一层楼。

此后，德川家康与丰臣秀吉在小牧和长久手交战。这次战役的规模很大，持续时间长，双方都投入了主力兵力，从战果上说，德川家康方面获得了胜利，丰臣秀吉出师不利，损兵折将，此后的战役中也是败绩连连。但是丰臣秀吉此时采取和谈策略，最终以惊人的政治手段和德川家康达成和解，德川家康开始了从属于丰臣秀吉的阶段。

丰臣秀吉统一全国的进程中，德川家康做出了巨大的贡献，最终丰臣秀吉成为全日本的统治者，德川家康也受封领地。可惜，丰臣秀吉统一日本之后，野心膨胀，两次侵略朝鲜都铩羽而归，并最终去世。在丰臣秀吉侵略朝鲜的征战中，他并没有征招德川家康出兵，这为德川家康保存了实力。丰臣秀吉在朝鲜征战的时候，德川家康全心全意地经营自己的领地，以积蓄力量。

经济上，德川家康注重发展工商业，铸造金币，发展交通，使得他的封地范围内商业繁荣，经济发展，为他日后统一全国奠定了经济基础；政治上，他重新布置家臣的位置，从而加强了对家臣的控制。这段时期内，德川家康的封地范围内无论是政治还是经济水平都得到了极大的提高，积累了称霸全国的力量。

丰臣秀吉逝世之后，日本国内再次呈现出割据混战的局面，彼时德川家康已经成为最具有统一全国势力的势力，各方势力经过政治上谋略算计和军事上的征战讨伐最终在关原之战中集体交锋。关原之战源于德川家康讨伐上杉景胜，德川家康身在关东之时，敌对势力在关西成军并进攻德川家康的势力范围，德川家康面对这种形势仍然成竹在胸，在确定上杉景胜已经置于其兵力控制之下后，他率军赶回美浓支援，最终与敌对势力在关原开战。这次战役中，德川家康清除了敌对势力，为统一全国打下基础。此后，德川家康统一全国，成为继丰臣秀吉之后又一位统一全国的英雄人物。

德川家康是一位杰出的军事家、政治家，他完成了日本统一，建立了幕府制度的封建统治，更密切地将农民和土地结合，促进了小农经济发展，巩固了封建统治的经济基础；重视工商业发展，重视儒学和佛教发展；更突出的是，他积极进行对外交往，先后与朝鲜、中国甚至西欧建立了联系，虽然这种对外交往是受到限制的，但是对于封建统治时代来说，这也不失为一种进步。

创建"英国第一支正规军"——克伦威尔

随着产业革命如火如荼的进行，新兴资产阶级的力量日渐强大。而腐朽的封建制度已经成为阻碍他们进一步发展的锁链，为了打破这条锁链，在英法等国先后展开了资产阶级大革命。在英国，波澜壮阔的资产阶级革命中，克伦威尔成为时代的弄潮儿，成为这次革命的领袖。

　　奥利弗·克伦威尔出生在一个英国小镇的中产阶级家庭，他曾经在剑桥大学学习，从小接受严格的清教教义熏陶。

　　克伦威尔的青年时期正是英国封建统治处于风雨飘摇的衰败时期，也正是新兴资产阶级在政治上、经济上初露头角的时期。新兴资产阶级以封建统治最重要的工具天主教为攻击目标，展开了反对封建束缚的斗争。目睹了这一切的克伦威尔开始考虑自己的前途和未来，在1628年他第一次参加了在威斯敏斯特召开的下议院议会，这是他政治生涯的起点。

　　经过在下议院的锻炼，克伦威尔成为一名出色的演说家，也使得他在下议院中具备了一定的威望。在下议院第二次会议中，克伦威尔针对宗教问题进行了一次简短而有力的演说，在他的这次演说中，抨击了天主教，重申清教徒的利益要求。克伦威尔的这次演说产生很大的影响，也使得他的个人威望又更上一层。

　　当时的英国国王查理一世以高压政策进行统治，延续了长达11年的专制统治。克伦威尔则积极地开展政治活动，积累政治资本，成为一名较有威望的领袖人物。终于，在长期专制统治之下，人民的反抗情绪再难以压制，1642年英国内战爆发，克伦威尔开始了他的军事生涯。

　　在战争初期，克伦威尔建立了自己的亲信部队——"铁骑"部队，这支部队由克伦威尔亲自招募，他从农民当中挑选出宗教信仰虔诚的人担任部队的士兵，这使得这支部队纪律严明，作战勇敢，这也是克伦威尔在日后的数次战役中最为倚重的部队。虽然克伦威尔在格兰萨姆之战、盖恩斯巴勒之战和温斯比之战中屡建战功，但是并没有被以长老会派为主导的议会所重用。在接下来的战斗中，国王势力开始反扑，战争形势开始不利于新兴资产阶级。迫于形势，议会不得不开始重用克伦威尔，至此开始，这位有才华和野心的革命家、军事家、政治家真正踏上了他起伏跌宕而又辉煌的军事政治生涯。

　　克伦威尔牢牢把握住了机会，在马其顿荒原战役和纳斯比战役这两场具有决定性的战役中表现出色。在马其顿荒原战役中，克伦威尔率军重创国王军，树立了他在军事上的绝对权威，"铁骑军"也威名远播。不久，克伦威尔建立了以"铁骑军"为核心的"新模范军"，并成为"新模范军"的统帅。最终，以克伦威尔率领的"新模范军"为主力的资产阶级军队赢取了内战的胜利，而这支军队也是英国历史上第一支正规的军队。克伦威尔不仅树立了自己的威望，并且拥有了一支军事力量，这对他日后的军事政治生涯至关重要。

　　说到内战中克伦威尔在军事上的辉煌历程，就不能不提到纳斯比战役。纳斯比战役是英国资产阶级革命中的转折性战役。马其顿荒原战役之后，国王成为阶下囚，但没过一年，国王潜逃，重新纠集他的军队（国王军），与克伦威尔领导的国会军在纳西比展开激战。

　　国王军以三路大军对抗克伦威尔的军队。最初的形势对国会军不利。国会军左翼遭到重创，呈现出溃败的势头。此时，克伦威尔当机立断指挥国会军的右翼支援左翼，使得国王军的进攻势头得到遏制。国会军的中路部队在发现战场形势发生变化之后，士气大涨，使得国王军的中路难以招架。国王见状不妙，意欲率兵支援中路军。幸运之神明显站在了

奥利佛·克伦威尔（1599年~1658年）前往剑桥的学校就读，并在伦敦研习了法律专业。1628年，他第一次代表剑桥被选任到议会。

克伦威尔身边，由于国王坐骑的马掌上脱落了一枚钉子，在国王本来应该率军支援中路的时候，他的坐骑却一路向右侧狂奔，使得国王军的中路孤立无援。克伦威尔借此机会一鼓作气，横扫国王军，取得了这场决定性战役的胜利。

内战结束之后，各方政治势力粉墨登场。在多方势力的斗争过程中，长老派与国王妥协，使得国王复辟，第二次内战开始。在第二次内战中，克伦威尔游刃

1645年，在纳斯比战役中，查理的骑兵部队被圆颅党彻底击垮。对议会方面来说，这是英国内战一场关键性的胜利。

有余地周旋在复杂的政治斗争和军事战争中。最终，第二次内战结束，克伦威尔也成为审判国王的成员之一。在查理一世被处决之后，英国资产阶级革命取得了胜利，推翻了封建制度的长久统治。

但随后克伦威尔偏离了他参加革命的初衷，开始以谋求个人最大利益的角度出发去行事。1654年，克伦威尔获得了军事政治集权，成为了英国的护国主，资产阶级共和国实质上消亡了。在出任护国主的4年里，克伦威尔展现出政治统治的才干。对内，平息了国王骚乱，镇压了反护国主统治的起义；对外，与荷兰、瑞典、丹麦先后签订了有利于英国的商约。

虽然在资产阶级革命胜利之后，克伦威尔走向集权统治，对爱尔兰进行侵略，这些使得后人在评价他的时候有很多争议，但是我们不能否认他作为一位杰出的军事家、政治家在资产阶级革命中所做出的巨大贡献。

俄国最杰出的沙皇——彼得一世

俄国是一个幅员辽阔、地跨亚欧的国家，当西欧一些国家以第一次科技革命为契机，纷纷过渡到资本主义制度之时，俄国还处在封建沙皇统治之下，这种统治明显阻碍了俄国的发展，使得它落后于西欧各国，也正是在此时，俄国沙皇彼得一世进行了一系列的改革，使俄国产生了飞速发展。

彼得一世真正开始掌握政权之时，俄国还处于沙皇封建统治之下，经济上依旧实行封建农奴制经济模式，这种经济模式将大量的廉价劳动力束缚在土地之上，根本不能满足发展资本主义经济的劳动力需求。在思想文化上，还处于神学控制的阶段，人民还是处于迷信无知的状态，不知近代自然科学为何物。这种思想风气与资本主义所要求的民主、自由、科学和平等精神也相去甚远。

庆幸的是，不久之后彼得一世就进行了一次西欧旅行，正是因为这次旅行，彼得一世见识到了西欧各国的先机和优越，也意识到了俄国与它们相比存在着巨大的差距和造成这种差距的一些原因。旅游过程中，彼得一世隐姓埋名，游历了多个国家，在各行各业体验生活，积累经验，获取知识。当他回国之时，在心中已经形成了一个对俄国进行改革的初

彼得大帝是18世纪初期俄罗斯帝国的统治者，俄国历史上称帝的第一人。他全力以赴地将封闭保守的俄罗斯转变成一个真正的帝国。

步构想。

回到国内之后，他毫不迟疑地开始了改革。彼得一世的改革并没有从根本上改变俄国的社会制度，但是这场涉及政治、军事、经济和文化的全方位改革还是为俄国带来了前所未有的飞跃式发展。

首先，在经济方面，彼得一世积极发展工商业，甚至允许西方资本在俄国投资建厂。为了解决劳动力问题，他允许将奴隶买入工厂充当工人，为了给工商业发展提供技术支持，他大量引入西方的科学技术和设备，派遣人员赴欧洲学习，更以优厚的待遇吸引欧洲掌握技术的人员来到俄国。在他的努力下，俄国的经济得到巨大的发展，科学技术水平也飞速提高，资本主义性质的工商业发展也在一定程度上冲击了封建农奴制经济，加速了俄国封建统治的瓦解。

其次，在政治方面，彼得一世试图改变领主制度，虽然他面临着重重阻力但还是将政治方面的改革一一推行。第一，改变了官员任用体制，出身不再是官员任用的标准，而是唯才是用。这样就打破了封建身份制度下的官僚体制，为国家机器的运行注入了新鲜力量。第二，划分行政区域，这样就削弱了领主对领地的控制权力。第三，设参议院，废杜马会议。这种改革从中央机关的形式上摒弃了原有的封建领主形式，加强了中央集权，参议院下又设置了11个委员会，提高了政府决策的效率。政治上的这些改革措施，与在俄国国内发展起来的资本主义工商业相适应，限制了封建领主权利，形成了较为先进的资本主义行政模式。

再次，在社会风气方面，彼得一世的改革涉及面非常广泛，甚至包括改革宫廷人员的穿着和对吸烟喝咖啡的鼓励，更有趣的是，他甚至曾规定国民不能够留胡子。这些政策看来没有实效，其实不然，社会风气的改革是潜移默化的，彼得一世的这些措施对日后俄国的发展产生深远影响，特别是在民众思想解放方面的影响。

另外，在军事外交方面，彼得一世积极仿照西方先进军队建设模式，在俄国逐渐形成了一些先进的军队。除此之外，他还为军队装备了很多先进的武器。通过他的改革，俄国的军事实力极大地提升，这为他在同时期进行的武力扩张提供了基础。外交上，彼得一世领导了一些重要的对外战争，对土耳其的战争中，曾一度控制了亚速港，同瑞典人的战争中，俄国获

在1714年俄国获胜的汉科角海战之后，俄国船只护送着被俘获的瑞典船只进入圣彼得堡的港口。彼得一世几乎是从白手起家建立了俄国海军。

取了瑞典的部分土地，并在这些土地上新建了一座城市，这就是圣彼得堡。圣彼得堡地理位置优越，彼得一世甚至迁都于此。通过这些对外征战，俄国扩张了版图，最重要的是得到了一些战略要地，有利于同西欧各国的交往。

彼得一世的改革加速了俄国的近代化进程，提升了俄国的政治军事和经济实力，同时这种具有资本主义色彩的改革也从一个侧面瓦解了俄国的封建统治，为俄国紧跟西欧各国的步伐，成功过渡在帝国主义国家奠定了基础。彼得一世的改革意义深远，所以他被后人尊称为"彼得大帝"。

拿破仑害怕的人——腓特烈

腓特烈，想必很多人对这个名字很陌生。但如果说到"红胡子"这个绰号，应该就会有很多人知晓。没错，他就是名头响亮的腓特烈一世。德意志士瓦本公爵的荣誉，甚至德意志国王、神圣古罗马帝国皇帝、意大利国王的宝座都曾经是他的囊中之物。他出生在一个动荡不安的时代，是一个天生的战将。在与伦巴第联盟、狮子亨利、米兰教廷的决战的过程中，每个细节都透露着这位传奇帝王的雄伟战略。他更是得到拿破仑、希特勒等这些在我们看来无所畏惧的大人物们的崇拜，拿破仑曾经真挚地赞美腓特烈说，对腓特烈所能说的最高的赞誉之词就是，腓特烈越是在最危急的时候，就越表现出自己的伟大一面。

腓特烈是皇帝康德拉三世的侄子，家世显赫，父亲是霍亨斯陶芬家族的士瓦本公爵腓特烈二世，母亲是韦尔夫家族的一员。这两大家族是当时的德意志最有权威的家族，因此腓特烈一出生，就注定了他一生的尊荣。

1152年，腓特烈的父亲去世后，腓特烈顺理成章成为德意志国王的候选人，并于同年3月份顺利当选。但当时，德意志国王要获得皇冠都必须经过教皇加冕，而从德意志奥托大帝之后，教权与王权之间的争夺已经愈演愈烈了。腓特烈深知他要想成功加冕为国王，与教会之间的一场血战是不可避免的。因此早在1150年他便先发制人，派当时实力雄厚的亨利从后方占领教会土地，并授予亨利主教的职位。之后他还颁布了新的法令，要求所有接受采邑者都应该先为皇帝服兵役。他的另一个重大举措是将诸侯的领地分割化，分成一小块一小块，避免权力集中。也因此奥地利被从巴伐利亚公国分了出来，成为一个独立公国。对于属于王室家族的领地，腓特烈一世就希望能把它们化零为整，然后让自己的心腹家臣进行统治，彻底走上了独立发展的道路。

腓特烈成功加冕为德意志国王后，将他的野心扩展到了本土以外的国家——意大利。因为意大利当时是沟通东西方的媒介，其商业经济发达，物资十分雄厚；与此同时，意大利的内部政局十分混乱，各个城邦各自为政，国家四分五裂。这些都在很大程度上激发了腓特烈发起侵略战争的野心。

1153年，腓特烈亲率大军毅然发起了第一次远征意大利之旅。恰好此时意大利内部由于教士领导人民争夺城市政权，将主教驱逐下位，重新选举了主教及古罗马元老院成员和执政官。因此在行军期间，腓特烈收到了教皇尤金三世的求救信，这给了腓特烈一个冠冕堂皇的理由进军意大利。腓特烈率军很快就攻进了意大利，并迅速将反军镇压。因此，意大利教皇决定加冕腓特烈为意大利国王。由于新任教皇一再坚持遵守意大利加冕的规矩，执意要腓特烈在加冕时为教皇牵马。这在腓特烈看来，是对他的一种污辱。于是他将加冕会场变成了战场，将新主教杀害，然后将自己加冕为"神圣古罗马帝国皇帝"。

神圣罗马帝国的皇帝腓特烈二世以古代罗马皇帝的装扮出现在这块金币上。在那个有着深深的宗教信仰的年代，腓特烈二世是一个自由思想家。

1158年，"神圣古罗马帝国皇帝"再次发起对意大利的进攻，意在将北意大利城邦征服，并决心攻下米兰。但此次进攻遭到教皇亚历山大一世的顽强抵抗，因此进攻十分艰难。这种情形反而激怒了腓特烈，他率领日耳曼骑兵无情地摧毁了米兰城，几乎将整个米兰城彻底破坏。

腓特烈攻占米兰后，对意大利人民进行大肆搜刮，掠夺了大量财物。这极大地激怒了意大利民众，使得整个城市的民众都团结起来，组成伦巴第盟军，奋起反抗。1176年，伦巴第联盟彻底将腓特烈击败，并于1183年逼迫腓特烈取消了一系列不平等的条件。

这时候的腓特烈虽然已经成为一个赫赫有名的帝王，但是由于他对内实行的土地分割政策，使得他的中央集权受到很大的威胁。当时腓特烈最大的对手狮子亨利拒绝于1174年参加进攻意大利的战斗，激怒了腓特烈。腓特烈趁此机会迅速对狮子亨利采取军事行动，并很快将其击败，占领了狮子亨利所有的领土。这一战后，空前地巩固了他在德意志的君主地位，让他没有了后顾之忧。

腓特烈一生热衷于战争，野心勃勃。他完成意大利远征后，随即连同英国、法国开始东征，但当东征大军到达小亚美尼亚王国附近时，腓特烈却因为不慎落水而溺死。

一代传奇英雄，在各大小战中都坚持了过来，最后居然是以这种方式结束了生命。腓特烈死后，德国人民一直无法接受这个事实，他们都传言腓特烈只是暂时昏睡而已。特别在后来德意志受侵略时，人民都呼唤这位英雄，希望他能再次醒来，带领德国人民继续创造辉煌，抵抗压迫战争。这说明腓特烈在德国人民心中是神一般的人物。

美国独立战争大陆军总司令——华盛顿

提到乔治·华盛顿，我们首先想到的可能是他是美国首任总统，是美国的缔造者、独立战争的领袖。的确，华盛顿的名字总是与那些令人难以企及的荣誉相伴。但是，在这里，我们要先从他童年的一件小事说起。

年幼的华盛顿对一切都充满好奇心，当爸爸给了他一把小斧头作为礼物之后，华盛顿迫不及待地想要试试这把斧头的威力。于是，花园里的樱桃树成了这把小斧头的第一个战利品。华盛顿的爸爸发现樱桃树被砍倒之后很生气，他严厉地质问是谁砍倒了这棵树。小华盛顿看到爸爸生气也很害怕，他不知道向爸爸坦诚之后会面临什么样的惩罚。但是，他还是鼓足勇气承认了这一切，因为他认为：做人要诚实，自己犯下的错误需要自己去承担。结果，华盛顿的爸爸并没有惩罚他，反而赞扬了他诚实敢担当的品格。

从这个小故事开始我们对华盛顿的介绍，意在说明：一个人想要成功，想要成就一番事业，需要德才兼备，个人品格是应该放在首位的。诚然，华盛顿具备杰出的军事、政治才华，但是他能够成为独立战争领袖、美利坚合众国的缔造者，更要依靠他的人格魅力所产生的凝聚力，这些人格魅力正来自于他身上的个人品质。

华盛顿1732年出生于美国维吉尼亚州的一个奴隶主家庭。富庶的家庭背景为他提供了良好的受教育的条件。青年时期的华盛顿心怀远大抱负，想要在军队中建功立业，而他家庭生活的经历使得他对英国的殖民统治有很强烈的不满情绪。

1755 年，华盛顿加入英国军队。他跟随英国军队参加了多次战争，积累了丰富的实战经验，如莫农加希拉河战役。这些战争经历使得华盛顿在他的家乡维吉尼亚州拥有了很高的声望，成为维吉尼亚州第一军团的领导人。但是，华盛顿在英国军队当中一直未获得重用，这使得他对军事生涯产生释放情绪，最终他辞职回乡。辞职之后，他成为维吉尼亚州的下议院议员，华盛顿开始了政治生涯。此时的华盛顿还没有意识到自己日后会获得那样显赫的成就。

受启蒙思想的影响，以及在美国资产阶级力量不断壮大的背景下，美国新兴资产阶级对于英国的殖民统治日益不满。波士顿倾茶事件成为美国独立运动的导火索，1775 年，华盛顿出任美国独立战争中的军队总指挥官。华盛顿终于有机会实现他在军事上有所成就的抱负。在独立战争前期，由于军队的素质水平不高，华盛顿所领导的战役接连失败。

乔治·华盛顿塑像

幸运的是，在经过一名极有经验的军官弗里德里希·冯·施托伊本对革命军队的训练，大幅提高了军队的战斗力，在这次训练之后，华盛顿所领导的殖民地军队已经初具和英国军队一较高下的实力。

之后，华盛顿率领军队进行了蒙茅斯战役。虽然殖民地军队和英军未真正分出胜负，但是这与之前的接连败退的形势相比已经有极大的好转，这次战役鼓舞了殖民地军队的士气。接下来，华盛顿一鼓作气，率领军队多次取得胜利，终于在 1783 年迫使英国签订协议承认美国独立。

美国独立战争的胜利是华盛顿军事生涯上最辉煌的一页，在这次规模浩大的战争中，华盛顿充分地展示了他杰出的军事才能。在美国独立战争结束之后，凭借在战争中所积累的威望，华盛顿当选为美国第一任总统。

出任总统之后，华盛顿面临一个问题重重的国家。他在各种政治力量中寻求平衡，知人善任，在政治、经济等方面大胆地起用有才之士，制定了许多颇具成效的制度，使得初创伊始的美国逐渐步入良性发展的轨道。

在经济方面，他采用汉密尔顿提出的一些极富创意的计划，这些计划在恢复经济、发展工商业方面起到了良好的作用。他起用约翰·杰伊为首任大法官，建立起美国最高法院。此举为美国政治平稳有效运行奠定了基础。

华盛顿在他的两届总统任期内，励精图治、兴利除弊，使得美国顺利过渡到一个稳定运行的阶段。他在连任两届之后，表示绝不担任第三届总统，此举开创了美国总统任期不超过两届的制度先例，使得美国这个新建立的国度产生了一种民主传统。

华盛顿的一生都贡献给他所挚爱的祖国的独立事业，他的才华和功绩让人们铭记。华盛顿的形象出现在美国1美元钞票和著名的总统山之上，美国首都华盛顿哥伦比亚特区就是以他的名字命名的。在美国还有很多建筑物是以华盛顿的名字命名，而以华盛顿为原型的影视文学作品更是层出不穷。可见，美国人民对华盛顿的敬仰与爱戴，以及他在美国的重要地位。

华盛顿率军渡过特拉华河

"一只狡猾的北方狐狸"——库图佐夫

米哈伊尔·伊拉里奥诺维奇·库图佐夫，俄国历史上著名的军事家、统帅。他非常有学问，精通多国语言，学富五车，军事知识尤其渊博。库图佐夫生活作风糜烂，对酒、色、吃、睡他都是出了名的贪，但从没有因为这些误了大事。库图佐夫还曾一举击破拿破仑的进攻，保卫了俄国领土，并将俄国的军事技术提升到了一个全新、更高的阶段。

1745年，库图佐夫在圣彼得堡的一个军事工程师家庭出生。25岁时在炮兵工程学校毕业，17岁便被晋升为准尉，之后被调到阿斯特拉罕步兵团任连长。18岁被任命为雷瓦尔副官，之后被晋升为大尉。俄土战争爆发两年后，1770年，库图佐夫被调到南方的第一军团，参加作战，开始了他的战场生涯。

俄土战争初期，库图佐夫表现英勇，很快成为当时军长的得力助手，并于1771年晋升为中校。1774年，在一次作战中，由于他的鬓角以及右眼受到重伤，不得不退出战场，赴国外治疗。经过两年治疗后，于1776年回国，被委以组织保卫克里木沿岸的重任，之后将近十年期间，他先后担任上校、团长、准将，直至少将。1785年，他又被任命为猎兵团团长。他充分利用自己的职务，成功地将他所带的部队训练成一支拥有新战术、新思路的部队，这也为他之后在俄土战争以及反法战争中取得胜利，奠定了坚实的基础。

俄土战争持续了近十年，但俄国依旧无法彻底击败对方，俄国西南边界一直受到骚扰，甚至危及整个俄国安全。1787年，库图佐夫再次受命参加俄土战争，他充分利用自己的军事才能，先后指挥兵团在考沙内、宾杰里等地作战。1791年，在他击退企图夺取俄国伊兹梅尔的土军后，他坚决放弃过时死板的线式战术，坚决、灵活地利用机动等战术策略，出其不意大举进攻土军，在默钦交战中，给土军以致命性打击。战后，1792年，库图佐夫被任命为土耳其大使，出使土耳其解决两国之间的一些重大问题。库图佐夫是天生的外交家和政治家，出使期间他保全了俄国的权利，并很大程度上缓和了俄土两国之间的关系，使得俄国西南边界暂时得以安宁。但当时俄国总统亚历山大一世并不喜欢库图佐夫，虽然库图佐夫战功显赫，并在战后胜利地完成了普鲁士的外交使命，将其拉至俄国一方共同反法，但最终还是于1802年被

库图佐夫像

亚历山大一世免去了军职，闲置在家。

当时拿破仑一世大肆侵略各国，俄国也被卷入其中。1804 年，俄国宣布加入反法战争。亚历山大一世虽然对库图佐夫心存不满，但依旧于 1805 年任命其为俄国一支军队的总司令出战。同年 8 月，俄军按约定进军至奥地利与奥军会合，但奥军在会师之前被拿破仑击溃，致使俄军要单独面对拥有很大优势的敌军。10 月，库图佐夫为了保全实力，决定将俄军从奥尔米茨退军至俄国边界，以缓和兵力，接着转入反攻。但当时，奥地利皇帝以及亚历山大一世都急于进攻，在库图佐夫还未将军队集结完毕时，便发起反攻。12 月 2 日开始了奥斯特里茨战役，仅仅经过两个小时，库图佐夫军队便被法军击败，损失了 4 万多兵力，还失去了名将巴格拉季昂，炮兵天才库泰索夫是在率步兵刺刀冲锋时阵亡的。战后，亚历山大一世将战败的原因归结于库图佐夫，将其降职至立陶宛督军。

俄国战败后，土耳其见俄国实力削弱，便再次扰动俄国。1811 年，俄国在对土耳其的战争陷入了绝境。由于库图佐夫在抗击土耳其方面有丰富的经验，亚历山大一世被迫再次任命库图佐夫为总司令出战。同年 4 月，在鲁什丘克战役中，俄军以少胜多，击败敌军。之后，库图佐夫有意将俄军退至多瑙河左岸，致使土军被迫兵分两路进攻，库图佐夫便巧妙地实行机动，由守变攻，彻底地击败了土军。两国于 1812 年签订了有利于俄国的布加勒斯特和约，确保了俄国边界的安全。但库图佐夫平定土军后，并没有得到亚历山大一世的好感，又再度被撤职。

1812 年，拿破仑一世大举进攻俄国，俄国卫国战争爆发。俄军起初连连受挫，终于在俄国被迫放弃斯摩凌斯克后，亚历山大一世迫于民众的压力，再次任命库图佐夫为俄军总司令，抗击拿破仑。库图佐夫接任总司令时，法军已经占有很大的优势，于是他决定将俄军撤退，先后放弃了博罗季诺、莫斯科。俄军放弃莫斯科后，拿破仑欲率军继续攻向俄国南部地区，逼迫俄国接受和约条件。但库图佐夫利用法军求胜的心理，隐蔽地实施了机动战术，果断切断了拿破仑军队的前进通道，同时在短时间内顺利地组织了一个在数量上能与拿破仑军队对抗的军队。之后组织军队大规模进攻和小规模游击战，大大地削弱了拿破仑军队的实力。10 月，拿破仑与法国签订和约失败后，便开始撤离莫斯科，欲挥师南下，但被俄军切断了退路。10 月 24 日，拿破仑军队被切断后路后，库图佐夫遂率兵反击，大举进攻，在别列津纳河将拿破仑军队彻底击败。库图佐夫也因此受到了亚历山大一世的认可，被加封为公爵并授予乔治勋章。

由于长期战争的损害，库图佐夫身体状况令人堪忧，最后于 1813 年 4 月在西里西亚离开了这个世界，遗体被葬在喀山大教堂。拿破仑军队不可战胜的历史终结在了库图佐夫的手上，为了纪念这个奇迹，俄国在莫斯科建立了库图佐夫纪念碑，将库图佐夫永远留在了人们的心中。

"军事艺术巨匠"——拿破仑

"不想当将军的士兵不是好士兵。"历史的车轮撵去无尽的岁月，这句话依旧在我们的耳边轰轰作响。拿破仑，用想象力统治世界的伟大领袖，倒下的身躯却比站立的背影还要高大。雨果说，他就是战争中的米开朗琪罗。

1769 年，拿破仑出生在刚被卖给法兰西王国的科西嘉岛的一个意大利没落贵族家庭。虽然法国国王承认他的父亲是法兰西王国的贵族，但少年时的拿破仑一直认为自己是一个外国人，最大的愿望就是解放科西嘉，离开法国的统治。在父亲的安排下，9岁的拿破仑到布里埃纳军校接受教育，15岁毕业后，拿破仑到巴黎军事学院专攻炮兵学，那是法国最著名的一所军校。读书期间，拿破仑勤奋好学，博览群书，颇受启蒙思想的影响。

1789年，法国大革命爆发，满腔热血的拿破仑回到科西嘉。怀着大志的他想要推动科西嘉的独立，却遭到了种种排挤。无畏的他没有放弃，带着全家到了法国，整天研读军事书籍，钻研战略知识。他像一把待出鞘的利剑，隐忍着锋芒。

拿破仑翻越阿尔卑斯山 油画

在1793年，法国大革命达到了高潮，雅各宾派上台，实行专制统治。此时此刻，拿破仑终于看到了曙光，他也开始绽放他的光芒，攻克土伦，镇压保王党。年轻的拿破仑渐渐走进了人们的视野，他的实战能力很强，还有着巧妙的军事策略与方法，他重视骑兵的机动作用，并将火炮集中起来使用。他的军事才华震惊了所有的人，人们难以相信如此年轻的拿破仑在战场中的所向披靡，俨然是一位军事大家。

1796年，这位26岁的司令刚刚新婚之后便匆匆赶往意大利前线，与反法同盟战斗。他的军队士气高昂，屡战屡胜，士兵们在战场上仿佛拥有无比强大的自信，勇往直前，让敌人闻风丧胆。当然，这与拿破仑的人格魅力是分不开的，他的士兵都对这位平易近人的统帅有着狂热的仰慕。他带着爱国的信仰去战斗，他同样鼓励着他的士兵带着爱国的信仰去战斗。这次战役之后，拿破仑的威信空前高涨，成为法兰西共和国的英雄。可是拿破仑却没有沉浸在荣誉之中，他保持着他的冷静与镇定。依旧勤奋地工作与钻研军事知识，他说：工作是我的一切，我生来就是为了工作。即使我身后什么都没有留下，即使我所有的业绩全都毁灭，我的勤奋和我的荣誉，在我死后仍将足以鼓舞千秋万代的青年。

拿破仑这么说的也是这么做的，在随后的远征中，他还带了大量学者和书籍，并命令，让学者和驴子走中间。虽然最后战争失败了，但拿破仑依旧在人们心目中有着无可替代的

拿破仑加冕仪式

地位，他就是光明的领袖，他感染着所有的法兰西人民。

1804 年 11 月 6 日，法兰西共和国改名法兰西帝国，而拿破仑受公民的拥戴成为第一任皇帝，称拿破仑一世。至此，拿破仑站在了权利的制高点，戴上了桂冠。可是他没有满足，他的目光已经看向了整个欧洲，他要带领着法兰西人民统治欧洲。从 1805 年到 1809 年，从特拉法尔海战到瓦格拉姆战役，拿破仑带领着他的士兵在欧洲的战场上一次一次地厮杀，他的冷静让敌人胆寒，出其不意的战略部署总是取得成效。"不想当将军的士兵不是好士兵"是他在战场中的呐喊，让他的士兵们气势如虹，视死如归。终于，在 1810 年，法奥结成同盟，法兰西帝国达到全盛。拿破仑成为了欧洲的霸主。

但是，拿破仑的野心没有就此满足，他将目标投向了俄国。做出了使整个欧洲再次陷入战火，也将他自己送入进退维谷境地的决定——入侵俄国。可是，这一次，法军在经历了博洛蒂诺战役到莱比锡战役后，再也无法继续拿破仑的野心，而他也在巴黎丹枫白露宫签署了退位诏书，被流放到了厄尔巴岛。当人们都以为他的军事才华已经消失殆尽的时候，他没有放弃，忍着失败与痛苦，他说，最困难之时就是离成功不远之日。而法国人民也同样给了这位领袖所有的支持，等待他卷土重来。

然而 1815 年 6 月 18 日，一场改变了 19 世纪的大决战——滑铁卢战役打响了，虽然法军奋力厮杀，但拿破仑最终无力回天，此时的他也清楚地知道没有希望再继续统治法兰西，他拒绝发动人民抗战。最后被流放到圣赫勒拿岛，1821 年 5 月 5 日在岛上去世。至此，一代伟人传奇的一生画上了句号。

虽然最终的失败让这位领袖在历史上留下了遗憾，但是如他所说：我性嗜奠基，不嗜产业，我的产业就是荣耀与盛名。

拿破仑传奇的一生有着太多的荣耀与盛名，他的军事才华、他的人格魅力，给法兰西人民和全世界人民留下了无尽的财富。

获得七国元帅称号——威灵顿

滑铁卢战役是一场非常著名的战役，是它结束了拿破仑帝国的辉煌时代。而指挥赢得这场战役最后胜利的英军将领就是第一公爵威灵顿，全名阿瑟－韦尔斯利，是第 21 位英国首相。威灵顿还是历史上唯一一个获得七国元帅军衔的人，除了英国陆军元帅的头衔，他还获得法、俄、普鲁士、西班牙、葡萄牙和荷兰六国授予的元帅军衔。

威灵顿于 1769 年 5 月 1 日出生在爱尔兰，是莫宁顿伯爵的第四个儿子。谁能想到这位"世界征服者"在年少的时候，也曾是一位怀才不遇、沉默寡言的人呢？世事总是难料，随着长兄理查德·韦尔斯利前往印度当总督后，求文职不得而不得不被派往印度，却成了威灵顿一展所长的机会。可见是金子总会发光的，在印度军中他的军事才能逐渐显露，之后在西班牙半岛战争打败拿破仑，即著名的"滑铁卢战役"，从此，威灵顿声名远播。

1799 年，英国对南印度迈索尔王国的侵略战争爆发。负责指挥进攻蒂普苏丹的威灵顿表现出色，他主张用大炮炮轰，顺利地轰开了都城色林卡帕坦城墙，将蒂普苏丹洗劫一空。战后威灵顿被任命为处于英国管辖之下的迈索尔的军事长官。

1803 年，英国发动第二次对马拉塔的侵略战争，威灵顿随军参战。他在当年 9 月份的阿萨耶战役中获得了生平第一场重要的胜利，接着又在阿尔干战役中击败了邦斯勒的军队，从而确立了英国对印度的殖民统治。在威灵顿的心里，这次战役对他个人来讲比滑铁卢战役更值得自豪。

1805 年，威灵顿受封爵士，随后返回英格兰，被提升为少将，任爱尔兰事务大臣。当年魅力四射而如今是一个发胖的老姑娘的凯瑟琳小姐的家人，这时候来向已经是被公认为大人物的威灵顿提婚。在爱情神话的压力下，他最终答应了婚事。1808 年，葡萄牙人开始反对拿破仑，威灵顿奉命前往支持。

威灵顿参加的战斗大多都是进攻战，但是在葡萄牙的大部分时间里，由于他的士兵人数和训练方面的限制，以及伊比利亚半岛提供了极其完美的防御地形的情况下，威灵顿因而总是以防御为主，进攻为辅。威灵顿几乎是唯一一个在拿破仑时代防御战中尽可能地使用山后坡来隐藏兵力和保护士兵免于受到炮击的将领，同时不会错过任何的反击机会。在里斯本登陆，他奇袭被拿破仑称为欧洲最好的战术家兼法国历史上四大元帅之一的苏尔特元帅；在撤退回葡萄牙基地途中，他击败被称为帝国元帅中最具有大军统帅才能的号称"胜利的宠儿"的马塞纳元帅。

1813 年，联军开始最后一次向西班牙进军，大获全胜，当所有人都在庆祝陶醉的时候，威灵顿却公开表示对他那醉酒庆祝的部队的不满。旱季来临的时候，威灵顿第一个率军攻入法国本土。1814 年 4 月 10 日，攻入图卢兹，近乎完美地结束了 6 年的半岛战争。

1815 年，拿破仑从海岛逃走登陆法国，开始他的百日统治。威灵顿以相对的弱势把战无不胜、攻无不克的拿破仑近卫军攻击得溃不成军，击败了王者——拿破仑，成为了欧洲最著名的英雄。但是他却高兴不起来，他只能为阵亡的将士边流泪边祈祷。

后来，英国 BBC（英国广播公司）举行的"最伟大的 100 名英国人"调查中，威灵顿位列第 15 位。虽然随着时间的流逝，这位公爵已经离我们越来越远，但是他的美名、他的事迹、他的精神将会一直伴随着我们走过悠悠岁月，直到永远。

"国家英雄"——圣马丁

圣马丁曾说过他并不寻求荣誉，他的努力和奋斗并不是为了追逐权力。正是因为这样一种为祖国奉献，而不是为个人谋求利益的赤子之心，使得他获得"祖国纯洁高尚的儿子"这样的称赞。

何塞·德·圣马丁是南美洲独立战争的领袖之一。这位民族解放者的一生极富传奇色彩，而最为人传诵的就是他在与另一位南美洲独立战争领袖玻利瓦尔会谈后，悄然辞去领导职务，使得南美洲独立运动的领导力量统一化。也正因为他不计名利，不计个人得失的这种品格，使得他为后人所尊敬，被称为"国家英雄"。

圣马丁像

圣马丁于 1778 年出生于一个阿根廷的白人家庭。圣马丁的父亲在当地出任公职，并且担任过军官。可以说，圣马丁日后的人生道路与他父亲的影响是分不开的。圣马丁的父亲胸怀抱负，具有丰富的军事经验，这为圣马丁踏上军事道路，投身民族解放事业奠定了一定的家庭基础。

年轻时期的圣马丁在新德里学习，在这段时间，他接触了大量启蒙思想家的著作，如卢梭的《社会契约论》等。这些启蒙思想对圣马丁产生了重大影响，可以说，在青年时期这样一个世界观、人生观形成的时期，圣马丁接触到了当时最为先进的思想，为他日后辉煌的人生道路奠定了思想上的基础。

学有所成之后，圣马丁投身军队。在他早期的军事生涯中，他曾随军队赴非洲参战，之后参加了与英、葡军队的交战。在抗击拿破仑一世的战争中，他显露军事才华，战功卓越，获得少校军衔。

1810年，圣马丁的家乡爆发了反对殖民统治的独立战争，圣马丁毅然决然回到家乡，投身独立运动。有了之前的大量实战经验，圣马丁在这次民族独立运动中表现出众，这使得他在军中迅速树立了威望。1813年他出任军队司令，一位具备军事天赋的青年成长为一位军事指挥官。他成为司令官之后，率领军队多次击败殖民军队，捍卫了民族独立战争的胜利果实。

圣马丁往往有惊人之举，如果说前文提到他与玻利瓦尔会面之后辞去所有领导职务，独自远赴欧洲是其中之一，那么在他担任军队司令并领导军队接连获得胜利之时，辞去司令职务可以说是另外一次出人意料的举动。这也反映出，圣马丁在他的革命生涯里，所注重的是能否为解放那些被压迫、被殖民的同胞有所贡献，而不是自己的名利得失。正是这种无私的品质，使得他尤为后人所怀念。

圣马丁之所以辞去司令职务，是因为他综合分析了当时的形势，主张先解放智利，进一步解放秘鲁。为了完成他的这一规划，他辞去司令职务，在门多萨花费两年时间训练了一支5000人的军队。这支军队是解放智利的主力部队，在他的领导下，智利获得解放。之后他又组织、训练了一支解放秘鲁的军队。在圣马丁的指挥之下，通过艰苦的海战，秘鲁解放。圣马丁也被推举为秘鲁的"护国公"，也就在这时他与玻利瓦尔进行会面，最终悄然隐退。

圣马丁的军事、政治才能已不必赘述，他在功成名就之时，基于全局考虑，选择隐退的淡薄之举所表现出的品格也无需再表。圣马丁是一位不在乎英雄称号的真正的"国家英雄"。

反抗殖民统治的"解放者"——玻利瓦尔

西蒙·玻利瓦尔是南美洲独立运动的领袖之一，他领导南美各地纷纷获得解放，他也因此被称为"南美的民族英雄"。玻利瓦尔的一生可以说跌宕起伏，他在民族解放事业中几经挫折，但是这些挫折都没有击沉他为民族解放事业奋斗终身的决心。

玻利瓦尔出生于委内瑞拉的贵族家庭，这样的家庭背景使得他在青年时期得以到欧洲各国学习、游历，在此期间他恰好经历了欧洲各国的资产阶级革命的盛况，也接触了启蒙思想家的著作，这对他的思想产生了极大的影响，使得民主和独立的思想根植于他的脑海。也就在此时，青年玻利瓦尔树立了为祖国的民族独立事业倾尽全力的远大志向。

1811年，玻利瓦尔在独立运动中经历了一些失败，值得庆幸的是，这些失败并没有动摇他最根本的志向，而是激励他为了实现

玻利瓦尔像

1824 年 12 月 9 日，大哥伦比亚 – 秘鲁联军与西班牙主力部队在阿亚库乔平原上进行决战。

心中那个伟大的志向而不断地探索。

终于，在 1819 年玻利瓦尔迎来了他在独立运动中的重要转折点。玻利瓦尔领导他的军队经过艰难的战斗，成功击败了位于哥伦比亚的西班牙军队。在这次战役胜利之后，其军队士气大涨，接连解放了委内瑞拉和厄瓜多尔。在解放委内瑞拉和厄瓜多尔的过程中，玻利瓦尔历尽艰辛，他经受过战争的失败，承受过流亡的痛苦，但是他矢志不移，不断为解放被压迫、被殖民的同胞贡献着心力。玻利瓦尔能够取得这样辉煌的成就，固然和他的军事、政治才华分不开，但是更为重要的是因为他这份初衷不改、矢志不移的坚定与执著。在经历数次失败之后，他能够不消沉、不绝望，仍然满腔热情的投入到他认为值得付出一生的解放事业之中。

如果说，同为拉丁美洲民族独立运动领袖的圣马丁是以他的淡薄为人铭记，那么玻利瓦尔正是因为他的坚持不懈而为后人称赞。一个人在经历一次又一次的失败打击之时，能够不气馁、不灰心，这需要极其坚韧的意志品质，玻利瓦尔恰恰具有这样的意志品质，而这样的品质也成就了玻利瓦尔的一生。

在他相继解放委内瑞拉和厄瓜多尔之后，玻利瓦尔和南美洲另一位民族解放运动的领袖圣马丁进行了会面，在会面之后，圣马丁选择了隐退而把权力移交给玻利瓦尔。从此，南美洲的民族解放势力不再处于分散的状态，这对南美洲的解放运动来说是一个极好的过渡。

在 1824 年，玻利瓦尔率领军队，经过艰难奋战，终于解放了秘鲁。在秘鲁解放之后，秘鲁东部被改名为玻利维亚，以此来纪念玻利瓦尔在民族解放运动中的巨大贡献。

与玻利瓦尔辉煌的军事生涯相比，在南美洲获得解放之后的政治道路上，他并没有取得很大的成就。在建立了包括委内瑞拉、哥伦比亚和厄瓜多尔在内的大哥伦比亚共和国之后，玻利瓦尔担任共和国的总统，但是他的志向是把南美洲建设成为美国那样的联邦共和国，不过玻利瓦尔的这个志向一直没能实现。

玻利瓦尔是南美洲民族独立运动中的著名领袖之一，是南美洲的民族英雄。他一生坎坷但从不放弃，能够取得这样辉煌的成就也正源于他这种永不放弃、永不绝望的品质。在南美洲，多处省市以他的名字命名，很多学校、公路甚至雪茄的名字也都是以他的名字命名，表达了南美洲人民对他的怀念。

德国人追捧的"护国之神"——兴登堡

保罗·冯·兴登堡是一位比较具有戏剧性的人物。他的成名不像别的将军元帅一样是因为在战争中表现突出而被人民所热爱，而是因为一些巧合被德国人吹捧起来的。

当时正值第一次世界大战爆发，他被任命为东方战线第八军的司令官，打败俄国军队后被晋升为元帅。1914 年 8 月 23 日凌晨，兴登堡与鲁登道夫首次见面是在汉诺威车站，他的名声和传说便是从这里开始成就的。

8 月 23 日，坦能堡战役爆发，那时候兴登堡和鲁登道夫这对"珠联璧合的一对统帅"还在赶往坦能堡的途中。3 天后萨姆索诺夫就陷进德军的重重包围当中，8 天后寡不敌众，全军覆没。在东线德军是取得了马祖里湖战役的胜利，在西线却是连连失利，连续败北。德军把责任归根到毛奇身上，决定免去他职位。然而在战争时期，人心是很重要的，为了抵消不好的影响，德国人想出了一个妙招。在毛奇被革职的那一天，报纸通幅宣传的都是"坦能堡的胜利者"——兴登堡。兴登堡一夜成名，赢得了陆军元帅的军衔，成为了家喻户晓的"英明统帅"。

坦能堡大捷后，兴登堡统帅东线全部军队，全国也掀起了"兴登堡热潮"。兴登堡纪念碑出现了，兴登堡街道广场出现了，以"兴登堡"命名的商品也出现了。

这位"护国之神"是在 1847 年 10 月 2 日出生于东普鲁士波森市一个军官家庭里，经常受到普鲁士黩武精神的影响，从小的理想就是参军为国效力。后来他不仅成为了德国陆军元帅和政治家，同时也担任了魏玛共和国时期的第二任总统。

兴登堡父亲是个军人，希望子从父业。于是兴登堡 12 岁那年就改上生活枯燥呆板的军事学校，每天除了操练，就是被教练灌输忠君报国、为国献身的精神思想。这个选择改变了他的一生。19 世纪 50 年代末至 60 年代初，欧洲战事不断，世界各地掀起了殖民战争的热潮，烽烟四起。兴登堡像军事学校的其他学生一样满心期待，期待着在乱世中一鸣惊人，有一番作为。

陆军元帅兴登堡在制定作战计划。

1866 年，普奥战争爆发，刚毕业的年轻少尉军官兴登堡，凭着年轻气盛、血气方刚的性格，带领着部下随着大部队往波西米亚出发，参加萨多瓦战役。萨多瓦战大获全胜，他跟随队伍回到祖国，心情激动不已，这是他第一次通过柏林凯旋门。1870 年 8 月，普法战争爆发，"铁血宰相"俾斯麦通过三次王朝战争，终于一统德国。德意志帝国宣告成立后，兴登堡第二次通过柏林凯旋门。

1873 年，兴登堡到柏林军事学院继续学习深造。毕业后，他在陆军参谋总部工作，这次很幸运得到上级领导的赏识，从此仕途顺利，步步高升。1911 年，已经 64 岁的兴登堡认为短期内不会再有战争发生了，于是选择退伍。

魏玛共和国成立后，兴登堡看到了腐败的政治，贫困的人民，潦倒的国家，一股使命感油然而生。身为魏玛共和国的一份子，他认为自己有责任对建设繁荣富强的国家贡献自己的力量。于是他选择了参选，当上了魏玛共和国第二任总统。1930 年，兴登堡任命海因里希·布吕宁为帝国总理，实行总统内阁制。1932 年，已经 85 岁的兴登堡再次当选，但却已经力不从心，无力管理整个内阁，只能任命阿道夫·希特勒为德国总理。同年 3 月 24 日他发布了授权法案废除了魏玛共和国的民主制度，这一举动无形中为希特勒的独裁统治铺平了道路。

虽然兴登堡临终时已经意识到希特勒的野心，在垂危之际对希特勒发出最后的警告，让他停止残暴的屠杀。可是这一切已经无法挽回，他的死意味着阻碍希特勒独裁的最后一个障碍消除了。1934 年 8 月 2 日，这位"护国之神"与世长辞，享年 87 岁。

三个国家授予他"元帅"称号——福煦

纵观历史，能够同时获得英国、波兰、法国三国授予的元帅军衔或称号的将军除了法国的福煦将军之外再无他人，这在古今中外都是绝无仅有的。

1851 年 10 月 2 日，福煦出生在法国南部的塔贝斯，他自幼就对战争故事十分感兴趣。普法战争中，法国的失败令福煦刻骨铭心，并立志要光复阿尔萨斯和洛林。1873 年，他从巴黎综合工科学校毕业后，决定立即参军。1885 年，他进入军事学院，先后担任教授、院长，并在此期间被授予准将军衔。1911 年福煦出任师长，次年出任军长一职。在第一次世界大战爆发之后，福煦又先后出任第九集团军司令、北方集团军司令、法军总参谋长等职务，立下诸多战功。

这是 1918 年的协约国军队首脑——斐迪南·福煦元帅。

在第一次世界大战马恩河战役中，福煦顶住了压力，抵挡住了德军增援部队的疯狂进攻，为马恩河战役的胜利做出了重大贡献。福煦提出的建立统一联军统帅的主张经过战争的教训而逐渐被协约国重视，于是他在 1918 年 4 月被协约国任命为总司令，对英法美等国的联军进行统一指挥，向德军发起总攻。最终，德军在这种强大的攻势之下全面崩溃。德国在同年 11 月 7 日宣布投降，而福煦对于战争的胜利可谓贡献巨大。福煦的显赫战功也在第一次世界大战结束后被永久地载入了史册，并因此被英国、法国和波兰三国同时授予元帅的头衔，并当上了协约国的最高军事委员会主席，成为欧洲军界的第一人。

他超凡的军事协同组织能力在指挥协约国对德军作战期间得到了充分的体现，他选择在德军猛烈进攻而力量耗尽时积极采取行动。首先，他将矛头对准了德军防线中的三个最突出的地点，计划先从这三处下手一步步破坏敌军的防线，同时也为大反攻扫清了道路。由于这次行动的胜利，福煦被法国政府授予了元帅头衔。紧接着，福煦没有给德军喘息的机会，果断地发动了钳型攻势夺取了包括奥尔努瓦和梅济埃尔两个重要的交通枢纽地带，截断了德军的退路。

在协约国这样强烈的连续攻势之下，德军终于承受不住重创而日渐惨败，最后不得不宣布投降。在整个作战过程中，福煦果断的作战风格和超凡的组织才能得到了淋漓尽致的体现，也得到了所有人的认可。他不仅成功指挥协约国战胜德国，也为将来战争中多国联合部队的组织与协作作战提供了宝贵的经验。

福煦不仅是一位军事名将，更是一位厉害的"军事预言家"。在他看过战胜国与德国签订的《凡尔赛合约》之后，福煦说出了一句令后世震惊的话："此非和平，乃二十年之休战也。"福煦的话之所以令人震惊，是在于其成功预言了第二次世界大战的爆发。1929 年 3 月 20 日，福煦在巴黎病逝，后被安葬于圣路易教堂拿破仑一世墓旁边。

第一次世界大战中创造了两个"奇迹"——霞飞

法国著名元帅、军事家霞飞，曾经当选为法兰西科学院院士及法国政府国防委员会主席。

1852 年，霞飞生于一个平民家庭，他从小便智力过人，并且勤奋好学，后来顺利考入巴黎综合工科学校，期间还曾参加了普法战争。毕业后，霞飞加入了工兵，后又参加过海外服务、中法战争和法国侵略越南的战争，直到 1888 年才返回法国，到炮兵学校充任教官。

1892 年，霞飞开始崭露头角。他自告奋勇接替了布尼尔的任务成功占领亭布克托，平定了当地的叛乱。于是他的军事才能得到了重视，被升为中校。返回法国后升任为准将，同时出任国防部工兵署署长，接着又升任为师长和军长。

在 1911~1914 年出任总参谋长一职期间，霞飞取得了相当的成就，他的价值在战争爆发时得到了肯定和证明。他曾拟定和发展了战略战术思想，补救军备计划，拟定第 17 号计划，强化军队和军官的训练，还将服役期改为三年制以加强法国陆军对德军的应对能力，贡献卓越。

第一次世界大战期间，霞飞出任法军总司令。法军根据德军的进攻路线进行调动，由于霞飞并未完全掌握战斗形势和双方实力情况，而制订了错误的作战计划，致使法军在比利时境内的战斗全面败北，在边境交战中连连失利。法军无奈只得接连后退，等待接应。

正当俄军在东普鲁士惨败的消息传来之时，霞飞签署了第四号一般训令，发动马恩河会战，虽然期间发生过一些内部意见分歧，但霞飞最终还

约瑟夫·霞飞元帅（左起第二）与英军高级官员交换意见。

是以其不凡的指挥组织才能取得了马恩河会战的巨大胜利，敲响了德意志帝国的丧钟，使得德国军队在西线上终于无法继续前进，同时也证明了他在军事方面的卓越才能。

1916年2月，德军在东线取得了对俄军作战的胜利之后，决定西线对法国凡尔登的要塞进行重点进攻。霞飞通过"以磨盘对磨盘"集中兵力严守凡尔登，在长达6个半月的激烈战斗后，终于使法国夺回失地，转守为攻，使德军的战略企图完全落空，这次战役也成为第一次世界大战的重大转折点，也使霞飞获得了极高的荣誉。

后来，由于两年来令人难以满意的战争结果，以及其为保障统帅的军事行动自由与政客发生了一系列的政治斗争，导致霞飞在1916年12月被免去实职，改任法国政府军事顾问。后来又先后任法国驻美军事代表团团长、驻日军事代表团团长，1918年被选为法兰西科学院院士，1922年出任法政府国防委员会主席。

1931年，霞飞在巴黎因病去世。这位伟大的军事家对国家命运的改变做出了自己决定性的贡献，其美名享誉千秋，并为世人留下了《战争准备与战役实施》和《霞飞元帅回忆录》等著作。

他曾从上尉一下飙升为准将——潘兴

出生于1860年的约翰·约瑟夫·潘兴是美国著名的军事家，美国陆军特级上将。1882年，潘兴考入西点军校，毕业后获得了少尉军衔，并进入第6骑团服役，期间多次在美国西南部以及南达科他州参加针对印第安人的战斗。1891年，潘兴在内布拉斯加大学担任军事教官职务，他在传统陆军战术方面进行了深入的探讨与研究，后被调任为西点军校战术教官。

在1898年的美西战争爆发之后，潘兴被调派到了驻古巴的美军第五军第一师团，在那里担任军需官的职务，并组织参加了入侵古巴的战斗。战争结束后，他又被派往菲律宾参加镇压摩洛族人民的武装起义，并由于指挥得力、作战有方而获得了老罗斯福的赞赏。之后便进入总参谋部工作，两年后担任美国驻日本武官，兼任日俄战争军事观察员，后又被破格提升为准将。

第一次世界大战之前，潘兴又接连赴菲律宾、墨西哥等地参与武装行动，直至美国加入第一次世界大战前夕才率军回国，他也因为成功独立指挥庞大部队的实地作战而被授予少将军衔。

美国于1917年4月宣布加入第一次世界大战，并任命潘兴为远征军司令，远赴欧洲前线组织美军作战。潘兴凭借对时局的准确分析和过人的预见性，预见到西线战场的危机局面，并急切地希望美军能够扭转战局。潘兴极力坚持保持美军的独立性和完整性，并主张增加美军在欧洲战场的兵力，这一主张也得到了总统的支持。10月，他将美国远征军编成集团军，同时对部队的武器装备进行了改善。战略方面他主张运动战，反对协约国军固守阵地的作战方针。

潘兴（右一）和协约国最高司令福煦及黑格、裴坦在一起。

1918 年 5 月，在协约国军节节败退的情况下，潘兴率领的美军却在坎蒂格尼战斗中大获全胜，这让潘兴信心倍增。下半年，协约国方面逐渐夺回了战争的主动权，并采纳潘兴的建议将战略防御转变为主动进攻。因而，英法发起亚眠战役，潘兴则率领美军独自承担圣米耶尔战役，并为之后的战斗提前占据有利地势，同时这也是美军赴欧后首次执行的独立战斗。此后，美军又取得了马斯—阿尔贡战役的胜利，潘兴的战斗指挥能力不断受到肯定。

潘兴的军事生涯在第一次世界大战中上升到了顶峰，其卓越的军事谋略和指挥才能也在战争中得到了尽情地发挥，他为第一次世界大战带来的转机和积极影响也受到了后人的一致认可。

1919 年，潘兴获得了陆军特级上将的荣誉称号，1921 年担任美国陆军参谋长职务，并在两年后宣布退役。

晚年的潘兴并没有休息，他曾赴英国、秘鲁等地执行任务，并在牛津、剑桥大学成为巴黎道德和政治学院的荣誉会员，1941 年的珍珠港事件发生后，他还曾经亲自赴白宫要求志愿服役。

1948 年 7 月，潘兴在华盛顿因病去世，留有遗著《我在世界大战中的经历》。

"苏联大元帅"——斯大林

约瑟夫·维萨里·奥诺维奇·斯大林，原名约瑟夫·维萨里·奥诺维奇·朱加什维利，1879 年 12 月 21 日出生于格鲁吉亚的哥里市一个鞋匠家庭。

学生时代因参与领导革命，被学校开除。从此，斯大林走上了职业革命家的道路。他支持布尔什维克主义，坚持无产阶级的领导，通过武装起义，实现由民主主义革命向社会主义革命过渡。1912 年 1 月，列宁建立了独立

为把苏联建设成为社会主义国家，斯大林领导苏联人民大干社会主义建设。（宣传画）

的布尔什维克党。10 月 26 日，斯大林到革命军事总部任职，发动彼得格勒武装起义，为十月革命的胜利立下汗马功劳。他先后 7 次被捕，6 次被流放。

1918 年，苏联内战爆发，外国势力借机进行武装干涉。斯大林领导南方战线打退德国的进攻，保卫察里津，歼灭邓尼金主力。然后又在西南战线击溃波兰的进攻，收复基辅。斯大林因屡建战功被授予红旗勋章。1922 年 4 月，斯大林当选为中央委员会总书记，致力于把苏联建设成为军事和重工业强国。随后，斯大林实施了农业集体化和大规模工业化的方针，在农业集体化实施的过程中，谷物的总产量下降了 7.8%，而同期的国家收购量却增加了 150%，这直接导致了波及乌克兰、北高加索、伏尔加地区、哈萨克斯坦、西伯利亚等地的严重饥荒。第二次世界大战结束后，苏联再次出现了饥荒，约有 100 万至 150 万人因此而丧生。斯大林大规模的工业化措施使苏联成为军事强国，但人民生活却得不到保障。因此斯大林的这项举措是有利有弊。

当斯大林于 1924 年成为苏联领导人的时候，着力重新组建农业，使其转变为更大型的国有机制，即集体主义制度。

1939 年，第二次世界大战爆发之前，斯大林为确保苏联的安全，与德国签订《苏德互不侵犯条约》，秘密划分势力范围。1941 年，苏德战争爆发，斯大林亲自指挥莫斯科保卫战，首战告捷，又因不切实际的决定，丢掉了大量领土和战略要地。

1942 年，德军进攻斯大林格勒，在他的指挥下，取得了斯大林格勒反攻的胜利。1943 年 12 月，他决定在苏德战场实施一系列大规模正面进攻，史称"十次突击"，得以收复大片失地。1944 年，斯大林向苏军发出"打到柏林去"的进军号令。1945 年，德国终于在无条件投降书上签字。6 月，斯大林被授予了"苏联大元帅"的军衔。

1945 年 8 月 8 日，苏联对法西斯日本宣战。在整个战争过程中，他既组织激烈的军事反击，还主动与西方盟国交好合作，能够摈弃前嫌，找准共同敌人，抗击法西斯的侵略。世界反法西斯联盟正是在他的积极促使下才得以建立，对世界反法西斯战争的胜利做出了不可磨灭的贡献。

丘吉尔评价他说："斯大林缔造了一个庞大的帝国并使其臣服于自己。他是一个用自己的敌人之手消灭自己的敌人的人，甚至能使我们这些被他称为是帝国主义者的人去同他另外的敌人——法西斯主义者们作战。斯大林的确是一个世界上无人可与之相比的最大的独裁者。"

斯大林是苏联重要的领导人之一、国际共产主义运动活动家，曾任苏联共产党中央委员会总书记、苏联部长会议主席，他以计划经济的方式实施大规模工业化，使苏联成为重工业和军事大国；同时，他还领导苏联人民进行了伟大的卫国战争，并最终战胜了法西斯主义德国的侵略，他的一举一动都深刻影响着 20 世纪的苏联和世界。斯大林是一位优秀的军事家，也是当时苏联党和国家的最高领导人，虽然他也曾犯下严重的错误，但他在苏联的经济建设和世界反法西斯战争中所做出的贡献却是不可抹杀的。

带领英国人民反法西斯——丘吉尔

英国反法西斯民族英雄温斯顿·伦纳德·斯宾塞·丘吉尔，于 1874 年 11 月 30 日出生在英国的一个贵族家庭，是一位政治家、画家、演说家、作家以及记者。丘吉尔荣获了各国的荣誉和奖章，有德国授予的"查理曼奖"、法国的戴高乐总统授予他的"解放奖章"、英国授予的"下院之父"的称号、美国授予的"美国荣誉公民"的称号。丘吉尔是少有的获得如此多特殊荣誉的一位传奇人物。

丘吉尔的学生时代比较波折，生性顽皮的他成绩不佳，多次被迫转学。1893 年，他从军校毕业，不久升任为中尉。丘吉尔早年游历古巴、印度、南非，担任过战地记者，喜欢写作和当记者，在英布战争中不幸被俘，后来越狱逃脱。1900 年，丘吉尔作为英国保守党的代表当选为议员，其 61 年的政治生涯也由此开始。

　　1911 年，丘吉尔出任海军大臣，领导组建海军参谋部，后因达达尼尔海峡战役失败而被迫辞职。1917 年，他又任军需大臣，重整英军，同时坚决反对俄国十月革命，发动了对苏联的武装干涉。1921 年，丘吉尔出任殖民大臣，但在随后的 1922 年大选中失败，随后退出政界，转而潜心于绘画和写作。

　　第一次世界大战结束后，英法等国对德国实施绥靖政策，丘吉尔保持清醒头脑，看清希特勒的野心，反对绥靖政策，批评《慕尼黑协定》，主张建立反德同盟。第二次世界大战时期，英德战争爆发，工党逼迫张伯伦下台，国王召见丘吉尔命令他组成战时内阁，出任首相，发表了著名演说："胜利，不惜一切代价去争取胜利，无论多么恐怖也要争取胜利，无论道路多么遥远艰难，也要争取胜利，因为没有胜利就无法生存。"

　　随后，丘吉尔指挥英军从敦刻尔克成功撤退。法国投降后，英国孤军奋战，丘吉尔以卓越的领导才能和坚强的意志领导英国和英联邦国家的人民进行坚决地反法西斯斗争。8月，不列颠战役正式打响，英德空军进行了一次大规模的空战，英军处于不利地位。9月，德军开始轰炸伦敦，同时不列颠战役也出现转机。9月到11月间，丘吉尔一直带领英军誓死保卫伦敦。在这个关键时刻，美国总统罗斯福的战略援助帮助了丘吉尔，为不列颠战役的胜利奠定了基础。在不列颠之战中，英军最终重创德国空军，粉碎希特勒进攻英国本土的企图。

　　1941 年，德国向苏联进攻，丘吉尔发表了著名的演说，坚定反共的立场；8月，与美国签署了《大西洋宪章》；12月7日，日本偷袭珍珠港，他随后与美国签订一系列协议，并与美、中、苏签署了《联合国家宣言》，做出战争规划。为了保卫不列颠群岛，丘吉尔亲自视察海防、空防设施。他支持沦陷国家开展抵抗运动，支持沦陷国家的流亡政府。第二次世界大战中，丘吉尔与斯大林的关系相当特殊，因为反共意志坚决，但最终与苏联合作对抗德国法西斯。1942 年，丘吉尔出访莫斯科，为开辟欧洲第二战场与斯大林进行会晤。在第二次世界大战后期，丘吉尔同罗斯福、斯大林召开了德黑兰会议、雅尔塔会议等国际会议，商议如何处置战败德国以及战后世界如何划分等重大问题，并且极力维护英国的利益。

　　第二次世界大战结束后，他在 1946 年于美国发表了《和平砥柱》的演说，揭开冷战的序幕。1951~1955 年，丘吉尔再度出任首相。在执政期间签订 1954 年《巴黎军事协定》，并缔结《东南亚防务条约》，对苏联和共产党保持敌对的态度。1955 年正式退休，任下议院的议员，后因突发脑溢血离世。

　　丘吉尔除了是一位优秀的政治家，他还是一位作家、历史学家和画家。他创作了《伦道夫丘吉尔勋爵传》《英语民族史》等著作，并于 1953 年获得了诺贝

1946 年 3 月，丘吉尔在杜鲁门陪同下，在富尔敦的威斯敏斯特学院发表了著名的"铁幕"演说。

在 1940 年 7 月至 10 月，德国空军轰炸了英国的很多城市，并袭击了英国空军（即英国皇家空军）。在此空袭过程中，英国皇家空军摧毁了 1733 架德国空军战机，自己只损失了 915 架。到 10 月 31 日时，英国已经赢得了不列颠之战的胜利。

尔文学奖。丘吉尔还被认为是历史上掌握英语单词词汇量最多的人之一，被美国杂志《展示》列为近百年来世界最有说服力的八大演说家之一。2002 年，BBC "最伟大的 100 名英国人"调查中，丘吉尔获选为"有史以来最伟大的英国人"。

第二次世界大战中"三巨头"同时相中了他——马歇尔

在历史上，绝大部分获得较高军衔和职位的将领、指挥官，都是通过驰骋沙场换来的，然而在第二次世界大战中，同时被罗斯福、丘吉尔和斯大林"三巨头"看中的乔治·卡特利特·马歇尔，却是一个特殊的例子。他未曾在沙场上拼杀，仅仅凭借一支笔在作战图上指挥，就获得了美军五星上将的至高荣誉。

马歇尔于 1880 年 12 月 31 日出生在宾夕法尼亚州尤宁敦，17 岁开始在维吉尼亚军事学院学习，在这里他练就了坚韧不拔的品质，并取得了优异的成绩。

1917 年美国向德国宣战，正式加入协约国。马歇尔参与的是对法作战，主要任务是观察前沿阵地的军事情况，检查部队的部署和士气的起伏，基本上都是一些后勤工作。但他一丝不苟地执行这些任务，直到德国战败才得以回国，但之后一直担任的是低级军官，这让马歇尔非常不服气。为了充实自己的生活，马歇尔决定到野战部队任职。期间，马歇尔还在本宁堡步校当过教官，他非常重视学员的培训，培养了大批优秀的军事将领。这为日后马歇尔的作战指挥提供了宝贵的经验。

第二次世界大战前夕，罗斯福总统任命马歇尔为陆军参谋长。在第二次世界大战爆发后，美国持观望态度，没有立刻参战。但马歇尔更具预见性，认为美国迟早会被卷入战争，目前支援英国也只是在赢得备战时间。在整个第二次世界大战过程中，马歇尔积极出谋划策，主张首攻目标应该是德国，然后才是日本，这个策略使得美国取得了第二次世界大战的胜利。

1941年12月8日，日军偷袭珍珠港，美国正式卷入战争。1942年初，美英两国开始负责北非战场的对德作战，马歇尔担任指挥官，首先进行了军队的整顿，然后开始指派将领，展开战役。然后他开会讨论具体的作战方案，选择登陆地点。英美盟军为实施"火炬"计划做好了充分的准备，最终成功登陆，随后对德军发动了猛烈的攻击。

马歇尔在发表演说。

在战争过程中，马歇尔充分体现了其作为一名参谋长的权利，任人唯贤，知人善用，大胆起用了一批年富力强的优秀军事人才，比如艾森豪威尔、乔治·巴顿、奥马尔布莱德雷以及马克·克拉克等。这批人在战场上表现出色，取得了丰硕的战绩，为英美盟军战胜德国立下赫赫战功，这也相当于回报了马歇尔的知遇之恩。最终，英美盟军在进行了为期5个月的战斗后，又集中优势兵力发起对德军的猛烈进攻，分别攻占了突尼斯城和比塞大港，大败德军。1943年英美首脑开会制定进攻西欧的方案，最终决定在法国北部诺曼底地区登陆，并于次年6月取得了诺曼底战役的胜利。

马歇尔说："真正伟大的将领能够克服一切困难；战斗、战役无非是一系列克服的困难而已。一个真正的将领是不论困难如何艰苦，都能够展现才华，转败为胜。"正是在马歇尔的英明指挥和旗下优秀将领的配合下，使得美国在第二次世界大战中最终获胜。

第二次世界大战期间，马歇尔得到了总统罗斯福、英国首相丘吉尔和苏联主席斯大林的一致认可，三国首脑都非常看重这位指挥官。丘吉尔给马歇尔写的信中说道："在这些殚精竭虑的岁月中，我对您英勇精神和宏伟魄力始终怀有钦佩之情；正是您这种精神的魄力，使得您共渡艰危的战友们获得真正的慰藉，而我希望自己能被公认为您的这些战友之一。"

马歇尔另一项值得提及的事是"马歇尔计划"。它是在第二次世界大战结束后，美国帮助欧洲的复兴计划。这个计划是1947年6月5日，他在哈佛大学发表演说时，第一次提出的，后人便称之为"马歇尔计划"。他指出，第二次世界大战后，欧洲经济受到重创，濒于崩溃；各国物资，尤其是粮食和燃料极其缺乏，主要依靠进口，同时各国的支付能力在第二次世界大战中也被削弱，这必然导致欧洲出现严重的政治、经济危机。由于美国在第二次世界大战中受到的影响较小，还有能力去支援欧洲国家。

马歇尔这样的分析非常有道理，于是就积极呼吁欧洲国家联合起来，制定经济复兴计划，美国则提供一定的物资援助。同年7月至9月，欧洲16国为其所动，各国代表齐集巴黎，开会商讨马歇尔计划的可行性。随后，各国同意按照这个计划，建立了欧洲经济合作委员会，制定了与美国合作的方案。次年4月，德国也接受了美国的《对外援助法案》，这标志着"马歇尔计划"的正式实施。马歇尔计划实施期间，欧洲经济迅速复苏，援助计划非常成功，西欧各国经济的联合，也为后来的北大西洋公约组织和欧洲经济共同体的建立打下了基础。

马歇尔一生功勋卓著，为世界反法西斯战争和世界和平事业做出了很大的贡献。

美军历史上的"四个最年轻"——麦克阿瑟

美国历史上有"四个最年轻"之称的将军道格拉斯·麦克阿瑟，出生在美国阿肯色州小石城一个普通的军人家庭，是美国著名军事将领，被授予五星上将军衔。第二次世界大战时期，麦克阿瑟任美国远东军司令，是太平洋战争的指挥官之一；之前，他还曾参与菲律宾战役，并随后被授予美国驻菲律宾的陆军元帅。

麦克阿瑟有狼一般的性格，机警、智慧、有野心和勇敢不屈等。在他一生所参加的战争中，胜仗不计其数；战场上当然有输有赢，尽管他打过败仗，然而他却能很坦然地面对失败，在失败中提升自己。他还是一个有个性的将军，对自己的国家非常忠诚，但是却极力反对杜鲁门总统。

1903年，麦克阿瑟以西点军校第一名的成绩毕业，成绩是西点军校创办100年来最好的，总平均成绩超过98分，被任命为上尉。第一次世界大战时任美军第42师参谋长，第一次世界大战结束之后到美国西点军校当校长，成为美国陆军史上最年轻的西点军校校长。

麦克阿瑟还在菲律宾担任过军区司令，任职期间，非常重视用机器化武器提高军队的战斗力，同时，还增加地空部队的协调作战能力。麦克阿瑟于1932年亲自挂帅出征，镇压美国"退伍金进军"事件。期间，胡佛总统亲自任命他为美国陆军总参谋长，后来还被授予了"菲律宾元帅军衔"。

第二次世界大战爆发后，麦克阿瑟担任美国远东军总司令，采用"跳岛战术"，指挥盟军在西南太平洋战场的作战。盟军为了尽快结束战争，进攻日本本土，于是决定跳过亚洲太平洋地区日军占领的岛屿而采取这种战术。麦克阿瑟主张采取先攻占菲律宾群岛和冲绳

在太平洋战场上，美日疯狂争夺海上霸权。当时，麦克阿瑟将军担任西南太平洋战区总司令。

岛，跳过台湾进逼日本本土的方案。1943 年之后，盟军已基本控制太平洋海域，为了降低损失和节省战略资源，跳岛战术开始实行。1944 年 12 月，麦克阿瑟凭借自己卓著的战功，晋升为陆军五星上将。次年，麦克阿瑟全权指挥太平洋地区的陆军作战。8 月 15 日，日本法西斯战败投降，麦克阿瑟被任命为驻日盟军最高司令，对日本进行军事占领，并主持日本的重建工作。

1950 年 6 月，朝鲜战争爆发，美国操纵联合国对战事进行干预。麦克阿瑟作为远东美军总司令和"联合国军"总司令，参与到这场战争。美国第 24 步兵师被歼后，麦克阿瑟组织的仁川登陆成功，"联合国军"得以越过三八线，直抵鸭绿江。正值麦克阿瑟正欣喜即将取得全胜的时候，朝鲜向中国寻求援助，中国派兵支援朝鲜，由于麦克阿瑟对中国的轻视使得美国在战争中失利。随着战争的深入，麦克阿瑟与杜鲁门总统的意见越来越不合。1951 年 4 月，麦克阿瑟因战败和所谓的"未能全力支持美国和联合国的政策"被解除了所有职务。

至此，麦克阿瑟近 52 年的军旅生涯宣告结束。他曾发表过一篇演说，提到"我从军是在本世纪开始之前，而这是我童年的希望与梦想的实现。自从我在西点军校的教练场上宣誓以来，这个世界已经过多次变化，而我的希望与梦想早已消逝，但我仍记着当时最流行的一首军歌词，极为自豪地宣示'老兵不死，只会慢慢地凋零'。"

麦克阿瑟一生获得了无数的奖章，也是唯一一位既参加过两次世界大战，又参加过朝鲜战争的美国将领。他在朝鲜战争结束后，被解职，其余下生涯都在写他的回忆录——《往事的回忆》。

第二次世界大战的元凶——墨索里尼

第二次世界大战的元凶之一贝尼托·墨索里尼，出生在意大利弗利省的多维亚·蒂普雷达皮奥一个普通的铁匠家庭。自幼缺乏教养，鲁莽好斗，屡次被学校劝退。他报复心严重，是法西斯主义的真正创始人，也是意大利法西斯党魁、政治家与独裁者。

他在第一次世界大战前后做过记者、编辑，思想由极左转向极右。他在参加第一次世界大战过程中，身受重伤，身体里取出 44 块炸弹碎片。

第一次世界大战后，1919 年 3 月，他发起的"战斗的法西斯"组织在米兰成立。1921 年该组织改组为"意大利国家法西斯党"，并由他担任领袖。1922 年 10 月指挥"黑衫军"进军罗马，发动暴乱，夺取政权，墨索里尼接任内阁总理，开始在意大利实行法西斯统治。接着他强行终止议会，对内采取独裁政策；对外则侵略扩张。

墨索里尼进军罗马宣传画

墨索里尼上台后，期望建立一个屹立于西方的"古罗马帝国"，而且他一直对埃塞俄比亚怀恨在心，力图寻找机会对其进行报复。

1935 年，他以索马里和埃塞俄比亚的边界冲突为借口，于同年 10 月发动了对埃塞俄

为了和平、自由与民主，法西斯永不再现，数百万人的死提醒着我们。

比亚的军事入侵行动。次年，埃塞俄比亚被并入意大利。

1936 年，意大利与德国一起干涉西班牙内战，向西班牙叛军提供各种武器装备，并与德国结成柏林—罗马轴心。随后，两国又加入了《反共产国际协定》。墨索里尼从上台之后，就一直在进行各种侵略战争，以上这些都是墨索里尼对外侵略政策的表现。

1939 年 9 月 1 日，德国闪击波兰，宣告第二次世界大战爆发。3 日，英法对德宣战，欧洲其他国家相继卷入战争中，第二次世界大战全面爆发。此时，意大利却保持中立态度。

次年，德国与法国发生战争，墨索里尼持观望态度，待到德国即将取胜之际对英法宣战，加入了对法国的战争，加速了法国战败。墨索里尼企图在地中海建立强大的帝国，巩固其专制统治。随后，德国、意大利和日本等国签署了同盟国条约。从 1941 年开始，墨索里尼发动了对希腊半岛的攻势，随后进攻南斯拉夫，并对苏联宣战。1943 年 7 月，由于战事失利和国内反法西斯情绪高涨，墨索里尼被撤职监禁，后被德军救出，出任"意大利社会共和国"傀儡政府总理。

1945 年 4 月 9 日，盟军沿戈锡克防线发动总攻，4 月 21 日，防线被攻破，墨索里尼及共和国政府成员拒绝意大利民族解放委员会提出的投降命令，于 1945 年 4 月 25 日晚逃往米兰。27 日，他在逃亡途中被游击队发现并俘虏，在科莫省梅泽格拉被枪决。

从 1922~1943 年期间，墨索里尼一直担任意大利首相，实施法西斯独裁统治。他在任期间致力于推行法西斯主义独裁专制。

日本军国主义和日本法西斯主义的代表人物——东条英机

日本军国主义和法西斯主义的典型代表东条英机，1884 年 12 月 30 日出生在岩手县的一个武士家庭，是日本陆军大将、政治家，第 40 任日本首相。他也是第二次世界大战日本法西斯主犯之一，是与希特勒、墨索里尼齐名的三大法西斯头目，也是日本军国主义和法西斯主义的代表人物。在关东军任职期间，东条英机因独断专行、残暴、凶狠而在关东军内尽人皆知，有"剃刀将军"之称。他是侵略东亚国家，尤其是侵略中国的头号战争罪犯。

东条英机是将门之后，虽然成绩不佳，但打架却很厉害，顽皮好斗、不服输，被称为学校的霸王。1915 年他从陆军大学毕业，毕业后，历任陆军省副官、驻德国大使馆武官、陆军大学教官、陆军省军务局课员、整备局动员

东条英机像

课长等职，并坚决支持日本军部的右翼法西斯份子谋划、策动武装侵略中国东北的"九·一八"事变。

1935 年 9 月，他出任关东军宪兵司令官。到任后，东条英机通过各种方式巩固自己的地位，最后接替板垣征四郎担任关东军参谋长。1937 年，日本蓄意滋事，挑起卢沟桥事变。东条英机制订察哈尔作战计划，密谋利用此次中日冲突，在华北建立傀儡政权，以分割中国，并且可以为对苏作战做准备。日本参谋本部同意了这一请求，并于同年 8 月开始执行此计划。东条英机担任日本侵略军的指挥，所以这个侵入察哈尔的日本兵团也被叫做"东条兵团"。日军采用闪电战，以机械化武器疯狂进攻，中国守军节节败退。最后日军沿平绥线依次占领了南口、居庸关和张家口等军事要地。东条英机指挥的察哈尔作战，被称为"关东军的闪击战"，日本陆军部认为："关东军的功勋，得力于东条参谋长。"东条英机也因此而获得日本政府的第一张"战功奖状"。

此后，东条英机的野心更大，他又率领改编的"蒙疆兵团"，继续攻向大同、集宁、包头等地。以后，东条英机不断冲击着法西斯军阀道路的顶峰。1940 年 7 月 17 日，近卫文麿再次出山组阁，强硬派的东条英机被任用为陆相，而后，成立了一个为发动战争而组建的东条内阁，东条英机集各种大权于一身。他在就职演说时说道："完成支那事变，确立'大东亚共荣圈'是帝国之国策，要在皇威之下，举国一致，为完成圣业而迈进。"

1941 年 10 月，近卫内阁倒台，东条英机开始进行"东条独裁"，任内阁首相兼陆军大臣、内务大臣、军需大臣和总参谋长等军政要职于一身。在他主政期间，他发表宣扬法西斯精神的"战阵训"，强调日军士兵"命令一下，欣然赴死""不自由应思为常事"。他不仅积极策划和继续推行侵略中国的政策，而且把侵略战争从中国扩大到了太平洋和东南亚地区。

1941 年 12 月 8 日，日军突袭珍珠港美军基地，东条英机发动了太平洋战争。同时，日军发动全面的侵略战争。同日，日军根据东条英机的命令，陆续开始对泰国、马来亚、

二战后纽伦堡审判

菲律宾、关岛、威克岛、吉尔伯特群岛等地发动进攻，实施蓄谋已久的"南进"计划。在不到半年的时间里，占领了东南亚和太平洋岛屿近380万平方千米的广阔土地，沦陷地区的人口达1.5亿。同日，美国、英国宣布同日本处于战争状态。

1942年6月，中途岛海战，日军大败。1944年4月中旬，在中日战场上，东条英机发动在中国大陆上最后一次较大的进攻，命令在华日军执"一号作战"手令，尽快打通横贯中国的平汉、粤汉和湘桂铁路，加强中国大陆日军与南洋日军的联系。同年7月18日，由于日本在与美国的海战中不断失败，侵华战争中节节败退，东条内阁被迫辞职，退出军政舞台。1945年8月，在日本宣布无条件投降后，东条英机企图畏罪自杀。1948年，东条英机接受远东国际军事法庭审判，以犯有发动侵略战争等罪行判处死刑，于12月23日被执行绞刑，结束了罪恶的一生。

虽然东条英机具有一定的军事指挥作战才能，但是他犯下了滔滔罪行。他践踏了亚洲10多个国家和地区，给数以万计的生灵带来毁灭性的灾难和损失。他推行日本军国主义和法西斯主义，侵略中国乃至亚洲，是第二次世界大战中的头号甲级战争罪犯，也是犯下罪行条款最多的战犯，被称为"战争狂人""远东战争魔王"。

"血胆将军"——巴顿

乔治·巴顿于1885年出生在美国的加利福尼亚州，他以卓越的军事才能获得四星上将军衔和"血胆将军"的美誉，更以其强大的个人魅力成为美国第二次世界大战史上最著名的军事统帅之一。

巴顿将军像

巴顿出生于显赫的家庭，他的家族成员中出现过多名军事将领，他的父亲更是加利福尼亚州圣马力诺首任市长。巴顿的儿子乔治·史密斯·巴顿也是一位杰出的军事人才，并获得美国陆军少将军衔。

巴顿于1909年毕业于西点军校，随即进入军队服役。第二次世界大战爆发之后，巴顿的卓越军事才能逐渐展露，并被陆军参谋长马歇尔所发掘，任命其组建新的装甲旅。不久巴顿即晋升为少将，随即展开了传奇的军事生涯。日本偷袭珍珠港后，巴顿历任第1装甲军军长、美国驻摩洛哥总督、美第二军军长、第三集团军司令等职，获得中将军衔并在第二次世界大战之后晋升为"四星上将"。第二次世界大战之中，巴顿率军参加并赢取多场著名战役，其中最具影响力的战役包括北非登陆、突尼斯战役和诺曼底登陆。巴顿在第二次世界大战中的杰出表现，为美国在第二次世界大战中取得胜利做出了巨大贡献，也是个人军事生涯中的辉煌历程。

巴顿的军事才能不仅仅体现在战场之上，他对于骑兵军刀的改革建议同样为人称道。巴顿敏锐地发现当时美国骑兵所使用的武器在设计方面的不足，并提出大胆的改革意见。最终，以其名字命名的"巴顿刀"投入生产并在实际中应用。

巴顿在体育方面也有所成就。1912年斯德哥尔摩奥运会上，巴顿参加现代五项这个项目。300米游泳比赛之后，他虽然已经精疲力竭甚至出现休克的情况。但是在他苏醒后，仍然以坚毅的意志坚持完成现代五项的最后一个项目——4000米越野赛的全程，并最终获得第五名的成绩。虽然只获得第五名的成绩，但是巴顿在这次比赛中所表现出来的坚强的军人风范和强大的人格魅力给人以深刻印象。巴顿个人也很重视这份荣誉，他曾向记者表示，就他个人来说这才是他一生的荣誉、一生的骄傲。此外，他在第五届奥运会比赛中获得击剑比赛第三名，得到"剑术大师"的美名。

作为美国历史上最杰出的军事家之一，巴顿更是一位极富人格魅力的传奇人物。虽然他的粗鲁野蛮给人留下负面印象，但是他出众的军事才能、坚毅刚强的性格特点、勇猛顽强的作战风格使得他当之无愧于"血胆

西西里岛上的巴顿将军
1943 年，巴顿指挥他的军队在极度恶劣的条件下登陆西西里岛，进而解放了意大利。

将军"的称誉，甚至使他的对手都对他称赞不已。德国的赫尔曼·巴尔克将军毫不吝啬赞美之词的称赞巴顿，他说巴顿是"第二次世界大战中杰出的战术天才"，并以曾与他对抗是一种莫大的荣誉。在美国，许多街道是以巴顿的名字命名，可见其在美国历史上举足轻重的地位。

力挽太平洋狂澜的海军上将——尼米兹

切斯特·威廉·尼米兹于 1885 年出生于美国得克萨斯州的弗雷德里克斯堡，是美国第二次世界大战时期的一位著名海军将领。第二次世界大战中，尼米兹出任美国海军太平洋舰队总司令，在太平洋海域的美军对日海战过程中做出了巨大贡献，获得海军五星上将的军衔，成为美国第二次世界大战历史上一颗闪亮的军事之星。他的卓越贡献使得他获得 3 枚优异服务勋章，并作为美国代表参加了日本受降仪式，在日本受降书上留下了名字。

尼米兹曾先后在美国海军学院和海军军事学院学习深造，通过学习系统的理论知识，尼米兹掌握了深厚的理论知识。而尼米兹从美国海军学院毕业之后，经历过战列舰队实习，担任过炮艇艇长、驱逐舰舰长、潜艇艇长等职务，可以说尼米兹具备丰富的实践经验。丰富的实践经验和坚实的理论基础使得尼米兹逐渐成长为一名出色的高级指挥官，在第二次世界大战的太平洋战场上力挽狂澜。

第二次世界大战中，尼米兹在太平洋战场上充分发挥了他杰出的军事才能和指挥能力。尼米兹在出任美国太平洋舰队总司令之后，知人善任，整合军事力量和物资储备，为美军在太平洋战场之上取得胜利创造了良好的基础。在对日作战的过程中，尼米兹根据不同的情况适时调整作战策略，先后攻克吉尔伯特群岛、马绍尔群岛、硫黄岛等。在这众多的战役中，中途岛战役是最为著名的战役。

中途岛战役中，尼米兹采取了正确的军事策略，运用了"瞭望塔"作战计划，使得美军海军舰队在军事力量对比处于劣势的情况下重创日军，而美军能在中途岛战役中取得胜利是与尼米兹之前指挥的第一次航母会战分不开的。尼米兹在得知日军欲取图拉吉岛之后，组织了以两艘航空母舰为主力的混编舰队，与日军展开第一次航母会战。在这次会战中，美军虽未能取得压倒性胜利，但消耗了日军军事力量，为中途岛战役的胜利创造了条件。

尼米兹个人也很重视中途岛战役的胜利，他认为中途岛战役的胜利可以说已经报了珍珠港一役之仇。

尼米兹不仅在军事实战方面尽显才华，在军事理论建设方面同样有所建树，他与人合著的《海上力量：海军史》和《太平洋的胜利：海军的抗日战争》对于海洋军事理论建设有重要意义。

尼米兹是美国历史上杰出的海军将领之一，对美军在太平洋战场上的胜利起到了重要作用，他的才华与功绩使得美国人民给予崇高的敬仰。为了纪念尼米兹的功绩，在尼米兹逝世之后，美国以他的名字命名了当时最为先进的十艘航母之一，也就是"尼米兹"号航空母舰，而在夏威夷也有一条公路是以他的名字命名的。

"美国空军之父"——阿诺德

阿诺德于1886年在美国出生，他是美国著名军事院校西点军校的毕业生。他的军旅生涯最为卓越的贡献就是对美国拥有独立的空军发挥了巨大作用。正因为此，他获得了"美国空军之父"的称号。

阿诺德虽然毕业于美国陆军军官学校，也就是西点军校，但是他的个人经历使得他逐渐认识到空军在未来战争中的重要作用，这也促使他将自己毕生的精力贡献于美国空军事业。

阿诺德在西点军校毕业后曾在菲律宾服役，服役归来他进行了飞行的学习。这段飞行学习的经历使得他有幸成为美国最早一批的飞行员，也使得阿诺德开始了他的飞行事业。学成之后，阿诺德曾先后出任陆军航空队队长、司令等职。担任这些职位以来，一方面，阿诺德对于飞行事业有了更深的认识，尤其是在空军的重要性方面，阿诺德凭借他的军事才华敏锐地发觉，空军在未来战争中的重大作用。他认为，空军所发挥的巨大作用是陆军和海军所无法比拟的，尤其是在科技更发达的未来社会。在这种认识的基础上，阿诺德一直坚持航空兵应该成为一种独立的军种。阿诺德积累了丰富的实践经验，这为他日后在军队建设理论上的成就奠定了基础。

第二次世界大战爆发之后，阿诺德担任过陆军副参谋长和陆军航空队司令。在第二次世界大战中，阿诺德更为深切地体会到空军的重大作用。同时，他认识到要发展空军需要依靠先进的科学技术，对于科学研究高度重视，甚至视其为空军发展的第一要素。阿诺德对于空军重要性的更深层次认识，使得他更加努力地推进空军独立。终于，在1947年美国的空军成为一个独立军种。

在第二次世界大战期间，阿诺德还为大战中的战略决策问题做出了巨大贡献，特别是在对敌进行战略轰炸方面的决策作用巨大。基于阿诺德在第二次世界大战期间的杰出表现以及他之前对于空军作用的富于远见的认识，更重要的是他为美国空军的独立和发展所做出的努力，在1949年，阿诺德被授予美国空军五星上将军衔，这也是美国历史上第一位空军五星上将。

阿诺德的军事才华并不仅仅表现在战场上的决策方面，更为重要的是他对军队建设的远见卓识。他对空军作用的正确认识自不待言，他在军队建设理论方面也卓有成就。对科学技术重要性的认识正是他军队建设理论的重要观点，并且他还著有《全球使命》等军队建设方面的著作。

阿诺德是美国历史上一位杰出的军事家，他的杰出军事才能最主要的表现为他在军事上敏锐的预见力和准确的判断力。可以说，美国空军得以独立和发展壮大，阿诺德功不可没，他是名副其实的"美国空军之父"。

阿拉曼英雄——蒙哥马利

蒙哥马利元帅像

第二次世界大战中著名的阿拉曼战役和诺曼底登陆这两大盟军杰作，都与伯纳德·劳·蒙哥马利的参与有关。作为第二次世界大战中盟军最杰出的指挥官之一、英国武装部队最杰出的领袖之一的蒙哥马利，获得过各种勋章，甚至包括他国赐予的勋章。蒙哥马利将军是不幸的，他的不幸在于童年缺乏母爱和被人嘲笑。蒙哥马利的母亲结婚时还是个少女，在丈夫的宠爱下，婚后依然骄纵任性，并且有洁癖，所以非常不喜欢调皮捣蛋的蒙哥马利。有一次，蒙哥马利因为打破了鱼缸这件小事而被母亲说成是将来什么都做不成的炮灰，他弱小的心灵因此受到了非常大的刺激。性格开朗活泼的他从此性情大变，变得孤僻不爱说话。蒙哥马利将军又是幸运的，他的幸运在于这个刺激让他意外地培养了较强的观察力、坚韧不拔的意志以及不顾一切地坚持自己事情的性格，所以他才能成为后来赫赫有名的阿拉曼英雄。

蒙哥马利上学比较晚，14岁才开始正式上学，文化成绩很差，不过体育成绩非常好。20岁那年，他幸运地考上了桑德赫斯特皇家军事学院。毕业后，他加入了驻印度的皇家沃里克郡团，当了一名少尉排长。

第一次世界大战开始后，蒙哥马利以一个普通士兵的身份开始，通过自己的努力一步一个脚印走过来。第二次世界大战初期，他担任英国步兵第三师师长，参加了在法国、比利时的作战。在北非沙漠中，当英国第8集团军危难之时，蒙哥马利重挫德国"沙漠之狐"隆美尔的德国非洲军团，彻底扭转了英军在北非的危局。从此，英军从德军手中又夺回了北非战场的主动权。蒙哥马利导演了如此精彩的一出戏，也因此，他的声名远播，成为人们眼中崇拜的捕捉"沙漠之狐"的高手。

阿拉曼战役后，蒙哥马利战绩显赫，得到了应有的封号——爵士，并晋升为陆军上将。此后，蒙哥马利还参与了协助艾森豪威尔指挥诺曼底成功地登陆，率领英国和加拿大部队转到法、比、荷、德等国作战。

蒙哥马利曾经反省自己的军事生涯，他发现和平不是靠用战争消灭战争，中国可能是未来世界和平最大的关键。于是蒙哥马利把目光投向东方，在结束军涯生活后曾经两次访问中国，探讨和平的可能性。

英国人眼中的"军事天才"蒙哥马利同时也是一位世间少有的好丈夫。年轻时的他专注于事业，很晚才开始接触爱情，爱情这条路十分崎岖。1926年，他遇上了生命中最重要的人，他后来的妻子，一名带着两个儿子的寡妇贝蒂，从此念念不忘。皇天不负有心人，已经40岁的蒙哥马利用佩枪做承诺，终于打动了贝蒂的心，抱得美人归。两人婚后育有一子，取名戴维，婚姻生活幸福美满，但之后贝蒂却因为得了败血症而离世。蒙哥马利遵守了他的承诺，一生一世不背叛爱情，再没有爱上第二个女人。

蒙哥马利是英国历史上服役最久的、最杰出的军事家、战略家、陆军元帅。英国军队中再也没有出现像蒙哥马利那样精通军事的人。他不单单在英国被高度赞扬，并且在世界军事领域，他也享受盛誉和崇高的威望。因为他不仅是一位普通的将军，也称得上是将军中的元帅。

第二次世界大战的"盟军司令"——艾森豪威尔

1890年10月14日，美国第34任总统德怀特·戴维·艾森豪威尔诞生，从此一位戏剧性的传奇人物出现了。艾森豪威尔是第二次世界大战中的重要领袖之一，对扫除法西斯、战胜纳粹都贡献了非常重要的力量。他一生获得的军事荣誉有：陆军服役优异勋章、军团优异勋章、巴西南十字勋章、最高荣誉巴斯勋位、功绩勋章（英联邦）和法国荣誉军团勋章。美军总共授予了10名五星上将，而艾森豪威尔就是其中的一个。

艾森豪威尔选择军人职业这件事情本身就颇具戏剧性，他不是因为热爱军事，也不是因为父母命令，而是因为家庭环境所迫。他的6个兄弟因为家里贫困，都没有机会接受高等教育，所以他自己也只能进入免费的学校就读。没有贫寒的家庭，可能也不会有后来赫赫有名的艾森豪威尔。

艾森豪威尔读书晚，考取美国海军学院时已经超龄，因而没有得到录取通知。后来艾森豪威尔所在的州的一位参议员赏识他并且帮忙推荐，他才得以考入美国西点军校。1915年从西点军校毕业并获得少尉军衔。

艾森豪威尔性格坚韧，做事坚持。在德军入侵波兰之际，麦克阿瑟等人都认为这时候不是回国的最佳时机。竭力劝止和挽留他，可是他还是坚持自己的想法，回到了德国（艾森豪威尔的祖先是德国人，1732年移居美国）。这一点也在西西里战役和诺曼底战役体现出来了。

挺进西西里时，登陆战役的一切都已准备就绪，万事俱备，只欠东风。可就是在这一关键时刻，天气突然变得很糟糕，风又大浪又急，在这种情况下作战会把海军和空军都置于不利的环境下，因此许多参谋人员要求重新选择登陆日期。艾森豪威尔仔细推敲过后，坚持盟军按原计划行动，最后成功占领全岛，结束了西西里战役。

艾森豪威尔

艾森豪威尔在德黑兰会后，很荣幸地担任了盟军这次指挥"霸王"行动的最高司令。因为制空权的问题是最重要的也是最困难的，稍有不慎，行动就会失败，所以艾森豪威尔要求这次诺曼底之战，所有人包括英国的空军的任何行动都要在他的命令之下执行。意料之中的是，这个决定受到了来自英军将领的反对。英国战略空军司令哈里斯坚决地对此表示反对。不过艾森豪威尔没有退让，他比哈里斯更坚决地表示坚持这个决定，并且提出了不解决就辞职的威胁，终于解决了空军统一领导权的问题。

艾森豪威尔军事能力非常优秀，军事意识十分敏锐。当美国将太平洋战场作为主要关注点时，他却反其道而行，暗中赞同罗斯福和马歇尔把欧洲战场放在优先地位的战略观点。在如何进行战争这个问题上，艾森豪威尔不辞劳苦，亲自去英国考察，随后提出报告《给欧洲战区司令的指令》。这个报告详细并且可行，他的意见被采纳了，然后在伦敦担任美军欧洲战区总司令这个重职。

北非战役中，艾森豪威尔被任命为实施北非登陆的盟军最高司令，开始了第一次单独指挥作战，成功地带领英美联军在北非登陆。艾森豪威尔在指挥盟军进行的几次作战中表现出了卓越的军人政治家的外交风范，在实现与盟国的合作中不计较别人尖酸刻薄的批评，最终完成英美合作的使命，从此声名鹊起。

第二次世界大战结束后，艾森豪威尔于1952年决定退出军事生涯，转而进入政治领域。由于他在战争时期的突出表现，艾森豪威尔在民众中有很高的知名度，并且被给予厚望。所以，在他参加总统竞选时，艾森豪威尔以压倒性的多数票打败对手，于1953年开始出任美国总统，并于1957年再次当选，连任两届。

1969年3月28日，出身贫苦却战功卓著的美国将星艾森豪威尔，在华盛顿因病医治无效逝世，享年79岁。然而，有关他的故事却没有就此而止。在今天，这位传奇人物的非凡事迹依然被人们津津乐道。

"摩托上校"和"自由法国"旗手——戴高乐

戴高乐像

1970年11月，4万多法国民众及多国首脑纷纷冒雨赶到法国科龙贝，为法国"自由战争"英雄送葬。巴黎大主教在巴黎圣母院给这位辞世的英雄举行了隆重的安灵弥撒，巴黎议会更是把法国凯旋门所在的广场以他们的英雄的名字命名。这位英雄就是法兰西第五共和国的第一任总统——夏尔·戴高乐。

他成就非凡，创造了"戴高乐主义"，主要表现在第二次世界大战中领导法国自由运动，支持法国核武器的发展，重新建立法国外交政策，反对英国加入欧洲共同体以及第一个主张承认中华人民共和国的合法性地位。

1890年，戴高乐出生于法国北部的一个边境城市里尔。戴高乐的父亲曾是学校的教师，拥有强烈的民族主义和爱国主义精神，这深深地影响着戴高乐。因此，戴高乐从小就好强勇敢，立志要成为一个军人。他19岁便考入圣西尔军校，从军校毕业后，戴高乐被分配到驻阿拉斯的第33步兵团担任军官，随后他随着团队参加了第一次世界大战的比利时战斗，战斗中他曾两次负伤。1916年，戴高乐在一次战役中由于中弹昏死过去，被德国俘虏。直至1918年，德国战败他才得以自由，回到法国。

戴高乐回到法国后的20年间，先后在圣西尔军校担任战争史讲师、在特列尔担任猎兵第19营营长等职，之后更是晋升为法国上校。这期间，他还发表了大量的军事理论著述，主张法国组建机械化部队，但他的思想未得到当时法国军事统帅的重视。直到第二次世界大战爆发后，戴高乐才得以发挥自己的军事才能。

第二次世界大战爆发后，由于法国军事统帅没有接受戴高乐的主张建立机械化部队，因此在德国的机械化部队突袭法国西北部时，法国军队脆弱得不堪一击，很快就被德国军队一举击败。1940年6月，法国总理迅速改组政府，任命戴高乐为国防和陆军部次长，参加第二次世界大战。

遗憾的是，当德国军队攻入法国时，由于当时法国的副总理和总司令等投降派在政坛上占了上风，不愿组织军队抗击。后来法国副总理上位成为法国总理后，甚至无条件向德国投降，使法国北部成为德国的傀儡政权。身为国防部次长的戴高乐则坚决要求同法西斯德国抗争到底，他出使英国，谋求法国和英国联合抗击德国。但当他与英国将军返回法国后，发现国内投降趋势已经无可挽回，于是毅然随同英军回到伦敦。

之后，戴高乐在英国广播电台（BBC）发出抵抗号召。号召中称自己是戴高乐，正身处在伦敦，希望所有有武器与没武器的法国军人、民众响应他的号召，一同反抗法西斯，不能熄灭反法西斯的战火。他的这一番演讲，高高地举起了"自由法国"运动的旗帜。戴高乐迅速建立起了一支7000人的武装部队，同时受到国际的密切关注。1943年，戴高乐将自由总部迁至阿尔及尔，并联合法国游击队和其他法国内地军等总共50多万战士，在法国境内开始了反法西斯的斗争。

由于戴高乐的性格强硬，与英美领导人的关系都十分紧张，所以几次被排斥在各种重要会议之外。无论怎么样，在整个战斗中，戴高乐始终惦记着法国曾经享有的殖民大国的历史地位。在他率军击败德军后，争取到了出席德国投降仪式的代表权，并使法国在联合国安理会拥有常任理事会的资格，使法国恢复其在国际上的大国地位。

支持戴高乐
1958年阿尔及利亚风波中，从协和广场到星形广场，戴高乐的拥护者举行大游行。

1944年8月，戴高乐凯旋归来，在巴黎凯旋门受到民众的拥戴，9月他当选为法国临时总理。但当时，法国国内实行"多党制"，加上战后国家满目萧条，戴高乐知道法国迪斯共和国很快就要垮台。1946年，他决定辞职下野，因为他相信民众很快就会再次召唤他回到政坛。1958年5月，如戴高乐所想，法国第四共和国政局动荡，国内有引发内战的危险，下野12年的戴高乐东山再起。

戴高乐这次发表的声明是："12年来，国家面临种种危险，在上一次，国家处于危难状态时我担当了重任，并不负所望。如今，国家再次面临危难，我一定能再次担此重任。"这一年的12月，戴高乐被选为法国总统，领导法国进入第五共和国时期。

戴高乐担任总统后先解决了阿尔及利亚这个战争泥潭，随后将主要精力放到外交上。他为了防止美国的独裁统治，撤销了北约对法国的军事指挥权，于1960年，法国研制原子弹成功，有力地打击了大国的核垄断政策。之

1958 年 6 月，欢腾的阿尔及利亚人民。

后，他充分利用法国的否决权，将英国决绝在欧洲经济共同体之外，以便把欧洲经济共同体作为他外交的工具，与苏联等国建立外交关系。1964 年，戴高乐更是不顾美国等其他大国的反对，第一个承认中华人民共和国，与中国建立外交关系，并表示：“亚洲，没有中国的参加，便办不成任何大事。”

戴高乐在外交上取得了如此辉煌的成就，而在内政方面却略逊一筹。1968 年 5 月，法国内部由于失业率急剧下降，法国发生大规模的学生工人运动，戴高乐的威望也迅速下降。随即，戴高乐宣布下野，辞去国家总统职务，结束了自己的政治生涯。

戴高乐一生位高权重，外人看来是威严无比，但他对自己的家人却是关爱有加。他有三个子女，其中一个女儿安娜患有先天性智障，但戴高乐为了给女儿绝对健康快乐的成长环境，让自己的女儿生活幸福，不惜一切代价。他耗资购买了一处环境十分优雅的住宅，并给予了他女儿全部的爱与关怀，让女儿能够不受打扰地快乐成长。不过，女儿安娜还是在度过了 20 岁生日后过早地离开了这个世界。此后戴高乐为了纪念自己的女儿，成立了以他女儿的名字命名的“安娜·戴高乐基金会”，继续帮助那些跟他女儿一样不幸的孩子们。

1970 年，享年 80 岁的戴高乐由于心脏病发作而与世长辞。法国人民以及世界人民将会永远铭记着这位“自由法国”的旗手，并将他奉为榜样。

举世闻名的反法西斯英雄——铁托

举世闻名的反法西斯英雄约瑟普·布罗兹·铁托，于 1892 年出生在克罗地亚库姆罗韦茨村一个贫农家庭。童年生活很是艰苦，做过放牛娃、饭店服务员、学徒工和五金工人。1913 年，在 21 岁时，铁托参军入伍。第一次世界大战爆发以后，铁托曾因鼓动士兵反战而受到处分，后来在战争中被俄军俘获。多年之后，铁托回国加入党组织，开始了革命斗争，并逐渐走上政治舞台。

铁托在南斯拉夫现代历史上是一位举足轻重的人物。他在战乱的环境里、艰苦的条件下，建立了人民军队，为人民谋福利，最终战胜强大的敌人，使祖国得以解放。他为反法西斯战争和自由解放运动进行了英勇不屈的斗争，是举世闻名的反法西斯英雄。

1935 年，铁托化名赴苏联参与共产国际的工作，随后逐渐主持南共中央工作，1940 年当选南共中央总书记。1941 年 4 月 6 日，南斯拉夫被德意法西斯侵略者以 23 个师的兵力占领，12 月，为抗击德军进攻，铁托创建了南斯拉夫第一支正规军，即“第一无产阶级旅”。在没有外援的支持下，铁托领导这支队伍与德国法西斯进行了顽强的斗争，并于 1943 年成

铁托

在 1960 年第 15 届联合国大会期间，铁托、纳赛尔、尼赫鲁、恩克鲁玛和苏加诺协商召开不结盟会议事宜，这 5 个领导人被称为不结盟运动的创始人。

立南斯拉夫临时政府。1945 年，南斯拉夫在铁托的带领下取得反法西斯战争的伟大胜利，并于同年宣告南斯拉夫联邦人民共和国成立，铁托出任联邦政府主席和最高统帅。

此外，铁托还是国际舞台上一位德高望重的政治家。他从 1955 年的亚非会议上获得启发，萌生了不结盟运动的思想。1961 年由南斯拉夫参与发起，在贝尔格莱德召开了第一次不结盟国家首脑会议。他作为不参加任何集团的"不结盟主义"的创始人，在政治运动中贯彻执行独立、平等、互不干涉和民主的原则，主张世界各国实现独立、主权和领土完整，支持民族解放运动，反对世界被瓜分，这些思想对不结盟运动和国际事务的发展产生了重大的影响。

铁托是反法西斯斗争的一面旗帜，是反对大国霸权主义的先锋斗士，在国家独立自主发展的问题上，为第三世界国家做出了积极的榜样。为了取得新兴国家对不结盟运动的支持，他花了 10 年时间走访了 30 多个国家及地区，获得了多数国家的支持。铁托既是现代世界杰出的国家领导人，又是 20 世纪最伟大的人物之一，对世界和平发展与进步都做出了巨大的贡献。

法西斯主义独裁者——佛朗哥

弗朗西斯科·佛朗哥，于 1892 年出生在西班牙科伦那省费罗尔的军人世家，他本想延续家族的海军传统，不料西班牙海军在美西战争之后进行了大裁军，以致于佛朗哥进入了陆军学校学习，而没能如愿成为一名海军。

1910 年，佛朗哥开始参与西班牙的对外殖民战争。年轻的佛朗哥具有良好的统帅才能，为人谨慎小心，年轻有为。1920 年，他担任了西班牙驻摩洛哥海外军团副总指挥，并且在 1924 年镇压里夫部族民族起义的战役中起到了关键的作用。他凭借卓越的军事才能，在 1926 年成为欧洲年纪最小的将军，还获得去法国军事学院学习的机会。

1936 年，佛朗哥发动了军事政变即西班牙内战，控制了西班牙军队，因他不是"政治将军"，而被选为新民族主义政权的领导人。他崇尚民族主义、纳粹主义和投机主义，成立的是一个军事独裁政府，规定"关于一切权力归国家元首"。1937 年，他重组西班牙长枪党，并将其扩大为多元组织，实行长枪党一党专制，这样就形成了一个政府利用党的专制系统，他自己则是长枪党的党魁，使西班牙的独裁统治模式成为不同于德意法西斯的党国模式。

西班牙内战非常血腥，消耗了很多财力、物力以及人力，战争过程相当残暴，佛朗哥也因此受到谴责。佛朗哥上台以后，对西班牙国内的反法西斯斗争和共产主义运动进行了残酷的镇压；在对外政策上，佛朗哥则积极推崇德意法西斯的战争策略。

第二次世界大战前，佛朗哥因为内战耗尽资源，使得国家内部分裂，重振西班牙困难重重。第二次世界大战爆发以后，政府动荡不安，佛朗哥则尽力避免西班牙卷入这场战争。在整个第二次世界大战期间，佛朗哥一直在两大集团之间周旋，见风使舵，利用集团之间的矛盾，坐收渔翁之利。到 1943 年，佛朗哥眼看轴心国即将战败，又立马调整了外交政策，召回了赴苏联作战的"蓝色师团"，宣布西班牙由"非交战国"恢复中立。

第二次世界大战结束后，佛朗哥延续在国内的恐怖暴虐统治，对除长枪党外的党派，大肆打压、搜捕、关押，甚至处以绞刑。佛朗哥不得人心的统治，引起西班牙及世界范围内各族人民的强烈不满。佛朗哥把世界上最后一个法西斯独裁政权维持了近 40 年，除了暴政之外，当然也采取了一些灵活的政策。比如实行亲美政策，与英法国家的关系逐渐缓和等。

1936 年，弗朗西斯科·佛朗哥（1892 年~1975 年）领导了一场反对共和党政府的运动。自 1936 年开始，一直到他去世的最后一刻，佛朗哥都一直是西班牙的独裁统治者。

佛朗哥在 1973 年辞去了首相职务，但他为自己仍保留了国家元首、武装部队总司令和运动领袖的职务。1975 年 11 月 20 日，佛朗哥因冠心病发作而离世，享年 83 岁。西班牙当代著名诗人阿尔维蒂对于他的死亡说了这样的话："西班牙史上最大的刽子手死了，地狱的烈火烧他，也不足解恨。"佛朗哥虽然具有一定的军事才能，但他从来都不是受人民欢迎的人。

拉丁美洲"游击大师"——切·格瓦拉

在拉丁美洲这片美丽而又富饶的土地上，为了争取人民的民主和自由，一位位领袖人物前仆后继。从圣马丁、格瓦拉领导的民族独立运动开始，到格瓦拉时期的反对国内独裁政府的游击运动，拉丁美洲的人民从没有停止对独立、民主的向往。

切·格瓦拉出生于阿根廷的一个富裕中产阶级家庭，他拥有传奇的一生。青年时代，他在拉丁美洲游历，目睹耳闻，深刻体会到贫困人民的痛苦生活，这为他日后成为一名马克思主义革命家奠定了思想上的基础。

在格瓦拉的第二次拉丁美洲游历过程中，他有幸与很多反独裁的革命者相识，这些革命者引导他走上了反独裁的革命道路。可以说，格瓦拉的两次游历经历使得他踏上了革命的道路，游历中下层人民的生活使他越来越坚信只有推翻独裁腐朽的统治，才能拯救人民。至此，格瓦拉开始了他反对独裁的道路。

格瓦拉早期的革命活动主要活跃于古巴。在 1955 年，他在墨西哥加入"七·二六"运动之后，就以推翻独裁者为心中理想回到了古巴。在古巴，格瓦拉参加了一系列反独裁的起义活动和战役，在这些活动和战役中，格瓦拉积累了大量的实践经验，也展现了他的杰出才华，这使得他很快脱颖而出，荣膺少校军衔。在古巴的反独裁战役主要以游击战的形势开展，在游击战中，格瓦拉的果敢英勇和出色的战略战术运用使得他逐渐确立了威望，也获得了上级的重用，逐渐成长为反独裁部队中的核心人物。经过不断地发展，古巴革命军日渐壮大，终于在 1959 年推翻古巴独裁统治，建立了新政府。

革命军在古巴确立统治之后，格瓦拉出任多个政府高级职务。他历任检查部长、国家银行行长和工业部长等职务，在他担任检查部长期间，以对敌人冷酷无情闻名的格瓦拉对战争时期的战犯进行了清算；出任国家银行行长期间，他大胆在古巴推行社会主义经济体制，事实证明他的经济举措取得很不错的实效；在他担任工业部长期间，他以强硬的态度应对美国对古巴的经济封锁，并与苏联结盟，引发了著名的古巴导弹危机，对强大的美国

格瓦拉像

造成了威胁。

古巴导弹危机，是冷战时期具有转折性意义的一次事件。这次危机使得卡斯特罗和格瓦拉在古巴境内的威望空前高涨，古巴人民显然希望看到自己的领导人敢于和美苏这样的世界巨头相抗衡，因而这次危机巩固了卡斯特罗、格瓦拉在古巴的统治。

在古巴政局稳定之后，格瓦拉离开古巴，到刚果（金）和玻利维亚继续进行反独裁的斗争。在刚果（金）和玻利维亚，他坚持以游击战为斗争的主要形式，并且取得了很好的成效，他在玻利维亚进行游击运动的时候英勇牺牲，一位杰出的反独裁斗士就这样将自己的生命奉献给他热爱的事业。

格瓦拉不仅仅是一位反独裁的战士，一位杰出的军事家，他还是一位医生，一位文风犀利的作家。他的作品多以他在游击战中的体会感悟为内容，最著名的为《游击战》一书。格瓦拉传奇色彩的一生令人向往，他以革命者的高昂斗志投身反独裁的事业，以军事天赋领导了难以计数的游击战争，以创作的热情写就了激情犀利的文学作品。他的一生是丰富多彩、意义重大的一生。众多影视文学作品都和他有关，格瓦拉也入选《时代》周刊20世纪百大影响力人物。

第十三章
军事机构

军校荟萃

中国军事院校

军事院校是军队所属的以培养军事人才为主要任务的学历教育院校和非学历教育院校的统称，包括综合院校、指挥院校、工程技术院校、军事医学院校、士官学校等。军事院校是培养军事人才的主要场所，对于国防和军队建设具有十分重要的作用。

军事院校也可分为两大类——全军院校和军兵种院校。全军院校的学员在毕业后去向多是被分配到全军，包括海军、空军和第二炮兵或其他陆军。军兵种院校主要特点是学员一般只在本军兵种范围内进行毕业分配，而不是面向全军。

教武堂

公元 380 年，前秦国王苻坚在渭城创立了教武堂，教武堂的性质实属军事院校。在创办之初，很多文武大臣都予以反对，后来在前秦王朝的秘书监朱彤的诱劝下，苻坚下令将教武堂解散。教武堂的教员都是精通兵法的专家，在教员的教导下，学员各个身经百战，骁勇善战。

保定陆军军官学校

保定陆军军官学校，简称保定军校，是民国初年北洋政府在保定创办的培训陆军初级军官的军事学校。保定陆军军官学校创建于 1912 年，并于 1923 年停办，共经历了 9 期，最有名的一任校长为民国著名的军事家蒋方震，培养毕业生 6000 余人，其中有不少人后来成为黄埔军校的教官。这所军校在中国近代军事史上占有重要地位。

保定军校是中国近代史上第一所正规陆军军校，也是近代史上一所规模较大的正规化高等军事学府。它的前身为清朝北洋速成武备学堂、北洋陆军的陆军速成学堂、陆军军官学堂。其中，清朝北洋陆军的陆军速成学堂是中国历史上第一所正规化高等军事学府。

保定军校的主要功能是训练初级军官。其学期设置为两年，学制章程参照日本陆军士官学校，科目设置分步、骑兵、炮、工、辎重五科。

有很多为革命事业做出巨大贡献的人都是毕业于保定陆军军官学校的，例如中国共产党著名的军事将领、抗日战争时期任新四军军长的叶挺等。

黄埔陆军军官军校

黄埔陆军军官学校（中国国民党陆军军官学校），简称黄埔军校，创办于 1924 年 6 月

16 日，是一所民国的军事学校。

黄埔军校是中国现代历史上第一所培养革命干部的新型军事政治学校，它培养了许多在抗日战争和国共内战中闻名的指挥官。林彪、陈赓、徐向前、陈诚等将领都毕业于黄埔军校。

黄埔军校最初成立的目的是为国民革命军训练军官，是孙中山先生在中国共产党和苏联的积极支持和帮助下创办的。

中国国民党陆军军官学校

1924 年 6 月 16 日，黄埔军校举行了开学典礼，孙中山讲话并宣布训词。1925 年 2 月，军校使用校名"中国国民党党立陆军军官学校"出师东征，以排斥共产党人在校内的地位。在当时，学校已经集中了很多具有革命精神的人。1925 年 1 月 25 日，黄埔军校成立青年军人社。1926 年，根据国民政府中央军事委员会决定，将原陆军军官学校扩大改组，于同年 3 月正式命名成立中央军事政治学校。1927 年改制为中央陆军军官学校，1946 年再改制为陆军军官学校。

中国人民抗日军事政治大学

中国人民抗日军事政治大学，简称"抗大"，是抗日战争时期中国共产党创办的培养军事和政治干部的学校。从 1936 年创立到 1945 年结束总共经历了 9 年的办学，总校共培训了 8 期干部，并创办了 12 所分校、5 所陆军中学和 1 所附设中学。

抗大的学生的主要来源：一是经历了抗大土地革命战争和长征考验的红军老干部、老战士；二是八路军、新四军和各抗日根据地的干部或战士；三是来自全国各地的知识青年和来自海外的爱国华侨青年。

抗日军政大学的前身是在江西瑞金成立的红军大学，红军大学创建于 1931 年，到 1933 年扩建为红军大学，1934 年随中央红军长征，到达陕北以后，红军大学改称为中国工农红军学校。1936 年 6 月 1 日，抗日军政大学前身红军大学改名为中国人民抗日红军大学。

1937 年 1 月 20 日，该大学随中共中央机关迁至延安，改称为中国人民抗日军事政治大学，同时学制设置为从 4 个月到半年、8 个月、1 年、3 年多不等。抗战时期，各个较大规模的根据地都组建了分校。

1945 年 10 月，抗大总校迁往东北，改名为"中国人民解放军东北军政大学"。

中国人民解放军国防科学技术大学

中国人民解放军国防科学技术大学简称国防科技大学、国防科大，是一所直属中央军委、培养国防科学技术人才副大军区级综合类最高学府。国防科大于 1953 年创建于哈尔滨，原名中国人民解放军军事工程学院（简称"哈军工"）。

国防科大是国家"985 工程"和"211 工程"重点建设并获中央特殊专项资金的全国顶尖名校。学校按照理工结合，以工为主，文、管、军、经、哲多学科相互渗透，军队和国防特色明显的人才培养思路，致力于将学校创办成为一所具有我军特色的国际一流高水平大学。

1959 年 3 月 22 日，国防科大被列为首批全国重点大学。1970 年，军事工程学院的主体迁至湖南省长沙市，改名为长沙工学院，隶属于国务院第七机械工业部。船舶专业留至当地，成立哈尔滨船舶学院。1984 年，学校经国务院、中央军委和教育部批准首批成立研究生院，1978 年，长沙工学院改名为中国人民解放军国防科学技术大学，回归军队序列。

学校拥有先进的教学、科研实验条件和公共服务体系。全校有 3 个国家级国防科技重点实验室、1 个国家"863"高技术重点实验室、1 个军队院校重点实验室和一批高水平的教学科研实验室。新建的现代化教学大楼拥有先进的计算机辅助教学系统。学校计算机网络分别与国家教育科研网、国际互联网和全军军事训练信息网互联。全军军事训练信息中南中心设在国防科技大学，由学校承建和管理。

世界军事名校

英国桑赫斯特皇家军事学院

被称为世界"四大军校"之一的英国桑赫斯特皇家军事学院位于伦敦市西 48 千米处的伦敦路北侧，是英国培养初级军官的一所重点院校，也是世界训练陆军军官的老牌和名牌院校之一。学院下设军事科技、作战研究和国防事务等科室，以及五个分学院：新学院、老学院、胜利学院、施里文汉学院和女官军学院。各个学院的培训课程各具特色。

1741 年 4 月 30 日，乔治二世国王签署一份皇家文件，决定建立皇家军事学院，这便是现代的桑赫斯特军校的前身。当时校址在伍尔维奇，主要为皇家炮兵团培训军官。其后，皇家工程兵、皇家通信兵、皇家装甲兵等自 1920 年也相继建立了军事学院。学校在第二次世界大战期间关闭。直到 1947 年，英军将其与皇家军事学院合并，正式改称陆军桑赫斯特皇家军事学院。英军老学院、新学院、维克多利学院三所院校驻在桑赫斯特，直到 1970 年。在院校集中与合并中，桑赫斯特集中了更多的军官训练机构而成为今天的规模。

20 世纪 70 年代，英国皇家建军宣布：凡是要到正规陆军去就任的军官必须要经过桑赫斯特军事学院的培训。现在英国陆军中 80% 的军官是由桑德赫斯特军事学院培训的，历史上值得特别提出的是英国首相丘吉尔、著名军事家蒙哥马利以及罗伯茨、亚历山大和费斯廷等 10 多位陆军元帅都是从这所学校走出来的。

美国西点军校

世界"四大军校"之一的美国军事学院，常被称为西点军校，是位于纽约州西点（哈德逊河西岸）的美国第一所军事学校，也是美国历史最悠久的军事学院之一。西点军校入学条件严格，教学设施和学校环境属一

西点军校

流，培养了很多著名的军事人才，闻名于世的美国第 34 任总统、陆军五星上将德怀特·艾森豪威尔，正是于 1915 年毕业于西点军校。

西点军校的校训是"责任、荣誉、国家",学校学制为四年,本科学员的课程设置为40门,其中30门为必修课程,包括有数学、英语、国家安全课题、工程、心理学等等;10门选修课包括应用科学、人文学、国家安全事务与公共事务等。

美国独立之后,乔治·华盛顿想在西点建立一所全国军校,因为西点在哈德逊河"S"弯之中,是一个对于整个美洲都很重要的战略地点。但是国务卿说《宪法》之内没有给总统创立军校的权力。杰弗逊上任总统之后,在1802年3月16日签署了法律,建立联邦西点陆军军官学校,同年7月4日西点军校开学。

1817~1833年,上校西尔维纳斯·萨耶尔担任校长。他将土木工程设置为学校主要课程,这个时期的毕业生修建了美国大部分最初的铁路线、桥梁、港口和公路。南北战争之后,美国开始建立其他工科学校,西点军校的课程开始扩展到土木工程之外的领域。第一次世界大战以后,校长道格拉斯·麦克阿瑟进一步增加学术课程。按照现代战争体能的要求,他推进了体育健身和运动节目。"每一个军校学生都是运动员"成为一个重要目标。同时,军校学生传统的荣誉系统,成为校方正式规则。1964年,林登·约翰逊总统签署法律,从2529名学生增加到4417名(现已降至4000名)。1976年,西点军校第一次招收女生。1810~1816年,西点军校没有毕业生;而1861、1915、1917、1918、1922和1943年有两班毕业生。

美国海军军官学校

美国海军军官学校,创办于1845年,位于马里兰州首府安纳波利斯,又被称为"安纳波利斯军校"。它是美国海军培养初级军官的一所重点学校,也是美国海军唯一一所正规军官学校,学校建校150多年来,为美国培养了近7万名海军军官和政界要人,例如海军五

美国海军军官学校

星上将尼米兹、海军战略理论家马汉、美国第一位获得诺贝尔奖金的科学家米切尔森和美国前总统卡特、布什等政界要人都是毕业于此。

该校建校之初被称为海军学校，学制设置为5年，其中3年为海上训练。1850年改称为海军军官学校，学制改为4年，并采用新的课程体系。1932年国会通过立法，授权该校授予毕业学员学士学位。1975年10月，国会授权该校招收女学员。1976年，美国国会批准所有军种院校对女性开放，海军军官学校也开始接受女性学员。目前，该校在校学员达4500人。女性学员一般约占新生的15%~18%，她们与男学员攻读同样的学业课程，接受同样的职业训练。该校的主要任务是为海军舰艇部队、海军航空兵部队和海军陆战队培养各种专业的初级军官。

法国圣西尔军校

被拿破仑誉为"将军的苗圃"的法国圣西尔军校（英文名"Special Military School of StCyr"）是法国最重要的军校，也是法国陆军的一所军事专科学校。

法国圣西尔军校创办于1802年，地点在巴黎郊外凡尔赛宫附近的圣西尔，也正因此军校得名。200多年来，该军校为法国陆军培养了近6万名优秀军官；法国陆军中几乎所有的高级将领都出自圣西尔军校。法国将军夏尔·戴高乐正是毕业于此。

法国圣西尔军校

该校的创始人是拿破仑，它是法国最早的培养步兵和骑兵军官的职业军事教育院校，现在则成为整个陆军的任命前教育机构。圣西尔军校校长为少将军衔，领导机构下设参谋部、军训部、教研部和学员部。学院按文科、理工科和经济科分编为3个学员队。军训部没有战术研究、体育训练等专业教研室，教研部主管文化学习，设有人文科学、自然科学、经济学、语言学等专业教研室以及教学保障机构。

圣西尔军校每年录取新生160~170人左右。圣西尔军校的招收对象是17~22周岁的法国男女青年。他们在通过国家高中统一会考以后，还必须再经过两年大学预科或圣西尔专科预备学校的学习之后，经考试合格才能被圣西尔军校录取。

德国联邦国防军指挥学院

被誉为"德国将帅的摇篮"的德国联邦国防军指挥学院是德国培养和轮训三军高级参谋人员和中级指挥官的学校。

德国联邦国防指挥学院的前身是1810年创建于柏林的高级军官学校，第一任校长是格哈德·冯·沙恩霍斯特将军，该校是世界上第一所培养参谋人员的学校。学校培养出了许多世界著名的军事人物，"闪击战"理论的开山人、德国陆军元帅施利芬正是毕业于柏林军事学院（联邦国防军指挥学院前身）。

国防指挥学院的师资队伍的素质高，业务素质突出，军官都是经过精心挑选；地方教师均是经过正规教育的专业人才。所有的教官在上岗前必须要经过德军专门的师资培训机构的培训。学员的训练也分三个阶段进行，即基础科目训练阶段、应用科目训练阶段、专职参谋业务训练阶段。全院分 3 个系组织教学，即基本系、参谋系、军种司令部专业系。与其他国家军队不同的是，国防指挥学院的学员完成前一系的学习才能进入下一个系的学习。实际上，一名德军参谋人员经过在这里学习后，真正完全成为一名联合参谋，而不仅仅是兵种和军种参谋。

联邦国防部规定，自 1974 年起，德国三军所有军龄在 8 年以上并准备提升为高级参谋人员的上尉军官和现任高级参谋人员需要深造的职业军官，都必须轮流接受指挥学院的基础训练。自 1982 年起，招收的学员必须经联邦国防军高等学校培训，学员的训练内容、科目和计划也进行了相应调整。

古希腊海军学院

1830 年，古希腊海军（定名为古希腊皇家海军）成立后，成立了海军学院。如今，古希腊海军学院是古希腊海军的最高学府。

古希腊海军学院十分珍视自己的历史和传统。学院创建时的帆船，被制成模型，陈列在陈列室和学院领导的办公室里，以不忘学院初创时期的历史。风帆时代海战中使用的各式铁锚、铜炮静静地矗立在学院的各个角落里。学院古香古色的建筑浸透着历史的气息。为了保持历史的纵深感，学院成立时的建筑至今仍保存下来。在学院的一个二层小楼陈列室里，从帆桨时代到风帆火炮时代，从风帆战舰时代到蒸汽铁甲时代，海军发展的每一个时期的各种舰船模型和挂图应有尽有。在学院教学楼一层走廊两边的墙上，挂着从学院毕业、为古希腊海军事业而献身的英雄，在每位英雄的下面写着他们名字、生辰、他们的简要事迹，让人一目了然，时刻警醒。他们每天接受后来者的敬仰和怀念。在学员活动娱乐的场所，无论是台球室还是电视室的墙上，都陈列着学院的历史，每一幅图片、每一个奖牌、每一件陈列物，都在讲述着一段历史……

古希腊海军学院珍视历史和传统，目的是使每一名学生从心底产生一种敬业精神和自豪感，捍卫海洋，捍卫国家，捍卫历史。

俄罗斯伏龙芝军事学院

伏龙芝军事学院是苏联十月革命后第一所高等军事学院，它是苏联培养诸兵种合成军队军官的高等军事学校；研究诸兵种合同战斗和集团军战役问题的科研中心。该学院与美国西点军校、英国桑赫斯特皇家军事学院、黄埔军校并称世界"四大军校"。

建校以来，学院培养出了很多出类拔萃的军事人才，被人们冠以"红军大脑"的美称。学院为苏联武装力量培养了许许多多的元帅和高级将领，例如朱可夫元帅、科涅夫元帅、崔可夫元帅等，还有我军的刘伯承元帅等。

根据列宁指示，奉共和国革命军事委员会 1918 年 10 月 7 日命令，在莫斯科创立了伏龙芝军事学院，旨在从工农中培养具有高等军事文化程度的指挥干部。

最初称为工农红军总参谋部军事学院，1921 年改名为工农红军军事学院，1924 年，伏龙芝元帅任院长，1925 年起称为工

沙恩霍斯特将军是德国联邦国防军指挥学院的第一任校长。

俄罗斯伏龙芝军事学院

农红军伏龙芝军事学院。1931年开设了坦克和炮兵课程。1939年建立了防空系。1941年，学院迁往塔什干，开设了干部培训速成班。1943年，伏龙芝军事学院从塔什干迁回莫斯科，并重新开发了基本系，学制改为3年。1947年，学院恢复了研究生制度。1992年，学院改名为俄罗斯伏龙芝军事学院。

如今，该学院已并入俄罗斯联邦武装力量诸兵种合成学院，但俄罗斯人还是习惯称之为伏龙芝军事学院。基本系开设的课程有外语、外军史、合同战术、战役学、战史、政治经济学、马列主义哲学、党史和党政工作、军事心理学、军事教育学、军法学和军队财务管理等。

合成军队专业学制为3年。第一年学习基本战术理论和团攻防战术，第二年学习师战术和指挥，第三年学习集团军战役理论和指挥，毕业前两三个月还要学习方面军战役等有关知识。函授系课程设置和进度与基本系相同，但以自学为主，学满6个学期后准予参加毕业考试。学院强调全面提高学员的战役、战术和军事技术素养，培养学员成为具有独立思考能力和解决问题能力的优秀军队指挥员。

瑞军联合国维和部队训练中心

瑞军联合国维和部队训练中心位于沃特丹的摩步兵训练基地，成立于1993年，是瑞士培训该国军队参加联合国维持和平部队的机构。

瑞士平时无常备军，仅有750名职业军官和1000名职业士官，在瑞军总部机关和新兵学校、复训部队从事机关和担负训练教学任务。瑞士参加联合国维和部队缺少兵员，为此，瑞士决定建立一个"蓝盔部队"训练中心，通过征召合同制军人的方式，训练一支职业化的瑞军参加联合国维持和平部队。

训练中心首次招收学员 1200 多名，训练期 6 个月。训练中心的学员不仅要学习国际法、民族习俗、有关规定和派驻地区的历史，等等，还要进行专项训练，包括监督停火、执勤巡逻、喊话预警、通信联络、对交火双方实行紧急隔离、抢救伤亡人员、疏散无辜平民和进行"正当防卫"等科目。

训练中心主要招收经过新兵学校集训、意志坚强、身体健壮、精通国际通用语言、会驾驶车辆，并具有一定国际知识和军事常识的志愿人员，经总参谋部审核并体检合格后，与军方签订志愿参加"蓝盔部队"的为期 1~3 年的合同。

该训练中心由瑞军总参谋部和训练部双重领导。总参谋部负责选调和派出维持和平部队人员，由训练部负责制定训练大纲并对训练工作实施组织安排。训练中心的领导机构和教官由瑞军训练部负责选调任命，其中教官全部由担任过国际停火监察组成员或联合国军事观察员的职业军官和职业士官充当。

情报机构

情报机构是一个国家设置的专门负责搜集别国信息的部门。基本上每个国家都有自己的情报机构，为自己的国家提供必要的情报信息。

美国情报机构

美国有 16 个情报机构，总协调机构是国家情报总监办公室，或称国家情报局。国家情报总监取代中央情报局局长，成为美国情报界总领导，统领整个美国 15 个不同的情报机构，其中包括美国中央情报局。但各情报机构具体业务向其部门内主官负责。情报总监则每天向总统汇报情报工作。第一任国家情报总监是内格罗蓬特，他于 2005 年出任；第二任国家情报总监是迈克·麦克奈尔，于 2007 年出任。

2004 年 12 月 8 日，美国国会通过了情报机构改革法案，该法案是 50 多年来最大规模的一次改革法案。根据新法案，美国将创设国家情报局长的职位，统管全美 15 个军方和非军方情报机构，以确保这些机构在将来相互合作，进而阻止恐怖袭击。国家情报局长不是政府的内阁成员，但与国防部长和国务卿同级，有权利用美国在全球的情报资源，监视"基地"等恐怖组织的活动。

中央情报局

中央情报局，英文缩写为 CIA，是美国政府的情报、间谍和反间谍机构。中央情报局的主要职责是收集和分析全球政治、经济、文化、军事、科技等方面的情报，协调美国国内情报机构的活动，并把情报上报美国政府各部门，其根本目的是透过情报工作维护美国的国家利益和国家安全。

中央情报局成立于 1947 年，位于美国华盛顿。

战略服务局（OSS）曾经是为对付冲突而设立的美国情报组织，第二次世界大战以后，该组织被撤销，许多分支机构被分到政府其他部门——反情报和秘密情报分部改为战略服务分队，划归陆军部；研究和分析部则被分配到国务院。后来因来自政府各个部门的情报

中央情报局徽章

报告过于繁杂，于是杜鲁门总统成立了国家情报局及其行动机构，即中央情报组（CIG），以协调并核对这些报告。

中央情报局的局徽是在蓝色镶金边的圆形底盘中心有一面银色的盾牌，象征中央情报局是保护美国安全的一道强有力的屏障。盾牌中心是一个有16个红色尖角的罗盘图形，罗盘图形的16个尖角象征中央情报局的势力渗透到世界各地，各种情报资料从四处向中心汇聚，盾牌上面是一颗美国秃鹰的头，外圈写着"美利坚合众国中央情报局"的字样。

1947年，美国颁布的《安全条例》中规定：中央情报局（CIA）是总统执行办公室的一个独立机构，取代中央情报组。根据条例规定，中央情报局具有以下五种职能：1.向国家安全委员会提供政府各部门和机构有关国家安全方面情报活动的情况；2.向国家安全委员会提供协调政府各部门和机构有关国家安全方面的情报活动的建议；3.联系和评价有关国家安全的情报，为政府内部适当传播情报，在适当的地点提供有用的机构和设施；4.为现存情报机构的利益，从事共同关心的辅助服务，以便更有效、更集中地执行国家安全委员会的决定；5.履行影响国家安全的有关情报的其他职能和义务，以便国家安全委员会能随时进行指导。中央情报局没有国内任务，也没有逮捕权，只是美国从事情报分析、秘密人员情报搜集和隐蔽行动的重要政府机构。

国防情报局

国防情报局，英文缩写为DIA，隶属于国防部，成立于1961年，主要负责：满足国防部主要部门的情报要求；管理国防部的所有自动化数据处理项目和情报机构；建立并管理军事图像的处理、扩印、译释和分析设施，对配属或包括在国防情报局内的国防部情报资源进行组织、指导、管理和控制；建立为整个国防系统服务的图书馆情报机构。

目前，美国国家保密局在世界各地有4000个基地，有4300~5500名雇员，其中武官1000名，特工人员2.6万人，通信人员20万人，预算在2~3亿美元之间。作为美国情报机构中最为神秘的部门，国防情报局的具体人员和预算都不为外界所知。

国防情报局由以下一些部门组成：综合国防情报计划部，五个独立的处和安全办公室。综合国防情报计划部主任指挥本部，在军事部门和中央情报局的配合下起草综合国防情报计划的预算估计。四个独立部门及办事机构包括情报与外国事务处（包括处长参谋科、军事行动支持科、立法和公共事务科、国外联络科、国际谈判支持科）、资源和系统处（包括国防情报系统科、技术服务与支持科、国防情报局系统科、人员资源科和通信科）、参谋长联席会议、管理与行动处（包括搜集管理科、武官与训练科、计划与政策科）。

国防情报局负责的工作主要有六项：包括对情报资源进行组织、指导、管理和控制，对国防情报进行检查和协调，对情报任务的行动步骤进行监督，对国防部情报资源保持最经济、最有效的分配和管理，做出紧急反应以及满足国防部主要部门的情报要求。

国家安全局

具有世界上最大的"超级情报机构"之称的美国国家安全局，简称国安局，英文缩写为NSA，隶属于美国国防部，专门负责收集和分析外国通信资料，从事电子通信侦察。美国国家安全局是美国政府机构中最大的情报部门，是根据美国总统的命令成立的部门，美国政府每天收到的秘密情报，约有 85% 是国家安全局提供的，该局总部和外站有军人和文职工作人员约 16 万人，每年至少耗资 120 亿美元。

国家情报局 1952 年由杜鲁门总统秘密指挥创建，总部设在马里兰州的米德堡。1978 年，美国国防部建立中央安全局，它是美国的绝密情报机关，当时由国家安全局局长兼任中央安全局局长。

作为美国军事系统的重要情报机关的国家安全总局，国家安全局在名义上是国防部的一个部门，而实际上则是一个隶属于总统并为国家安全委员会提供情报的秘密组织。国家安全局包括下列主要部门：无线电和无线电技术侦察局，政府通信、远距离通信和电子计算机

国家安全局徽章

设备安全局，科研和试验设计局，计划局和总务局等。该局总部有一流的密码编制家和数学家，并备有世界上最先进的电子电脑，国家安全局还拥有遍布世界各地固定的和机动的无线电拦截、定位站及中心。其主要工作是：通过侦察卫星和遍布全世界的监听站，截获世界各国的无线电通信信号，侦察各国的军事动向，破译各国的密码，搜集各国的信息资料，为美国政府提供各种加工整理的情报资料等。

国家侦察局

美国国家侦察局，简称国侦局，英文缩写为 NRO，是国防部的组成部分之一，主要为美国政府设计、组装并发射侦察卫星，并协调、收集和分析从中央情报局以及军事机构的航天飞机、卫星收集到的情报。

1960 年，国家侦察局在美国弗吉尼亚州成立。国家侦察办公室设立在五角大楼内，其公开名称是"空间系统办公室"，表面上附属在空军副部长和太空系统办公室下面，实际上，它直属中央情报主任主持的两个国家执行委员会之一的国家侦察执行委员会管理。

国家侦察局徽章

国家侦察办公室的主要职能包括参与间谍卫星的研制和发射；对空中飞行的间谍卫星进行启动和关闭，以及使卫星进行面向太阳或背离太阳等技术操作；详细记录侦察系统设备在招商过程中的中标情况；执行并帮助制定整个情报界的空间联合侦察规程和计划；参与制定全美安全部门必须遵照的法规。

国家地理空间情报局

国家地理空间情报局，是与联邦调查局、中央情报局和国家安全局三个机构平起平坐的高级情报机构。2001 年，"9·11"事件之前曾是一家负责为军事决策者和行动部门提供战略、战术图像情报支援的情报机

构。"9·11"事件之后，这家神秘机构开始频繁地参与美国国内和国际社会的救灾工作。该局的主要任务是研究美国通过间谍卫星或其他途径得到的航空照片及各种图像，绘制出相应的影像图。

反情报驻外活动

反情报驻外活动，英文缩写 CIFA，隶属于 DOD，主要从事反情报活动。

陆军情报局

陆军情报局建立于 1882 年，是美国军事情报机构中成立最早的一个，下属有外国联络部、外国情报部、反情报部和情报系统等单位，它主要搜集战术性情报，为地面部队服务。

在陆军的每一个师中，都设有陆军情报司，局长由陆军参谋部助理参谋长担任。该情报系统有 3.5 万人，每年经费预算 7 亿美元。与海、空军相比，它是三军中机械化水平最低的情报机构，较少使用高技术设备。除了陆军情报局，陆军还有导弹情报局、外国科技中心和情报支持活动局等专门特殊的情报单位。

海军情报局

1882 年美国在航海局设立情报科，在 1889 年被改为海军情报处，而第二次世界大战结束后扩大为海军情报局。海军情报局是美国三军情报系统中规模最小的一个，也是最神秘的一个，因为该情报局依然采取 20 世纪 80 年代"冷战"高峰时的各项保密措施，使人们至今对它的秘密仍知之甚少。

海军情报局的局内设国外情报部、技术情报部、特别活动部等。它不仅负责海军系统的情报任务，还担负着美国国家安全局的电子监听任务。

海军情报局经历几次扩张，目前有 1.7 万人，年度预算经费为 12 亿美元。海军情报局局长由海军作战部部长助理担任。

空军情报局

空军情报局建立于 1947 年，是美国三军情报系统中规模最大的一个，总局下设 19 个支队、6 个工作站及 50 个装备基地，共有专业人员 5.6 万名，年预算 40 亿美元。

空军情报局由美国空军部负责情报工作的助理参谋长直接领导。下设多个部门，包括负责掌握驻外空军武官搜集的情报的国际联络处，负责情报的综合的预测管理处，负责整理分析敌对国家目标的潜在力量的目标侦察处等。

美国空军情报机构在全世界范围内设立了空军情报机构地面站，拥有一批高科技的传感器系统，以及诸如 U-2 等空中侦察系统。空军

U-2 侦察机
U-2 侦察机以单个喷气式引擎提供动力，其翼展为 23.5 米，以加强其超高空运行能力。

专家利用成套共同使用的分析工具及纷发系统来编辑信息，满足空军的特别需要。空军司令官利用这些情报来决定目标、进行取舍并计划、执行、评估作战行动。作战人员则利用

这些情报来规避危险，并最大限度地提高其效力，实现其目标。

联邦调查局

联邦调查局，英文缩写 FBI，成立于 1908 年，隶属于司法部，是美国司法部属下的主要特工调查部门，是美国最大反间谍机构和最重要的联邦执法部门，也是最大的调查与联络网络中枢。其主要任务是调查违反联邦犯罪法，支持法律；保护美国调查来自于外国的情报和恐怖活动，在领导阶层和法律执行方面对联邦、州、当地和国际机构提供帮助；同时在响应公众需要和忠实于美国宪法前提下履行职责。

联邦调查局徽章

联邦调查局局长由总统任命，并经参议院批准，任期 10 年，第一任局长为胡佛。该局有工作人员 2 万多名，其中 8600 多人是外勤人员。每年的预算为 23 亿美元。

联邦调查局的主要机构有：重罪调查处、刑事档案处、培训处、检查处、行政处、国内情报处、全国犯罪情报中心、科学实验室、通信处、法律咨询处、技术服务处等。美国联邦调查局还在全国各州和重要城市设有 59 个分局。分局下设办事处，遍布各个城镇乡村。每个分局里均设有专职反间谍人员和一个情报搜集小组。

情报研究司

情报研究司，英文缩写 BIR，隶属于国务院，是美国国务院长期设置的从事情报工作研究的情报部门。该司下设 4 个处、室，司长相当于助理国务卿，可参与国务卿主持的主要人员定期会议，以国务院高级情报顾问身份代表国务院参加国家对外情报委员会工作。目前情报司有工作人员 350 多人，其中外事和情报分析人员 200 多人，其余为文书、管理人员。年预算为 2000 万美元。

国务院情报研究司于 1975 年成立，其主要任务是：对各种情报进行加工，依靠国务院的外交电讯及情报机构的情报，研究和散发有关美国对外政策的情报；散发美驻外各使、领馆发回的有关报告，并向使、领馆传递所需要的来自情报界的报告；协助驻外使、领馆负责人履行领导和协调使团活动。

国土安全部

国土安全部，英文缩写为 DHS，下设情报分析处，于 2002 年由美国总统小布什在白宫签署《2002 年国土安全法》，宣布成立。总部位于内布拉斯加大道广场，拥有雇员 20 多万人。其主要职责是保卫国土安全及相关事务，使美国能够更加协调和有效地对付恐怖袭击威胁。

美国国土安全部是由海岸警卫队、移民和归化局及海关总署等 22 个联邦机构合并而成，工作人员 17 万多名，年预算额近 400 亿美元。该部主要负责加强空中和陆路交通的安全，防止恐怖分子进入美国境内；提高美国应对和处理紧急情况的能力；预防美国遭受生化和核恐怖袭击；保卫美国关键的基础设施，汇总和分析来自联邦调查局、中央情报局等部门的情报。

英国情报机构

英国陆军情报六局

英国陆军情报六局，简称军情六局，又称秘密情报局，英文缩写为 SIS，代号为 MI6，对外又称"政府电信局"或"英国外交部常务次官办事处"。它是英国负责海外谍报工作的部门。主要负责在国内外搜集政治、经济和军事情报，从事间谍情报和国外反间谍活动。

军情六处于 1909 年创建。直至 1992 年，英国秘密情报局都没有法定基础，甚至它的存在也直至 1994 年才正式公认。1994 年的情报局法例制定后，英国秘密情报局才有了法定基础。为了改变政府对其指挥上的被动局面，在前首相梅杰执政期间，他把军情五处拉到了政府的名下，并在法令上授令英国秘密情报局在海外收集与以下范围有关的秘密情报，包括国家安全（尤其有关政府的国防和外交政策）范围、保护英国经济利益范围、防止和侦察严重犯法范围等。

英国军情六处总部大楼

英国秘密情报局为满足这些需求而应用人类与科技的消息来源，再加上又跟许多海外情报局与安全局有合作，为履行其任务，英国秘密情报局跟其他英国的安全和情报机构（即安全局与政府通信总部）军队、国防部、外交和联邦部、英国内政部、英女王陛下政府收入和海关部，和其他英国的法律实施机构以及政府部门有密切的合作。

英国军情五处

英国的军情五处是世界上最神秘的谍报机构。成立于 1905 年，创办人是英国陆军大臣 R.B. 霍尔丹。军情五处成立之初的任务是改革军事情报部门。当时因为情报部门的归属问题与总参谋部纠缠不清，所以成立了军情五处。它起先归属于陆军部，后来由内政部接管。

军情五处的主要职责是阻止恐怖主义；阻止扩散大规模杀伤性武器的国家采购相关的材料、技术和专业技能；保护国家敏感信息、资产和关键性国家基础设施；防范新威胁，避免旧威胁死灰复燃；协助秘密情报局和政府通信总部履行他们的法定职责；加强军情五处的能力及韧性；使英国免遭外国谍报活动和其他国家的秘密活动所带来的损失；协助执法机构减少严重犯罪活动。

目标及价值观：与其他机构协作共同应对威胁，就保护措施提供建议，并为以上行动提供有效支持；调查并评估威胁；保护国家安全和经济发展，支持执法机构预防和侦测严重犯罪活动；收集并发布情报。

苏格兰场

苏格兰场是英国伦敦警察厅的代称。其主要职责是负责大伦敦地区的治安和交通，同时肩负着配合指挥反恐事务、保卫皇室成员和政府高官的责任。可以说苏格兰场是情报与执法并肩的一个机构。

苏格兰场名字来源于 1829 年，当时的首都警务处位于旧苏格兰王室宫殿，所以伦敦警察厅就被称为苏格兰场。其实真正的苏格兰场并不位于苏格兰，也不负有警备的职责。最老的苏格兰场后来被英国陆军使用，成为征募所和皇家军警的总部。

俄罗斯情报机构

俄罗斯的情报机构举世闻名，"克格勃"便是佐证。目前，俄罗斯的情报机构有联邦国家安全局、联邦政府联络和情报局、联邦对外情报局、总参谋部军事情报总局、商船侦察队、军兵种和作战部队的情报机关及俄罗斯的私人情报机构和情报个体户，等等。

联邦国家安全局

俄罗斯联邦安全局，英文缩写为 FSB，主要职能是防范和制止联邦法律规定范围之内的社会犯罪活动、有组织犯罪、营私舞弊、走私、贩毒等恶性社会犯罪的行动，并坚决打击在俄罗斯社会中出现的恐怖暴力犯罪活动，等等。

1991 年 5 月 5 日，俄罗斯前总统叶利钦与原苏联国家安全委员会主席克留奇科夫，共同签署了《关于建立俄罗斯联邦共和国国家安全委员会的协议》。次日，俄罗斯联邦国家安全委员会（简称俄联邦克格勃）正式成立。1991 年 11 月 26 日，俄罗斯联邦安全委员会改为俄罗斯联邦国家安全局，成为维护俄罗斯国家安全所有力量中最重要的组成部分。

克格勃第一管理总局徽章

联邦国家安全局下属部门包括反情报安全部门、经济安全部门、反恐怖主义与维护宪法系统安全部门、行动资讯与国际情势安全部门（情势分析、情势预测、战略策划）、人事与认证部门、行动供应部门、国境守卫安全部门、控制安全部门、化学工程安全部门和研究调查理事会。该局的主要任务包括向俄罗斯联邦总统、俄罗斯联邦政府总理、受他们委托的国家政权联邦机构以及俄罗斯联邦主体国家权力机构通报俄罗斯联邦安全受到威胁的信息；发现、预警、制止外国特工机构、组织和个人企图对俄罗斯联邦安全造成损害的情报侦察和其他活动；为保障俄罗斯联邦安全利益，提高其经济、科技和国防潜力而获取侦察情报；发现、预警和制止犯罪，依据俄罗斯联邦法律对交由联邦安全局机构处理的犯罪活动进行初步侦察和预先审讯；通缉犯有或被怀疑犯有上述罪行的人，等等。

联邦政府联络和情报局

联邦政府联络和情报局，实际上就是原克格勃第八局。1993 年 8 月，叶利钦在修改有关安全的法律、扩大安全机关的权力、提高安全机关人员薪金的同时，利用原克格勃的其他机构的人员，组建了新的安全机关，即联邦政府联络和情报局，直接由总统本人领导。

苏联解体后，联邦政府联络和情报局的首脑人物多次变更，俄罗斯的情报机关大大被

原苏联中央情报局局长叶夫根尼·普里马科夫。

收缩，克格勃90%的人员被裁减。

联邦对外情报局

联邦对外情报局受总统和政府直接领导，其任务是负责国外的情报搜集工作。

1991年12月，俄罗斯总统叶利钦下令将刚刚组建的中央情报局改名为俄罗斯联邦对外情报局，同时，任命原苏联中央情报局局长叶夫根尼·普里马科夫出任局长。1992年12月，该局和工作发生了两大变化，一是实行了议会监督，情报机构必须在法律范围内工作；二是情报机构非政治化。

总参谋部军事情报总局

总参谋部军事情报总局简称为"格鲁乌"，英文缩写为GRU，是俄对外情报侦察，特别是军事情报侦察的一支重要力量。其主要任务是威慑和阻止突然袭击，并对敌后进行打击。总参谋部军事情报总局的前身是战地司令部注册局，它于1918年由苏联红军正式组建，专门从事间谍侦察与协调军队各侦察机构活动。

目前该局拥有24个训练有素的特种突击旅，人数总计约3万人。主要基地设在俄罗斯梁赞州的丘奇科沃市。"格鲁乌"下设的特种部队始建于20世纪50年代，在苏联解体前一直处于保密状态，1991年之后"格鲁乌"特种部队先后平定了埃塞俄比亚、安哥拉、阿富汗、南斯拉夫、伊拉克、车臣及其他热点地区的冲突，共有692人被授予"苏联英雄"和"俄罗斯联邦英雄"的称号。

格鲁乌徽章

自从1991年苏联解体以后，格鲁乌在对外情报搜集活动中的重要性日益增强。

商船侦察队

俄罗斯商船侦察队，在苏联时代就已经成立，其主要任务是专门搜集在西北太平洋海域活动的美国核潜艇的情报，并把情报转给莫斯科的军事情报机构。然而，商船侦察队的具体活动方式、活动经费、编制和人员招募方式，至今仍是俄罗斯国家机密。

苏联解体后，俄罗斯情报间谍机构大规模裁减或者调整，然而，商船侦察队相反却得到了加强。从1999年2月至2000年5月，先后发生了30余起俄罗斯商船对非俄罗斯战舰进行侦察活动的事件，被监视的舰只包括美国、英国、法国、西班牙、葡萄牙和意大利以及阿尔及利亚的基诺级潜艇。

军兵种和作战部队的情报机关

俄罗斯军队中的陆、海、空三军司令部内部都设有军事情报部。各军队、兵种的情报部，主要负责搜集、掌握与本军种、兵种有关的情报，并配有完成这些情报任务的各种侦察手段。这些情报部门的活动，要接受总参情报部第五局的监督和指挥，所获得的一切情报资料亦要上送给总参情报部。其中，海军情报部有一定的独立性，在对海洋侦察卫星的发射和使用上，无须得到总参谋部的批准。

军事法庭

军事法庭，是国家在军队中的审判机关。国际上，针对战争犯罪行为进行审判和惩处的专门司法机构就是国际军事法庭。第二次世界大战结束后，国际上主要的军事法庭有：纽伦堡国际军事法庭、远东国际军事法庭、前南斯拉夫国际刑事法庭、卢旺达国际刑事法庭和国际刑事法院。

世界军事法庭

纽伦堡国际军事法庭

纽伦堡国际军事法庭又称欧洲国际军事法庭，是世界上第一个国际法庭。纽伦堡国际军事法庭由英、美、苏、法四国法官共同组成，是对第二次世界大战中的德国战犯进行专门审判的国际刑事特别法庭。

第二次世界大战后，为控诉和惩处欧洲轴心国的主要战犯，国际社会同意成立国际军事法庭来对这些战犯进行公开、公平、公正的审判。1943 年 10 月 30 日，苏、美、英三国签署《莫斯科宣言》，该宣言规定第二次世界大战结束后战犯将被押往犯罪地点，根据受害国国内法进行审判。1945 年 8 月 8 日，苏、美、英、法在伦敦签署《关于控诉和惩处欧洲轴心国主要战犯的协定》及其附件《欧洲国际军事法庭宪章》，正式成立纽伦堡国际军事法庭，统一审判那些无法确定具体犯罪地点的纳粹德国首要战犯。

根据宪章，四个签字国各派一名法官和一名法官助理组成法庭。除了苏、美、英、法之外，随后加入上述规定的还有澳大利亚、比利时等 19 个国家。这些国家组成法庭的原告，并各指派一名检察官组成侦察和起诉委员会。

1945 年 10 月 18 日，侦察和起诉委员会向法庭提起控诉，控告党卫军等 6 个组织和 H. 戈林、R. 赫斯等 24 名德国首要战犯犯有破坏和平罪、战争罪和反人类罪。法庭根据《关于控诉和惩处欧洲轴心国主要战犯的协定》和《欧洲国际军事法庭宪章》从 1945 年 11 月 20 日开始第一次审讯，并在 1946 年 9 月 30 日到 10 月 1 日对全部被告进行宣判。党卫军、特别勤务队、盖世太保和纳粹党元首兵团被宣布为犯罪组织，24 名战犯也进行了程度不一的判决，这就是纽伦堡大审判。

纽伦堡国际军事法庭对德国战犯的审判，是国际社会依据国际法对战争犯罪进行审判和处罚的一次成功尝试。之后其他的国际军事法庭和国际对罪犯的审判，都是根据纽伦堡国际军事法庭的运行机制和审判原则。

远东国际军事法庭

远东国际军事法庭又称东京国际军事法庭，是审判第二次世界大战中日本战犯的国际刑事特殊法庭。该法庭由中国、苏联、美国、英国等 11 个国家的法官组成，中国被任命的法官是梅汝璈先生。

1945年9月2日，日本接受《波茨坦公告》宣布无条件投降。1945年12月，苏美英三国外长在莫斯科举行会议，议定并征得中国同意决定"设立盟国管制日本委员会"。1946年1月19日，依据《波茨坦公告》、莫斯科英、美、苏外长会议决定，盟军最高统帅麦克阿瑟公布了《远东国际军事法庭宪章》，依据这一宪章成立远东国际军事法庭，在东京对日本战犯进行审判。宪章同时

远东国际军事法庭

规定负责起诉战犯和控告战犯的是检察长，检察长由盟军最高统帅任命，和日本交战的各国均能指派一名陪席检察官协助检察长。盟军最高统帅麦克阿瑟指派的检察长是美国的J.B.基南，J.B.基南同时兼任美国的陪席检察官。中国的陪席检察官是向哲浚先生。

1946年4月29日，盟军最高统帅部国际检察处向远东国际军事法庭起诉东条英机、板垣征四郎等28名战犯。法庭在1946年5月3日至1948年11月12日对这些日本主要战犯进行审判。1946年8月16日，在苏联军官的押送下从海参崴到达东京的溥仪出庭作证，揭露日军制造伪"满洲国"的阴谋及罪行。

法庭根据战争罪和违反人道罪判定东条英机、板垣征四郎、木村兵太郎、土肥原贤二、广田弘毅、松井石根、武藤章7人为甲级战犯，处以绞刑。其他战犯判处了终身监禁、有期徒刑等不同刑罚。"九一八事变"的直接组织者大川周明因梅毒性脑炎引发的精神异常而被免于起诉。

远东国际军事法庭审判的日本战犯大部分都是日本政治和军事的领导人，追究到个人在侵略战争中的责任。法庭还具体化"侵略和反侵略战争"的概念，让人类更加明确惩罚战争罪犯的原则。东京审判和纽伦堡大审判一样都极大地促进了国际法的发展。

卢旺达国际刑事法庭

卢旺达国际刑事法庭也称卢旺达问题国际刑事法庭，简称卢旺达刑庭。

1994年4月7日开始的卢旺达大屠杀，在大约100天的时间里造成80万~100万人的死亡，一半多的图西族人口被灭绝。针对这种发生在卢旺达及其邻国附近的种族灭绝和其他严重违反国际人道主义法的行为，1994年11月8日，联合国安理会通过第955号决议建立卢旺达刑庭，对这些行为负有责任的卢旺达公民进行审判。1995年，卢旺达刑庭在坦桑尼亚阿鲁沙正式成立。

卢旺达刑庭的组织机构由分庭、检察官办公室和书记官处组成。设三个审判庭和一个上诉庭，由16名常任法官和最多（同一时期内）9名审案法官组成。检察官办公室由检察官领导，负责案件的调查和起诉。

卢旺达刑庭审判的罪行包括：灭绝种族罪、危害人类罪、严重违反1949年日内瓦公约

共同第三条的行为、严重违反日内瓦公约第二附加议定书的行为。卢旺达刑庭起诉和审判的两类犯罪嫌疑人是：1. 在 1994 年 1 月 1 日至 12 月 31 日期间，于卢旺达境内实施灭绝种族及其他严重违反国际人道主义法行为的人，其中包括非卢旺达的国民；2. 同一时期与卢旺达邻国境内实施此类罪行的卢旺达人。

卢旺达国际刑事法庭

卢旺达刑庭审判的对象包括卢旺达前总理坎班达、14 名前政府部长和其他高级军事将领和地方官员。截至 2004 年年底，卢旺达刑庭审理的案件共涉及 48 名被告。

卢旺达刑庭针对卢旺达大屠杀而设立，是迄今为止唯一一个被授权起诉非国际性武装冲突中实施种族灭绝罪的国际性法庭。它的设立有力地遏制了卢旺达地区形势的恶化，促进了这一地区的和平和民族和解。在证人保护、羁押设施以及对辩护律师的管理等方面，卢旺达刑庭也为国际刑事法院提供了有益的借鉴。

国际刑事法院

2002 年 7 月 1 日，根据联合国通过的《古罗马国际刑事法院规约》国际刑事法院在荷兰海牙正式成立。国际刑事法院审判的罪行有：1. 灭绝种族罪；2. 战争罪；3. 反人类罪；4. 侵略罪。国际刑事法院是世界上第一个常设的国际刑事司法机构。

第二次世界大战之后，国际社会虽然对犯有这类严重罪行的个人进行了严惩，但是还有绝大多数的加害者没有绳之以法。国际机制的疏漏促使联合国设立国际刑事法院，有效惩处那些犯有严重罪行的人，以及遏制国际社会再出现严重违反国际法公认罪行的行为。

《古罗马国际刑事法院规约》规定，只有规约获得 60 个国家的签署和批准国际刑事法院才能成立。截至 2006 年 11 月 1 日，规约已得到 134 个国家签署，104 个国家批准。中国、俄罗斯和美国作为联合国安全理事会常任理事国并没有加入该规约，美国甚至提出了排除国际刑事法院管辖权的"98 条协定"。以色列、印度等国家也出于自己的政治原因反对《古罗马国际刑事法院规约》。

根据《古罗马国际刑事法院规约》成立的国际刑事法院是一个永久性的国际司法机构，审理批准国和联合国安理会移交的 2002 年 7 月 1 日以后发生的案件。法院由院长会议，上诉庭、审判庭和预审庭，检查官办公室和书记官处四部分组成。18 位法官经由选举产生，法官的任期是 9 年，任意两位法官的国籍不能相同。国际刑事法院判处的最高刑罚是无期徒刑，英语和法语是法院的工作语言。

从 2002 年成立开始，国际刑事法院接受过缔约国刚果民主共和国、乌干达、中非共和国主动提交的案件，非缔约国科特迪瓦自愿提交的案件。2005 年 3 月，联合国安理会通过 1593 号决议将苏丹达尔富尔案件提交法院。这是联合国安理会第一次将案件移交国际刑事法院。

国际刑事法院继续发挥作用的途径有：1.联合国安全理事会的决议；2.发生的侵犯人权事件涉及缔约国的公民；3.检查官主动侦察。

国际刑事法院的设立表明再发生严重违反国际人道主义法的事件时，国际公义机制介入的决心。

中国军事法院

国家在军队中的审判机关就是军事法院，中华人民共和国在中国人民解放军中设立的审判机关属于国家审判体系中专门的人民法院。中国的军事法院分为三级，中国人民解放军军事法院、军区级军事法院、兵团和军级军事法院。

中华人民共和国最高人民法院监督各级军事法院的审判工作，上级军事法院监督下级军事法院的审判工作。中国人民解放军军事法院院长由最高人民法院院长提请全国人民代表大会常务委员会任免。

中国的军事法院脱胎于八路军的军法处。1955年8月，根据《中华人民共和国宪法》和《中华人民共和国人民法院组织法》，中华人民共和国国防部将全军各级军法处改为军事法院，把军队的审判机关纳入国家审判机关的体系。

中国军事法院的任务是审判现役军人、军队在编职工的刑事案件和依照法律、法令规定由它管辖的案件，并对危害国家和损害国防能力的反革命分子及其他刑事犯罪分子进行严惩。各级军事法院的职权分别是：

1.中国人民解放军军事法院：（1）审判正师职以上人员犯罪的第一审案件；（2）审判涉外刑事案件；（3）最高人民法院授权或指定审判的案件以及它认为应当由自己审判的其他第一审刑事案件；（4）负担二审、死刑复核、再审的审判任务。

2.军区级军事法院：（1）审判副师职和团职人员犯罪的第一审案件；（2）审判可能判处死刑的案件以及上级军事法院授权或指定审判的案件；（3）负担上诉、抗诉案件的审判。

3.兵团和军级军事法院：（1）审判正营职以下人员犯罪，可能判处无期徒刑以下刑罚的第一审案件；（2）上级军事法院授权或指定审判的第一审案件。

依照法律规定，军事法院行使独立的审判权。实行公开审判、辩护、回避、合议、两审终审、死刑复核、审判监督等制度和程序，并在保卫部门、军事检察院的互相配合下确保国家法律有效地执行。

第十四章

军事之最

军事武器之最

世界上排水量最大的航母

　　航母，即航空母舰，这种大型军舰可以提供军用飞机起飞和降落。美国"尼米兹"级航空母舰是目前世界上排水量最大的航母。

　　航母在军事作战中具有举足轻重的作用。为了提高美国在冷战中的霸主地位，有"核动力航母之父"之美誉的里科维尔上将在国会授权委员会上积极争取，突出了核动力航母的优越性，终于使其在 1967 年同意了他的拨款申请，"尼米兹"级航空母舰得以开始建造。

　　作为美国海军的第二代航母，"尼米兹"号于 1968 年 6 月在美国东部弗吉尼亚州开始建造；1972 年 5 月下水试用；1975 年 5 月，首制舰"尼米兹"号开始投入使用。作为世界上最大的战舰，"尼米兹"级航空母舰每射出一架作战飞机仅需要 20 秒钟，它以核动力为推进，装备有 4 座升降机、4 台蒸汽弹射器和 4 条拦阻索。同时，作为当今世界上海军威力最大的海上巨无霸，"尼米兹"级航空母舰可空载 9.5 万吨，满载 10.6 万吨，载机可达 100 架次以上。

美国 10 万吨级"尼米兹"级核动力航母（右），采用斜角飞行甲板，设 4 部蒸汽弹射器；左为英国 2 万吨级"无敌"级轻型航母。

　　在实际战斗中，一般由 4~6 艘巡洋舰、驱逐舰、潜艇和补给舰只与"尼米兹"级航空母舰形成一个战斗群。根据作战任务性质的不同，该母舰搭载舰载飞机对敌方发起进攻，主要攻击敌方的飞机、船只、潜艇和陆地目标等，此举也能达到保护海上舰队的作用。

　　凭借着世界上排水量最大、载机最多、现代化程度最高的这三大优势，"尼米兹"级航空母舰成为美国海军独有的大型核动力航空母舰，也是当代航空母舰家族中最具代表性的一员，在世界海军史上具有不可替代的重要作用。

世界上最大的战列舰

　　战列舰，又称战斗舰、主力舰，是一种大型水面战斗舰艇，以大口径舰炮为主要战斗武器。世界上最大的战列舰为日本海军建造的"大和"号战列舰。该战列舰标准排水量为 6.4 万吨，满载时可达 7.2 万吨。它全长 263 米，宽 38.9 米，犹如一艘巨型的海上坦克，具有强大的进攻能力和防护能力。舰上装备有 3 座 9 门口径为 460 毫米的巨型主炮以及数不胜数的副炮和对空机关炮；同时舰身的重要部位装置着厚厚的蜂窝状钢板和防护装甲，可经受 46 厘米大炮的轰击。

"大和"号战列舰是日本帝国海军建造的历史上最大的超级战列舰之一。

　　出于在太平洋上与美国海军决战的考虑，日本于 1937 年 11 月 4 日开始建造"大和"号战列舰的 1 号舰。为加快建造的速度，"大和"号采用分块建造的方法：主炮炮塔装置了 650 毫米厚的装甲钢板，采用从德国购买的最先进的水压机和酸性平炉；其半圆形船头汇聚了当时日本最先进的技术，从而大大降低了波浪的阻力，提高了航行速度；舰上还装置有大型望远镜和测距仪，这在雷达没出现之前，已是非常先进的电子设备。1941 年 12 月 16 日，"大和"号战列舰竣工，入吴镇守府船籍，并被编入日本联合舰队。

　　1944 年 6 月，在日军与美军的马里亚纳海战中，"大和"号首次向对方进行了实弹射击；同年 10 月，在莱特海战中，"大和"号与日本海军第二舰队共同作战，这也是其军舰生涯中所参加过的规模最大的一次海战；1945 年 4 月 7 日，"大和"号战列舰在冲绳岛战役中被美军飞机击沉于日本九州西南 50 海里处。

世界上射程最远的火箭炮

　　火箭炮是炮兵装备的火箭发射装置，重量轻、射速大、火力猛，适宜对远距离大面积目标实施密集射击。

　　目前世界上射程最远的火箭炮为中国研制的 WS-2 火箭炮，一种带有控制系统的远程多管远程火箭武器。

　　WS-2 火箭炮系统由发射车、运输装弹车、指挥车和通信车组成，一个作战单元包括一辆射击指挥车、6 ～ 9 辆火箭发射车和 6 ～ 9 辆运输装弹车；同时它以高机动轮式越野车为运载方式，采用 6 联装贮运发射箱，火箭弹可根据不同的战略战术要求，换用 6 种以上不同类型的战斗部。

　　WS-2 作为射程最远的火箭炮，它的弹径也是世界之最，装备有威力强大的高爆弹、燃烧弹、钻地弹、子母弹或反装甲弹等战斗部，还可采用红外激光末制导等末端制导技术进行远程精确打击，当射程为 400 千米时，射击精度达到小于 600 米的水平。WS-2 的火箭炮发射箱采用最主流的设计样式，为一体化设计的 6 联装发射 / 储存箱，并且火箭弹采用

WS-2 火箭炮

密封箱装弹，储存和发射都十分方便。WS-2 每枚弹的毁伤半径在 450 米以上，每发射一次可同时发射 4 枚火箭弹，威力强大。

WS-2 火箭炮具备射程远、齐射威力猛、作战反应快、使用维护简单等诸多优点，可以说它在一定程度上能替代价格昂贵的短程弹道，用于攻击敌方军事基地、集群装甲部队、机场、港口等。

世界上最早的火箭

以热气流高速向后喷出，利用产生的反作用力向前运动的喷气推进装置即称为火箭。它既可在大气中，又可在外层空间飞行；在飞行中火箭不依赖空气中的氧助燃，而依靠自身携带的燃烧剂与氧化剂。现代火箭可作为发射人造卫星和宇宙飞船的运载工具。

若从火箭原理来说，世界上最早的火箭是由中国人发明的，最初只是用于过年过节放烟火时使用；到了 13 世纪，火箭被用作战争武器，后传入欧洲。1926 年 3 月，世界上第一枚液燃助推火箭由美国火箭研制的先驱者、科学家罗伯特·戈达德在美国发射成功。此后，许多国家的科学家在政府的支持下，开展了对火箭制造和发射的研究。1942 年 10 月，纳粹德国制造并成功地发射了第一枚军用液体火箭 V-2。

V-2 为单级液体火箭，弹头重 1 吨，最大射程 320 千米，射高 96 千米。它采用较先进的程序和陀螺双重控制系统，全长 14 米，重 13 吨，直径 1.65 米。1940 年，V-2 工程开始进行实施；1944 年 9 月，V-2 火箭开始投入使用。

世界上最早的巡航导弹

第二次世界大战末期，外形像飞机一样的巡航导弹开始出现在世人的眼前，现在它已成为现代战争的重要武器之一。

世界上最早的巡航导弹是纳粹德国研制的 V-1，又被人们称为"飞行炸弹"。

1942 年 6 月，V-1 导弹在佩内明德开始进行研制，由德空军工程师勃列埃负责这项研制工作。最早它被称为弗赛勒 Fi103 或 FZG76 飞弹，后因为在飞行中有"嗡嗡"之声，所以又称"嗡嗡"弹，最后被命名为 V-1 导弹。

外表上，V-1 导弹与普通飞机相似，但其垂尾上部装有一个筒状发动机短舱，前端与机身相连，同时其短舱内装有一台冲压式喷气发动机，可产生 300 千克推力。它的弹体呈纺锤形，前面的主翼和尾翼均为矩形平直翼；弹身最大直径为 0.82 米，弹翼翼展 5.3 米，弹长 7.9 米；导弹的发射重量 2180 千克，发射速度 240 千米/时，巡航速度 644 千米/时，射程 240 千米，最大射程可达 280 千米。

V-1 导弹的具体发射过程为：V-1 导弹发射后，按预定航向飞行，由自动驾驶装置控制；当导弹将到达目标上空时，阻流板打开；接着，导弹减速俯冲奔向目标，直到引爆战斗部摧毁目标；这一过程都要根据射程计数装置的计算来指挥导弹的发射。

V-1 导弹于 1944 年 2 月进行第一次发射试验，3 月份，急于在第二次世界大战中占据有利局势的德国就决定对其进行大批量地生产，并开始投入使用。V-1 导弹的大规模使用并没有起到挽救法西斯的作用。

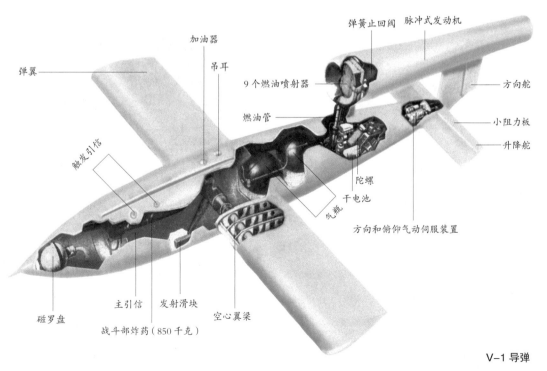

V-1 导弹

世界上最早的空空导弹

空空导弹，即从飞行器上发射攻击空中目标的导弹，是歼击机的主要武器之一，也用作歼击机、轰炸机、强击机、直升机的空战武器。

第二次世界大战末期，德国研制的 X-4 空空导弹是世界上最早的空空导弹。它的弹体呈雪茄状，头部呈尖细状；弹身上有 4 片弹翼和 4 片更小的尾翼；两个控制导线的放线筒在其两片相对的弹翼顶端上；两个能令操纵者观察航迹的曳光管则位于其另两片弹翼顶端上；一个能操纵导弹俯仰、偏航的操纵机构则位于其尾部上。导弹以 109-548 液体火箭发动机作为推动，由载机飞行员、撞击、声感近炸引信起爆。

1943 年初，X-4 由 Kramer 博士开始设计；1944 年 8 月，225 枚 X-4 的原型出厂；8 月至次年 2 月，X-4 一直处于试验状态中。因 X-4 结构很简单，易于大量生产，且后又将其铝合金弹翼改为木胶合板制作，节省金属材料，因此短时间内 X-4 的产量大增，共生产了近 1300 枚，并等装配火箭发动机后即可投入战场。但就在这时，制造 X-4 导弹的斯图加特工厂遭到空袭，所有已完成的发动机全部被毁，这个世界上第一个空空导弹最终未能投入实战。

尽管如此，X-4 导弹已具备现代空空导弹的特征，它采用无线电指令制导方式，由飞机进行发射；同时还能自动导引，并采用固体火箭发动机等。在当时，凭借所采用的这些技术，X-4 空空导弹已经算是真正的高科技产品。

世界上最早的原子弹

1945 年 7 月 16 日凌晨，在新墨西哥州的阿拉莫可德沙漠，世界上第一颗原子弹的爆炸实验在这里进行，它使用的是劳伦斯法制取的铀 235。这天清晨 5 点 30 分，引爆装置被按动，被置于 30 米高铁塔上的原子弹瞬间变成一个巨大的火球向空中升腾，接着又迅速变成高达 10000 米的庞大蘑菇云。巨大的能量使沙漠像遭遇地震般地震动着，安放原子弹的铁塔也早已被几百万度的温度蒸发

原子弹

得不见踪影。据估计，原子弹的爆炸能量约相当于 2 万吨 TNT 炸药，足见它的威力是多么巨大。

这颗最早的原子弹的研制工作又称为"曼哈顿工程"，美国总共对此投入数十万人力，20 亿美元，历时 3 年半，由美国的物理学家奥本海默领导完成，他也由此被人们称为"美国原子弹之父"。这项工程总共制成 3 枚原子弹，一颗用于试验（代号"瘦子"），两颗投在日本，人类由此进入了核武器时代。

从 1939 年发现核裂变现象到 1945 年美国制成原子弹，只花了 6 年时间，但其对人类的发展史影响却是极其深远的，这第一颗原子弹也在人类的军事史上起到了重要的作用。

其他国家爆炸第一颗原子弹的时间分别是：苏联——1949 年 8 月；英国——1952 年 10 月；法国——1960 年 2 月；中国——1964 年 10 月；印度——1974 年 5 月。

世界上最早的载人飞船

载人飞船，又称宇宙飞船；它能保障航天员在外层空间工作和生活以执行航天任务并返回地面，但它运行时间有限，仅能一次使用。

世界上最早的载人飞船是苏联于1961年4月12日发射的"东方号"，它也是苏联最早的载人飞船系列。20世纪50年代后期，苏联开始进行载人航天工程的研制，"东方号"就是其中的首个载人航天器。它由重2.4吨，内径2.3米的球形密封座舱和最大直径为2.43米，重2.265吨的工作舱组成，舱内只能乘坐一名航天员。同时，其座舱里有可供飞行10天的生保系统以及各种仪器设备和弹射座椅，返回前，抛掉末级火箭和工作舱，座舱单独再进入大气层，等到座舱下降到距地面约7千米时，航天员弹出座舱，然后用降落伞着陆。

在正式载人之前，"东方号"共发射了5艘无人试验飞船，经检验无误后，1961年4月12日，"东方号"作为世界上第一艘载人飞船飞上太空，载人航天的时代也正式开启。随"东方号"飞上太空的苏联航天员加加林乘飞船绕地飞行108分钟后，安全返回地面，他也因此成为了世界上进入太空飞行的第一人，名留史册。

目前世界上只有苏联、美国、中国发射过载人航天飞船。其中，美国的"阿波罗11号"于1969年7月16日9时32分发射；中国的"神舟五号"则于2003年10月15日发射。

世界上最早的人造地球卫星

世界上最早的人造地球卫星，为苏联的斯普特尼克1号（"卫星一号"，俄语名原意"旅行者"，或按音译"史泼尼克"）。它于1957年10月4日在苏联的拜科努尔航天中心发射升空，这在当时造成了巨大的轰动，也使处于冷战时的美苏两国开始进行太空竞赛，对时局影响深远。

斯普特尼克1号外表呈球形，外径0.58米，重83.6千克；主要由壳体、卫星设备和天线三个部分组成。卫星的壳体由两个铝合金半球壳对接而成，借助橡胶件保持气密，内部充有0.12兆帕的干燥氮气；壳体内安装有电池组、无线电发射机、热控制系统组件、转接元件、温度和压力传感器等。

斯普特尼克1号的主要探测项目有测量200~500千米高度的大气密度、压力、磁场、紫外线和X射线等数据，同时还携带试验动物，用以考察动物对空间环境的适应能力等。

世界上最先进的由航天飞机发射的间谍卫星

1990年2月，美国开始发射KH-12"锁眼"光学侦察卫星。它是世界上最先进的由航天飞机发射的间谍卫星。到现在已经有5颗KH-12在太空空间翱翔。目前，KH-12是美国空间照相侦察的主力，它至今仍是分辨率最高的光学侦察卫星。

除了高分辨率CCD可见光相机之外，KH-12身上还背负着一个反射望远镜系统、一台红外扫描仪、一个独立的遥感器包。它体长13.1米，直径4米。它4米直径的身体本身就是一个反射望远镜。这个巨大的反射望远镜，可以在800千米的高空中分辨出0.1~0.15米的物体。由于装有一种叫做"星光视野"的暗视装置，KH-12在夜间也能拍摄到较为清晰的图片。

KH-12有"极限轨道平台"的称号。它有许多其他侦察卫星所没有的特点。侦察重要目标时，它可以进行轨道机动，降低高度。它的遥感设备非常先进，分辨率也很高，对于地面，它既有普查功能，又有详查功能。由于可以用航天飞机在轨道上为它补充燃料，它的工作寿命还非常长。

KH-12侦察卫星利用CCD可见光照相机可以获取地面可见光谱段的图像型侦察信息。它获取的侦察信息被地面的回收站回收以后，地面处理中心会对卫星图像进行处理，处理完成之后，提供可以进行战略或者战术方面判断的标准规格的情报信息。KH-12侦察卫星上的红外和多普段扫描仪能分辨出伪装的人工植被和真实的树木，无论白天还是黑夜，它们都能准确地判断出导弹、车队、发射架等的位置。

世界上最先进的军用通信卫星系统

美国"军事星"通信系统是一个由美国国防部主持的三军共同协作的军用通信卫星系统，全称为"军事战略战术与中继卫星"的"军事星"。它是世界上最先进的军用通信卫星系统，位于约3600万米高空的"军事星"目前已有40年成功联合作战的经验。美军的联合部队之所以能够享受到受保护的全球通信网络，离不开它的帮助。它具有传输语音、资料、图像、提供视频会议服务等作用。

"军事星"通信系统的抗核加固能力、抗电子干扰能力和生存能力都是最强的。这个系列的卫星还能够进行远距离通信和星与星之间的通信。这就意味着，即使地面站停止工作或被摧毁，它们依然能够利用其他卫星进行迂回通信。

"军事星"卫星升空的任务由带有"半人马座"上面级的大力神-4火箭来执行。为了保证"军事星"系统能够正常工作，美国空军决定把前5颗"军事星"通信卫星作为试验型。经试验没有问题之后，再开始正式全面投入使用。

由于性能上的特殊优越性，"军事星"通信系统的地位非常重要，这个卫星计划是由美国总统批准的少数优先计划之一。美国国会对"军事星"通信系统非常重视，这就是尽管这个工程耗资巨大、费用惊人，美国仍不遗余力地支持的原因。美国对"军事星"卫星计划在经费上所给予的特别优惠待遇验证了这个卫星计划在他们心中的重要位置。

"军事星"通信系统是美国和北约4个卫星通信系统之一。"军事星"通信系统由空间部分及地面终端两大部分组成。海军、陆军、空军共同承担了这个系列卫星的研发任务。其中，海军和陆军主要负责地面和船载终端的研制，而海军则全面负责控制设备和机载终端的研制。海军是"军事星"通信系统的主要用户。

世界上数量最多、功能最全的卫星系列

"宇宙"号卫星是苏联的一个人造地球卫星系列，在这个人造地球卫星系列中，苏联混编有各种应用卫星、科学卫星、技术试验卫星。这也使这个卫星系统成为世界上数量最多、功能最全的卫星系列。

"宇宙"号卫星是根据国际宇宙计划，用苏联运载火箭发射的。这些卫星的研制由东欧各国和苏联联合完成。东欧各国主要承担着研制探测仪器的任务，而苏联则主要致力于卫星保障系统的研制。

"宇宙"号卫星主要用于对发生在太阳、地球大气和行星际空间的物理现象的研究。从1962年到1983年底，一共发射了1500多颗"宇宙"号卫星，其中大多数为军用卫星。而这些军用卫星又包括照相侦察卫星、军用通信卫星、电子侦察卫星、海洋监视卫星、预警

卫星、导航卫星和卫星式武器等。

1977 年 9 月 18 日，苏联发射了其海军秘密人造卫星"宇宙 954"号，这颗卫星升空之后，因故障失去控制。于 1978 年 1 月 24 日，在加拿大上空坠毁，碎片坠落在加拿大北极冰冻地区。

每年都会有几十颗重约 5 吨的照相侦察卫星发射升空，这些卫星带回了大量可供使用的情报信息。而运行在距离地球表面约 1500 千米的近圆形轨道上的军用通信卫星是一些小型的通信卫星，发射的时候，一般一次就需要发射 8 颗，这些通信卫星保证了军事信息的传递。

除了军事卫星之外，"宇宙"号卫星还包括许多其他类型的卫星，例如气象卫星、试验通信卫星、生物卫星、空间物理探测卫星、天文卫星、地球资源卫星等。这些卫星共同构成了庞大的"宇宙"卫星系列。

世界上碎片"最昂贵"的卫星

1977 年 9 月 18 日，"宇宙 954 号"卫星载着一个重 450 千克的核反应堆从苏联丘拉坦发射场升空。这是一颗核动力海洋监视卫星，它属于雷达探测型的间谍卫星。

"宇宙 954 号"海洋监视卫星重约 2700 千克，利用核反应堆所产生的电能来供应对海侦察雷达。对海侦察雷达的功能十分强大，既能发现水上游动的舰艇，又能发现半潜在水中的潜艇，甚至能通过接近海面的浮游生物的图形变化判断并跟踪装载有导弹在深水中巡航的核潜艇。然而它的功率也非常大，这也是它需要一个 450 千克重的核反应堆的原因。

1977 年 11 月 1 日，"宇宙 954 号"已经在太空飞行了近一个半月。这时，它正虎视眈眈地追踪着美国的核潜艇。灾难降临了，由于出了毛病，"宇宙 954 号"带着核反应堆开始坠落。受到地球引力的影响，它的坠落速度越来越快，穿过大气层的时候，空气摩擦使整个卫星的外壳和核反应堆全部化成碎片。

1978 年 1 月 24 日，带着很强放射性的"宇宙 954 号"碎片和颗粒散落在了加拿大不列颠哥伦比亚省的夏洛特群岛上。这些碎片和颗粒，给该岛大奴湖东部 5 万多平方千米的地区造成了不可消除的"永久性"放射性污染。

"宇宙 954 号"的坠毁让加拿大人非常恐慌和愤怒。据实验测定，落下的金属碎片具有很强的辐射，这种辐射可能会导致人生病甚至死亡。为了人民的安全，加拿大政府花费了大量的人力、物力来寻找"宇宙 954 号"的碎片。据加拿大媒体报道，为了搜寻碎片，加拿大政府花费了 1700 万加元。美国为了了解这种卫星的奥秘，也派出了一支 100 多人组成的队伍加入了搜寻碎片的行列。

"宇宙 954 号"坠毁后，加拿大政府对苏联提出了严重抗议，并要求苏联赔偿其损失。随后，在联合国大会上，严格限制在空间使用核能源的提案又被加拿大和日本分别提了出来。在各国的压力之下，苏联人迫不得已，停止了核能源的海洋监视卫星的使用。

世界上最早的雷达型海洋监视卫星

世界上最早的雷达型海洋监视卫星是苏联的"宇宙"198 号试验卫星。

海洋监视卫星是用于探测、识别、跟踪、定位和监视全球海面舰艇和水下潜艇活动，提供舰船之间、舰岸之间通信的卫星。海洋监视卫星是 20 世纪 70 年代发展起来的卫星技术，它是军事预警和侦察卫星发展的一个非常重要的分支。自问世以来，海洋监视卫星被广泛运用于发现和跟踪海上军舰，探测诸如海水浪高、海流方向及强度、海面风速、水温、含盐量等海洋特性。苏联和美国都曾发射过海洋监视卫星，美国的"海洋1号"灵敏度非常高，甚至能探测出高度低于10厘米的海浪。

海洋监视卫星可以分为电子型海洋监视卫星和雷达型海洋监视卫星两类，而苏联于1967年12月27日发射的"宇宙"198号卫星属于雷达型海洋监视卫星。"宇宙"198号卫星是一颗实验卫星，苏联真正把海洋监视卫星投入使用是在1973年以后。

由于一般情况下，需要监视的海洋目标几何尺寸比较大，运动速度比较慢，而且多为金属结构，对无线电波有比较强的反射能力。所以，海洋监视卫星的覆盖范围应该比较大。考虑到武器的性能和实战的需要，一般要求海洋监视卫星对目标的定位精度必须优于5000米，重访时间也不能太长。

目前为止，只有美国和俄罗斯拥有实用型的卫星海洋目标监视系统。印度、法国、日本等国家只有海洋监视卫星，而其他一些国家还在努力研究海洋监察卫星的技术。

世界上最重的坦克

1942年6月8日，德国著名的坦克设计师波尔舍博士向希特勒提出了发展超重型坦克的建议。希特勒当即批准并将他任命为总设计师。在希特勒的全面支持下，波尔舍很快就研制出了一种超级重型坦克，这种坦克安装的火炮口径非常大，为128毫米或150毫米。它的第一个代号为"猛犸"，后来又改称为"鼠"式。"鼠"式超重型坦克是世界上最重的坦克。

现在，世界上最重坦克的重量约为60吨，而"鼠"式超重型坦克的重量是188吨，是当前世界最重坦克的3倍。"鼠"式超重型坦克车长9米，高3.66米，宽3.67米，可以乘坐8个人。德国设计师为它配备的火炮，口径达到了150毫米。除了火炮之外，"鼠"式超重型坦克上还配备了两挺7.62毫米机枪。这辆坦克虽然体积巨大，但不是特别笨重，它的最大时速可以达到20千米，最大行程为190千米，可以爬过30°的坡，越过宽度为4.5米的壕沟，涉过2米深的水，攀登0.72米高的墙体。

"鼠"式超重型坦克有厚度达到200毫米的正面装甲、80~180毫米的两侧装甲、160~165毫米的后部装甲、100毫米的顶部装甲和50厘米的底部装甲。而炮塔的正面装甲更是达到了240毫米的厚度。"鼠"式超重型坦克就像一个钢铁做成的乌龟壳，它曾被德国称为无坚不摧的超级坦克。

世界上最贵的军用飞机

造价24亿美元的B-2"幽灵"隐形轰炸机是世界上最贵的军用飞机，也是目前世界上唯一的隐身战略轰炸机。1977年，"冷战"仍在进行中。美国空军为了能避开苏联军方注意，悄悄潜入苏联领空，寻找并摧毁苏联的机动型洲际弹道核导弹发射架，而提出要制造出一种能够避开对方严密的对空雷达探测网，潜入对方领空的新型战略轰炸机。麻省理工学院和美国诺思罗普公司共同承担了这项任务。1978年，B-2"幽灵"隐形轰炸机的研制工作正式开始。1988年4月，美国空军展示的一幅B-2飞机的手绘外形彩图，引起了世界各国的广泛关注，其独特的外形让航空界人士和众多的军用飞机爱好者赞不绝口。1997

年，首批 6 架 B-2"幽灵"隐形轰炸机正式开始投入使
用。到现在 B-2"幽灵"隐形轰炸机的总数量为 21 架。
2008 年 2 月 23 日，一架 B-2"幽灵"隐形轰炸机由于发
生故障而在关岛空军基地坠毁。目前，全世界仅有 20 架
B-2"幽灵"隐形轰炸机。

"幽灵"隐形轰炸机

B-2"幽灵"隐形轰炸机的造价非常高，每架造价为 24 亿
美元。如果以最初装备时的重量来计算，它的单位价格要比黄金
贵 2~3 倍。B-2 轰炸机的飞翼构形非常特殊，它没有尾翼，并且
翼身是融合在一起的；机头与机翼前部交接，机翼后部则是一个锯
齿形。机身、机翼的材料大部分都是石墨或者碳纤维复合材料，而在
机身和机翼表面都覆有吸波涂层。这种独特的外形设计和材料使它能够
非常有效地躲避雷达的探测。B-2"幽灵"隐形轰炸机在实战中，具有非
常强大的作用。1999 年，在北约对塞尔维亚的军事行动中，美军派出多架
B-2"幽灵"隐形轰炸机飞往塞尔维亚。在这次执行任务过程中，B-2"幽灵"隐形轰炸机
共投下了 600 多枚联合直接攻击弹药，它完美的隐身能力和准确性令全世界震惊。在 2003
年的一次军事演习中，一架 B-2"幽灵"隐形轰炸机一次就投下 80 枚联合直接攻击弹药，
它所表现出的"精确饱和攻击"能力是 B-2"幽灵"隐形轰炸机超强作战能力的证明。

世界上最早用于空战的歼击机

第一次世界大战前期，空战中还没有用到真正意义上的战斗机。那时的空战只是飞行
员之间互掷手榴弹或者互相之间用手枪射击。直到 1915 年，世界上才出现第一架真正意义
上的战斗机。1915 年 2 月的一天，一架法国单座飞机利用从螺旋桨发射出的机枪子弹击落
了一架完成任务后正准备返航的德国侦察机。这架单座飞机就是法国的"莫拉纳—桑尼埃"
战斗机。"莫拉纳—桑尼埃"战斗机是世界上最早用于空战的歼击机。

这架具有开创性意义的歼击机是法国的"莫拉纳—桑尼埃"公司从 1913 年开始生产
的。它的机翼长度为 11 米，机身长 6.8 米，机身高度为 33 米。这架动力装置为 58.8 瓦的
"土地神"转缸型发动机的歼击机重 655 千克，可以乘坐一个人。它最高可以升到 4000 米
的高空，最大时速可以达到 115 千米，续航时间为 2 小时 30 分。

这架歼击机属于活塞式的战斗机。设计师们为它配备了一挺机枪。这挺机枪安装在座
舱前的机关上方，枪管与发动机轴呈平行关系。当利用机枪进行射击时，机枪的弹头首先
必须穿过急速旋转的螺旋桨。为了解决机枪子弹通过螺旋桨直接射击的难题，专家在螺旋
桨的桨叶上安装了金属滑弹。由于这架歼击机只能乘坐一个人，所以，驾驶这架歼击机的
士兵必须同时肩负起飞行员和射击手的责任。

世界上最早的手枪

世界上最早的手枪是一种叫"希奥皮"的手枪。这种手枪是在 1364 年，由意大利人发
明的。"希奥皮"手枪是一种发射石弹的火门手枪。它的枪管非常短，一般是用铁或者黄铜
铸造成的。"希奥皮"手枪的火门位于枪管的上方，最初，这种手枪是没有枪托的。早期的
"希奥皮"手枪没有多大的杀伤力，兵士随身携带它并不是为了击杀敌人，而是为了利用它

发射时所产生的爆炸声来吓唬敌人。

"希奥皮"手枪的长度约为17厘米，它的命中率非常高。"希奥皮"手枪的使用方法与现代手枪大相径庭。在用它进行射击之前，需要先把火药、引线填入枪口。射击的时候，持枪的人需要一手拿枪，然后用另一只手点燃引线，然后才能射击。

据意大利格鲁几尼时代的史料记载，14世纪中叶，意大利的几个城市都成批地生产了"希奥皮"短枪。其中，佩鲁贾城定制了500支。可见，这时"希奥皮"手枪应该非常流行。而根据意大利摩德纳年代的史料记载，1364年，在摩德纳城拥有的财产中，共有4支小型的"希奥皮"手枪。

世界上最早的自动手枪

博查特手枪

自动手枪是指那些单发射击、用弹夹供弹并且有空夹挂机装置，可以自动装填子弹的手枪。我们通常所说的自动手枪并不是真正意义上的自动手枪，而仅仅是能够自动装填弹药的单发手枪。从严格意义上来讲，这种手枪更应该被称为半自动手枪或者自动装填手枪。

1892年，奥地利人约瑟夫·劳曼研制出了一种口径为8毫米的手枪，由于在申请专利时，他签上了舍恩伯格兄弟公司的名字，所以这款手枪被命名为舍恩伯格手枪。舍恩伯格手枪是世界公认的最早的自动手枪。

然而，令人遗憾的是，舍恩伯格手枪并没有引起太广泛的关注，所以它没有被大规模地推广使用。1893年，美籍德国人雨果·博查德制造出了口径为7.65毫米的手枪。这款名为博查德的手枪一经问世就引起了人们的广泛关注。博查德手枪是真正意义上的自动手枪，它的后坐和复进可以完成开锁、抛壳、待击、装弹、闭锁等动作，而且是采用弹夹来供弹的。雨果·博查德发明的这款手枪为日后现代手枪的发展奠定了基础。

后来，德国洛韦公司的格奥尔格·吕格在博查德手枪的基础上进行改进，设计了一款名为"帕拉贝鲁姆"的手枪。1900年以后，这种手枪成为瑞士、德国等国家军队的装备手枪。1896年，毛瑟步枪的发明人德国著名的枪械设计师毛瑟，也设计出了一款自动手枪，这款自动手枪被称为毛瑟自动手枪。后来，他又在毛瑟自动手枪的基础之上，改进自己的设计，发明出可连发射击的全自动手枪。毛瑟自动手枪和全自动手枪在中国的抗日战争中都曾被广泛使用过。

世界上装备时间最长、装备数量最大的手枪

由美国著名枪械设计师和发明家约翰·M.勃朗宁设计的柯尔特M1911A1式11.43毫米自动手枪作为世界上最富盛名的手枪之一，是世界上装备时间最长、装备数量最大的手枪。

柯尔特M1911A1式手枪被许多国家军队采用，这款手枪在美国军队中服役70多年，经历了重重战火的洗礼，第一次世界大战、第二次世界大战、朝鲜战争、越南战争，处处都有它的身影。

1911年，勃朗宁在自己设计的M1905式手枪的基础上进行改进，完成了柯尔特M1911式手枪的设计和定型。1912年4月，柯尔特M1911式手枪作为美军装备的第一种军用自

动手枪，开始正式列装部队。1923 年，勃朗宁又对这款手枪进行了改进，并将它更名为 M1911A1 式手枪。这款手枪重 1.36 千克，体长为 21.5 厘米，枪管长度为 12.7 厘米。它的担架容量为 7+1 发，初速为每秒 253 米，有效射程为 50 米。

在使用 M1911A1 式手枪射击时，枪弹击发后，火药气体会对枪管和套筒产生巨大的推动力，这时，枪管和套筒会一起后坐。由于枪管是通过下方的铰链固定在套筒座上的，因此当枪管后坐时，固定枪管的铰链上端会向后转动，当转动的幅度超过死点时，枪管尾端由于被拉到下面而完成开锁。由于被

美国 11.43 毫米柯尔特 M1911A1 式自动手枪

铰链拉着，这个时候枪管就会停止后坐，而套筒则继续后坐。通过套筒的后坐，就可以顺利完成抽壳、抛壳、压倒击锤等一系列动作。

M1911A1 式手枪的威力非常强，关于这款手枪的威力有一个非常惊人的传说。1918 年时，德军的一个机枪组被一个手持一支 M1911A1 式手枪的美远征军下士打败。之后，这个名叫阿尔文·约克的美国士兵又用这支手枪成功令 132 名德国士兵放下武器，并把他们带到俘虏营。

在经历了 70 多年的服役生涯之后，M1911A1 式手枪完成了自己的历史使命，光荣退役，取代它的是一款叫做伯莱塔 92F 式的 9 毫米手枪。

世界上最小的枪

由瑞士的 Gunsmith 公司出品的瑞士迷你手枪是世界上最小的枪。它是一款身长 5.5 厘米、重 19.8 克、口径只有 2.34 毫米的袖珍型左轮手枪，可以装 6 发子弹。瑞士迷你手枪以其小巧的体形成功打破了吉尼斯世界纪录。由于体形小巧，甚至可以把它作为钥匙链挂在身上。虽然看上去不大起眼，可是如果你仅仅把它当做一把玩具枪，那你就完全错了。

瑞士迷你手枪以及它所使用的子弹都是百分之百的瑞士制造。它的所有零部件都是根据经典的柯尔特蟒蛇左轮手枪按照特定比例缩放之后制作的。由于口径只有 2.34 毫米，所以瑞士迷你手枪的子弹非常小。不过尽管如此，它依然拥有致命的杀伤力，它发射的子弹的初速度可以达到 122 米 / 秒。

Gunsmith 公司在制作瑞士迷你手枪的过程中，完美地融入了瑞士的制表工艺。这就使瑞士迷你手枪不仅在功能上与普通手枪不相上下，在外观上也非常精巧、完美。手枪本身的大小决定了它的扳机的大小。这款手枪由于体形太过小巧，手指根本不能放到扳机里去。为了解决射击时无法扣动扳机的缺陷，设计师在原先扳机的下面又多设计了一个能够轻易扣动的扳机。

目前，使用不锈钢制作的这款迷你手枪的售价大约在 3000 英镑，而如果你想获得一支钻石版的话，需要大约 3 万英镑。

世界上最早发射无壳弹的步枪

世界上最早发射无壳弹的步枪是德国研制的 G11 步枪。G11 步枪是一种自动导气式的

德国 HKG11 式无壳弹枪

武器。它由 100 多个零部件组成，批量生产时，本身重为 3.6 千克，加上 50 发放在弹匣内的无壳弹和 50 发由射手携带的无壳弹之后，全系统的重量约为 4.3 千克。G11 步枪的长度只有 75 厘米，比奥地利的 AUG 和法国的 FAMAS 都要短。

G11 步枪的研制成功可以称得上是步枪发展史上的一个革命。与目前各国军队所配备的步枪相比，G11 步枪无论是在结构上，还是在性能上都具有独特的优势。G11 步枪的研制工作始于 1969 年 12 月，到 1974 年研制阶段结束。在北约对比试验中，G11 因烤燃方面的问题而未能参加部队的试验。北约试验结束之后，研制公司再次对 G11 进行了结构方面的改进。现在，G11 步枪的技术性能非常良好，可以连续发射 100 发子弹。

提高命中概率是步枪发展的关键问题。联邦德国认为，只有用 10 发以下的子弹和中等散布精度的自动点射才能提高命中的概率。G11 步枪就是利用这种点射达到了较为理想的命中概率。

现在，G11 步枪所使用的无壳弹弹丸直径为 4.7 毫米，而在研制初期，它所使用的无壳弹直径仅为 4.3 毫米。无壳弹的长度为 34 毫米，其中 9 毫米为结构断面的边长，而另外的 21 毫米是可燃尽的发射药柱。

由于 G11 步枪尺寸小、重量轻、系统密封、使用方便、操作简单安全、三发点射命中率高等优点，它一经面世就引起了许多国家的兴趣。

世界军事史上射速最快的重机枪

世界上射速最快的重机枪是一种美国陆军型号为 M134 型加特林速射机枪。这款机枪被美国空军定型为 GAU-2B/A 型，被美国海军定型为 GAU-17/A 型。它身长 800 毫米，枪管长度为 559 毫米。如果把电动机和供弹机排除在外，那么它的重量为 15.9 千克。而如果把电动机和供弹机包括在内，整个系统的重量为 26 千克。它有 4 条缠距为 254 毫米的左旋膛线。

20 世纪 60 年代初，通用电气公司改进机载 M61A1 "火神" 6 管速射机炮制成了 M134 型速射机枪。最初，这款机枪的系统口径为 5.56 毫米至 25 毫米之间。后来，美国空军又在这款机枪的基础之上设计出了一款电力驱动、口径为 7.62 毫米的 6 管 GAU-2 型航空机枪。射速极高的 GAU-2 型航空机枪被装备在美国空军的轻型飞机和直升机上，威力让人震惊。

M134 型加特林速射机枪是利用 24~28V 的直流电源进行驱动的，它的工作电流为 100A，启动电流为 300A。它的射速最高可达每分钟 6000 发，但一般情况下，人们只将它的射速设置到每分钟 2000~4000 发的范围内。射击时，子弹的初速度为每秒 869 米，有效射程为 1500 米。它采用由一台驱动电机，6 个枪机部件，6 个可移动的枪机轨道，枪管套管部件，后部枪支架，6 根枪管，枪管夹持部件，保险部分，套管盖和两个快速释放销等共同组成的回转联动装置。

除了种种优点之外，M134 型速射机枪也存在着一些问题。首先就是由于射击速度快，它的耗弹量非常大。其次，由于它的枪管比一般重机枪的枪管要轻，而它的射速却比一般重机枪要高，这就导致了它的枪管极易出现因为升温过高而破损的事故。出现这种事故，有可能会危及飞机本身的安全。为了解决这个问题，后来人们在机枪上安装了一个红外线警报器，这样，当枪管温度过高时，它就会自动停止射击。

它还有一个致命的缺陷，那就是分解组合非常困难。它本身的重量和体积都不大，可是外部配备的电源、控制系统、输弹系统却非常庞大。如果这款机枪出了故障，是很难及时排除的。这也大大限制了它的使用。

世界上最早的自行反坦克炮

世界上最早的自行反坦克炮是德国的 T1 自行反坦克炮。

第一次世界大战之后，坦克开始快速发展起来。德国人首先看到了当时的反坦克炮机动不便的弱点。那时，反坦克炮的转移和使用都必须依赖普通炮兵，而德国人认为，如果不把反坦克炮放置在敌人坦克威胁的方向上，它们就无法起到应有的作用。因为当时无论哪个国家都没有足够的反坦克炮让他们可以到处设防。

为了使反坦克炮真正起到反坦克的作用，德国开始着手制造跟敌方坦克跑得一样快的火炮。1939 年，由德国的阿尔凯特公司制造的 T1 自行反坦克炮问世。这是世界上第一辆自行反坦克炮。T1 自行反坦克炮是在捷克制造的 47 毫米反坦克炮的基础上改进而成的。捷克制造的 47 毫米反坦克炮是当时性能最好的反坦克炮。捷克被吞并以后，大量 47 毫米反坦克炮被运到了德国。阿尔凯特公司经过研究，改装了这种火炮，做成了 T1 自行反坦克炮。

T1 自行反坦克炮性能非常优越。它重 6.4 吨，长 4.42 米，宽 1.85 米，高 2.25 米，能乘坐 3 人，单位压力为每平方厘米 0.47 千克，单位功率每吨 15.87 马力，装甲厚度为 7 ~ 13 毫米。它所配备的火炮是一门 Pak（t）1/43·3 式 47 毫米火炮。它采用的是"马巴赫"N138TR 型 6 缺直列水冷式汽油发动机，每分钟 3000 转时最高输出功率为 100 马力。在公路上行驶时，行驶速度可以达到每小时 40 千米，行程可以达到 140 千米。可以通过 0.35 米的垂直高度，越过宽度为 1.4 米壕沟，涉水深度为 0.58 米，最大爬坡角度为 30°。

T1 自行反坦克炮的构造与一般反坦克炮略有不同，阿尔凯特公司在改进捷克 47 毫米反坦克炮时，去掉了炮塔，而在原来炮塔的位置上安装了一个外形奇特的钢箱。这个钢箱背面是敞开的，前面和两侧装甲厚为 14.5 毫米，顶部无盖，两侧护板很短，甚至达不到炮尾后部。三面略向内倾，把炮架围了起来，实际上，提供防护的主要是前面的护板。之所以这么改进，其实是为了加强防火炮穿甲弹的能力。T1 自行反坦克炮的炮弹基数 86 发，发射仰角为 12°，左右射向为 15°，炮弹的初速度可以达到每秒钟 775 米。

1940 年，T1 自行反坦克炮装备部队。除了是世界上最早的自行反坦克炮之外，还是世界上第一种被运用于实践之中的反坦克炮。实践已经证明了 T1 自行反坦克炮性能上的优越。后来，各国生产的反坦克火炮都是在它的基础上研制而成的。

世界上炮管最长的炮

1918 年 3 月 23 日清晨，一声巨响打破了巴黎的宁静，从睡梦中惊醒的巴黎市民开始四散逃跑，整个巴黎人心惶惶，大家纷纷议论着德国是不是已经攻入了巴黎。直到 3 月 29

正在发射的"巴黎大炮"

日，法国特工才在离法德边境不远的克雷彼发现了德国的远程大炮。克雷彼距巴黎 120 千米，当听说轰炸是从克雷彼发起的，人们纷纷感到震惊。事实上，这种被命名为"巴黎大炮"的巨炮就是德军最新研制的秘密武器。

"巴黎大炮"是世界上炮管最长的火炮。在第一次世界大战爆发期间，德国克鲁普公司和海军根据鲁登道夫的设计思想联合设计制造了这种火炮。它的炮管长 36 米（还有一种说法是 34 米），炮身加炮膛总重量达 125 吨。"巴黎大炮"的内缘口径为 229 毫米，外缘口径为 380 毫米，它所使用的弹药是专门配备的，每发炮弹的重量为 120 千克。由于每发射一次，炮管的体积就会稍稍膨胀一些，因此，发射时，每发炮弹都要经过精确计算。"巴黎大炮"的炮管寿命比较短，只能发射 60~70 发炮弹。

"巴黎大炮"的最大射程为 119 千米，要想使射程达到最大，整个组件必须旋固在铁质的轨道上，以 55 度的仰角进行发射。炮弹射出之后，首先进入平流层，由于它几乎在真空的上空滑过，所以，大气阻力对它速度的影响几乎可以忽略不计。之后，由于重力的作用，它开始比较陡峭地下落，落到地面之后，摧毁地面目标。

1917 年，"巴黎大炮"制造完成。1918 年 3 月，它开始进入军队服役。当月 23 日对巴黎的轰炸是它第一次执行任务，这一天，它一共发射了 22 发炮弹，导致 51 人伤亡。第一次世界大战中"巴黎大炮"一共导致了 876 人的伤亡。

世界上第一支以火药气体能量为动力完成连发的重机枪

1883 年，美国人海勒姆·马克沁发明制造了世界上第一支以火药气体能量为动力完成连发的重机枪。该机枪的口径是 7.9 毫米，枪身全长 1198 毫米，枪管长 721 毫米，有 4 条右旋膛线。这款重机枪的身连同枪机重量达到了 20 千克，再加上 29 千克重的枪架，整个系统的总重量为 49 千克。它所使用的尖头弹初速为每秒 870 米，重尖头弹的初速度为每秒 770 米。这款机枪的理论射速为 600 发。使用尖头弹时，射程为 2500 米，而使用重尖头弹时，射程可以达到 3500 米。

在海勒姆·马克沁的这种机枪被发明之前，机枪主要是依靠手工操作来实现连发的，不仅使用麻烦、发射的速度低，而且大量由火药气体产生的能量都被白白浪费了。

1882 年，在英国考察的海勒姆·马克沁发现，士兵们的肩膀上青一块紫一块的。后来，他发现，这是在射击时被枪的后座撞的。射击时，火药气体产生的巨大能量，推动枪的后座，撞击在士兵们的肩膀上。由此，他下定决心，要制造一种利用火药气体所产生的能量来连发的重机枪。

海勒姆·马克沁的研制工作是在英国伦敦克莱肯威尔路 57 哈同花园的一个小作坊里进行的。为了实现连发，他改进发射装置，并改变了传统的供弹方式，制作了一条 6 米长的布质弹链。几年之后，他的重机枪问世了。由于这种机枪利用火药发火时，弹膛内的燃气作为动力，完成开锁、退壳、送弹、重新闭锁等一系列动作，所以这种枪机的自动化程度很高。在自动化方面，这种机枪基本上已经达到了尽善尽美的水平。这种机枪的出现在连发武器发展的历史上具有里程碑式的意义。

马克沁重机枪在实战中的表现证明了它威力的强大，英、德、美、俄等军队都装备了这种枪支。1893~1894年，在罗得西亚州发生的同麦塔比利—苏鲁士人的战争中，这款重机枪被首次使用。这场战争英国一支仅50余人的小部队，凭借4挺马克沁重机枪，击毙敌军3000余人。在一个多小时内，击退了5000多麦塔比利人的几十次进攻。1898年，在苏丹的一场兵力悬殊的战斗中，英国一支仅48人的队伍，凭借手中的马克沁机枪，一举击毙了奥得曼领导的20000余人。

马克沁和他发明的马克沁重机枪

1884年，马克沁重机枪获得专利。现在，在英国伦敦肯辛顿博物馆内还保存着一支马克沁重机枪，它的标牌上写着："世界上第一挺靠火药气体能量来供弹和发射的武器。"

世界上第一挺轻机枪

19世纪80年代，丹麦人乌·欧·赫·麦德森将军设计制造出了一挺可以装填任何类型步枪弹的机枪。这挺最初定名为麦德森的轻机枪就是世界上第一挺轻机枪。乌·欧·赫·麦德森本来是一个炮兵上尉，他之所以设计这款机枪是出于对枪械的浓厚兴趣。发明了麦德森轻机枪之后又过了一段时间，乌·欧·赫·麦德森晋升为少将。后来，他还当上了丹麦的国防部长。

装有两支脚架的麦德森轻机枪全重为9.98千克，口径为8毫米，可以抵肩射击。它的射击性能十分可靠，而且由于口径结构多变，这种机枪可以满足多种用户的需求。它一经面世，就受到了各国的广泛关注和追捧。作为火器市场上的热门货，仅1902年一年，就有34个国家定制了这种机枪。

1896年，麦德森组织了一个辛迪加企业。这个辛迪加企业自建立开始，业务发展一直非常顺利。麦德森轻机枪的热卖经历了将近半个世纪，机枪的型号也从M1904一直发展到M1952。它在俄国、荷兰、瑞典、挪威等国的应用均十分广泛。1915年，德国步兵开创了装备轻机枪的先河，之后，其他国家纷纷效仿。麦德森轻机枪主要装备于步兵连，通常每连会装备6挺这种轻机枪，也有步兵连装备8~9挺，最多的甚至装备12挺之多。第一次世界大战后，轻机枪成为步兵的重要武器。麦德森轻机枪在战斗中扮演了极为重要的角色。

世界上第一支反坦克枪

1917年，德国皇家陆军成功研制出了一种口径为13毫米的机柄回转式反坦克步枪，这是世界上第一支反坦克枪。德国皇家陆军之所以积极研制反坦克步枪，是因为它是第一个遭到坦克攻击的部队。

1916 年，在英国陆军对法国的一场战争中，坦克第一次出现在战场上。它的出现让陆地战争进入了一个全新的时代。由于之前从未接触过这种武器，坦克在战场上的出现成功引起了士兵的恐惧心理。后来，实践证明，反坦克的最佳武器就是速度极高的大口径火炮，然而可惜的是，对于在前沿冲锋陷阵的步兵分队来说，装备这种高速大口径火炮是不可能实现的一件事情。步兵要保护自己，只能依靠自己的火力。

为了对付敌方的坦克，1917 年，德国皇家陆军就研制了一种新型的反坦克步枪。这种机枪需要使用专门制造的弹药，而且它的体积很大，非常笨重。在第一次世界大战中，虽然有很多国家都生产使用过这款机枪，可由于它本身无论生产还是使用都非常麻烦，所以，1918 年战争结束以后，它就被淘汰了。

之后，取代这款机枪的是德国著名的枪械设计师毛瑟于 1918 年 2 月制造出的"毛瑟"反坦克枪。全重约 11.8 千克的"毛瑟"反坦克枪，口径为 13 毫米，发射的是钢芯弹。它是世界上第一支真正适用的反坦克枪，可以在 110 米的距离上击穿 20 毫米厚的装甲目标。由于它的重量轻、威力大，这款机枪被各国军队广泛使用。

世界上第一辆坦克

1915 年 8 月，英国研制了世界上第一辆坦克——"小游民"。由于"小游民"的外形酷似大箱子，因此，设计师又给它取了一个更富海军气息的名字"水柜"。

世界上第一辆坦克——"小游民"

"小游民"车长 5.45 米，车高 3.05 米，总重量为 18289 千克。它的装甲厚度为 6 毫米，可以乘员 2 人，还能搭乘 2~4 名射手。它所配备的武器是 1 门能发射重 900 克炮弹的机关炮、1 挺"马克沁"7.7 毫米机枪和几挺"刘易斯"7.7 毫米机枪。"刘易斯"7.7 毫米机枪的数量是不固定的，可以根据需要随机配备。

它的发动机为"戴姆勒"6 缸直列水冷汽油机，当发动机每分钟转动 1000 转时，功率为 105 马力。"小游民"在公路上行驶时，行驶速度为每小时 3.2 千米，而在越野行驶时，速度为每小时 1 千米。这种坦克可以通过垂直墙高 0.3 米，可以越过宽度为 1.2 米的壕沟，它爬坡的最大角度为 17 度。

"小游民"的设计者是战舰专家 E.D. 斯文顿上校和机械化的积极倡导者克劳姆普顿上校。设计完成之后，由威廉·福斯特有限公司负责生产。1915 年 9 月 6 日，"小游民"在林肯附近进行了第一次试车，这次试车非常成功。

第一次世界大战开始的时候，机枪等速射兵器已被大量运用在战场上，阵地防御战术也变得越来越完善。战场上四处都是战壕、碉堡，交战双方都很难突破对方的防线，主动进攻的一方又经常会损失惨重，所以交战双方长时间处于对峙状态的情况经常出现。各国纷纷寻找解决途径，军事家们都试图制造一种能攻、能守、能运动的新式武器。

由于英国在进攻德国的时候惨遭失败，所以英国研制新式武器的愿望最为迫切。为了制造出一种像海上巡洋舰那样，既具有强大的火力，又具有良好的机动能力和坚固的装甲防护力的新式陆地武器，1915 年 2 月，英国皇家海军部长温斯顿·丘吉尔在海军部里秘密建立了一个组织。

1915 年 8 月，"小游民"制造成功。1916 年 9 月，作为坦克"鼻祖"的它第一次投入战斗。它在这次战斗中所显示出的强大威力立即引起了世界各国的关注。之后，法国、德国、意大利等国家纷纷效仿英国，开始研制自己的坦克。1916 年冬，法国生产了第一辆坦克"施纳德"。1918 年，德国克虏伯在英国坦克的基础上进行改进，生产出了装有 5.7 毫米炮的 1K-Ⅱ骑兵坦克。1921 年，苏联研制出了 KC 轻型坦克。1922 年，意大利的首辆坦克菲亚特 3000 轻型坦克制造成功。

世界上最早的步兵战车

世界上最早正式装备部队的步兵战车是苏联的 BMΠ-1 步兵战车。BMΠ-1 步兵战车是在 1967 年开始装备部队的。苏联除了为自己的军队配备了这种战车之外，还把它出口到了捷克斯洛伐克、民主德国、埃及、伊拉克、利比亚、波兰、叙利亚等国家。这种战斗车具有完备的三防设施，可以在受敌核、生、化污染的环境中作战。

BMΠ-1 步兵战车战斗全重为 1.2 吨，车长 6.3 米，宽 3.05 米，高 1.83 米，一共可以乘坐 11 人。它的发动机为每分钟 2000 转时功率为 280 马力的 6 缸直列水冷式柴油机。整个战斗车的单位功率为每吨 22.4 马力，单位压力为每平方厘米 0.67 千克。BMΠ-1 步兵战车上所配备的武器包括 1 门口径为 73 毫米的火炮、1 挺口径为 7.62 毫米的机枪和 1 个"萨格尔"反坦克导弹的发射轨架。

在苏联研制出 BMΠ-1 步兵战车之前，军队在战场上运送步兵用的是装甲输送车。步兵到达目的地之后，就下车开始徒步作战。步兵战车的出现使步兵在抵达目的地以后，不必下车，而可以直接运用车体两侧和后部的射孔进行射击。这大大降低了战斗中步兵的伤亡率，而且可以让步兵利用威力强大的武器直接攻击对方的步兵和装甲车辆。

BMΠ-1 步兵战车的主要作用是在坦克和步兵混合编成的部队中，独立作战或者配合坦克作战。它的最大行程为 500 千米，可以通过垂直高度 1.1 米，能越过宽度为 1.98 米的壕沟，可以攀爬最大坡度为 31 度的斜坡。当在公路上行驶时，它的速度可以达到每小时 60 千米，而在水上行驶时，它的速度为每小时 8 千米。它有包括驾驶员用的红外夜视仪和车长与炮手用的红外探照灯在内的全套夜视器材。除了是世界上最早正式装备部队的步兵战斗车之外，BMΠ-1 步兵战斗车也是世界上威力最强大的步兵战斗车辆之一。

世界上第一艘核动力航空母舰

1961 年 11 月 25 日，美国的"企业"号航空母舰制造成功，这是世界第一艘核动力航空母舰。排水量为 90970 吨，战斗负载达 89600 吨的"企业"号航空母舰长为 341 米，宽为 40.5 米，飞行甲板宽度为 76.8 米，吃水深度为 11.9 米。加满燃料之后，它可以连续航行相当于绕地球 18 圈的距离——40 万里，可以使用 13 年。

"企业"号航空母舰上装了 4 台 4 轴 280000 马力的蒸汽轮机和 8 座 A2W 核反应堆。一共可以搭乘包括 3157 名船员和 2628 名空军联队人员在内的 5785 余名舰员。"企业"号航空母舰上所配备的武器为 3 座 MK15-20 毫米近防炮、3 座 MK68-20 毫米炮、2 座口径为 40 毫米的火炮和 3 座北约海麻雀对空导弹。在这艘航空母舰上还搭载了 100 架左右的飞机。它的雷达系统主要包括对空 SPS48C、SPS49、SPS65，对海 SPS10B 和导航 1N-66。

第二次世界大战后，为了使军队的各个组成部分按比例均衡发展，1947 年 9 月 18 日，杜鲁门总统美国政府签署了一份名为"国内安全法"的文件。在这份文件中，美国空军被定为第三军种。之后，美国空军和美国海军展开了一场激烈的争论。空军首脑建议优先发展空军，而海军首脑则坚持应该优先发展海军。为了解决空、海军之间的争端，美国政府决定以空海联合的形式来同时保持海军和空军的优先地位。建造"空军、海军混合体"的计划被提上了日程。

1952 年，美国开始恢复建造常规型攻击航空母舰。后来，苏联科学家在列宁格勒海军造船厂建造世界上第一艘核动力破冰船——"列宁"号的消息传来，美国海军在得知苏联正在研制用于和平目的的原子能发动机船只之后，开始建议美国政府制造原子攻击型航空母舰，美国政府采纳了这一建议。1958 年 2 月 4 日，"企业"号航空母舰的研制工作全面启动。1961 年 11 月 25 日，耗资 4.4 亿美元的"企业"号航空母舰制造成功，并很快进入军队开始服役。

"企业"号航空母舰比 2.5 亿美元的"福莱斯特"级航空母舰造价高了近一倍。1964 年 8 月，它在不加水、不加油的情况下开始进行连续的环球航行。这次航程达 32600 里的航行直到 10 月才结束。"企业"号航空母舰的这次航行开创了航空母舰连续航行的新纪录。

继"企业"号航空母舰建造成功之后，美国又先后建造了 4 艘核动力航空母舰。其中包括，1975 年 5 月下水的"尼米兹"号、1977 年 10 月下水的"艾森豪威尔"号、1979 年下水的"文森"号和 1988 年 2 月下水的"亚伯拉罕·林肯"号。

世界上第一架垂直-短距离起落的战斗机

英国的"鹞"式垂直起落飞机是世界上第一架垂直-短距离起落的战斗机。"鹞"式垂直起落飞机空机重 5580 千克，机长 13.91 米，机高 3.45 米，翼展 7.7 米。垂直起飞时，它的最大起飞重量为 8165 千克，而短距离起飞时，它的最大起飞重量可达 10430 千克。可以携带一对机炮吊舱、3 枚 454 千克的炸弹和一对装 19 枚 36 毫米火箭发射巢的它，既可以用来进行空战，又可以用来攻击陆地和海洋上的固定目标或移动目标。

军用战斗机的使用对机场的依赖性非常强，这是因为无论是起飞，还是着陆，飞机都需要在跑道上滑行很长的距离。由于机场在战斗中的重要作用，它非常容易成为敌人的首要攻击对象，受到摧毁性的打击。而机场一旦出现问题，战斗机就会因为不能起飞，而完全丧失战斗能力。这正是各国争相研究垂直起落或者垂直-短距离起落飞机的原因。

20 世纪 50 年代后期，英国、美国、联邦德国等国家相继开始了用于近距离协助地面部队作战或战术侦察垂直起落或者垂直-短距离起落战斗机的研制工作。1957 年，英国开始设计和制造"鹞"式垂直起落飞机。1967 年，"鹞"式垂直起落飞机进入英国空军部队，开始服役。

"鹞"式垂直起落飞机实现垂直起落主要依靠的是改变发动机和喷气的方向。它的发动机是一台喷口可旋转的"飞马"型涡轮风扇发动机，它的两对喷口位于机身的两侧。当飞机垂直起落时，喷口会转到朝下的方向，这时，发动机喷气的方向朝下，在飞机下端形成四根强有力的气柱。这些气柱使飞机既可以垂直起飞又可以垂直着陆。当飞机正常飞行时，喷口会转到朝后的方向，这时发动机向后喷气，飞机获得前进的动力。正常飞行时，"鹞"式垂直起落飞机的最大速度可以达到每小时1000千米。

"鹞"式垂直起降战斗机

除了垂直起落之外，"鹞"式飞机也可以按常规起落方式起落，不过，滑行距离不像普通飞机那么长。设计制造它的是英国的霍克·西德利公司。在研制过程中，一共经历了三个发展阶段，首先是P.1127试验原型，然后是"茶隼"鉴定试用原型，最后才是"鹞"式原型。1966年8月31日，第一架"鹞"式垂直起落飞机原型机在英国英格兰萨里郡的邓斯福尔德进行了悬停飞行。1967年7月，首批6架"鹞"式飞机开始装备英国空军。

"鹞"式飞机不仅不需要依赖机场，可以分散隐蔽，而且可以在空中比较自如地转弯、倒退、低速飞行等。这些优势都是一般战斗机所无法企及的。"鹞"式飞机的起飞和降落都可以在中型军舰上完成，它的使用不需要依赖大型航空母舰。这使它在作战中可以表现得非常灵活。

世界上第一艘螺旋桨战舰

1862年2月25日开始服役的美国的"普林顿"号战舰是世界上第一艘使用螺旋桨的战舰。它是由当时伟大的舰艇设计师约翰·埃里克森设计制造的。才华横溢的约翰·埃里克森出生于瑞士，是发明制作螺旋桨的先驱之一。

1836年，英国制造了带有螺旋桨的船，但这艘具有划时代意义的船却并没有引起英国海军的重视。美国海军上尉罗伯特·F·斯托克顿邀请埃里克森到美国来，帮助设计制造螺旋桨战舰，埃里克森接受了邀请。

经过一段时间的紧张工作，"普林顿"号战舰建造完成，这艘战舰上配备有当时最为强大的火炮——"调解人"。1862年2月25日，"普林顿"号战舰进入美国军队开始服役。3月6日，"普林顿"号在华盛顿南边的波托马克河进行试航。它的首次航行引起了许多官员的重视，华盛顿的主要官员都前去观看。在进行新式舰炮的试射时，火炮忽然发生了爆炸，当时在场的国务卿、海军部长和几名议员当场死亡。泰勒总统因为当时正在与仓下的贵宾们交谈而侥幸逃过一劫。

后来，"俄勒冈"炮取代"调解人"炮，装备了"普林顿"号战舰。改装之后，该舰试航终于成功。之后，威猛的"普林顿"号战舰开始正式为美国军队效力。因为极快的航速和威力巨大的火炮，它很快便获得了"海上霸王"的称号。

世界上第一艘核潜艇

美国的"舡鱼"号潜艇又被称为"鹦鹉螺"号，是世界上第一艘核潜艇。装有6座"533"

鱼雷发射管的"舡鱼"号潜艇全长97.4米，水中排水量可以达到4040吨，水下速度最快可达20节。

1951年7月1日，美国国会通过了一项决议，这项决议是关于建造第一艘核潜艇"舡鱼"号的。1952年6月4日，"舡鱼"号的建造工作正式开始。经过近两年的努力，1954年，建造工作全面完成。1954年1月21日，由艾森豪威尔夫人主持的"舡鱼"

"鹦鹉螺"号是世界上第一艘核动力潜艇，它和"大青花鱼"号同为现代潜艇的先驱。

号下水典礼在康涅狄格州洛顿的电动船坞举行。同年9月30日，"舡鱼"号进入美国海军，开始了它的服役生涯。"舡鱼"号很快便开创了核动力航行的新纪元。1958年，它进行了一次伟大的航行——从冰层下穿越北极。这让它充分显示了自己的威力。

在两次世界大战中，潜艇的威力开始慢慢显现，它在海战中扮演着越来越重要的角色。它的出现不仅实现了人类遨游海底的千年梦想，而且为海战提供了一种威力巨大的舰种。不过，虽然威力巨大，可是这些潜艇也存在着许多不容忽视的问题。

由于技术性能比较落后，这时候的潜艇不仅生存能力非常弱，而且在全速航行的过程中，每隔一个小时左右，就需要浮出水面进行换气和充电。这样频繁的浮出水面使它们很容易被敌方发现，战斗性能不能充分发挥出来。

第二次世界大战以后，各国纷纷开始研究解决这个问题的办法。美国首先决定把原子动力装置装备到潜艇上，制造核潜艇。1948年，美国海军司令部同原子能委员会签订了设计和制造原子动力装置的协议书。从协议书签订到50年代末，美国在研制和使用原子动力装置方面一共花费了6.6亿美元。1954年，"舡鱼"号潜艇终于制造完成。

1959年7月11日，美国最后一艘常规潜艇"巴伯罗"级"北梭鱼"号建造完成并编入现役。从此，美国停止了常规潜艇的建造。里科弗是世界上第一个研制核潜艇的组织者，由于在试制核潜艇方面所取得的成绩卓著，他被誉为"核潜艇之父"。

自1954年"舡鱼"号研制成功到1987年，美国已经发展了五代核潜艇，仅在军队服役的就有90余艘。苏联虽然只发展了三代，但是在军队服役的有180余艘。随着科学和军事的发展，核潜艇在军队装备中所扮演的角色越来越重要。

世界上第一架安装有雷达的飞机

世界上第一架安装雷达的飞机是英国的"安森"号飞机。地面雷达由于固定在地面上，机动性能很差，所以很容易受到敌方的攻击。而由于受地球曲率的影响，电磁波的传播受到限制，因此，地面雷达存在一些监测不到的死角，例如当飞机位于地平线以下或者利用地形进行隐蔽之后，地面雷达就很难监测到它们的存在。

为了提高雷达的生存能力，并使雷达的作用得到更为充分的发挥，1937年，英国的爱德华·鲍恩博士组织人员，研制出了一种可以机载的雷达。相对于地面雷达来说，这种雷达的体积较小。但它还是需要占据大半个机舱的位置。爱德华·鲍恩博士研制出的这种机载雷达可以探测到 16 千米范围内的电磁波信号。

研制成功之后，这种雷达首先被安装在了双发的"安森"号飞机上，这也使"安森"号飞机成为世界上第一架安装雷达的飞机。后来，随着军事科技的不断发展，人们对雷达和飞机都进行了改进，使它们的性能都获得了很大的提高。1940 年，这种安装有机载雷达的飞机开始进入英国军队的指挥机关服役。在当年 7 月份的一次战斗中，这种飞机被第一次投入使用。初战告捷，一举击落一架德军轰炸机的战果初步显示出了机载雷达的强大作用。

世界上寿命最短的大型航空母舰

始建于 1940 年 5 月 4 日的日本"信浓"号航空母舰是世界上寿命最短的大型航空母舰。当时，在国际中处于不利地位的日本，期望利用一艘大型航空母舰来增强海上力量，挽回败局。急于求成的日本政府拼命加快航空母舰的建造速度，仅用 4 年零 5 个月的时间就建成了当时世界上最大

日本"信浓"号航空母舰的资料照片

的超级航空母舰"信浓"号。1944 年 10 月 8 日，"信浓"号在横须贺军港进行了试水。当年 11 月 9 日，它就进入日本海军序列。

"信浓"号航空母舰长 266.58 米，宽 36.3 米，满载排水量为 72000 吨。它具有极强的防护能力，可以抵御 500 千克炸弹的轰炸。1944 年后，美国开始对日本实施全面轰炸。为了保存实力，伺机对美军进行攻击，日本海军命令"信浓"号航空母舰离开横须贺港，驶入濑户内海的吴港待命。

11 月 28 日中午，在 3 艘驱逐舰的护卫下，"信浓"号朝着吴港急速驶去。出乎日本海军预料的是，29 日凌晨，美国"射水鱼"号潜艇对"信浓"号发动了猛烈的攻击。"射水鱼"号发射的鱼雷让"信浓"号燃起熊熊大火。

由于官兵没有经过系统、正规的训练，不会使用舰上的消防设备，整个舰上立刻乱作一团。29 日 10 时 56 分，"信浓"号航空母舰带着 1600 名官兵葬身海底。

从研制成功到沉入水底，这艘航空母舰的寿命仅有 50 天，总行程也只有几百海里而已。

世界上最大的核潜艇

目前，世界上最大的核潜艇是苏联的"台风"号核潜艇和美国的"俄亥俄"号核潜艇。

苏联的"台风"号核潜艇是苏联第四代弹道导弹核潜艇。它长 183 米，宽 22.9 米，高 18 米，潜水深度可达 500 米。它的耐压壳与外壳间有 4~4.6 米的间距。1978 年，代号 402 工厂的北德文斯克造船厂开始建造这艘核潜艇。它的水下排水量为 30000 吨，水下航速最高可达 27 节。这艘核潜艇的编制官兵为 150 人。1980 年 9 月，"台风"号核潜艇下水试航。1982 年 10 月，进行了首次导弹试射。1983 年，它进入苏联北方舰队开始服役。

美国"俄亥俄"级弹道导弹核潜艇

它的动力装置是2座推进功率为59000轴马力的压水反应堆和2台总推进功率为80000轴马力的蒸汽涡轮机。所配备的武器包括8具鱼雷发射管、20具高15米的SS-NX-20导弹发射筒和20枚射程9000千米的SS-NX-20潜射弹道导弹。体长为15米的SS-NX-20导弹，投射重量为1900千克，命中精度可以达到650米。这种导弹可以在苏联近海打击整个欧洲、北美和亚洲地区的目标。

美国的"俄亥俄"号核潜艇长170.7米，宽12.8米，吃水深度为10.8米。作为美国"三叉戟潜艇计划"中的第一艘，1979年4月19日，"俄亥俄"号进入军队开始服役。该潜艇的水上排水量为16600吨，潜航时的排水量为18700吨。

它的动力装置为一座S8G压水反应堆。在这艘核潜艇的中部有24个导弹发射管，每个导弹发射管里都装有一枚射程为11000千米的C-4三叉戟I型导弹。每枚C-4三叉戟I型导弹中都装有8枚分弹头，每枚分弹头的爆炸威力为10万吨当量。8枚分弹头可以分别攻击不同的目标。这就是说，这艘潜艇可以同时分别击中192个不同的目标。除了导弹之外，这艘潜艇上还装了4枚533毫米的HK68水雷。

"俄亥俄"号核潜艇的武器装备非常先进，本身性能又非常良好，它拥有在海战中戒备较长时间的能力，可以较好地完成全球性的持久作战任务。由于发出的噪声小，它还被人们称为"静悄悄的潜艇"。

军事战争之最

世界上规模最大的战役

世界上规模最大的战役当属第二次世界大战中在纳粹德国和苏联之间发生的斯大林格勒战役。这场历时半年之久的战役，不仅是第二次世界大战东部战线的转折点，也是近代历史上最为血腥残忍的战役，无数士兵和平民在这场浩大的战争中失去生命。

1942年7月17日，由沃尔弗拉姆·冯·里希特霍芬男爵指挥的德国空军第4航空队对斯大林格勒进行了猛烈轰炸，不久城内一片废墟，随后，德军以快速的攻势攻入斯大林格勒内，并且和苏军进行了激烈的巷战。

1943年2月2日，斯大林格勒城内近10万的轴心国士兵正式宣布投降，这是德国在第二次世界大战中首次大规模的战败。斯大林格勒战役也成为战争的转折点。

但是，这场战争的损失无疑是惨重的，其残忍程度令人无法描述。据资料统计，战役中轴心联军（德军以及其盟友）约死亡、受伤或被俘85万人，其中包括40万德国人、12万罗马尼亚人、12万匈牙利人和12万意大利人。

而获胜的苏军方面同样损失惨重，根据资料显示，共约 112.9 万人伤亡，其中约有 47.8 万人阵亡、约 65 万人被俘。除去士兵的伤亡，平民的伤亡也非常惨重。整个斯大林格勒地区共约有 75 万名平民死亡、受伤或被俘。在一星期内，德国第 4 装甲军团与第 6 军团进攻斯大林格勒前的空中轰炸中就有超过 4 万名苏联平民死在城内与郊区。

世界上规模最大的海战

在第一次世界大战中，创造了多个世界之最，其中世界上规模最大的海战就发生在第一次世界大战中英国和德国之间的日德兰海战。

1916 年 5 月 31 日，英国本土舰队和德国公海舰队在丹麦的日德兰半岛附近的北海海域打响了日德兰海战。这场规模庞大的海战中，英国先后共出动 28 艘战舰，9 艘战斗巡洋舰，8 艘重巡洋舰，26 艘轻巡洋舰，78 艘驱逐舰，1 艘布雷舰，1 艘水上飞机母舰。德国也先后出动 16 艘战舰，5 艘战斗巡洋舰，6 艘无畏舰，11 艘轻巡洋舰，61 艘鱼雷艇。

可以看出，当时双方的差距是非常明显的，双方的舰炮总数比例为 272 : 200，舷侧齐射火力比例为 396700 磅 : 189985 磅。这样的实力差距深刻影响了战争的进程。

日德兰大海战，是第一次世界大战中重大海战之一。虽然德国舰队遭受无法承受的损失，但是英国和德国都宣布自己获得了胜利。

日德兰海战一直到 6 月 1 日才落下帷幕，而这场激烈的海战造成英国 6000 多人阵亡，德国 2000 多人阵亡，英国本土舰队损失 14 艘舰艇，而德国公海舰队损失 11 艘的惨重损失。

此次海战的影响无疑是巨大的，虽然德国表面上取得了战术的胜利，但是德军没能打破协约国对其在海上的封锁，正如美国《纽约时报》所评论的那样："德国舰队攻击了它的牢狱看守，但是仍然被关在牢中。"这场战争使得德国在以后的战争中无法以海军和协约国进行正面的交锋，德国从此开始转向潜水艇战。

世界上规模最大的空战

世界上最大规模的空战当属第二次世界大战中英德空军在英国上空展开的大战。

1940 年 8 月 13 日，戈林下令 1500 多架飞机对英国进行轰炸，"鹰袭"计划正式实施，拉开了不列颠之战的序幕。8 月 28 日，英国人对柏林进行了轰炸，作为报复，希特勒则下令对伦敦和其他英国重点城市进行大规模空袭。

1941 年 5 月 10 日，507 架德国飞机集中轰炸伦敦，造成 1436 人死亡、1800 人重伤。而这次轰炸也是德国空军对伦敦的最后一次大规模的轰炸，随后，希特勒下令空军主力东调至苏联，不可避免地陷入两线作战之中。以这次被德军成为"惩罚性进攻"为标志，不

在不列颠之战期间，一支亨克尔川轰炸机编队集结在一起准备发起一次突然袭击。

列颠之战彻底结束。

这次战争对于英国来说无疑是成功的，正如1940年9月20日，英国首相丘吉尔在演讲中称："在人类战争历史上，从来没有这么多人从这么少的人那里得到这么多。"毫无疑问，英国用不到3000人英国空军的飞行员、地勤和指挥通信人员，抵挡住了强大的德国空军的进攻，不列颠之战中英勇的空军部队为战争的胜利做出了非常大的贡献。

连续一周的轰炸使得伦敦火光滔天，成为一片火海。而这次不列颠空战是世界上规模最大的空战，双方共投入了数以千计的轰炸机和战斗机，战争持续将近10个月，英军共损失了915架飞机和414名飞行员，德军则损失了1733架飞机和6000多名飞行员。因为英国的坚持抗战，使得德国不得不重走两线作战的老路，陷入两面作战的困境之中，也陷入了长期持久战之中。

世界上规模最大的军事撤退行动

世界上最大的军事撤退行动当属第二次世界大战期间的敦刻尔克大撤退，这是一次由英国组织的欧洲大陆战略性撤退。面对来势凶猛的德军袭击，盟军采取大撤退的方法，来保存盟军实力，尽管在撤退中面临着德国空军的激烈轰击，最终还是成功将主力部队撤离欧洲大陆。这次成功撤退意义重大，为日后彻底打败纳粹法西斯德国奠定了基础。

1939年9月1日，德国军队突袭波兰，拉开了第二次世界大战的序幕。1940年5月10日，德国以强大的军队实力成功绕过马其诺防线，集中力量攻打比利时、荷兰、法国、卢森堡等西欧国家，在极短时间内横扫法国大陆。5月27日比利时军队正式投降，面对德国的强势进攻，40万英法联军开始全部集中向法国东北部靠近比利时的港口敦刻尔克撤退。

此次撤退共历时9天，从5月26日开始进行，至6月4日结束，共撤退英军约21.5万人，法军约9.5万人，比利时军约3.3万人，共计约33.8万人撤回英国。

但是，这次撤退的损失无疑是相当惨重的。德国军队在空中和海上不断对撤退军队进行攻击，英法联军士兵在撤退中将重装备全部丢弃，据统计，英法联军将1200门大炮、750门高射炮、500门反坦克炮、6.3万辆汽车、7.5万辆摩托车、700辆坦克、2.1万挺机枪、6400支反坦克枪以及50万吨军需物资全部遗留在敦刻尔克的沙滩上。并且至少造成英法联军近4万余人被俘，还有2.8万余人死伤。在撤退中，一艘被征用做了军事运输船的名为"兰开斯特里亚号"豪华邮轮，被德军炸沉，造成至少3500名英军士兵死亡，比"泰坦尼克号"死亡人数还多。

但是，这次大撤退的意义相当重大，为英军留下了一大批有生力量，为最终彻底消灭法西斯奠定了基础。

世界上规模最大的航空母舰大会战

人类科学技术的发展也不断推动着军事武器的快速发展，航空母舰大会战这样高科技的战争已经屡见不鲜。说到世界上最大规模的航空母舰大会战则当属中途岛海战。

中途岛海战是第二次世界大战中非常重要的一场战役，美国和日本出动了多艘航空母舰，在海上和空中进行了激烈的战争，这次战役也是太平洋战区的转折点。

1942 年 6 月 4 日，日本第一波攻击机群开始从 4 艘航空母舰上起飞，由 36 架赤城加贺的九九式舰上轰炸机、36 架两龙的九七式舰上攻击机及 36 架护卫的"零"式战斗机组成的 108 架机群，在"飞龙"号航空母舰的空对地攻击指挥官友永丈市海军大尉的带领下出发攻击中途岛，拉开了中途岛战役的序幕。

在这场日本发动的中途岛战争中，日军 4 艘航空母舰、重巡洋舰"三隈"号沉没，332 架军机受损，3500 人阵亡，整个海军受到惨重的损失，从此日本在太平洋战场无法再次发动大规模的进攻。

在这场战役中，日本为了达到作战目的，几乎出动了日本海军的所有力量，投入了大半兵力，有资料称，日本出动的舰队规模甚至超越后来史上最大海空战莱特湾海战时的联合舰队，可谓是日本海军在第二次世界大战中最大的战略进攻。但是，大投入并不代表大收入，在成功偷袭珍珠港之后，这次中途岛战争却以失败告终，山本五十六曾对首相近卫文麿说："凭日本的工业，根本不能与美国为敌，同其抗衡。如果（日美）非打不可，在开始的当年或一年中可以奋战一番，并有信心争取打胜。但战争如果持续下去，以致拖到二年三年，那就毫无把握了。"

而反观美国在这次战役中，虽然航空母舰"约克镇"号、驱逐舰"哈曼"号沉没，307 人阵亡，但是成功击退了日本海军对中途岛的攻击，得到了太平洋的主动权，中途岛战役成为太平洋战区的转折点。

世界上规模最大的空降作战

世界上规模最大的空降作战，发生在第二次世界大战时期盟军进行的一次代号为"市场—花园"的空降作战。

这次空降作战共历时 10 天，从 1944 年 9 月 14 日一直到 9 月 26 日才结束。在具体的行动上，采取英国陆军向安特卫普实施地面进攻，美军、英军、波兰的空降部队实施空降，夺取莱茵河上的桥梁的方式。在战争投入上，英军的第 2 集团军、加拿大第 1 集团军和空降第 1 军的第 21 集团军群都参与了作战，兵力共计有 11 个步兵师、5 个装甲师、3 个空降师和 1 个伞兵旅。

1944 年 9 月 17 日，在这场世界战争史上规模最大的空降作战中，英国和美国几乎投入了自己所有的空军力量，出动了 15000 余架飞机，其中包括运输机 5500 余架、战斗及轰炸机 8000 余架、滑翔机 2596 架；投入大炮 568 门、军车 1927 辆；参与作战的兵力有135700 人，其中光是伞降兵就有 20191 人；另外还消耗了 52300 吨物资。在作战指挥上，主要由英军来指挥。17 日下午 2 时 15 分，第 30 军军长霍罗克斯将军下达了"花园"部队开始发起进攻的命令。德军防御部队的 5 个营首先受到了爱尔兰禁卫装甲师的攻击，紧随其后的是第 43 团和第 50 团，在这样猛烈的突然进攻下，英军得以快速推进了几里。而德军阵地防御的瓦尔兹师支队却因突然受到攻击而发挥不了战斗力，德军的防御很快就开始崩溃，纷纷向道路两侧左右退去。

然而，德军并没有因此而惨遭失败。由于情报出现了问题，蒙哥马利元帅不知道原来德军早已在盟军预定着陆的地区部署了空降第1集团军的部分部队和党卫军第2装甲军的两个装甲师。缺少重型装备且不知情的盟军空降兵刚一开始空降，就遭到了德军不断的高射炮射击，很多士兵还未到达地面就已经被射死了。德军这时获得了一份盟军的作战命令，由此开始策划对盟军的反攻。盟军的战势越来越失利，两支空降部队在遭到德军的猛烈攻击下，共伤亡了3542人才艰难地得以和地面作战部队会师。并且，由于战线过长，盟军的补给一时供应不足，部队的前进速度明显变得缓慢。经过了10天的苦战，盟军撑到了27日，在遭受了巨大的人员伤亡后，盟军不得不宣布这次"市场—花园"的空降作战以失败告终。

虽然这次空降作战盟军也获得了一定的战果，但也因此付出了惨痛的代价（盟军损失1.7万多人，德军仅伤亡3300人；盟军的空降部队更是损失惨重），并且盟军并未达到作战前制定的最后目标，可见，这次世界上最大规模的空降作战最终失败了。

世界上规模最大的城市保卫战

1941年9月30日至1942年4月20日，在苏联展开的莫斯科保卫战是世界战争史上最大规模的城市保卫战。在这场有史以来最大的保卫战中，苏联红军用肉体和信念构筑了坚实的防御，有效抵制了德国法西斯的进攻，在人类抗争史上谱写了一曲感人至深的乐章。

这场保卫战，共分为两个阶段。第一个阶段是从1941年9月30日到12月5日，苏军为保卫莫斯科而进行的一系列战役，目的是为了粉碎向莫斯科进攻的德国法西斯各突击集团；第二个阶段是从1941年12月5日到1942年4月20日，苏军为了打败并驱逐德国法西斯而进行的进攻战役。

为了使进攻迅速而有效，德军打算采取突袭的方式，割断苏军的防御，并快速集结兵

莫斯科保卫战的胜利，打破了德军不可战胜的神话，大大鼓舞了苏军的士气。

力从南面和北面包围莫斯科。在具体的实施上，德军投入了大约 180 万人，1700 辆坦克，1.4 万余门火炮和迫击炮，1390 架飞机。不管是从军队的数量，还是从武器的质量上来看，德军都明显占据优势，因为这时的苏军武器装备明显落后于德军，甚至有一半以上的坦克和飞机都是旧式的。因此，在德军的猛烈进攻下，虽然苏军进行了顽强的抵抗，但还是被德军突破了防御。10 月 3 日，莫斯科附近的奥廖尔陷落；10 月 12~13 日，双方军队在维亚济马地域陷入合围；13 日，苏军维亚济马集团大部分被德军歼灭；23 日，苏军布良斯克集团大部分被歼；在这两次战役中，苏军共被德军俘虏 67 万人。

除了陆地上的进攻，在 10 月间，德军还对苏军展开了 31 次空袭，参加的飞机有 2000 多架，其中只有 72 架得以闯入莫斯科上空，278 架被苏军击落。战事发展到了 11 月，德军在调整后又对莫斯科展开了新一轮的进攻。不过此时的苏军采取了长期坚持和消耗的方式来抵御德军的进攻。而对于德军来说，远在他国，补给一时没法保证，因而在苏军的消耗战中损失惨重。而此时的苏军在斯大林的带领下，早已集结好反攻的力量。

1941 年 12 月 5 日，苏军在朱可夫的带领下发起对德军的大规模反击；12 月 6 日，苏军的反击在莫斯科地区全面展开；1942 年 1 月初，德军的大量兵力和机械化武器遭到重创；2 月初，德军实施突击，苏军的战势有所恶化；4 月 20 日，为了彻底扭转战局，苏军最高统帅部命令西方向的部队转入防御、撤回外线作战部队，至此，德军与苏军之间的会战终于结束。

这场莫斯科保卫战显示了苏联人民团结一心、一致抗敌的决心，彻底打击了德国法西斯的嚣张气焰，使受到重创的德军再也无力发起更大的进攻，这场保卫战也是第二次世界大战的根本转折点。

世界上规模最大的海空战

第二次世界大战中，美日在菲律宾海域的莱特湾进行的海空战是世界上规模最大的海空战。

1944 年 9 月到 10 月，美军攻占了帕硫群岛。之后，又开始发动对莱特湾岛的进攻。莱特湾岛是美军进攻菲律宾的跳板，一旦失守，日本极有可能失去菲律宾，而失去菲律宾对日本来说不仅意味着日军在南亚的战争资源区丢失，还意味着日本通往海外的路线被切断。所以一旦失去菲律宾，日本基本就只能坐以待毙了。

意识到莱特湾岛对日本的重要战略意义，美国派出了第三舰队和第七舰队参战。两个舰队共装备有总吨位 133 万吨的各类军舰。其中包括 8 艘航空母舰、8 艘轻型航空母舰、18 艘护航母舰、10 艘战列舰、10 艘重巡洋舰、14 艘轻巡洋舰、111 艘驱逐舰和 29 艘潜艇。除了军舰之外，还有 1400 架各型飞机参加了战斗，参战人数达 14 万。

为了抵挡美军对莱特湾岛的进攻，日本把全部舰队都投入了这场战斗。日本总人数为 4.3 万余人，参战的部队主要是北部编队和南部编队。两个编队装备了总吨位为 73 万吨的军舰，其中包括 1 艘航空母舰、3 艘轻航空母舰、9 艘战列舰、6 艘轻巡洋舰、35 艘驱逐舰、13 艘重巡洋舰、14 艘潜艇。除了军舰以外，日本也派出了飞机参战，只不过数量较美国少了许多，只有 300 架。

莱特湾海战一共包括锡布扬海的海空战、苏里高海峡夜战、萨马近海海战和恩格诺角海空战四个部分。由于双方军事力量悬殊过大，日本最终没能保住莱特湾。这次大海战参战双方都损失惨重。战败方日本除了死亡 1 万人之外，还损失了 150 架飞机和总吨位 30 万吨的各类军舰。其中包括 1 艘航空母舰、3 艘轻型航空母舰、3 艘战列舰、6 艘重巡洋舰、4 艘轻巡洋舰和 11 艘驱逐舰。而作为战胜国的美国，损失并不比日本小多少。美军共有 1500 人死亡，除了被击毁的 100 架飞机之外，还损失了总吨位为 35000 吨多艘军舰，其中包括 1 艘轻航空母舰、2 艘护航母舰和 3 艘驱逐舰。

这次海战中，日本虽然绞尽脑汁，想出了许多招数，但是由于军事力量方面的差距太大，所以最终还是没能逃脱水上兵力彻底覆灭的命运。莱特湾海战是世界战争史上规模最大、参战军舰最多，同时也是损失最为惨重的一次。

世界上规模最大的狙击作战

抗美援朝战争的第二年，敌我双方相持不下，中国人民志愿军司令部为了扭转战争形势，号召前线战士展开广泛的狙击作战行动。作为世界上规模最大的狙击作战，这次被称为"冷枪冷炮活动"的狙击作战行动甚至被收入了《中国军事百科全书》。

经历了一年多的激烈厮杀，1951 年 11 月，朝鲜战局暂时归于平静，敌我双方在三八线南北地区形成对峙状态。装备的劣势，让我国志愿军战士在对峙作战的初期处于下风。面对严峻的形势，志愿军官兵提出了"变死阵地为血脉流通的活阵地"的口号，开始在"巧打"二字上猛下功夫。战士们想方设法赋予落后的武器以最有效的战术，并开始了冷枪冷炮的狙击行动。出人意料的是，最终竟然出奇制胜，上演了世界战争史上最匪夷所思的逆转。

起初，我军有"不得随意开枪"的军令。因为不愿意在这种僵持的气氛下被动挨打，一个叫徐世祯的人无意间扮演起狙击手的角色，首先打破了这条军令。为了隐藏自己，他把脸部和全身涂满了泥土之后，拿着一支步枪悄悄潜入了阵地前沿。他打一枪换一个地方，在一天之内就击杀了 7 名敌军。他的这种"鲁莽"行为让一直被动挨打的中国人民志愿军看到了一丝曙光。

当时我国军事工业非常落后，军队所用的武器大都是从敌人手中缴获而来的，我军没有办法为狙击手配备专用的狙击武器。而除了狙击行动之外，又没有更好的办法可以扭转战局。手中只有毛瑟 M98k 步枪的我军狙击手要获得成功就必须依靠灵活的战术和过硬的狙击技术。相对于美国士兵所配备的现代狙击武器而言，志愿军手中的毛瑟步枪显得非常老旧不堪。可是就是这些普普通通的步枪，帮助中国狙击手在朝鲜战场上创造了一个狙击手的神话。

一开始，只是步兵狙击手向对面阵地上的敌军放冷枪，后来，看到步兵狙击手的表现出色，令敌军闻风丧胆，志愿军炮兵部队也开始纷纷请战。1952 年 8 月，志愿军总部在充分肯定冷枪活动成绩的同时，答应了炮兵部队全面开展冷炮活动的请求。冷枪与冷炮共同作战使我国志愿军的作战威力大大增强。仅 1952 年 5~8 月，志愿军一线部队的狙击手就击杀了 1.3 万余名敌军。

冷枪冷炮活动全面展开以后，美国士兵不知如何应对，整天躲在地堡和隐蔽部中不肯露头。为了逼敌出洞，志愿军战士创造了许多枪炮结合的新战法，几乎每支部队中都有相当数目神枪手的志愿军战绩赫赫。冷枪冷炮的战术让美军严重受挫。从 1952 年 5 月到 1953 年 7 月，志愿军利用冷枪冷炮击杀敌军 5.2 万余人。冷枪冷炮成就了中国狙击手在朝鲜战场上的神话。

世界上规模最大的巷战

柏林巷战是有史以来，世界上规模最大的巷战。

1945 年初，罗马尼亚和保加利亚投降倒戈，同时由于丢掉了匈牙利的大部领土，德国通往波兰的大门洞开。之后，苏军相继解放华沙，夺取波罗的海三国、格但斯克、东普鲁士和波兹南，解放布达佩斯，夺取维也纳。这时，第二次世界大战已经转变为东西方阵营的较量，纳粹德国大势已去，战败只是时间的问题。斯大林认为柏林具有重大的战略价值，苏军必须迅速攻克柏林。

1945 年 4 月 30 日，红军抵达柏林市中心。在经历了激烈的战斗之后，苏军将红旗插到了柏林议会大厦的楼顶，希特勒与妻子爱娃·布劳恩自杀身亡。5 月 2 日，魏德林宣布战败投降。柏林战役落下了帷幕。在伤亡人数共达 81 万人的柏林战役中，战胜方苏军损失兵力 36 万之多。之后，柏林被分为东柏林和西柏林，东柏林属于民主德国，西柏林属于联邦德国。直到 1989 年，柏林墙倒塌，德国才最终走向统一。

在德国柏林，人们正在庆祝柏林墙倒塌。

世界上规模最大的包围战

发生在第二次世界大战期间的基辅会战是目前世界上规模最大的包围战。

1941 年 6 月，苏联和德国之间的战争爆发，"巴巴罗萨"行动开始。德军的北方、中央和南方 3 个集团军群在苏联的正面防线上，分别从北、中、南三面开始发起进攻。

苏联部队在人数和装备上都占据巨大优势，但是由于德军具有丰富的战斗经验，苏军防线很快就被德军突破，德军部队以极快的速度开始向苏联内部推进。经过比亚维斯托克－明斯克会战、斯摩棱斯克合围战等交锋之后，德国的中央军群彻底敲开了通往莫斯科的大门。德军将领们踌躇满志，准备杀向苏联的权利中心。而希特勒此时却命令中央军群所属的古德里安第 2 装甲兵团去与南方集团军群会合，对基辅附近的苏军进行包围。

苏军的最高统帅部意识到西南方向会是德军进攻的主要方向，因此在乌克兰部署了重兵，不过还是未能抵挡住德军的猛烈进攻。9 月初，苏军被迫退守乌克兰首都基辅。基辅位于第聂伯河东岸，苏军依托第聂伯河重新建立起了一道新的防线。此时，德军的计划则是在一巨大的舌形地区中，围歼苏军重兵集团。一场会战正在悄悄酝酿。

因为知道德军组织基辅大合围的计划，苏军总参谋长朱可夫大将向斯大林提出放弃基辅，全力保卫莫斯科的建议，却遭到斯大林的严厉拒绝。9 月 11 日，苏军西南方向总司令布琼尼察觉到苏军危险的处境，向斯大林提出东撤的请求，一心死守基辅的斯大林却认为布琼尼消极避战，免去了布琼尼的职务。

9 月 12 日，坦克第 1 集群从克莱斯特第 1 装甲兵团在克列缅丘格地域所夺取的第一个登陆场向卢布内总方向发起进攻。意识到苏军面临被合围的危险，苏军西南方面军司令

古德里安部队

员基尔波诺斯上将自行下令部队全线后撤，但苏军最高统帅部很快就撤销了这一命令。苏军最高统帅要求西南方面军对德军发起反攻。就这样，苏军错过了避开合围、保存实力的最后机会。

9月14日，德军展开了包围苏军的最后进攻。15日，古德里安部队和克莱斯特部队在基辅以东210千米的洛赫维察会师。至此，两支南北对进的德军装甲精锐部队彻底完成了对苏军第5、第21、第37、第26和第38等5个集团军团的合围。

9月16日，基辅会战正式开始，被包围的苏军陷入一片混乱。17日3点40分，苏军最高统帅部下达撤退命令。然而就像德国陆军总参谋长哈尔德大将当天在他的日记中所写的一样，"基辅包围圈里的敌军在圈内就像台球一样的跳跃着。"苏军指挥已经失灵。18日，苏军集中了强大的兵力和坦克发动了第一次突围。由于德军增援部队赶到及时，第一次突围失败。19日，苏军最高统帅部下令放弃基辅。苏军退向基辅城内，而党政军要员赫鲁晓夫、布琼尼、铁木辛哥等为了逃命，乘飞机离开了基辅。至此，苏军再无力进行有效的突围。

9月26日，基辅会战结束。除了一支约4000人的骑兵队伍突出合围之外，其他苏军均被歼灭。在基辅会战中，德军共击毁或缴获坦克884辆，火炮3718门，车辆3500辆，有66.5万人沦为俘虏。

世界上规模最大的国际性战争

从1939年9月1日开始，到1945年9月2日结束的第二次世界大战是世界上规模最大的国际性战争。是以德国、意大利、日本、匈牙利、芬兰、罗马尼亚等法西斯轴心国为一方，以反法西斯联盟和全世界反法西斯力量为另一方进行的。

"第二次世界大战"这个名称并不是在战争一开始就有的，而是在战争结束之后。1945年9月10日，美国陆军部长亨利·史汀生和海军部长詹姆斯·福雷斯特尔联合向哈里·杜鲁门总统提出了一个建议，这个建议就是把"第一次世界大战"和"第二次世界大战"分别作为1919年的那场战争和这次战争的官方命名予以公布。9月11日，杜鲁门总统批准了这两位部长所提出的建议。从此，"第一次世界大战"和"第二次世界大战"这两个名称才开始使用。

第二次世界大战爆发的背景是，第一次世界大战结束之后，各帝国主义国家的实力此消彼长，在新的形势之下，各国之间的斗争又愈演愈烈。而且第一次世界大战结束后，帝国主义时代本来就存在的各种基本矛盾并未得到根本解决，而战争又加剧了战胜国与战败国之间的矛盾以及各战胜国之间的矛盾。1929年10月29日，美国华尔街股市崩盘，一场被称为"大萧条"的经济危机很快便席卷了整个资本主义世界。经济危机的爆发使帝国主义国家之间的分化和争夺更加激烈。为了摆脱日益严重的政治和经济危机，德国、意大利、日本、匈牙利、芬兰、罗马尼亚等帝国主义国家开始积极争夺世界霸权，走上了法西斯主义的道路。

1939 年 9 月 1 日，德国出动 150 万配备精良的大军突然进攻波兰，第二次世界大战爆发。从出兵波兰到 1945 年德国战败投降，第二次世界大战持续了 6 年之久，参战国家达 61 个，战争从欧洲到亚洲，从大西洋到太平洋，遍及了三大洲、四大洋。全世界有 20 多亿人口被卷入了战争。被德国攻击的波兰是第二次世界大战中受害最为深重的国家，全国五分之一以上的人口都死于这场战争。在中国，一共有 2000 万人死于第二次世界大战，而在苏联，一共有 2500 万人死于第二次世界大战。第二次世界大战中，参战的军队累计共有 1.1 亿人，包括士兵和居民在内，死亡人数共计 9000 万。

1945 年，德国战败投降。第二次世界大战最终以美国、苏联、中国、英国等反法西斯国家和全世界反法西斯力量的胜利而告终。反法西斯联盟和全世界反法西斯力量为战胜法西斯侵略者，为世界赢得和平、进步做出了突出而重大的贡献。

1959 年，苏联做了一项估计，第二次世界大战对苏联所造成的经济损失达 25000 亿卢布。而英国在第二次世界大战期间的战争开支是第一次世界大战时的 5 倍。第二次世界大战造成的经济损失比历史上任何一次战争都严重。据资料显示，第二次世界大战的总费用是 15000 亿美元，其中美国耗费了 5300 亿美元，苏联耗费了 2800 亿美元。

世界上最早的帝国主义战争

帝国主义战争是指帝国主义国家之间为瓜分世界、争夺霸权而进行的战争。

世界上最早的帝国主义战争是 1904~1905 年间的日俄战争。这是一场日俄为了侵占中国东北和朝鲜，而在中国东北的土地上进行的帝国主义战争，也是一场毫无正义可言的战争。日本和俄国都是世界上侵略性非常强的帝国主义国家，他们为了争夺更多的地盘和势力范围而不断在他国进行战争，这场战争也因此成为帝国主义战争时代的开端。

19 世纪末 20 世纪初，各帝国主义国家疯狂地在世界各地争夺土地和分割势力范围。但此时的世界早已被各国瓜分完毕，因此，中国又再次成为帝国主义争夺势力范围的焦点。而作为中国的邻国——俄国，一直没有停止过对中国的侵占，并且在这时又发展到了一个新的阶段。俄国企图吞并中国的整个东北，并且还想进一步染指中国的沿海地区。而此时的日本也没有放弃对中国的瓜分。1894 年 7 月，日本发动了甲午战争，意在侵略中国和朝鲜，战败的中国只好和日本签订了《马关条约》，并把辽东半岛割让给日本。日本的这一行径显然让俄国感觉到自己在侵占中国领土这方面上遇到了强劲的对手，为了捍卫自己的权益，俄国不惜动用武力，逼迫日本让出辽东半岛。

为了对日本施加压力，俄国还在德法两国的支持下，共同干涉日本，这就是"三国干涉还辽"的闹剧。当时的日本因为刚经历甲午战争的消耗，无力再抵抗俄国等的逼迫，因此只好交出辽东半岛（事实上是中国的清政府向日本交了白银 3000 万两才把辽东半岛赎回来的）。俄国还以此自居功臣，因而更加大了对中国的侵占，而这必然会损害到日本在远东地区的利益，日本和俄国之间的矛盾因而也更加激化。

到了 1902 年春，在远东问题上，在日俄两国的周围逐渐形成了两大集团：一个是英日同盟，另外一个法俄同盟。而德国则持有不同的态度，在欧洲反对法国，在远东则支持俄国。至此，日俄两国之间的战争已经具备了国际条件。

在战争前夕，日俄两国的实力对比如下：俄国的陆军常备军总兵力约 105 万人，后备役军人达 375 万人；而日本在战争时期可以动员 200 余万后备兵员（实际上动员了 118.5

万人）。1904 年 2 月 5 日，日本决定与俄国断交，并开始展开军事行动。2 月 8 日白天，英国一艘汽船驶进旅顺，支援日本，而这时的俄国却仍无动于衷，日本的东乡舰队则趁机向旅大方向开进。2 月 8 日午夜，日本舰队向俄国舰队近距离上发射了 16 枚鱼雷，其中有 3 枚射中了目标，俄国的最好的 3 艘舰只受到重创，日俄战争也由此拉开了序幕。

2 月 9 日，日本舰队突然袭击，重创俄国军舰。从 2 月 9 日一直持续到 3 月初，日本舰队曾多次试图封锁俄国舰队于旅顺口，都没有获得成功。战争爆发后，俄国加速向远东地区增添兵力，而此时日本陆军也开始登陆。至 7 月底，日本和俄国之间一直在展开着激烈的战争。此时，旅顺的守兵多达 40000 人，机枪和战舰的数量也大幅增加。而包围旅顺的日本兵力也多达 60000 人，机枪达到 72 挺，日本还以军舰封锁了港口。日俄双方为了争夺最后的胜利都在紧张地部署着。

8 月 24 日，双方进行了辽阳会战。双方元气大伤，各有损失。此后，双方又重新调整部署，重新发起进攻。但因双方的实力各有优劣，因而日俄逐渐进入了对峙状态，并且这种状态一直持续到了 1905 年 1 月。而到了 1905 年 4 月，日俄的战争重点开始转移到海上，双方为争夺更多的海洋范围而投入了大量的军舰。

日俄之间的这场战争，耗费时间长，双方投入了大量的兵力、武器，结果损失惨重。在美国总统罗斯福的出面协调和激烈的讨价还价下，1905 年 9 月 5 日，日俄双方在经长达 25 天之久的谈判后，签订了《朴茨茅斯条约》，这场发生在中国土地上的日俄战争终于得以画上了句号。

世界上最早的空战

世界上最早的空战发生在 1914 年 8 月 25 日这一天。这是一场发生在由 H.D. 哈维—凯利中尉率领的英国皇家飞行队第二中队的一个三机小分队和德国飞行员之间的战争。

1903 年 12 月，经过 1000 多次的滑翔试飞，美国的莱特兄弟终于成功地制造出了世界上第一架飞机，即"飞行者一号"，人类在天空中飞行的愿望终于得以实现，也标志着人类飞行时代的到来。随后，各国纷纷对飞机这一新兴事物开始产生重视，并试图把它应用于战场上。不过，各国的飞机制造发展并不是特别快，到第一次世界大战前，世界各国拥有的飞机数量最多的有 232 架（德国），其次是俄国 226 架，英国 113 架，法国 138 架，比利时 24 架，奥匈帝国 36 架……而且，这时制造出的飞机性能都比较差，加上还没有装备武器，所以飞机此时只能作为侦察和观察炮兵弹着点的工具来使用。而飞机首次用于战场上，是在 1911 年 10 月 22 日这一天，意大利的毕亚查上尉驾驶"布莱里奥"式单翼机从利比亚的黎波里市飞到阿齐齐亚，对土耳其军队进行侦察。此后，飞机在战场的作用越来越得到

莱特兄弟 1903 年的"飞行者一号"模型

人们的重视。

1914 年，第一次世界大战爆发的时候，虽然飞机还只是作为侦察的工具应用在战场上，但此时它在执行军事任务等方面已经发挥了重要的作用。而之所以在这时会发生空战，就是因为飞机在阻止敌方飞机的空中侦察时，很容易和对方发生正面的冲突，导致了战争的发生。

1914 年 8 月 25 日，正在巡逻的由 H.D. 哈维－凯利中尉率领的英国皇家飞行队第二中队的一个三机小分队，猛然发现德国一架鸽式机正在对蒙斯南面的法军防线进行侦察。见此情况，哈维－凯利中尉想立即对德机发动攻击，但此时的飞机还没有装备武器，所以机智的他采取了迅速向德机靠近，在德机方向舵的正后方占位的方式，而分队中的另外两架飞机也迅速靠近，紧紧靠近在德机两侧的有利位置。

突然遭到围堵的德国飞行员变得慌乱万分，他试图冲出包围圈，但是却发现这是件不可能的事，因为这三架英国飞机一直在紧紧包围着他。情急之下，德国飞行员匆忙选择着陆，到达地面后就迅速逃跑了。眼看敌人着陆逃走，英机也紧随其后，迅速着陆。但是英机晚了一步，当哈维－凯利中尉他们到达地面后就立即展开搜索，但却一直没有找到那个德国飞行员，他们只好选择纵火将德机烧毁，然后重新起飞返航。

这就是世界上最早的一次戏剧般的迫降性的空战经过，也是人类空战史上的第一个小小开端，虽然让人看起来有些好笑，但却在一定程度上向人们指出了此后的战争将更多在空中进行。可以说，这一次小小的空战，揭开了世界战争史上空战的序幕，同时也促进了飞机的更快发展。

这时，最早清楚地发现飞机在战争中的重要作用，是法国人。因而，在 1914 年 10 月的马恩河战役中，法国首先在较大的双座机上配备了武器，不过此时还没有制造出供飞行员发射的固定机枪，所以只能在飞机的活动底座上装备一挺机枪由观察员操纵。10 月 5 日，法国机械员兼观察员路易·凯诺中士和飞行员约瑟夫·弗朗茨驾驶一架瓦赞飞机，发现一架德国的"阿维亚蒂克"双座机在侦察法军防线，于是约瑟夫·弗朗茨迅速靠近这架入侵的飞机，路易·凯诺中士握紧机枪，瞄准后，快速射出一连串子弹，成功地击落了敌机。这场发生在法国人和德国人之间的空中战争也成为世界上第一场真正的空战。

世界上最早的航母会战

世界上第一次有航空母舰参与的海战是于 1942 年 5 月 4 日至 5 月 8 日，发生在珊瑚海的珊瑚海海战。除了第一次有航母参与之外，珊瑚海海战还是第一次交战双方舰队在视线距离之外进行的海战和第一次双方战舰没有向敌军战舰开火的海战。

1942 年初，美军从在达尔文港布雷时被击沉的日本"伊号 24"潜艇上捞出一个密码本。通过破译密码，盟军知道日军即将对莫尔比兹港实施登陆，并基本掌握了日方投入的兵力情况。尽管对于盟军来说，集结必要的兵力攻击日军并不是一件容易的事情，可是，尼米兹仍下定决心阻止日军行动。1942 年 5 月 1 日，两支由弗莱彻统一指挥的舰队进驻珊瑚海。

5 月 3 日，日军正在图拉吉登陆的消息传来，弗莱彻命令远在巴特卡普角以西 100 多英里海面上的"约克城"号航空母舰以每小时 26 海里的速度驶往所罗门群岛中部。次日清晨，"约克城"号到达了位于瓜达卡纳尔岛西南约 100 英里的海面上。航母战斗机驾驶员向图拉吉附近海面上的敌人部队发动了一系列袭击。这一袭击并没有取得惊人的战果，而且暴露了美国的主力所在。珊瑚海战役之前，美国在情报方面所占有的先机在袭击图拉吉之后失去了。之后，美国舰队也开始向西莫尔比兹港前进。

5月6日，弗莱彻指挥的军舰与格雷斯海军上将指挥的重型巡洋舰和"列克星敦"号会合，并一同加满了油。之后，他们接到珍珠港的最新情报，得知入侵莫尔斯比港的日军部队将于第二天穿越卢伊西亚德群岛。弗莱彻决定向西驶入珊瑚海。此时的他并没有意识到自己的行踪已经被日本方面掌握了。

5月7日4时许，日机动编队派出6组12架舰载机，开始搜索美军。当天5时45分，向南搜索的日机发回报告，称发现了美方的1艘航空母舰和1艘巡洋舰。之后，日军派出78架日机，向目标飞去。到达目标上空之后，发现只是6日下午跟弗莱彻本队分手的一艘油船和一艘驱逐舰，并不是美军的航母。日军轰炸机对最初发现的目标进行了攻击，油船和驱逐舰最终沉没。5月7日黎明之后两个小时，弗莱彻所带领的美航母主力发现了日军登陆的掩护部队。93架美国战斗机和轰炸机对这支部队进行了轮番攻击，这次战斗，日本海军丧失了一艘大型舰只——"祥凤"号航母。

5月7日下午，日军派出12架轰炸机和15架鱼雷机攻打美国舰队。黄昏时分，这些飞机从美国舰队上空飞过，却没有发现目标。后来，由于天色渐晚，几架日本飞机迷失方向，被美国舰队发现之后，击落了一架，其余匆匆逃跑。

5月8日，交战双方几乎同时发现了对方的位置。双方想方设法抢占先机，在经历了一天的恶战之后，美军损失了一艘航空母舰。弗莱彻无心再战，率领部队离开了战场。

世界上最早的信息战

1990年8月2日，伊拉克对科威特发动进攻，宣布吞并科威特。1991年1月16日，在取得联合国授权之后，以美国为首，由34个国家联合组成的多国部队发动"沙漠风暴"

多国部队进入伊拉克沙漠区。

行动，开始对分布在科威特和伊拉克境内的伊拉克军队发动猛烈进攻。在经受了42天空袭和100多个小时的陆战以后，伊拉克军队受到重创。最终战败的伊拉克接受联合国660号决议，撤走了驻扎在科威特的军队。海湾战争是第二次世界大战之后参战国最多、空袭规模最大的一场战争，同时也是世界上最早的信息战。

1991年3月10日，"告别沙漠行动"开始，美军54万军队撤离波斯湾，海湾战争结束。这场战争是第二次世界大战以后现代化程度最高的战争。20世纪90年代初最先进的高技术武器装备被广泛使用，这场战争简直可以称得上是一场"军事技术革命"的现场展示。

世界上最著名的败仗

滑铁卢战役是拿破仑一世的最后一场战役。1815年2月，拿破仑逃出被囚禁的厄尔巴岛，回国复辟。他在短短的3个月之内，就重新集结了18万正规军，并开始在全国各地训练征召到的30万新兵。

消息传来，欧洲各国大为震惊。他们未曾料到拿破仑会在如此短的时间内重新飞速崛起。英、俄、奥、普四国本来正因领土问题争执不下，此时看拿破仑大有抬头之势，便暂时放下争端各出兵15万人，重新结成联盟，准备再度进攻法国。拿破仑把准备随他北征的12.4万名野战军集中安排在巴黎附近，其他各军则被他派去防守四境。

英国和普鲁士的军队从荷兰和比利时南下，而俄国和奥地利两国的军队一时还无法抵达法国边境。因此，拿破仑决心先击破英国和普鲁士两国联军。1815年6月11日，拿破仑率部队离开巴黎，6月14日，他的部队在查尔勒里附近秘密集中。然后，迅速前进，想办法隔开同盟军之后，再各个击破。拿破仑的作战方法人尽皆知，所以，同盟军知道他会怎么做。可是他们还是没有料到拿破仑的军队会来得那么突然，而他所有部队之间完美的协调也令他们感到震惊。

同盟军看到突如其来的法国军队，一时间惊慌失措。6月17日左右，英国军队开始向北撤退，之后，他们驻扎在了滑铁卢村南边几英里之外的地方。这时，有一个由西向东移动的低气压从滑铁卢上空经过，受到暖风影响的滑铁卢开始下雨。拿破仑知道，大炮只有在干实的土地上才能自由、灵活地移动，下雨天气不利于炮兵的攻击。所以，便迟迟没有发动进攻。

其实，暖风刚到的时候，雨势不会很大，但是之后却会越来越大，而且不会很快停止。可惜拿破仑事先不知道暖风的雨势会持续24小时以上，否则他一定会及早行动，不会拖得那么久。18日清晨，普鲁士军在整编后从瓦富尔出发，到英军驻扎的地方去援助它的盟友。此时，拿破仑还在等雨停。他原本计划在前一天晚上对英军发动进攻，为了等雨势稍小已经浪费了7个小时。

此时，大雨一点没有要变小的意思。拿破仑如果再不发动进攻，普鲁士军队就与英军会合了，到时候作战难度会比现在大很多。18日接近中午的时候，拿破仑下令开始进攻。此时，大炮已经在水中浸泡了一夜，机动性变得大不如前。中午一点左右，普鲁士军的先头部队即将抵达战场，拿破仑命一支队伍去追击普军。由于暴风雨的缘故，领队元帅并没有立即发起追击。结果，错过了与敌军接触的最好时机。之后，普军成功避开法军追击，抵达滑铁卢，与英军胜利会师。

滑铁卢战役经过 12 小时的激战结束，拿破仑彻底失败了。在联军压境的情况下，议会不敢再支持拿破仑。6 月 22 日，拿破仑宣布第二次退位，百日统治结束。

军事人物之最

世界上最早提出"航空母舰"构想的人

1909 年，法国发明家克莱曼·阿德出版了一本名为《军事飞行》的书，在这本书中，他首次提出了飞机与战舰联合作战的设想，并画出了能装载飞机的军舰的雏形图，预测了这种新型战舰的广阔使用前景。这本书一经面世就引起各海军强国的广泛关注，也让他成为世界上第一位提出"航空母舰"构想的人。

克莱曼·阿德设想当时才刚刚开始发展的飞机可以成为战场上的重要武器，并设想出一艘能为飞机提供起飞、降落平台的船，他把自己设想的这种船命名为"航空母舰"。这就是人类关于航空母舰最初的构想。克莱曼·阿德关于"航空母舰"的概念和构想并没有引起法国人的兴趣，却让英国人兴奋不已。英国人看到了航空母舰的巨大发展前景。

1910 年，英国人开始改装航母。经过 7 年的不懈努力，1917 年 3 月，英国的"暴怒"号航空母舰研制成功，并下水进行了试航。"暴怒"号是世界上第一艘航空母舰。"暴怒"号的出现使水上作战进入了一个新的历史时期。自第一艘航空母舰研制成功至今，90 多年过去了，航母已经成为水上作战最强有力的武器。目前，军事实力最强的美国是拥有航母数量最多、技术最先进的国家。

世界上第一个研制出原子反应堆的人

原子反应堆又称核反应堆或反应堆，是装配了核燃料以实现大规模可控制裂变链式反应的装置。

1942 年 12 月 2 日，在费米指导下设计和制造出来的核反应堆首次运转成功，这是世界上第一次成功地进行核链式反应，也标志着人类由此进入原子时代。费米，也因此成为世界上第一个研制出原子反应堆的人。

费米（1901~1954），美国物理学家，1901 年 9 月 29 日生于罗马，在这里他度过了自己的童年和少年时期。1918 年，费米考入比萨大学高等师范学院，1922 年，他以研究 X 射线的论文获得物理博士学位。1934 年，费米用中子轰击原子核产生人工放射现象，并由此开始中子物理学研究，他也因此被誉为"中子物理学之父"。1938 年，由于"通过中子照射展示新的放射性元素的存在，以及通过慢中子核反应获得的新发现"，费米获得诺贝尔物理奖，并在这个时候移居美国，进入哥伦比亚大学任教。

1939 年初，李泽·梅特纳、奥特·哈尔姆和弗里茨·斯特拉斯曼等人在报道中称：中子被吸收后有时会引起铀原子裂变。对这方面早有所研究的费米从这篇报道中意识到，一个裂变的铀原子可以释放出足够的中子来引起一项链式反应，并且这样的链式反应还很有可能应用于军事上。他的这一想法和当时其他另外几位物理学家的想法是一致的。正是出于这样的考虑，在同年的 3 月初，费米向美国海军提出了自己的想法，希望引起他们的关注，但是并未奏效。真正引起美国政府对原子弹的重视，则是在爱因斯坦就此课题给罗斯福总统写了一封信之后。随后，德国科学家傅吉在德文科学期刊上发表了一些德国核分裂研究的新近成果，这在一定程度上促使美国的原子弹计划开始酝酿实施。

鉴于费米在中子研究中的权威地位，并且集理论与实验天才于一身，因此他被选为攻克世界上第一台核反应堆的小组的组长。1941年底，在哥伦比亚，由费米指导和建造了世界上第一座原子反应堆，并实现了自持式链式反应，这也为后来的原子弹制造起到了决定性的作用。

世界上第一个发明导弹的人

导弹在军事史上占据着重要的地位，而世界上第一个发明导弹的人被认为是德裔美籍著名的火箭专家韦恩赫·冯·布劳恩。

在第一次世界大战期间，德国和美国都曾分别研制和实验过双翼飞行鱼雷，但因这种鱼雷既没有制导装置，也无人驾驶，因此并不能作为导弹发明的标志。而到了第二次世界大战时期，1944年6月13日，研制成功的V-1飞弹的首次实战发射用于攻击英国南部地区，但因V-1飞弹为无人飞机型炸弹，因此它并不被认为是世界上的第一枚导弹，直到V-2型导弹的出现。

德裔美籍科学家冯·布劳恩

世界上第一枚大型火箭导弹V-2装置单级液体火箭发动机和800千克普通炸药，采用无线电遥控制导方式，射程为320千米。它于1942年10月3日进行成功试飞，1944年9月6日第一次用于实战，轰炸法国首都巴黎，人们也因此得以了解到它的强大威力。

V-2导弹的研制是在德国的佩愉明德研究中心进行，由韦恩赫·冯·布劳恩博士带领研制。

韦恩赫·冯·布劳恩，德国贵族后裔，被誉为"导弹之父"。他受德国科学家赫尔曼·奥博特的影响，一直专注于研究火箭制造。第二次世界大战中，他是德国党卫军高级军官，同时也是德国V-2导弹计划的主要参与者；战争结束后他移居美国，主要专注于研究利用火箭来探索宇宙的研究计划，并因此获得一系列的奖章和荣誉。1969年，在他领导研制下，"土星号"巨型火箭将第一艘载人航天飞船"阿波罗11号"送上了月球。韦恩赫·冯·布劳恩在火箭造诣上具有超高技艺。

世界上最早提出"空中战争论"的人

空中战争论，又称"空中制胜论"。这一理论认为，空军可以独立进行战争，并且如果在拥有和运用优势让空军取得制空权的前提下，即可决定战争结局，取得战争胜利。

空中战争论最初是由意大利军事理论家朱里奥·杜黑1909年倡导，并于1921年在《制空权》中作了系统的论述。在杜黑看来，要充分重视空军的作用，主张建立起独立而强大的空军，这将在未来的战争形势上占据着重要的优势地位。具体来说，依靠强大的空中进攻，轰炸敌方的政治、经济中心以及重要的军事目标，以此达到迫使敌方投降而取得战争胜利的目的。

朱里奥·杜黑之所以会提出这样的理论，源于他对此长时间的研究。朱里奥·杜黑（1869~1930），出生于意大利卡塞塔，先后毕业于都灵军事工程学校和陆军大学。飞机出现后不久，他就预见到飞机在军事上的作用将比气球和飞艇更大。他在1912~1915年担任意大利第一个航空营营长，并主持编写了第一本航空兵作战使用教令。第一次世界大战期间他在意大利参加了战争，并在此期间建议组建一支航空队，由500架轰炸机组成，但他的这一提议并未得到采纳。

早在1909年，杜黑就提出他对天空的重要性的看法。他认为在不久的将来，天空将成为陆地和海洋之后的另外一片战场，谁赢得了天空的主动权就将像赢得制海权一样至关重要，由此而发展起来的航空兵也将在未来的战场上发挥重要的作用。

虽然杜黑的空中战争论对军事战争的发展具有重要的作用，但它也存在一定的片面性。如，空中战争论过分夸大空军的绝对作用，认为单靠空军就可决定战争结局。其实，空军的作用固然强大，但它也并不能完全独立地单独作战。历史上所进行的战争，无不是在诸多军队和兵种的协同作战下才取得胜利的。

世界上最早提出"闪电战理论"的人

第二次世界大战期间，德军经常使用的一种战术就是闪电战，也叫闪击战，这一战争模式由古德里安创建。闪电战充分利用飞机、坦克的快捷优势，以突然袭击的方式制敌取胜，奇袭、集中、速度是它的三个重要因素。

在提及闪电战时，人们容易把它和坦克制胜论联系起来，认为是后者的出现和发展才导致了"闪电战"理论的形成，但事实并非如此。坦克制胜论的出现其实是晚于"闪电战"理论的，而现代意义上的闪电战，则是由德国军事家冯·施利芬提出。

阿尔弗雷德·格拉夫·冯·施利芬（1833~1913），德国著名陆军元帅，卓越的天才战略家。他于1909年提出了著名的"施利芬计划"，人们认为这就是日后闪电战的雏形，换言之，施利芬就是闪电战计划的初步提出者。在施利芬看来，通过用炮火掩护装甲部队和步兵冲锋的方式可以迅速打击敌人，获得战场上的主动权。

闪电战在一定时期确实取得了一定的成效，它容易在出其不意之时占据优势，但同时它也存在一定的缺陷，比如，由于闪电战强调快速作战，补给线容易被拉长，而一旦补给一时供应不上，前方部队就容易受到限制，攻势也随之减弱，还很有可能受到敌军的反攻，这是闪电战的弊端所在。

世界上第一位空战女英雄

在第二次世界大战中，苏联空军组建了一支歼击机航空团，这支鲜为人知的航空团全部由女飞行员组成，她们被称为"空中白玫瑰"。

在历时3年的作战时间里，这支航空团共进行了129次空战，出航4419架次，成功击落德国飞机38架。这一时期出现了很多出色的飞行员，而其中的王牌飞行员是一名叫丽狄娅·丽托克的姑娘，她一共击落敌机12架，也因此成为世界上第一位空战女英雄。仅次于丽狄娅的是叶卡捷林娜·布达诺娃，她击落的敌机总数为10架，也是相当不错的一个成绩。

丽狄娅从小就热爱飞行，在 16 岁时更是不顾父亲的反对偷偷报考飞行学校，从此开始了她的飞行之路。正值苏德战争打响 4 个月之时，18 岁的丽狄娅作为一名女飞行员正式加入空军。

1942 年春，苏联前线吃紧，这时丽狄娅所在的歼击机部队也已转战到萨拉托夫，但当时斯大林格勒基地战斗机指挥员尼古拉·巴拉诺夫大校并不看好这支部队，因而也就没有打算让其参战，而是命令丽狄娅等人立即返回原部队。听到这个消息，丽狄娅顿时感觉自己和所在部队的技术和水平并未被人们所认可，因而她据理力争，最终尼古拉·巴拉诺夫大校才勉强同意丽狄娅所在的歼击机部队参战。没想到，这支歼击机部队实力不一般，而丽狄娅更是表现出色，到 1942 年底，她已经成功击落 6 架敌机，并且数量还在不断往上增加，而她也因此成为世界上第一位空战女英雄。

世界上唯一当上总统的五星上将

世界上唯一当上总统，同时又是五星上将的人是美国的德怀特·戴维·艾森豪威尔。他是一个具有传奇色彩的英雄人物。

1890 年 10 月 14 日，艾森豪威尔出生在一个贫寒的家庭，1911 年，艾森豪威尔考取美国海军学院，却因年龄超过限制而未被录取，后经过该州参议员推荐，免费考入美国西点军校。1916 年，留在国内从事训练工作的艾森豪威尔晋升为少校。

1921 年，他从陆军坦克学校毕业，创办了美国陆军的第一所战车训练营。

1922 年，他调任驻巴拿马的第 20 步兵旅参谋，后因为康纳的看重而保送进入陆军指挥参谋学院受训，并以全校第一名的成绩毕业。

1933 年，艾森豪威尔任陆军参谋长麦克阿瑟的助理。

1936 年，艾森豪威尔晋升为中校。

第二次世界大战爆发以后，艾森豪威尔积极参与战争，崭露其卓越的军事才能，开始了他立功建业的辉煌一生。

1941 年，艾森豪威尔任美国第 3 集团军参谋长，晋升准将。7 月，艾森豪威尔晋升为中将。

1942 年 8 月，英美发动北非战役后，艾森豪威尔授命为实施北非登陆的盟军最高司令，并于次年 2 月，获得了当时的最高军衔——上将军衔，出任北非和地中海盟军总司令。

1943 年 11 月，德黑兰会议确定了即将进行的开辟欧洲第二战场的盟军最高司令，重任再次落到艾森豪威尔身上。

1945 年，第二次世界大战结束后，艾森豪威尔回国担任美国陆军参谋长。1948 年出任哥伦比亚大学校长。

1953~1960 年，艾森豪威尔连续两届担任美国总统，成为历史上唯一当上五星上将的总统。在他的任期内，签订了《朝鲜停战协定》，并提出企图控制中东地区的“艾森豪威尔主义”。

1969 年 3 月 28 日，艾森豪威尔在华盛顿病逝，终年 79 岁。

在民间有这样一种说法：在美军历史上，共授予 10 名五星上将，艾森豪威尔是晋升得“第一快”；他出身“第一穷”；他是美军统率最大战役行动的第一人；他是第一个担任北大西洋公约组织盟军最高统帅；他是美军退役高级将领，担任哥伦比亚大学校长的第一人；他的前途是"第一大"——唯一的一个当上总统的五星上将。如此多的"一"，也是对他一生的最好诠释。

世界上最早发明有线电报的人

莫尔斯

1854 年，电报作为有效的通信工具，被首次应用于军队作战指挥。美国内战期间，电报通信也被广泛应用于战场上。可见，电报在传递军情、快速传递指令等方面发挥了重要的作用。世界上最早发明有线电报的人是美国绘画家缪尔·弗·伯·莫尔斯。

缪尔·弗·伯·莫尔斯，不但是美国的艺术家，还是一名出色的发明家。1791 年 4 月 27 日，他出生于马萨诸塞州的查尔斯顿（现在是波士顿的一部分），1810 年毕业于耶鲁大学，随后又继续到英国深造艺术。当他回国的时候，已经是带有艺术家的身份了。

1832 年秋，在一次航海中，莫尔斯受到船上热爱电学的杰克逊的影响，开始对电的实验等相关东西产生了极大的兴趣。为此，他抛弃自己原有的当艺术家的理想，决心向这门在当时还很少有人登攀过的科学高峰进发。

在总结了 18 世纪摩尔逊学者、19 世纪初丹麦物理学家奥斯特、英国物理学家法拉第、俄国科学家许林格、法国电学大师安培等经验的前提下，莫尔斯不断进行尝试和试验，终于获得了成功，1837 年他成功地制造出世界上第一台传送"点""划"符号的机器——"电报机"。这台电报机运用的原理是电报从一根导线流出，再从另一根电线流回，靠"接通"或"断开"电路的方法，借助于"点""划"和"空白"的不同组合，来表示各种字母、数字和标点符号。

1840 年，莫尔斯为电报机申请了专利，并极力说服了国会拨款给他架设一条超过 40 英里的电报线（从巴尔的摩到华盛顿）。1844 年，电报线开始修建，当年就得以运营和使用。

1844 年 5 月 24 日，在华盛顿国会大厦联邦最高法院会议厅里，莫尔斯用自己激动得发抖的双手，按动着电键，人类史上第一份长途电报就这样成功发出了。莫尔斯在他的第一份电文上写着："上帝创造了何等的奇迹。"电文上发出的文字正是用莫尔斯发明的、现在仍被称为"莫尔斯电码"的点、划电报符号写成的。莫尔斯也因此成为世界上最早发明有线电报的人。

电报机的发明轰动了世界，并由此开始在各个领域发挥它的重要作用。莫尔斯也因为他的突出贡献而得到很高的荣誉和称赞。

普及军事知识 提高军事素养